JEA

L'AFFAIRE

JULLIARD

ISBN 2-266-01492-7

A ma fille Frédérique

PROLOGUE

LA PARADE DE JUDAS *

(samedi 5 janvier 1895)

La « parade d'exécution » a été fixée, sur ordre du gouvernement, au samedi 5 janvier à 8 h 45, dans la grande cour de l'École militaire, place de Fontenoy. Chacun des régiments de la garnison de Paris a envoyé deux détachements, l'un de soldats en armes, l'autre de recrues. Les diplomates, les journalistes ont été invités. Quelques privilégiés ont obtenu d'assister à la cérémonie. Un emplacement leur a été réservé entre deux détachements de troupe **. Le peuple n'a pas été admis; plusieurs milliers de curieux se regroupent près des portes, le long des grilles, ou grimpent sur les toits. Les rues avoisinantes sont encombrées.

De la prison du Cherche-Midi, le capitaine Dreyfus écrit tous les jours à sa femme Lucie :

> Ma Chérie, on m'apprend que l'humiliation suprême est pour après-demain [1]. Je m'y attendais,

* Sous le titre « La parade de Judas », Maurice Barrès a rassemblé, et publié, lors du procès de Rennes, les souvenirs qu'il avait gardés de la dégradation d'Alfred Dreyfus (*le Journal*, 4 juillet 1899, 7 juillet 1899). Le texte a été repris dans *Scènes et Doctrines du nationalisme*, Félix Guven, 1902.

** Joseph Reinach, *Histoire de l'Affaire Dreyfus*, éd. la Revue blanche, t. I, pp. 454 et s. Joseph Reinach cite, parmi les « privilégiés » et journalistes présents : Maurice Barrès, Léon Daudet, Houssaye, Claretie. Le diplomate Maurice Paléologue, chargé par le ministre des Affaires étrangères de suivre l'Affaire Dreyfus pour son département, est lui aussi présent, comme « invité » du colonel Sandherr, chef du Service de Renseignement. Il raconte la dégradation dans son *Journal de l'Affaire Dreyfus*, Plon, 1955, pp. 37 et s.

> j'y étais préparé, le coup a cependant été violent. Je résisterai, je te l'ai promis. Je puiserai les forces qui me sont encore nécessaires, dans ton amour, dans l'affection de vous tous, dans le souvenir de mes enfants chéris, dans l'espoir suprême que la vérité se fera jour.
> Les nuits sont longues... c'est vers toi que je me retourne, c'est dans ton regard que je puise toutes mes forces... peut-on imaginer un martyre plus douloureux [2]?

A son avocat, Me Demange, Dreyfus a promis de ne pas faiblir :

> Je marcherai à ce supplice épouvantable, pire que la mort, la tête haute, sans rougir. Vous dire que mon cœur ne sera pas affreusement torturé quand on m'arrachera les insignes de l'honneur que j'ai acquis à la sueur de mon front, ce serait mentir. J'aurais certes mille fois préféré la mort [3]...

A 7 h 20 un escadron de la Garde républicaine, sous le commandement du capitaine Lebrun-Renault, s'est rendu à la prison du Cherche-Midi. On a pris livraison du condamné. On l'a minutieusement fouillé. On lui a passé les menottes. A 7 h 45 le cortège a quitté la prison militaire. En tête viennent deux cavaliers de la Garde républicaine puis un peloton. La voiture cellulaire qui transfère le traître est tirée par quatre chevaux. Un second peloton suit.

A 7 h 50, Dreyfus est enfermé dans l'une des salles, très exiguë, de l'École militaire. Le capitaine Lebrun-Renault vient lui parler. Tous deux se tiennent près du poêle [4]. Dreyfus doit attendre près d'une heure. « Durant ces longues minutes, je tendis toutes les forces de mon être... [5] » A 8 h 45 quatre artilleurs, conduits par un gradé, viennent chercher l'officier traître. La matinée est glaciale : « par instants sous le ciel blafard, une bise âcre et cinglante nous jette au visage de gros flocons de neige » [6]. Devant la grille de l'école, place de Fontenoy, la foule s'enfle, difficilement contenue par la police. Elle s'énerve tandis que croît l'attente. On entend les premiers cris « mort aux juifs... à mort Judas » : spectacle « plus excitant que la guillotine », observe Maurice Barrès [7].

Le général Darras est à cheval, au centre de la place. Son état-major est derrière lui. Il tire son épée. Les tambours roulent. « Garde à vous... portez arme. » Chacun retient son souffle. A l'angle droit de la cour, le capitaine Dreyfus apparaît. Il est encadré par un brigadier et quatre canonniers, sabre à la main, revolver en sautoir. Il marche d'un pas ferme, la tête haute. « Judas marche trop bien », commentera Barrès [8]. Cependant, à mi-chemin, il perd le pas, puis s'y remet. Arrivé à quelques mètres du général Darras, face à lui, il s'arrête, les talons joints, en position militaire. Son escorte recule. Un rayon de soleil « bref et sanglant » [9] écarte les nuages. Le général Darras toise le traître tandis que le greffier du Conseil de guerre lit le jugement. Puis le général se dresse sur ses étriers, et l'épée haute prononce les mots sacramentels :

> Alfred Dreyfus vous n'êtes plus digne de porter les armes. Au nom du peuple français nous vous dégradons.

Alors Dreyfus hurle, d'une voix métallique et qui se casse :

> Soldats, on dégrade un innocent, soldats on déshonore un innocent. Vive la France, Vive l'Armée [10]!

On entend les cris de la foule tenue à distance : « A mort! Mort aux Juifs! »

L'adjudant Bouxin, de la Garde républicaine, s'approche du condamné immobile. Brutalement il arrache les galons du képi et des manches, les bandes rouges du pantalon, les pattes d'épaules, tous les insignes du grade, qu'il jette à terre. Le magnifique adjudant, décrit Barrès, tiraille, dépiaute, endeuille le traître [11]. Il arrache sabre et fourreau, qu'il brise sur son genou. « Auprès du géant casqué, à la crinière flottante, qui le décortique », Dreyfus semble tout petit [12]. Ses vêtements sont en lambeaux. « Il est soumis comme un pantin figé, observe Léon Daudet. J'entrevois sa tête chafouine et blafarde » *. Droit, la tête haute, Dreyfus pousse

* Léon Daudet, « Le châtiment », article publié dans *le Figaro* du 6 janvier 1895.

un cri d'angoisse, hurlement rauque qui s'achève en sanglots. « Vive la France. Je suis innocent! Je le jure sur la tête de ma femme et de mes enfants! » Maintenant en guenilles, « aussi grotesque que pitoyable [13] », le traître doit défiler devant le front des troupes et faire le tour de la place d'armes. Les soldats sont silencieux, glacés. Chaque fois que dans sa marche il approche de la grille qui contient la foule, les cris redoublent « à mort, à mort * ». Dreyfus s'épuise à crier encore « Vous n'avez pas le droit de m'insulter. Je suis innocent » [14]. Mais les clameurs couvrent sa voix. Quand il passe devant les représentants de la presse, il crie « Vous direz à la France entière que je suis innocent. » Des huées lui répondent « Lâche! Judas! Sale Juif! » [15] Léon Daudet décrit ainsi son passage :

> Cependant il s'approche, entre ses gardiens, le cadavre marchant d'un pas inconscient de parade, grêle aux regards, mais grandi par la honte, et tel que la haine saisit et domine le tourbillon sensible. Près de nous il trouve encore la force de crier « Innocent! » d'une voix blanche et précipitée. Le voici devant moi, à l'instantané du passage, l'œil sec, le regard perdu vers le passé, sans doute, puisque l'avenir est mort avec l'honneur. Il n'a plus d'âge. Il n'a plus de nom. Il n'a plus de teint. Il est couleur traître. Sa face est terreuse, aplatie et basse, sans apparence de remords, étrangère à coup sûr, épave de ghetto. Une fixité d'audace têtue subsiste, qui bannit toute compassion. C'est sa dernière promenade parmi les humains et l'on dirait qu'il en profite, tant il se domine et brave l'ignominie. C'est un terrible signe que cette volonté n'ait pas sombré dans la boue, qu'il n'y ait eu ni effondrement ni faiblesse. En cette tragique circonstance, les pleurs n'eussent pas semblé d'un lâche [16].

Maurice Barrès jette sur Dreyfus un même regard :

> Quand il s'avança vers nous le képi enfoncé sur le front, le lorgnon sur son nez ethnique, l'œil furieux et sec, toute la face dure et qui bravait, il s'écria, que

* « Qu'on nous montre l'immonde face du traître, a écrit François Coppée dans *le Journal* du 23 décembre 1894, que nous crachions tous dessus, l'un après l'autre. »

dis-je? il ordonna d'une voix insupportable : « Vous direz à la France entière que je suis un innocent. »
« Judas! traître! » Ce fut une tempête. Fatale puissance qu'il porte en lui, ou puissance des idées associées par son nom, le malheureux détermine chez tous des charges d'antipathie. Sa figure de race étrangère, sa raideur impassible, toute son atmosphère révoltent le spectateur le plus maître de soi [17].

Le diplomate Maurice Paléologue qui converse avec son ami le colonel Sandherr s'étonne de la soumission de Dreyfus :

Il me semble que si j'étais dans sa peau et que je fusse innocent, je me révolterais, je me débattrais, je hurlerais [18].

Le colonel Sandherr lui explique :

On voit bien que vous ne connaissez pas les Juifs. Cette race n'a ni patriotisme, ni honneur, ni fierté. Depuis des siècles ils ne font que trahir.

La dégradation est terminée. Lorsque le traître Dreyfus est arrivé à l'extrémité de la cour, deux gendarmes s'en saisissent. Ils le hissent dans une voiture cellulaire, pour le conduire au dépôt. Passant par le pont de l'Alma, Dreyfus aperçoit, par la lucarne de la voiture, « les fenêtres de l'appartement où venaient de s'écouler de si douces années » [19]. Dans son costume déchiré, en loques, il est conduit au dépôt, fouillé, photographié, mesuré. Puis vers midi il est enfermé dans une cellule de la prison de la Santé.
La cérémonie militaire s'est achevée, sans lui. Les clairons ont sonné. La fanfare a attaqué la marche de *Sambre et Meuse*. « Les musiques militaires, admire Barrès, répandent de l'honneur et de la loyauté sur les espaces pour balayer les puanteurs de la trahison » [20]. Les troupes ont commencé de défiler d'un pas vif. Il fait un peu moins froid.

La vie reprend, commente Léon Daudet, les troupes se disloquent. Battez tambours! Sonnez fanfares! Jetez sur cette immonde sépulture votre manteau sonore et fier. Les fusils se hérissent. Les soldats marchent fermement, et ce spectacle est fixé pour toujours dans leurs yeux. Car l'idée de Patrie est si foncière et si hautaine qu'elle puise des forces dans l'antithèse et que les attentats dirigés contre elle la surexcitent. Sur les débris de tant de croyances, une seule foi reste réelle et sincère : celle qui sauvegarde notre race, notre langue, le sang de notre sang et qui nous rend tous solidaires. Ces rangs serrés, ce sont les nôtres. Le misérable n'était pas français. Nous l'avions tous compris par son acte, par son allure, par son visage. Il a comploté notre désastre, mais son crime nous a exaltés [21].

Revenu au ministère des Affaires étrangères, M. Paléologue qui a eu très froid se réchauffe d'une tasse de thé. Il raconte la parade à son distingué collègue, M. Nisard :

> Pour s'être prêté aussi docilement, aussi passivement, à un pareil supplice, cet homme ne doit avoir aucune sensibilité morale... toutes ses protestations sonnaient faux; on n'y sentait aucune chaleur d'âme; on aurait dit la voix d'un automate [22].

Tandis que M. Paléologue se remet, « les bataillons hérissés de fusils, avec leurs jolies figures françaises » [23], ont fini de défiler. La foule se disperse lentement. Encore on entend quelques cris « Judas », « traître », « mort aux Juifs ».

Qu'ai-je à faire avec le nommé Dreyfus? interroge Barrès [24].

> Il n'est pas de ma race. Il n'est pas né pour vivre socialement... Garde à nous, patriotes! Quand donc les Français sauront-ils reconquérir la France? Unissons-nous pour dégrader tous les traîtres. Qu'ils trouvent partout, spontanément, organisée sur leur passage, la parade du mépris.

Ce même jour, 5 janvier, dans sa cellule de la prison de la Santé, Dreyfus écrit à sa femme [25] :

> Je te raconterai plus tard, quand nous serons de nouveau heureux, ce que j'ai souffert aujourd'hui... Je me demandais ce que je faisais là, pourquoi j'étais là, il me semblait que j'étais le jouet d'une hallucination : mais hélas mes vêtements déchirés, souillés, me rappelaient brutalement à la réalité...

A 7 heures du soir, il écrit à nouveau :

> Je viens d'avoir un moment de détente terrible, des pleurs entremêlés de sanglots, tout le corps secoué par la fièvre. C'est la réaction des horribles tortures de la journée... Mais hélas au lieu de pouvoir sangloter dans tes bras, au lieu de pouvoir m'appuyer sur toi, mes sanglots ont résonné dans le vide de ma prison.

Il rassemble ce qu'il lui reste de forces.

> Je concentre toute mon énergie. Fort de ma conscience pure et sans tache, je me dois à mon nom. Je n'ai pas le droit de déserter tant qu'il me restera un souffle de vie. Je lutterai avec l'espoir prochain de voir la lumière se faire [26]...

A la même heure, Lucie lui écrit :

> Tu m'avais promis d'être courageux, tu as tenu parole. Je t'en remercie. J'aurais tant voulu être auprès de toi, te donner des forces... nos chéris sont bien gentils. Ils sont si gais, si heureux. C'est une consolation, dans notre immense malheur, de les avoir si jeunes, si inconscients de la vie [27].

Cette « bête hideuse de trahison »,... cette « épave de ghetto », ne dort pas toute la nuit du 5 au 6 janvier. Il ne cesse de pleurer et d'écrire :

> Innocent, j'ai affronté le martyre le plus épouvantable qu'on puisse infliger à un soldat. J'ai senti autour de moi le mépris de la foule. J'eusse été plus heureux dans la tombe... Faites que ce martyre ait une fin... mais qu'on fasse le plus vite possible car je commence à être à bout de résistance... mon cœur a trop saigné aujourd'hui [28].

La dégradation passée, Dreyfus doit être déporté. Un moment il espère que sa femme pourra le suivre :

> Nous montrerons dans l'exil le calme de deux cœurs honnêtes et purs, de deux cœurs dont toutes les pensées ont toujours été pour notre chère patrie, pour la France [29].

Sa chère patrie? La France? Comment peut-il en parler? « Le misérable n'était pas français », assure Daudet. Et Barrès confirme :

> Dreyfus n'appartient pas à notre Nation et dès lors comment la trahirait-il? Les Juifs sont de la patrie où ils trouvent leur plus grand intérêt.

Léon Daudet, Maurice Barrès savent reconnaître un Français. Le Juif Dreyfus n'en est pas un.

PREMIÈRE PARTIE

LE TRAÎTRE DREYFUS

I. – UN SERMENT D'ENFANT

Alfred Dreyfus naquit à Mulhouse, le 9 octobre 1859, d'une vieille famille de Juifs alsaciens, installés depuis plusieurs siècles. Son grand-père était un pauvre marchand juif du village de Rixheim en Alsace [1]. Son père, Raphaël Dreyfus, né à Rixheim en 1818, avait lui-même connu des débuts très modestes. Puis il avait monté une petite filature de coton, à laquelle s'était bientôt ajouté un tissage. Ses affaires prospérèrent, tandis que se développaient, à Mulhouse, les fabriques de calicot, de drap et de percale [2]. En 1869, l'aisance de la famille lui permettait de quitter le petit appartement de la rue du Sauvage, pour une vaste maison, située rue de la Sinne, entourée d'un jardin planté d'arbres magnifiques.

Raphaël Dreyfus avait épousé Jeanne Libmann, une « sainte laïque », assure la tradition familiale. Ils avaient eu neuf enfants. Sept d'entre eux – quatre garçons et trois filles – avaient survécu et avaient grandi dans une atmosphère familiale à la fois sévère et chaleureuse. Riche, unie, exemplaire, la famille Dreyfus était à Mulhouse entourée de considération. Alfred était le dernier-né de cette nombreuse famille. Il semble que sa mère resta longtemps malade des suites de sa naissance, de sorte que ses sœurs se partagèrent son éducation. C'était, dit-on *, un enfant facile, aimant, obéissant, à la fois

* Les historiens de l'Affaire Dreyfus se sont peu intéressés à l'enfance d'Alfred Dreyfus. Et la famille est demeurée très discrète sur elle-même [3].

fier et timide. Très réservé en présence d'étrangers, il ne devenait expansif qu'en famille. Il rêvait d'honneur, de justice, de générosité. Les siens le surnommaient « Don Quichotte ». Il semblait que tous les bons sentiments s'étaient donné rendez-vous en lui.

> Mon enfance, raconte-t-il, s'écoula doucement sous l'influence bienfaisante de ma mère et de mes sœurs, d'un père profondément dévoué à ses enfants, sous la touchante protection de frères plus âgés [4].

L'année 1870 dérange cette vie heureuse et ordonnée. D'abord sa sœur aînée Henriette se marie et s'en va *. Elle avait été pour Alfred une présence tendre et attentive, une seconde mère. Puis la guerre éclate, l'Alsace est envahie. Pendant quelques mois, la famille Dreyfus doit trouver refuge à Carpentras. Est-il vrai que la vue des troupes françaises traversant Mulhouse, « le désespoir et l'humiliation » ressentis par Alfred quand il apprit l'occupation de sa ville natale décidèrent, comme il le dira, de son destin militaire **? Il n'avait pas douze ans!

Le traité de Francfort qui consacra en 1871 l'annexion de l'Alsace permettait à ses habitants d'opter pour la nationalité française. Mais ils devaient alors quitter le territoire alsacien. Raphaël Dreyfus n'hésita pas. Pour lui-même et ses enfants mineurs il choisit la nationalité française. En octobre 1872, il quittait Mulhouse pour s'installer provisoirement à Bâle. Ainsi ne s'éloignait-il pas et pouvait-il surveiller les industries familiales. C'est le fils aîné Jacques qui, pour le compte commun, reprit la direction des filatures. Jacques fut donc contraint de ne pas opter pour la France. Il fut le seul de la famille. Mais il enverra ses six fils en France et, en 1897, transportant une partie des usines familiales à Belfort, il revendiquera d'être réintégré dans sa nationalité d'origine.

Voici Alfred à Bâle. Ses parents lui font suivre les

* Elle épouse Joseph Valabrègue, négociant à Carpentras.
** Alfred Dreyfus, *Souvenirs et Correspondances,* publiés par son fils, Grasset, 1936, p. 41. Alfred Dreyfus lui-même explique ainsi sa vocation dans l'une de ses lettres à Lucie Dreyfus.

cours de la Real Schule. Il éprouve quelques difficultés, car l'enseignement y est dispensé en allemand. En 1873 Raphaël Dreyfus décide d'envoyer son fils poursuivre ses études à Paris. « Enfant sensible, habitué aux douceurs de la vie familiale » [5], Alfred supporte mal l'internat. La vie rude du collège, la compagnie de ses camarades lui deviennent insupportables. Il tombe malade et rejoint sa famille.

De la vie d'Alfred Dreyfus, les années 1873 à 1878 sont les plus mal connues. Lui-même n'y consacre qu'une ligne de son autobiographie [6]. Il sera toujours aussi timide que discret, intériorisant une sensibilité extrême, presque maladive. Son fils Pierre résume ainsi cette période :

> Après un repos suffisant il revint à Paris, suivit les cours du collège Chaptal, passa son baccalauréat, puis reprit le chemin de Sainte-Barbe pour y préparer les examens d'entrée à l'École polytechnique [7].

Il semble que le destin d'Alfred ait davantage hésité; qu'il ait été ballotté d'internat en internat, et qu'il en ait souffert, se repliant sur lui-même, s'isolant pour se protéger; qu'il ait vécu quelques mois à Mulhouse, tâchant de s'initier aux affaires dans les filatures familiales qui connaissaient une prospérité croissante; qu'il se soit rendu à Carpentras, où vivait sa chère sœur, Mme Valabrègue, et qu'il ait tenté de s'intéresser aux entreprises commerciales de son beau-frère; qu'il ait décidé de préparer seul son baccalauréat, qu'il l'ait passé brillamment à la faculté de Grenoble *. C'est alors qu'encouragé par ce succès, il aurait rejoint le collège Sainte-Barbe, pour y préparer l'École polytechnique [8].

Pourquoi Alfred Dreyfus décida-t-il de devenir officier? Selon son fils Pierre, il n'avait jamais cessé de penser « à l'Alsace frémissante, sous le joug de l'étranger, à ceux dont le cœur était resté français, et qui souffraient tant de l'oppression » [9]. Choisissant la carrière militaire, il aurait donc tenu « son serment d'enfant ». Et sans doute son origine alsacienne, l'attachement au sol et à la communauté

* Il semble que le jeune Alfred Dreyfus se soit alors domicilié chez des parents proches. S'inscrivant au concours de l'École polytechnique, il donne Bar-le-Duc pour domicile.

de sa région, la haine de l'envahisseur, la soif de revanche ont-ils joué un rôle. Mais il y avait d'autres raisons, qui tenaient à son caractère et à sa morale. Adolescent timide, aussi sensible que renfermé, il avait sans doute besoin d'un cadre rigoureux, d'une société ordonnée et protectrice. L'Armée pouvait lui sembler une vaste famille, aux certitudes claires, et qui assurait, sur un trajet bien tracé, un destin organisé. Surtout les valeurs que l'Armée paraissait incarner – la patrie, l'honneur, l'ordre, la hiérarchie – étaient déjà les siennes. Quand Alfred Dreyfus décide de préparer l'École polytechnique, il y a entre le métier des armes et lui de fortes connivences. Il suit sa vocation autant qu'il tient son serment d'enfant.

Qu'il fût juif, cela pouvait-il le faire réfléchir? Il ne pouvait ignorer que tout n'était pas forcément simple pour les Juifs, dans les métiers militaires. Mais en 1878, la grande campagne qui sera plus tard menée contre la présence des Juifs dans l'Armée n'était pas commencée. De nombreux officiers juifs faisaient une carrière qui semblait normale. Surtout, la famille Dreyfus, riche, installée, considérée, était tout à fait représentative de la bourgeoisie juive assimilée *. Raphaël Dreyfus était fidèle à la tradition. La famille observait les principaux rituels. Plusieurs parents étaient rabbins. On les respectait. Mais les Dreyfus ne se sentaient que fort peu solidaires d'une « communauté » juive. A dix-neuf ans, Alfred Dreyfus, Français d'Alsace, aime passionnément sa patrie et la République [10]. Il est fier de son nom, de sa famille, de sa situation sociale, comme un bourgeois français de vieille souche.

A l'âge de dix-neuf ans, il se présente à l'École polytechnique, après un an de préparation, et sans espoir d'être reçu. Il a la surprise de réussir, admis avec le numéro 182 sur 236. De ses années d'école, il ne dira rien. Mais ses camarades les décriront abondamment [11]. En 1880, il sort 128e sur 235, sous-lieutenant à l'École d'application de Fontainebleau. Le voici officier d'artillerie. Officier français. Officier juif.

* Michaël R. Marrus, *les Juifs de France à l'époque de l'Affaire Dreyfus, op. cit.*, pp. 246 et s.

II. – L'ARMÉE DE LA REVANCHE

Quelle est cette armée où prend rang le sous-lieutenant Alfred Dreyfus? Depuis l'effondrement de 1870 elle vit une crise profonde.

> Un immense désastre, une paix de désespoir, des deuils que rien ne compense, l'État sans assises, point d'armée hormis celle qui sort des prisons ennemies, deux provinces arrachées, des milliards à payer, le vainqueur tenant garnison dans un quart du territoire, la capitale ruisselant du sang de la guerre civile, l'Europe glaciale ou ironique...

ainsi de Gaulle décrit-il la France vaincue [1]. Comment l'Armée, humiliée par les capitulations de Sedan et de Metz, disloquée dès les premiers combats, aisément défaite, n'aurait-elle pas été secouée par le drame national?

A peine signé le traité de Francfort et écrasé le soulèvement de Paris, l'Assemblée nationale a entrepris de restaurer la puissance militaire de la France. Ce grand travail législatif a été accompli dans une atmosphère d'unanime résolution [2]. Les lois de 1872, de 1873, de 1875 ont fixé les principes qui devaient donner à l'Armée française ses nouvelles assises : obligation du service imposée à tous les citoyens, défense assurée par la Nation elle-même, mais en même temps réorganisation d'une armée active constituant une force permanente et une vaste école d'instruction. Ainsi la France tentait d'imiter le système auquel la Prusse devait ses succès. Mais proclamant le service obligatoire, et conservant l'organisation antérieure de l'armée de métier, l'Assemblée nationale instituait une contradiction lourde de menaces : « L'histoire des institutions militaires de 1875 à 1914, observe J. Monteilhet, c'est au fond la lutte pour l'existence de l'armée de caserne, léguée à la République par la Monarchie et l'Empire, contre la nation armée, née du service obligatoire, fille de la nation souveraine. L'armée de caserne l'emporte finalement » [3].

Les vingt premières années de la République constituent sans nul doute une période décisive de l'histoire militaire de la France, marquée par un patient travail de redressement, une volonté toujours en éveil d'invention et de renouvellement. Les règlements vétustes sont refondus, allégés, pour s'être adaptés aux formes modernes du combat. Les grandes manœuvres, en plein champ, sont organisées dès 1874. L'École supérieure de guerre, créée en 1876, oriente délibérément ses enseignements vers l'étude critique des faits de guerre et la recherche de solutions nouvelles. Elle prétend assurer la primauté d'une sélection essentiellement fondée sur des épreuves intellectuelles [4]. Sous l'impulsion du général de Miribel, le Conseil supérieur de la guerre, puis l'État-Major général de l'Armée sont organisés. Réfléchissant sur les leçons de la guerre perdue, ils cherchent les méthodes que la guerre moderne impose au commandement [5]. « L'Armée tout entière, affirme de Gaulle, cultive maintenant le champ de l'intelligence » [6]. Encore faut-il constater les limites de cette ouverture. Elles sont dans le dogmatisme inhérent aux doctrines d'école, l'entassement des élites dans le vase clos des États-Majors, le règne du mandarinat qui ne porte au sommet de la hiérarchie que les officiers protégés, et surtout l'accumulation des préjugés inhérents à l'esprit militaire [7].

L'Armée, par ailleurs, renouvelle ses moyens. Un gigantesque plan de mobilisation, de concentration, de réquisition et de transport est peu à peu dressé, assignant à chacun sa place et son rôle en cas de guerre : il concerne quatre millions d'hommes et huit cent mille chevaux [8]. « Il n'est pas d'outil, de caisson, de bateau, écrit de Gaulle, pour lesquels, entre 1875 et 1900, on n'adopte un nouveau modèle » [9]. Douze ans après l'adoption, en 1874, du fusil Gras – qui substitue à la cartouche en papier la cartouche à douille métallique – l'Armée adopte en 1886 le fusil Lebel dont le mécanisme à répétition double la vitesse de tir. Peu après, les troupes montées sont dotées du mousqueton à chargeur, et le revolver à barillet est mis en service. Surtout l'artillerie est le domaine privilégié du progrès, celui aussi d'une âpre compétition entre la France et l'Allemagne. La « mélinite », poudre brisante d'un grand pouvoir de destruction, est adaptée aux obus dès 1885. Les premières pièces en acier, adoptées en 1875, sont vite remplacées par les excellentes pièces de Bange [10]. Français et Allemands étudient, dans le plus grand secret, le projet d'un canon à grand recul. Aux Allemands les difficultés de réalisation semblent bientôt insurmontables : ce qu'apprend le Service de Renseignement français [11]. Plus acharnés, les Français poursuivent la mise au point d'un canon à long recul et à frein oléopneumatique *. En 1897 apparaîtra le fameux 75, dont la régularité, la vitesse, la précision de tir seront incomparables pour l'époque. Il sauvera sans doute en 1914 l'Armée française de l'écrasement [12].

Enfin un puissant réseau défensif est organisé sur les frontières du Nord et de l'Est, vaste travail de fortifications entrepris sous la direction du général Sere de Rivières, comportant l'installation d'un cordon de forteresses déployé entre Épinal et Belfort, et l'aménagement de places de seconde ligne telles que Reims et Langres. Paris est pourvu d'une nouvelle enceinte d'ouvrages. Ainsi devrait, à l'avenir, être canalisée toute nouvelle invasion.

Cette Armée rénovée, qui porte les espoirs de revanche, elle est devenue, dans les vingt années qui suivent la défaite, un puissant foyer d'attraction. « Jamais au cours de notre histoire, écrit Girardet, le prestige social de l'officier ne fut porté aussi haut que dans la période d'une vingtaine d'années après la défaite » [13]. Malgré la médiocrité persistante des soldes et des pensions, « avoir un fils à Saint-Cyr, marier sa fille à un officier constituent pour une famille la consécration même de la respectabilité, l'objet déclaré des ambitions les plus hautes » [14]. Mais ce renouvellement de l'Armée, cette séduction qu'elle exerce ne peuvent dissimuler la crise profonde qui la secoue, crise morale, crise intellectuelle. La société militaire est gravement désaccordée avec la Nation qu'elle a mission de défendre, et qu'elle prétend incarner.

* Le dispositif intérieur du frein restait un secret qui fit l'objet d'une âpre lutte des Services de Renseignement (v. *infra* pp. 57 et s.).

C'est que l'Armée française a été secouée, durant près de trente ans, par les bourrasques de l'histoire. Où est le devoir? Où est la fidélité? Où est la légitimité? République? Empire? Monarchie? « Voilà, observe François Bedarida, que la légalité ne s'accorde plus forcément avec la légitimité » [15]. Les notions traditionnelles d'honneur, de discipline, d'ordre, ont été mises en cause par les mouvements d'une histoire trop rapide :

> D'instrument neutre au service de l'État, l'Armée est devenue, à travers la guerre de la Défense nationale et la lutte contre la Commune, un corps politisé, au service d'une idéologie. Dans la déroute des principes, chacun doit répondre selon sa conscience, c'est-à-dire le plus souvent selon son tempérament, ses sympathies, son éducation, son milieu social [16].

Et précisément l'intérêt renouvelé du métier des armes, à partir de 1871, la volonté de participer à la défense du pays, de préparer la revanche attirent au métier militaire une proportion croissante de jeunes hommes issus de l'aristocratie et de la bourgeoisie conservatrice et catholique. En 1868 l'annuaire de Saint-Cyr comportait, pour une promotion, 89 noms « à particule » sur 284. Dix ans plus tard, en 1878, il en compte 102 sur 365 [17]. La proportion des anciens élèves des établissements religieux s'accroît de même manière. En 1847, sur 306 saint-cyriens, 2 étaient issus des écoles religieuses; en 1886 on en compte 140 dans une promotion de 410. A partir de 1873 le grand mouvement de dépression économique qui sévit sur les campagnes, amenuisant la rente foncière, contribue, lui aussi, à orienter vers l'Armée les fils des châtelains et des propriétaires terriens. Ainsi se constitue peu à peu un corps d'officiers aristocrates et bourgeois, beaucoup plus cléricaux que ne l'avaient été leurs prédécesseurs et, pour nombre d'entre eux, fortement soumis à l'influence des jésuites. Cette évolution est surtout sensible dans la cavalerie. Elle est moins marquée dans l'infanterie, et moins encore dans l'artillerie et le génie [18]. Par ailleurs, l'avancement des officiers, réglé par une loi de 1832, s'effectue selon un système très proche de la cooptation : les sympathies, les liens de parenté, les affinités idéologiques et religieuses servent ainsi à renforcer la proportion et le rôle des officiers conservateurs et catholiques [19]. Il s'y ajoute que, pour beaucoup de milieux traditionnels, l'Armée est vécue comme un refuge, une sauvegarde contre l'ordre nouveau. Elle n'est pas, pas encore, un champ d'action de la République naissante. Elle est au contraire le dernier lieu où se réfugient les valeurs anciennes; elle préserve la fidélité légitimiste. Elle est « l'arche sainte » à laquelle les républicains n'ont pas encore osé toucher, un précieux domaine maintenu intact au milieu de la « subversion générale » [20].

François Bedarida, étudiant le contenu des « fiches secrètes » de Gambetta *, observe, pour l'année 1878, une très grande majorité de généraux bonapartistes ou légitimistes. De même, la plupart des colonels sont alors profondément attachés à l'institution monarchique, « plus on monte dans la hiérarchie, plus la proportion des officiers d'origine populaire, ou simplement petite-bourgeoise, diminue. Cette sélection sociale renforce le caractère conservateur de l'armée de métier ». En 1890, ces tendances ne se sont pas inversées [22]. L'Armée, et en tout cas l'État-Major, paraissent entretenir et même incarner l'attachement à l'ordre moral, la nostalgie de l'ancienne France. Et tout naturellement l'opinion conservatrice n'a cessé de compter davantage sur l'Armée, la considérant comme son royaume, comme un instrument destiné à servir ses desseins. L'armée de métier cristallise autour d'elle les aspirations de la France antirépublicaine. Elle semble la dernière force sociale que les adversaires de la République ont le moyen de contrôler, dont ils peuvent espérer une revanche [23].

Mais la crise de l'Armée n'est pas faite alors que d'un divorce croissant entre la République et la société militaire. Ce n'est pas seulement la question du régime – république ou monarchie – qui peut

* Il s'agit de dossiers secrets sur l'Armée française, véritables fiches sur la valeur professionnelle et les tendances politiques des officiers, retrouvés au ministère des Affaires étrangères dans la masse des papiers de Gambetta. Ces fiches éclairent les rapports de l'Armée et de la Nation dans les dix années qui suivirent l'effondrement de 1870 [21].

diviser les esprits *. C'est un problème plus grave, et nouveau, qui est posé aux officiers français [24] : quelle est la place de l'Armée dans une démocratie fondée sur le suffrage universel, le système parlementaire, l'école pour tous, le service militaire obligatoire? Quelle est sa mission?

> La démocratie, écrit François Bedarida, c'est la souveraineté de la Nation, la loi du nombre, la liberté la plus étendue accordée aux citoyens, le développement de l'esprit critique, la libre discussion : que deviennent alors le principe d'autorité, la loi de l'obéissance, qui s'identifient avec l'esprit militaire [25]?

Au cœur de l'Affaire Dreyfus, on ne cessera de rencontrer ce grand débat sur l'obéissance, la hiérarchie, l'autorité. La tradition de la discipline sans murmure doit-elle être mise en cause? En 1855, Galliffet et Eugène Lamy avaient dans un livre anonyme [26] défini l'esprit militaire comme « l'anéantissement de toutes les rébellions qui s'élèvent dans l'homme contre la souffrance et le sacrifice... la mort volontaire de la volonté dans laquelle ne survit que l'obéissance ». Pour avoir exalté en 1872 « un concours libre, intelligent et actif » entre la troupe et les cadres, le colonel Denfert-Rochereau s'était vu provoqué en duel par le général Changarnier pour qui « l'obéissance est la loi vivante pour le soldat, sans cela il n'y a pas d'Armée ». L'Armée est, par nécessité, gardienne des anciennes vertus d'obéissance et de discipline. Mais elle ne l'est pas que pour elle-même. Pourrait-elle conserver, seule, des valeurs qu'une Nation abandonnerait? N'est-elle pas l'auxiliaire naturel d'un ordre social qui partage sa

* Sur les opinions politiques des officiers, voir William Serman, *les Officiers français dans la Nation, 1848-1914*, Aubier-Montaigne, 1982, pp. 20 et s. La loi du 27 juillet 1872 leur a retiré le droit de vote, la loi du 30 novembre 1875 l'éligibilité à la Chambre des députés. Éligibles au Sénat, ils y seront de moins en moins nombreux.

La majorité des officiers taisent en toute occasion leurs opinions politiques, et même leurs convictions religieuses. Par prudence, mais aussi parce que les principes d'obéissance passive, de subordination hiérarchique, semblent incompatibles avec une opinion politique, en tout cas avec son expression.

morale? Le principe d'autorité, les hiérarchies installées, l'obéissance aux supérieurs ne sont-ils pas précisément les règles d'une société que l'Armée incarne, et qu'elle doit protéger?

> Pour quiconque veut réfléchir un peu, écrit brutalement le général du Barail [27], l'esprit républicain et l'esprit militaire sont deux états contradictoires et incompatibles... La République c'est l'opinion publique maîtresse, c'est l'égalité absolue de tous, c'est l'écrasement de l'élite par le nombre, c'est le renversement de la pyramide. Rien que par sa devise, la République est la négation de l'Armée, car liberté, égalité, fraternité, veulent dire indiscipline, oubli de l'obéissance, et négation des principes hiérarchiques.

Tous les officiers français ne vivront pas l'affrontement en ces termes. Beaucoup, par soumission traditionnelle à la loi de l'État, par conviction, ou par ambition calculatrice, trouveront des harmonies. Mais la plupart des officiers se sentiront mal intégrés dans la Nation républicaine. Convaincue d'appartenir à un milieu d'élite, « protégée par l'uniforme des tares contagieuses de la société civile », la société militaire sera tentée de renforcer son isolement : hautaine, orgueilleuse, souvent blessée. La majorité des militaires demeurent repliés, dans un cercle très restreint de relations, à l'écart des classes populaires, mais aussi des classes dirigeantes qui n'ouvrent leurs portes qu'à de rares officiers supérieurs. Ils vivent entre eux, le plus souvent pauvrement, selon leurs rites, à distance de la société civile [28]. « Armée sinon coupée de la Nation, du moins vivant en marge d'elle » [29]. Armée gardienne des « mâles sentiments », des « habitudes viriles », du dévouement, de l'audace, de la bravoure qui font l'esprit militaire *. Armée qui protège « l'orgueil du nom français », le culte du drapeau, « la religion de la France ». Armée qui entretient les vertus guerrières, vertus françaises, vertus éternelles, celles mêmes qu'exaltera plus tard Péguy, et qui

* Paul Déroulède, *De l'éducation militaire*. Déroulède propose une méthode d'enseignement des vertus militaires à tous les jeunes Français. « Il ne s'agit rien de moins que transformer la jeunesse de nos écoles en une légion de braves. »

prépare la guerre sainte, la guerre de revanche, d'où viendra la résurrection d'un peuple fier et courageux. L'Armée ne cessera, à la fin du XIXe siècle, et encore au début du XXe, de subir les effets, favorables ou néfastes, de cette exaltation de son rôle. Parce qu'elle exprime la faveur nationale, parce qu'elle porte les espoirs de revanche et de gloire, ne se confond-elle pas avec la France? Et n'est-elle pas, dans l'accomplissement de sa mission, au-dessus des règles de justice, au-dessus des lois?

III. – INTELLIGENT, ZÉLÉ, CONSCIENCIEUX, TRÈS ACTIF

Alfred Dreyfus a vingt et un ans quand il entre à l'École d'application de Fontainebleau. Il y reste deux ans, mérite de bonnes notes et le 1er octobre 1882 il est nommé lieutenant au 31e régiment d'artillerie, en garnison au Mans. A la fin de l'année 1883 il est affecté aux batteries à cheval de la première division de cavalerie à Paris. Ses notes le décrivent « intelligent... zélé... consciencieux... très actif ». En 1886 il est noté « officier plein d'entrain, très hardi cavalier, instruit, intelligent ». En 1887 ses notes remarquent qu'il est un « excellent lieutenant de batterie à cheval » et qu'« il commande bien ». En 1888 elles disent que « servi par une excellente mémoire et une intelligence très vive » il est le « meilleur lieutenant du groupe des batteries ». C'est alors qu'il décide de préparer les examens d'admission à l'École de guerre. Nommé, en septembre 1889, capitaine au 21e régiment d'artillerie, il est détaché comme adjoint à l'École centrale de pyrotechnie militaire à Bourges. Là il travaille avec application pour entrer à l'École de guerre. Il se distrait aussi. Il fréquente sans doute des femmes faciles : on dira plus tard des femmes louches [1]. Timide, solitaire, un peu hautain, parfois cassant, il ne se plaît guère dans la compagnie des autres officiers, et le laisse sentir. Il s'ennuie à Bourges. A Paris il fait la connaissance de Mlle Lucie Hadamard, fille d'un négociant en diamants, petite-fille d'un ancien élève de l'École polytechnique. Lucie Hadamard est grande, bien faite. Elle est riche. Elle est juive. Elle est séduite par ce jeune officier plein d'avenir. Ils se fiancent durant l'hiver 1889, mais vivent encore l'un à Bourges, l'autre à Paris. Le mariage est fixé au 21 avril 1890. Le 20 avril, Alfred Dreyfus a la joie d'être reçu à l'École de guerre.

Il y entre au début de l'automne, et, durant deux années et demie, il va travailler comme un forcené. Ses notes traduisent son zèle, et la satisfaction de ses chefs. « Santé assez bonne; myope; caractère facile, éducation bonne; tenue très bonne; instruction générale très étendue; instruction militaire théorique très bonne; connaît très bien l'allemand; monte très bien à cheval; très bon officier, esprit vif; saisissant très bien les questions; ayant le travail facile et l'habitude du travail. Très apte au service d'État-Major. » En novembre 1892, il sort de l'école classé 9e sur 81 avec la mention « très bien » et le brevet d'État-Major. Son excellent classement lui vaut d'être appelé comme stagiaire à l'État-Major de l'Armée. Il y entre le 1er janvier 1893. Un fils – Pierre – est né en 1891, une fille – Jeanne – naît en février 1893. « La carrière m'était ouverte, brillante et facile; l'avenir se montrait sous de beaux auspices. Après les journées de travail, je trouvais le repos et le charme de la vie familiale... nous étions parfaitement heureux... je n'avais pas de soucis matériels, la même affection profonde m'unissait aux membres de ma famille, et de la famille de ma femme. Tout dans la vie semblait me sourire » [2].

Ainsi Alfred Dreyfus décrira-t-il ces années où, jeune marié, jeune père – il n'a pas trente-quatre ans –, brillant officier d'État-Major, il semble promis à un bonheur facile. Et de ce bonheur il donnera toujours la même image, celle qu'il avait héritée de ses parents : un « intérieur » paisible, une famille unie cultivant, dans l'affection mutuelle, l'honneur, l'ordre, l'harmonie. Est-il vrai que pour Alfred Dreyfus tout ait été aussi « facile » qu'il le dit? A l'École de guerre, à l'État-Major, il ne ressemble pas tout à fait aux autres. Mais remarque-t-il ses étrangetés? Il est alsacien et parle allemand : ce qui le rend sympathique à quelques-uns inspire des méfiances, mais aussi des solidarités. Il est l'enfant d'une bourgeoisie industrielle, bourgeoisie récente, riche, et qui ne s'en cache guère. Qu'ils appartiennent à l'aristocratie ou à la bourgeoisie traditionnelle, ou qu'ils viennent des classes moyennes, la plupart de ses camarades ont de médiocres ressources, ou des fortunes immobilisées en maisons et en terres. Ils ne vivent le plus souvent que de leur solde, qui les tient dans une situation médiocre [3]. La fortune d'Alfred Dreyfus peut déplaire parce qu'elle est apparente. Elle peut inquiéter parce qu'elle témoigne de l'ascension d'une bourgeoisie nouvelle...

Surtout, il est juif. Or, depuis 1892, le journal de Drumont *la Libre Parole* mène une furieuse campagne contre la présence d'officiers juifs dans l'Armée. Il leur est reproché d'encombrer les voies de l'avancement, de peupler l'École polytechnique, de prendre la place des officiers catholiques, de préparer les voies de la trahison... Au nom des 300 officiers israélites que comptait alors l'Armée française, le capitaine Ernest Crémieu-Foa a provoqué Drumont en duel *. Ainsi l'officier juif entendait-il prouver qu'il était un officier comme les autres, un officier qui savait se battre. Plusieurs autres duels opposèrent en 1892 officiers juifs et antisémites français [4]. Au cours de l'un d'eux, le marquis de Morès, agitateur antisémite, tua le capitaine Mayer, jeune officier juif, polytechnicien, neveu d'un rabbin très considéré à Paris. Les obsèques de Mayer provoquèrent une manifestation spectaculaire : entre 20 000 et 100 000 personnes y assistèrent, selon le journal *le Matin*. Les honneurs militaires furent rendus. Des officiers de rang élevé, un détachement d'élèves de l'École polytechnique, une compagnie d'infanterie suivirent le cercueil. Aux cris de « Vive l'Armée », au son des tambours, l'enterrement prit l'allure d'un défilé patriotique. La communauté juive en fut très affectée. Juif, alsacien, officier, Mayer semblait

* L'un et l'autre furent légèrement blessés. Le capitaine Crémieu-Foa avait pour témoin le capitaine Esterhazy. Voir *infra* p. 159.

le symbole du dévouement des Juifs à la Nation *.

Jeune stagiaire à l'État-Major, Alfred Dreyfus ne peut être resté tout à fait indifférent à la campagne de *la Libre Parole*, au déchaînement d'injures dirigées contre les officiers juifs, traîtres en puissance, à la mort du capitaine Mayer. Pourtant il n'en a jamais dit mot. Le silence de Dreyfus sur son appartenance à la tradition juive est absolu : il n'en parlera ni dans ses souvenirs, ni tout au long de la correspondance que de l'île du Diable il échangera avec sa femme. Ce silence, qu'expliqueront sans doute une pudeur quasi maladive, une discrétion obstinée sur des sentiments ou des solidarités intimes, traduit en 1892 cette évidence que Dreyfus se sent peu concerné. Qu'il soit juif, de nom ou de tradition, complique un peu son destin, lui crée aussi des devoirs. Cela renforce ses exigences de rigueur et sa ferveur patriotique. Mais les soucis des Juifs ne sont pas ceux d'Alfred Dreyfus. Simplement cette différence, comme son caractère, l'isole d'une certaine manière. Dreyfus n'a, dans l'armée, ni « patron » ni soutien puissant. Il n'est l'ami ni le protégé d'aucun des chefs de l'Armée, d'aucun homme politique non plus [6]. Que son nom, que sa condition juive, qu'il ne revendiquait, ni ne cachait, aient un peu gêné son ascension, c'est probable. A l'École de guerre, le général Bonnefond, qui affirmait ne pas vouloir de Juifs à l'État-Major, lui donna une note très basse, qui lui fit perdre plusieurs rangs [7] : Alfred Dreyfus, en cette occasion, exigea des explications **. Plus tard, quand l'État-Major se rassemblera pour l'accabler, on découvrira beaucoup d'officiers qui expri-

* Le discours du grand rabbin de France aux obsèques de Mayer en porte témoignage : « Le sacrifice qu'il a fait de sa vie n'aura pas été inutile aux causes qui lui étaient chères s'il a pour effet de dissiper de funestes malentendus et de faire resplendir, à travers le voile de deuil qui le couvre aujourd'hui, le drapeau de la France, ce glorieux immortel symbole de la justice, de la concorde et de la fraternité. » Voir Michaël R. Marrus, *les Juifs de France à l'époque de l'Affaire Dreyfus* [5] et l'abondante bibliographie citée par Marrus sur la mort de Mayer.

** Dreyfus affirme avoir protesté « au nom des officiers israélites » auprès du général de Dionne. Cette ferme intervention constitue l'un des cas très rares où Dreyfus a affirmé son appartenance à la communauté juive. Elle sera retournée contre lui, dans l'acte d'accusation dressé en 1894. On y verra l'un des signes de son indiscrétion.

meront leur animosité à son encontre. Le général de Dionne, sous les ordres duquel il avait servi à l'École de guerre, et qui l'avait alors très bien noté, le décrira « intelligent, laborieux, et doué d'une prodigieuse mémoire ». Mais il ajoutera :

> sa manière d'être, haineuse et cassante, ses propos incontrôlés (il disait notamment devant ses camarades que les Alsaciens étaient plus heureux sous la domination allemande que sous la domination française) lui avaient valu l'antipathie de ses professeurs et de ses camarades. Sa conduite privée n'était pas bonne. Jeune marié, il ne craignait pas de se montrer avec des filles. J'ai eu des reproches à lui faire à ce sujet.
> J'ai vu beaucoup d'officiers israélites à l'École de guerre. J'affirme qu'aucun d'eux n'a été l'objet de l'animosité de ses chefs ni de ses camarades. S'il n'en a pas été de même pour le sieur Dreyfus, cela tenait à son détestable caractère, à l'intempérance de son langage, à une vie privée sans dignité, et nullement à sa religion [8].

Quand il faudra qu'il soit un traître, on lui attribuera de très nombreuses liaisons avec des femmes étrangères, parlant souvent allemand. On apprendra qu'il faisait de fréquents séjours à Mulhouse, en Alsace allemande. On découvrira qu'il ne cessait d'interroger ses camarades, de surprendre des informations secrètes, de s'enquérir sur des armements; qu'il étalait, avec arrogance, sa fortune; qu'il jouait beaucoup, qu'il trichait; qu'il était vaniteux, dissimulé, mystérieux, en un mot suspect *. Il n'est jusqu'à son physique, sa myopie, son visage, bien sûr, qui témoigneront alors contre lui : Dreyfus paraît plat, banal, livide, cauteleux, incolore, mala-

* Le capitaine Junck, camarade de l'École de guerre de Dreyfus, attestera le 16 mai 1898 : « Très orgueilleux, il aimait à faire étalage de sa fortune. Il se vantait d'avoir fait beaucoup la fête pendant qu'il était lieutenant au Mans puis à Paris. Il se plaisait à raconter ses bonnes fortunes. » Archives du ministère de la Guerre. Dossier Secret. Dossier 1, pièce nº 13. Le capitaine de Pouydraguin, commentant, le 8 novembre 1897 et le 13 mai 1898, la curiosité de Dreyfus durant les voyages de l'École de guerre, déclarera : « Ce que je croyais être le zèle d'un officier travailleur et ambitieux pouvait bien avoir une autre cause... » Ce ne sont que des exemples.

droit, prodigieusement antipathique [9]. Mais ces femmes légères qu'il fréquente – « jusqu'à mon mariage », précisera-t-il, très respectueux de la morale bourgeoise [10] –, ces officiers dont beaucoup sont ses amis, et qui seront plus tard acharnés à le perdre, cette confortable aisance qui deviendra une fortune ostentatoire et mal acquise, pour l'instant tout cela participe de sa vie tranquille. Sa douce famille, sa brillante carrière, le service de sa « chère France » *, comme il ne cessera d'écrire, tout organise autour de lui une harmonie paisible et qui semble naturelle. Alfred Dreyfus est heureux.

IV. – JUIF

Ce que ce jeune officier ne voit pas, ou ne veut pas voir, c'est la force montante du courant d'antisémitisme qui, depuis quelques années, agite l'opinion française.

Les Juifs français avaient vécu, après la Révolution, dans une tranquillité rarement troublée. Devenus, en 1791, citoyens à part entière, pouvant exercer tous les métiers, ayant plein accès à la culture française, ils avaient cessé de constituer une communauté à part, séparée du reste de la société [1]. « La citoyenneté était le signe de l'émancipation, la garantie pour le Juif qu'il était libre » [2]. L'émancipation avait pour effet naturel l'assimilation. Les Juifs libérés pouvaient conserver leur religion, mais sans que cela affectât leurs rapports avec la Nation française.

> « Qu'il n'y ait ni Juifs ni chrétiens, si ce n'est à l'heure de la prière pour ceux qui prient! » Voilà ce

* Voir not. dans *Lettres d'un innocent*, lettre du 7 décembre 1894 à Lucie Dreyfus : « Oh! chère France, toi que j'aime de toute mon âme, de tout mon cœur, toi à qui j'ai consacré toutes mes forces, toute mon intelligence... » Le thème, les mots mêmes, sont constamment repris dans sa correspondance.

que la France proclama le 26 août 1789 par la Déclaration des Droits de l'Homme. A partir de ce jour la France ne reconnaissait que des citoyens [3].

Ainsi pouvait parler en 1892 un Juif « assimilé ». Et sans doute les Juifs de France se sentaient-ils « une aptitude particulière à l'imitation », à l'assimilation [4] : l'acquisition de l'égalité, la « fusion sociale », qu'ils accueillaient avec enthousiasme, pouvaient servir d'exemple au reste de l'Europe. La Révolution de 1789, proclamait Isidore Cahen, « voilà notre seconde loi du Sinaï » [5]. A l'occasion du centième anniversaire de la Révolution, des services commémoratifs spéciaux furent célébrés dans toutes les synagogues. On y exaltait la devise française « liberté, égalité, fraternité » [6]. La Révolution, s'écriait le rabbin Kahn, de Nîmes, « c'est notre sortie d'Égypte... c'est notre Pâque moderne » [7]. Il semblait seulement que les Juifs français avaient contracté une « dette historique » envers la France, qu'elle avait acquis, en leur offrant l'émancipation, « une lourde créance sur leur loyalisme et sur la vie normale et quotidienne ». Ce qu'exprimait, parmi d'autres, le rabbin d'Avignon parlant à ses fidèles :

> Efforçons-nous toujours d'arriver au premier rang parmi les travailleurs honnêtes et loyaux dans toutes les carrières ouvertes à notre activité... Offrons l'exemple de toutes les vertus civiques et sociales. Ne cessons d'être d'irréprochables citoyens. Soyons, en un mot, les dignes enfants de la France [8].

« Lorsque survint l'Affaire Dreyfus, écrit Michaël R. Marrus, l'association théorique du judaïsme avec la France moderne, dimension intellectuelle de l'assimilation, était devenue la doctrine officielle de la communauté juive de France » [9].

Pourtant ceci ne signifie pas que les préjugés antijudaïques, nourris par le christianisme depuis ses origines, aient été dispersés par la Révolution. Pour de nombreux catholiques, une large partie du clergé, le peuple juif restait le peuple « déicide ». Le Talmud n'était qu'un « anticatéchisme » d'où les Juifs « tiraient comme des serpents, tous leurs vices » [10]. Périodiquement se réveillait le vieux mythe du crime rituel [11]. Dès 1806, Louis de Bonald, l'un des meilleurs représentants du catholicisme conservateur, écrivait, dans *le Publiciste :* « Les Juifs dont toutes les idées sont perverties, et qui nous méprisent ou nous haïssent, trouveraient dans leur histoire, s'ils devenaient nos maîtres, les terribles exemples dont ils nous feraient l'application » [12]. En 1858 Louis Veuillot, très influent sur l'Église de France, témoignait, dans trois numéros de *l'Univers,* d'un tel mépris pour les Juifs que le Consistoire central israélite devait émettre une protestation solennelle. Les publications antijuives furent déjà nombreuses, durant la première moitié du XIXe siècle [13] : mais elles paraissent n'avoir eu alors qu'une audience très limitée, et n'avoir pas inquiété les Juifs français. Un certain nombre de personnalités juives – dont l'avocat Adolphe Crémieux – fondaient, en 1860, l'Alliance israélite universelle, destinée à lutter contre « l'injustice, les préjugés et les discriminations », incarnés par la publication répétée d'ouvrages violemment antijuifs, et aussi par le scandale de quelques « conversions forcées » d'enfants juifs [14]. Mais cette société, quasi secrète, ne semble avoir provoqué que la méfiance de la communauté juive.

C'est autour de l'année 1880 qu'en France cet antijudaïsme traditionnel commença à se transformer en un antisémitisme * dont la marée ne cessera de monter jusqu'à la fin du siècle. « L'hostilité contre les Juifs – écrit Bernard Lazare, publiant en 1894 son ouvrage *l'Antisémitisme, son histoire et ses causes* –, autrefois sentimentale, se fit raisonneuse... les antijuifs contemporains voulurent expliquer leur haine, c'est-à-dire qu'ils voulurent la décorer. L'antijudaïsme se mua en antisémitisme » [15]. Ce qui était jusqu'alors préjugé, hostilité irraisonnée, devait devenir, en quelques années, une véritable doctrine, une explication de la société, le fondement d'une politique et même d'une morale.

De cette fantastique montée de l'intolérance, qui s'épanouira durant l'Affaire Dreyfus, les explications

* Le terme est attribué à Wilhelm Marr qui publie en 1873 à Berne un violent pamphlet antijuif, d'abord ignoré en France, qui sera remarqué en 1879 par *le Temps* et *le Journal des débats.*

sont nombreuses et restent assez confuses. C'est dans toute l'Europe que s'observe, à partir de 1880, une explosion d'antisémitisme. En Russie elle se manifeste par une succession de cruels pogroms. Et tandis que la France renforce son alliance avec la Russie, les Juifs russes fuient, vers l'ouest, les massacres ordonnés par le tsar [16]. Beaucoup cherchent asile en France. Quelques années plus tard une vague de brutalités et de meurtres déferle sur toute l'Europe orientale. En Allemagne la propagande antisémite se déchaîne. Mais l'opinion publique française ne paraît pas encore concernée. Il n'y a pas de délégation française au congrès antisémite international qui, en 1882, réunit à Dresde 300 délégués allemands, autrichiens et russes *. Lors du procès, en 1882, à Tisza-Eszlas en Hongrie, de Juifs accusés du crime rituel, la majeure partie de la presse française dénonce un procès « ignoble », « monstrueux », « digne du Moyen Age ». « Ce n'est pas un débat judiciaire, écrit le *Journal des Débats* du 16 juillet 1883, c'est une guerre de races. » En revanche, une partie de la presse catholique – et notamment *l'Univers* dont l'audience est, il est vrai, très limitée – s'affirme certaine du « crime juif », et proteste contre un acquittement qui ne peut être dû qu'à « l'or juif » [17].

Faut-il chercher une explication partielle à l'intolérance croissante observée en France, à partir de 1882, dans ce que l'on a appelé « l'invasion juive », c'est-à-dire l'installation en France, et spécialement à Paris, d'un nombre croissant de Juifs qui fuyaient la persécution [18]? En 1840 on ne comptait en France que 70 000 Juifs, dont les deux tiers vivaient en Alsace et en Lorraine. Cette petite communauté s'est enflée peu à peu de Juifs allemands, polonais, russes, Juifs sans ressources, très souvent venus à Paris, et qui imposaient à une population méfiante, vaguement hostile, souvent encombrée de préjugés religieux, le mythe du « youpin » [19]. Paris a reçu, entre 1870 et 1880, au moins 5 000 Juifs alsaciens-lorrains, opposants ou réfractaires, vite tenus pour

* « Le congrès antisémite de Dresde vient de prouver que la bêtise humaine gagne du terrain », (*le Figaro*, 20 septembre 1882).

Allemands, alors que, s'expatriant, ils manifestaient leur fidélité à la France. La communauté juive en Algérie – 44 000 personnes en 1890 – se grossissait aussi d'un flot d'immigrants alsaciens-lorrains *. Dans *la France juive* – publiée en 1886 – Édouard Drumont prétendra que la France, colonisée par les Juifs, en comptait 500 000. En réalité, elle n'en comptait pas 100 000 **. Il reste que « l'invasion juive », ou son mythe, a pu aider à nourrir un antisémitisme latent.

Mais les vraies raisons de la fièvre antisémite sont sans doute à rechercher dans un grand désarroi des esprits. Dans le dernier quart du XIXe siècle, les nouvelles formes économiques et politiques que revêt la société française suscitent, chez tous ceux qui sont attachés à l'ordre ancien, ou qui souffrent des changements, l'anxiété, la peur, et souvent la colère : ce désarroi incite à rechercher des responsables. Des révoltes, confuses et disparates, convergent dans le malheur et le ressentiment. On se révolte contre les nouveaux modes de vie qu'engendrent le progrès technologique et la société industrielle, contre l'exode rural et l'exploitation ouvrière, mais aussi contre les difficultés que cause aux entrepreneurs et aux commerçants le développement du capitalisme, contre la dure loi des banques, contre la misère des uns, la ruine des autres, l'écrasement de tous les « petits » par un système économique inhumain et insolent. On se révolte contre la démocratie, entendue comme le gouvernement de tous, contre le principe d'égalité, contre le système parlementaire, contre le gouvernement des avocats bavards et impuissants. On se révolte contre le refus de Dieu, le principe de laïcité, la destruction des vertus chrétiennes, l'ébranlement de l'influence catholique. On se révolte contre les valeurs libérales qui caractérisaient le siècle des lumières, contre l'utopisme dont s'était nourrie la pensée européenne jusqu'à la Révolution. On se

* Dès octobre 1871, un décret d'Adolphe Crémieux, alors ministre de la Justice, avait transformé les Juifs algériens en citoyens français.

** Au recensement de 1890 – peut-être incomplet – on compte 67 780 Juifs en France métropolitaine, et 43 556 en Algérie.

révolte contre la souveraineté de la science et de la raison, contre la foi dans le progrès nécessaire des sociétés. Et sans doute, ces révoltes proviennent-elles de couches sociales très diverses, et n'ont-elles pas de cohérence. Les unes viennent de forces conservatrices, nostalgiques des valeurs et des hiérarchies que défendaient l'Église et la Monarchie. D'autres traduisent seulement la peur des bouleversements qu'imposent la société industrielle et la concentration urbaine. D'autres exploitent la misère des victimes du système capitaliste. Mais elles se rassemblent dans les mêmes refus : refus de l'individualisme rationaliste de la société libérale, refus du capitalisme et de ses modes d'exploitation, refus du système parlementaire, refus de la dissolution des liens sociaux dans la société bourgeoise *.

Et ces refus, qui traduisent moins peut-être l'attachement à l'ordre ancien que l'angoisse à l'approche d'une société nouvelle, vont trouver comme un ciment dans la résurgence des valeurs irrationnelles, le culte de l'instinct, l'affirmation du moi – moi individu ou moi Nation – la découverte de l'inconscient, le culte de la force. Ainsi se façonnera une vague idéologie, dont Zeev Sternhell observe justement qu'à la fin du XIXe siècle elle est exprimée par des hommes venus d'horizons très divers, et de disciplines très éloignées, en France, en Allemagne, en Italie, en Autriche, en Russie [20]. L'intellectuel déraciné, le vagabond sans patrie, le Juif errant, le capitaliste international deviennent également détestables. Ils incarnent une civilisation décadente, médiocre, matérialiste, corrompue. On condamne les grandes cités « où se perd l'héroïsme », où l'ouvrier est asservi, le capitalisme qui dépeuple les campagnes et organise le règne d'un argent sans patrie. On abhorre une société bourgeoise qui dilapide les grandes vertus. On exige une réforme des institutions dans un sens autoritaire, qui débarrasse de l'impuissance et de la veulerie parlementaire. On en appelle au chef qui incarne les vertus de la race.

* Voir Zeev Sternhell, *Maurice Barrès et le nationalisme français*, Cahiers de la Fondation nationale des sciences politiques, 1972; voir aussi du même auteur : *la Droite révolutionnaire 1885-1914, les origines françaises du fascisme*, le Seuil, 1978, et *Ni droite ni gauche, l'idéologie fasciste en France*, le Seuil, 1983.

On oppose aux prétentions de la raison les vertus de l'instinct, voire de l'animalité. On se méfie de l'intelligence critique. On exalte la virilité. Dans toute l'Europe cette idéologie, à la fois confuse et vigoureuse, va donner matière et force à l'antisémitisme.

Car seul un vaste complot peut expliquer la décadence moderne [21]. Les Juifs – et à un moindre degré les protestants et les francs-maçons – en sont les inspirateurs ou les organisateurs. Errant, le Juif est, de nature, sans patrie. Marchand, il est loin du sol. Par destin, ou par malédiction, il est « international ». Il aime l'argent, non la guerre. Il se nourrit d'intelligence, non d'instinct. Il se réclame de la tolérance, non de la force. Il s'épanouit dans la démocratie parlementaire impuissante et vénale. Cette terre n'est pas la sienne. Ces morts ne sont pas les siens. Et puisqu'il faut un coupable, qui profite de tout ce qui est haïssable, qui déteste tout ce qui vaut d'être aimé, Judas est né pour ce rôle. « Que Dreyfus est capable de trahir, je le conclus de sa race », écrira Maurice Barrès [22] qui donnera à l'antisémitisme la dimension d'une doctrine politique. Charles Maurras, plus tard, en fera le fondement de tout système. « Tout paraît impossible, ou affreusement difficile sans cette providence de l'antisémitisme. Par elle tout s'arrange, s'aplanit, et se simplifie » [23].

La brutale montée de l'antisémitisme dans l'avant-dernière décennie du siècle a été maintes fois décrite [24]. En 1882, le krach de l'Union générale – banque catholique très proche de l'Église –, qui a conduit beaucoup de petits épargnants à la ruine, est attribué, notamment par la presse catholique, à des machinations des grandes banques juives, et à un plan des Rothschild. Une trentaine d'ouvrages antisémites sont publiés, de 1883 à 1892, accordant à cette faillite une place privilégiée, dénonçant « les méthodes juives », et mettant en garde les Français [25]. Antisémites de droite et antisémites d'extrême gauche se rejoignent à cette occasion pour dénoncer le Juif financier, le Juif capitaliste, le Juif Rothschild. On compte, entre 1882 et 1886, une vingtaine d'ouvrages antisémites dus à des prêtres : ils ont en commun d'expliquer tous les malheurs de la France contemporaine par « l'acharnement du peuple déicide » [26]. En 1886 Édouard Drumont publie *la France juive* * qui connaît un brutal succès. En deux mois le livre est vendu à près de 100 000 exemplaires. L'ouvrage, d'une grande médiocrité [27], nourri de ragots et de chimères, a cependant l'habileté « d'élever le mythe juif à la hauteur d'une idéologie et d'une méthode politique » [28]. Surtout il prétend parler à la classe ouvrière et à la petite bourgeoisie, victimes du capitalisme international et de la grande industrie. Aux uns Édouard Drumont explique que Karl Marx et « tous les chefs de la révolution cosmopolite sont des Juifs ». Aux autres, il dénonce le Juif, incarné par Rothschild, comme responsable de la misère ouvrière. Ainsi concilie-t-il, dans l'antisémitisme, la pensée contre-révolutionnaire, la tradition catholique, et un anticapitalisme populiste et socialisant. Grâce à l'antisémitisme, les conflits de classe se dissipent. « Il ne reste plus, observe Michel Winock, qu'une minorité de profiteurs juifs écrasant l'immense majorité de leurs victimes aryennes et catholiques » [29]. Encouragé par son succès, Édouard Drumont s'engage dans l'action. En 1889 il fonde la Ligue nationale antisémitique qui ira à l'échec **, et en 1892 le journal *la Libre Parole* qui connaît aussitôt, grâce à l'exploitation du scandale de Panama ***, un grand succès. Dès mai 1892 *la Libre Parole* commence sa violente campagne contre la présence d'un nombre élevé d'officiers juifs dans l'Armée, dénonçant ces traîtres en puissance, proclamant, non sans quel-

* Édouard Drumont, *la France juive. Essai d'histoire contemporaine*, Paris, Marpon et Flammarion, 1886. En 1888 l'immense succès du livre justifiera une édition populaire chez Palmé. L'ouvrage aura plus de deux cents éditions.

** En revanche, la Ligue antisémitique française (LAF), créée en 1892, reprise en 1897 par Jules Guérin, et la Jeunesse antisémitique de France (JAF), fondée en 1894, connaîtront un succès appréciable. En 1898 la Ligue antisémitique française n'aura pas moins de 5 000 adhérents. Le chiffre n'est pas dérisoire, si l'on considère qu'aucune organisation politique ne compte alors plus de 100 000 adhérents (Stephen Wilson, « l'Attitude juive face à l'antisémitisme durant l'Affaire Dreyfus », in *European Studies Review*, VI, nº 2, 1976, pp. 225 et s.).

*** Le scandale de Panama met en cause plusieurs Juifs, le baron de Reinach, Arton, Cornelius Herz. Il fournit un nouvel aliment à la haine des Juifs et des capitalistes confondus.

que raison, « qu'il existait chez l'énorme majorité des militaires un sentiment de répulsion contre les fils d'Israël » [30]. Le journal des Assomptionnistes, *la Croix* *, s'associe à cette campagne, et prétend même la dépasser. Il se décrit en 1890 « le journal le plus antijuif de France, celui qui porte le Christ, signe d'horreur aux Juifs » [31]. Alors l'antisémitisme se déchaîne. Il ne se manifeste pas encore par des manifestations tapageuses ni des violences; mais il s'exprime déjà par une multitude de publications et de réunions, dont l'audience cumulée ne peut avoir été négligeable, si même il est difficile de la mesurer. La littérature antisémite – aussi variée qu'abondante – peut être rassemblée selon trois « angles d'attaque » [32] : un antijudaïsme religieux, traditionnel, accusant le peuple déicide, dénonçant le Talmud « corps d'absurdités colossales et de turpitudes sans nom » [33], reprenant l'accusation des meurtres rituels; un antijudaïsme « économique » [34], condamnant le Juif orgueilleux, paresseux, avide, lâche, traînant partout où il passe la concussion, l'agiotage, le vol, la passion du lucre, « l'esprit banquier »; enfin un antisémitisme raciste, contestation radicale du Juif, qui prend appui sur l'opposition des races aryennes – ou indo-européennes – et sémitiques, et postule l'infirmité définitive du Juif [35].

Édouard Drumont tâche d'opérer la synthèse. Il ne distingue guère entre les diverses formes de l'antisémitisme. C'est un rejet global du Juif qu'il revendique, cherchant de vagues appuis dans l'histoire. Ignoble et néfaste en tout point, le Juif est l'explication de tous les malheurs de la France et des Français. A partir de 1890, s'il est possible de dater précisément le déchaînement de la haine, « l'antisémite vise le Juif dans sa totalité » [36]. Le Juif est « le mal ». On peut lui reconnaître des talents. On peut respecter son intelligence. On peut même admirer son œuvre. Mais « il est autre, et un autre que ses qualités comme ses défauts séparent du reste de la Nation ». Parfois il est révolutionnaire. Il menace alors les valeurs traditionnelles, et l'unité

* L'ouvrage de Pierre Sorlin sur *la Croix et les Juifs*, Grasset, 1967, est fondamental sur la campagne antijuive, d'une violence souvent hystérique, menée par le journal des Assomptionnistes.

de la Nation. Parfois il est capitaliste. Il ruine les paysans, exploite les ouvriers, étrangle les petits commerçants. Souvent il est allemand, d'origine ou de sentiment, ou alsacien, ce qui revient au même, ennemi par nature, ou traître par vocation. A travers toute cette littérature, dont *la France juive* a fourni les aliments essentiels, se profile le portrait physique et moral du Juif abstrait, du Juif « idéal », ennemi de la France, traître-né [37]. Il se reconnaît d'abord à l'apparence.

> Les principaux signes, écrit Drumont, auxquels on peut reconnaître le Juif restent donc : ce fameux nez recourbé, les yeux clignotants, les dents serrées, les oreilles saillantes, les ongles carrés au lieu d'être arrondis en amande, le torse trop long, le pied plat, les genoux ronds, la cheville extraordinairement en dehors, la main moelleuse et fondante de l'hypocrite et du traître. Ils ont assez souvent un bras plus court que l'autre [38].

Le Juif « sent mauvais ». Il a « les doigts crochus ». Il porte sur la figure « les stigmates de l'infamie »... Il a la figure exsangue, le teint blanc, avec un dessous verdâtre. Il ne parle pas, il piaille, il mord, il lèche, il aboie, il griffe [39]. « Au double point de vue moral et physique, écrit Léon Bloy, le youtre moderne paraît être le confluent de toutes les hideurs du monde » *. Au moral, ce qui domine c'est la rapacité : le Juif est avare, usurier, agioteur [40]. Il est hypocrite, obséquieux, servile, rampant, souple, cauteleux. Il rêve de domination universelle. Il hait les chrétiens, et ne veut que les exproprier. Il aime les sacrifices humains et rituellement est attiré par le sang. Il est lâche, il a peur de la force brutale, il refuse d'être un soldat. Il est toujours en campement, en errance : il demeure étranger dans tous les pays qu'il habite. Il n'a pas de patrie, et les trahit toutes. La femme juive est sensuelle, pervertie, débauchée [41]. Elle fournit « le plus fort contingent à la prostitution de toutes les capitales ». Elle aide le Juif à corrompre et à ruiner le chrétien. On n'en

* Léon Bloy, *le Salut par les Juifs*, Paris, 1892, p. 14. Mais le livre compliqué, parfois nuancé, de Léon Bloy, oppose les Juifs à leur religion d'où tout procède.

finirait pas d'énumérer les traits innombrables, qui se regroupent, pour désigner le Juif. Mais bien sûr le Juif n'a pas d'identité personnelle. Il n'est que le représentant de sa race, Juif anonyme, blafard, inconsistant. Ainsi Barrès décrira-t-il plus tard Dreyfus au procès de Rennes [42] :

> Voix sans timbre... jamais la voix ne correspond aux paroles... de tous les dreyfusards le plus mou... n'est-ce pas enfantin de sentir un malaise et de crier au mystère parce qu'un étranger ne réagit pas sous les événements de la même manière que ferait l'un de nous? Nous exigeons de cet enfant de Sem les beaux traits de la race indo-européenne. Il n'est point perméable à toutes les excitations dont nous affectent notre terre, nos ancêtres, notre drapeau, le mot « honneur ». Il y a des aphasies optiques où l'on a beau voir des signes graphiques, on n'en a plus l'intelligence. Ici l'aphasie est congénitale; elle vient de la race.

Restent les solutions [43]. Le plus souvent les antisémites ne font que crier leur haine, expliquer par les Juifs la décadence nationale, protester contre leur place ou leur rôle dans la société française. Mais quelques-uns proposent des remèdes. Certains suggèrent des mesures économiques, dont la confiscation totale ou partielle des biens juifs [44]. Le Révérend Père de Pascal [45] propose une loi interdisant à tout étranger de posséder une portion du sol rural du pays, et assimilant les Juifs aux étrangers. En novembre 1891, Francis Laur dépose au Parlement une proposition de loi tendant à l'expulsion de tous les Juifs de France, et il se trouve trente-deux députés pour l'appuyer. L'abbé Henri Desportes [46] demande « la relégation des Juifs hors de la société chrétienne » car « ces hommes ne peuvent plus vivre de notre vie. Ils demandent à se replonger dans les profondeurs du ghetto d'où ils n'auraient jamais dû sortir et où nous les renverrons bientôt ». Georges Meynie [47] est plus vigoureux : « C'est le gibet qu'il faut aux Juifs pour leur faire expier le mal qu'ils nous ont fait. » Quant à Drumont, il réclame un justicier : « Toute la France suivra le chef qui sera un justicier, et qui au lieu de frapper sur les malheureux ouvriers français, comme les hommes de 1871, frappera sur les Juifs cousus d'or. » Le 18 janvier 1893, il prophétise dans *la Libre Parole*, s'adressant aux jeunes de France : « Je sens que c'est vous qui nous vengerez quand vous serez grands et quelque chose me dit que le châtiment sera effroyable. »

Bien sûr ces écrits n'ont encore, en 1892 et 1893, qu'une faible audience, plus significative à Paris qu'en province. Aux élections de 1893, l'agitation antisémite n'a sans doute joué qu'un rôle très secondaire. Mais l'Armée, l'Eglise, les catholiques, la bourgeoisie traditionnelle, l'aristocratie terrienne, les petits commerçants et les artisans, victimes de l'évolution économique, le prolétariat urbain, sont les destinataires naturels de cette idéologie de haine et de mépris. Peut-être manque-t-il encore une occasion, une étincelle? Alfred Dreyfus pense à autre chose. Il est jeune marié, jeune père, brillant officier. Et la vie ne fait que lui sourire.

V. – LA RÉPUBLIQUE DES OPPORTUNISTES

Quand l'année 1893 s'achève, la République peut être satisfaite. Elle a vaincu de grandes difficultés. L'aventure du général Boulanger a pris fin, dans la dérision. Sans doute la chance a-t-elle joué son rôle, dans le succès de la République. Un temps il avait semblé que l'ascension du général Boulanger était irrésistible. Sa force – sa fragilité aussi – avait tenu à ce qu'il avait paru rassembler tous les mécontents, porter tous les projets. Les royalistes jugeaient que le général pouvait être utilisé pour servir la cause monarchiste. Beaucoup de catholiques voyaient en lui un homme providentiel envoyé par Dieu pour sauver la France et l'héritage des vertus chrétiennes. Le prestige de l'Armée – gardienne de l'ordre social, instrument de la future revanche – lui profitait. Tous ceux qui détestaient le système parlementaire, son impuissance, son apparente corruption, se tournaient vers lui. Une partie des classes populaires regardait vers ce chef, pur et dur, qui pouvait balayer le Parlement, chasser le libéralisme bourgeois, l'exploitation capitaliste, tous les maux du temps. Que le général Boulanger ait eu les idées courtes avait servi, d'une certaine manière, à son ambiguïté. Son programme, « Dissolution, Révision, Constituante », ne disait rien qui ne pût satisfaire tout le monde. Et la promesse d'une guerre victorieuse pouvait soulever les cœurs. Triomphalement élu, en mars 1887, en Dordogne et dans le Nord, puis en août en Charente-Inférieure, dans la Somme et dans le Nord, il avait semblé que Boulanger serait partout plébiscité. « La République, se lamentait Jules Ferry, est profondément atteinte [1]. » En janvier 1889, Boulanger a l'audace de se porter candidat à Paris. Un succès éclatant lui assure que désormais le pouvoir est à portée de sa main. « A l'Élysée! à l'Élysée! » hurlent ses troupes... et sans doute il ne tient qu'à lui, dans l'affolement du gouvernement, avec une large complicité de la police et de la troupe, de devenir le maître de la France.

Mais Boulanger attend. Scrupule d'un militaire discipliné? Signe d'un tempérament hésitant, ou d'un vrai désarroi? Il laisse à la République le temps de réagir. Le ministre de l'Intérieur, Constans, décide le gouvernement à engager des poursuites contre les principaux dirigeants de la Ligue des patriotes et de presser la discussion d'un projet de loi fixant la procédure de la Haute Cour. La menace est claire. Boulanger en Haute Cour? On le prévient gentiment : son arrestation est imminente. Il s'enfuit à Bruxelles. En même temps que Rochefort il est poursuivi par contumace. « Que faire avec un lâche?... » gémit l'un des plus fougueux boulangistes. Ruiné, désespéré, drogué, de plus en plus inquiet de la santé de sa maîtresse Marguerite de Bonnemains, le général en exil « s'adonne aux rêveries d'un socialisme fumeux ». Il dissout, en 1890, le Comité national boulangiste, et traîne, après la mort de celle qu'il aime, une existence de fantôme. Le 30 septembre 1891, il se tire, sur la tombe de Marguerite, une balle dans la tempe [2]. Ainsi s'achevait, en roman noir, l'aventure qui avait bien failli emporter la République.

Déjà lors du centenaire de la Révolution, la République des « opportunistes » * a étalé sa satisfaction. Les boulangistes semblaient en débandade. Les nostalgiques de la Monarchie et de l'Empire étaient rares à oser proclamer leur fidélité. Les élections de 1889 avaient marqué l'écrasement du « parti révisionniste », c'est-à-dire des antirépublicains ** et la victoire des « opportunistes » qui se qualifiaient désormais de « républicains de gouvernement ». L'Exposition du centenaire de la Révolution, qu'avait inaugurée, le 6 mai 1889, cent ans après la réunion des États Généraux, le président de la République Sadi Carnot, avait étalé les grandes réalisations de l'industrie française, les œuvres que produisaient l'architecture, la sculpture, la peinture académiques ***. Une fontaine lumineuse figurait « la France éclairant le monde »... Le 11 septembre avait été célébrée la fête du triomphe de la République, mise en musique par une cantate d'Augusta Holmes. On avait dévoilé place de la Nation, sous les applaudissements de la foule, le plâtre de la statue de Dalou. Oui, la République victorieuse est en fête.

Elle a de bonnes raisons d'être contente. Il est vrai qu'elle a infligé un complet démenti à ceux qui, lors de son avènement, prédisaient son effondrement. La discipline républicaine a permis aux républicains de l'emporter sur les réactionnaires. Ceux-ci se sont largement discrédités en s'engageant dans l'aventure boulangiste : ils en paieront le prix aux élections de 1893. De nouveaux notables, venant de la moyenne et petite bourgeoisie [3], urbaine et rurale, médecins, avocats, professeurs, modestes propriétaires, sont montés vers le pouvoir, tandis que déclinait le nombre des anciens notables hobereaux

* Tel est le nom – sans signification péjorative – qui désigne alors la majorité centriste du Parlement.

** Trente-huit boulangistes seulement avaient été élus, dont Maurice Barrès à Nancy, sous l'étiquette de socialiste révisionniste.

*** L'Exposition avait recouvert la totalité du Champ-de-Mars, une partie de l'esplanade des Invalides et des jardins du Trocadéro. Les deux « merveilles » étaient la « galerie des machines », gigantesque hall de 420 mètres de long à armature entièrement métallique, et la « tour » construite par Gustave Eiffel. L'électricité avait permis à l'Exposition d'être visitée de nuit comme de jour.

ou très riches bourgeois. Ces « couches nouvelles », fraîchement issues du peuple, conquièrent peu à peu des mairies, des conseils généraux, des conseils d'arrondissement. Elles accèdent au Parlement, consolidant une majorité souvent hésitante, flottante [4], mais sincèrement républicaine et laïque.

Et le bilan du travail accompli, depuis l'avènement de la République, n'est pas mince. En dépit de l'incessant accroissement des dépenses militaires * les finances de l'État ont été convenablement gérées. Jusqu'en 1887 la crise économique a entraîné un léger déficit annuel. Puis les déficits ont fait place à de légers excédents. L'État gère les finances publiques sans imagination, avec parcimonie, comme il gérerait un gros patrimoine privé. Cette politique, constate Jacques Chastenet, a pour effet qu'il jouit, tant à l'intérieur qu'à l'extérieur, d'un excellent crédit [5]. Le développement de l'industrie française – que l'exposition de 1889 a prétendu révéler au monde – a été plus lent, moins spectaculaire qu'en Angleterre ou en Allemagne. La progression n'en est pas moins constante, entraînant l'ensemble des activités du pays. « L'industrie (sans le bâtiment) s'inscrit pour un quart de la production globale de 1810 à 1840, pour un tiers dans la période intermédiaire de 1850-1880, et pour la moitié entre 1890 et 1910 » [6]. Dans le même temps, l'agriculture a souffert d'un relatif déclin. Non par l'effet de ce que l'on a appelé, par exagération, l'exode des campagnes ou la dépopulation rurale : les statistiques n'attestent au contraire qu'une diminution très lente de la population active agricole [7]. En revanche la part de l'agriculture dans le produit physique global diminue fortement dans le même temps, accusant la disproportion entre une population et sa part du produit national [8]. Les structures rigides de prix et de salaires, un certain immobilisme du monde agricole, les concurrences extérieures, le recul de certaines cultures, la grande dépression agricole européenne qui s'étend de 1873 à 1896 fournissent des explications partielles à un appauvrissement relatif du monde agricole, provoquant des misères, des départs, et dans beaucoup de

* 21 % du budget en 1880, 26 % en 1893.

départements, ceux notamment touchés par les crises vinicoles, un mécontentement facile à exploiter. C'est sous la double pression des propriétaires agricoles et des industriels du textile que la République renonce peu à peu au libéralisme économique : le retour progressif au protectionnisme, symbolisé par la loi du 11 janvier 1892, marque l'une des premières étapes de l'intervention de l'État. Un vaste programme de travaux publics, inspiré par Freycinet, en est une autre. Le problème du rôle de l'État dans l'économie est désormais posé.

Mais les deux domaines privilégiés de l'effort républicain sont l'Armée, parce qu'elle se confond avec la patrie, principal dogme de la République, qu'elle porte la fierté nationale et les espoirs de revanche, et d'autre part l'école laïque, dont Gambetta avait annoncé qu'elle serait « le séminaire de l'avenir » *. En réalité, la diffusion des connaissances, l'exaltation et la défense de la patrie sont liées dans l'idéologie républicaine. Et c'est dans son effort pour construire un système d'enseignement laïc que l'État rencontre l'adversité agressive de l'Église. En 1893, il subsiste près de 15 000 écoles primaires privées, en face de 68 000 écoles publiques. 84 000 enfants fréquentent les lycées de l'État, tandis que près de 52 000 sont éduqués dans les établissements religieux. Les congrégations enseignantes non autorisées, dispersées par Jules Ferry, se sont reformées, et bénéficient d'une nombreuse clientèle. La tolérance de la République laisse ainsi large place à une éducation qui lui est hostile.

Car la République victorieuse n'a pas cessé d'être entourée de forces contraires. Et d'abord les rapports de l'Église catholique et de l'État restent conflictuels. Le pape Léon XIII peut toujours, dans l'encyclique *Au milieu des sollicitudes*, publiée en février 1882, inviter les catholiques à accepter la République, à ne poursuivre la révision des lois scolaires que dans le cadre de la législation républicaine, la majorité des évêques est hostile aux institutions républicaines, une large partie des prêtres

* L'enseignement secondaire, qui n'est pas gratuit, reste, en dépit du système des bourses, le privilège d'une classe restreinte : 6 616 bacheliers en 1879, 8 000 en 1893 [9].

fidèle à la conviction monarchique; et la plupart des curés de campagne subissent, quelle que soit leur conviction, l'autorité des châtelains, dispensateurs de considération et de subsides [10]. Les « mauvais conseils » du Saint-Père ne sont que très partiellement écoutés. L'Église est très loin d'être ralliée à la République laïque. A l'inverse, l'anticléricalisme fournit au parti républicain « une base trop ancienne et trop solide » offrant « à ses différentes fractions un dénominateur commun » pour que les républicains de la vieille école n'en fassent pas un vigoureux usage. « L'Église veut précisément le contraire de tout ce que nous voulons », répète Clemenceau [11]. Thème commode : l'hostilité à l'Église permettra d'éluder quelques-uns des grands problèmes que pose la France moderne. Elle servira longtemps de vertueux alibi.

Par ailleurs, l'Armée, pour laquelle la République demande et consent tant de sacrifices, n'est guère plus sincèrement ralliée. Fortement influencée par l'idéologie catholique, méfiante à l'égard des idées démocratiques (tolérance, contestation de l'ordre établi, mise en cause des hiérarchies, refus du principe d'obéissance), qui corrompent l'héritage national, elle reste « l'Arche sainte » des couches conservatrices.

Les menées anarchistes ne sont pas non plus un petit souci. En mars 1892 trois bombes ont explosé à Paris, qui n'ont fait que quelques blessés, mais ont engendré la panique. Les attentats se multiplient, provoquant des morts. Ravachol arrêté, jugé, condamné, développe devant la cour d'assises la profession de foi anarchiste :

> La société est pourrie. Dans les ateliers, les mines et les champs, il y a des êtres humains qui travaillent et souffrent sans pouvoir espérer d'acquérir la millième partie du fruit de leur travail; ils ont des femmes qui meurent de faim et des enfants qu'ils ne peuvent nourrir faute de pain. A côté de cette misère terrible, nous voyons les bourgeois engraissés mener une vie de jouissance et répondre par un rire méprisant aux larmes des affamés.

Et tandis que se répètent les attentats, affolant les bourgeois, Ravachol va fièrement à l'échafaud, chantant à tue-tête : « ... pour être heureux, nom de Dieu, pends ton propriétaire... »

Moins spectaculaire, plus lourde de menace, est la montée des forces ouvrières. Il semble que la longue dépression des années 1883-1888 ait un temps émoussé la combativité syndicale, immobilisé le prolétariat. Mais on assiste, à partir de 1888, à un véritable « réveil ouvrier » [12]. Dès février 1889, plusieurs cortèges ouvriers sont organisés pour soutenir la loi des huit heures. En 1890 la célébration du 1er mai, pour la première fois en France, est une grande réussite. Un an plus tard, la troupe fera neuf morts parmi les ouvriers manifestant à Fourmies. Les grèves éclatent, sans cesse plus nombreuses, sans cesse plus dures. En 1892, 261 grèves intéressent au total 50 000 ouvriers. En 1893, 634 grèves entraîneront 170 000 ouvriers. On commence à parler de grève générale. Au mois d'août 1892, celle de Carmaux s'auréole d'une valeur symbolique. Provoquée par le congédiement d'un militant socialiste élu maire et conseiller d'arrondissement, elle prend bientôt la dimension d'un combat politique : 3 000 ouvriers cessent le travail pour affirmer leur droit au libre exercice des fonctions publiques. Il faudra un arbitrage gouvernemental – obligeant à la réintégration – pour résoudre le conflit. Contre le marquis de Solages, administrateur de la Compagnie de Carmaux, qui se démet de son mandat de député d'Albi, l'ancien député de la gauche modérée Jean Jaurès sera élu député socialiste *.

La crise sociale, c'est sans doute le péril que le Parlement ne veut pas, ne peut pas envisager. La majorité républicaine est aveugle aux conditions nouvelles de la vie ouvrière, à la révolte des classes opprimées. La liberté, idole, alibi, semble la seule recette : « Laissez la liberté faire son œuvre », s'écrie en 1891 un sénateur républicain dans le débat sur la durée du travail des femmes et des adolescents. Dix

* Sur l'évolution de la pensée de Jean Jaurès, les écrits de Madeleine Rebérioux, notamment au *Bulletin* de la Société d'études jaurésiennes, sont essentiels. Parmi les études récentes de Madeleine Rebérioux, on citera la préface à la réédition des *Preuves* (éd. le Signe, 1981) et la préface à l'*Anthologie* de Jean Jaurès présentée par Louis Lévy (Calmann-Lévy, 1983).

ans plus tard Waldeck-Rousseau ne pensera pas différemment.

Le Parlement avait cru, votant la loi de 1884 qui instituait la liberté syndicale, assurer la tranquillité sociale. Voici qu'il découvre que les syndicats sont des instruments de combat *. Pour calmer l'impatience ouvrière, il est contraint, au lendemain de la grève de Carmaux, de voter une loi organisant l'arbitrage facultatif pour trancher les différends collectifs entre patrons et ouvriers, une autre loi instituant le repos hebdomadaire obligatoire pour les femmes et les enfants, et limitant à onze heures la durée du travail quotidien. Ce ne sont bien sûr que de timides concessions. La journée de travail reste cruellement longue (douze à quatorze heures pour les hommes). Le repos hebdomadaire n'est imposé que pour les femmes et les enfants. Les rares congés ne sont pas payés. Nul système ne protège l'ouvrier contre les maladies, les accidents du travail, la vieillesse [13]. Surtout, le chômage sévit à l'état chronique : il atteint sans doute 15 % des travailleurs en 1893. Mais le mouvement ouvrier est en marche. La classe des salariés, durement exploitée, s'éveille à la vie politique. La propagande socialiste fait peu à peu son effet, et les socialistes ne cesseront plus de progresser aux élections. On connaît l'avertissement fameux de Jaurès à la République bourgeoise :

> Vous avez voté des lois d'instruction... Vous avez définitivement arraché le peuple à la tutelle de l'Église et du dogme... Vous avez interrompu la vieille chanson qui berçait la misère humaine, et la misère humaine s'est réveillée avec des cris, elle s'est dressée devant vous, et elle réclame aujourd'hui sa place, sa large place au soleil du monde naturel, le seul que vous n'ayez point pâli [14].

Le boulangisme avait séduit quelques-uns des éléments les plus dynamiques de la classe ouvrière. L'anarchie en avait attiré d'autres. Mais ce sont les différentes écoles du socialisme qui désormais vont la conquérir et l'assembler. Et les « républicains »,

* Le mouvement syndical reprend vigueur après 1890 : le nombre des syndiqués triple de 1890 à 1895.

c'est-à-dire le centre, vont devoir compter avec une gauche violente, agressive, sans cesse plus organisée, dans le pays et au Parlement.

L'hostilité de l'Église, la méfiance de l'Armée, l'agitation anarchiste, le réveil ouvrier, la montée de l'antisémitisme, les scandales financiers, l'instabilité gouvernementale, l'impopularité du Parlement, tout cela ne suffit pas à déchirer vraiment le tissu national. Dans l'ensemble on observe une « rare stabilité » de la société française [15], en dépit du bouleversement des institutions, en dépit même de la crise économique qui sévit sur l'Europe. Le pouvoir d'achat de la monnaie n'a que peu varié, et seulement dans le sens de la hausse [16]. Tandis qu'ont baissé lentement les revenus de la propriété agricole, les revenus du travail ont régulièrement augmenté. La population française reste à peu près stable : 37 570 000 d'habitants en 1881, 38 342 000 en 1891 *. La France urbaine se développe lentement, mais sans la démesure anglaise ou allemande. De 1886 à 1891 la part de population vivant dans les agglomérations de plus de 2 000 habitants est passée de 30,5 à 37,4 %. En 1914, 13 % seulement des Français vivront dans les villes de plus de 100 000 habitants [17]. La crise agricole – provoquant la montée à la ville d'ouvriers agricoles et de petits propriétaires ruraux – n'a pas empêché que la masse rurale continue de participer à la stabilité générale. Dans la plupart des départements, les ruraux constituent toujours la majorité de la population [18], ce qui n'est pas sans avoir une grande influence sur la composition du Parlement [19].

D'autre part, les mœurs n'ont pas été profondément modifiées. La famille légitime reste le fondement de toute l'organisation sociale, même si la loi du 24 juillet 1884, due à l'inspiration du « Juif » Naquet, autorise le divorce, à des conditions d'ailleurs difficiles **. Les pratiques anticonceptionnel-

* Ceci accroît le déséquilibre avec la population allemande. En 1893 l'écart, en faveur de l'Allemagne, est de 13 millions d'habitants. Ce n'est pas indifférent à la recherche de l'alliance russe, inépuisable réservoir d'hommes.

** La loi Naquet nourrira fortement l'hostilité catholique à la République et à la juiverie, « destructeurs de la famille chrétienne ».

les ne progressent que peu à peu, dans les régions où l'influence de l'Église recule, et dans les milieux aisés. Et la société française n'a pas ébranlé ses hiérarchies. Sans doute l'aristocratie, évincée de la plupart des hauts emplois qu'elle détenait, encore fortement représentée dans les conseils généraux, au Parlement, puissante dans l'Armée et la Marine qui lui servent de refuge, a-t-elle perdu la meilleure part de son influence. Mais elle se mêle sans cesse davantage à la grande bourgeoisie financière et industrielle, elle trouve dans la solidarité de classe – à travers un étroit tissu de mariages, d'emplois, de rites communs – de nouveaux canaux [20]. La moyenne et la petite bourgeoisies qui accèdent peu à peu au pouvoir maintiennent, pour une bonne part, l'éthique et les mentalités de la caste à laquelle elles se substituent. Et elles ne remettent pas sérieusement en cause les mécanismes de domination qui désormais leur profitent.

Peut-être est-ce sur le plan intellectuel et moral que l'évolution est la plus sensible. Même limités, les effets de l'instruction primaire obligatoire se font sentir. Le service militaire généralisé opère un brassage. Il sert aussi au progrès de l'instruction. Surtout peut-être, la presse, la presse régionale commencent à pénétrer des milieux très divers, portant l'information, la propagande, mais éveillant aussi la curiosité. La déchristianisation se poursuit lentement, surtout marquée chez les hommes. Enfin le progrès technique, le développement des chemins de fer *, la diffusion du gaz d'éclairage, l'apparition du téléphone, de la bicyclette, modifient lentement le mode de vie d'une partie de la population.

Société stable? Sans doute. Moins par l'excellence de ses équilibres internes que par une résistance obstinée des mentalités à la pénétration de la vie industrielle, du progrès technologique, des modes de vie ou de pensée nouveaux [22]. Société très attachée à ses valeurs traditionnelles, à ses préjugés, à ses hiérarchies. Société vite secouée de violences,

* ... Et bientôt de la voiture. En 1900 circulent en France 3 000 automobiles, en 1905 22 000, en 1914 108 000. Sur l'entrée dans « l'ère de l'automobile », voir Jean Bouvier dans *Histoire de la France,* de Georges Duby [21].

agitée d'intolérance, disposée au fanatisme, facilement offerte à la séduction d'un chef ou d'une idéologie, mais au fond très conservatrice, effrayée par le changement. Et cette société qui prétend offrir au monde un message universel vit dans le même temps étroitement repliée, méfiante à l'égard de tout ce qui est différent et étranger.

Les élections de 1893 éclairent à leur manière les ambiguïtés de la République des opportunistes, sa victoire sur la réaction, mais aussi les épreuves qu'elle doit se préparer à affronter. La droite sort « exsangue » des élections [23]. Elle ne compte plus que 76 élus, alors qu'aux élections de 1889 l'ensemble des conservateurs et boulangistes avaient emporté 210 sièges *. Les « républicains de gouvernement », c'est-à-dire le centre (qui a remplacé le terme décrié d'« opportunistes » par celui de « progressistes »), constituent un bloc de près de 280 députés. Mais la présence, à gauche, de 143 radicaux et de 50 socialistes ** modifie profondément l'équilibre parlementaire. Quoique minoritaire, la gauche est désormais puissante au Parlement. La gauche radicale a sensiblement élargi ses positions, notamment dans le Sud-Ouest et dans le Sud. Modérément ouverte aux questions sociales, condamnant fermement le collectivisme, elle a cessé de faire peur. Diffusant un message flou de liberté, d'individualisme et de laïcité, elle répond à un état d'esprit de plus en plus répandu en France, capable de séduire les classes moyennes. Le succès des socialistes à la Chambre – ils ont conquis plusieurs banlieues de grandes villes – est l'effet éclatant du réveil ouvrier.

Quant à l'effondrement de la droite monarchiste, il semble démontrer que le régime républicain est accepté par la très grande majorité de la nation. Faut-il remarquer, à droite, l'échec de Piou, de Mun, de Delahaye, de Déroulède? A gauche, celui de Clemenceau dans le Var, de Floquet à Paris? Faut-il surtout observer l'inquiétante lassitude du corps

* Sur sa frange se forme un groupe de 27 « ralliés » à la République, qui voteront à peu près toujours pour les cabinets républicains.

** Les suffrages socialistes sont passés de 90 000 en 1889 à 600 000 en 1893.

électoral : sur 10 millions et demi d'inscrits, moins de 7 millions et demi sont allés aux urnes? Les abstentionnistes signifient-ils à leur manière que le régime parlementaire est perçu, par une part de l'opinion, comme un système d'impuissance et de corruption [24]?

Ainsi les fêtes républicaines, les victoires électorales, ne peuvent masquer les malaises de la société française. Le mouvement populaire qui avait paru plébisciter Boulanger, les appuis reçus de toute part par le « sauveur », les espoirs de bouleversement qu'il avait un temps portés, rappellent que la France, humiliée en 1871, n'a pas cessé de rêver de sa revanche, que le régime parlementaire est largement discrédité, que la République elle-même n'est supportée qu'à contrecœur par les forces traditionnelles, que les classes pauvres, et opprimées, risquent de mettre leur espoir dans la vertu d'un chef, énergique, qui maîtriserait les forces nouvelles; que l'Armée, orgueilleuse et repliée, n'est guère ralliée au régime; que l'Église ne se résout pas au culte de la laïcité. « Le malaise français est surtout moral », constate Jacques Chastenet auscultant la France de la dernière décennie du XIXe siècle [25]. Le boulangisme n'a été que l'un des symptômes de la crise que provoquent, en ce pays, l'établissement de la République et la montée du capitalisme, c'est-à-dire un bouleversement progressif, moins encore des modes de vie que des systèmes de pensée. Que vienne une autre occasion...

VI. – LA VOIE ORDINAIRE

Enthousiaste pour vouloir une armée forte, et exalter la patrie, la République a été divisée sur les moyens d'étendre, dans le monde, la puissance et l'influence de la France. Les conquêtes coloniales se sont développées contre la volonté du Parlement, malgré l'hostilité de nombreux républicains – dont Clemenceau. Elles doivent un peu au hasard, beaucoup à la volonté têtue de quelques-uns, dont Jules Ferry [1]. La France est intervenue en Tunisie en 1881. Elle a occupé le Tonkin en 1883. En 1896 Madagascar deviendra colonie française. Mais la constitution de cet empire colonial, qui renforce la position de la France parmi les puissances mondiales, n'a pas vraiment intéressé la plupart des hommes d'État. L'opinion est restée indifférente sinon hostile. C'est vers un projet plus traditionnel que sont orientées les volontés politiques, vers la recherche d'alliances européennes.

Il s'agit de sortir la France de l'isolement où l'a laissée la défaite de 1870. C'est d'abord vers l'Angleterre qu'avait regardé Gambetta. Mais les rivalités coloniales, les affrontements en Égypte ont contrarié cet espoir. Le traité colonial germano-britannique de 1890 avait fortement irrité Paris. Un rapprochement avec l'Allemagne? Bismarck avait multiplié les avances. Il est possible que Gambetta, puis Jules Ferry y aient pensé [2]. Mais l'humiliation de 1870, et surtout l'insoluble problème de l'Alsace-Lorraine interdisaient à l'opinion publique de supporter une telle politique, aux gouvernants de la proposer. En mai 1891 l'Allemagne prolonge, par un nouveau traité, la Triple Alliance qui la lie à l'Italie et à l'Autriche-Hongrie, alliance qui semble forgée contre la France. En juillet 1892 elle renouvelle le pacte conclu avec la Roumanie. Il ne reste guère, pour la France isolée, qu'à se tourner vers la Russie.

Singulier projet que celui d'une alliance entre cette démocratie occidentale et l'État le plus réactionnaire, le plus autocrate du monde. Il faudra, pour le permettre, les maladresses de la diplomatie allemande, l'habile volonté de quelques hommes politiques, tels Freycinet et Ribot, et surtout l'attrait, pour le Trésor russe, de l'épargne française qui lui ouvre de vastes perspectives. Dès 1891 le président Carnot reçoit l'ordre russe de Saint-André. Une escadre française appareille pour Kronstadt. Des banques françaises accordent au Trésor russe un crédit de cinq cents millions, refusé par l'Allemagne. Il est sept fois couvert. Des équipages russes sont reçus à Toulon, dans l'enthousiasme délirant de la population. Un accord diplomatique scellé en

1891 est renforcé, en 1892, d'un accord militaire. Dans cette alliance contre nature [3], mais qui semble prendre l'Allemagne en tenailles, les hommes d'État républicains trouvent un réconfort politique, et aussi une fierté naïve. Les fastes russes les impressionnent. L'alliance franco-russe restera le zèle constant de la République, au point de devenir chez certains – comme Raymond Poincaré – presque une passion. Il faudra la guerre pour découvrir ce qu'elle dissimulait d'illusions.

La France se sent désormais plus forte du soutien d'un immense réservoir d'hommes, de l'alliance d'une armée que l'Europe a appris à redouter. Car la peur et la haine de l'Allemagne sont à ce point liées, désormais, au sentiment patriotique que nul n'essaie de les dissocier et la question d'Alsace-Lorraine paraît dresser entre la France et l'Allemagne un obstacle décisif à tout rapprochement. Pendant trente ans la politique extérieure de tous les gouvernements français ne cessera de réclamer la modification du traité de Francfort et le retour à la France des provinces arrachées. L'éphémère succès du général Boulanger, qui rêvait de foncer « sur l'Est », en a été un signe, parmi beaucoup d'autres. Aucun homme d'État [4] n'osera émettre l'hypothèse que la France pourrait renoncer à l'Alsace-Lorraine.

Pourtant l'empereur Guillaume II témoigne au gouvernement français une courtoise prévenance. Parfois il s'annonce à dîner chez l'ambassadeur de France. Il fait déposer une couronne à l'occasion de la mort du maréchal Mac-Mahon. Mais toutes ses initiatives sont très fraîchement reçues. Depuis 1890 le représentant de l'Allemagne à Paris est le comte Munster de Derneburg, vieil aristocrate, aussi courtois que cultivé. C'est un partisan convaincu de l'alliance franco-allemande, et il multiplie les signes de sa bonne volonté. Il entretient avec le gouvernement français de très agréables relations, qui ne changent rien à la froideur persistante du climat. Au reste ce n'est pas le gouvernement qui encourage la haine de l'Allemagne. C'est l'opinion publique qui s'en nourrit. Et le gouvernement entend la flatter, non la combattre. À la moindre occasion, le sentiment national se redresse. Il part en guerre contre l'ennemi héréditaire.

Ainsi la France semble se préparer au conflit qui, un jour ou l'autre, l'opposera à l'Allemagne, lui rendra la fierté nationale et les provinces conquises. D'où le renforcement incessant de sa puissance militaire, à laquelle elle consent d'énormes sacrifices. D'où l'alliance franco-russe, le projet d'enfermer l'Allemagne. D'où le développement d'un puissant service d'espionnage. Si la France a perdu la guerre, ce ne peut être par infériorité militaire, c'est parce que des « trahisons » ont paralysé ses forces. La hantise de la trahison est inséparable de la soif de revanche. Il faut à la fois démasquer les traîtres, et surprendre les secrets militaires de l'ennemi.

La guerre de 1870 avait mis en évidence la supériorité des Services de Renseignement allemands sur les services français à peu près inexistants *. La IIIe République avait pris conscience d'une insuffisance, dont sans doute elle s'exagérait la gravité. Dès 1870, à la demande personnelle du président Thiers, la préfecture de Police commençait de monter une équipe d'informateurs, chargés de surveiller les diplomates allemands, et d'entretenir quelques agents éparpillés à travers l'Allemagne [5]. Vers 1872, dans le cadre de la réorganisation de l'administration centrale de la Guerre, était créé un service spécial [6], chargé de s'occuper exclusivement de « statistique » : terme discret qui désignait les activités d'espionnage et de contre-espionnage.

La Section de Statistique était administrativement rattachée au 2e bureau de l'État-Major général. Mais, à raison de l'importance de ses fonctions, et du secret qu'elles impliquaient, elle paraît avoir en fait relevé directement du chef ou du sous-chef d'État-Major de l'Armée. Il semble que durant plusieurs années, la Section de Statistique ait végété sous la direction d'officiers mal formés pour cette fonction.

* Parmi les nombreux ouvrages qui traitent, notamment à propos de l'Affaire Dreyfus, de l'espionnage et des services de renseignements, on citera l'ouvrage irremplaçable de Marcel Thomas, *l'Affaire sans Dreyfus*, Fayard, 1961, pp. 66 et s., et aussi l'article d'Allan Mitchell dans le *Journal of Modern History* de septembre 1980 (University of Chicago) « The Xenophobie Style : french counter espionage and the emergence of the Dreyfus affair ». Publié en français dans la *Revue d'histoire moderne et contemporaine*, juillet-septembre 1982, p. 489-499.

Elle ne connut son vrai développement qu'à partir de 1887, sous l'impulsion d'un nouveau chef, le commandant Sandherr.

Le commandant Sandherr, qui avait déjà fait deux séjours à la Section de Statistique [7], était bien préparé pour son nouveau métier. Né à Mulhouse [8], patriote fanatique, passionné d'espionnage, il était notamment très informé des problèmes de sécurité dans les régions frontalières. En dépit des maigres ressources de la Section de Statistique, Sandherr sut assurer son importance et son efficacité. Le service était constitué de quelques officiers – cinq ou six membres permanents à l'étroit dans quelques bureaux de la rue Saint-Dominique – chargés d'assumer son organisation et la direction des agents. La Section employait un nombre variable d'agents de tout genre, permanents ou occasionnels. Enfin tout un réseau de correspondants, en France, en Alsace, en Allemagne, et dans toute l'Europe, fournissait des informations. L'espionnage et le contre-espionnage devaient revêtir les formes les plus diverses : surveillances, filatures, vols de documents. Il comportait aussi des entreprises d'intoxication, auxquelles Sandherr attachait une importance privilégiée : faux renseignements, faux documents, fournis à l' « ennemi », en général par des agents doubles pour égarer ses recherches et le porter sur de fausses pistes [9]. Enfin quand fut entrepris, sur l'ordre du général Boulanger, ministre de la Guerre, l'inventaire des étrangers résidant en France ou habitant les régions frontalières, c'est la Section de Statistique qui reçut mission de rassembler et d'analyser les renseignements recueillis. C'est Sandherr qui élabora le plan destiné à faire préparer deux listes de suspects : un carnet A désignant les étrangers adultes vivant en France, un carnet B concernant ceux qui, Français ou étrangers, étaient soupçonnés d'espionnage [10]. Dans le plus grand secret, le colonel Sandherr prépara les mesures qui devaient être présentées au président de la République en cas de mobilisation : arrestation et détention comme « prisonniers de guerre », ou expulsion des personnes portées au carnet A, arrestation et internement des personnes portées au carnet B. Une séance à huis clos du Conseil supérieur de la guerre tenue le 1er avril

1889, en présence des généraux Billot, de Miribel et de Galliffet, sous la présidence de Freycinet alors ministre de la Guerre, devait donner l'aval aux mesures imaginées par Sandherr. Plus de cent mille personnes étaient ainsi menacées d'arrestation [11]. A partir de 1893, Sandherr, en accord avec le général Mercier devenu ministre de la Guerre, rédigera les instructions adressées aux commandants de corps pour réaliser, en cas de mobilisation générale, par l'organisation de camps permanents, ce très ambitieux projet.

De tels travaux paraissent avoir créé au sein de la Section de Statistique un climat exaspéré de surexcitation, et de mystère. « L'espionnite » y est devenue une maladie naturelle : Sandherr recommandait à ses subordonnés de se lier le moins possible à quiconque, de se méfier à tout instant de leurs camarades, de ne vivre que pour leur mission. Ce petit corps d'officiers, qui constitue le Service de Renseignement, vit ainsi à l'écart, soupçonneux à l'égard de tous les autres services, et même de l'État-Major, orgueilleusement convaincu d'être seul capable de bien garder les secrets d'État. La Section de Statistique « se considère dans une certaine mesure comme supérieure à tous les pouvoirs établis y compris le gouvernement et les ministres, dont elle n'hésite pas à surveiller la discrétion, et à peser en secret le patriotisme et l'intégrité » [12]. Quant à Sandherr, infatigable, passionné, il sublime sa mission, voit partout des espions, et travaille à sa propre légende.

La Section de Statistique comptait, en 1894, sous la forte tutelle de Sandherr, cinq officiers. Le commandant Cordier, dont le langage vert, la dent dure, un certain penchant pour l'alcool inspiraient quelque méfiance, était l'adjoint du chef de la Section. Sandherr tutoyait Cordier, quoique celui-ci, plus enclin au commérage qu'au renseignement, ne partageât ni sa passion du métier, ni son antisémitisme militant [13]. Après Cordier venait, dans l'ordre hiérarchique, le commandant Henry. Né le 2 juin 1846, dans la Marne, d'une famille de cultivateurs, sergent-major en 1870, deux fois prisonnier, deux fois évadé, il avait mérité, sortant du rang, les galons de sous-lieutenant puis de lieutenant. Ses notes de 1872 ne lui promettaient qu'un avenir modeste : « officier sans autre avenir que celui que lui donnera forcément l'ancienneté [14] ». Mais le général de Miribel, chef de l'État-Major, le choisissant en 1875 comme officier d'ordonnance, devait en décider autrement. En 1877, le général plaçait Henry à la Section de Statistique, quoique son ignorance des langues, sa rudesse, ne l'y destinassent pas. Henry quittait la section en 1886 – pour prendre part aux expéditions de Tunisie et du Tonkin. Il allait ensuite à Oran, puis à Péronne. Il revenait au Service de Renseignement en 1893. Il semble avoir fort bien réussi, dans un métier qu'il ne distinguait guère du métier de policier. Colosse aux larges épaules et aux grandes moustaches, le commandant Henry dissimulait, sous des allures brutales de vieux troupier, beaucoup de ruse, de roublardise, et même une certaine finesse. Il excellait, semble-t-il, dans les rapports avec les agents occasionnels, « entremetteuses, domestiques vénaux, policiers révoqués, commis voyageurs sans clientèle » [15] auxquels il savait inspirer, selon les besoins du moment, sympathie, confiance ou terreur. Le lieutenant-colonel Picquart, qui deviendra plus tard son chef, le notera d'abord en termes bienveillants :

> Met beaucoup de tact et d'intelligence dans l'accomplissement des missions délicates qui lui sont confiées. Tempérament essentiellement militaire. Caractère très droit, très ferme, homme de cœur, très vigoureux, et beaucoup d'expérience comme officier de troupe. Peut arriver colonel.

Henry témoignait en tout cas d'un aveugle respect de la discipline, d'un grand courage, d'une admiration sans réserve des chefs militaires. Il déployait sans relâche une activité policière toujours en quête d'initiatives nouvelles. Sans instruction, ni culture, ni esprit critique, doué d'une pensée courte qu'il ne cherchait pas à étendre, il était pour le colonel Sandherr un auxiliaire tout dévoué, et dont le zèle était infatigable [16].

Tout différent était le capitaine Lauth, de dix ans plus jeune. « Protestant et enrageant de l'être », selon Joseph Reinach, il appartenait à une famille de bourgeoisie provinciale très fermée. Intelligent, fier de sa bonne éducation, travailleur, il montrait un caractère difficile, supportant mal la contradiction. Dans tous les domaines – en particulier l'antisémitisme – il était porté au fanatisme, un fanatisme mal dissimulé dans les replis de l'habileté ou de l'éducation. Étrangement il s'était lié avec le commandant Henry d'une amitié qui, le temps passant, permit à Henry d'exercer un véritable ascendant sur son jeune subalterne. Joseph Reinach assure *, sans qu'on ait jamais pu étayer cette hypothèse, que le capitaine Lauth était devenu l'amant de la femme d'Henry, belle et légère : ce qui aurait expliqué leur rapprochement, et plus tard leur complicité. Parlant couramment l'allemand, le capitaine Lauth, arrivé au 2e bureau au mois d'août 1893, était spécialement affecté à la traduction des documents allemands, tâche dont son ami Henry était incapable.

La Section comptait encore le capitaine Matton qui, sorti de l'École de guerre, ne se plaisait guère dans un Service de Renseignement, et frayait peu avec ses collègues. Il avait pris la responsabilité des questions intéressant l'Italie. Enfin Gribelin, personnage borné, grincheux, exécutant servile, mais doué d'une merveilleuse mémoire, remplissait les fonctions d'archiviste, de comptable, d'homme à tout faire. Il recopiait et classait les documents secrets, et détenait l'une des deux clefs du coffre-fort.

Ces hommes très divers, ni leur passé, ni leur formation ne les destinaient au renseignement. Ils y étaient venus par hasard. Mais ils y déployaient – si l'on excepte le capitaine Matton – un zèle incomparable. Ils étaient imbus de l'importance de leur fonction, au service de la France. Ils employaient de nombreux agents, rémunérés de manière fixe ou à la pièce, parmi lesquels beaucoup de canailles. Et par déformation professionnelle, ils soupçonnaient, partout et toujours, des espions.

* Joseph Reinach, *Histoire de l'Affaire Dreyfus*, t. I, « Le procès de 1894 », Charpentier et Fasquelle, 1929, pp. 20 et s. Souvent accusée d'être partiale, l'*Histoire de l'Affaire Dreyfus* de Joseph Reinach (en six volumes) reste, par l'abondance et la précision de ses sources, aussi parce que Reinach fut un témoin privilégié de l'Affaire, l'ouvrage fondamental. Reinach est, par surcroît, un remarquable écrivain.

Parmi les agents « préférés » de la Section de Statistique, deux rendaient alors de grands services. L'un, l'Alsacien Brücker, avait reçu mission de surveiller le personnel diplomatique étranger en résidence à Paris, spécialement les diplomates allemands. Il avait recruté, dans le personnel des ambassades, un nombre appréciable de garçons de bureau, de valets, de femmes de service, qui fouillaient les tiroirs, épiaient les visites, écoutaient les conversations, et volaient les vieux papiers. Mais un incident amoureux avait compromis sa carrière. L'une de ses anciennes maîtresses, abandonnée par lui, la femme Millescamps, née Forêt, marchande d'objets de piété, et faiseuse de mariages, était allée dénoncer son amant à l'ambassade d'Allemagne. Elle n'y avait pas été prise au sérieux. Elle fut, à son tour, dénoncée par Brücker qui l'accusa auprès des autorités françaises de lui avoir dérobé des papiers pour les porter aux Allemands. Poursuivie pour espionnage, elle fut condamnée par le tribunal correctionnel de Paris le 3 janvier 1894 à cinq ans de prison *. La Section de Statistique dut désormais tenir l'excellent Brücker pour un agent « brûlé ».

Un autre agent, très précieux, était une recrue de Brücker : Marie Caudron, devenue Mme Bastian par son mariage avec un ancien garde républicain. Dès 1889, Mme Bastian avait été engagée à l'ambassade d'Allemagne pour nettoyer les bureaux, laver les escaliers, allumer les poêles, vider les corbeilles à papiers dans la chaudière du calorifère. C'est à la même époque qu'elle accepte de travailler pour Brücker **. Au lieu de brûler les vieux papiers, elle les ramasse. Elle « fait » les corbeilles. Parfois, car elle paraît jouir d'une très grande confiance à l'ambassade, elle remplace la concierge et vole, ou fait voler, les documents dans les casiers du cour-

* A l'audience, Brücker fut le seul témoin. *Le Temps* du 4 janvier donnait un compte rendu de cette « très curieuse affaire d'espionnage ». Le procès aurait pu mettre les Allemands sur la voie de ce qui se passait à l'ambassade d'Allemagne. Mais ils semblent ne pas y avoir attaché d'intérêt (voir en ce sens les documents allemands cités par Maurice Baumont, *Aux sources de l'Affaire. L'Affaire Dreyfus d'après les archives diplomatiques,* les Productions de Paris, 1959, pp. 23 et s.).

** La Section de Statistique était, rue de Lille, très proche de l'ambassade d'Allemagne.

rier[17]. Puis elle livre sa récolte, dans des rendez-vous mystérieux, tenus de préférence dans des églises, les premiers temps à Brücker, plus tard à un agent de la Section de Statistique, spécialement au commandant Henry. Les papiers qu'elle apporte, elle les amasse dans des « cornets ». Les documents déchirés ou froissés sont ensuite reconstruits, recollés, reconstitués, traduits s'ils sont écrits en allemand. L'activité de Mme Bastian paraît s'être poursuivie, sans incident, de 1889 à 1897. Sa rémunération croît, tandis que croissent les services qu'elle rend, pour atteindre 250 francs par mois, en 1897, mensualité à laquelle s'ajoutent, de temps à autre, des primes exceptionnelles. Mme Bastian a ainsi fourni au Service de Renseignement français un amas de papiers inutiles, lettres amoureuses, notes, factures, mais aussi, dans le tas, des documents essentiels. Travaillant sous le pseudonyme d'Auguste, elle constituait ce que l'on appellera, tout au long de l'Affaire Dreyfus, « la voie ordinaire ».

Comment l'ambassade d'Allemagne n'aperçut-elle pas le trafic de Mme Bastian? Cela demeure une énigme. Il semble en tout cas établi qu'avant la révélation publique, au procès de Rennes, du fonctionnement – ininterrompu durant près de dix ans – de « la voie ordinaire », les Allemands n'aient rien soupçonné[18]. Et ils s'efforceront alors, pour des raisons d'amour-propre, de minimiser le nombre et l'importance des documents volés par Mme Bastian. Comment sut-elle échapper au soupçon? Est-ce le fait de son ignorance : elle affirmait ne pas savoir lire? Est-ce son apparente sottise? Maurice Paléologue, dont les souvenirs, il est vrai, sont souvent sujets à caution, raconte dans son Journal l'avoir décrite, dès le 12 octobre 1894, à l'un de ses collègues des Affaires étrangères, sur la foi de renseignements sans doute fournis par le commandant Sandherr, comme « une femme d'une quarantaine d'années, vulgaire, stupide, complètement illettrée »[19]. Est-ce la protection de la fille de l'ambassadeur d'Allemagne, Mlle de Munster, qui semble lui avoir témoigné beaucoup de sympathie? Sa tâche fut-elle facilitée par l'étonnante légèreté de l'attaché militaire d'Allemagne, Maximilien von Schwarzkoppen, nommé en 1892 à Paris, qui confondait élégamment ses liaisons, son métier de diplomate, son activité d'espionnage, et jetait dans sa corbeille tous ses vieux papiers, déchirés ou seulement froissés, ses brouillons galants, les lettres d'amour écrites ou reçues, et les plus secrets documents? Plus tard, Mme Bastian, prise dans la tourmente de l'Affaire Dreyfus, projetée sur l'avant-scène, sera vilipendée ou exaltée : menteuse, agent double, mythomane, ou au contraire héroïne nationale [20]. La gloire et la calomnie lui tourneront la cervelle. Mais en cette année 1894 l'agent « Auguste » fait très bien son travail. Et plusieurs fois par mois, dans la pénombre d'une chapelle de l'église Sainte-Clotilde ou Saint-François-Xavier, la Section de Statistique prend livraison des corbeilles de l'ambassade d'Allemagne.

VII. – MAXIMILIEN ET ALEXANDRINE

En 1894, la « guerre des espions » fait rage. L'espionnage allemand, moins artisanal, plus traditionnellement organisé, ne le cède en rien à l'espionnage français [1]. De nombreux espions allemands sont repérés, certains sont condamnés. En 1890, l'archiviste Boutonnet, employé au bureau de la section technique de l'artillerie, a été condamné à cinq ans de prison pour espionnage, après qu'il eut avoué des relations avec l'attaché militaire allemand von Huehne. Entre 1888 et 1890, l'adjudant Chatelain, le lieutenant Bonnet, le capitaine Guillot, l'artificier Thomas à Bourges, Joseph Greiner, employé au ministère de la Marine, ont reconnu leurs activités d'espionnage. Ils ont été condamnés à de lourdes peines *. Mais le Service de Renseignement restait préoccupé : de nombreux documents ne cessaient de disparaître des bureaux français. Notamment des « plans directeurs » – c'est-à-dire des relevés topo-

* Joseph Greiner, à 20 ans de travaux forcés en 1892.

graphiques des fortifications françaises, édités par le service géographique de l'Armée, généralement établis au 1/10 000, situant les emplacements de batteries et les divers ouvrages de défense – étaient régulièrement fournis aux Allemands. Des plans de Toul, de Reims, de Nancy, des fortifications de l'Est, avaient été transmis à l'Allemagne. Ce vaste trafic de « plans directeurs » était connu de la Section de Statistique, et il alimentait dans ce service une « espionnite » non dépourvue de fondement [2].

A cette époque les attachés militaires des puissances étrangères – et notamment les attachés militaires d'Allemagne – causaient à la France un souci particulier. Il était presque inévitable qu'ils prissent intérêt au Renseignement. Mais les officiers allemands, en fonction à Paris, semblaient passer la mesure supportable [3]. L'attaché militaire d'Allemagne von Huehne avait dû être rappelé par son gouvernement, après le scandale provoqué par ses relations avec l'espion Boutonnet. De même l'attaché militaire américain Borup avait été rappelé pour avoir reçu des documents de l'espion Greiner qu'il transmettait ensuite à son ami l'attaché militaire d'Allemagne. Les ambassadeurs promettaient au gouvernement français de mettre fin à ces abus, mais ils ne le pouvaient, ou ne le voulaient vraiment.

En 1892 le lieutenant-colonel Maximilien von Schwarzkoppen était nommé attaché militaire à Paris. « Avec celui-là vous n'aurez pas d'ennuis », aurait assuré l'ambassadeur d'Allemagne, le vieux comte de Munster, diplomate de la vieille école qui ne supportait pas qu'un attaché militaire, placé sous ses ordres, pût avoir des activités d'espionnage. Né le 24 février 1850 à Potsdam, d'une vieille famille d'officiers, Maximilien von Schwarzkoppen avait, comme son père qui commandait une division, fait la guerre contre la France [4]. Cet officier distingué était aussi un homme aimable, cultivé, conciliant, et qui « présentait bien ». Il semblait doué pour le métier ambigu d'attaché militaire. « Homme de cour et de salon, plus que de caserne », affirme Maurice Baumont [5], il aimait les femmes, et les hommes, qui le lui rendaient bien. Il conciliait sans bien les distinguer sa vie de diplomate consciencieux et sa vie privée tumultueuse. Par surcroît il parlait français.

Quand Schwarzkoppen arrive à Paris, en 1892, le rapprochement franco-russe a des raisons d'inquiéter l'Allemagne. Schwarzkoppen, reprenant les habitudes de ses prédécesseurs, s'intéresse aussitôt au Renseignement. Seulement dissimule-t-il cette activité irrégulière à son ambassadeur qui la désapprouve et l'interdirait. Comme les autres attachés militaires allemands, il rend compte directement, à l'insu de l'ambassadeur, au gouvernement allemand et peut-être même à l'empereur Guillaume II, qui manifeste à Schwarzkoppen une particulière estime [6]. Respectueux des hiérarchies, courtois et même déférent, Schwarzkoppen est gêné de cacher au comte de Munster son activité. Mais il obéit ainsi à un « devoir supérieur ».

A peine arrivé à Paris, le séduisant colonel de Schwarzkoppen se lie avec le major Alessandro Panizzardi, attaché militaire d'Italie. Les deux hommes sont bientôt très proches. Ils se voient presque tous les jours. Jusqu'au rappel de Schwarzkoppen en 1897, ils s'écriront des centaines de lettres, dont un bon nombre, jetées négligemment à la corbeille, parviendront au Service de Renseignement français par la « voie ordinaire ». Schwarzkoppen devient parfois, dans leur correspondance intime, « Maximilienne », et Alessandro Panizzardi « Alexandrine » [7].

> Cher Maximilien, est-ce que je suis toujours ton Alexandrine. Quand viendras-tu me bourrer? Mille salutations de la part de celle qui t'aime tant. Alexandrine [8].
>
> Mon chéri... tout à toi sur la bouche... Maximilienne [9].
>
> Voici ma belle petite ce que tu me demandes [10]...
>
> Oui mon petit chien rouge, je viendrai pour te faire plaisir. Je serais capable de fourrer un mètre de lange (sic) à toi et à tous les commandants de 14 années s'il le faut. Oh, la sale bête. Tout à toit (sic), en jouissant toujours. Maximilienne [11].

Mais les correspondances ne sont pas toutes aussi frivoles. Et les deux amis échangent, entre deux soupirs, renseignements et documents [12]. Ils sont aussi solidaires dans l'espionnage que dans le plaisir.

> Ce matin j'ai vu M. Dubois... Il faut que nous nous voyions aujourd'hui [13].

> Mon cher petit chien vert, je vous fais restitution de (divers documents). Adieu mon petit Loulou. Ton bourreur [14].

> Je vous remets un exemplaire des vieilles tables de tir pour le canon de 80 et pour le canon de 95. Tout à vous. Bonjour bourreur [15].

> Mon cher petit chien de guerre, je vous fais restitution du cahier de charges et je vous en remercie. Nous aurons encore à discuter ensemble... Tout à vous. Votre dévouée chienne de guerre. Alexandrine [16].

Ces incessants échanges se prolongent en 1895, en 1896, en 1897.

> Cher Ami, j'ai une chose très intéressante à vous communiquer. Je viendrai chez vous ce soir. Ou mieux, trouvez-vous à 11 heures sous les arcades de l'hôtel Continental. Votre Alexandrine [17].

Schwarzkoppen se débarrasse de ses brouillons ou de ses lettres dans sa corbeille à papiers; les uns sont déchirés, en deux, en quatre, en très petits morceaux; d'autres sont seulement froissés puis jetés *. D'autres enfin sont partiellement brûlés **. Mme Bastian ramasse tout ce qu'elle trouve : vaste fourniture, où la Section de Statistique fait le tri entre les déclarations amoureuses, les évocations paillardes, et les activités d'espionnage.

Dans le même temps, Maximilien von Schwarz-

* Exemple : la lettre pièce 263. Voir aussi les pièces 119 bis et 121 bis du dossier secret, archives du ministère de la Guerre. Il a été parfois soutenu – à tort – que Schwarzkoppen aurait eu l'habitude de déchirer en très petits morceaux les documents qu'il jetait dans sa corbeille. Il ne prenait pas toujours cette précaution.

** Exemple la lettre pièce 280 du dossier secret, archives du ministère de la Guerre.

koppen écrit et reçoit d'innombrables lettres de ses maîtresses, notamment de Mme de Weede, femme d'un diplomate néerlandais, avec qui il entretient une longue liaison [18]. Comme les autres, ces lettres sont froissées, déchirées, selon le moment, en deux, en quatre, en six, en vingt morceaux. Bel homme, galant, apparemment très aimé, aussi dispersé qu'éclectique, le colonel von Schwarzkoppen a les défauts de ses dons. Il est aussi léger que séduisant.

Ce qui ne l'empêche pas de porter l'activité d'espionnage plus loin que ne l'avaient fait ses prédécesseurs. Il s'abouche avec un individu dont l'identité n'a pas été percée à jour [19] qui lui fournit les « plans directeurs ». Parfois les deux amis appelleront entre eux « Jacques Dubois » ce mystérieux informateur, du nom d'un escroc qui, en 1893, avait proposé à Panizzardi de lui vendre la formule d'une nouvelle « poudre sans fumée ». Le trafic des plans directeurs, commencé en 1892, se poursuit en 1893 et durant le premier semestre 1894. Un brouillon de lettre – car Schwarzkoppen fait et jette de nombreux brouillons – révèle en janvier 1894 le prix que l'attaché militaire offre à ses fournisseurs : dix francs, ou plus, selon les fortifications. En avril 1894, une lettre interceptée, écrite par Schwarzkoppen à Panizzardi, révèle que l'individu désigné par l'initiale « D », avait remis à Schwarzkoppen des plans de Nice, que l'attaché militaire transmettait à Panizzardi :

> Je regrette bien de ne pas vous avoir vu avant mon départ. Du reste, je serais (sic) de retour dans 8 jours.
> Ci-joint 12 plans directeurs de Nice que ce canaille de D. m'a donné par l'intention de reprendre les relations. Il prétend qu'il y a eu un malentendu et qu'il ferait tout son possible pour vous satisfaire. Il dit qu'il s'était entêté et que vous ne lui en vouler pas. Je lui ai répondu qu'il était fou et que je ne croyais pas que vous voudrier reprendre les relations. Faites ce que vous vouler. Au revoir. Je suis très pressé. Alexandrine. Ne bourrer pas trop *!

* L'orthographe est celle de Schwarzkoppen. Cette lettre constituera la pièce essentielle du dossier secret remis au Conseil de guerre qui jugera Dreyfus. Voir *infra* p. 117. Elle est datée du

En vain la Section de Statistique enquête-t-elle, pour découvrir quel est l'informateur de l'attaché militaire d'Allemagne. Un nommé Dacher, un imprimeur nommé Dubois sont successivement surveillés et innocentés [21]. Mais à la Section de Statistique, à l'État-Major, on est en constante alerte. On cherche, on soupçonne, on hume la trahison.

VIII. – UN MYSTÉRIEUX VISITEUR

Le 20 juillet 1894, entre 3 heures et 4 heures de l'après-midi, un officier français en civil se présente à l'ambassade d'Allemagne, et demande à être reçu par l'attaché militaire : il souhaite, dit-il, obtenir un passeport pour se rendre en Alsace. « De taille moyenne, frêle, chétif, il avait une figure tendineuse, des yeux noirs enfoncés sous l'orbite, une chevelure bien garnie, un peu grisonnante, et une moustache militaire poivre-et-sel. » Il portait le ruban de la Légion d'honneur.

Reçu par le colonel von Schwarzkoppen, il se présente comme un officier d'État-Major français en service actif, contraint par la nécessité de faire une démarche « méprisable » « ... mais à laquelle il était forcé pour sauver sa femme et ses enfants de la misère et de la ruine certaine ». Pour pouvoir conserver à sa famille une petite propriété qu'il possédait près de Châlons, il lui fallait se procurer de l'argent à tout prix. « Il ne lui restait qu'une seule issue : c'était d'offrir ses services à l'État-Major allemand. » Ainsi le colonel von Schwarzkoppen raconte dans ses *Carnets* publiés en 1930 son

16 avril 1894. Joseph Reinach, se fondant sur plusieurs déclarations faites, lors du procès de Rennes, par des officiers de la Section de Statistique, s'est efforcé de démontrer que la date était fausse et que le document aurait été rédigé et intercepté en 1893 au plus tard (*op. cit.*, pp. 32 et s., et appendice 1). Mais aucun argument décisif ne permet de mettre la date en doute. Marcel Thomas la tient pour certaine [20].

premier entretien avec le commandant Esterhazy *.

L'officier, qui ne révèle pas encore son identité, fait valoir ses titres. Pendant les années 1881 et 1882 il a travaillé au bureau du Renseignement. Il était alors « très lié » avec le colonel Sandherr, chef du bureau. Il est l'ami du député Jules Roche qui lui a promis de le nommer sous-chef de son cabinet, au cas où il deviendrait ministre de la Guerre. Il est, pour le moment, en activité dans un corps de troupe hors de Paris. Dans quelques jours il doit assister à des manœuvres militaires de grande importance au camp de Châlons.

« J'étais extrêmement surpris et indigné de cette offre », écrira le colonel von Schwarzkoppen. Aussi, sans doute, très intéressé. Schwarzkoppen prétendra avoir, dans un premier temps, éconduit son mystérieux visiteur. Le lendemain 21 juillet, celui-ci déposait un mot : « Je pars très prochainement pour le voyage dont je vous ai parlé. » Il précisait que « grâce à ses relations de famille, il pouvait fournir d'importants renseignements sur la Russie » [1].

Le 22 juillet, Schwarzkoppen rendait compte au bureau des renseignements à Berlin, sans en parler à l'ambassadeur. Le 26, il recevait instruction de nouer le contact et de tenir Berlin informé.

A même date, l'attaché militaire jetait, dans sa corbeille, le brouillon d'une lettre sans doute adressée à ses supérieurs, où il semblait parler des relations « dangereuses » qu'il était sur le point de nouer avec un officier français.

> Doute... Preuve... Lettre de service (« brevet » dans le texte allemand)... situation dangereuse pour moi avec un officier français... Ne pas conduire personnellement de négociations... Apporter ce qu'il a ... Absolute ge... (ces deux mots allemands non traduits)... Bureau des renseignements... Aucune relation... Corps de troupe... Importance seulement... Sortant du ministère... Déjà quelque part ailleurs...

* *Les Carnets de Schwarzkoppen, la Vérité sur Dreyfus*, préface de Lucien Lévy-Bruhl, éd. Rieder, 1930, pp. 6 et s. Dans ses innombrables récits, dépositions, publications, interviews, accumulés à partir de 1898, Esterhazy n'a pas démenti cette version et confirme la date du premier entretien. Sans preuve, Joseph Reinach situe en 1893 les premières relations d'Esterhazy et de Schwarzkoppen.

Déchiré en petits morceaux, ce brouillon paraît être parvenu à la Section de Statistique par la voie ordinaire *.

Le 27 juillet, le visiteur, décidément très insistant, se présente à nouveau à l'ambassade, sans avoir prévenu. Il décline pour la première fois son identité : « commandant comte Walsin-Esterhazy, chef de bataillon au 74e régiment d'infanterie. » Reçu par Schwarzkoppen, il lui précise que sa femme est née Nettancourt-Vaubecourt, qu'il possède le château de Dammartin près de Sainte-Menehould dans la Marne, qu'il est allié aux Clermont-Tonnerre. Pour prouver son sérieux, il apporte le journal de mobilisation de son régiment – document de peu d'intérêt. Il parle argent. Il veut recevoir un salaire fixe de 2 000 francs par mois. Schwarzkoppen repousse une telle exigence. Ses agents ne sont rémunérés qu'« aux pièces ».

Mais le contact est apparu à Schwarzkoppen suffisamment intéressant pour que, les 3 et 4 août, il se rende en Allemagne à l'effet d'en entretenir le major Mueller, chef du Service allemand de Renseignement. Les deux hommes décident qu'il y a lieu de poursuivre les contacts. A son retour à Paris le 6 août, Schwarzkoppen trouve à l'ambassade une lettre d'Esterhazy qui lui précise ses adresses successives :

> Jusqu'au 10.VIII : état-major de la 3e brigade d'artillerie, camp de Châlons; du 10 au 12 : à la campagne, château de Dammartin, par Sainte-Menehould (Marne); ensuite à ma résidence habituelle que vous trouverez dans l'annuaire.

Le 13 août, Esterhazy, qui a quitté le camp de Châlons le 9 août, se présente à nouveau à l'ambassade, à 22 heures [3]. Il affirme pouvoir apporter des renseignements de grande valeur, et promet, notamment, le plan de mobilisation de l'artillerie qui venait d'être mis nouvellement à jour [4]. Il parle en

* Marcel Thomas [2] date du 22 juillet ce brouillon intercepté, à une date incertaine, par la Section de Statistique. Il fait évidemment allusion à la visite reçue par Schwarzkoppen et à l'offre de services d'un officier français. Le document sera plus tard versé au dossier secret et exploité contre Dreyfus. (Voir *infra* p. 117.)

outre du canon « 120 court » * auquel s'intéresse beaucoup l'État-Major allemand [5]. Le 15 août, Esterhazy apporte effectivement le plan de mobilisation de l'artillerie. L'attaché militaire en apprécie la valeur. « Esterhazy reçut de moi 1 000 francs, et m'assura qu'il se proposait de me livrer dans quelques jours d'autres renseignements intéressants [6]. »

> J'ai pris cette décision, écrira Schwarzkoppen, parce que je croyais que dans l'intérêt de mon armée j'avais le devoir d'agir ainsi; mais je me rendais parfaitement compte que ma position était bien dangereuse, et que, comme officier prussien, je pouvais être placé dans une situation extrêmement désagréable [7].

Et sans doute ce diplomate, qui, au mépris de la promesse faite à son ambassadeur, s'adonne à l'espionnage, n'est pas à son aise. Mais la vie du colonel von Schwarzkoppen est suffisamment distrayante pour qu'il pense à autre chose. Et l'agent de renseignement a de bonnes raisons d'être satisfait. C'est qu'il semble y avoir beaucoup à attendre de ce commandant Esterhazy... Dans quelques jours d'autres renseignements... Et Schwarzkoppen commence de dresser, pour son nouvel indicateur, la liste des « questions importantes » sur lesquelles l'Allemagne souhaiterait être documentée.

IX. – LA DICTÉE

Le samedi 13 octobre, en début de matinée, le capitaine Dreyfus recevait à son domicile de l'avenue du Trocadéro une convocation l'invitant à se rendre le lundi, à 9 heures, au ministère de la Guerre, rue Saint-Dominique. La convocation était rédigée en ces termes :

* Expérimenté jusqu'en 1890, ce nouveau canon avait été mis en service dans un certain nombre de batteries à la fin de 1893. Il l'était notamment au camp de Châlons.

Paris, le 13 octobre 1894. Convocation. Le général de division, chef d'État-Major général de l'Armée, passera l'inspection de MM. les officiers stagiaires dans la journée du lundi 15 octobre courant. M. le capitaine Dreyfus, actuellement au 39e régiment d'infanterie à Paris, est invité à se présenter à cette date et à 9 heures du matin au cabinet de M. le chef d'État-Major général de l'Armée, tenue bourgeoise.

Le capitaine Dreyfus faisait alors son stage réglementaire au 39e régiment d'infanterie. Cette convocation l'étonna. L'heure était matinale pour une « inspection générale » qui d'ordinaire avait lieu le soir. L'exigence d'une « tenue bourgeoise » était inhabituelle. Mais qu'importe!

Le dimanche soir nous dînâmes comme d'habitude, ma femme et moi, chez mes beaux-parents, tous nous partîmes fort gais, heureux comme toujours de ces soirées passées en famille [1].

Le lundi matin, il embrasse sa femme, ses enfants. Son fils Pierre âgé de trois ans et demi l'accompagne à la porte. La matinée était belle et fraîche, le soleil commençait à percer à travers un voile de brume. Le capitaine Dreyfus se rend à pied au ministère, suivant les quais de la Seine, heureux de traverser ce Paris d'automne. Arrivé un peu à l'avance, selon son habitude, il se promène quelques minutes devant le ministère. Puis, ponctuel, il monte aux bureaux.

Il est aussitôt reçu par le commandant Picquart, de l'État-Major de l'Armée. Cet officier, qui semblait l'attendre, le fait entrer dans son propre bureau. Le capitaine Dreyfus s'étonne de n'apercevoir personne d'autre; les officiers étaient d'ordinaire convoqués en groupe à l'inspection. Picquart et Dreyfus conversent banalement quelques minutes. Puis le commandant Picquart conduit son visiteur jusqu'à la porte du cabinet du chef d'État-Major général de l'Armée, le général de Boisdeffre.

La surprise du capitaine Dreyfus s'accroît : le général de Boisdeffre est absent. Il est reçu par un officier étrange et solennel, en uniforme, qui se présente « commandant du Paty de Clam ». Dans le fond de la pièce se tiennent trois hommes en civil * inconnus de Dreyfus. L'un consulte une carte posée sur la table. Le commandant du Paty parle d'une voix étranglée. « Le général va venir. » Il invite Dreyfus à remplir la partie signalétique de sa fiche d'inspection, tandis que les assistants l'observent. Puis le commandant du Paty – dont la main droite porte un gant de soie noire – dit au capitaine Dreyfus : « J'ai une lettre à écrire, à présenter à la signature du général de Boisdeffre. J'ai mal au doigt. Pouvez-vous écrire à ma place? » Dreyfus accède à cette singulière requête, et s'assied à une petite table, prête pour la dictée **.

C'est alors que le commandant du Paty, penché sur le capitaine Dreyfus, lui dicte un texte minutieusement élaboré :

> Paris, 15 octobre 1894.
> Ayant le plus grave intérêt, Monsieur, à rentrer momentanément en possession des documents que je vous ai fait passer avant mon départ aux manœuvres, je vous prie de me les faire adresser d'urgence par le porteur de la présente qui est une personne sûre...

Dreyfus commencerait-il à écrire irrégulièrement [2]? Du Paty poursuit lentement sa dictée :

> Je vous rappelle qu'il s'agit de :
> 1° Une note sur le frein hydraulique du canon de 120 et sur la manière dont...

A ce moment le commandant du Paty interrompt brusquement la dictée : « Qu'avez-vous donc capitaine? Vous tremblez! » « J'ai froid aux doigts », répond le capitaine Dreyfus qui continue d'écrire ***. « J'avais froid aux doigts, racontera Dreyfus, car la température était très fraîche au-dehors, et je n'étais que depuis quelques minutes dans une salle chauffée » [3].

* Ces trois hommes étaient M. Cochefert, chef de la Sûreté, son secrétaire, et l'archiviste Gribelin de la Section de Statistique.

** « J'y étais de moins en moins » écrira Dreyfus, dans sa prison du Cherche-Midi, racontant cette scène incroyable. Notes manuscrites écrites au Cherche-Midi, dossier de 1894.

*** L'écriture n'est à aucun moment modifiée. Elle s'élargit seulement un peu à partir des mots « je vous rappelle... ».

Pourquoi du Paty a-t-il soudain interpellé Dreyfus? « Pour ébranler son assurance », dira-t-il, prêtant à Dreyfus, dans la succession de ses déclarations, tantôt un trouble révélateur, tantôt le calme parfait du simulateur. Dreyfus attend la suite de la dictée. Du Paty lui parle plus brutalement encore. « Faites attention, c'est grave. » Grave? Dreyfus est heurté de cette étrange grossièreté. Il continue cependant d'écrire, sous la dictée, s'appliquant « à mieux écrire » [4]

> ... il s'est comporté aux manœuvres;
> 2° Une note sur les troupes de couverture;
> 3° Une note sur Madagascar.

« Dreyfus avait repris tout son sang-froid, écrira du Paty. Il était inutile de poursuivre l'expérience. » Alors du Paty se lève, pose solennellement la main sur l'épaule du capitaine Dreyfus, et d'une voix tonnante lance ces mots : « Au nom de la loi je vous arrête. Vous êtes accusé du crime de haute trahison. »

« La foudre tombant à mes pieds n'eût pas produit en moi une commotion plus violente; je prononçais des paroles sans suite » [5]. Qui est fou? du Paty? Dreyfus? Quelle scène démente se déroule dans ce bureau? Le capitaine Dreyfus proteste, s'indigne. Alors du Paty ouvre le Code Pénal, donne, en criant, lecture de l'article 76 : « Quiconque aura pratiqué des machinations ou entretenu des intelligences avec les puissances étrangères... sera puni de mort. » Pendant qu'il lit, il découvre un revolver dissimulé sous un dossier. Dreyfus continue de protester. Il voit l'arme. « Je suis innocent. Tuez-moi si vous voulez. » Du Paty lui répond : « Ce n'est pas à nous, c'est à vous de le faire » [6]. Et tandis que Dreyfus hurle son innocence, Cochefert et son secrétaire se précipitent sur lui pour le fouiller. Il n'oppose aucune résistance. « Prenez mes clefs. Ouvrez tout chez moi. » Il existe contre vous des charges accablantes, lui dit-on. Il hurle son innocence, explique en mots incohérents qu'il a une femme et des enfants, qu'il est riche, qu'il est alsacien, qu'il aime sa patrie, son métier, qu'il ne peut trahir. « Attitude un peu théâtrale, exposera du Paty [7]. Je laisse passer ce flot qui pouvait être chose préparée pour le cas d'une arrestation. » Les autres témoins diront [8] que Dreyfus semblait jouer une comédie, « qu'il se regardait complaisamment dans une glace ». Dreyfus supplie qu'on lui dise précisément de quoi on l'accuse, mais on ne lui montre aucun document [9]. Du Paty le presse de questions : « Avez-vous quelques ennemis susceptibles d'avoir par machination établi les documents saisis et qui ont motivé votre arrestation? » « Je ne me connais pas d'ennemis. » Mais de quels documents s'agit-il? « Avez-vous été en voyage d'État-Major et à quelle époque? » « Dans la deuxième quinzaine de juin. » « Avez-vous eu des relations avec la section technique de l'artillerie? » « Oui, deux fois. » Dreyfus continue de jurer son innocence. « Je veux vivre pour établir mon innocence... Je vois qu'un plan épouvantable a été préparé contre moi... » Le procès-verbal d'interrogatoire de Dreyfus n'a pas vingt lignes.

Accompagné d'un agent de la Sûreté, le commandant Henry emmène le capitaine Dreyfus. Durant le trajet il interroge son prisonnier. « De quoi êtes-vous accusé? » Henry le sait, bien sûr, mais tend un piège. Au Cherche-Midi, Dreyfus est enfermé, mis au secret. Aucune communication avec quiconque. Ni papier, ni plume, ni crayon [10]. Nul n'a le droit de lui adresser la parole. Alors il s'effondre. Il y a quelques heures, il était un homme heureux, un jeune et brillant officier. Il n'est plus maintenant qu'un prévenu jeté au fond d'une prison. Dreyfus croit devenir fou : « Je tombais dans un état de surexcitation terrible. Je hurlai de douleur. Je marchais dans ma cellule, heurtant ma tête contre les murs » *. Une crise effrayante de désespoir et de rage le secoue. Pourquoi n'a-t-il pas accepté de se tuer?

* Le commandant Forzinetti, qui dirigeait les prisons militaires et reçut Dreyfus au Cherche-Midi, décrit ainsi Dreyfus, qu'il alla voir, dans sa cellule : « J'avais devant moi un véritable aliéné, aux yeux injectés de sang. Il avait tout bouleversé dans sa chambre. » (Récit du commandant Forzinetti, publié dans *le Figaro* du 21 novembre 1897.) Forzinetti s'employa à le calmer.

X. – LE BORDEREAU

Depuis le 3 décembre 1893, le général Mercier était ministre de la Guerre. Ancien polytechnicien, il avait fait une carrière lente. Mais il s'était construit la réputation d'un officier intelligent et réfléchi. Il passait pour républicain, et même ouvert aux idées libérales, ce qui n'était pas si fréquent [1]. C'était un homme grand, très maigre, froid, sévère, dont le visage semblait taillé à la serpe. Il gardait toujours les yeux mi-clos, et son sourire, un peu forcé, se contractait en rictus. Il était courtois, peu bavard, très énergique, doué d'une étonnante mémoire. Sa nomination au ministère de la Guerre, dans le gouvernement Casimir-Perier, semblait avoir satisfait l'Armée.

Ministre, il s'était montré tout dévoué à la défense de l'Armée. En mai 1894 Charles Dupuy, succédant à Casimir-Perier à la présidence du Conseil, conserva Mercier à son poste : ce qui donna à celui-ci le sentiment d'être inamovible. « Il tranchait de tout, sec, hautain, d'une infatuation provocante, infaillible et sûr de son étoile », écrit Joseph Reinach.

> Point de pire ambition que celle qui vient sur le tard... Tout, jusqu'aux vulgaires jouissances du pouvoir, avait contribué à l'enivrer, à faire éclater une insolence de parvenu [2]...

Mais Reinach, qui le tient pour un grand criminel, noircit le portrait. Mercier mettait au service de sa carrière d'indéniables qualités de courage, de sang-froid, et aussi d'habileté.

Le général Mercier était plutôt suspect à la droite : c'était un général qui n'allait pas à la messe, un général républicain. Parce qu'il avait, le 1er août 1894, ordonné la libération anticipée d'une partie du contingent, la presse réactionnaire s'était déchaînée contre lui. On l'accusait d'avoir protégé l'espion Triponé pour plaire à son ami le général de Galliffet. « Barboteur, renifleur, idiot », le décrivait *l'Intransigeant* [3]. « Explique-toi Mercier, afin que nous sachions enfin jusqu'où peut aller l'imbécillité humaine. » Dans *l'Autorité* du 2 juin, Cassagnac l'attaquait violemment : « Mercier aurait dû être chassé de son banc, et il l'aurait été, si la Chambre était peuplée de patriotes. » Drumont, poursuivant dans *la Libre Parole* sa campagne contre la présence des officiers juifs dans l'Armée, s'en prenait directement à Mercier. « Le ministère de la Guerre qui devrait être le sanctuaire du patriotisme est une caverne, un cloaque... Il y a toujours quelque chose qui pue là-dedans »[4]. *La Croix* aussi injuriait le ministre de la Guerre, soupçonné de couvrir et d'abriter les Juifs et les espions. A l'automne 1894, le général Mercier a de bonnes raisons de redouter la rentrée parlementaire. Peut-on rester ministre de la Guerre et être honni par la droite?

A la fin de septembre 1894, le général Mercier est avisé que la Section de Statistique a intercepté un document d'une grande importance, en provenance de l'ambassade d'Allemagne. Le document lui est aussitôt soumis. C'est le fameux bordereau, d'où va naître l'Affaire Dreyfus. Il est ainsi rédigé :

> Sans nouvelles m'indiquant que vous désirez me voir, je vous adresse cependant, Monsieur, quelques renseignements intéressants
> 1° Une note sur le frein hydraulique du 120 et la manière dont s'est conduite cette pièce;
> 2° Une note sur les troupes de couverture (quelques modifications seront apportées par le nouveau plan);
> 3° Une note sur une modification aux formations de l'artillerie;
> 4° Une note relative à Madagascar;
> 5° Le *Projet de manuel de tir* de l'artillerie de campagne (14 mars 1894);
> Ce dernier document est extrêmement difficile à se procurer et je ne puis l'avoir à ma disposition que très peu de jours. Le ministère de la Guerre en a envoyé un nombre fixe dans les corps, et ces corps en sont responsables. Chaque officier détenteur doit remettre le sien après les manœuvres. Si donc vous voulez y prendre ce qui vous intéresse et le tenir à ma disposition après. Je le prendrai. A moins que vous ne vouliez que je le fasse copier in extenso et ne vous en adresse la copie.
> Je vais partir en manœuvres.

« L'émotion de Mercier lisant cette pièce, écrit Reinach, fut vive, et aussi son irritation » [5]. Dès la première phrase, la lettre indiquait un commerce de trahison. Le traître était, d'évidence, un officier, et sans doute – le document faisait allusion au ministère – un officier du ministère de la Guerre. Les renseignements étaient nombreux et semblaient importants. Ainsi un officier français, appartenant probablement à l'État-Major, fournissait en renseignements et en documents l'ambassade d'Allemagne. Mercier perçoit aussitôt la gravité de l'affaire. Vite il comprendra aussi que si le coupable est découvert, arrêté, condamné, il en tirera un profit politique. Ainsi pourra-t-il museler l'extrême droite et sa presse. Au général de Boisdeffre, chef d'État-Major de l'Armée, au sous-chef d'État-Major, le général Gonse, le ministre donne des instructions vigoureuses : « Le cercle des recherches est petit, circonscrit à l'État-Major. Cherchez. Trouvez » [6].

Comment le fameux bordereau était-il tombé entre les mains de la Section de Statistique? La version « officielle », celle que ne cessera de fournir le ministère de la Guerre, est que le précieux document avait été trouvé par Mme Bastian dans la corbeille de Maximilien von Schwarzkoppen, et remis par elle au commandant Henry. A quelle date? Sans doute le 26 septembre au soir *. Le bordereau faisait partie d'une livraison « assez copieuse » – une demi-douzaine de documents – aussitôt reconstituée et mise à l'étude.

Ainsi c'est la corbeille de l'imprudent Schwarzkoppen qui aurait reçu le bordereau, déchiré et jeté par l'attaché militaire. Et c'est la « voie ordinaire » qui l'aurait transmis. Nombreux sont les historiens de l'Affaire qui ont refusé d'admettre cette thèse, tenue pour simple sinon simpliste. Dans son *Histoire de l'Affaire Dreyfus*, Joseph Reinach assure que le bordereau aurait été volé dans la loge du concierge de l'ambassade d'Allemagne par l'agent Brücker,

* Marcel Thomas a établi que le commandant Henry, retenu à la chasse, n'était rentré à Paris que le 25 septembre. Le 26 il aurait vu « Auguste » qui lui aurait remis une ample moisson de documents, car ils ne s'étaient pas retrouvés depuis un mois. Le 27 l'archiviste Gribelin portait en dépense, sur son livre de caisse, une mensualité de cent francs remise à Auguste [7].

que celui-ci « avait pris la lettre, venue probablement par la poste, dans le casier de Schwarzkoppen alors en congé à Berlin » [8]. C'est la thèse que paraîtra admettre Alfred Dreyfus lui-même [9].

> La lettre devenue si célèbre sous le nom de bordereau, écrit Maurice Baumont, n'est pas parvenue au mystérieux bureau de statistiques par la voie ordinaire, c'est-à-dire par les soins de Mme Bastian. Portée rue de Lille, tandis que l'attaché militaire von Schwarzkoppen est absent de Paris, elle a été déposée dans la loge du concierge, d'où elle s'est envolée dans l'histoire du monde [10].

« Histoires de concierges », observe Maurice Baumont. En vérité ce n'est pas qu'un détail. La manière dont le bordereau est arrivé à l'ambassade d'Allemagne, la voie qu'il prit jusqu'au bureau du ministre de la Guerre, ne sont pas sans incidence sur le rôle des principaux antagonistes, et chacun est tenté d'accorder le chemin du bordereau à la thèse qu'il soutient, ou à la légende qu'il raconte. Le colonel von Schwarzkoppen a donné raison, lors de la publication de ses *Carnets,* à ceux qui soutenaient que jamais le bordereau n'avait été ramassé dans sa corbeille.

> Que le bordereau, écrit-il, n'ait pas été trouvé dans le panier à papiers, cela résulte déjà du fait que je ne l'ai jamais reçu. Mme Bastian ou quelque agent secret a dû le trouver dans mon casier dans la loge du concierge, et pour faire croire qu'il venait de ma corbeille l'a déchiré en petits morceaux [11].

Le bordereau « n'a jamais été entre mes mains », affirme solennellement Schwarzkoppen. Mais l'attaché militaire est, devant l'histoire, un témoin douteux. Car il a intérêt à dissimuler – ou tenter de réduire – son incroyable négligence. Pourrait-il reconnaître avoir jeté à la corbeille, après l'avoir à peine déchiré, un document qui devait prendre une telle importance dans l'histoire? Cependant la masse des documents ramassés dans la corbeille de Schwarzkoppen, durant huit ans [12], révèle qu'il jetait pêle-mêle les brouillons de ses lettres intimes, les correspondances les plus personnelles, et d'importants documents établissant ses activités d'espionnage. En 1894, Schwarzkoppen est un espion très léger, et il le sera jusqu'à son départ de France. Les travaux de Marcel Thomas ont établi que, selon toute vraisemblance, Schwarzkoppen ne disait pas la vérité sur ce point et que le bordereau était bien arrivé par la « voie ordinaire ». Marcel Thomas a constaté que la « voie ordinaire » avait apporté, en même temps que le bordereau, le brouillon d'un questionnaire * établi par Schwarzkoppen, à l'usage de ses agents, afin d'être renseigné sur le canon 120 court à l'occasion des manœuvres de Châlons. Le bordereau répondait pour partie à ce questionnaire. Ce qui atteste à la fois les préoccupations précises de Schwarzkoppen et sa fantastique insouciance. Il jetait tout et n'importe quoi dans sa corbeille. « Tout se passe à la vérité, écrit Marcel Thomas, comme si avant de partir en congé le 24 septembre, Schwarzkoppen avait hâtivement déversé dans sa corbeille à papiers le rebut de dossiers jugés par lui périmés » [14]. Ainsi le bordereau, en même temps que le questionnaire de Schwarzkoppen, serait-il venu à la Section de Statistique par la voie ordinaire, parmi d'autres papiers ou morceaux de papiers, remis le 26 septembre, à Sainte-Clotilde ou ailleurs, par Mme Bastian au commandant Henry.

Le bordereau est lacéré en six fragments encore réunis les uns aux autres **. Le commandant Henry

* Questionnaire ainsi rédigé :

1° Quelle est la composition des batteries du régiment de corps à Châlons?
2° Combien de batteries de 120?
3° Quels obus tirent-elles?
4° Quels sont les effectifs des batteries?
5° Manuel de tir de l'artillerie de campagne?
6° Réglette de correspondance?
7° Mobilisation de l'artillerie?
8° Le nouveau canon?
9° Le nouveau fusil?
10° Formation des armées, divisions et brigades de réserve?
11° Le fort de Manonvillers?
12° Projet de règlement sur les manœuvres de batteries attelées [13].

** Et non pas déchiré en petits morceaux. On a parfois tiré argument de ce fait pour assurer que le bordereau ne provenait pas de la corbeille de Schwarzkoppen : il n'était pas assez déchiré. Mais l'étude des archives du ministère de la Guerre démontre que la voie ordinaire a apporté de nombreux documents déchirés en deux, ou simplement froissés par Schwarzkoppen.

n'a nulle peine à le recoller, et à en apercevoir l'intérêt. Dès le 27, il montre à son ami Lauth et à Gribelin son étonnante trouvaille. Ils en discutent quelques instants. Puis ils présentent le papier au commandant Sandherr qui y attache aussitôt une grande importance. Le capitaine Matton, qui entre dans le bureau par hasard, est invité à regarder le document. Il émet l'hypothèse qu'une telle lettre doit émaner de quelqu'un du ministère, sans doute d'un artilleur *. Le jour même le document est porté au ministre, selon l'usage, sous couvert du chef et du sous-chef d'État-Major. Il lui est adressé avec d'autres documents venus par la voie ordinaire [15]. Le général de Boisdeffre étant absent de Paris, c'est l'un des sous-chefs d'État-Major, le général Renouard – assurant l'intérim – qui informe le ministre de la Guerre de la découverte. Et Mercier ordonne aussitôt de rechercher le traître.

Où chercher? Sandherr, Mercier, présument – comme Matton – que le traître est un officier d'État-Major. L'une des notes annoncées traite des « troupes de couverture », du « nouveau plan ». Ceci semble indiquer que l'auteur de la lettre connaît des dossiers secrets **. Il faut trouver dans l'univers ainsi circonscrit une écriture similaire. Sandherr fouille dans ses archives. Il ne découvre aucune écriture qui s'apparente à celle de ce document. Le général Renouard distribue des épreuves photographiques aux chefs des différents bureaux. Aucun ne reconnaît l'écriture d'un officier placé sous ses ordres. Pendant ce temps, la Section de Statistique transmet au général Mercier d'autres documents arrivés par la voie ordinaire, dont une lettre de l'attaché militaire italien Panizzardi à son ami Schwarzkoppen : « Mon beau bourreur. J'ai bien joui, et je vous fais la restitution des trois pièces. Adieu mon beau bourreur. Votre ami » [16]. On se persuade vite que l'auteur du bordereau, qui parle du frein hydraulique du 120 court, et promet de se procurer *le Projet de manuel de tir* de l'artillerie, est probablement un artilleur. Le 4 octobre

* Matton était le seul artilleur de la Section de Statistique.

** Selon Marcel Thomas, le terme même de « note » aurait suggéré à ces officiers, toujours occupés à préparer, rédiger et recevoir des « notes », que le document émanait du ministère.

on envoie un exemplaire du cliché à la direction de l'artillerie. Le résultat est négatif. Le vendredi 5 octobre au soir, on a épuisé toutes les pistes. C'est alors que le lieutenant-colonel d'Abboville, qui venait de succéder au colonel Roget comme sous-chef du 4e bureau, revient au ministère, rentrant de congé. C'est lui qui, le 6 octobre, fait basculer le destin.

Le 6 au matin, le lieutenant-colonel d'Abboville arrive au ministère, fier de sa nouvelle nomination. Il se rend dans le bureau de son chef, le colonel Fabre. Tous deux bavardent quand entre dans la pièce le lieutenant-colonel Boucher, chef du 3e bureau. De quoi parler sinon du bordereau dont partout on cherche l'auteur? D'Abboville écoute. Il se retire dans son bureau. Fabre le rappelle, et lui montre la photo du bordereau. « Si j'étais chargé de trouver le coupable, affirme d'Abboville, heureux d'étaler ses capacités, je crois que j'y arriverais assez facilement. » « Comment? » interroge Fabre. D'Abboville lui fait remarquer que la variété des renseignements visés au bordereau indique, d'évidence, que le coupable est passé au 1er, au 2e , au 3e et au 4e bureau du ministère. Or il n'y a que les « stagiaires », c'est-à-dire les officiers d'État-Major récemment brevetés, qui, avant de recevoir leur affectation, passent ainsi quelques mois dans chacun des bureaux. Le cercle se rétrécissait encore. Un officier d'État-Major? Un officier d'artillerie en cours de stage à l'État-Major? Il y en avait quatre ou cinq qui étaient passés par le 4e bureau, depuis moins d'un an. Le colonel Fabre les connaissait personnellement. L'un d'eux est le capitaine Alfred Dreyfus. Précisément Fabre a rédigé sur le capitaine Dreyfus une note défavorable pour le 2e semestre de 1893 : « Officier incomplet, très intelligent et très doué, mais prétentieux, et ne remplissant pas au point de vue du caractère, de la conscience, et de la manière de servir, les conditions nécessaires pour être employé à l'État-Major de l'Armée. » Cette note, le colonel Fabre l'a rédigée d'après les renseignements fournis par le lieutenant-colonel Roget, et par le commandant Bertin-Mourot *. Cet « officier in-

* Bertin-Mourot était d'origine juive par sa mère, ce qu'il s'acharnait à faire oublier, en faisant profession d'antisémitisme.

complet », cet officier juif, retient aussitôt l'attention de Fabre et de d'Abboville, heureux d'avoir ainsi découvert une piste. Il leur manque un spécimen d'écriture. Ils trouvent un formulaire rempli par Dreyfus [17], comparent l'écriture du bordereau et l'écriture de Dreyfus. La ressemblance est frappante *. Ils tiennent le coupable. Reste un détail pour les deux officiers. L'auteur du bordereau écrit qu'il « va partir en manœuvres ». Dreyfus est-il récemment parti en manœuvres? On vérifie que non. Aucun des stagiaires de l'État-Major n'est parti, ne va partir en manœuvres. Mais déjà les officiers sont convaincus. Ils trouvent trace d'un voyage d'État-Major, dans l'Est, au mois de juin, dont Dreyfus a été**... Cela leur suffit. D'autres spécimens de l'écriture de Dreyfus sont recherchés, et voilà que Fabre et d'Abboville y retrouvent même « presque tous les mots du bordereau ». C'est le vocabulaire de Dreyfus. Oui. Ils tiennent bien le coupable [19].

Le drame se précipite. Le colonel Fabre rend compte au général Gonse, sous-chef d'État-Major, qui alerte le général de Boisdeffre, « très ému », Boisdeffre connaît Dreyfus et l'apprécie. Il dit de ne rien ébruiter, et se réserve de rendre compte au ministre de la Guerre. Gonse convoque le colonel Sandherr et le met au courant. Sandherr, antisémite passionné, se frappe le front : « J'aurais dû m'en douter » [20]. Se douter de quoi? Il ne connaît pas Dreyfus. Mais il affirme qu'il a vu Dreyfus rôder, et que le capitaine juif lui a posé des questions indiscrètes. Chacun, désormais, renforce la conviction de l'autre. Le soir, une dizaine d'officiers supérieurs sont

* On comparera les mots du bordereau et les mêmes mots écrits par Dreyfus sous la dictée de du Paty ou recopiés par lui. La ressemblance est, à première vue, « frappante ». Mais on remarquera aussi que cette écriture penchée, soignée, était très répandue à l'époque. Le système scolaire n'avait pas encore « libéré » les écritures. On observera la ressemblance superficielle de ces deux écritures avec de très nombreuses écritures contemporaines.

** « Dès cette première heure, écrit Joseph Reinach, s'opère le phénomène qui va dominer toute l'Affaire. Ce ne sont plus les faits contrôlés, les choses examinées avec soin qui forment la conviction; c'est la conviction préétablie, souveraine, irrésistible, qui déforme les faits et les choses » [18].

déjà persuadés que Dreyfus est le traître recherché.

Mercier fut-il avisé le jour même, ou le surlendemain? Il dira que, prévenu par le chef d'État-Major, il ressentit d'abord « une impression terrible ». Ainsi l'officier soupçonné « portait l'uniforme qu'il avait porté lui-même ». C'était « un enfant de cette Alsace où lui-même avait passé son enfance »[21]. Mais c'était un officier juif, un Alsacien juif. « A première vue », constatera Mercier, sa culpabilité ne paraissait pas douteuse.

Le général Mercier fait cependant observer au général de Boisdeffre que les officiers qui accusaient Dreyfus n'étaient pas des experts. Il fallait trouver quelqu'un de sûr, capable de tenir le secret, et qui eût des compétences graphologiques. Qui lança le nom du commandant du Paty de Clam, officier du 3e bureau? Personnage étrange, souvent délirant : encore aujourd'hui il suscite les jugements les plus divers. Marcel Thomas le décrit comme un officier-né, « appelé à un grand avenir, intelligent et cultivé, mais avec des côtés romanesques et trop de confiance en ses intuitions »[22]. Henri Guillemin[23] rapporte qu'il avait un passé chargé – une « très fâcheuse affaire » en 1892 –, et en fait un portrait qui le ridiculise : « automate à monocle, torse bombé, menton en l'air, moustache de chat ». Sans doute le commandant du Paty était-il tout cela. Et par surcroît il « ruisselle de bon vouloir » et d'ambition. Il est le parent du général de Boisdeffre qui le protège. Il est l'ami du colonel de Schwarzkoppen. Il est l'ami de tous les gens du monde. Son grand-père, président de cour à Bordeaux, s'était démis de ses fonctions pour faire réhabiliter trois personnes injustement condamnées à mort. La justice semblait tradition familiale. Chacun sait au ministère que du Paty de Clam se pique de graphologie. D'accord avec le général Mercier, le général de Boisdeffre décide de l'utiliser, et le 6 octobre au soir le général Gonse fait appeler le commandant du Paty pour qu'il compare les deux écritures, celle du bordereau et celle de Dreyfus. Mais Gonse ne lui révèle pas le nom du suspect. Très sûr de lui, du Paty conclut d'emblée à l'identité. Le général Gonse lui explique alors qu' « il s'agit d'une trahison, et que l'enquête, faite dans les bureaux, a fait porter les soupçons sur le capitaine Dreyfus ». Sur quoi, du Paty demande à reprendre son expertise. Dès le 7 au soir, après avoir travaillé tout un dimanche, du Paty est en état de remettre à ses chefs une note concluant, « malgré certaines dissemblances », à une ressemblance suffisante pour justifier une expertise légale. Le soupçon est désormais une certitude. Boisdeffre, Gonse, Sandherr, comme d'Abboville, comme Fabre, comme du Paty, sont déjà convaincus. En vérité on aurait dû y penser plus tôt. Le traître est un officier juif.

XI. – LES CONJURÉS

Les huit jours qui séparent la découverte du coupable de son arrestation * sont très agités. Et d'abord l'Affaire, parce qu'elle met en cause l'ambassade d'Allemagne, devient une affaire d'État. Le général Mercier prend ses précautions. Il consulte d'abord la plus haute autorité militaire du pays, le général Saussier, gouverneur militaire de Paris, et de fait, sinon de droit – car le titre n'existe pas encore – généralissime des armées françaises en temps de guerre. Saussier n'aime pas Mercier. Leur antagonisme, relevant des circonstances autant que de leurs caractères, est bien connu [1]. Saussier est un homme prudent, réaliste, cherchant toujours les arrangements. Vieux garçon, bon vivant, le général Saussier avait alors pour maîtresse la femme d'un officier juif, Maurice Weil, personnage de très mauvaise réputation que *la Libre Parole* accusait périodiquement d'être un espion au service de l'Allemagne. Des ragots désagréables circulaient sur les relations de Weil et de Saussier, et celui-ci en tenait pour responsable la Section de Statistique [2]. Il soupçonnait le général Mercier d'y prêter la main. Consulté, Saussier déconseille au ministre de la Guerre de poursuivre cette affaire. L'Armée n'aurait

* Du samedi 6 octobre au lundi 15 octobre 1894.

rien à gagner de la dénonciation publique d'un officier au service de l'Allemagne. Et quelles seront les réactions de la banque juive? « Envoyez plutôt ce Dreyfus se faire tuer en Afrique », conseille-t-il au ministre. Saussier, au surplus, ne croit guère aux fabulations du Service de Renseignement. Mais il ne se fait pas d'illusion. Le ministre le consulte pour ne pas l'écouter.

A l'issue du Conseil des ministres tenu le 9 octobre, le général Mercier, qui commence à s'affairer, demande à son obscur collègue Guérin, garde des Sceaux, le nom d'un expert en écritures. Guérin lui suggère Alfred Gobert, expert près la Banque de France, que Mercier convoque personnellement au ministère.

Le 10 octobre, le général Mercier demande un entretien au président de la République, Casimir-Perier, pour le mettre au courant. Casimir-Perier attestera plus tard que le ministre de la Guerre s'ingénia alors à minimiser l'affaire : « les documents livrés étaient sans grande importance ». Il suffisait pour réparer le mal « de prendre quelques mesures au ministère de la Guerre » [3]. Après quoi le ministre de la Guerre court prévenir le président du Conseil. Tous deux décident d'agir avec la plus grande discrétion. On délibérera le jeudi 11 octobre au ministère de l'Intérieur en un « petit Conseil » composé des ministres intéressés : le président du Conseil, le ministre des Affaires étrangères, le garde des Sceaux et le ministre de la Guerre.

Le petit Conseil se tient comme prévu. Le général Mercier expose l'affaire, explique comment le bordereau est tombé entre les mains de la Section de Statistique. Il l'analyse. Il affirme que l'on a pu, par comparaison d'écritures, découvrir le coupable. Il ne le nomme pas. Il demande avis sur ce qu'il reste à faire [4].

Le garde des Sceaux, le président du Conseil, « examinent les divers partis qu'on pouvait prendre, sans réussir à en adopter aucun » *. Seul Gabriel

* Selon le *Journal* de Maurice Paléologue. Celui-ci était alors chargé des « affaires réservées » c'est-à-dire des affaires de renseignement au ministère des Affaires étrangères. Le directeur des affaires politiques Nisard lui fit, le 12 octobre, un récit secret mais détaillé du petit Conseil [5].

Hanotaux, ministre des Affaires étrangères, a le courage de prendre position. Il voit les risques d'une information judiciaire ouverte, sur le seul fondement d'un document volé dans une ambassade, au mépris du droit, et qui forcément met en cause des agents diplomatiques dûment accrédités. Il expose les difficultés des relations entre la France et l'Allemagne. Le moindre incident doit être évité. Mais le ministre de la Guerre tient bon. Il invoque à son tour l'intérêt supérieur de la patrie, les exigences de la défense nationale. Le président du Conseil cherche un vague accommodement. Il fait promettre au général Mercier que l'on abandonnera les poursuites si l'on ne découvre pas d'autres preuves que le bordereau [6]. On décide qu'une perquisition « que l'on essaierait de rendre secrète » pourrait avoir lieu chez le coupable! Quant au nom du coupable, que tout l'État-Major connaît, ni le président de la République, ni le président du Conseil, ni le ministre des Affaires étrangères n'en sont informés. Et ils supportent sans protester ce silence.

Très inquiet de cette affaire, le ministre des Affaires étrangères décide de se rendre le soir même au domicile du ministre de la Guerre pour tenter de le fléchir. Hanotaux argumente plus d'une heure. Rien n'y fait. Le général Mercier invoque la loi, le risque de scandale, car les officiers mêlés à l'enquête pourraient parler. En fait, il a décidé l'arrestation; et déjà il en organise le déroulement.

Le général Mercier est maintenant très pressé. Car il part le lendemain pour les manœuvres de Limoges, d'où il ne rentrera que le 14. Aucune pression civile ne doit interrompre ni retarder le plan qu'il met au point. Il envoie Sandherr, Henry et du Paty chez le préfet de Police Lépine pour s'assurer de son concours. Il reçoit l'expert Gobert, convoqué d'urgence, au ministère de la Guerre, puis il l'envoie au général de Boisdeffre et au général Gonse. Là l'expert se retrouve devant un « aréopage d'officiers » occupés à examiner les pièces, à étudier les ressemblances d'écritures. Ils tâchent aussitôt de transmettre leur conviction, commune et brûlante, à l'expert officieux désigné par le ministre. Gobert, auquel on a caché le nom du « coupable » [7], emporte les pièces chez lui, travaille toute la journée du vendredi

12 octobre. Deux fois le général Gonse vient le voir pour l'encourager et le persuader. Sans même attendre le résultat de l'expertise, le général Mercier, qui redoute les scrupules de Gobert, demande au préfet de Police le concours d'un autre expert. Le préfet Lépine recommande le chef du service de l'identité judiciaire à la préfecture, Alphonse Bertillon, inventeur de l'anthropologie métrique, méthode qui prétendait recenser les signes physiques des personnes détenues afin de les répertorier.

Le 12 octobre au soir, le général de Boisdeffre fait appeler le commandant du Paty et lui annonce qu'il sera désigné en qualité d'officier de police judiciaire. Il devra procéder à l'arrestation du capitaine Dreyfus. « Vous allez empoisonner ma vie, aurait répondu le commandant du Paty. Je suis chef de famille; une pareille besogne reviendrait plutôt à un célibataire. Donnez-la à Picquart » [8]. Mais Boisdeffre trouva les mots pour le persuader : « Vous ne sortez pas des Jésuites... vous n'avez pas d'attaches juives... et puis il y a un danger. » « Il n'y avait qu'à s'incliner, dira plus tard du Paty, mais j'eus l'intuition de l'avenir. » En vérité du Paty ne se fit guère prier, et manifesta un zèle admirable.

Le 13 octobre à 9 heures du matin, tandis que le ministre de la Guerre arrivait à Limoges, Bertillon recevait l'ordre de comparer, de toute urgence, le bordereau et l'écriture de Dreyfus. A la même heure ou presque, Gobert faisait connaître ses conclusions : les deux écritures étaient « de même type graphique » mais « elles présentaient des dissimilitudes nombreuses et importantes dont il convenait de tenir compte » *. Le bordereau pouvait être « d'une personne autre que celle soupçonnée ». Mais rien ne peut plus maintenant arrêter le ministre de la Guerre ni l'État-Major. Ce Gobert, à y réfléchir, est apparu dès ses premières questions étrangement curieux. Expert de la Banque de France, il doit avoir partie liée avec la finance internationale. Il peut

* Gobert précisait, dans sa lettre du 13 octobre : « Je dois faire ressortir que le document en question n'est pas tracé d'une écriture déguisée, mais bien au contraire d'une manière naturelle, normale, et avec une grande rapidité; ce dernier détail exclut la possibilité d'une étude ou d'un déguisement graphique » (Archives nationales BB 19-101, d2, p. 32) [9].

connaître Dreyfus et sa famille. Il est suspect. Et le soir même Bertillon fournit le résultat, bienheureux, de son travail précipité [10]. « Si l'on écarte l'hypothèse d'un document forgé avec le plus grand soin, il appert manifestement pour nous que c'est la même personne qui a écrit les pièces communiquées et le document incriminé. » Bertillon est décidément un expert remarquable. Il donne chaud aux cœurs, et pousse à l'action.

Reste l'exécution. C'est du Paty, grand lecteur de romans feuilletons, qui invente et fait approuver le scénario. Le coupable sera invité à venir sous prétexte d'inspection générale. On lui prescrira de se mettre en civil – pour faciliter le séjour en prison. Du Paty prépare minutieusement le texte de la « dictée », qui de toute manière confondra le coupable. Si Dreyfus tremble, il avoue son crime. S'il ne tremble pas, il révèle sa force de dissimulation. Le commandant Henry se cachera derrière un rideau. Une glace renverra aux trois témoins le visage du traître pris au piège. Que le plan est non seulement délirant, mais absurde – car si Dreyfus est coupable, cette insolite convocation doit le mettre en garde – personne n'y songe. On soigne encore quelques détails. Du Paty se rend à la préfecture de Police : il voit Cochefert, directeur de la Sûreté et s'assure de son concours. Toute la journée du dimanche 14 octobre, tandis qu'Alfred Dreyfus vit joyeusement, avec sa femme et ses enfants ses dernières heures de liberté, on s'agite énormément. Un pli est porté au commandant Forzinetti, directeur de la prison du Cherche-Midi, « l'informant que le lendemain 15 octobre un officier supérieur attaché à l'État-Major général de l'Armée se présenterait pour lui faire une communication ». C'est le lieutenant-colonel d'Abboville qui doit accomplir, le 15 au matin, cette mission secrète afin de préparer les conditions de l'incarcération de Dreyfus. D'Abboville doit enjoindre au commandant Forzinetti de ne pas rendre compte au général Saussier, gouverneur de Paris. Enfin une dernière réunion regroupe autour du ministre de la Guerre, vers 18 heures, les principaux responsables : le général de Boisdeffre, le colonel Sandherr, le général Gonse, M. Cochefert, et bien sûr du Paty qui sera l'acteur essentiel. On répète, en détail, le scénario. Du Paty devra, sitôt la dictée terminée, procéder à un interrogatoire sommaire. Puis Dreyfus sera conduit au Cherche-Midi par le commandant Henry.

« Je dis au ministre, prétendra du Paty : Et s'il veut mourir? Il y eut un silence, le ministre inclina la tête et dit oui » [11]. Il fut donc convenu qu'un revolver d'ordonnance, chargé d'une balle, serait placé à proximité de Dreyfus « afin qu'il pût se faire justice à lui-même ». M. Cochefert, seul civil présent, observa que ceci paraissait conforme aux traditions d'honneur de l'Armée.

Et ce soir-là, ceux qui organisent avec tant de minutie le piège où doit se prendre, le lendemain matin, le capitaine Dreyfus, deviennent, malgré eux, solidaires. Ils exécutent, se partageant les rôles, un plan qui fait du capitaine Dreyfus le traître qu'ensemble ils ont choisi, qu'ils vont éliminer ensemble. Un pacte inconscient les lie désormais. Sous l'autorité du général Mercier, ils sont devenus, sans le savoir encore, des conjurés.

XII. – LES BERTILLONNADES

A peine jouée la pièce, fidèle au scénario, du Paty, suivi du chef de la Sûreté, se précipite chez Dreyfus, avenue du Trocadéro, pour perquisitionner. Il apprend à Lucie Dreyfus la soudaine arrestation de son mari, sans lui en donner les motifs. Comme elle s'affole – « Mon mari est mort », s'écrie-t-elle [1] –, du Paty l'abreuve de propos mystérieux. « Pensez au Masque de fer. » Il lui interdit de parler à quiconque de l'arrestation et de sa visite; « ce serait perdre votre mari ». « Un seul mot et c'est la guerre. » Il fouille tout l'appartement, emporte des correspondances privées, prend à Lucie Dreyfus les lettres échangées pendant les fiançailles, ne trouve rien qui présente intérêt. Il reviendra périodiquement visiter les tiroirs. « Votre mari est un lâche, un misérable. »

« Si j'étais à la place de son gardien, j'épierais son sommeil. » Il désespère Lucie Dreyfus, et parfois se prend à la consoler. Lucie Dreyfus vit quinze jours d'angoisse, sans appui, sans conseil, s'acharnant à dissimuler son malheur. Une seule fois, du Paty lui remettra un billet qu'il avait autorisé Dreyfus à écrire : « je t'assure de mon honneur et de mon affection ». Ce n'est que le 31 octobre qu'il permettra à Lucie de prévenir sa famille *.

Pendant quelques jours, du 15 au 18 octobre, du Paty laisse Dreyfus croupir dans sa cellule, sans l'interroger. Ce sont des jours atroces [3]. Dreyfus marche dans sa cage comme un fauve, parle tout haut, crie son innocence, hurle et sanglote. Il se jette dans les meubles de fer, au risque de se blesser, puis se précipite sur le lit, sans jamais dormir. « Il ne prenait que du bouillon et du vin sucré, ne touchant à aucun aliment » [4].

Le commandant Forzinetti vient le voir, s'efforce en vain de le calmer. Le 18 octobre, du Paty se rend à la prison, en compagnie de l'archiviste Gribelin qui lui sert de greffier, pour interroger Dreyfus dans sa cellule. Il viendra désormais tous les soirs, fort tard, restant souvent plusieurs heures. Le premier jour, du Paty demande à Forzinetti d'être autorisé à pénétrer sans bruit dans la cellule, porteur d'une lampe à projection pour surprendre l'accusé « d'un violent flot de lumière, et le démonter ». Forzinetti refuse. Dans sa prison on n'aura pas recours à de tels procédés. Du Paty a combiné tout un nouveau plan d'épreuves graphiques, pour confondre Dreyfus. Il l'oblige parfois à subir plus de dix dictées consécutives, assis, couché, debout. Sur la phrase « je vais partir en manœuvres », il lui fait accomplir quantité d'exercices absurdes et épuisants. Il s'ingénie d'autre part à établir, par des questions dont Dreyfus ne peut comprendre la signification, que le prisonnier aurait pu avoir accès à chacun des documents visés au bordereau. Mais le bordereau n'est toujours pas montré. Toujours Dreyfus proteste. Le 24 octobre, il fait noter au procès-verbal « Je jure

* Mathieu Dreyfus sera prévenu le 31 octobre par une dépêche reçue à la Bourse de Mulhouse, où il était « comme tous les mercredis ». Lucie le priait de venir aussitôt « pour affaire extrêmement urgente » [2].

sur la tête de mes enfants que je suis innocent. Si on me présentait les pièces incriminées je comprendrais peut-être. Voilà onze jours que je suis au secret, et je ne sais pas encore de quoi on m'accuse »[5]. En dehors des interrogatoires, du Paty fait « toutes sortes d'allusions voilées » à des faits auxquels Dreyfus ne comprend rien. Il l'interroge avidement sur sa vie privée. « Je me débattais dans le vide », écrira Dreyfus[6]. Parfois du Paty menace. Parfois il se fait dévot : « vous êtes perdu, il n'y a que la providence pour vous tirer de là ». Puis il se retire théâtralement, monocle à l'œil, suivi de son greffier. Dreyfus tombe, « bête accablée et n'en pouvant plus ». Il a d'effroyables cauchemars. La nuit les gardiens l'entendent, qui hurle, ou rit comme un fou. Le 27 au matin *, l'état mental de Dreyfus paraît à Forzinetti « voisin de la folie » et assez grave pour qu'il en rende compte au ministre et au gouverneur de Paris[7]. Mercier laisse « carte blanche » au général de Boisdeffre qui autorise Forzinetti à faire voir Dreyfus par le médecin de l'établissement « sous sa responsabilité et sans en parler à quiconque ». Le médecin prescrit des calmants et une surveillance incessante. Isolé, torturé, désespéré, Dreyfus passe « par de terribles alternatives de fièvre et de prostration ». Souvent il pense à mourir. Seul le commandant Forzinetti l'aide à vivre. « Toute la bonté du genre humain s'était réfugiée dans ce geôlier »[8].

Ce n'est que le 30 octobre – après que le journal de Drumont, *la Libre Parole,* eut révélé à l'opinion publique l'Affaire Dreyfus – que du Paty montre enfin au prévenu la photographie du bordereau. Il n'était plus possible de le lui cacher. Du Paty reprend les exercices de dictée. Il interroge Dreyfus sur chacune des pièces visées au bordereau. Dreyfus retrouve un peu d'espoir. Il sait enfin ce qui lui est reproché. Il est délivré de « l'affolant mystère ». Il peut désormais prendre l'accusation à bras-le-corps et en démontrer l'absurdité. Non, il n'a jamais été en manœuvre. S'il a connu le principe du frein du 120,

* Voir la lettre de Forzinetti du 27 octobre 1894 au ministre de la Guerre et au général Saussier : « Cet officier est dans un état mental indescriptible... Il est à craindre qu'il ne se livre à un acte de désespoir ou que la folie ne survienne. » Archives nationales, BB 19.75.

il n'a jamais vu aucun document concernant sa structure intime. Il n'a jamais vu ni tirer, ni manœuvrer la pièce. Au 2e bureau, il n'a jamais eu à s'occuper d'aucun travail sur les troupes de couverture. Il n'a jamais rien lu, rien su, sur Madagascar. Il ignorait même la publication du projet de manuel de tir d'artillerie de campagne. Il peut donc établir son innocence [9].

Mais il est trop tard. Dès le 31 du Paty signifie à Dreyfus que son enquête est terminée. Il est trop tard pour rechercher les témoins, trop tard pour vérifier les arguments. « Le ministre est prêt à vous recevoir si vous voulez entrer dans la voie des aveux. » Dreyfus répète : « Je vous déclare encore que je suis innocent et que je n'ai rien à avouer. » Du Paty dresse un rapport destiné au général de Boisdeffre *. L'enquête n'a rien apporté. Dreyfus s'entête à ne pas avouer.

Tandis que du Paty interroge Dreyfus, les recherches destinées à accabler le coupable prospèrent en tous sens. Pour que Dreyfus fût un traître, il fallait qu'il en eût la physionomie, qu'il ne fût pas ce père de famille, paisible et heureux, ce mari dévoué, cet homme riche que l'argent allemand ne pouvait intéresser. L'agent Guénée, ancien policier qui travaillait pour la Section de Statistique, commence à enquêter dans les tripots et dans les cercles de jeux. Il s'acharne à établir que Dreyfus joue, triche, fréquente des individus louches. Guénée ne rapporte pas grand-chose, sinon qu'une ou deux fois on aurait aperçu Dreyfus dans un cercle **.

L'enquête de Guénée sur la vie privée d'Alfred

* Ce rapport s'est perdu! Du Paty en produira à Rennes une « minute » qu'il prétendra avoir conservée. Ce document exposait selon lui la fragilité des charges et les risques d'acquittement. « En conséquence l'officier de police judiciaire estime, en l'état actuel de son information, qu'il y aurait peut-être lieu d'abandonner les poursuites en prenant toutefois les précautions nécessaires contre le capitaine Dreyfus pour l'empêcher de communiquer avec les agents étrangers jusqu'à la mise en vigueur du nouveau plan » [10].

Mais au procès de Rennes du Paty aura un évident intérêt à minimiser son rôle en produisant un document qui concluait à l'abandon des poursuites.

** Un autre rapport, dressé celui-là par la préfecture de Police, et qui démontrait que Dreyfus n'avait fréquenté aucun cercle de jeux, sera plus tard dissimulé au tribunal militaire.

Dreyfus est plus fructueuse. Elle semble révéler que le jeune officier a eu plusieurs maîtresses, femmes mariées, mais aussi femmes légères et demi-mondaines, parmi lesquelles Mmes Déry, Kron, Bodson, Dida, dont on recherche, avec grand soin, si elles ne seraient pas des espionnes. Du Paty en a vite déduit que Dreyfus était un homme à double visage, « un monstre ». « Je ne comprends pas, explique-t-il au neveu de Mathieu Dreyfus âgé de dix-huit ans venu demander un entretien pour son oncle, les hommes mariés qui trahissent leur femme. Moi j'ai perdu ma femme et jusqu'au jour où je me suis remarié, je n'ai plus eu de relations avec une autre femme. Votre oncle est un misérable. »[11]. Interrogé, Dreyfus s'est efforcé de minimiser ses aventures. Il a affirmé qu'elles avaient cessé à son mariage. « L'époux adultère est un traître en puissance », conclut du Paty. Plus tard les camarades de Dreyfus décriront un officier prétentieux, arrogant, fier de ses bonnes aventures, toujours prêt à tomber dans les bras d'une aventurière, se vantant de pouvoir « payer » les femmes plus cher que ses camarades. Dans le moment, on ne trouve pas trace d'une espionne dans l'entourage de Dreyfus. Rien qui renforce l'accusation, sinon le portrait d'un officier comme les autres, peut-être amateur de femmes légères.

Le travail le plus sérieux est ailleurs. Il s'agit d'établir, sans discussion, que le bordereau est l'œuvre de Dreyfus. Alphonse Bertillon s'était montré empressé, désireux de se mettre en valeur. On savait qu'il était, par surcroît, un antisémite notoire. Il se propose pour une nouvelle étude. Du Paty lui rend compte de ses interrogatoires, et Bertillon à son tour aide du Paty de ses conseils. Dans son premier – trop rapide – rapport, Bertillon avait réservé l'hypothèse d'un document « forgé » par un inconnu pour perdre un ennemi personnel. Il va reprendre, cultiver cette hypothèse, mais en l'adaptant à la culpabilité de Dreyfus. Le papier léger sur lequel le bordereau est écrit, papier pelure très rare, presque introuvable, suggère-t-il l'idée d'un décalque? Pour l'instant Bertillon ne s'arrête pas à ce système qui sera repris plus tard[12]. Bertillon va imaginer, entre le 15 octobre, jour où il se met à nouveau à la besogne, et le 20 octobre, sa nouvelle thèse, qui restera fameuse : celle de « l'autoforgerie ». C'est Dreyfus lui-même qui, dans le bordereau saisi, aurait contrefait sa propre écriture selon un procédé savant. Ainsi Dreyfus se serait-il ménagé toutes les chances. Il pouvait, selon les circonstances, soit prétendre que la pièce avait été fabriquée, soit dénier toute ressemblance avec son écriture.

Ce système présentait, pour Bertillon et l'État-Major, l'avantage de confondre Dreyfus dans tous les cas. Dreyfus s'est servi de papier pelure « afin de se ménager la possibilité d'arguer d'une pièce forgée, d'une pièce calquée ». Et si l'écriture du bordereau n'est pas identique à la sienne, c'est qu'imitant sa propre écriture, Dreyfus y a introduit des dissimulations calculées, des dissemblances étudiées, capables, un jour, de le disculper. Cette thèse absurde, Bertillon ne cessera, par la suite, de l'adapter, de la transformer, selon les besoins de l'accusation. Bertillon décrira les fabuleux calculs de Dreyfus, qui faisait subir au papier du bordereau un certain nombre de reculs, « décrochements, glissements ou déplacements », qui calquait, collait les mots écrits sept ou huit fois, empruntait à des membres de sa famille * certaines formes qui n'étaient pas de son écriture courante pour arriver, par un immense travail, à une savante contrefaçon de sa propre écriture! Pour le Conseil de guerre, Bertillon préparera plus tard le dessin traduisant selon lui le système de défense de Dreyfus, avec, au centre du dessin, « l'arsenal de l'espion habituel », bondé d'armes redoutables, et s'ouvrant sur différents couloirs, dont l'un conduit « à la citadelle des rébus graphiques », voie tortueuse et souterraine reliant les « différents trucs entre eux » et permettant à l'espion, s'il est repéré, de « regagner la citadelle des rébus » [13]. Au mois de décembre [14] le général Mercier conduira Bertillon chez le président de la République pour l'assurer de la culpabilité de Dreyfus. Casimir-Perier le recevra deux jours de suite, et

* Une lettre de Mathieu Dreyfus, saisie dans le buvard d'Alfred Dreyfus, sert de matière à Bertillon. Par la suite, Bertillon ne cessera de perfectionner son système, découvrant de nouveaux « emprunts » de Dreyfus à sa famille. Ainsi a-t-il emprunté le « S » long à sa belle-sœur Alice.

constatera l'évidence : l'expert était un « aliéné raisonnant », un véritable fou *.

Mais, dans le moment, Bertillon sert les accusateurs de Dreyfus, et tous le prennent ou feignent de le prendre au sérieux. Le 20 octobre il remet au préfet de Police, pour être communiqué au ministre de la Guerre, son second rapport, monument d'extravagances que l'État-Major célébrera plus tard comme un chef-d'œuvre de la science [16]. « La preuve, conclut Bertillon, est faite, péremptoire. Vous savez quelle était mon opinion du premier jour. Elle est maintenant absolue, complète, sans réserve aucune. »

Mais Bertillon n'est pas expert auprès des tribunaux. Et sans doute son étrange travail risque-t-il de n'être pas tout à fait convaincant. Trois nouveaux experts sont désignés sur le conseil du garde des Sceaux. Tous trois acceptent leur mission et prêtent serment le 21 octobre. Eugène Pelletier, expert connu pour son intégrité, dépose le premier son rapport, dès le 25 octobre. Démentant toutes les conclusions de Bertillon, il innocente Dreyfus, observant que « le document incriminé a toutes les apparences d'une pièce écrite franchement et d'une écriture normale. Il représente le graphisme usuel de son auteur ». Et Pelletier refuse d'attribuer le bordereau à l'une ou à l'autre des personnes soupçonnées.

L'expert Teyssonnières – qui devait être quelques jours plus tard radié par le tribunal de la liste des experts – concluait, lui, dans le sens de Bertillon : « l'écriture du bordereau présente tous les caractères d'un déguisement mais où le naturel reprend quand même le dessus ». Il concluait à la culpabilité de l'accusé. Reste Charavay, archiviste paléographe, expert très réputé. A-t-il subi l'influence de Bertillon, chez qui il commit l'erreur de se rendre? A-t-il été, comme le prétendra Joseph Reinach, l'objet d'une fausse tentative de corruption qui aurait réussi à le dresser contre Dreyfus? On serait venu le voir de la part de la famille de Dreyfus, pour lui

* « Non pas bizarre, complètement fou, confie Casimir-Perier à son ami Paléologue, d'une folie abracadabrante, et cabalistique... Je croyais avoir devant moi un échappé de la Salpêtrière ou de Villejuif » [15].

offrir de l'argent [17]. Toujours est-il qu'il dépose le 29 octobre un rapport concluant que, sous réserve de la possibilité d'un « sosie en écritures », « la pièce incriminée est de la même main que les pièces de comparaison ». Mais ces expertises contradictoires commençaient d'entamer le moral de du Paty et de tous ceux qui s'étaient engagés contre Dreyfus. Fallait-il redouter un acquittement? Et la santé du capitaine Dreyfus qui s'évanouissait, pleurait, riait et « sentait son cerveau s'en aller » [18] risquait de poser un sérieux problème.

Par une coïncidence étrange * c'est au moment où l'accusation semble vaciller que la presse se saisit de l'Affaire [19]. Jusqu'au 29 octobre, rien n'avait transpiré de l'arrestation ni de l'enquête. Mais ce jour, le journal de Drumont, *la Libre Parole,* publie un entrefilet menaçant.

> Est-il vrai que récemment une arrestation fort importante ait été opérée par ordre de l'autorité militaire? L'individu arrêté serait accusé d'espionnage. Si la nouvelle est vraie, pourquoi l'autorité militaire garde-t-elle un silence absolu?

D'où vient la fuite? Joseph Reinach assure avoir possédé la photo d'une lettre ** « signée Henry » adressée le 28 octobre à l'un des collaborateurs de Drumont à *la Libre Parole,* le journaliste Papillaud :

> Mon Cher Ami,
> Je vous l'avais bien dit. C'est le capitaine Dreyfus, celui qui habite 6 avenue du Trocadéro, qui a été arrêté le 15 pour espionnage et qui est en prison au Cherche-Midi.
> On dit qu'il est en voyage, mais c'est un mensonge parce qu'on veut étouffer l'affaire. Tout Israël est en mouvement.
> A vous.
> Henry.
> Faites compléter ma petite enquête au plus vite.

* Ce n'est pas une coïncidence pour ceux qui, comme Joseph Reinach, estiment que l'État-Major a saisi la presse pour « relancer » l'Affaire.

** Elle sera publiée par Joseph Reinach dans *le Siècle* du 2 avril 1899.

Reinach accuse le commandant Henry d'avoir été l'auteur de cette lettre *. Il aurait pris cette initiative pour empêcher le ministre de la Guerre de reculer. L'article de *la Libre Parole* met la presse en mouvement. Dès le 31 au soir, *l'Éclair*, informé à une autre source, confirme l'arrestation d'un officier, « non toutefois un officier supérieur ». Le même jour, *la Patrie* parle d'un « officier israélite attaché au ministère de la Guerre ». Et c'est *le Soir* du 31 octobre, daté du 1er novembre, qui révèle à l'opinion publique que « l'officier en question s'appelait Dreyfus, qu'il avait trente-cinq ans, qu'il était capitaine d'artillerie et attaché au ministère de la Guerre ». A 22 heures ce même jour, l'agence Havas confirmait l'arrestation d'un « officier » sans en révéler le nom. Ainsi quand le 1er novembre *la Libre Parole* annonce, en caractères d'affiche et en première page : « Haute trahison. Arrestation de l'officier juif A. Dreyfus », la nouvelle est déjà connue.

Le journal *la Libre Parole* lance la campagne, qui ne va cesser de s'enfler. Il la place aussitôt sur le terrain qu'elle ne quittera plus, celui de l'antisémitisme. Sous la signature « Commandant Z », dissimulant un collaborateur habituel de Drumont **, *la Libre Parole* dresse le portrait, fait le procès du Juif traître : « Nous avons pourtant une consolation. C'est que ce n'est pas un vrai Français qui a commis le crime. »

C'est un coup de tonnerre. Tous les journaux reprennent la nouvelle. Le nom de Dreyfus est partout cité. Plusieurs ministres, dont le ministre des Finances Raymond Poincaré, apprennent ainsi l'arrestation de Dreyfus, par la lecture du journal. Ils s'étonnent. Un Conseil de cabinet est convoqué de toute urgence. Hanotaux rappelle ses objections. Mais le général Mercier est venu avec la copie du bordereau. Il expose que seul Dreyfus avait connaissance des documents visés au bordereau. Il détaille le résultat des expertises. Il raconte l'arrestation, la dictée, le tremblement de la main et de l'écriture. Il

* Mais Marcel Thomas [20] observe que l'écriture n'est nullement celle du commandant Henry. Et pourquoi Henry aurait-il signé de son nom cette indiscrétion?
** Papillaud ou Biot.

n'a pas grand-peine à convaincre les ministres, qui préfèrent ne pas se mêler de cette affaire. A l'unanimité, ils décident l'ouverture d'une instruction judiciaire. Ainsi *la Libre Parole* a-t-elle opportunément soutenu le général Mercier dans sa détermination. Désormais le gouvernement tout entier est engagé dans la poursuite. Et Mercier ne peut plus reculer.

Le 1er novembre au matin, Mathieu Dreyfus, appelé d'urgence par sa belle-sœur, est arrivé à Paris. Que faire? Grand, blond, les yeux bleus comme tous les Dreyfus, Mathieu semble l'homme de toutes les séductions. Il est gai, et même drôle, sensible, parfois sentimental, doué d'une énergie sans mesure, et d'une intelligence jamais en repos. Il est de deux ans l'aîné d'Alfred : celui-ci est pour lui plus qu'un frère, « l'ami de son cœur, l'ami d'élection ». Mathieu Dreyfus avait, lui aussi, rêvé du métier militaire. Il avait échoué à Polytechnique, et s'était résigné à rejoindre les affaires familiales, qu'il dirigeait avec ses frères Jacques et Léon [21]. Son patriotisme de protestataire était ardent, intraitable. Quand il débarque à Paris, les vendeurs de journaux crient dans la rue la grande nouvelle : l'arrestation de l'officier juif Dreyfus. Mathieu vit un cauchemar. Pas un instant il n'imagine que son frère pourrait être coupable. Lucie lui raconte, entre deux sanglots, le peu qu'elle sait. Sur une carte de visite remise à Lucie, du Paty a écrit ces mots aimables : « Il y a encore de l'espoir. Le Conseil des ministres se réunit ce matin. Je passerai dans la journée. » Mathieu envoie son neveu demander un rendez-vous au commandant du Paty : pour tenter de comprendre. Mais du Paty vient l'après-midi, suivi de Gribelin. Mathieu se présente. Du Paty lui explique : « Les charges sont accablantes. Il n'y a pas un millième de chance que votre frère ne soit pas coupable. D'ailleurs il m'a déjà fait des demi-aveux. » Du Paty enchaîne : « Votre frère menait une vie double... Il voyait des femmes. Votre frère est un monstre, un monstre à double face... il avait un trou là. » Et du Paty, du doigt, se touche le milieu du front. Mathieu demande à voir son frère pour le réconforter, pour l'interroger, pour le confondre s'il est un traître! « Jamais, jamais, s'exclame du Paty.

Un mot, un seul mot, et ce serait une guerre européenne. » Mathieu Dreyfus est convaincu d'avoir affaire à un fou. « J'eus peur de savoir mon frère entre les mains de cet homme »[22].

Il n'y avait plus rien à faire, que de chercher un avocat. La famille Dreyfus connaissait, de réputation, Me Waldeck-Rousseau, grand avocat d'affaires, et par surcroît homme politique fort influent auprès de la « majorité centriste » qui gouvernait. Waldeck-Rousseau reçoit Mathieu Dreyfus que lui présente M. Lévy-Bruhl, professeur de philosophie au lycée Louis-Le-Grand, cousin de Mathieu. L'avocat semble hésitant. Il demande à réfléchir. Quelques jours plus tard il fait savoir qu'à son grand regret il ne peut accepter le dossier. Il s'est promis de ne plus plaider d'affaires pénales[23]. Surtout sa situation politique le place en position embarrassante. Ses ambitions aussi : il sera bientôt candidat au Sénat. Cette affaire ne pourrait que le gêner. Mais il promet ses conseils et son appui. Et il recommande chaudement son vieil ami Me Edgar Demange *. Grand pénaliste, Demange n'avait jamais fait de politique. Respectueux des hiérarchies, et notamment de l'Armée, chrétien convaincu, il était, au barreau de Paris, marqué à droite. « Il appartenait, assure Reinach, à cette génération du Palais déjà vieillie, qui avait le culte de la liberté et de la justice »[25]. Demange ne consent à défendre Dreyfus qu'à la condition d'étudier le dossier. « Si ma conscience m'interdit de défendre votre frère, dit-il à Mathieu, mon refus sera connu, commenté, je serai le premier juge de votre frère. » Mais parce que l'instruction, secrète, ne tolérait pas la présence d'un avocat, Me Demange était, dans le moment, impuissant. Il ne pourra rendre visite à Dreyfus, voir le dossier, que le 5 décembre, instruction close, à la veille de l'audience. Alors l'avocat étudiera le maigre dossier. Catholique, conservateur, porté par beaucoup de préjugés du côté des accusateurs de Dreyfus, il ne verra que les violations du droit, la fragilité de l'accusation, le

* « Demange est un vilain, un très vilain personnage » confiera le colonel Sandherr à son ami Maurice Paléologue[24]. « Il est dans les mains des Juifs. Nous avons sur lui au Service de Renseignement un dossier qui pourrait le mener loin. »

risque d'une effroyable erreur judiciaire. Il deviendra l'avocat de l'officier juif. Il le restera, à travers toutes les épreuves, jusqu'à l'accomplissement total de sa tâche.

XIII. – CE JUIF QUE L'ALLEMAGNE PROTÈGE

Pendant que Mathieu Dreyfus cherche les moyens de défendre son frère contre une accusation qu'il ne connaît pas, la presse se déchaîne. Tout au long du mois de novembre, et jusqu'au procès, le ton ne cessera de monter. Les thèmes sont constants : la haine du Juif, la haine de l'Allemagne, l'amour de la patrie et de l'Armée qui l'incarne, la peur de la trahison. Dès les 3, 4 et 5 novembre, *la Libre Parole, l'Autorité, le Journal, le Temps* assurent que Dreyfus a vendu ses services à la fois à l'Italie et à l'Allemagne. Rochefort et Drumont prétendent avoir obtenu des renseignements sur les documents vendus. Les « trois millions de lecteurs » du *Petit Journal* savent, dès le 2 novembre, que « le grade de Dreyfus, son poste, les affaires d'une importance capitale dont il était chargé... lui donnaient les moyens de servir utilement l'ennemi, de faire à la France un mal irréparable » *. Dans les jours qui suivent, les accusations se diversifient. Dreyfus est un joueur effréné. Il a la passion du jeu et des femmes. Il a trahi pour une espionne italienne de noble famille, admirablement belle. Grâce à Dreyfus, *la Libre Parole* et *la Croix* justifient la campagne menée contre la présence d'officiers juifs dans l'Armée : « Il est entré dans l'Armée avec le dessein prémédité de trahir » [1]. « Il déteste les Français, en tant que Juif et Allemand... Allemand de goût et d'éducation, Juif de

* Joseph Reinach, *Histoire de l'affaire Dreyfus* t. I, pp. 223 et s. Le chiffre des lecteurs du *Petit Journal*, avancé par Joseph Reinach, paraît excessif. Voir *infra* pp. 655 et s.

race, il a fait œuvre d'Allemand et de Juif, pas autre chose » [2]. « Dans toute vilaine affaire il n'y a que des Juifs. Rien de plus facile que d'opérer un bon nettoyage » [3]. « Un jour un Juif vole des documents secrets, un autre jour le même Juif vend des papiers à un Allemand en ricanant. La patrie, elle est partout où il y a du bon argent. » *La Croix* ne connaît pas de limites. « La juiverie... a tout pourri... elle constitue un chancre affreux. » « Les Juifs sont des vampires » qui « conduisent la France à l'esclavage »; « qu'il s'agisse de voler, de corrompre ou de trahir notre pays, le Juif toujours mène la charge... » [4]. « Ces affreux Juifs, vomis en France par les ghettos allemands, baragouinent à peine notre langue. » Comme *la Libre Parole, la Croix* exige à nouveau que les Juifs soient proscrits. *Le Pèlerin* fait de même. *La Croix* dresse des listes d'officiers israélites, s'intéresse spécialement à ceux qui ont changé de nom, présente un inventaire des journalistes juifs, les repère dans l'enseignement et l'administration [5]. Quant à Dreyfus, cet être abject, on sait qu'il est le protégé de Reinach, politicien juif, le parent des Rothschild, l'agent des banques, de cette haute juiverie internationale qui a décidé la ruine des Français et l'accaparement de la terre de France. « Une joie féroce, observe Reinach [6], éclate dans les journaux antisémites. » « Ce crime, assure *le Pèlerin*, est l'un des faits les plus considérables de ce temps. » Dans *la Croix*, Judet feint de chercher à Dreyfus des circonstances atténuantes : « sa tare héréditaire, la malédiction qui pèse sur sa race ». *Le Petit Journal* – dont le principal administrateur est juif – publie le 3 novembre un grand article : « Ce n'est pas un Français », qui commence par ces mots « le peuple renie Dreyfus comme compatriote... » [7]. Drumont vitupère dans *la Libre Parole* du 6 novembre :

> Cet homme fait du commerce comme tous les fils de Sem. Vous le fusilleriez par erreur, après l'avoir souffleté avec ses épaulettes, que vous ne parviendriez pas à lui mettre dans le cerveau des idées qu'il n'a pas sur l'honneur, sur le devoir, sur la patrie, qui sont des legs et des transmissions d'innombrables générations. Cela ne s'improvise pas.

Ainsi l'antisémitisme recevait-il de l'arrestation de Dreyfus une brutale vigueur. Dreyfus justifiait tout ce qui avait été dit, encore peu ou mal entendu. La trahison du capitaine juif démontrait la traîtrise de tous les Juifs *. « C'est la fatalité du type » [8], constate *la Libre Parole.* « Tout Juif trahit celui qui l'emploie », assure le *Soleil du Midi* [9]. Que peut Mathieu Dreyfus pour tenter d'endiguer cette fureur qui semble irrésistible? Il tente de vaines démarches : « Mon nom suffisait à me faire refuser la porte » [10]. Un seul journaliste consent à le recevoir : Emile Bergerat, du *Journal,* qui publie un article où il revendique pour un Juif « le droit d'être innocent ». Mathieu, par des amis, fait des interventions auprès des journaux qui ne participent pas à l'hystérie antijuive : *le Temps, les Débats, le Figaro.* En vain.

Mais la campagne des journaux de droite ne vise pas que les Juifs. Elle cherche à atteindre le ministre de la Guerre, et au-delà de lui le gouvernement **. On accuse le général Mercier d'avoir longtemps tenu l'instruction secrète, dans le but d'étouffer l'Affaire. Drumont et Rochefort déversent des torrents d'injures sur Mercier. « Le ministère de la Guerre est un cloaque qu'on ne saurait comparer aux écuries d'Augias, car aucun Hercule n'a encore essayé de le nettoyer » [12]. « Il y a près de 40 000 officiers dans l'Armée, assure Drumont; le général Mercier choisit pour lui confier le secret de la défense nationale un cosmopolite-né. N'est-ce pas que ce Mercier est bien vil? » [13]. « Est-ce que les Juifs seraient sacrés même quand ils trahissent? » [14]. Dans *l'Intransigeant* Rochefort dénonce Mercier, « son incurie, sa bêtise, sa mauvaise foi » [15] : Mercier est

* La presse antisémite découvre – avec désolation – que le crime de trahison est un crime politique, et que Dreyfus n'encourt sans doute pas la peine de mort – abolie en matière politique par la Constitution de 1848. Les journaux, et souvent leurs lecteurs dans le courrier, rivalisent d'imagination sur les supplices qui doivent être réservés à cette « bête fauve » [11].

** Dès septembre 1894, dans l'un de ses nombreux rapports à son ministre, Schwarzkoppen prédisait la chute prochaine du général Mercier. « Il a perdu la confiance du gouvernement et celle de l'Armée », prétend Schwarzkoppen, qui laisse prévoir que Jules Roche, rapporteur du budget de la Guerre, a de fortes chances de lui succéder.

décidé à « sauver le traître, son quasi-complice » *. Le ministre de la Guerre, et sans doute le président du Conseil, sont inquiets. Le gouvernement est fragile, et il n'y a rien à gagner à paraître faible ou hésitant. Pour Mercier, il y a même grand avantage à prouver sa détermination, et à la prouver aux amis de Drumont. Le 17 novembre, sortant de son silence, Mercier déclare au *Journal* que l'instruction poursuivie contre Dreyfus sera close dans dix jours. Close? Que signifie ce mot? *La Libre Parole* s'inquiète d'autant plus que Mercier, dans son interview au *Journal,* semble minimiser l'affaire pour « rassurer l'opinion publique » [16]. Alors le journal de Drumont se déchaîne.

> L'Affaire Dreyfus prend une très vilaine tournure pour le gouvernement. Nous avons interrogé dans la soirée plusieurs officiers supérieurs, tous nous ont répondu par le dilemme suivant :
> – ou le général Mercier a fait arrêter sans preuves le capitaine Dreyfus, et dans ce cas sa légèreté est un crime;
> – ou il s'est laissé voler les pièces établissant la trahison et dans ce cas son imprévoyance est une bêtise. Dans les deux cas, le général Mercier est indigne du poste qu'il occupe. Dans sa situation, on est aussi coupable d'être bête que d'être criminel [17].

Le Figaro, qui n'aime pas Mercier, laisse prévoir des incidents au Parlement. L'officier inculpé aurait communiqué des pièces confidentielles à plusieurs parlementaires. C'est alors que le général Mercier, déjà résolument engagé mais poussé par la violence de la campagne et maintenant décidé à s'en servir, accorde, le 28 novembre dans *le Figaro*, une interview à Charles Leser, affirmant la culpabilité de Dreyfus :

> On dit que le capitaine Dreyfus avait offert des documents secrets au gouvernement italien. C'est une erreur. Il ne m'est pas permis d'en dire davantage puisque l'instruction n'est pas close. Tout ce

* *La Libre Parole, la Croix, l'Intransigeant* dénoncent les « amitiés » juives de Mercier et de Saussier. Contre Saussier, ses liens avec Maurice Weil sont de nouveau exploités.

> que l'on peut répéter c'est que la culpabilité est absolue, certaine.

A la grande joie de la droite, le ministre de la Guerre proclamait ainsi la culpabilité du capitaine Dreyfus [18]. Désespéré, Mathieu Dreyfus se précipite chez Waldeck-Rousseau, pour que celui-ci tente d'obtenir du général Mercier un démenti. Car l'intervention de Mercier risquait de placer le Conseil de guerre dans l'obligation de choisir entre le ministre de la Guerre et le capitaine Dreyfus [19], et la balance serait forcément inégale. Choqué de la prise de position du ministre,. Waldeck-Rousseau accepte d'intervenir auprès du président du Conseil. Le 29 novembre une note ambiguë de l'Agence Havas dément l'interview du *Figaro*. Mais *le Figaro* proteste contre le démenti. Le général Mercier est désormais engagé. La culpabilité de Dreyfus est devenue son affaire personnelle. Leurs destins sont tragiquement scellés.

La campagne contre le ministre de la Guerre n'a pas été, en ce mois de novembre 1894, le seul souci du gouvernement français que « l'Affaire Dreyfus » dépasse visiblement. Dès le 9 novembre *la Patrie* a annoncé que le Service de Renseignement avait saisi des lettres adressées par Dreyfus au colonel von Schwarzkoppen, attaché militaire allemand. L'ambassadeur d'Allemagne est légitimement indigné. Il est convaincu que le colonel von Schwarzkoppen, lié par sa parole, ne peut avoir aucun rapport avec un quelconque espion. En accord avec Schwarzkoppen – qui a bonne conscience puisqu'il ne connaît pas Dreyfus – le comte de Munster rédige une note que publie *le Figaro* du 10 novembre :

> Jamais le lieutenant-colonel von Schwarzkoppen n'a reçu de lettres de Dreyfus. Jamais il n'a eu aucune relation, ni directe, ni indirecte, avec lui. Si cet officier s'est rendu coupable du crime dont on l'accuse, « l'ambassade d'Allemagne n'est pas mêlée à cette affaire » [20].

Les gouvernements italien et autrichien font affirmer, de même, que leurs services n'ont eu aucune relation avec Dreyfus. Bien évidemment, ces déclarations des nations « ennemies » n'ont aucun effet sur l'opinion. Il est naturel, observe la presse française, que l'Allemagne « couvre » ses agents. Quand le ministre de la Guerre prétend, le 28 novembre, dans son interview au *Figaro*, détenir des « preuves certaines » de la culpabilité de Dreyfus, le colonel von Schwarzkoppen croit prudent d'adresser à la Wilhelmstrasse un long rapport sur l'Affaire Dreyfus, que transmettra l'ambassadeur.

> Tout n'est qu'hypothèses. Naturellement dans le grand public on a l'idée que les attachés militaires devraient être mêlés aux histoires d'espionnage, ce qui donne à une partie de la presse française l'occasion de conseiller à nouveau la suppression de l'institution des attachés militaires [21]...

Le colonel von Schwarzkoppen dit vrai et faux. Il sait bien qu'il ne connaît pas Dreyfus, il sait aussi qu'il « utilise » d'autres officiers français...

Le comte de Munster, qui, lui, ne sait rien, continue de s'indigner de la campagne dirigée contre l'Allemagne. L'Affaire Dreyfus, écrit-il à Berlin, porte « au paroxysme chez les Français la maladie qui consiste à voir des espions partout » [22]. Le 28 novembre il proteste auprès du ministre des Affaires étrangères, M. Hanotaux : « J'ai déclaré nettement à M. Hanotaux que je lui demande de me protéger contre de telles attaques, moi et mon ambassade » [23]. M. Hanotaux interroge Maurice Paléologue, chargé, au ministère des Affaires étrangères, des rapports avec le Service de Renseignement [24]. Et Maurice Paléologue, lié d'amitié avec Sandherr et qui fréquente, à la Section de Statistique, pour être mieux informé, Henry et Lauth, confirme à son ministre que la lettre missive attribuée à Dreyfus a bien été trouvée à l'ambassade d'Allemagne. « Ils m'ont tous les trois raconté que cette lettre missive a été trouvée, en morceaux, dans la corbeille à papiers de Schwarzkoppen. » Comment dès lors le gouvernement français pourrait-il croire le comte de Munster? Le vieux diplomate mentirait-il? Hanotaux – qui déteste toutes ces complications – rassure mollement l'ambassadeur d'Allemagne. « Oui, le gouvernement français est révolté par cette campagne qui dépasse toutes les bornes et ne peut être tolérée » [25]. Et les 29 et 30 novembre, deux notes de l'Agence Havas, car la première est apparue trop « faible » au gouvernement allemand, s'efforcent de mettre hors de cause, en termes vagues, l'ambassade d'Allemagne.

> Certains journaux persistent à mettre en cause dans divers articles publiés au sujet de l'espionnage militaire les ambassades et légations étrangères à Paris. Nous sommes autorisés à déclarer que les allégations qui les concernent sont dénuées de fondement [26].

Le démenti est si anodin que le comte de Munster proteste à nouveau. Il en obtiendra un troisième le 13 décembre, ainsi rédigé :

> Plusieurs journaux persistent à publier des renseignements complètement faux sur l'Affaire Dreyfus. Il est absolument inexact que M. de Munster en ait entretenu M. Hanotaux autrement que pour protester formellement contre les allégations qui mêlaient à cette affaire l'ambassade d'Allemagne. Nous sommes également en mesure de démentir que le ministre des Affaires étrangères ait remis au comte de Munster aucun document ou aucune pièce, de quelque nature que ce soit, se rapportant soit à l'Affaire Dreyfus, soit à des faits d'espionnage *.

En vérité le gouvernement français voudrait bien apaiser l'incident, rassurer l'ambassadeur d'Allemagne, justement énervé. Mais que peut-il? La presse n'échappe-t-elle pas au contrôle du gouvernement français? Le gouvernement français essaie de naviguer entre les exigences de sa politique étrangère et celles dc sa politique intérieure. Que peut-il faire contre ceux qui hurlent à la trahison? Et que peut l'Allemagne pour innocenter Dreyfus? Chaque fois

* Les négociations entre Hanotaux et Munster, qui aboutirent à ce nouveau communiqué, furent difficiles et même tendues. Vers 22 heures le président du Conseil Charles Dupuy et le général Mercier s'étaient rendus à l'Elysée. A 23 h 30 l'Agence Havas publiait le démenti sur lequel l'ambassadeur de Munster avait finalement donné son accord. Mais ces quelques heures deviendront, dans l'imagination du général Mercier, « la nuit historique » où, selon lui, l'Allemagne fut sur le point de déclarer la guerre, où le général de Boisdeffre se tenait prêt à tout moment à lancer l'ordre de mobilisation [27]. (Voir *infra*, p. 140-142.)

que désormais les Allemands affirmeront n'avoir pas connu Dreyfus, ils ne feront que démontrer qu'ils en sont solidaires. Que l'Allemagne protège son espion, le Juif qu'elle utilise, rien de plus naturel.

XIV. – J'ARRIVE AU TERME DE MES SOUFFRANCES

Si peu favorable qu'il fût à une poursuite fondée sur les « élucubrations » de la Section de Statistique, le général Saussier, gouverneur militaire de Paris, n'a plus d'autre choix que de donner, le 3 novembre, l'ordre d'informer. Le commandant d'Ormescheville, rapporteur près du premier Conseil de guerre, commence son instruction. Au cours des douze interrogatoires qu'il conduira du 14 au 29 novembre, l'officier instructeur reprendra, souvent mot à mot, les questions posées par du Paty *. Trois interrogatoires sont consacrés aux femmes qu'a connues Dreyfus – notamment à l'une d'elles, Mme Dida, que Dreyfus semblait avoir aimée et qui fut assassinée par un jeune Russe **. Dreyfus doit s'expliquer sur les déclarations de ses camarades de l'Ecole de guerre et de l'État-Major qui énumèrent

* D'Ormescheville n'eut pas connaissance de l'enquête de la préfecture de Police établissant notamment que « le capitaine Dreyfus était inconnu dans les cercles de jeux de Paris ». Joseph Reinach affirme que la « note » de la préfecture, remise au commandant Henry, fut subtilisée par celui-ci. D'Ormescheville ne connut en tout cas que les deux rapports de Guénée, l'un daté du 4 novembre, l'autre du 19. Le dernier fait allusion, en ces termes, à la note établie par la préfecture : « pour que la préfecture ait répondu négativement à la demande concernant le capitaine Dreyfus, elle a dû se contenter de réponses aussi négatives qu'intéressées ». Guénée expose longuement que la préfecture de Police est très mal renseignée.

** Lors du procès de Rennes, Dreyfus a recopié le rapport d'Ormescheville l'annotant en marge, paragraphe après paragraphe, pour réfuter les accusations du rapporteur. Le docteur Jean-Louis Lévy a bien voulu nous remettre la photocopie, aussi émouvante qu'importante, du manuscrit de Dreyfus.

ses curiosités, ses questions étranges, sa manière de fureter partout pour découvrir des documents, et de traîner dans les bureaux. D'Ormescheville entend quelques officiers qui se complaisent à décrire Dreyfus comme un homme intelligent, doué d'une fabuleuse mémoire, mais hâbleur, obséquieux, suffisant, indiscret, parlant volontiers d'espionnage. « Partout où il passait, conclura plus tard d'Ormescheville, les documents disparaissaient. » Mais rien, si ce ne sont les élucubrations de Bertillon, n'est nouveau ni surtout décisif *. Le commandant d'Ormescheville dépose le 3 décembre un rapport qu'il a rédigé avec la collaboration de du Paty. C'est en fait un réquisitoire qui exploite, ligne après ligne, les rares éléments recueillis et s'acharne surtout à éliminer tout ce qui contredirait l'accusation **. Le rapport de Gobert – qui innocente Dreyfus – est « entaché » sinon de nullité, au moins de suspicion. Les colonels Fabre et d'Abboville sont élevés à la dignité d'« autorités en graphologie ». La scène de la dictée est racontée en ces termes : « dès que Dreyfus s'aperçut de l'objet de cette lettre, son écriture jusque-là régulière, normale, devint irrégulière; il se troubla d'une façon manifeste pour les assistants. » Les liaisons de Dreyfus sont dépeintes sous les plus sombres couleurs. Il a connu « une femme Dida plus âgée que lui, mariée, fort riche, qui a la réputation de payer ses amants et qui fut assassinée par Wladimiroff », et aussi « la femme Dery, autrichienne, galante quoique déjà âgée et qui figure en outre depuis plusieurs années sur la liste des personnes suspectes d'espionnage » ***. « Le facteur sérieux au

* On étudia notamment avec un soin méticuleux les livres de dépenses et de recettes de Dreyfus, et le compte de sa fortune à l'usine familiale de Mulhouse. Sans rien découvrir d'anormal [1].

** On citera, à titre d'exemple, cette phrase du rapport, éclairant le travail de l'officier instructeur : « La perquisition qui a été pratiquée à son domicile a amené, ou à peu de chose près, le résultat indiqué par lui. Mais il est permis de penser que, si aucune lettre, même de famille, sauf celles des fiançailles adressées à Mme Dreyfus, aucune note, même de fournisseurs, n'a été trouvée dans cette perquisition, c'est que tout ce qui aurait pu être en quelque façon compromettant avait été caché ou détruit de tout temps. »

*** L'enquête effectuée par la préfecture porta également sur Mme Kron, la comtesse de Montelijos, Mme de Moncy, qui tenait rue Saint-Lazare « une des maisons de rendez-vous les

passif » de Dreyfus, c'est son indiscrétion, sa curiosité, « une attitude louche qui présente une grande analogie avec celle des personnes qui pratiquent l'espionnage ». Il est resté amer de n'avoir pas eu, à la sortie de l'Ecole de guerre, le rang qu'il espérait? « Comme l'indiscrétion est le propre de son caractère, on n'a pas lieu de s'étonner qu'il ait connu la note secrète du général examinateur » *. Il n'est pas établi qu'il ait eu connaissance des documents énumérés au bordereau. Mais il a pu les connaître. Et l'officier instructeur termine ainsi son rapport :

> Le capitaine Dreyfus possède, avec des connaissances très étendues, une mémoire remarquable; il parle plusieurs langues, notamment l'allemand, qu'il sait à fond, et l'italien, dont il prétend n'avoir plus que de vagues notions; il est de plus doué d'un caractère très souple, voire même obséquieux qui convient beaucoup dans les relations d'espionnage avec les agents étrangers. Il était donc tout indiqué pour la misérable et honteuse mission qu'il avait provoquée ou acceptée, et à laquelle, fort heureusement peut-être pour la France, la découverte de ses menées a mis fin.

Le 4 décembre, sur ce rapport « accablant », Dreyfus est renvoyé devant le premier Conseil de guerre. Le secret de l'instruction est alors levé. Dès le 5 décembre, Me Demange peut rendre visite à Dreyfus, et prendre connaissance du dossier. Ce même jour, et pour la première fois, le prisonnier est autorisé à écrire à sa femme :

> Je ne veux pas te dire tout ce que j'ai souffert... Te rappelles-tu, quand je te disais combien nous étions heureux? Tout nous souriait dans la vie... La vérité finira bien par se faire jour. Ma conscience est calme et tranquille, elle ne me reproche rien. J'ai toujours fait mon devoir. Jamais je n'ai fléchi la tête... J'ai été accablé, et atterré, dans ma prison

plus fréquentées de Paris », Mme Bodson connue « pour se livrer à la galanterie ». Ces différentes « pistes » semblent avoir été infructueuses [2]. Dreyfus réfute, dans le manuscrit précité, les soupçons portés sur sa vie privée. Il conteste la plupart des liaisons qui lui furent reprochées. Pour les autres, il affirme qu'elles avaient pris fin en 1888.

* Voir *supra* p. 33.

sombre, en tête à tête avec mon cerveau. J'ai eu des moments de folie farouche, j'ai même divagué mais ma conscience veillait. Elle me disait : Haut la tête, et regarde le monde en face. Fort de ta conscience marche droit et relève-toi... Je t'embrasse mille fois comme je t'aime, comme je t'adore. Mille baisers aux enfants. Je n'ose t'en parler plus longuement, les pleurs me parviennent aux yeux en pensant à eux [3].

Il écrira désormais tous les jours à Lucie.

> Avoir travaillé toute ma vie, dans un but unique de revanche contre cet infâme ravisseur qui nous a enlevé notre chère Alsace, et se voir accusé de trahison envers ce pays, non ma chère adorée, mon esprit se refuse à comprendre...
>
> ... Oh, chère France, toi que j'aime de toute mon âme, de tout mon cœur. Toi à qui j'ai consacré toutes mes forces, toute mon intelligence, comment a-t-on pu m'accuser d'un crime aussi épouvantable [4]?

Dreyfus reconnaît les défauts de son caractère, le mal qu'ils ont pu lui faire.

> Ma réserve un peu hautaine, la liberté de ma parole et de mon jugement, mon peu d'indulgence me font aujourd'hui le plus grand tort. Je ne suis ni un souple ni un habile, ni un flatteur... Ce que je puis assurer, c'est que j'ai toujours marché dans la voie du devoir et de l'honneur... L'argent n'est rien, l'honneur est tout... dis à Mathieu que je compte sur lui pour cette œuvre, elle n'est pas au-dessus de ses forces. Dût-il remuer ciel et terre, il faut trouver ce misérable [5].

Tout au long de sa correspondance, Alfred Dreyfus ne cessera d'user des mêmes mots pour dire les mêmes choses. Il est innocent. Il place au-dessus de tout sa chère patrie et le sentiment de son honneur. Il n'a jamais fait que son devoir. Il adore sa femme et ses enfants, il aime tous les siens. Il faut découvrir la vérité, lui rendre l'honneur, la fierté de son nom, l'estime de tous, et le bonheur. Les valeurs auxquelles il croit, jamais il ne les remettra en cause, même dans le pire désespoir. Pas une fois dans sa correspondance il ne parlera des Juifs, il n'imputera au fait qu'il soit juif le drame où il est emporté *. Il est français, il est alsacien, il est chef de famille.

C'est le 19 décembre 1894 que doit se réunir le premier Conseil de guerre qui doit juger le capitaine Dreyfus. Ni l'enquête de du Paty ni l'instruction d'Ormescheville n'ont apporté d'éléments sérieux à l'appui de l'accusation. Il n'y a toujours d'essentiel que le bordereau et les comparaisons d'écritures. Or ces comparaisons d'écritures ne sont pas déterminantes. Si même on tente de discréditer l'expert Gobert, il reste que deux experts sur cinq ont refusé d'attribuer le bordereau à Dreyfus. Me Demange est un avocat redoutable. Faut-il craindre l'acquittement? L'inquiétude monte à la Section de Statistique, à l'État-Major, chez tous ceux qui se sont fortement engagés dans cette affaire. Le général Mercier lui-même a des raisons d'être soucieux. Dans un article publié par *l'Autorité* le 13 décembre, l'écrivain d'extrême droite Cassagnac – alors ami intime de l'avocat Demange – pose ainsi le dilemme :

> Cette affaire Dreyfus est collée au dos du général Mercier comme la tunique du centaure aux épaules d'Hercule... Si Dreyfus est acquitté le ministre saute; cela ne fait pas un doute car il serait écrasé sous l'effrayante responsabilité d'une affaire aussi grave, engagée avec une criminelle légèreté. Mais si Dreyfus est condamné... Voici Mercier qui grandit et bénéficiant du procès passe immédiatement pour le sauveur de la patrie [7].

Le Figaro du 19 décembre le répète, en d'autres termes :

> Si par extraordinaire il avait été trompé, voilà ce pauvre général devenu un misérable, un traître, un infâme digne du bagne.

Dreyfus acquitté? Cette perspective commence à faire peur.

La Section de Statistique ne perd pas son temps.

* Voir cependant le récit du commandant Forzinetti [6]. Ramené dans sa cellule après le verdict du Conseil de guerre, Dreyfus se serait écrié : « Mon seul crime est d'être né juif ».

Sur l'ordre du colonel Sandherr, le commandant Henry reprend tous les documents arrivés au service dans les années récentes. Il les étudie avec soin pour découvrir ceux qui pourraient être exploités contre Dreyfus, et « éclairer » l'affaire du bordereau *. Le billet de Schwarzkoppen à Panizzardi, intercepté semble-t-il au printemps par la voie ordinaire, est vite retenu ** :

> ... je serais de retour dans 8 jours. Ci-joint douze plans directeurs de Nice que ce canaille de D... m'a donné pour vous...

Ce texte n'avait pas une signification précise. Mais l'initiale D pouvait être appliquée à Dreyfus ***. On retient aussi le « mémento » de Schwarzkoppen **** qui paraissait bien avoir rapport avec le bordereau. On y ajoute une autre lettre de Panizzardi à Schwarzkoppen, interceptée avant février 1894, que l'on appellera plus tard « lettre Davignon » ou « lettre des appels » ***** :

> Mon cher Bourreur,
> Je vous envoie ce que vous savez. Dès que vous êtes parti j'ai étudié la question des appelés et j'ai vu que certaines questions de domicile, etc., sont toutes subordonnées à celle principale dont voilà la direction.

* Sandherr interroge périodiquement son ami Maurice Paléologue, chargé des « affaires réservées » au ministère des Affaires étrangères, pour savoir s'il n'aurait rien d'utilisable dans les renseignements secrets. Il envoie le commandant Henry à Paléologue. « J'étale mes dossiers devant le commandant Henry, raconte Paléologue. Pas plus que moi il n'y trouve rien à glaner »[8].

** Voir le texte intégral de ce billet, qui sera ultérieurement désigné sous le nom « canaille de D », *supra* p. 71.

*** La pièce désignait en réalité le nommé Dubois, nom donné par Schwarzkoppen et Panizzardi à l'agent qui livrait les « plans directeurs ». La Section de Statistique savait que la pièce se rattachait au long trafic des « plans directeurs » dont Dreyfus ne pouvait être sérieusement soupçonné. Mais l'initiale D était trop précieuse pour que le document ne fût pas exploité.

**** *Supra* p. 74.

***** Du Paty rédigera le commentaire de cette lettre pour le Conseil de guerre, assurant que « votre ami » n'était autre que Dreyfus. Voir *infra* p. 127-128. La lettre transmise dès février 1894 au ministre de la Guerre n'avait à l'époque suscité aucune émotion[9].

Pour un appel partiel, c'est-à-dire limité seulement dans quelques régions, les manifestes sont-ils publiés seulement dans les régions intéressées ou dans tout l'Etat?

J'ai écrit encore au colonel Davignon et c'est pour ce que je vous prie, si vous avez occasion de vous occuper de cette question avec votre ami, de la faire particulièrement, en façon que Davignon ne vient pas à le savoir – du reste il répondrait pas – car il faut jamais faire savoir qu'un attaché s'occupe de l'autre. Adieu mon bon petit chien. Tout.

C'est tout ce qui fut, dans un premier temps, retenu, après que l'on eut fouillé tous les cartons [10]. Maigre pitance : il fallait l'améliorer. Or il se trouvait que Guénée, vieux policier attaché à la Section de Statistique et qui traînait dans tous les endroits louches, avait des relations suivies avec le marquis de Val-Carlos, grand d'Espagne, deuxième attaché militaire auprès de l'ambassade d'Espagne à Paris *. Val-Carlos avait abondamment renseigné la Section de Statistique sur les attachés militaires, leur vie, leurs amours, et, bien entendu, sur Schwarzkoppen et Panizzardi. Guénée en avait tiré la matière de deux rapports, des 28 et 30 mars 1894, alors communiqués, selon l'usage, au ministre de la Guerre dans l'un des habituels « bulletins de renseignements » destinés au ministre [11]. Comment l'idée vint-elle de falsifier les deux rapports de Guénée, pour les corser, dans la perspective d'accabler Dreyfus? Toujours est-il que Guénée inséra, dans ses vieux rapports du printemps 1894, des phrases nouvelles, destinées à incriminer « un officier d'État-Major » qui ne pouvait, bien sûr, être que le capitaine Dreyfus.

Les phrases suivantes, attribuées à Val-Carlos, furent ainsi ajoutées dans les textes anciens, par ailleurs remaniés pour faire « coller » le tout.

Dites bien de ma part à M. le commandant Henry, qui pourra le répéter au colonel (Sandherr), qu'au ministère de la Guerre, il y a lieu de redoubler de

* Plusieurs membres de la famille du marquis de Val-Carlos étaient français et il ne cachait pas ses sentiments francophiles. Les partisans de Dreyfus le désigneront par la suite sous le nom du « rastaquouère ».

surveillance, car il résulte de ma dernière conversation avec le capitaine de Süsskind que les attachés allemands ont dans les bureaux de l'État-Major de l'Armée un officier qui les renseigne admirablement. Cherchez, Guénée, si je connaissais le nom, je vous le dirais *...

Quelqu'un du ministère de la Guerre, un attaché bien certainement, a prévenu les attachés militaires allemands... Donc voilà encore une preuve que vous avez un ou plusieurs loups dans votre bergerie... Cherchez, je ne saurais trop vous le répéter car je suis certain du fait **...

Les attachés militaires allemands ont dans les bureaux de l'État-Major « un officier qui les renseigne admirablement »? « Un loup dans la bergerie »? Voilà qui confirmait utilement la thèse de l'accusation, si même Dreyfus n'était pas expressément désigné. Il ne restait qu'à modifier les dates des deux rapports *** et à les substituer aux originaux.

Ainsi que l'observe Marcel Thomas [12], Guénée n'a pu prendre seul l'initiative ni la responsabilité de pareils faux. Il est à peu près certain qu'Henry et Sandherr organisèrent ce maquillage, accompli dans leur service. Le ministre de la Guerre fut-il consulté, ou mis au courant? Nul ne le sait : mais on peut le tenir pour probable [13]. Ce jour de novembre 1894 où sont fabriqués les « faux rapports Guénée », la Section de Statistique est entrée dans la voie du crime. Une complicité s'est établie, que l'événement ne fera que renforcer, entre Sandherr, Henry, Guénée, sans doute Gribelin et Lauth, et peut-être le général Mercier. Ils se « tiennent » mutuellement, désormais contraints à la solidarité.

Pendant que la Section de Statistique fabrique secrètement un dossier contre Dreyfus, Mathieu et Lucie tentent d'organiser sa défense. Chacun sait que le ministère de la Guerre est favorable à un débat à huis clos. La défense a toutes les raisons de le redouter. Me Demange intervient auprès de son ami Waldeck-Rousseau qui lui promet d'en parler

* Phrase ajoutée remaniant le rapport du 28 mars.
** Phrase ajoutée remaniant le rapport du 30 mars.
*** Ils seront datés du 28 mars et du 28 avril.

au président de la République. Ce qu'il fait. Joseph Reinach tentera la même démarche. Elles resteront vaincs. Cette Affaire Dreyfus empoisonne la vie du président de la République Casimir-Perier. Gâté par la fortune, supportant mal l'adversité, il avait longtemps hésité à revendiquer le premier poste de l'État. « Il n'avait accepté qu'en pleurant de devenir président de la République [14] », cédant aux instances de sa mère et de son ami Burdeau. Maintenant il se sent entouré d'ennemis. Il fait l'objet dans la presse de gauche des pires attaques : « usurier, voleur, bateleur en habit, exploiteur d'ouvriers [15] ». Il sent le discrédit monter, la haine du peuple aussi qu'il croit n'avoir pas méritée. Il ne pense plus qu'à s'en aller et cherche sa sortie. Il le confie à son ami Joseph Reinach le 12 octobre. L'Affaire Dreyfus lui prouve qu'il n'exerce pas réellement le pouvoir. Tout se fait dans son dos. Il ne lui reste qu'à démissionner. « Casimir-Perier, observe Reinach, s'abandonne [16] ». Il laisse faire Charles Dupuy, qui laisse faire Mercier. Et Mercier laisse faire ou agir Sandherr et du Paty.

Quant à Mathieu Dreyfus, il frappe à toutes les portes pour tenter d'aider son frère. Il cherche des témoins « de moralité ». Le général de Dionne, ancien commandant de l'École supérieure de guerre, le reçoit courtoisement mais ne veut pas témoigner : les « excellentes » notes mises au capitaine Dreyfus devraient suffire *. Le général Niox, ancien professeur de Dreyfus, refuse. Le commandant Givre, sous les ordres duquel Dreyfus avait servi, répond d'une lettre grossière. Le commandant Clément se fait prier, puis consent à venir. Seul le commandant de Barberin répond sans hésiter « c'est mon devoir, je viendrai ». Au greffe du Conseil de guerre, Mathieu Dreyfus obtient du greffier Vallecalle de jeter un coup d'œil sur le bordereau **. « Je fus stupéfait, raconte Mathieu. L'écriture de cette pièce n'avait qu'une vague ressem-

* Mathieu Dreyfus, *l'Affaire telle que je l'aie vécue* [17]. Le général de Dionne confirme à Mathieu Dreyfus l'incident de la « note basse » donnée à Alfred Dreyfus par le général Bonnefond lors de l'examen de sortie, au motif qu'il était juif. Voir *supra*, p. 33.

** Seul Me Demange avait accès au dossier, et il ne pouvait en recevoir de photographie.

blance avec celle de mon frère [18] ». Enfin Mathieu et son frère Léon, ne sachant plus à quelle porte frapper, décident d'aller voir le colonel Sandherr, après s'être munis de plusieurs lettres de recommandation. Sandherr consent à les recevoir à son domicile, rue Léonce-Raynaud. Il se montre très aimable. Il plaint beaucoup la famille. Du dossier, il ne veut pas parler. « Que mon frère soit condamné ou acquitté, lui dit Mathieu, je consacrerai toute ma vie, toute notre fortune, à découvrir la vérité. » Parole imprudente! Le colonel Sandherr portera un jour plainte pour tentative de corruption. Les deux frères, prétendra-t-il, lui avaient proposé de l'argent.

> Et pourtant, écrit Mathieu Dreyfus, nous avions confiance! Sept officiers loyaux, honnêtes, ne condamneront pas un camarade sur un chiffon de papier, d'une origine suspecte, dont l'attribution est contestée puisque deux experts sur cinq déclarent qu'il n'est pas du capitaine Dreyfus [19].

Au fond de sa prison, Dreyfus aussi reprend espoir. Le 15 décembre il écrit à sa femme :

> Ma confiance est absolue... j'aurai affaire à des soldats qui m'entendront et me comprendront. La certitude de mon innocence entrera dans leur cœur [20]...

La veille de l'ouverture des débats, il lui écrit :

> J'arrive enfin au terme de mes souffrances, au terme de mon martyre. Demain je paraîtrai devant mes juges, le front haut, l'âme tranquille. L'épreuve que je viens de subir, épreuve terrible s'il en fut, a apuré mon âme. Je te reviendrai meilleur que je n'ai été... Dévoué à mon pays auquel j'ai consacré toutes mes forces, toute mon intelligence, je n'ai rien à craindre... dors donc tranquille ma chérie, et ne te fais aucun souci. Pense seulement à la joie que nous éprouverons à nous trouver bientôt dans les bras l'un de l'autre [21]...

« J'arrive au terme de mes souffrances »... « Dors donc tranquille, ma chérie »... Mais le ministre de la Guerre prépare l'audience, et la Section de Statistique travaille jour et nuit.

XV. – LE TRAÎTRE, LE VOICI

Les débats s'ouvrent le 19 décembre 1894, à midi. Le Conseil de guerre présidé par le colonel Maurel ne comprend pas d'officier d'artillerie. Six juges sont fantassins, et le septième cavalier *. Non sans peine Mathieu Dreyfus et l'un de ses frères ont pu prendre place, dans la petite salle du Cherche-Midi, parmi le public resté debout. « Faites entrer l'accusé », ordonne le colonel Maurel : Alfred Dreyfus s'avance, apparemment très calme, sévère, « le dos un peu voûté, le teint mat, le regard fixe du myope sous l'immuable lorgnon, des cheveux ras et blonds qui grisonnent » [1]. Il s'immobilise et salue le Conseil de guerre. Le président l'interroge sur son état civil, « Votre âge? » « Trente-cinq ans. » « Votre lieu de naissance? » « Mulhouse, Alsace, mon colonel. » Sur l'invitation du président, il s'assied.

A peine le greffier Vallecalle a-t-il achevé l'appel des témoins que le commandant Brisset, commissaire du gouvernement, réclame le huis clos. L'avocat de Dreyfus s'y attendait. Depuis quelques jours, le débat sur le huis clos agitait la presse. *La Patrie, l'Intransigeant, l'Eclair,* et surtout *le Petit Journal* ne cessaient de l'exiger. « Le huis clos est notre refuge inexpugnable contre l'Allemagne. » « Le huis clos nous protégera contre les agités qui rêvent de troubler la paix de l'Europe » [2]. *Le Siècle, le Figaro, l'Écho de Paris* avaient pris position en sens inverse. « Le huis clos ne servirait qu'à prolonger le scandale, », écrivait *le Figaro* du 11 décembre. Me Demange ne se fait aucune illusion. Il a préparé des conclusions – évidemment destinées à la presse – dont l'unique objet est de dire publiquement que Dreyfus

* Les commandants Florentin et Patron, le lieutenant-colonel Echemann, les capitaines Roche et Freystaetter appartenaient à l'infanterie, le commandant Gallet à la cavalerie. Freystaetter était originaire de la Lorraine annexée. Des trois juges suppléants, un était artilleur : le colonel Altmayer. Les deux autres, le commandant Curé et le capitaine Thibaudin, appartenaient à l'infanterie.

est poursuivi sur le fondement d'une pièce unique, déniée par lui, et dont l'authenticité est contestée [3]. Il tente de lire ses conclusions. Le colonel Maurel l'interrompt presque aussitôt. « Vous plaidez, Maître. » « Oui ou non, dit Demange, accepte-t-on mes conclusions? » « Déposez-les sans les lire », lui crie le commissaire du gouvernement, et comme Demange poursuit : « Je vous arrête, hurle le président, la demande de huis clos devient illusoire. » L'avocat proteste. « Depuis sept semaines l'honneur d'un officier de l'Armée française a été livré sans défense aux polémiques les plus outrageantes. » Le président se lève : « En vertu de mon pouvoir discrétionnaire, j'ordonne que le Conseil se retire. » La voix de Demange se perd, tandis que les juges coiffent leur képi. Ils reviennent au bout d'un quart d'heure. A l'unanimité, ils ont décidé que les débats se prolongeront à huis clos.

Lentement, la salle est évacuée par le public. Mathieu Dreyfus s'en va. Ne restent que les juges, le commissaire du gouvernement Brisset, l'avocat Demange, et l'accusé; et en outre deux témoins dont la présence n'est pas régulière : le préfet de Police Lépine, et le commandant Picquart que le ministre de la Guerre et le chef d'État-Major ont chargé de suivre le procès pour leur rendre compte. Le commandant Picquart observe Dreyfus. Voici maintenant que l'accusé répond aux questions du président, d'une voix monotone, que le préfet de Police décrira « blanche, atone, paresseuse » [4], une voix qui réprime les intonations, masque les émotions, et parfois se fausse quand elle s'élève. Le colonel Maurel « l'interroge, sans bienveillance, sans rudesse, correctement » [5]. Il semble que les réponses de l'accusé, claires, précises, fassent quelque impression sur le Conseil [6]. La faiblesse de l'acte d'accusation ne peut tarder à apparaître.

Les 19, 20 et 21 décembre, on entend les témoins. « Les débats, note le préfet Lépine, se traînaient dans la note terne et grise d'une affaire vulgaire » [7]. Gonse, Fabre, d'Abboville viennent accabler Dreyfus. Du Paty, alternativement agité comme un pantin ou raide comme un officier prussien, explique ses diligences, raconte la scène de la dictée. Il expose au tribunal étonné comment il mesurait, pendant les interrogatoires au Cherche-Midi, « au mouvement presque imperceptible de l'extrémité du pied » de Dreyfus assis, les jambes croisées, « l'émotion qui trahissait sa culpabilité »! Le commandant Henry, délégué par le ministre de la Guerre pour déposer au nom de la Section de Statistique, s'applique à démontrer la culpabilité de Dreyfus. Gribelin décrit avec mille détails les liaisons louches de l'accusé, reprenant les histoires ramassées par Guénée. On met en évidence sa curiosité, ses indiscrétions, et aussi ses absences du service, trop fréquentes et mal expliquées *. D'anciens camarades de Dreyfus, à l'École de guerre, ou à l'État-Major, défilent ensuite. La plupart en font un portrait déplaisant, mais quelques-uns, tenus par le serment, mettent en lumière ses vertus. Mercier-Milon atteste qu'il fut toujours « soldat fidèle et scrupuleux ». Tocanne, son camarade de l'École de guerre, affirme qu'il « le croit incapable d'une félonie ». Dreyfus intervient souvent, avec calme, apportant des précisions. Lépine croit l'acquittement probable [9], et le commandant Picquart fait savoir au ministre que « l'affaire s'annonce assez mal ».

Il fallait réagir. En secret, le commandant Henry demande à l'un des juges, le commandant Gallet, dont il était l'ami, de le faire rappeler à la barre, et de lui faire poser des questions par le président du Conseil de guerre sur la présence d'un officier traître au 2e bureau. Le juge se prête à la manœuvre. Et voici Henry qui revient. Il parle d'une voix forte. Il proclame qu'il lui faut maintenant tout dire. Dès le mois de mars « une personne honorable » a averti son service qu'un officier du ministère trahissait. En juin, la même personne lui a renouvelé l'avertissement : le traître était un officier du 2e bureau. Et le commandant Henry se tourne vers Dreyfus, le désignant d'un geste théâtral : « Le traître, le voici » [10]. Dreyfus s'est dressé. Rouge de colère, il proteste, exige le nom du délateur. Mais

* Une note sur les « absences du capitaine Dreyfus pendant le temps passé à l'École de guerre » avait été dressée dès le 20 novembre 1894 [8].

Henry a produit très forte impression. Me Demange intervient, stigmatise l'horreur d'une dénonciation anonyme, somme Henry de dire toute la vérité. Alors le commandant Henry « d'un geste franc et rude de troupier » [11] frappe son képi : « Il y a des secrets dans la tête d'un officier que son képi doit ignorer. » Dreyfus, debout, ne cesse de protester. Le colonel Maurel interpelle solennellement le témoin : « Affirmez-vous sur l'honneur que l'officier qui a trahi était le capitaine Dreyfus? » Henry lève la main vers le Christ, suspendu au mur, et d'une voix qui retentit s'écrie « Je le jure ». Cette déposition fut « le coup de massue qui assomma Dreyfus » [12]. « C'était l'apparition du justicier », dira Lépine. Seul le commandant Picquart – mais il savait sans doute que l'intervention d'Henry avait été préparée – la jugea « extrêmement théâtrale ». Homme du peuple, sorti du rang, apparemment fruste et loyal, soldat très courageux, ce qu'attestait la Légion d'honneur sur sa poitrine, le commandant Henry donnait aux juges militaires la conviction d'une parfaite sincérité [13].

Le lendemain furent entendus les experts. Dans un jargon nouveau, « hérissé de mots barbares », Bertillon vint exposer la thèse de l' « autoforgerie » *. Il parle de Dreyfus en l'appelant le « coupable ». Il commente, devant les juges ahuris, son fabuleux diagramme. Il atteste que Dreyfus s'était servi d'au moins trois écritures : la sienne, celle de son frère, et celle de sa femme. « Je n'attachais aucune importance à sa déposition, écrira Alfred Dreyfus, car elle me parut l'œuvre d'un fou » [14]. Mais l'accusé commet l'erreur d'oser une plaisanterie, ce qui n'était pas dans sa manière. « Que le témoin veuille bien jurer qu'il m'a vu écrire le bordereau. » Cette ironie fait fâcheuse impression. Les autres experts ne font que répéter leurs conclusions. L'expert Gobert – qui maintient avec fermeté ses conclusions favorables à Dreyfus – gêne manifestement l'accusation.

Viennent enfin les témoins à décharge. Ce ne sont que des témoins de moralité; des Alsaciens qui viennent attester l'honorabilité de la famille, et le

* Voir *supra* p. 99.

patriotisme du capitaine; des officiers * qui ont accepté, non sans courage, de venir dire que Dreyfus avait toujours été un bon et loyal soldat; enfin le rabbin Dreyfuss **, de Paris, le philosophe Lévy-Bruhl, le docteur Vaucaire, l'industriel Arthur Amson. Tous expriment leur estime pour l'officier, pour l'homme, pour le père de famille. Les juges écoutent. Là n'est pas leur souci.

A l'audience du 21, le commandant Brisset prononce son réquisitoire. Ce n'est qu'une réédition, très ennuyeuse, du rapport d'Ormescheville. Alfred Dreyfus est maintenant confiant. Mais Edgar Demange est inquiet. Il dit à Mathieu : « Si l'on n'a pas donné l'ordre de le condamner, il sera acquitté ce soir. » Ce qui préoccupe le vieil avocat, c'est moins l'audience que l'agitation qui l'entoure, les va-et-vient de du Paty, de Sandherr, de Picquart, les longues conversations qu'il aperçoit ou devine, les colloques, à peine dissimulés, des accusateurs, des témoins à charge et des juges. Oui, Demange a peur. L'après-midi du 22 décembre, il plaide trois heures. Il s'applique d'abord à démontrer que le bordereau ne peut être de Dreyfus, puis, discutant tous les commérages, il montre que Dreyfus n'avait aucun mobile, qu'il ne pouvait trahir. Fait-il impression sur le Conseil de guerre? « Avocat d'assises, observe Joseph Reinach, trop habitué à plaider pour des criminels... il se tient au précepte de Lachaud qui fut son maître : faire naître le doute dans l'esprit des jurés et laisser opérer le doute. Mais ces jurés militaires sont plus simplistes que des civils; le doute seul ne les touche pas » ***. « L'acquittement

* Le colonel Clément, les commandants de Barberin, Ruffey et Leblond, les capitaines Meyer et Devaux. Du Paty intervint à nouveau dans le débat quand les témoins insistèrent sur l'absurdité d'un crime sans mobile. Il expliqua que l'une des usines de la famille avait récemment brûlé, que les Dreyfus avaient encaissé une forte indemnité d'assurance... qui pourrait bien être le prix déguisé de la trahison. Dreyfus s'indigna d'une si folle calomnie [15].

** Sandherr raconte ainsi à Maurice Paléologue la déposition du rabbin Dreyfuss : « Ché suis le grand rabbin de Paris. Ché ne sais rien de l'affaire mais ché connais depuis longtemps la famille de l'accusé, et ché la considère comme une honnête famille. » [16].

*** Joseph Reinach, *Histoire de l'Affaire Dreyfus* [17]. Contre l'avis de Labori, Demange renouvellera cette stratégie dange-

me parut certain », écrira Alfred Dreyfus [18]. A l'invitation du président, l'accusé prononce quelques mots : « fils de cette Alsace si française... » il n'avait pu commettre le plus hideux des crimes. Et les juges se retirent en chambre du conseil.

A sept heures du soir, rue de Châteaudun, dans l'appartement de Mathieu Dreyfus, où la famille et les amis sont réunis, on s'inquiète de plus en plus. Le délibéré paraît se prolonger. Que se passe-t-il? On se tait, on attend. Ce qui se passe? Le commandant du Paty de Clam a fait remettre au président du Conseil de guerre, de la part du ministre de la Guerre, une enveloppe scellée avec « l'ordre moral aussi complet que possible » de communiquer le dossier aux juges, pendant leur délibéré. De cette communication secrète, le ministre de la Guerre n'a parlé à quiconque : ni au président de la République, ni au président du Conseil, ni à aucun membre du gouvernement. Obéissant à l'ordre « moral » reçu, le colonel Maurel a rompu le scellé, et ouvert l'enveloppe. Il y a trouvé les quelques pièces réunies par la Section de Statistique pour accuser Dreyfus, et un « commentaire » établi par du Paty, sur l'ordre du ministre de la Guerre, avec la collaboration du colonel Sandherr, pour faciliter la compréhension des documents et bien les imputer à Dreyfus [19]. Le colonel Maurel lit certaines pièces, en fait lire d'autres par le lieutenant-colonel Echemann, les commente; elles passent de main en main. Que cette communication, cachée à la défense, viole le droit, le Code militaire, l'équité, il semble qu'aucun juge ne le soupçonne. Mais en ont-ils vraiment besoin, pour assurer leur conviction *? La lecture des pièces, les commentaires, les discussions prennent du temps. Oui, le délibéré se prolonge étrangement.

reuse à Rennes. (Voir *infra* pp. 539 et s.) Il commit par ailleurs l'erreur de laisser sans réponse la courte réplique du commissaire du gouvernement qui s'écria, brandissant le bordereau : « Si je n'ai pas d'autre preuve que la lettre missive, elle reste, elle, écrasante pour l'accusé. »

* « Je n'ai lu qu'une pièce, dira à Rennes le colonel Maurel, et je n'ai pas écouté les autres, parce que ma conviction était faite. » « Les pièces secrètes n'eurent qu'une légère influence », dira le capitaine Freystaetter à la Cour de cassation. Mais la pièce « canaille de D » paraît être restée – avec le recul du temps – dans la mémoire des juges [20].

A 7 h 30 le téléphone sonne chez Mathieu Dreyfus. Il annonce l'affreuse nouvelle. A l'unanimité, le Conseil de guerre a déclaré Dreyfus coupable. Il l'a condamné à la déportation perpétuelle dans une enceinte fortifiée et à la dégradation militaire *.

C'est Demange qui a porté la nouvelle au condamné. Demange sanglote. Dreyfus retient ses larmes. Dans le vestibule du tribunal on amène Dreyfus. Il est droit. Les bras contre le corps en position militaire. La nuit est venue. A la lueur d'un candélabre, le greffier lui donne lecture du jugement. Le capitaine Dreyfus est immobile, figé, comme mort.

On le conduit dans la salle de l'infirmerie. Là, son désespoir éclate. Il se jette contre les murs, tente de se briser la tête et les membres. Les agents doivent le saisir à bras-le-corps. On lui rabat sur la tête, comme une camisole de force, son capuchon d'officier. Par la rue déjà déserte, on le ramène à sa prison.

Mathieu Dreyfus est déjà chez Demange. L'avocat est défait, ravagé par le désastre. « J'ai supplié votre frère de ne pas se tuer, je l'ai confié à Forzinetti qui m'a promis de veiller sur lui. » Mathieu interroge, supplie : « Que s'est-il passé? Comment ont-ils pu le condamner, le condamner à l'unanimité? » Demange explique : « Quand j'ai commencé de plaider, le colonel Maurel a ostensiblement ouvert un livre... les autres avaient l'air indifférents... puis j'ai repris espoir. » « Que s'est-il passé dans la salle des délibérations? Je ne le sais pas. Non, non, je ne comprends pas, c'est horrible. » Et sans conviction, l'avocat ajoute : « Il faut qu'il signe son pourvoi en révision. »

Mais déjà le commandant Picquart a porté l'heureuse nouvelle au général Mercier. Le ministre l'attendait, en grand uniforme, car il se rendait à un dîner officiel à l'Élysée. Mercier n'a pas un mot de commentaire. « Pauvre homme », murmure Mme Mercier [21]. Pour le ministre de la Guerre, c'est une belle victoire. Il peut dîner de meilleur appétit.

* Le jugement rendu, le président Maurel remit l'enveloppe contenant les pièces secrètes au commandant du Paty, qui la restitua aussitôt à la Section de Statistique.

XVI. – UNE AFFAIRE TERMINÉE

Au lendemain de la condamnation, toute la presse, de la droite à la gauche, exprime sa satisfaction *. « C'est, observe Paléologue, l'approbation, le soulagement, le réconfort, la joie, une joie triomphante, vindicative et féroce » [1]. Le traître, l'Allemand, a été condamné, condamné à l'unanimité **. De la droite à la gauche, il ne peut être personne pour défendre Dreyfus. Ce jugement a été pour tous un véritable soulagement, écrit *le Matin,* au lendemain du verdict. Et Georges Clemenceau, dans *la Justice* du 25 décembre, semble exprimer le sentiment commun : « Il n'a donc pas de parent, pas de femme, pas d'enfant, pas d'amour de quelque chose, pas de lien d'humanité, ou d'animalité même, rien qu'une âme immonde, un cœur abject. » Dès le 25 décembre, le général Mercier dépose à la Chambre le projet de loi rétablissant la peine de mort pour le crime de trahison, et le député Jean Jaurès intervient, soulevant avec vigueur que Dreyfus aurait pu, aurait dû être condamné à mort. « Le capitaine Dreyfus, convaincu de trahison, par un jugement unanime, n'a pas été condamné à mort. Et en face de ses jugements le pays voit que l'on fusille sans grâce et sans pitié de simples soldats coupables d'une minute d'égarement ou de violence... Nous avons le devoir de nous demander s'il est vrai que si des actes abominables analogues à celui du capitaine Dreyfus se renouvelaient, la justice du pays serait désarmée » [3]. *La Libre Parole* avait assuré que « toute la juiverie se consolidait, solidaire du traître » [4]. Or les Juifs de France, comme atterrés, se taisent. La grande majorité des Juifs, dira tristement Péguy, gardaient le silence sur Dreyfus, parce qu'ils craignaient le trouble, parce qu'ils craignaient

* Non seulement la presse extrémiste, *la Libre Parole, la Croix,* mais *le Temps, les Débats, la Paix, le Figaro.*

** Dès le 24 décembre, la chancellerie allemande fait publier un nouveau communiqué rappelant une fois encore que « l'ambassade d'Allemagne n'a jamais eu le moindre rapport direct ou indirect avec Dreyfus » [2].

« le simple dérangement » [5]. « Ils ont peur des coups. Ils en ont tant reçu. Ils aimeraient mieux qu'on n'en parle pas. » Mais en cette fin de l'année 1894, ce n'est pas la peur qui domine. C'est la force de l'évidence. Comment se dirait-on solidaire d'un traître? Au terme d'un procès régulier Dreyfus a été condamné à l'unanimité par sept officiers français. Quelle place y a-t-il pour le doute? Oui, comment un Français, comment un Français juif serait-il solidaire d'un espion qui a vendu à l'Allemagne des renseignements de la plus grande importance? Dreyfus a tout trahi. Il a trahi les Juifs eux-mêmes.

Son désespoir est sans mesure. « Je roulais dans ma tête les projets les plus extravagants » [6]. La nuit qui suit sa condamnation il est tout près du suicide. Le surlendemain il écrit à Lucie : « C'est pour toi seule ma pauvre chérie que j'arrive à lutter. C'est ta pensée qui arrête mon bras » [7]. Dans les jours qui viennent il lui adresse plusieurs lettres chaque jour. Il évoque le bonheur passé. « Comme nous étions heureux, ma chérie. Tout nous souriait dans la vie : fortune, amour, enfants adorables, famille unie, tout enfin... suis-je donc marqué d'un sceau fatal? » [8]. Il évoque ceux qui, dehors, l'accablent d'injures. « Ce peuple a raison : on lui a dit que j'étais un traître. Ah! ce mot horrible de traître, comme il m'arrache le cœur » [9]. « Criez bien haut mon innocence, criez-le de toutes les forces de vos poumons, criez-le sur tous les toits afin que les murs s'ébranlent. »

Mais que peut-on? Il a signé sans illusion son pourvoi devant le conseil de révision : celui-ci ne peut connaître que des vices de forme. Me Boivin-Champeaux, qui rédige le mémoire, renonce à le soutenir oralement. Le commandant Romain, commissaire du gouvernement, est formel : « Il y aurait cent vices de forme que je conclurais au rejet du pourvoi; pas de révision, jamais » *. Le pourvoi est rejeté le 31 décembre. Dans la nuit du 31 décembre au 1er janvier Alfred écrit une longue lettre à Lucie : « Minuit sonne au moment précis où j'allume ma bougie, je ne puis dormir... il me semble que tu es

* Il n'y avait – bien sûr – pas la moindre trace au dossier de la communication des documents secrets au cours du délibéré des juges. Le conseil de révision n'en a-t-il rien su? De toute manière, toute cassation semblait exclue.

près de moi comme dans ces bonnes soirées d'heureuses mémoires ». Il passe des heures à pleurer. Il ne peut rien manger ou presque *.

Le 31 décembre, le commandant du Paty est venu une dernière fois voir Dreyfus, de la part, lui dit-il, du ministre de la Guerre [11]. Cette étrange démarche, le général Mercier s'efforcera plus tard de la justifier :

> Le gouvernement pouvait encore quelque chose pour l'application de la peine... par exemple pour le choix du lieu de déportation... le gouvernement pouvait montrer de l'indulgence s'il voulait entrer dans la voie du repentir, s'il disait notamment de quels documents l'Allemagne avait été mise en possession de son fait.

Du Paty tente d'obtenir l'aveu d'une quelconque imprudence. Une nouvelle fois, Dreyfus dit son innocence. « Si vous êtes innocent, clame du Paty, vous êtes le plus grand martyr de tous les siècles », et il s'en va [12]. Aussitôt Alfred Dreyfus écrit au ministre de la Guerre, racontant l'entretien, répétant qu'il n'attend nulle faveur, seulement la démonstration de son innocence [13].

> Monsieur le Ministre,
> J'ai reçu, par votre ordre, la visite du commandant du Paty de Clam, auquel j'ai déclaré encore que j'étais innocent et que je n'avais même jamais commis la moindre imprudence. Je suis condamné, je n'ai aucune grâce à demander. Mais au nom de mon honneur, qui je l'espère me sera rendu un jour, j'ai le devoir de vous prier de vouloir bien continuer vos recherches. Moi parti, qu'on cherche toujours, c'est la seule grâce que je sollicite.

Enfin sa femme est autorisée à le voir le 2 janvier 1895. Elle ne l'a pas revu depuis ce lundi 15 octobre, quand il est parti, après l'avoir embrassée, pour se rendre au ministère de la Guerre. L'entrevue a lieu dans le parloir de la prison : ils sont séparés par deux grilles. « Notre conversation menée à travers

* Dès le 23 décembre 1894 le grand rabbin Zadoc Kahn avait sollicité du général Saussier l'autorisation « de visiter à titre de rabbin le malheureux capitaine Dreyfus pour lui apporter le secours de la religion » [10]. L'autorisation avait été refusée.

les barreaux m'a fait du bien. Je tremblais sur mes jambes en descendant... à l'heure qu'il est ma main n'est pas encore bien assurée... continue, ma chère femme, imposons le respect au monde par notre attitude et notre courage... Je veux mon honneur et je l'aurai : aucun obstacle ne m'arrêtera »[14].

Lucie Dreyfus écrit au général Saussier, supplie d'être autorisée à rencontrer son mari dans des conditions moins cruelles. Le gouverneur autorise Forzinetti à laisser les époux se voir, sous sa responsabilité, comme il lui plaira *. Ils se retrouveront désormais dans le cabinet du directeur de la prison, et en sa présence. Ils peuvent parler longuement. Ils sont autorisés à s'embrasser. Lucie fait promettre à son mari qu'il ne se tuera pas « pour elle, pour ses enfants, pour l'honneur ». Le 3 janvier on apprend à Dreyfus qu'il sera dégradé dans la cour de l'École militaire, le 5 janvier au matin **.

Finie l'atroce cérémonie, il n'est plus officier. Il n'est plus rien qu'un traître, que le traître. Quelques jours il est enfermé à la prison de la Santé. Sa femme et lui se voient à nouveau au parloir, entre les grilles. Ils échangent des lettres d'amour, des lettres désespérées. Ils pleurent, et se demandent mutuellement pardon d'avoir pleuré. Dreyfus continue à n'en vouloir à personne. Il ne se connaît pas d'ennemi. « J'excuse très bien cette colère, écrit-il, cette rage de tout un noble peuple auquel on apprend qu'il y a un traître... »[16]. Cette rage de tout un noble peuple? « Qu'ai-je à faire avec le nommé Dreyfus, écrira Barrès. Il n'est point né pour vivre socialement. Seule, dans un bois décrié, une branche d'arbre se tend vers lui. Pour qu'il s'y pende »[17].

Il ne se pend pas. Il essaie de vivre. Le 17 janvier il est brusquement réveillé dans la nuit[18]. On lui ordonne de s'habiller, on lui passe les menottes. On l'emmène en voiture cellulaire, à la gare d'Orléans. Là un wagon l'attend, fait d'étroites cellules, spécialement conçu pour le transport de bagnards. Chaque cellule a la dimension d'un homme assis. Menottes

* Le commandant Forzinetti écrit le 3 janvier 1895 à l'État-Major du gouverneur militaire, rappelant que « beaucoup de parents de condamnés ont obtenu le parloir dit " de faveur " et qu'il peut être accordé à Mme Dreyfus »[15].

** Voir prologue, « La parade de Judas ».

aux poings, fers aux pieds, il est conduit, par une nuit glaciale, jusqu'à La Rochelle. Il doit supplier pour obtenir un peu de café, de pain et de fromage. A La Rochelle on le fait attendre des heures, dans son wagon, dans sa cellule. Les gardiens, sous l'autorité d'un représentant du ministère de l'Intérieur, échangent, dans la confusion, ordres et consignes. Le nom de Dreyfus est prononcé, la nouvelle se répand de bouche en bouche. Les gens viennent, et peu à peu la foule grossit autour du wagon qui enferme le traître. Il entend les injures. On frappe sur les parois. Quand, la nuit venue, on le sort de sa cellule, les clameurs redoublent. On commence à le frapper. Les gardiens cherchent à le protéger. Crânement il s'avance, les mains liées. Les coups pleuvent sur ses épaules et sur sa tête. A plusieurs reprises il est jeté à terre. « Traître », « Juif », « Judas », « Mort aux Juifs ». Il se relève, il avance, jusqu'à la voiture qui vite l'emmène, écartant la foule. Il a froid. Il a les mains gelées et brisées par les menottes. Plusieurs coups l'ont légèrement blessé *. On arrive au port de La Palice. De là, sur une chaloupe, on l'embarque pour l'île de Ré.

Il y arrive à la nuit. Il lui faut marcher dans la neige pour aller jusqu'au dépôt de Saint-Martin-de-Ré. Le directeur de la prison le reçoit brutalement, le fait mettre nu. Il est méticuleusement fouillé **. Enfin on le conduit à sa cellule. Le poste des gardiens communique avec elle par une large ouverture grillagée, placée juste au-dessus de la paillasse. Nuit et jour deux surveillants, relevés de deux heures en deux heures, l'observent. Ils ont ordre de ne perdre de vue aucun de ses mouvements.

Il est détenu plus d'un mois à l'île de Ré. Chaque jour il est mis à nu et fouillé, après la promenade autorisée dans le préau attenant à la cellule. Dès

* « Dreyfus sait maintenant, écrit *la Libre Parole* du 20 janvier, ce que pense la France et de son crime et de ses cyniques dénégations ». En revanche Séverine proteste dans *l'Éclair* contre ces scènes odieuses.

** Dans la poche intérieure d'un gilet de Dreyfus on trouva une copie du bordereau, dont Dreyfus s'était servi durant le procès, et qu'il avait conservée. La pièce fut envoyée à Paris, et la légende circulera que l'on avait trouvé, sur Dreyfus, le « brouillon » du bordereau, preuve nouvelle de son crime [19].

qu'il sort, pour faire quelques pas, les gardiens prennent la faction. « Je n'ai que deux moments heureux dans la journée, écrit-il à Lucie, le 21 janvier 1895, mais si courts. Le premier quand on m'apporte cette feuille de papier afin de pouvoir t'écrire. Le second quand on m'apporte ta lettre journalière. Je n'ose te parler de nos enfants » [20].

Sa femme, venue à l'île de Ré, fut autorisée à le voir, deux fois par semaine, pendant une heure. Alfred et Lucie se rencontraient au greffe, dans une petite salle étroite et longue. Ils étaient assis chacun à un bout de la pièce, le directeur du dépôt assis entre eux. Les gardiens veillaient autour. Il vit sa femme pour la dernière fois le 21 février. Ce jour, il fut subitement prévenu d'avoir à préparer son ballot. Conduit au quai il fut embarqué sur une chaloupe, et transporté sur le vaisseau la *Ville-de-Saint-Nazaire*. Nul ne lui dit où il allait. Sur le bateau une cellule l'attendait, située sous le pont, seulement fermée par un grillage, laissant pénétrer un vent glacial. Le froid était terrible – moins 14°. On lui jeta un hamac, pour qu'il tente de dormir.

Maintenant, l'espoir disparaissait. « Le souvenir de ma femme que je venais de quitter, de mes enfants, de tous les miens que je laissais derrière moi dans la douleur et le désespoir, l'incertitude du lieu où j'allais être conduit, la situation qui m'était faite, tout cela me mit dans un état indescriptible » [21]. Il se jeta sur le sol, il pleurait, il gémissait, dans la nuit sinistre et glacée. Le vent, le bruit de la mer, étouffaient ses cris.

Le lendemain soir, la *Ville-de-Saint-Nazaire* levait l'ancre, emportant le traître. Ce 22 février 1895, qui s'en soucie encore? L'Affaire Dreyfus est terminée.

DEUXIÈME PARTIE

VIVE ESTERHAZY

I. – LA LÉGENDE DES AVEUX

Dans les jours qui suivirent la dégradation, le bruit se répandit à Paris que Dreyfus avait avoué son crime. « La protestation proférée par le misérable, écrit *le Figaro,* le serment sur la tête de ses enfants, autant de mensonges et de comédies » [1]. La rumeur des aveux connut, en janvier 1895, une grande audience. Puis elle se dissipa. Elle se fera de nouveau entendre, plus tard, quand il faudra arracher une nouvelle condamnation contre Dreyfus.

Au matin de la dégradation, dans l'attente de la cérémonie, Alfred Dreyfus était resté enfermé près d'une heure dans un petit bureau de l'École militaire, surveillé par le capitaine Lebrun-Renault de la Garde républicaine [2]. Pour rompre l'affreux silence, les deux officiers avaient échangé quelques mots. « Vous n'avez pas songé au suicide, monsieur Dreyfus? » Dreyfus parle de sa famille, de sa vie. Il raconte la visite que lui a faite le commandant du Paty sur l'ordre du ministre de la Guerre. « Il m'a envoyé dans ma prison le commandant du Paty me demander si je n'avais pas livré une pièce sans importance pour en obtenir d'autres en échange. » Il explique qu'une nouvelle fois il a protesté de son innocence auprès de du Paty. Lebrun-Renault écoute ce récit. Et voici que quatre artilleurs viennent prendre livraison de Dreyfus pour la parade. Lebrun-Renault sort de la salle, échange, très vite, quelques mots avec deux officiers, le colonel Guérin, le lieutenant Philippe. Sur le compte rendu d'exécution de sa mission, le capitaine Lebrun-

Renault écrit ces seuls mots : « rien à signaler ». Quant au colonel Guérin, chargé par le gouverneur militaire de Paris d'assister à la dégradation, il rend compte en ces termes : « Parade terminée. Dreyfus a protesté de son innocence et crié : Vive la France. Pas d'autre incident » [3]. C'est tout.

Dès le soir la rumeur a commencé à circuler : Dreyfus a passé des aveux au capitaine Lebrun-Renault. Il a bien parlé de son innocence, mais il a précisé : « le ministre sait bien que si je livrais des documents, ils étaient sans valeur, et que c'était pour m'en procurer de plus importants ».

D'où part ce bruit? Des officiers qui ont bavardé quelques instants avec Lebrun-Renault lorsqu'il venait de quitter Dreyfus. Le colonel Guérin, le lieutenant Philippe, le commandant de Mitry, le capitaine Anthoine, ont le souvenir des confidences que leur a faites alors Lebrun-Renault. Dreyfus lui avait confié avoir livré des documents pour « amorcer » les Allemands, pour en obtenir de meilleurs. Les officiers font le récit à des journalistes, à Judet, à Maurice Barrès. *Le Petit Journal* du 6 janvier s'en empare. « Il aurait bien livré des documents, ce qui est un aveu formel; mais pour en obtenir d'autres, ce qui est un mensonge de plus à son actif et personne ne sera dupe. » La presse commence à étaler les aveux de Dreyfus, en versions diverses. C'est la preuve décisive de sa culpabilité.

Le commandant Picquart, que le ministre de la Guerre avait désigné pour assister en son nom à la dégradation, s'étonne. Il interroge le colonel Guérin. Celui-ci confirme ce que lui a dit Lebrun-Renault. Picquart s'émeut, va voir le général de Boisdeffre. Ensemble ils courent chez le ministre de la Guerre. Mercier hésite. Que faire? Il semble n'avoir pas, à ce moment, attaché d'importance à ces ragots.

Mais la rumeur s'enfle. Lebrun-Renault va se distraire au bal public du Moulin-Rouge, avec quelques amis. Sans aucune prudence, fier du rôle qu'il a joué le matin, il raconte son entretien avec le traître. Un journaliste est là, Clisson, qui court au *Figaro* pour en faire un papier [4]. La campagne de presse, les confidences d'un traître au service des Allemands, tout cela ne peut que gêner l'ambassade d'Allemagne. Le ministre de la Guerre en paraît embarrassé. Il fait convoquer Lebrun-Renault.

Le 6 janvier au petit matin, le général Gonse part à la recherche du capitaine Lebrun-Renault, le trouve, et l'emmène chez le ministre de la Guerre. « Pour un officier, être convoqué au petit réveil par le sous-chef d'État-Major, être emmené à 8 heures du matin chez le ministre » ce n'est pas une petite affaire [5]. Lebrun-Renault raconte au ministre ce que lui a dit Dreyfus. Il ne parle pas vraiment d'aveux. Mais il évoque le récit de la visite que du Paty a faite à Dreyfus. Or Mercier voulait que cette visite restât secrète. L'officier trop bavard se fait réprimander. Il reçoit l'ordre de se taire. Il ne doit en aucune circonstance parler ni de la mission clandestine de du Paty, ni de l'ambassade d'Allemagne. Il doit refuser toute conversation.

Tout se serait sans doute arrêté là si, ce même matin, le président de la République, ouvrant *le Figaro,* n'avait lu le récit des confidences de Lebrun-Renault, faites au bal du Moulin-Rouge. Ainsi dans un bal public, un officier français répandait, pour se faire valoir, les confidences reçues d'un homme condamné pour trahison! Le président de la République sait avec quel soin l'ambassadeur d'Allemagne, le gouvernement allemand lisent les journaux français. L'après-midi même, il doit recevoir le comte de Munster qui lui a demandé audience. L'article du *Figaro* raconte que le bordereau a été pris « dans un chiffonnier de l'ambassade d'Allemagne ». Quel parti, tout à l'heure, va en tirer l'ambassadeur!

Les bavardages de Lebrun-Renault sont désormais devenus une affaire d'État. Casimir-Perier fait part au président du Conseil de « l'irritation que lui cause ce nouveau scandale ». Lebrun-Renault est convoqué à l'Élysée. Le président de la République l'y reçoit très froidement. Pas un mot d'un quelconque aveu de Dreyfus *. Pourtant, s'il en avait reçu, Lebrun-Renault en eût parlé : ne fût-ce que pour atténuer le mauvais effet de ses bavardages. Le président de la République fait de vifs reproches à

* Casimir-Perier l'affirmera dans son témoignage au procès de Rennes [6].

l'officier. Il lui ordonne, à son tour, de se taire à l'avenir. Après quoi l'Agence Havas publie un communiqué précisant que le capitaine Lebrun-Renault, interrogé par le ministre de la Guerre, « avait certifié n'avoir fait aucune communication à aucun organe, ni représentant de la presse ». Le soir le capitaine Lebrun-Renault, qui a – durant quelques heures – tant occupé la République, retourne au Moulin-Rouge. Chacun le questionne. Non, il n'a rien dit aux journalistes. Non, Dreyfus ne lui a rien dit. Seulement, après la parade, ces seuls mots : « J'ai froid, mon capitaine. » C'en est fini, pour le moment, de la légende des aveux.

Mais elle avait eu pour effet d'alimenter encore la furieuse campagne que la presse française menait contre l'Allemagne, ennemie toujours active, patrie des traîtres. La campagne de presse avait pris, dans les jours qui avaient suivi la condamnation de Dreyfus, une telle vigueur que l'ambassadeur d'Allemagne avait fait démentir, dans *le Figaro* du 25 décembre 1894, les accusations publiées sur les activités de son ambassade :

> Jamais l'ambassade d'Allemagne n'a eu le moindre rapport, soit direct, soit indirect, avec le capitaine Dreyfus. Aucune pièce émanant de lui n'a été volée à l'ambassade, et aucune demande n'a été faite pour le huis clos du procès [7].

Bien entendu l'Allemagne semblait « couvrir ses agents ». Le jour même de la dégradation, le président du Conseil Charles Dupuy, débordé selon son ordinaire par les événements, avait décidé de tenir un Conseil de cabinet. Sur la proposition du ministre de la Guerre, on y avait décidé de demander au Parlement que le traître fût déporté sur les îles du Salut : pour éviter qu'il ne s'évade. Mais on avait beaucoup parlé entre ministres de l'irritation allemande! Quelques heures après ce Conseil, l'ambassadeur d'Allemagne avait transmis au chef du gouvernement une dépêche comminatoire, émanant de M. de Hohenlohe, chancelier allemand :

> S.M. l'Empereur, ayant toute confiance dans la loyauté du président et du gouvernement de la République, prie Votre Excellence de dire à M.

Casimir-Perier que, s'il est prouvé que l'ambassade d'Allemagne n'a jamais été impliquée dans l'Affaire Dreyfus, Sa Majesté espère que le gouvernement de la république n'hésitera pas à le déclarer.
Sans une déclaration formelle, les légendes que la presse continue à semer sur le compte de l'ambassade d'Allemagne subsisteraient et compromettraient la situation du représentant de l'Empereur.
Signé : de Hohenlohe.

Hanotaux, ministre des Affaires étrangères, était vaguement malade, et se soignait à Cannes. Le président de la République accepte de recevoir personnellement l'ambassadeur d'Allemagne afin de l'éclairer. Pour ce faire, il demande communication du dossier Dreyfus *. Le 6 janvier, il reçoit le vieux comte de Munster, qui lui apporte la solennelle protestation de l'empereur d'Allemagne. Casimir-Perier veut concilier la vérité et la courtoisie qu'il entend témoigner à l'ambassadeur. Il remarque d'abord le « caractère insolite » d'une démarche faite directement auprès du président de la République : il aurait pu, se réclamant de la Constitution, décliner l'entretien et prier l'ambassadeur de conférer avec le président du Conseil. Mais il a de trop bonnes relations avec M. de Munster pour le désobliger. Il est contraint de lui dire que le document, écrit par Dreyfus, a bien été trouvé à l'ambassade. Mais l'ambassade d'Allemagne « n'est pas responsable des papiers qu'elle reçoit », pas plus que le gouvernement impérial ne peut rendre les Français responsables des papiers qu'on leur apporte [8]. Rien ne prouve, ajoute aimablement le président de la République, que le papier dont Dreyfus est l'auteur

* Casimir-Perier, au procès de Rennes, dira avoir reçu communication, par le ministre de la Guerre, du dossier entier du tribunal militaire, et notamment de la pièce « canaille de D ». Voir *infra* p. 71. Il est exact que le ministre de la Guerre demandait le 5 janvier 1895 au gouverneur militaire de Paris de lui faire remettre d'urgence le dossier de l'Affaire Dreyfus, car le président de la République désirait « l'avoir immédiatement à sa disposition » (Archives nationales BB19 75, d1, p. 73). La pièce « canaille de D » n'y figurait certainement pas puisqu'elle avait été restituée, avec le dossier secret, par le colonel Maurel à du Paty, par du Paty au colonel Sandherr. Si Casimir-Perier connut la pièce « canaille de D », ce fut à un autre moment, et d'une autre manière.

ait été sollicité par les Allemands. L'ambassadeur est à la fois stupéfait et rassuré. Que peut-il ajouter, sinon demander un communiqué qui remette les choses en place? Les 7 et 8 janvier on négocie avec Berlin un communiqué du gouvernement français destiné à apaiser l'opinion publique. On discute chaque mot *. Finalement Français et Allemands se mettent d'accord sur le communiqué suivant qui sera publié dans les journaux du soir, dès le 9 janvier :

> A la suite de la condamnation de l'ex-capitaine Dreyfus par le Conseil de guerre, certains journaux continuant à mettre en cause les ambassades étrangères à Paris, nous sommes autorisés, pour empêcher l'opinion de s'égarer, à rappeler la note communiquée à cet égard dès le 30 novembre 1894 [9].

Le président du Conseil promet au diplomate allemand de convoquer les rédacteurs des principaux journaux, de leur remettre la note officielle, de leur demander « de s'employer activement à faire cesser... la campagne de presse » qui mettait en péril les « bonnes relations » de la France et de l'Allemagne [10]. Mais le communiqué français ne fait pas – sur la presse déchaînée – plus d'effet que les communiqués allemands. « Ivre de passions sincères, et de passions factices, écrit Reinach, la France déclamait »[11]. Qu'importent ces communiqués hypocrites! Seul compte le châtiment de Dreyfus. « Dreyfus n'est plus un homme, c'est un numéro de la chiourme, écrit *le Petit Journal* du 6 janvier, et *l'Estafette*

* Maurice Baumont, *Aux sources de l'Affaire*, Productions de Paris, 1959, p. 118-119. Tantôt le général Mercier situera à cette date « la nuit historique » ou « la nuit tragique » durant laquelle le président de la République, le président du Conseil, le ministre de la Guerre, attendront, prêts à la guerre, le résultat des communications télégraphiques entre Guillaume II et Munster. Tantôt il évoquera deux « nuits » successives où la guerre fut menaçante : l'une le 12 décembre 1894 (voir *supra* p. 111), l'autre le 8 janvier 1895. Casimir-Perier affirmera au procès de Rennes qu'aucun risque de guerre ne fut jamais évoqué ni redouté. Ce que confirme Schwarzkoppen dans ses *Carnets*. « Les entretiens de Munster avec Hanotaux, Casimir-Perier... n'ont jamais pris de tournure menaçante » (*Carnets*, Rieder, 1930, pp. 117 et s.). Mais la menace d'une guerre imminente sera l'argument essentiel développé par le général Mercier pour justifier les illégalités commises.

du 7 janvier annonce que « le forçat paiera sa dette, car le climat de l'île du Diable est moins délicieux que celui de la Nouvelle-Calédonie »[12]. Il n'est jusqu'à l'avocat de Dreyfus que la presse ne couvre d'injures et de menaces, parce qu'il déclare, ici ou là, qu'il croit à l'innocence de son ancien client. « Que l'avocat perde ou non le sens de la dignité, écrit Judet dans *le Petit Journal* du 13 janvier, dans les mollesses courantes, les roueries secondaires de son labeur quotidien, cela ne regarde pas que le conseil de l'Ordre... On le peut excuser d'avoir accepté la défense d'un traître, curieux d'ajouter à sa galerie un monstre »[13]. « La campagne de Me Demange est un outrage à l'Armée »[14] assure *le Soleil*. N'en déplaise aux « reptiles d'outre-Rhin », tous les Français ont choisi. Que le silence se fasse! « Si Dreyfus n'est pas tué, que son affaire soit morte pour toujours »[15]. La presse anglaise, la presse suisse, la presse allemande s'étonnent de l'hystérie française.

II. – LA RETRAITE DE MERCIER

Le mercredi 16 janvier 1895 à huit heures, le « domestique » de M. Paléologue entre dans sa chambre « la figure bouleversée ».

– Monsieur sait la nouvelle?

– Non.

– Le président Casimir-Perier s'est enfui[1].

Il avait démissionné la veille au soir, malgré les supplications de sa famille, de ses amis. « La marée montante des scandales lui causait un amer dégoût »[2]. Tout lui semblait corrompu autour de lui. Il se croyait entouré de défiance et de haine. Souvent injurié, à cause de sa fortune, de sa caste, vilipendé par des journalistes en mal de chantage, il était lassé de tout, et d'abord de sa fonction. Par surcroît, il avait le sentiment de n'exercer aucun pouvoir : il jouait, dans l'État, le rôle d'une « machine à signatures »[3]. L'Affaire Dreyfus avait ajouté à son malaise, fortifié son projet de départ. Sa sensibilité nerveuse, son anxiété naturelle, sa susceptibilité maladive s'étaient nourries de toutes les circonstances. Écœuré, il partait.

Il y avait été aidé par une crise ministérielle, où la médiocrité du gouvernement, l'ambition de quelques-uns, la lâcheté des autres, la complication des intrigues, avaient éclaté au grand jour[4]. C'est Louis Barthou, ministre des Travaux publics, qui avait donné le signal, prenant prétexte d'un arrêt du Conseil d'État qui avait tranché en faveur des grandes compagnies de chemins de fer un conflit – secondaire – qui les opposait à l'État. Raymond Poincaré, ministre des Finances, qui y voit le moyen de servir sa carrière, fait savoir qu'il suivra son ami dans la retraite. L'arrêt du Conseil d'État leur fournit une occasion de sortir, pour mieux rebondir. Du coup le gouvernement tout entier porte sa démission au président de la République : manière d'affirmer son indépendance à l'égard des puissances d'argent. Le très riche Casimir-Perier risque ainsi d'apparaître, devant l'opinion, solidaire de celles-ci. Le président de la République voit la manœuvre, annonce qu'il suivra le gouvernement dans sa démission. Charles Dupuy est contraint de la retirer. A la Chambre, Millerand interpelle, au nom des socialistes. Il reproche au gouvernement d'avoir saisi le Conseil d'État au lieu de faire appel à la souveraineté parlementaire, et il demande la mise en accusation d'un ancien ministre des Travaux publics, Raynal, qui aurait « abandonné les droits de l'État » au profit des grandes compagnies. Or chacun sait que ce Raynal est un ami personnel du président de la République. A la tribune, Barthou, resté démissionnaire, fait un beau succès. En coulisse Poincaré pousse ses amis à voter contre un gouvernement dont il fait encore partie. Dans la confusion générale, une partie du centre rejoint les socialistes et les radicaux : le 15 janvier une majorité de vingt-deux voix renverse le cabinet Dupuy, dont la seule perspective n'avait jamais été que de naviguer entre les obstacles. Le soir même, le président de la République annonçait sa démission. Le 16, les deux Chambres devaient écouter la lecture de son dernier message : « Si on ne refuse pas un poste au moment du danger, on ne conserve une dignité qu'avec la conviction de servir son pays. » Casimir-Perier déclarait n'avoir pu se résigner à « comparer le poids de ses responsabilités morales et l'impuissance à laquelle il était condamné ».

Caprice d'enfant gâté? Réaction de lâcheté? Preuve de fermeté d'âme? L'opinion fut généralement sévère, et la victoire des gauches, venue par surprise et par équivoque, ne pouvait qu'inquiéter l'opinion conservatrice. Les deux Chambres se réunissent en congrès à Versailles, dès le lendemain 17 janvier. Socialistes et radicaux soutiennent la candidature de Brisson, candidat pour la quatrième fois. Les « républicains », c'est-à-dire le centre dit progressiste, et les députés de droite « ralliés » à la République se divisent entre deux candidats : Félix Faure, ministre du gouvernement démissionnaire, et Waldeck-Rousseau qui « avait hésité tout le jour à céder aux instances de ses amis *, et ne se décide que vers le soir, trop tard ». Le duc d'Orléans prend parti pour Félix Faure **, entraînant, en sa faveur, le vote de la droite monarchiste. Quant au général Mercier, il hésite. L'Affaire Dreyfus a assuré sa réputation, accru son prestige. Mais un général, fût-il républicain, peut-il être candidat? Mercier se sait plus estimé qu'aimé. Il n'ose poser sa candidature, mais la fait, ici et là, suggérer par ses amis. Un placard, orné de son portrait, est distribué en faveur du « général patriote » : « le Congrès doit élire celui qui a livré au Conseil de guerre le traître Dreyfus ». Mais le Congrès ne s'en soucie guère. Au premier tour, Brisson arrive en tête, suivi par Félix Faure. Mercier ne recueille que trois voix. Au second tour, Waldeck-Rousseau, déçu, se désiste, assurant l'élection du « président des droites » ***. Une nouvelle fois, la Constitution républicaine avait convenablement fonctionné.

Fils d'un ébéniste, ancien ouvrier tanneur qui

* Dont Joseph Reinach.

** Qui s'était autrefois prononcé contre l'expulsion des princes.

*** Par 430 voix contre 361. C'est dans la nuit qui suit l'élection de Félix Faure que Dreyfus est transféré de la prison de la Santé à La Rochelle.

avait créé au Havre un atelier de peausserie, député du Havre depuis douze ans, Félix Faure n'avait jamais occupé, dans les gouvernements, que des emplois secondaires. Ministre de la Marine du gouvernement Dupuy, il ne s'était pas fait remarquer. Il passait pour intelligent et prudent. Il avait su se ménager, partout, de chaudes sympathies. Par surcroît « il avait belle santé, belle humeur, belle tournure » [5]. Il était à peine âgé de cinquante-quatre ans, plutôt fier de sa personne, aimant les femmes, aimé d'elles. En toutes choses on ne lui connaissait que des opinions moyennes.

Le nouveau président de la République appelle d'abord Léon Bourgeois, chef des radicaux, à former le gouvernement, sachant bien que Bourgeois ne pouvait réussir. Puis il sollicite le sage conservateur Ribot, qui en vingt-quatre heures constitue un « gouvernement d'union républicaine et de progrès démocratique », c'est-à-dire un gouvernement du centre habilement dosé, aussitôt investi à une écrasante majorité *. Gabriel Hanotaux gardait les Affaires étrangères, Poincaré allait à l'Instruction publique. La présence de deux radicaux donnait le sentiment d'une ouverture à gauche. Trarieux qui devenait garde des Sceaux faisait, séance tenante, voter à l'unanimité une loi d'amnistie qui, parmi d'autres effets, mettait fin à l'exil de Rochefort.

Ribot crut bon d'ajourner l'attribution difficile des portefeuilles de la Guerre et de la Marine. Mais le général Mercier ne se faisait pas d'illusions. Le nouveau président du Conseil ne l'aimait guère. Il restait donc au ministre de la Guerre – en partance – à prendre quelques précautions. Dès le 8 janvier, il a signifié à Saussier, gouverneur militaire de Paris, que « par analogie avec ce qui s'était fait pour les procès de la même importance, notamment pour celui de l'ex-maréchal Bazaine », le dossier du procès de l'ex-capitaine Dreyfus serait conservé au ministère et non pas à la place de Paris **. Le

* 329 voix contre 79.

** La lettre du ministre de la Guerre au gouverneur militaire de Paris, conservée aux Archives nationales (BB19 75, d1, p. 76), porte la mention manuscrite « ne parler à personne de cette lettre ». Le commandant Brisset, commissaire du gouvernement près le Conseil de guerre, faisait savoir le lendemain au gouver-

général Mercier convoque le colonel Sandherr. En sa présence, il reprend le dossier secret. Il remet les documents, communiqués au Conseil de guerre, au colonel Sandherr pour qu'il les répartisse « entre les différents cartons dont ils venaient » [6]. Prend-il le temps de demander à Boisdeffre, à Gonse, à Sandherr, à du Paty, à Henry « l'engagement d'honneur » de ne jamais rien révéler de ce qui s'est passé d'illégal ou de clandestin? Marcel Thomas le tient pour certain [7]. En tout cas nul ne révélera jamais ce « serment », peut-être imposé par l'organisateur de la condamnation de Dreyfus.

Désormais le général Mercier peut s'en aller. Le président Ribot se débarrasse de « l'encombrant » général auquel l'Affaire Dreyfus avait donné trop d'importance. Mercier va reprendre le commandement du 16e corps d'armée. Le très distingué général Zurlinden, artilleur, alsacien, monocle rivé à l'œil, prend sa place. « Voilà Dreyfus vengé, écrit *la Patrie* du 29 janvier. Le voyage aux îles du Salut lui sera moins amer. »

Deux jours après, le nouveau ministre des Colonies, André Lebon, réclame la discussion immédiate du projet de loi – préparé par Mercier – qui rétablit les îles du Salut comme lieu de déportation. Sans débat, à main levée, le Parlement adopte le texte qui permet d'enfermer Dreyfus à l'île du Diable.

III. – NE FAITES PAS CELA, CE N'EST PAS BIEN

« Après la dégradation, écrit Mathieu Dreyfus, le vide se fit autour de nous... Il nous semblait que nous n'étions plus des êtres comme les autres, que nous étions comme retranchés du monde des

neur militaire que « le dossier complet » avait déjà été remis au capitaine d'Affry de La Mounaye, officier d'ordonnance du ministre (BB19 75, d1, p. 77), sur la demande même du ministre, pour être mis à la disposition du président de la République (BB19 75, d1, p. 73).

vivants »[1]. Quelques intimes apportent bien, rue de Châteaudun où Mathieu s'est installé, des paroles consolatrices *. Mais ils donnent à la famille Dreyfus l'impression de gens qui croient la lutte impossible, l'affaire définitivement classée[2]. Mathieu Dreyfus, comme Lucie Dreyfus, comme leurs deux familles, est bien convaincu de l'innocence de son frère. Pas un moment il n'aura le moindre doute. Mais que faire? Qui voir? Et quoi demander?

Mathieu va remercier le commandant Forzinetti, qui fut, durant la détention de Dreyfus au Cherche-Midi, admirable de générosité et de courage. Forzinetti lui remet un rouleau de papier : « C'est la copie qu'a faite votre frère de l'acte d'accusation de d'Ormescheville. Il y a mis ses commentaires. Cette copie vous sera très utile. » Mathieu Dreyfus prend le précieux document, et demande à Georges Hadamard, frère de Lucie, de le porter à Bâle, pour le mettre en lieu sûr. Singulière précaution? C'est que Mathieu sait qu'il est « filé ». Toute la famille est filée. La correspondance est visiblement ouverte. D'ailleurs les agents chargés de la surveillance de Mathieu, de Lucie, de la famille Hadamard, ne se cachent guère. Mathieu a cru bien faire d'engager à son tour un agent qui, par coïncidence, répond au nom de « Dubois ». Dubois découvre vite que le concierge de l'immeuble où habite Mathieu est rémunéré par la police, que la domestique qu'il a engagée l'est aussi[3]. Des pièges de toute nature sont tendus à Mathieu, à Lucie. Des gens viennent les voir, leur promettent des documents, leur proposent, en garantie de sincérité, de leur remettre en dépôt des papiers compromettants, et bien sûr demandent de l'argent[4]. Mathieu devient méfiant, très méfiant. Dès le 4 janvier, Me Demange l'a prévenu qu'il risquait d'être arrêté comme complice de son frère. Le commandant du Paty de Clam, dont le zèle ne s'était pas arrêté, continuait de raconter à qui voulait l'entendre que la famille Dreyfus avait encaissé en Alsace le prix de la trahison, sous le couvert d'un règlement d'indemnités d'assurances.

* Par la suite Mathieu Dreyfus louera un appartement, 184, boulevard Haussmann, puis 16, rue de Téhéran, chez le comte de Pillet-Will.

Mathieu pouvait donc être le complice de son frère? La menace paraît assez grave pour que le 5 janvier, sur le conseil de Me Demange, il écrive au colonel Sandherr, qui enquête sur cette affaire. Il rappelle leur entrevue. Il proteste avec indignation. Il propose de désigner deux experts à l'examen de la comptabilité familiale à Mulhouse *. La lettre reste sans réponse. A-t-elle servi à éviter – ou retarder – l'arrestation? La famille Dreyfus vit non seulement dans la douleur, mais dans l'anxiété permanente du lendemain.

Que faire? Mathieu frappe à toutes les portes. Il va voir des journalistes, parmi lesquels Judet dont les articles, notamment dans *l'Intransigeant*, avaient été très hostiles à Dreyfus. Judet consent à l'écouter, paraît ému, lui tend la main. Il sollicite des hommes politiques. M. Siegfried, ancien ministre du Commerce, lui déclare d'emblée : « J'ai cinq minutes à vous donner », mais promet de faire une démarche pour que le prisonnier soit convenablement traité. M. Scheurer-Kestner, sénateur inamovible, dernier représentant de l'Alsace française au Parlement, vice-président du Sénat, le reçoit cordialement, demande à réfléchir, le fait revenir, mais lui dit qu'il ne peut s'intéresser à son frère. « Les renseignements que j'ai obtenus me font croire à sa culpabilité »[6]. Un cousin du général Zurlinden, nouveau ministre de la Guerre, M. Zurcher, habite, paraît-il,

* « Comment se fait-il, Monsieur, qu'au ministère de la Guerre l'on accuse mes frères de complicité du crime abominable dont est accusé mon malheureux frère, qui, je vous l'affirme encore aujourd'hui, sur mon honneur, et il vaut celui de beaucoup de gens, est innocent, vous le verrez plus tard car la lumière se fera. La personne qui a inventé cette odieuse accusation est le commandant du Paty de Clam.

J'ai le droit et le devoir de demander à cet homme sur quelles bases repose ce mensonge.

Il est temps, Monsieur, que ces insinuations cessent; vous êtes à même, mieux que personne, de savoir qui nous sommes.

Pour éclairer votre religion, s'il en est besoin, je me propose de déléguer M. Engel et M. Braun à l'examen de notre comptabilité à Mulhouse depuis trente ans. Si ces messieurs, que nous connaissons tous deux, trouvent qu'une somme quelconque nous a été versée par le gouvernement allemand, ou que nous ayons jamais encaissé une somme quelconque dont nous ne puissions justifier l'origine, ou que nous possédons une valeur quelconque achetée sans écriture, je me livrerai à la justice, car je ne quitterai plus Paris, et je me tiendrai à sa disposition... »[5].

Mulhouse. Mathieu s'arrange pour le rencontrer, il le supplie d'intervenir auprès du ministre mais le ministre fait savoir à son cousin qu'il existe au ministère de la Guerre « des preuves nombreuses, évidentes » de la culpabilité d'Alfred Dreyfus [7]. Quelles preuves? Le ministre n'en dit rien. Aucune démarche n'aboutit. « Je me débattais dans le vide, écrira Mathieu Dreyfus... Les heures et les jours nous semblaient interminables » *.

La première lueur vint par hasard, et par un curieux chemin. Un matin de janvier 1895, Mathieu Dreyfus est avisé, par un ami commun, que le docteur Gibert, médecin au Havre, croit à l'innocence de Dreyfus. L'excellent docteur Gibert a deux particularités. Spécialiste des phénomènes de suggestion mentale, il fait des expériences très intéressantes avec une femme, prénommée Léonie, qu'il met en état de somnambulisme **. Surtout il est, de notoriété publique, un vieil ami du président de la République Félix Faure. Le docteur Gibert demande que Mathieu vienne au Havre.

Mathieu accourt. Il veut ne négliger aucune voie, même la plus étrange. Et la mode est à l'hypnotisme, et à toutes ses déviances : magnétisme, spiritisme, voyance. A Paris l'on se bouscule à la porte d'Henriette Covedon, « la voyante de la rue de Paradis » dont les extases provoquent de furieuses polémiques. Pourquoi ne pas écouter, au Havre, la voyante du docteur Gibert?

Mathieu Dreyfus décrit ainsi sa première rencontre avec Léonie :

> Je vis une paysanne, assise sur un canapé, les yeux fermés, paraissant âgée d'une cinquantaine d'années, aux traits réguliers, coiffée du bonnet normand.
> Le docteur me dit de m'asseoir en face d'elle.
> Elle me prit les pouces, les tâta en tous sens, les gratta, puis elle me dit lentement, en cherchant les

* L'écrivain bonapartiste Arthur Lévy, auteur d'un *Napoléon intime*, convaincu de l'erreur judiciaire, propose cependant le texte d'une protestation vigoureuse que signerait Lucie Dreyfus. Demange déconseille formellement cette initiative qui reste sans suite [8].

** La fameuse Léonie servira également de sujet à Charles Richet [9].

mots, avec des pauses, des silences quelquefois assez longs : « Vous êtes son frère, votre femme est avec vous, vous avez deux enfants, une petite fille et un petit garçon, ils ne sont pas avec vous; il souffre beaucoup. » Puis elle abandonna mes mains et se mit à parler comme si elle se trouvait en présence de mon frère. « Pourquoi portez-vous des lunettes? Qui vous a donné ces lunettes? – Mais, lui dis-je, mon frère ne porte jamais de lunettes? Il porte toujours un lorgnon. Ne confondez-vous pas lorgnon avec lunettes? – Non, non, s'écria avec colère Léonie, je sais ce que je dis; je dis lunettes, ce sont des lunettes. Vous irez plus loin, bien plus loin – et elle fit un geste d'horreur – mais vous reviendrez, c'est sûr. Je ne sais pas dans combien de temps, nous autres nous ne connaissons pas le temps, mais sûr, sûr, vous reviendrez » [10].

Mathieu fut impressionné. Sur tous les points, Léonie avait dit vrai. Sauf au sujet des lunettes d'Alfred, car il n'en portait pas. Mais Lucie Dreyfus – rentrant de l'île de Ré *, lui apprend que le prisonnier, pour ménager son lorgnon qui tombait très souvent, venait précisément de solliciter une paire de lunettes du directeur de la prison. Maintenant Mathieu Dreyfus est très troublé. Il revient souvent au Havre. Le docteur Gibert le fait venir dès qu'il croit « Léonie bien disposée ». Parfois elle dit des choses incompréhensibles, invraisemblables. Parfois ce qu'elle dit passionne Mathieu. Elle dit que le vrai coupable est un officier du ministère de la Guerre, dont elle ne trouve pas le nom, mais qui est en relation avec un agent allemand du nom de Greber. Elle dit que la pièce sur laquelle Alfred a été condamné a été prise à l'ambassade d'Allemagne. Elle dit que l'officier coupable est un ami d'Alfred Dreyfus auquel celui-ci aurait refusé un prêt d'argent. Au début du mois de février, Mathieu Dreyfus l'entend dire : « Qu'est-ce que c'est que ces pièces qu'on montre secrètement aux juges, ne faites pas cela, ce n'est pas bien. Si M. Alfred et Me Demange les voyaient, ils détruiraient leur effet. » Dreyfus interroge Léonie : « Que voulez-vous dire avec ces pièces? » Et Léonie lui répond : « Des pièces que

* La scène se situe quelques jours avant le départ de Dreyfus pour l'île du Diable.

vous ne connaissez pas, qu'on a montrées aux juges, vous verrez plus tard »[11].

Des pièces qu'on aurait secrètement montrées aux juges? Est-ce vraiment Léonie qui, la première, a parlé à Mathieu Dreyfus des « pièces secrètes » qui auraient été dissimulées à Me Demange lors du procès de 1894? Mathieu Dreyfus est en tout cas si frappé qu'avec l'accord du docteur Gibert il fait venir Léonie à Paris. Il l'installe d'abord dans un appartement de la rue de l'Arcade, chez sa propre sœur Mme Cahn. Puis il prendra Léonie chez lui. Elle y vivra bientôt. Le docteur Gibert enseigne patiemment à son élève comment mettre Léonie en état d'hypnose. Bientôt Mathieu l'endort plusieurs heures, parfois plusieurs jours. Et il se livre, avec Léonie somnambule, à de multiples expériences qui lui confirment ses étonnantes facultés. Léonie prend de plus en plus de place dans la vie de la famille Dreyfus. Parfois elle est lucide. Parfois elle cesse de l'être. Mathieu lui demande de suivre « psychiquement » certains officiers. « Souvent, au seul contact un peu prolongé de mes mains, ou de l'une de mes mains, et c'était une habitude chez elle de prendre l'une de mes mains dans les siennes, elle percevait mon état physique, mon état moral (si j'étais bien ou mal disposé), quelquefois mes pensées qui n'avaient pas toujours de rapport avec l'affaire qui me préoccupait... »[12]. Mathieu se persuade qu'il dispose d'un pouvoir de suggestion... il tente des expériences sur Léonie à longue distance. Il y passe beaucoup de temps *. Devait-il n'avoir d'autre solution que le désespoir?

Le docteur Gibert a été, au Havre, le médecin de Félix Faure. Il est resté son ami. La nouvelle de la déportation d'Alfred Dreyfus à l'île du Diable l'épouvante. Il sait que le déporté risque d'y mourir. Le 20 février 1895, le docteur Gibert, d'accord avec Mathieu Dreyfus, demande audience à Félix Faure

* Parfois il l'endormait. Il lui disait : « Allez à l'île du Diable. Donnez-moi des nouvelles de mon frère. » En 1897, Léonie lui dira un jour, au cours d'une séance d'hypnotisme : « Pauvre monsieur Alfred, il ne voit plus la mer. On lui a construit une palissade. » C'est ainsi, assure Mathieu Dreyfus, qu'il apprit qu'une palissade était construite autour de la case de son frère[13].

qui le reçoit à l'Élysée le 21, à 7 heures du matin, tandis que Mathieu attend son ami à l'hôtel de l'Athénée [14]. Le docteur Gibert revient, bouleversé. Le président de la République lui a dit que Dreyfus n'avait été condamné ni sur le bordererau ni sur les incidents de l'audience. « Il a été condamné sur des pièces communiquées aux juges dans la salle des délibérations, pièces qu'on ne pouvait montrer ni à l'accusé, ni à son défenseur, pour des raisons d'État. » Vainement le docteur Gibert a tenté d'intéresser le président de la République à la cause de Dreyfus, mais il a, en fin d'entretien, demandé à Félix Faure : « Mon ami Mathieu Dreyfus connaît ma démarche auprès de vous. M'autorisez-vous à lui communiquer notre conversation? » « Oui, a répondu le président » [15]. Mais il a exigé le silence à l'égard de tous autres. Singulier destin : c'est une indiscrétion du président de la République qui révélait le 21 février 1895 à la famille Dreyfus qu'un dossier secret avait été transmis aux juges, dans la salle des délibérations. Pour Mathieu c'est une terrible nouvelle, mais une nouvelle qui portait un espoir. Une monstrueuse illégalité avait permis la condamnation de son frère [16]. « Mon frère n'avait donc pas été jugé, écrit Mathieu, il avait été assassiné. » Il était impossible de rendre publique cette extraordinaire confidence du chef de l'État *, car il la démentirait aussitôt. Comment pourrait-on vérifier, établir, l'illégalité dont Félix Faure, après Léonie, avait fait la révélation? Et quelles étaient ces « pièces secrètes »?

En réalité Mathieu vient d'apprendre ce qui, dans les premiers mois de 1895, est déjà connu de plusieurs personnes. Le vice-président du Sénat, Scheurer-Kestner, avait appris par l'ancien ministre Freycinet que les juges avaient été convaincus, en chambre du Conseil, par une lettre de Panizzardi à Schwarzkoppen où Dreyfus était nommé **. Com-

* Comment Félix Faure avait-il lui-même été mis au courant? Certes pas par le général Mercier. Peut-être par Gabriel Hanotaux, ministre des Affaires étrangères du gouvernement Dupuy, resté à son poste dans le gouvernement Ribot.

** Cette information ne suffit pas, dans le moment, à persuader Scheurer-Kestner de l'innocence de Dreyfus. Il en sera plus tard convaincu, et deviendra le plus actif soutien de la révision.

ment Freycinet l'avait-il su? Certains des juges – qui condamnèrent Dreyfus – avaient bavardé. Le lieutenant-colonel Echemann avait expliqué à un journaliste du *Gaulois* [17] que la communication, à la dernière heure, de pièces inconnues de la défense, et même du commissaire du gouvernement, avait décidé du verdict. Le commandant Freystaetter en avait parlé à un de ses amis, le capitaine Picard, officier juif, qui avait été le camarade de Dreyfus à l'École de guerre et qui, mal noté par un général antisémite, n'avait pu entrer à l'État-Major. Picard en avait parlé à son ami l'ingénieur Léon Lévy. Un autre juge, le commandant Florentin, avait fait le même récit au capitaine Potier, qui en avait entretenu un avoué juif [18]. « Au ministère, écrit Reinach, vingt officiers connaissaient la communication secrète, la trouvaient de bonne guerre, en causaient entre eux avec des amis » [19]. L'illégalité manifeste ne paraît pas avoir ému grand monde. Chacun se persuadait vite que la raison d'État avait obligé à cette précaution.

Le nouveau garde des Sceaux Ludovic Trarieux * est un homme sérieux, scrupuleux, que l'Affaire et la montée de l'antisémitisme n'ont pas cessé de préoccuper. Dès qu'il arrive à la Chancellerie, il interroge son collègue Hanotaux demeuré ministre des Affaires étrangères. Hanotaux lui explique qu'il était personnellement fort opposé au procès, mais que le général Mercier lui avait, à l'époque, montré, pour l'apaiser, une pièce où « l'initiale de Dreyfus permettait de penser que le Juif avait entretenu des relations coupables avec l'étranger » **. Or voici que Me Demange apprend de son confrère Me Albert Salle, qui le tient lui-même de l'un des juges, que Dreyfus a été condamné au vu d'une pièce secrète, contenant les mots « cette canaille de D ». Stupéfait, indigné, Demange se rend chez le garde des Sceaux. Trarieux lui confirme l'existence de cette pièce. « Je le tiens de mon collègue M. Hanotaux auquel le général Mercier a communiqué cette pièce pour

* Trarieux fondera la Ligue des droits de l'homme et deviendra l'un des plus fougueux combattants de la cause dreyfusarde.
** La pièce dite « canaille de D ».

tranquilliser sa conscience. » L'avocat insiste : « Cette pièce a-t-elle été montrée aux juges? » Le garde des Sceaux proteste : « Certainement non. Ce serait monstrueux. » Le croit-il vraiment? Mathieu Dreyfus se renseigne de tous côtés. Qui peut être ce D, cette « canaille », puisque ce n'est pas son frère? Un « fonctionnaire de la Sûreté » lui apprend que cette pièce était arrivée au ministère de la Guerre au printemps de 1894, qu'on avait à l'époque « filé » un ou deux employés dont le nom commençait par un D, sans succès. Mathieu s'évertue à découvrir un officier suspect, dont le patronyme aurait un D pour initiale.

Tout cela ne le conduit pas loin. Si des pièces « accablantes » ont été secrètement montrées aux juges, quel en est le contenu? Quelle influence ont-elles exercée sur le jugement? L'illégalité, à elle seule, ne peut, en France, en 1894, suffire à soulever l'indignation. Et les hommes politiques de ce temps paraissent aussi indifférents à l'indépendance de la Justice qu'au respect de la procédure. Ce qu'exprimera, plus tard, le très honnête Trarieux à Scheurer-Kestner. « Si cet homme était un traître, la forme eût-elle été violée pour lui, je n'oserais élever la voix et je ne le ferais pas. » « Aucun Anglais, dans aucune circonstance, n'eût tenu un tel langage », écrit Reinach [20]. Est-ce sûr? Mais en France, en 1894, ces pièces décisives, fussent-elles secrètes, compliquent, plutôt qu'elles ne la simplifient, la tâche impossible de Mathieu Dreyfus.

Reste l'essentiel : le bordereau. Mathieu Dreyfus l'avait vu, un court instant. Demange n'en avait pas reçu de photographie. Et de toute manière il refusait, par respect de ses règles professionnelles, la communication d'aucune pièce à la famille Dreyfus. Sans photo du bordereau, comment en rechercher l'auteur? Mathieu s'imagine que peut-être le bordereau a été fabriqué par des individus décidés à perdre son frère, et possédant des spécimens de son écriture. Il enquête, un peu partout. Aucune piste sérieuse. « Nous étions dans le plus profond d'un abîme, impuissants à en sortir. D'un côté une famille et quelques amis, de l'autre toutes les puissances sociales, tout un monde qu'il fallait soulever » [21]. Vient l'automne, puis l'hiver, portant le sinistre anniversaire. Épuisé par tant d'efforts inutiles, l'indomptable Mathieu connaît le découragement.

IV. – UN FABULEUX JOUEUR

L'affaire Dreyfus n'a pas entaché la belle humeur du colonel von Schwarzkoppen. Il ne connaît pas le capitaine Dreyfus. D'ailleurs, l'attaché militaire d'Allemagne n'a pas la moindre activité d'espionnage: Dès le 13 décembre, son ambassadeur, qui croit en sa parole d'honneur, l'a publiquement rappelé *. « Personne à l'ambassade, pas même le lieutenant-colonel von Schwarzkoppen, n'a jamais rien su du capitaine Dreyfus et n'a jamais entendu parler de lui. » Et von Schwarzkoppen lui-même l'a précisé dans un rapport à son gouvernement du 14 décembre 1894. « Une obscurité complète continue de régner sur l'Affaire Dreyfus. Jusqu'à présent on n'a pas établi quel est le contenu du document dont on prétend qu'il a été donné par Dreyfus à un attaché militaire ou un agent étranger. La presse chauvine continue d'affirmer que c'est l'attaché militaire allemand, ce à quoi des attaques contre l'ambassade d'Allemagne sont liées de la façon la plus imprudente » [1]. Non, cette affaire Dreyfus ne concerne pas le colonel von Schwarzkoppen.

Ceci n'empêche pas Schwarzkoppen de recevoir régulièrement la visite du commandant Esterhazy. Dès le 1er septembre 1894 **, le commandant était revenu porteur d'une « foule de communications intéressantes ». Il avait apporté à l'attaché militaire les « pièces suivantes écrites par lui » [3] :

1. liste des troupes de couverture;

* Voir encore les communiqués du 25 décembre 1894 et du 9 janvier 1895, *supra* pp. 140 et 142.

** Donc quelques jours après l'arrivée du bordereau à l'ambassade, que l'on peut dater du 27 août [2].

2. description du canon 120 court;
3. *Projet de manuel de tir d'artillerie de campagne* *.

Le commandant Esterhazy avait fait savoir à von Schwarzkoppen que l'expédition de Madagascar était décidée. Il avait précisé qu'il rentrait de manœuvres et qu'il ferait tenir prochainement « une communication sur les observations qu'il y avait faites ».

De plus en plus empressé, le commandant Esterhazy est revenu le 5 septembre, apportant une description détaillée des manœuvres auxquelles il avait, disait-il, participé. Le 7, il a déposé un rapport à l'ambassade sur l'expédition projetée à Madagascar. Il est encore venu le 13 octobre, apportant « la réglette de correspondance » ** ainsi qu'un « travail étendu sur l'état de l'Armée française ». Maintenant le commandant Esterhazy revient à peu près tous les 15 jours. La valeur de ses renseignements « va croissant » [4]. Ses primes aussi augmentent.

Le commandant Esterhazy se présente encore le 3 novembre. Ce jour-là von Schwarzkoppen est inquiet. Le bruit fait autour de l'arrestation du capitaine Dreyfus, la mise en cause de l'ambassade d'Allemagne ne devraient-ils pas obliger à plus de précautions? Ne risque-t-on pas d'observer les visites du commandant Esterhazy? Mais Esterhazy est très confiant. Il assure von Schwarzkoppen qu'il a pris « les mesures nécessaires pour que ses visites, même si elles étaient découvertes, n'éveillassent point de soupçons » [5]. Schwarzkoppen l'interroge sur l'arrestation de Dreyfus. Sait-il quelque chose sur cette affaire? Esterhazy n'en connaît rien. Mais il recommande à l'attaché militaire de redoubler de précautions quand il transmet ses renseignements à Berlin. Tout dévoué, Esterhazy revient sans cesse. Il a de grands besoins d'argent.

Mais, au cours de l'année 1895, les relations entre Schwarzkoppen et Esterhazy se gâchent peu à peu.

* En récompense, Schwarzkoppen lui verse mille francs. Esterhazy apporte en fait le vieux règlement connu de tous et non le projet de règlement nouveau qu'attendait Schwarzkoppen. Les trois pièces sont annoncées au bordereau.

** Petit instrument destiné à régler le tir des pièces de 120.

Esterhazy transmet des renseignements grossièrement inexacts [6], se targue de relations qui s'avèrent mensongères. Le colonel von Schwarzkoppen s'en aperçoit, et commence à se méfier. Esterhazy étale son zèle, mais il ne trouve à fournir à l'attaché militaire que des renseignements vagues, et souvent fantaisistes [7]. Le 20 février 1896, il vient voir Schwarzkoppen et lui apporte les plans d'un fusil imaginaire *. Le diplomate se lasse des visites d'un agent de plus en plus exigeant, de moins en moins efficace. Dès le 20 février, il l'a menacé de rupture. Et il adresse à ses supérieurs de l'État-Major allemand un rapport où il expose ses doutes sur la sincérité et la capacité d'Esterhazy. « On a tenu ses engagements, lui pas. Pas un seul renseignement digne de foi » [9]. Sans doute l'État-Major permit-il alors au colonel von Schwarzkoppen de prendre ses distances avec un agent devenu inutile, sinon dangereux.

Mais le commandant Esterhazy a des besoins d'argent jamais satisfaits, et il ne lui suffit pas d'en recevoir de l'Allemagne : son activité, sa vie, ses ressources, ont de multiples visages. Esterhazy est l'ami intime de Maurice Weil, officier corrompu mais influent, dont la jolie femme est la maîtresse du général Saussier, gouverneur militaire de Paris. Maurice Weil ne cesse de s'entremettre pour Esterhazy. Celui-ci a réussi à devenir le protégé de l'ancien ministre Jules Roche. Roche rêve de devenir ministre de la Guerre. Le commandant lui rend mille petits services dans l'espoir d'être un jour son chef de cabinet. Surtout Esterhazy est devenu, dès 1894, un des collaborateurs occultes du journal de Drumont *la Libre Parole*. Il est l'ami, bientôt le collaborateur du commandant Biot qui tient, sous la signature « Commandant Z », une chronique militaire dans le journal. Dès le début de l'année 1895, « le pseudonyme marque la double personnalité de Biot et d'Esterhazy » [10]. Esterhazy, que ni le cynisme ni la prudence ne peut arrêter, n'hésite pas à livrer

* Il avouera en 1908 avoir remis à Schwarzkoppen les épures d'un fusil « bien incapable de tirer un seul coup ». Mais il semble qu'Esterhazy aussi se soit fait berner par ses informateurs [8].

les mêmes informations, sinon les mêmes textes à *la Libre Parole*, à Schwarzkoppen et sans doute à son protecteur Jules Roche! Marcel Thomas a établi la ressemblance – allant parfois jusqu'au mot à mot – des notes remises à Schwarzkoppen, et de certains articles publiés par *la Libre Parole* [11]. Mais les liens d'Esterhazy avec le journalisme, « la profession pour laquelle il avait le plus de dons » [12], ne se ramènent pas à sa collaboration secrète au journal de Drumont. Il donne aussi quelques notices au journal *l'Autorité* [13]. Son ami Maurice Weil lui ouvrira en 1896 les colonnes du *Journal des sciences militaires*. Esterhazy y signera quelques articles du pseudonyme Z.

Le journalisme et la galanterie se rejoignent dans la vie d'Esterhazy. Il séduit de nombreuses femmes, encore plus attiré, semble-t-il, par leur argent que par leur beauté. Et il ravit au journaliste de *la Libre Parole* Ponchon de Saint-André, dit Boisandré, sa maîtresse du moment, la demi-mondaine Marguerite Pays, rencontrée dans un train entre Le Havre et Paris. Celle-ci lui restera, dans les pires circonstances, d'une émouvante fidélité.

Il n'est rien qu'Esterhazy n'ose. Du côté de la communauté juive, il cherche aussi quelque argent, car il a été le 1er juin 1892 le témoin du capitaine juif Crémieu-Foa dans le duel qui l'a opposé à Drumont. Cela ne donnait-il pas à Esterhazy un crédit sur les Juifs? *. Dès juillet 1894 il avait réussi à soutirer 2 000 francs à Edmond de Rothschild, son ancien condisciple du lycée Bonaparte [15]. Au début de 1895, il récidive. Il voudrait bien arracher quelque argent au richissime baron, à son « cher ami » [16].

> Mon Cher Ami,
> Bien que nous étant perdus de vue depuis plus de trente ans, tu as, lorsque je me suis adressé à toi, été bon pour moi, alors que des gens qui auraient pu, qui auraient dû me tirer d'affaire n'ont rien fait; je t'en ai une profonde gratitude et, bien que dans la

* Il avait pris la précaution, le lendemain du duel, de faire porter sa carte chez Drumont avec un mot courtois. Et il avait engagé correspondance avec le marquis de Morès, témoin de Drumont, fameux agitateur antisémite [14].

plus que précaire situation où je suis et qui ne peut changer qu'à la mort de mon oncle il semble impossible que je puisse quelque chose pour te témoigner combien je te suis reconnaissant, je pourrais cependant peut-être t'être de quelque utilité. Les très cruelles nécessités auxquelles je suis obligé de tâcher de faire face (sans y bien réussir du reste) m'ont forcé à faire en secret et en dehors de mon métier certains travaux des plus honorables, mais que mon épaulette interdit. Ces travaux m'ont fait pénétrer dans des milieux où j'ai appris des choses sérieuses que, je crois, tu aurais intérêt à savoir. Je te répète que je ne suis ni un fou, ni un idiot.

Non, le commandant Esterhazy n'est « ni un fou ni un idiot ». Mais il a la passion des activités clandestines et un besoin insatiable d'argent. Il aime manipuler ceux qu'il rencontre, femmes et hommes, comme des pantins. Sa vie est une incohérente construction d'artifices, et de machinations. Schwarzkoppen? Drumont? Saussier? Edmond de Rothschild? Peu lui importe. Ce prodigieux joueur, capable d'entrer dans tous les rôles, ce tricheur qu'aucun risque n'arrête, il va secouer la fin du siècle.

V. – LE DÉPORTÉ DREYFUS

De l'île de Ré aux îles du Salut, la traversée fut longue et pénible. Les premiers jours, le froid fut terrible dans la cellule ouverte. Dreyfus recevait pour nourriture la ration des déportés, servie dans de vieilles boîtes de conserve. Le huitième jour la température devint plus douce, puis, peu à peu torride. « Je me rendis compte que nous approchions de l'équateur, mais j'ignorais toujours où l'on me transportait » [1]. Le 12 mars 1895, après quinze jours de traversée, le navire mouillait en rade des îles du Salut *. Comme rien n'était prêt, on le maintient à fond de cale quelques heures. Il faisait 40°. Puis il était débarqué, conduit au bagne de l'île Royale **. On l'y garda un mois. Le 14 avril, il était transporté à l'île du Diable.

D'origine volcanique, les îles du Salut – autrefois dénommées « isles du Diable » – constituaient un archipel de trois îles, séparées les unes des autres par un chenal étroit : l'île Royale, l'île Saint-Joseph, et la troisième, la plus petite, qui avait gardé son nom sinistre, l'île du Diable [3]. A vingt-sept milles de Cayenne, elles avaient à peu près le même climat que la Guyane, caractérisé par une température haute et continue. L'infection paludienne n'avait cessé d'y sévir. C'était un lieu privilégié pour la déportation. Les vainqueurs de Thermidor, puis ceux de Fructidor, puis Bonaparte après Nivôse, y

* « Je ne te raconterai pas mon voyage, écrit-il le mardi 12 mars 1895 à sa femme. J'ai été transporté comme le méritait le vil gredin que je représente; ce n'est que justice. On ne saurait accorder aucune pitié à un traître; c'est le dernier des misérables, et tant que je représenterai ce misérable, je ne puis qu'approuver. Ma situation ici ne peut que découler encore des mêmes principes ».

Dreyfus ne mettra jamais en doute que le traitement inhumain qui lui fut réservé eût été justifié s'il avait été un traître. On observera que tout au long de l'Affaire Dreyfus, aucune voix ne s'est élevée pour dénoncer le traitement auquel était soumis un déporté, fût-il un traître.

** Un ouvrage inédit : *Dreyfus à l'île du Diable,* de A. B. Marbaud, rédigé en 1960 [2], constitue un exceptionnel document sur la déportation d'Alfred Dreyfus. Il a été écrit, affirme l'auteur, à partir des brouillons et notes prises par certains gardiens de Dreyfus, qui furent retrouvés dans un cabanon de l'île du Diable. Le dossier pénitentiaire de Dreyfus, établi à Cayenne, a été détruit en 1906 après que Dreyfus eut été rétabli dans ses droits. La précision, la concordance des renseignements et documents contenus dans l'ouvrage *Dreyfus à l'île du Diable* plaident en faveur de leur authenticité. Ils confirment le plus souvent la documentation déjà réunie. Le débarquement – daté du 12 – est ainsi décrit, selon le rapport du surveillant-chef Pouly :

« Le déporté est débarqué du *Ville-de-Saint-Nazaire* à 2 heures de l'après-midi, par MM. le Directeur de l'Administration pénitentiaire et le commandant supérieur des îles du Salut. Il est installé dans une chambre de surveillant, à l'entrée du quartier cellulaire. Il lui est remis : 1 châlit en fer avec trois planches – 1 paillasse de troupe – 1 matelas de troupe – 1 moustiquaire de troupe – 1 cuvette avec pot de porcelaine – 1 broc – 1 tinette – 1 fanal d'applique (avec lampe de cuivre) – 1 table – 1 chaise en paille (sic) –. Il reçoit les vivres de la troupe, moins le vin. »

« déportèrent les ennemis que l'hypocrisie du temps empêchait de livrer au bourreau ». Presque tous mouraient très vite *. Le second Empire avait repris une tradition interrompue par la Restauration : plusieurs centaines de républicains, mêlés à des forçats, furent alors transportés aux îles du Salut **. L'Assemblée nationale, supprimant ce lieu de déportation, avait affecté la Nouvelle-Calédonie aux déportés dans une enceinte fortifiée. La loi avait été, sous l'inspiration première de Mercier, modifiée pour Dreyfus.

Moins grande que ses voisines, aussi sauvage qu'un désert, plantée de broussailles et d'arbres rabougris, l'île du Diable semblait faite de rochers ***. Il restait, d'une léproserie désaffectée, une quinzaine de huttes délabrées, que l'on brûla, pour préparer l'arrivée de Dreyfus. Le lieu convenait au traître. Et le commandant supérieur des îles, le commandant Bouchet, s'apprêtait à prendre livraison d'un personnage « d'une hideur mille fois plus effrayante que celle des misérables qui l'avaient précédé » [5].

Dreyfus décrira ainsi, dans le détail, les dispositions prises à son égard, par accord du ministère de la Guerre et de l'Administration pénitentiaire :

> La case qui me fut affectée était en pierres et mesurait 4 mètres sur 4 mètres. Les fenêtres étaient grillées. La porte était à claire-voie, munie d'un simple barreautage en fer. Cette porte s'ouvrait sur un tambour de 2 mètres sur 3 mètres accolé à la façade de la case, tambour fermé par une porte pleine en bois. Dans ce tambour séjournait le surveillant de garde. Les surveillants étaient relevés de deux heures en deux heures, ils ne devaient me perdre de vue ni de jour, ni de nuit. Pour l'exécution

* Collot d'Herbois, déporté en avril 1795, mourait en juin 1796. Billaud-Varenne résista au climat. Les proscrits de Nivôse périrent tous à l'exception de deux.

** Sur 7 000 individus débarqués à l'île Royale en 1856, 2 500 étaient morts à la fin de l'année. Mais l'Empire tenait la déportation dans un tel lieu pour une peine suffisante. Les déportés étaient libres dans l'île.

*** Elle n'a pas 3 000 mètres de tour, sur une largeur moyenne de 400 mètres [4].

de cette dernière partie du service, la case était éclairée de nuit. Durant la nuit, la porte du tambour était fermée extérieurement et intérieurement, de telle sorte que toutes les deux heures, pour la relève du surveillant de garde, il se faisait un bruit infernal de clefs et de ferraille. Cinq surveillants et un surveillant-chef furent chargés de l'exécution du service et de ma garde. Je n'avais la faculté de circuler, durant le jour, que dans la partie de l'île comprise entre le débarcadère et le petit vallon où se trouvait l'ancien campement des lépreux, soit sur un espace de 200 mètres environ, complètement découvert, et défense absolue m'était faite de franchir cette limite sous peine d'être renfermé dans ma case. Dès que je sortais, j'étais accompagné par le surveillant de garde qui ne devait pas perdre de vue un seul de mes gestes. Le surveillant de garde était armé du revolver; plus tard on y ajouta le fusil et une ceinture garnie de cartouches. Il m'était formellement interdit d'adresser la parole à qui que ce fût *...

Dreyfus a revêtu la tenue du déporté : chemise de coton, ceinture de flanelle, vareuse de toile, pantalon de drap. On lui remet les quelques objets qu'il est autorisé à détenir. Il recevra la ration de la troupe – moins le vin.

Le 14 avril 1895, le déporté commence « le journal de ma triste et épouvantable vie ». On lui a donné du papier, numéroté et paraphé. Il est sans nouvelle de sa femme **. Il ne peut pas dormir. Il entend gronder la mer. « Je retrouve la sensation violente déjà éprouvée sur le bateau d'une attirance profonde, presque irrésistible vers la mer... cette tyrannie de la mer sur moi est violente... Où sont mes beaux rêves de jeunesse, mes aspirations de l'âge mûr? Rien ne vit plus en moi, mon cerveau s'égare sous l'effort de ma pensée. » Dreyfus tiendra son journal, quasi quotidien, jusqu'au 10 septembre 1896 [8] : ce jour, « tellement las, tellement brisé de

* La case de Dreyfus, petit édifice carré, en maçonnerie de pierres et de briques, à toit de tôle, avait été construite sur « l'ancien camp des lépreux » [6].

** Il recevra la première lettre de Lucie le 2 mai, datée du 18 février. Le 12 juin on lui remettra les lettres arrivées à Cayenne à la fin de mars, qui avaient été envoyées à Paris pour être lues par les services des ministères des Colonies et de la Guerre [7].

corps et d'âme », il décidera de l'interrompre. Il n'a ni le talent ni le goût d'écrire. Il rédige toujours du même style « correct, sans éclat, et même d'une placidité résignée » *. Parfois l'écriture s'enflamme, un peu de rhétorique s'y mêle. Le plus souvent, elle est sans relief. Dreyfus ne veut que décrire fidèlement, sérieusement, ce qu'il éprouve et ce qu'il vit. Souvent il est épuisé, écrasé par la chaleur ou secoué par les fièvres. Ce qu'il écrit s'en ressent. Et son journal devient bouleversant à force de lui ressembler.

Dans ce journal, comme dans les lettres qu'il adresse à sa femme, il parle sans cesse de son honneur : « Dis-toi que tu as une mission sacrée à remplir, celle de me faire rendre mon honneur, l'honneur du nom que portent nos chers petits » [10]. « Il s'agit de notre honneur, du leur, il faut donc, ma chère et bonne Lucie, accepter toutes nos souffrances, les surmonter jusqu'au jour où mon innocence sera reconnue » [11]. « Tu dois trouver dans ceux qui dirigent les affaires de notre pays des hommes de cœur... qui comprendront ce martyre effroyable d'un soldat pour qui l'honneur est tout » [12]. « Mon corps est indifférent à tout, mû par une force surhumaine, par une puissance presque supérieure : le souci de notre honneur. C'est le devoir sacré que j'ai à remplir vis-à-vis de toi, de nos enfants, des miens... » [13]. Il écrit, dans son journal, le 9 mai 1895 : « Il ne faut pas que mon corps cède avant que l'honneur me soit rendu... Il faut que la lumière se fasse, que l'honneur nous soit rendu. J'aimerais mieux sans cela savoir mes enfants morts tous deux » [14].

Il répète aussi son amour de la France. Au-dessus de tout il y a la patrie, sa patrie qui aujourd'hui le tient pour un traître : « Je viens de voir passer le courrier venant de France, comme ce mot fait tressaillir mon âme. Penser que ma patrie à laquelle j'ai consacré toutes mes forces, toute mon intelligence, peut me croire un vil gredin » [15]. Le 14 juillet 1895 [16], il écrit : « J'ai vu flotter partout le drapeau tricolore, ce drapeau que j'ai servi avec honneur,

* Mais la pudeur et la discrétion le retiennent aussi. Ses lettres sont lues avec grand soin par ses geôliers [9].

avec loyauté. » « Mon cœur, tu le connais, n'a pas changé. C'est celui d'un soldat, indifférent à toutes les souffrances physiques, qui met l'honneur avant tout, au-dessus de tout, qui a vécu, qui a résisté à cet effondrement de tout ce qui fait le Français, l'homme, de ce qui seul enfin permet de vivre » [17]. « Ma vie est à mon pays aujourd'hui comme hier, qu'il la prenne; mais si ma vie lui appartient, son devoir imprescriptible est de faire la lumière pleine et entière sur cet horrible drame, car mon honneur ne lui appartient pas, c'est le patrimoine de nos enfants, de nos familles » [18]. Toujours il parle, et reparle, de son innocence, de sa loyauté, de la justice qu'il attend. Il exige le courage, le sien et celui de Lucie. « Comme je te l'ai dit, ce ne sont ni pleurs qui usent ni paroles inutiles qu'il faut, ce sont des actes » [19]. Parfois il a des défaillances : « Si tu veux que je vive ma chérie, fais-moi rendre mon honneur le plus tôt possible, car mon martyre ne saurait se supporter indéfiniment. J'aime mieux te dire la vérité, toute la vérité, que de te bercer d'illusions trompeuses » [20]. « Un supplice pareil finit par dépasser la limite des forces humaines. Il faut que cela finisse », écrit-il en septembre [21]. « S'il n'y avait que moi, mon dégoût des hommes et des choses est tellement profond que je n'aspirerais plus qu'au grand repos, au repos éternel » [22]. Mais il se ressaisit vite : « Chaque fois que je défaille dans mes longues nuits ou dans mes journées solitaires... et qu'alors je voudrais fermer les yeux pour ne plus voir, pour ne plus penser, pour ne plus souffrir encore, je me raidis dans un effort violent de tout l'être, et je me crie à moi-même " Tu n'es pas seul, tu es père, tu dois défendre ton honneur, celui de ta femme, de tes enfants "... » [23].

Sa femme et lui s'encouragent mutuellement. Pour mieux s'aider, ils rivalisent d'héroïsme. Mais ils comprennent leurs mutuelles souffrances, ils aperçoivent leurs brèves faiblesses. « Tous deux, écrit Reinach, sortent également vaincus de ce combat de générosité. Tous deux désormais essaient de fermer les yeux sur leur misère, ils compriment leurs cœurs » [24]. Entre eux, à travers une correspondance où l'amour s'exprime à toutes les lignes, à travers des mots qu'ils se reprennent l'un à l'autre, les liens de la tendresse, de l'épreuve partagée, du courage qu'ils s'insufflent, et aussi de la foi, ne cessent de se tisser davantage. L'amour nourrit leur énergie. Toujours ils parlent de leurs enfants, de leur nom, de leur honneur, de leur avenir. « Je pense à ma femme, aux souffrances qu'elle doit endurer. Je pense à mes chers petits... » [25]. « Il me faut rassembler toutes les forces, pour résister toujours, et encore murmurer tout bas ces trois noms, mon talisman : Lucie, Pierre, Jeanne » [26]. A son fils Pierre, auquel Lucie a raconté que son papa était parti pour un long voyage, il écrit : « Quand papa reviendra de voyage, tu viendras le chercher à la gare, avec petite Jeanne, avec maman, avec tout le monde » *. Il n'y a pas de lettre qui n'évoque les enfants, leurs gestes, leurs cris, « nos chers enfants », « nos petits », « nos chers petits ». C'est pour eux, pour leur honneur, pour leur avenir, que Lucie et lui doivent se battre **.

Et bien sûr tout doit être fait pour que les Français reconnaissent son innocence. Quoi faire? A l'île du Diable, coupé de la moindre information, car aucune lettre ne doit lui parler de son affaire, il ne sait rien. Alors il imagine et improvise. Il faudrait que Lucie aille jeter les enfants aux pieds du président de la République [28]. « Sois héroïque, c'est à toi que ce devoir incombe. » Il s'impatiente : Mathieu et elle ne perdent-ils pas du temps? Ont-ils assez d'audace? Il écrit à du Paty, au général de Boisdeffre, au ministre de la Guerre. Le 5 octobre, il écrit au président de la République ***.

* Lettre à Pierre, 18 mai 1895. Dreyfus écrit très peu à ses enfants. Mais il est sans doute retenu par le difficile mensonge que Lucie et lui tiendront jusqu'à son retour.

** A plusieurs reprises, Lucie Dreyfus demande à rejoindre son mari à l'île du Diable, conformément aux lois de 1872 et de 1873 qui avaient reconnu « le droit pour les familles des déportés de se rendre sur les lieux de la déportation ». Le Conseil des ministres en délibérera à deux reprises. Aucun refus motivé ne fut jamais signifié à Lucie Dreyfus. Mais on lui fit savoir que sa présence n'était pas compatible avec le régime auquel était soumis le condamné [27].

*** Il recevra réponse le 12 janvier 1896 : « Repoussée sans commentaire. »

> Accusé, puis condamné sur une preuve d'écriture, pour le crime le plus infâme qu'un soldat puisse commettre, j'ai déclaré et je déclare encore que je n'ai pas écrit la lettre qu'on m'impute, que je n'ai jamais forfait à l'honneur.
> Depuis un an, je lutte, seul avec ma conscience, contre la fatalité la plus épouvantable qui puisse s'acharner après un homme.
> Je ne parle pas des souffrances physiques, elles ne sont rien; les peines du cœur sont tout.
> Souffrir ainsi est déjà épouvantable, mais sentir souffrir tous les siens autour de soi est horrible. C'est l'agonie de toute une famille pour un crime abominable que je n'ai jamais commis.
> Je ne viens solliciter ni grâces, ni faveurs, ni convictions morales. Je demande, je supplie qu'on fasse la lumière pleine, entière, sur cette machination dont ma famille et moi sommes les malheureuses et épouvantables victimes.
> Si j'ai vécu, Monsieur le Président, si j'arrive encore à vivre, c'est que le devoir sacré que j'ai à remplir vis-à-vis de tous les miens remplit mon âme et la gouverne; autrement, j'aurais déjà succombé sous un fardeau trop lourd pour des épaules humaines.
> Au nom de mon honneur arraché par une erreur épouvantable, au nom de ma femme, au nom de mes enfants – Oh! Monsieur le Président, rien qu'à cette dernière pensée, mon cœur de père, de Français, d'honnête homme, rugit et hurle de douleur – je vous demande justice, et cette justice pour laquelle je vous sollicite, avec toute mon âme, avec toutes les forces de mon cœur, les mains jointes dans une prière suprême, c'est de faire faire la lumière sur cette tragique histoire, de faire cesser ainsi le martyre effroyable d'un soldat et d'une famille pour lesquels l'honneur est tout.

Il écrira à nouveau à Félix Faure un an plus tard, le 10 septembre 1896, lui adressant le Journal que « brisé de corps et d'âme », il arrêtera ce même jour [29] :

> Monsieur le Président de la République,
> Je me permets de vous demander que ce journal, écrit au jour le jour, soit remis à ma femme.
> On y trouvera peut-être, Monsieur le Président, des cris de colère, d'épouvante contre la condamnation la plus effroyable qui ait jamais frappé un être humain et un être humain qui n'a jamais forfait à

l'honneur. Je ne me sens plus le courage de le relire, de refaire cet horrible voyage.

Je ne récrimine aujourd'hui contre personne; chacun a cru agir dans la plénitude de ses droits, de sa conscience. Je déclare simplement encore que je suis innocent de ce crime abominable, et je ne demande toujours qu'une chose, toujours la même, la recherche du véritable coupable, l'auteur de cet abominable forfait...

« Je ne récrimine contre personne » : c'est vrai que, dans ce long hurlement de courage et de douleur que sont ce journal et cette correspondance, Alfred Dreyfus ne s'en prend à quiconque. Si ce n'est à deux ou trois reprises à du Paty et à Bertillon. Mais il n'a perdu confiance ni dans les autorités civiles, ni dans les autorités militaires. Le président de la République, le gouvernement, l'Armée, ses chefs, le ministre de la Guerre et le chef d'État-Major, c'est d'eux qu'il espère la démonstration de son innocence. Il ne sollicite « ni grâce ni faveur ». Mais il fait confiance. Alfred Dreyfus au bagne est un officier français. Il demande qu'on fasse cesser « le martyre effroyable d'un soldat et d'une famille pour lesquels l'honneur est tout ». L'Armée, la France sont ses raisons de vivre, et de croire. C'est d'eux qu'il attend la justice.

Même aux moments de désespoir, il ne semble pas qu'un sentiment religieux soit venu à son aide. La morale qui le soutient, faite des grandes vertus traditionnelles – Honneur, Justice, Courage, Loyauté, Devoir – ne prend pas appui sur Dieu. Le mot « Dieu » vient deux fois sous sa plume, et par hasard *. Le mot « juif » ne vient pas une fois. Lucie non plus n'en dit jamais mot. Pourtant les cris « mort aux Juifs » « à mort Judas », il les a bien entendus, dans la cour de l'École militaire, dans les rues de La Rochelle. La pudeur, les souffrances peuvent aider à expliquer ce silence.

Alfred Dreyfus avait été condamné à la déportation perpétuelle, peine politique. Mais le ministère des Colonies avait aménagé pour lui un système

* Le 3 décembre 1895, il évoque dans son journal le mot de Schopenhauer : « Si Dieu a créé le monde, je ne voudrais pas être Dieu. »

original, qui ne prenait source dans aucun texte. Il fallait à la fois le châtier, avec une dureté exemplaire, et éliminer tout risque d'évasion.

Dans sa « cage », le déporté ne peut dormir. Il ne s'assoupit que par intermittence, quelques instants courts. Les insectes courent sur sa peau. Les surveillants qui se relaient, devant la grille à claire-voie, lui apparaissent comme des fantômes. La chaleur est écrasante : 45° quand il arrive à l'île du Diable. La nuit, des fièvres le secouent, qui iront s'aggravant tout au long de son séjour.

Au matin, dans l'espace de quelques centaines de mètres carrés, où il peut se promener, toujours suivi par un surveillant, il va couper du bois. A huit heures on lui apporte du pain, et parfois un morceau de viande crue. Son « régime » ordinaire comportait du lard de conserve, et des légumes secs accompagnés d'une poignée de gros sel. C'est exceptionnellement qu'il touche des légumes verts et de la viande de porc [30]. Il allume un feu, s'essaie à faire griller la viande sur des bouts de fer ramassés. Au dîner on lui donne du pain et de l'eau. Le régime alimentaire est si misérable qu'il écrit au gouverneur de la Guyane pour être autorisé, comme la loi le permet, à faire venir à ses frais des conserves de Cayenne *. « Tout mon temps est employé par la lutte pour la vie » [31]. Il tâche de fabriquer un gril avec de vieux morceaux de tôle; des tôles rouillées servent de casserole. Il n'a pas d'assiette **. Dans sa promenade, il découvre quelques plantations laissées par les lépreux, quelques tomates sauvages qu'il dévore avidement.

Son régime s'améliore un peu quand le commandant supérieur des îles « a la bonté » de lui faire envoyer des boîtes de lait concentré [33] puis de lui apporter du thé, quatre assiettes et deux casseroles [34]. A partir de la fin du mois d'avril son emploi du temps s'organise : sa journée commence à 5 h 30. La

* Mathieu Dreyfus essaiera en vain de trouver un correspondant à Cayenne. Le négociant choisi par lui, M. Dufourg, fera l'objet de différentes vexations de la part de la police de Cayenne. Il renoncera à sa mission.

** Il en existait en stock au magasin des réserves des hôpitaux. Le commandant Bouchet s'opposa à ce que Dreyfus pût en acquérir [32].

préparation de ses misérables repas occupe une part de son temps. De dix heures à trois heures de l'après midi la chaleur est insupportable. Alors il fume, essaie d'apprendre l'anglais, d'écrire son journal. Dès que la chaleur est tombée il va couper du bois, laver son linge. A six heures il dîne, puis on l'enferme. Il n'y a pas de lampe dans son cabanon : il est donc contraint de se coucher. Il ne peut dormir. La chaleur lourde, les brusques orages, le vent qui souffle en tempête, les bêtes qu'il faut tuer, les nerfs tendus, la tristesse qui monte, tout l'empêche de dormir : « Comme la mort serait préférable à cette agonie lente, à ce martyre de tous les instants » [35].

En mai * commencent les pluies torrentielles, coupant une humidité chaude, accablante. Il a des évanouissements, de forts accès de fièvre. Le médecin vient le voir et le soigne de son mieux. « Mauvaise journée, fièvre, embarras gastrique, dégoût de tout. Que se passe-t-il en France pendant ce temps? » [37]. Juin lui apporte une grande joie : il reçoit des lettres de sa femme, de sa famille, vieilles de plus de trois mois, mais qui l'aident à survivre. La saison des pluies prend fin. Toujours les mêmes souffrances; les piqûres d'insectes, la surveillance exercée sans relâche, la préoccupation obsessionnelle de l'injustice dont il est la victime. Il ne parvient pas à travailler plus de quelques instants. Il ne fait plus qu'attendre le courrier, écrire des lettres. Il reste des nuits sans fermer l'œil. En juillet, le commandant supérieur lui rend visite. Dreyfus essaie de lui parler. Le surveillant-chef Lebars note : « Il ne peut continuer... ses paroles sont entrecoupées par les sanglots, et il pleure abondamment pendant un quart d'heure environ » [38]. « Le mauvais temps l'empêche de sortir, observe Lebars le 9 juillet, dans son rapport quotidien. Après avoir mangé, il a fait des thèmes d'anglais, puis s'est

* Le 7 mai il fit l'objet d'une fouille minutieuse de sa case, de ses vêtements et de ses livres. On cherchait, semble-t-il, sur l'ordre du ministère des Colonies, un « code » qui eût permis à Dreyfus de correspondre avec sa famille et de préparer son évasion. La prise de service du surveillant-chef Lebars, le 20 mai, paraît avoir coïncidé avec une refonte des consignes générales [36].

couché. » En août la chaleur devient terrible. « Si je succombe, et que ces lignes te parviennent, ma chère Lucie, crois bien que j'aurai fait tout ce qui est humainement possible pour résister à un aussi long, et aussi pénible martyre » *. En septembre, il a des palpitations violentes, des syncopes qui se multiplient. Il a reçu quelques livres, mais il lit très difficilement. Sa tête le fait horriblement souffrir. Les mois suivants, Dreyfus semble écrasé par le désespoir et la faiblesse. Ses maux de tête sont devenus intolérables. « J'en ai assez, écrit Dreyfus, de cette vie de suspicion continuelle, de surveillance ininterrompue ni de jour ni de nuit, traité en bête fauve... » [40]. Les gardiens ont ordre de ne pas lui parler. Sur autorisation du médecin, il demande à prendre un bain de mer. Le bain lui est refusé. En décembre la pluie tombe en permanence. « Le sang me brûle la peau, la fièvre me dévore. Quand donc ce supplice finira-t-il? » [41].

Le 31 décembre, il reçoit quelques lettres – d'octobre et de novembre – et aussi en janvier 1896 « un colis sérieux » de livres **. « Mais je ne peux plus lire longtemps, tout est ébranlé en moi » [42]. A partir de février 1896, son journal s'espace, et les mots se répètent de plus en plus. « Voilà bien longtemps que je n'ai rien ajouté à mon journal », écrit-il en juillet 1896. Ses nuits sont de longues, d'interminables heures de fièvre et de délire. Tout le long du mois de juillet il reste couché le plus souvent, terrassé par le paludisme. Soigné avec de la quinine, il ne se nourrit plus guère que de lait. « Combien de temps résisterai-je encore?... Je souhaite que cet horrible supplice finisse bientôt, sinon je lègue mes enfants à la France, à la patrie, que j'ai toujours servie avec

* Journal 10 août 1895. Le 15 août le directeur de l'Administration pénitentiaire, M. Guégen, rend visite à Dreyfus, accompagné du commandant supérieur des îles. Il demande à Dreyfus s'il a des réclamations à faire. « M. le commandant du Paty, répond Dreyfus, m'avait promis avant mon départ de France de faire poursuivre les recherches. Je ne pensais pas qu'elles puissent durer si longtemps... » [39]. Lebars note le 1er septembre : « le déporté pleure depuis son réveil. Il dit que " cela " ne peut plus durer longtemps, que son cœur finira par éclater... Je le fais surveiller attentivement ».

** Il lit Montaigne, Spinoza, des ouvrages sur Napoléon, auquel il porte une grande admiration.

dévouement, avec loyauté, en suppliant de toute mon âme, de toutes mes forces, ceux qui sont à la tête des affaires de notre pays de faire la lumière la plus complète sur cet effroyable drame »[43].

Le 6 septembre 1896 au soir, Dreyfus est « mis aux fers » *. « Reçu un lit en fer, note Lebars dans son rapport, auquel on adapte une barre de justice et deux anneaux. Conformément aux ordres reçus, le déporté a été mis, cette nuit, à la " double boucle ", et il y sera mis jusqu'à nouvel ordre »[44]. Pourquoi ce traitement soudain infligé à un détenu sérieusement malade et déprimé? Dreyfus l'ignore. « Depuis que je suis ici, j'ai toujours suivi strictement le chemin qui m'était tracé, observé intégralement les consignes qui m'étaient données. » « Mon devoir est d'aller jusqu'à la limite de mes forces, écrit-il le 8 septembre; j'irai tout simplement »[45]. Le 9 septembre, le commandant des îles, Bravard, inflexible mais compatissant, vient le voir et lui explique doucement que la mise aux fers n'est pas une punition. Elle n'est qu'une mesure de sécurité ordonnée de Paris[46]. Désormais, sur ordre du ministre des Colonies, Alfred Dreyfus sera enfermé dans sa case nuit et jour, avec « double boucle de nuit » **. Le périmètre du promenoir autour de sa case devra être entouré d'une double palissade. Une sentinelle intérieure y sera placée. La remise des lettres et des envois sera suspendue jusqu'à nouvel ordre. « Que ne suis-je dans la tombe? » Secoué de fièvre, le

* A la suite de l'annonce, par un journal anglais, de son évasion (voir *infra* p. 211).

** Dreyfus décrit ainsi, dans *Cinq Années de ma vie*[47], le supplice qui lui sera imposé du 6 septembre au 20 octobre : « Deux fers en forme d'U furent fixés par leur partie inférieure aux côtés du lit. Dans ces fers s'engageait une barre de fer, à laquelle étaient fixées deux boucles. A l'extrémité de la barre, d'un côté un plein terminal, de l'autre côté un cadenas, de telle sorte que la barre était fixée aux fers et par suite au lit. Quand les pieds étaient donc engagés dans les deux boucles, je n'avais plus la possibilité de remuer; j'étais invariablement fixé au lit. Le supplice était horrible, surtout par ces nuits torrides. Bientôt les boucles très serrées aux chevilles me blessèrent. » Les barres de fer, pénétrant peu à peu les chairs meurtries d'Alfred Dreyfus, le marquèrent durablement. Dreyfus tenta en vain de protéger ses chevilles avec des chiffons.

cerveau broyé, Dreyfus interrompt son journal. Il le clôt le 10 septembre 1896, demandant au président de la République de le faire transmettre à sa femme *. Il lui paraît maintenant probable qu'il mourra à l'île du Diable. « Le jour où la lumière sera faite, je demande qu'on reporte sur ma chère femme, sur mes chers enfants, la pitié que pourra inspirer une si grande infortune. »

Jamais Dreyfus ne recevra de réponse [48].

VI. – LE PREMIER JUIF QUI SE LEVA POUR LE JUIF

Mathieu Dreyfus se désespère d'être impuissant à rien faire pour son frère tandis que passent les mois de cette sombre année 1895 [1]. Son seul réconfort est fait des visites de Forzinetti, le courageux directeur de la prison du Cherche-Midi qui, sans souci de sa carrière, défend ouvertement l'innocence de Dreyfus. C'est un autre « geôlier », le directeur de la prison de la Santé, M. Patin, qui a donné aux sœurs de Dreyfus, durant le court séjour que le condamné fit dans sa prison, l'idée de demander l'aide d'un écrivain, d'un journaliste capable d'être entendu. « C'est devant l'opinion publique, leur dit-il, qu'il faut défendre la cause de votre frère. » M. Patin a suggéré Edouard Drumont ou Bernard Lazare. Drumont, le directeur de *la Libre Parole*, le plus furieux des antisémites? L'idée parut ironique. Mais Mathieu retint le nom de Bernard Lazare. L'un et l'autre avaient des parents à Carpentras qui organisèrent la rencontre. Et Mathieu rendit visite à Bernard Lazare, comme il frappait à toutes les portes.

Lazare-Marius Bernard, dit Bernard Lazare, était alors un très jeune homme **, de famille juive, qui

* Voir *supra* p. 167.

** Il était né à Nîmes, le 14 juin 1865. Passé à l'Ecole des hautes études il était vite entré dans le journalisme. Cousin du poète Ephraïm Mikhaël, il avait écrit avec lui *la Fiancée de Corinthe*. Il avait conquis, en quelques années, une audience intellectuelle. Il s'était fait remarquer, et redouter, par le parti qu'il avait pris en faveur de penseurs révolutionnaires et d'anarchistes. Pour ceux-ci il avait témoigné en cour d'assises et bataillé dans les journaux. En 1894 il avait publié un essai sur *l'Antisémitisme, son histoire et ses causes*, qui avait rencontré un succès d'estime, de tous côtés. C'est, avait alors écrit Drumont, « un livre remarquable, fort nourri de faits et dominé d'un bout à l'autre par un bel effort d'impartialité, par la consigne donnée au cerveau de ne pas céder aux influences de races » [3]. Examinant avec soin les causes de l'antisémitisme, qu'il expliquait largement par le comportement et le caractère des Juifs *, Bernard Lazare y affirmait la nécessité d'une assimilation progressive dont il voyait cependant les difficultés [5]. En conclusion de son ouvrage, qui prétendait être une étude objective, Bernard Lazare annonçait la fin de l'antisémitisme **, aidée par la disparition du sentiment religieux qu'il inscrivait dans les progrès irrésistibles de l'évolution révolutionnaire : « Entre le Juif français émancipé et le Juif galiléen talmudiste,

avait produit de nombreuses œuvres littéraires, telles que *le Miroir des légendes, la Porte d'ivoire, les Porteurs de torche*. Avec quelques amis il avait fondé une petite revue : *les Entretiens politiques et littéraires*, où venaient de jeunes écrivains d'avant-garde. Il collaborait aussi à la *Revue bleue* et à plusieurs quotidiens, comme *l'Écho de Paris*, et *le Journal*. « Il tenait une place notable dans la génération littéraire qui avait immédiatement précédé la mienne », écrira Léon Blum [2].

* « Le Juif, écrit Bernard Lazare, est certainement doué mieux que tout autre pour réussir. S'il a été dégradé par la pratique du mercantilisme, cette pratique l'a armé, au cours des âges, de qualités qui sont devenues prépondérantes dans la nouvelle organisation. Il est froid et calculateur, énergique et souple, persévérant et patient, lucide et exact, et toutes ces qualités, il les a héritées de ses ancêtres, les manieurs de ducats et les trafiquants. S'il s'applique au commerce, à la finance, il bénéficie de son éducation séculaire et atavique, qui ne l'a pas rendu plus ouvert, comme sa vanité le déclare, mais plus apte à certaines fonctions [4]. »

** « Ainsi inconsciemment, l'antisémitisme prépare sa propre ruine, il porte en lui son germe de destruction, et cela inévitablement, puisque, en ouvrant la voie au socialisme et au communisme, il travaille à éliminer non seulement les causes économiques, mais encore les causes religieuses et nationales qui l'ont engendré et qui disparaîtront avec la société actuelle dont elles sont les produits » [6].

le fossé se creuse tous les jours... l'esprit talmudique disparaît lentement. » Le jour viendra où le Juif ne se reconnaîtra plus comme juif et ne sera plus reconnu comme tel.

L'antisémitisme n'était ainsi qu'une étape, liée à un ordre des choses révolu, de l'histoire des Juifs, à un système de pensée décadent – la religion, le nationalisme, le capitalisme. Bientôt ce système serait mis en échec par les forces de la révolution sociale, par la transformation des structures de la société [7]. Bernard Lazare reprenait ainsi la théorie dominante de l'assimilation nécessaire des Juifs. Mais il la situait dans une perspective de progrès révolutionnaire des sociétés.

Tout au début de l'Affaire Dreyfus, Bernard Lazare avait répondu à l'éditeur et journaliste P.-V. Stock qui lui conseillait de prendre position. « Pourquoi? Je ne connais ni lui ni les siens. Si c'était un pauvre diable, je m'inquiéterais de lui. Mais Dreyfus et les siens sont très riches, dit-on; ils sauront bien se débrouiller sans moi, surtout s'il est innocent... » [8]. Mais indigné du déchaînement antisémite qui avait entouré l'arrestation et le procès de Dreyfus, il avait cependant pris position. Dans un article, « le Nouveau Ghetto », publié dans *la Justice* le 17 novembre 1894, il avait dénoncé cette « atmosphère hostile, atmosphère de défiance, de haine latente, de préjugés, un ghetto autrement terrible que celui auquel on pouvait échapper par la révolte * », et dans un article : « Antisémitisme et Antisémites » publié par *l'Echo de Paris* le 31 décembre 1894, il avait violemment attaqué les antisémites de tous bords qui tiraient profit de l'Affaire Dreyfus.

Mathieu Dreyfus fit voir à Bernard Lazare les rares documents qu'il détenait, notamment le commentaire écrit par son frère sur le rapport d'Ormescheville. Il semble qu'il n'ait pas eu de peine à convaincre le jeune écrivain de l'erreur judiciaire. « C'est ainsi que le célèbre défenseur des anarchistes et des révolutionnaires accepta de faire tout ce qui serait

* A la même époque, le Juif autrichien Théodore Herzl achevait la rédaction d'une pièce intitulée *le Ghetto*, développant des idées proches de celles exprimées par Bernard Lazare dans son article de novembre 1894. Marrus pense qu'Herzl et Bernard Lazare s'étaient déjà rencontrés quand éclata l'Affaire [9].

en son pouvoir en faveur de cette riche famille juive » *.

Bernard Lazare se met aussitôt au travail. Dès le printemps 1895, il écrit la première esquisse de son mémoire pour Alfred Dreyfus **. Il a très peu de documents à sa disposition et il commet de nombreuses erreurs. Mais l'intelligence, la précision, et parfois la prescience, sont étonnantes. Le style simple, rigoureux, sans déclamation, donne force à l'argumentation. Bernard Lazare, maintenant convaincu, voudrait aussitôt publier son texte. Mathieu Dreyfus hésite, retarde la publication. Me Demange lui conseille d'attendre une circonstance opportune; on cherche, pour le moment, des voies directes, évitant les protestations publiques [11]. « J'ai vécu cette année-là, dira Bernard Lazare, dans l'attente et l'impatience, dans la fièvre d'agir » [12]. Le jeune écrivain comprend mal la prudence de Mathieu. Il s'y soumet pourtant [13].

Au Parlement, l'Affaire Dreyfus n'est pas même évoquée. De la gauche à la droite, nul ne souhaite en parler. A peine, en 1895, de rares débats donnent-ils occasion aux passions antisémites de s'exprimer. Mais le gouvernement, embarrassé, fait en sorte d'esquiver le problème. En mai 1895, un député des Landes, Denis, intervient, demandant qu'on « fasse refluer les Juifs vers le centre de la France; la trahison y est moins dangereuse ». Le socialiste Rouanet intervient, pour nier la question raciale. « Il n'y a pas des juifs ou des chrétiens, il y a des capitalistes. » Et le Juif Naquet monte à la tribune, pour instruire le procès de l'antisémitisme :

> A la religion, il emprunte l'esprit de fanatisme et d'intolérance; à l'idée conservatrice, capitaliste, il offre l'idée de l'envie et de la peur; au socialisme, il ne fait appel que par instinct du désordre; et du

* Les antidreyfusards ne cesseront de prétendre que Bernard Lazare avait été « acheté » par la famille Dreyfus [10].

** A la même époque, le 9 juin 1895, les Chambres votaient le projet de loi, en discussion depuis cinq ans, qui, élargissant le cadre de la révision des condamnations pénales, autorisait désormais la révision pour découverte d'un « fait nouveau ». C'est dans la perspective ainsi ouverte que travaillera Bernard Lazare. Il ne cessera de modifier son travail, l'actualisant, jusqu'à sa publication.

patriotisme, il ne retient que la suspicion et la haine [14].

L'extrême droite proteste, couvre la voix de l'apôtre du divorce, du Juif qui se défend soi-même. Ce débat importune le gouvernement. Le président Brisson rappelle mollement à l'ordre le député Denis, et dans un long discours le ministre de l'Intérieur explique pourquoi on ne peut pas, on ne doit pas « faire refluer les Juifs ». C'est tout. La Chambre, ennuyée, mais apaisée, vote l'ordre du jour pur et simple.

Si le débat avorte au Parlement, il se poursuit dans l'opinion publique. Au printemps de 1896, brûlant d'agir, Bernard Lazare se jettera dans la polémique. L'occasion viendra d'un article publié le 16 mai 1896 par l'écrivain Emile Zola, sous le titre « Pour les Juifs », où Zola dénonçait, en termes violents, la fureur antisémite qui s'étalait dans la presse :

> Retournons alors au fond des bois, recommençons la guerre sauvage d'espèce en espèce, dévorons-nous parce que nous n'aurons pas le même cri et que nous aurons le poil planté autrement. – Les Juifs ont leurs défauts, leurs vices : on les accuse d'être une nation dans la nation, d'être par-dessus les frontières, une sorte de secte internationale sans patrie réelle; surtout d'apporter avec leur sang un besoin de lucre, un amour de l'argent, un esprit prodigieux des affaires qui, en moins de cent ans, ont accumulé entre leurs mains des fortunes énormes. Mais ces Juifs, exclusifs, encore mal fondus dans la nation, trop avides, acharnés à la conquête de l'or, ils sont l'œuvre des chrétiens, « l'œuvre de nos dix-huit cents ans d'imbécile persécution ». On les a parqués dans des quartiers infâmes, comme des lépreux; quoi d'étonnant qu'ils aient resserré, dans la prison du ghetto, leurs liens de famille [15]!

Drumont répond à Zola plus violemment encore, dans *la Libre Parole* du 18 mai, attribuant l'article de Zola aux motifs les plus vils : la mévente de ses derniers romans, le désir d'entrer à l'Académie française. Alors Bernard Lazare se jette dans la bataille. Dans une série d'articles, publiés en mai et juin 1896 dans *le Voltaire*, il attaque Drumont, et prévient les antisémites que les Juifs ne se laisseront pas longtemps faire. Bernard Lazare, observe, regrette, la passivité générale des Juifs français.

> Il y en a un grand nombre qui ont gardé des persécutions anciennes une déplorable habitude : celle de recevoir des coups et de ne pas protester, de plier l'échine, d'attendre que l'orage passe, et de faire les morts pour ne pas attirer la foudre [16].

Les Juifs sont, écrit Bernard Lazare, les victimes d'une « antique tradition d'humilité » et d'une « pusillanimité atavique » [17]. Mais tous ne seront pas si timorés.

> J'en sais qui ont des conceptions différentes. J'en sais bien d'autres qui sont partisans de moins de mansuétude. Ceux-là en ont assez de l'antisémitisme, ils sont fatigués des injures, des calomnies et des mensonges, des dissertations sur Cornelius Herz et des prosopopées sur le baron de Reinach. Et demain, ils seront légion, et s'ils m'en croyaient, ils se ligueraient ouvertement, bravement, contre vous, Drumont, contre les vôtres, contre vos doctrines, et non contents de se défendre, ils vous attaqueraient; et vous n'êtes pas invulnérables, ni vous, ni vos amis.

La controverse, qui se prolongera jusqu'à l'été, se terminera, selon l'usage, par un duel. Le 18 juin 1896 Drumont et Bernard Lazare échangeront deux balles, sans résultat. Mais Bernard Lazare a changé de conviction et de combat. Il n'est plus l'observateur d'une assimilation progressive et souhaitée. Il se considère désormais comme le défenseur des Juifs, « le porte-parole d'une résistance juive trop longtemps différée [18] ». « Du jour au lendemain, écrira-t-il, je fus un paria. Un long atavisme m'ayant préparé à cet état, je n'en souffris pas moralement [19] ».

Bernard Lazare se considère désormais comme mobilisé au service du Juif martyrisé. « Ce fut le premier des dreyfusards, écrira Léon Blum, celui dont sont issus presque tous les autres [20] ». L'un des premiers en tout cas, et, à partir de l'automne 1896, un infatigable combattant. Il écrit à Millerand, rend visite à Rochefort, tente d'entraîner Jaurès, de persuader Scheurer-Kestner, d'émouvoir François Coppée. Il ne rencontre encore que de l'indifférence ou du scepticisme : mais rien ne peut le décourager. Et il deviendra peu à peu, d'article en article, d'année en année, le champion de la cause juive. Il a reconsidéré son jugement sur l'antisémitisme. Il croit maintenant que l'antisémitisme français n'a rien d'un égarement, d'un accident de l'histoire : qu'il fait partie de la société française, « comme l'antisémitisme russe fait partie de la société russe ». Il croit que cet antisémitisme est lié au christianisme, il est « né sur le calvaire », et aussi qu'il reflète la dégénérescence de la société française, des sociétés européennes. Dreyfus est le symbole du Juif persécuté. Le déporté de l'île du Diable incarne en lui « les séculaires souffrances de ce peuple de martyrs [21] ». Il est, dans son bagne, « la tragique image... de tous ceux dont la désespérance cherche un asile dans tous les coins du monde habité, un asile où ils trouveront enfin cette justice que les meilleurs d'entre eux ont tant appelée pour l'humanité entière ».

Ce langage, les Juifs de France ne sont guère prêts à l'entendre. La violence de Bernard Lazare fait-elle mieux qu'aggraver le problème, accréditer l'idée d'une solidarité juive? Daniel Halévy, Juif « assimilé », décrit Bernard Lazare, « habile comme agent d'affaires, intermédiaire entre les intellectuels et l'argent juif... » [22]. Pour la plupart des Juifs français, ce jeune écrivain révolutionnaire, intransigeant, trop véhément, étaye la légende d'un syndicat juif des sans-patrie, compromet dangereusement les Juifs en soutenant, parce que juif, la cause d'un traître. Lui ne cessera de se battre, donnant autant de coups qu'il en recevra, jusqu'à l'épuisement. « Je veux, proclame-t-il, qu'on dise que le premier j'ai parlé, que le premier qui se leva pour le Juif martyr fut un Juif, un Juif qui a souffert dans son sang et dans sa chair les souffrances que supporta l'innocent, un Juif qui savait à quel peuple de parias, de déshérités, de malheureux il appartenait et qui puisa dans cette conscience la volonté de combattre pour la justice et la vérité [23] ». Bernard Lazare mourra d'un cancer à trente-huit ans, le 2 septembre 1903. Quelques Juifs fortunés ouvriront une souscription pour aider sa veuve. A Nîmes de rares amis érigeront, en son souvenir, un modeste monument *. L'indifférence sera à peu près générale.

« Je dirai quel fut son enterrement **. Qui nous étions, combien peu, dans ce cortège, dans ce convoi, dans cet accompagnement fidèle, gris, descendant et passant dans Paris. En pleines vacances... Quelques-uns, les mêmes forcenés, les mêmes fanatiques, Juifs et chrétiens, quelques Juifs riches, très rares, quelques chrétiens riches, très rares, des Juifs et des chrétiens pauvres, et misérables, eux-mêmes en assez petit nombre. Une petite troupe en somme, une très petite troupe [24] ». Ainsi Charles Péguy exaltera le souvenir de son ami Bernard Lazare. « Jamais je n'ai vu un homme, je ne dis pas croire, je dis savoir à ce point, je ne dis pas seulement qu'une conscience est au-dessus des juridictions mais qu'elle est, qu'elle exerce elle-même, dans la réalité, une juridiction qu'elle est la suprême juridiction, la seule... » Pour Péguy, Bernard Lazare fut un saint. « Il avait des parties de saint, de sainteté. » Il vécut et mourut « pour les Juifs comme un martyr ». Et comme il fut un prophète, « il était juste qu'on l'ensevelît prématurément dans le silence et dans l'oubli. Dans un silence fait. Dans un oubli concerté [25] ». Les Juifs l'avaient rejeté. « Il était mort avant d'être mort. Ils avaient comme honte de lui [26] ». Bernard Lazare avait, comme l'auteur de *Notre Jeunesse*, un sentiment mystique de l'amitié. « Il avait au plus haut degré, au plus profond, cette morale de bande, qui est peut-être la seule morale » [27].

« Ce fut un héros », proclamera Péguy. Et se confondant avec le Juif qui « le premier se leva », Juif combattant, Juif mystique, Juif méprisé, Péguy témoignera pour l'histoire. « Nous fûmes des héros. Il faut le dire très simplement, car je crois bien qu'on ne le dira pas pour nous » [28].

* Détruit par les Allemands pendant l'Occupation.

** Il eut lieu le 4 septembre 1903. Peu de personnes se dérangèrent. Mathieu Dreyfus était présent, Alfred Dreyfus absent.

VII. – LE PETIT BLEU

Le colonel Sandherr, chef du Service de Renseignement, était de plus en plus malade. Les premiers symptômes de la paralysie générale commençaient à se manifester [1]. Il fallait songer à le remplacer. Son adjoint le commandant Cordier, mal à son aise à la Section de Statistique, ne voulait pas prendre sa succession, et sans doute ne le pouvait pas. Le commandant Henry, qui menait en fait le bureau, rêvait de devenir le chef du Renseignement français. Mais il manquait d'envergure. En réalité, le général de Boisdeffre, chef d'État-Major, avait déjà fait son choix, et persuadé le nouveau ministre de la Guerre, le général Zurlinden : c'était le commandant Picquart qui paraissait le plus apte à porter cette lourde responsabilité.

Picquart était alsacien d'origine * : il était né à Strasbourg, le 6 septembre 1854. Il avait préparé Saint-Cyr, en était sorti cinquième, était passé par l'École d'État-Major dont il était sorti second, puis avait fait de belles campagnes en Afrique et au Tonkin. A trente-trois ans, il était chef de bataillon. Professeur à l'École de guerre il avait eu Alfred Dreyfus pour élève. Il l'avait médiocrement noté, dans une spécialité, la topographie, où Dreyfus n'excellait pas. Le général de Galliffet avait appelé Picquart à son État-Major; il avait dirigé pendant cinq ans le bureau de Renseignement. C'était un officier très intelligent, très doué, très travailleur, mais dont le caractère était aussi secret que compliqué **, un officier d'une qualité intellectuelle rare,

* Sa famille était lorraine. Son arrière-grand-père était président au Parlement de Lorraine. Son grand-père était venu s'installer en Alsace.

** Tous les observateurs s'accordent à reconnaître chez Picquart un sens élevé du devoir, et une exceptionnelle fermeté de caractère. F. de Pressensé a exalté sa personnalité dans un livre publié en 1899, sous le titre *Un héros*. Henri Guillemin en fait un portrait curieusement sévère : homme prudent, intrigant, « doué d'une mentalité policière » (*l'Énigme Esterhazy,* 114). Mathieu Dreyfus, quand il se sera brouillé avec Picquart, le décrira

et dont les chefs avaient tous apprécié la compétence et le dévouement. C'est à lui que le chef d'État-Major avait confié, en décembre 1894, la mission de « suivre » le procès Dreyfus et de rendre compte *. C'est lui qui avait représenté le ministre de la Guerre à la cérémonie de la dégradation.

Après quelques hésitations, car il n'avait aucun goût particulier pour ce nouveau métier, Picquart accepte le poste qui lui est proposé. Le 1er juillet 1895 il est nommé à la tête de la Section de Statistique, en même temps qu'il est inscrit au tableau d'avancement pour le grade de lieutenant-colonel.

Sandherr, malade, reçoit Picquart chez lui pour le tenir au courant. Il l'avertit que le général de Boisdeffre paraît se préoccuper toujours de la « question Dreyfus ». « Si vous avez besoin de preuves pour convaincre les gens, vous n'aurez qu'à demander à Henry le petit dossier qui a été communiqué aux juges, en chambre du conseil » **. Cette confidence ne peut surprendre Picquart. Quelques jours après, Boisdeffre confirme à Picquart que « l'Affaire Dreyfus n'est pas finie. Elle ne fait que commencer. Un retour offensif des Juifs est à craindre ». Il lui explique qu'il faudra continuer de nourrir le dossier.

Le commandant Henry – déçu d'être évincé – a l'habileté de s'empresser auprès de son nouveau chef, qui le connaît déjà. Picquart est séduit par la rudesse naturelle d'Henry, son dévouement sans

vaniteux et susceptible, doté d'une invincible confiance en soi. L'éditeur Stock, qui l'a très bien connu, le voit intelligent, perspicace, fin lettré... Picquart parlait l'allemand à la perfection, et en outre l'anglais, l'italien et l'espagnol. En prison il apprendra le russe [2].

* « Il n'eut jamais l'air de douter de la culpabilité de l'accusé », dira le général de Boisdeffre au procès de Rennes. Comment en aurait-il douté? Joseph Reinach observe qu'il était, comme la plupart des officiers, antisémite par préjugé. Il se fâchait quand on écrivait son nom « Picard ». Chargé de répartir les stagiaires entre les bureaux de l'État-Major, il s'était excusé auprès du commandant Mercier-Milon « de lui donner le Juif Dreyfus » [3]. Il semble que, redoutant l'acquittement, au dernier jour du procès, il ait poussé à la communication des pièces secrètes [4].

** Sandherr précisa que les pièces étaient déposées dans l'armoire d'Henry, mais n'ajouta pas que le général Mercier en avait ordonné la dispersion.

mesure, son expérience de vieux troupier. Il lui fait, et lui fera longtemps confiance.

Picquart n'a jamais mis en doute la culpabilité du Juif Dreyfus – qu'il a longuement observé tout au long du procès. Ni dans les débats, ni lors de la dégradation, Dreyfus n'a pu l'émouvoir. Il ne lui est apparu que comme un comédien. Respectueux de la consigne du général de Boisdeffre, il essaiera, comme son prédécesseur, de « grossir » le dossier Dreyfus *, sans rien découvrir contre le déporté de l'île du Diable qui mérite intérêt. Il a cependant bien d'autres préoccupations que Dreyfus. La voie ordinaire continue d'apporter de très nombreux documents. Et il lui faut s'occuper d'autres officiers soupçonnés, tel Hecquet d'Orval que Zurlinden lui a demandé de surveiller spécialement [6]. Il y a tous les espions et contre-espions à diriger, beaucoup à faire...

Picquart veut asseoir son autorité sur le service et l'organiser mieux. Il décide que désormais le commandant Henry ne recevra les cornets de Mme Bastian que pour en prendre livraison. Il devra remettre immédiatement les papiers reçus à son chef, qui les examinera personnellement. C'est donc Picquart qui les verra le premier, puis les confiera à Lauth qui les reconstituera **. Par ailleurs Picquart fait renforcer la surveillance de Schwarzkoppen et de Panizzardi. Mais le nouveau chef de la Section de Statistique a des scrupules que n'avait pas Sandherr. Comme il ne veut pas commettre d'illégalités, il prend l'habitude de consulter, dès qu'un problème se pose, son vieil ami, strasbourgeois comme lui, Me Leblois, ancien magistrat devenu avocat à Paris. Appelé par Picquart, Leblois viendra de plus en plus souvent au ministère ***.

* Henry le persuada de s'adresser à Guénée qui fit de nouvelles enquêtes sur les cercles où Dreyfus aurait joué, sur les femmes qu'il avait connues [5].

** Henry, déçu par cette nouvelle organisation, ne respectera pas, en plusieurs occasions, l'ordre de son chef. Il emportera certains cornets chez lui pour en examiner le contenu avant son chef. Ainsi procédera-t-il à un premier « triage » [7].

*** Leblois était le fils d'un pasteur qui avait été l'une des plus hautes figures du protestantisme alsacien. Il avait été à Strasbourg le camarade de collège de Picquart. Tout au long de l'Affaire, sa personnalité ne cessera d'être discutée. Les uns

Enfin Picquart interdit l'accès du service aux agents « louches ». Ses subordonnés devront les rencontrer hors des bureaux. Apparemment le sérieux, la prudence, l'efficacité de Picquart plaisent à ses supérieurs. Le général de Boisdeffre ne cesse de faire son éloge. Les trois ministres de la Guerre qui se succèdent en moins d'un an, le général Zurlinden, Cavaignac, le général Billot, ne lui ménageront pas leurs marques d'estime.

Au mois de mars 1896, la vie de la Section de Statistique est un peu perturbée. Le commandant Henry doit remplir plusieurs missions à Paris et à Toul, et il se rend au chevet de sa mère, gravement malade, à Pogny dans la Somme. Au cours d'un bref passage à Paris, entre le 1er et le 3 mars, ou entre le 4 et le 15 mars, il rencontre Mme Bastian, dans une chapelle de Sainte-Clotilde [9]. Elle lui remet de volumineux cornets, sa récolte de plus d'un mois. Henry les porte au ministère sans prendre le temps de les regarder. Picquart les serre dans son armoire puis les confie le lendemain, ou le surlendemain, au commandant Lauth qui a mission de les reconstituer. Lauth se met à la besogne difficile et longue. Dans l'un des cornets il découvre les très nombreux fragments d'une de ces cartes-télégrammes, de couleur bleue, que l'on désigne à Paris du nom de « petit bleu ». Il recueille trente ou quarante morceaux, « le plus grand de moins d'un centimètre carré », les ordonne, comme un puzzle, puis les recolle « avec un papier transparent coupé en lanières très minces, qui suivait à peu près les traces des déchirures ». Et Lauth porte à son chef le document reconstitué, devenu célèbre sous le nom de « petit bleu ».

Il est ainsi rédigé :

> Monsieur,
> J'attends avant tout une explication plus détaillée que celle que vous m'avez donnée l'autre jour sur la question en suspens. En conséquence je vous prie

le jugeront cauteleux, tatillon, hésitant, maladroit. D'autres lui trouveront de grandes vertus discrètes : probité scrupuleuse, douceur, modestie (voir le portrait qu'en donne P. V. Stock, *Mémorandum d'un éditeur, op. cit.*, p. 187). Leblois laissera à sa mort, le 6 janvier 1928, un manuscrit que sa veuve publiera sous le titre *l'Affaire Dreyfus. L'iniquité. La réparation* [8].

de me la donner par écrit pour pouvoir juger si je peux continuer mes relations avec la maison R. ou non. Signé : C.

Du côté de l'adresse, étaient portés le nom et l'adresse du destinataire :

Monsieur le Commandant Esterhazy,
27, rue de la Bienfaisance - Paris.

Le petit bleu n'était pas timbré. Le destinataire ne l'avait donc pas reçu. L'expéditeur l'avait déchiré sans l'envoyer, avec un soin méticuleux. Il avait jeté les morceaux dans la corbeille [10].

Le commandant Lauth est effaré de sa découverte. « C'est effrayant, dit-il à Picquart. Est-ce qu'il y en aurait encore un? » Le commandant Picquart ne dit rien, prend le fragile document et réfléchit. L'initiale « C » est l'une des signatures conventionnelles de Schwarzkoppen, et les fragments ont été pris à l'ambassade. Manifestement le document désigne un traître. Picquart réfléchit à la meilleure manière d'enquêter. Au bout de quelques jours, il demande à Lauth de photographier la carte-télégramme, et d'essayer de faire disparaître les traces de déchirure. Lauth n'y parvient pas. Pourquoi ce singulier traitement? « Je veux pouvoir dire que la pièce a été saisie à la poste », aurait dit Picquart à Lauth [11]. Il est probable en effet qu'il ne tenait pas à ce que l'on reparlât, à l'extérieur, de la « voie ordinaire ». On n'en avait que trop parlé en 1894.

Mais la voie ordinaire avait apporté le même jour un autre document, d'une importance égale, qui n'a pas connu la notoriété du petit bleu *. C'est une lettre, écrite au crayon noir, partiellement mutilée par une déchirure verticale qui a détruit un nombre important de mots. Le texte peut néanmoins être reconstitué - dans son sens sinon dans sa lettre exacte. Marcel Thomas l'a ainsi rétabli [13] :

A faire porter par le concierge.

Monsieur,
Je regrette de ne p(as vous p)arler personnellement d'une affaire q(ui va vous contrarier) beaucoup.

* Étrangement, Joseph Reinach n'attache guère d'importance à ce second document [12].

Mon père vient (de refuser) les fonds nécessaires pour continuer (la tournée d)ans les conditions qui étaicnt stipu(lées entre nous. Je) vous expliquerai ses raisons (mais je commence p)ar vous dire déjà aujourd'hui (qu'il juge vos cond)itions trop dures pour moi e(t redoute beaucoup les) résultats qui pourraient (venir de la prolongati)on de ce voyage. Il me propose (une autr)e tournée sur laquelle nous pourrions en(tendre. Il juge)a que les relations que je lui ai fai(tes) jusqu'ici ne sont pas en proportion av(ec ce qu)e j'ai dépensé pour ces voyages. Enfin (il fa)ut que je vous parle le plus tôt possible.
Je vous renvoie ci-joint les esquisses que vous m'avez données l'autre jour; ce ne sont pas les dernières. C *.

Ce document confirme une activité de trahison, et aussi le mécontentement de l'attaché militaire d'Allemagne. Schwarzkoppen veut retourner à Esterhazy des dessins que celui-ci lui a confiés. Il en profite pour lui dire que ses supérieurs (mon père) jugent les services d'Esterhazy trop coûteux et trop compromettants. Il faudra rechercher une collaboration sur des bases nouvelles. Esterhazy, commente Marcel Thomas, est placé « en demi-solde » [14].

Le petit bleu, même expliqué par ce second document, entretient encore quelques mystères. Surtout il a permis d'échafauder bien des légendes. Certains ont, contre l'évidence, contesté son authenticité **. Sa date a donné lieu à controverse. Lauth variera dans ses dépositions, plaçant l'arrivée du document à l'automne 1895, puis en mars, puis en avril. Pour des raisons que l'on retrouvera, Picquart lui-même essaiera de « retarder » l'arrivée du petit bleu : il la situera en mai, puis en avril, pour reconnaître ensuite que le document était arrivé en mars. Surtout l'auteur du petit bleu – et du second document trouvé le même jour car ils sont manifestement de la même écriture – reste encore inconnu. Que le colonel von Schwarzkoppen en fût l'auteur intellectuel, cela n'a jamais fait de doute. Au

* Les mots placés entre parenthèses sont hypothétiques, mais vraisemblables.

** Picquart sera accusé par l'État-Major d'avoir « fabriqué » le petit bleu.

reste, l'attaché militaire le reconnaîtra dans ses *Carnets* [15] :

> J'ai déjà dit que j'avais, à cette époque, des raisons d'être mécontent des informations d'Esterhazy; je ne le lui avais pas caché lors de sa visite le 20 février, et l'avais menacé d'une rupture de nos relations. Or, comme après cela Esterhazy n'apparut plus pendant un temps assez long, je lui envoyai au début mars un « petit bleu », c'est-à-dire une carte pneumatique fermée, du contenu suivant...

Mais Lauth, et sans doute Picquart, avaient instantanément remarqué que l'écriture du petit bleu reconstitué n'était pas celle de Schwarzkoppen. Pourquoi n'avait-il pas rédigé lui-même son message à Esterhazy? Reinach reprend une version généralement admise quand il écrit son *Histoire de l'Affaire Dreyfus* : Schwarzkoppen aurait fait écrire le petit bleu par l'une de ses maîtresses qui se trouvait avec lui quand il prit la décision de rompre avec Esterhazy. Maurice Paléologue a formellement désigné, sans preuve, la charmante Hermance de Weede, femme d'un conseiller à l'ambassade des Pays-Bas à Paris [16]. Mais les nombreuses lettres de Mme de Weede saisies par la Section de Statistique dans la corbeille de l'attaché militaire de 1895 à 1897 prouvent à l'évidence qu'elle n'a pas écrit le petit bleu [17] : on ne peut observer la moindre ressemblance d'écritures. Faut-il vraiment, comme Joseph Reinach, penser que le petit bleu est rédigé d'une écriture féminine *? Nul ne peut dire aujourd'hui qui a rédigé les deux documents venus le même jour par la voie ordinaire. Schwarzkoppen les aurait-il fait écrire par un obscur secrétaire de l'ambassade, comme l'avance Marcel Thomas, jugeant, au contraire de Reinach, l'écriture « plutôt masculine » [18]? Ce n'est qu'une hypothèse parmi d'autres.

Le petit bleu laisse planer un autre mystère. Pourquoi le document ne fut-il pas envoyé, mais déchiré par l'attaché militaire, et jeté dans la cor-

* Von Schwarzkoppen eut à Paris bien d'autres amies. Et la voie ordinaire a apporté des correspondances diverses, parfois insignifiantes, émanant de Mme de Winterfeld, femme d'un général allemand, Mme Fredericks, femme de l'attaché militaire russe, Mme Ghika, femme d'un représentant diplomatique roumain. Aucune écriture ne rappelle celle du petit bleu.

beille où « Auguste » s'en empara? Marcel Thomas imagine que le petit bleu représente une première rédaction – la plus brutale – d'un message que Schwarzkoppen aurait renoncé à envoyer. Il l'aurait aussitôt remplacé par une seconde lettre « à faire porter par le concierge ». Celle-ci serait parvenue à son destinataire avec les dessins du fusil qui y étaient joints. Moins comminatoire, elle laissait au commandant Esterhazy une chance de poursuivre sa collaboration. Avant de la faire partir, Schwarzkoppen aurait, selon son usage, rédigé un brouillon qu'il aurait déchiré puis mis à la corbeille *.

Schwarzkoppen, dans ses *Carnets*, donne une tout autre version :

> J'ignore comment cette carte parvint en la possession du ministère de la Guerre français; en tout cas, elle n'a pas été trouvée déchirée dans mon panier à papiers, et elle n'y arriva pas par la voie ordinaire. Je suis certain de l'avoir jetée moi-même dans la boîte du bureau de poste de la rue (illisible). Je ne crois pas impossible que j'aie été suivi et que la carte ait été prise là, au bureau de poste, avant d'être timbrée [20].

Schwarzkoppen se trompe-t-il de bonne foi? N'essaie-t-il pas plutôt de chercher, pour l'histoire, une explication qui lui soit favorable? Le bordereau en 1894, puis le petit bleu en 1896, l'un et l'autre déchirés et jetés à la corbeille à papiers, c'était beaucoup de légèretés. Schwarzkoppen veut d'évidence minimiser le rôle de la « voie ordinaire » qui rappelle trop sa coupable négligence [21].

Au début du mois d'avril, après l'enterrement de sa mère, morte le 28 mars, le commandant Henry revient au bureau. Son ami Lauth lui montre les documents trouvés. Une nouvelle affaire de trahison est donc découverte. Le nom d'Esterhazy n'est pas inconnu du commandant Henry. Ils ont travaillé ensemble entre 1877 et 1880 à la Section de Statistique. Peut-être se sont-ils revus depuis. Que se passe-t-il sous le fameux képi du commandant Henry? Connaît-il en réalité, depuis longtemps, les acti-

* Le document « à faire porter par le concierge » serait ainsi le brouillon de celui qu'aurait effectivement reçu Esterhazy [19].

vités secrètes du commandant Esterhazy? Feint-il l'étonnement parce qu'il est, en réalité, l'ami de l'espion, qu'il protège, comme l'assure Joseph Reinach *? Prend-il peur, et se précipite-t-il aussitôt chez Esterhazy pour le prévenir : « tu es brûlé » [22]? Qu'Henry ait été dès l'origine le complice d'Esterhazy, qu'ils n'aient cessé d'agir ensemble, ce sera une thèse familière aux dreyfusards. Elle n'a jamais reposé que sur quelques indices, en vérité peu probants, et la volonté de réunir, dès le premier jour, Esterhazy l'espion et Henry le faussaire, assemblés par le crime **. Il est plus vraisemblable qu'Henry fut d'abord stupéfait. Ainsi le commandant Esterhazy, cet ancien camarade dont il avait gardé bon souvenir, était devenu un espion? Encore un espion! Le commandant connaît dans le moindre détail le dossier qui a permis la condamnation de Dreyfus. Il sait comment ce dossier a été fabriqué. Il y a donc un officier traître en relation avec l'ambassade d'Allemagne et c'est le commandant Esterhazy. Un second officier traître? Et s'il n'y en avait jamais eu qu'un? Henry est un policier, fouineur et inventif. L'idée lui vient-elle alors de comparer l'écriture du bordereau et l'écriture d'Esterhazy? Soupçonne-t-il, dès cet instant, qu'il n'y eut jamais qu'un seul espion?

Nul ne sait. A Picquart qui demande à Henry s'il connaît le commandant Esterhazy, Henry répond qu'ils avaient été ensemble, dix-huit ans auparavant, à ce même bureau, avec Maurice Weil. Picquart l'interroge. Est-ce un homme sujet à caution? Henry dit qu'il ne sait, qu'il l'a perdu de vue, mais que

* Voir Joseph Reinach, t. II, p. 250. La thèse a été reprise par Mathieu Dreyfus (*l'Affaire telle que je l'ai vécue, op. cit.*, p. 193) et de nombreux historiens de l'Affaire. En revanche, Marcel Thomas l'écarte, faute d'éléments probants : « lorsqu'il le lut pour la première fois, sur les photos du petit bleu, le nom d'Esterhazy, son ancien camarade à la Section de Statistique, ne put manquer de frapper Henry, même si, comme nous en sommes persuadés, il l'avait perdu de vue depuis plus de dix ans » (*op. cit.*, p. 231). Marcel Thomas pense en revanche qu'Henry découvrit vite – sans doute avant Picquart – qu'Esterhazy était l'auteur du bordereau.

** *Infra* p. 641. La thèse d'une vaste complicité d'Esterhazy et de la Section de Statistique – Henry mais aussi Lauth, et, pour certains, Sandherr – permet d'étayer la préméditation criminelle de l'État-Major.

Maurice Weil, l'ami d'Esterhazy, est très suspect. Non, Henry n'a pas grand-chose à dire. Et Picquart consulte Henry sur le choix de l'agent auquel il va demander de surveiller l'espion.

Cette enquête sur Esterhazy, Picquart va l'entreprendre, sans en parler ni au général de Boisdeffre, ni au général Gonse, ni au ministre de la Guerre. Singulier silence. Picquart a découvert qu'un officier français, un autre Dreyfus, trahissait, et il garde ce secret pour la Section de Statistique. « Il se plaisait dans la solitude », explique Reinach. Mais ce plaisir était-il capable de l'écarter de son devoir? Faut-il y voir, avec Marcel Thomas, le signe d'un orgueil dangereux, d'une « illusion de puissance »? Le plus jeune lieutenant-colonel de l'Armée française, le brillant chef de la Section de Statistique, entend-il garder aujourd'hui le secret, et demain le profit, de sa découverte? Ne serait-ce pas aussi qu'il n'a qu'une médiocre estime, du mépris même, de la méfiance aussi, pour son chef hiérarchique, le général Gonse, le sous-chef d'État-Major? Mais Picquart ne parle pas davantage au général de Boisdeffre, ni au ministre, qui lui font une parfaite confiance.

La voie ordinaire a permis au colonel Picquart de découvrir une seconde affaire Dreyfus. Un officier traître est en liberté. Contre toute raison, se plaçant au-dessus de son devoir, le colonel Picquart n'en dit rien à ses chefs. Ce silence, cette défaillance fourniront demain, contre lui, des armes redoutables.

VIII. – JE FUS ÉPOUVANTÉ

Picquart commence aussitôt son enquête. L'annuaire militaire lui apprend que le commandant Walsin-Esterhazy est affecté au 74ᵉ de ligne, alors caserné à Paris. Picquart connaît précisément un officier supérieur de ce régiment, le commandant Curé, ancien camarade de Saint-Cyr qu'il tutoie et rencontre fréquemment chez leur amie commune, Mlle de Comminges. Il le convoque au ministère. « Il y a dans ton régiment un officier du nom d'Esterhazy. De toi à moi et entre nous, qu'est-ce que tu en penses? » Curé n'en sait pas grand-chose, mais il n'a aucune estime pour cet « individu » qui mène une vie dissolue, semble toujours à court d'argent, et s'occupe d'affaires de Bourse. « Ne cherche-t-il pas à se procurer des renseignements confidentiels? » Curé se souvient qu'il s'intéresse spécialement aux questions d'artillerie et de tir, qu'il s'est fait désigner deux fois pour les écoles à feu, qu'il y est allé une troisième fois sans solde, à ses frais, qu'il fait copier continuellement chez lui par des soldats – en particulier le soldat Ecalle dont le commandant a le nom en tête – toutes sortes de documents, en bref qu'il est fouineur, fureteur, indiscret *. Le commandant Picquart demande à Curé de lui procurer un spécimen de l'écriture d'Esterhazy – demande de routine. Curé n'en a pas, mais refuse de s'en procurer. « Demande au colonel » [1].

Par ailleurs, Picquart, ayant pris conseil du commandant Henry [2], confie à l'un des deux commissaires spéciaux détachés au ministère de la Guerre, M. Desvernine, le soin de faire une discrète enquête sur le commandant Esterhazy. Il rencontre le policier, convoqué par une carte-télégramme signée « Robert », devant le Louvre, le 9 ou le 10 avril. Dès le 17, le commissaire est en mesure de faire un premier rapport sur le « bienfaisant » **. Le « bienfaisant » a de graves embarras financiers. Il entretient une maîtresse, Marguerite Pays chez qui il se rend tous les soirs avant de rentrer, dans la nuit, au domicile conjugal. Il a loué pour elle un appartement, 49, rue de Douai, et lui sert une mensualité. Il a de nombreux créanciers, et ne paie pas ses billets aux échéances. Il est dans l'intimité de M. Maurice Weil qui lui procure des fonds. Il a été en rapport avec M. Drumont. Il est en pourparlers pour entrer dans le conseil d'administration d'une société

* De Dreyfus, on le disait aussi.

** Pseudonyme donné pour la circonstance à Esterhazy qui habite 27, rue de la Bienfaisance [3].

anglaise à Londres. Mais on n'observe « rien de suspect au point de vue national ». Seulement note-t-on que « son humeur s'est assombrie depuis quelque temps » *. D'autres rapports, des 22 et 25 avril, ne sont guère plus intéressants. Mais à la fin du mois, Picquart – qui rencontre une nouvelle fois le policier à la gare Saint-Lazare – apprend qu'Esterhazy a été vu, à deux reprises, entrant à l'ambassade d'Allemagne. Enquête faite, il avait un motif légitime : le colonel Abria l'avait prié de solliciter en sa faveur un passeport afin de se rendre en Alsace annexée **. En mai et juin la surveillance ne donne aucun résultat. Dans le courant du mois de mai, le commandant Curé rencontre Picquart, à la sortie du ministère. « Que devient Esterhazy? » lui demande Picquart. Curé ne l'a pas revu. Il interroge Picquart. « Tu le soupçonnes toujours? » « Je ne le soupçonne pas, répond Picquart, j'ai la certitude. » « Sois prudent, lui conseille Curé, dans ces matières-là, il faut beaucoup de preuves et tu as affaire à plus fort que toi... » Sois prudent? Il faut beaucoup de preuves? En 1896 on est autrement précautionneux qu'en 1894. Et que sait le commandant Curé de la « force » d'Esterhazy [5]?

Pendant ce temps venaient quelques informations par le canal d'un agent double installé à Bruxelles, Edmond Lajoux, qui utilisait occasionnellement les services d'un agent allemand, Richard Cuers. Celui-ci avait donné quelques bons tuyaux et permis en 1894 l'arrestation, quelques jours après celle de Dreyfus, de deux lieutenants allemands suspects d'espionnage. Cuers, démuni d'argent, était venu, en juin 1896, offrir « spontanément » ses services à l'attaché militaire de France en Allemagne, le lieutenant-colonel de Foucault, qui faisait à Berlin ce que le colonel de Schwarzkoppen faisait à Paris. Cuers avait, prétendait-il, des renseignements intéressants sur un personnage « décoré » qui se rendait en plein jour à l'ambassade d'Allemagne et fournissait à Schwarzkoppen une foule de renseigne-

* C'est l'un des arguments qu'utilise Joseph Reinach pour en déduire qu'Esterhazy avait été « prévenu » par Henry [4].

** Ainsi Esterhazy s'était-il sans doute ménagé, pour aller à l'ambassade, un motif plausible.

ments *. Picquart, avisé, rencontre le colonel de Foucault, qui confirme l'information. Il organise alors, à Bâle, en territoire neutre, un mystérieux rendez-vous. L'agent Cuers y rencontrera Lauth qui parle allemand, Henry et le commissaire Tombs. L'entrevue a lieu le 7 août. Cuers n'a pas grand-chose à dire, ou ne veut pas dire grand-chose. Henry se fâche, Lauth discute, sans résultat. On essaie d'enivrer l'espion, sans plus de succès. Le compte rendu qu'à son retour Lauth écrit pour Picquart comporte quand même un renseignement intéressant : le personnage « décoré » qui renseigne Schwarzkoppen est « chef de bataillon ». Chef de bataillon? Comme Esterhazy? Picquart n'en est pas moins déçu. Il se dit que Lauth et Henry ont manqué d'adresse, qu'ils n'ont pas su faire parler Cuers. Mais rentré en Allemagne, Cuers va aussitôt se plaindre à l'ambassade de France. Il prétend avoir été maltraité. L'un des envoyés du Service de Renseignement, « un gros, rouge, qui se disait policier, mais qu'il avait reconnu pour un officier, l'avait constamment bousculé pour l'empêcher de parler ». Plus tard **, Cuers prétendra en avoir « beaucoup dit à Lauth et Henry » : que Dreyfus n'avait jamais été au service de l'Allemagne; que Schwarzkoppen n'avait jamais eu d'autre indicateur qu'un commandant, de famille autrichienne, qui avait commencé à trahir dès 1893; que « le gros », c'est-à-dire Henry, l'avait insulté, et menacé, pour lui interdire de parler! « Le gros » prétendra bien sûr le contraire. Qui croire? Le mensonge est leur métier [6].

Ainsi toutes les recherches de Picquart semblent vaines. En août il attend toujours sur Esterhazy des renseignements qui ne viennent pas. C'est le moment qu'il choisit pour rendre enfin compte à ses chefs des graves soupçons qui pèsent sur Esterhazy ***.

* Il semble que Cuers ait parlé dès la fin de 1894 à l'agent double Lajoux de ce personnage « décoré » qui fréquentait l'ambassade d'Allemagne à Paris.

** Lettre du 15 juillet 1899 à un rédacteur du *Figaro*.

*** Il semble que Picquart ait été éprouvé par la mort de sa mère survenue en juin. En tout cas son ami Leblois voit dans ce deuil l'une des explications du retard mis par Picquart à prévenir ses chefs [7].

Dès la fin de juillet, il a écrit au général de Boisdeffre, qui faisait une cure à Vichy, pour solliciter un entretien urgent. Boisdeffre, qui doit débarquer le 5 août au soir à la gare de Lyon, demande à Picquart de venir l'y attendre. Ensemble ils montent dans la voiture du chef d'État-Major. C'est là que Picquart lui annonce la nouvelle : « Je crois bien que nous venons de trouver un nouveau traître... » Picquart nomme le commandant Walsin-Esterhazy. Ce nom ne dit rien au chef d'État-Major. Boisdeffre encourage Picquart à poursuivre son enquête. Il ne lui fait pas à ce moment le reproche de n'avoir pas averti en premier lieu le général Gonse, sous-chef d'État-Major, supérieur hiérarchique de Picquart. Il autorise même Picquart à parler de cette affaire au ministre. Le général de Boisdeffre est très calme, presque nonchalant. Lors de la découverte du bordereau, l'agitation avait été tout autre!

Le lendemain, le colonel Picquart voit le général Billot, ministre de la Guerre. Billot tient Picquart en grande estime. Il l'écoute avec attention. Il approuve sa prudence, lui recommande de poursuivre son enquête. Mais il ne croit pas pouvoir l'autoriser à demander au colonel Abria un exemplaire de l'écriture d'Esterhazy. Cela lui paraît incorrect. A plusieurs reprises, pendant ce mois d'août, tandis que se poursuivent, en vain, enquêtes et filatures, le général de Boisdeffre et le colonel Picquart se rencontrent. Ils dînent ensemble. Ensemble ils montent à cheval. Picquart pense que le moment serait venu d'ouvrir une information. Mais le chef d'État-Major est décidément très prudent. « Je ne veux pas d'une nouvelle Affaire Dreyfus... » [8]. Ni le ministre de la Guerre, ni le chef d'État-Major ne semblent passionnés par cette affaire Esterhazy.

Pendant ce temps, le commandant Esterhazy, après avoir vainement tenté, en juillet, de devenir administrateur d'une compagnie anglaise en voie de constitution [9], multiplie les démarches pour se faire nommer... au ministère de la Guerre. Il souhaite entrer soit à la section technique de l'infanterie, soit au bureau de Renseignement « où sa complète connaissance de l'allemand et de l'Armée allemande lui permettrait de rendre de réels services ». Le député Jules Roche, vice-président de la Commission de l'Armée, écrit au ministre de la Guerre, son « ami » le général Billot, lui recommandant « cet officier du plus rare mérite, un véritable homme de guerre, un soldat comme il n'y en a pas beaucoup. Je voudrais seulement que vous le vissiez dix minutes ». Maurice Weil s'affaire pour aider son vieil ami. Il intervient, lui aussi, auprès du cabinet du ministre. Tout le mois d'août, Weil et Esterhazy multiplient les démarches, et s'écrivent. Bien entendu Picquart, qui fait intercepter les lettres reçues par Esterhazy, celles de Weil notamment, est averti. Boisdeffre est averti, le ministre de la Guerre l'est aussi. Il donne même ordre à son cabinet de remettre à la Section de Statistique toutes les lettres reçues d'Esterhazy ou au sujet d'Esterhazy. Et Esterhazy, très pressé d'entrer au Service de Renseignement, ne cesse d'écrire en tous sens *.

A la fin du mois d'août, M. Calmon-Maison, chef du cabinet civil du ministre de la Guerre, obéissant à l'ordre du ministre, remet à Picquart deux lettres adressées le 25 août par Esterhazy, l'une au commandant Thevenet, ami de Maurice Weil, attaché au cabinet de Billot, l'autre à Calmon-Maison lui-même. Ce sont deux lettres d'ardente sollicitation. Deux lettres d'Esterhazy? Picquart les lit. Il éprouve un grand trouble. Cette écriture régulière, penchée, aux caractéristiques bien précises, il croit la connaître. Il la reconnaît. Le bordereau qui a fait condamner Dreyfus est présent dans sa mémoire. Il en a, dans son bureau, des fac-similés. Il ouvre son tiroir, sort une photo du bordereau. Il place, côte à côte, le bordereau et les lettres d'Esterhazy qui viennent de lui être remises. Il regarde. Il compare. « Je fus épouvanté », dira-t-il [11]. Les écritures n'étaient pas semblables. Elles étaient identiques. L'évidence le frappe comme la foudre : le bordereau n'avait pas été écrit par Dreyfus. Il était l'œuvre d'Esterhazy.

* L'eût-il fait, avec autant d'imprudente ardeur, s'il avait connu les soupçons qui pesaient sur lui, et les enquêtes menées? Dans ses lettres à Jules Roche, Esterhazy proteste contre la mauvaise volonté du ministre, qui tarde à le prendre à son cabinet. « Il me berne, comme on ne bernerait pas le plus vil laquais » [10].

IX. – UN IDÉALISTE?

La famille Esterhazy prétendait remonter à Attila *. Les Esterhazy sont déjà connus au XIIIe siècle : ils passent pour venir du village de Zerhas, dans l'une des îles du Danube. C'est une longue dynastie de soldats et de diplomates qui, du XIIIe au XVIIIe siècle, ne cesse de partir « à la conquête des grands domaines et des grandes charges ». De bonne heure ils se tournent vers l'Autriche. Au XVIIIe siècle, Paul Esterhazy « le Palatin » aide à sauver l'Empire. Il écrase les révoltés hongrois, et fait proclamer l'hérédité de la couronne dans la descendance mâle des Habsbourg. Royalement récompensé, le Palatin est fait prince du Saint-Empire, avec droit de frapper monnaie et de conférer noblesse. Les Esterhazy détiennent le plus immense majorat d'Europe : 29 seigneuries, 21 châteaux, 60 bourgs à marché, 414 villages.

Sous Louis XIV un neveu du prince Paul, le comte Antoine Ier, « passionné de plaisir et turbulent », se met au service du rebelle Rakoczy. Condamné à mort par contumace, il doit se réfugier en France. Puis Rakoczy l'entraîne en Turquie, dans une dernière aventure. Né en France, son fils Valentin s'y fixe, se fait remarquer par son courage, et reçoit en 1734 commission de former à Strasbourg un nouveau régiment : le Royal Esterhazy. D'une aventure de passage un fils lui naît en 1740, Ladislas-Valentin qui, lieutenant-colonel à vingt ans, propriétaire du Royal Esterhazy, bientôt maréchal de camp, accumule les honneurs, et, grâce à sa « brutale beauté »,

* Joseph Reinach a consacré un long chapitre à l'histoire de la famille Esterhazy. Il estimait que cette histoire aidait à expliquer le personnage [1]...

Les aventures des Esterhazy sont inépuisables... On sait qu'un comte Esterhazy invita, en 1818, puis en 1824, Schubert, alors que celui-ci était en état de dramatique pauvreté, pour donner des leçons de musique à ses filles... Schubert tomba amoureux de la cadette, Caroline Esterhazy, âgée de dix-sept ans, et composa pour elle la *Symphonie en Si mineur*, dite *Symphonie inachevée.*

devient le favori de Marie-Antoinette. « Français par pis-aller », assure Reinach [2], il restait autrichien de cœur. La Révolution l'oblige à partir pour Coblence, quelques jours avant la fuite à Varennes. Il ira se fixer à Grodek, et y mourir en 1805.

Ladislas-Valentin avait une jeune sœur, Marie-Anne, née comme lui des amours éphémères de Valentin. Elle ne s'était jamais mariée, et avait reçu du roi le titre consolant de « Dame ». Marie-Anne n'émigra pas. Un gentilhomme, le marquis Jean-César de Ginestous, viguier et gouverneur du Vigan, lui avait fait un enfant. Jean-Marie-Auguste avait été déclaré le 7 mai 1767, né de père et de mère inconnus. Marie-Anne – qui l'éleva avec soin – lui donna le sobriquet de Walsin. Fixée à Nîmes, elle mourut en 1823 âgée de quatre-vingt-un ans.

Jean-Marie-Auguste dit Walsin, descendant naturel des Esterhazy, épousa à Nîmes, en l'an V, une demoiselle Cartier, fille d'un négociant aisé. Lui-même tâta du commerce. Mais le sang des soldats battait sans doute dans ses veines : il eut trois fils, dont deux entrèrent dans l'Armée. Les deux « Walsin » devinrent l'un et l'autre général sous le second Empire. Le plus jeune se distingua pendant la guerre de Crimée. De son mariage avec Mlle Dequeux de Beauval il eut une fille et un fils : c'est ainsi qu'héritier naturel d'une glorieuse lignée, Marie-Charles-Ferdinand Walsin-Esterhazy, qui « fit » l'Affaire Dreyfus, naquit à Paris, rue de Clichy, le 26 décembre 1847.

Il poursuivit quelques études au lycée Bonaparte * : ses camarades gardèrent le souvenir d'un garçon maigre, au teint mat, pauvrement vêtu, et qui se tenait toujours à l'écart. Son père meurt quand il n'a pas dix ans. Sa mère mourra quand il en aura dix-sept. La vie ne lui est pas facile. Il quitte le lycée après la classe de seconde; il ne sera jamais

* Il y apprendra l'allemand. On chercha, bien à tort, dans ses correspondances des " germanismes " ou des tournures " exotiques ". Ainsi que le remarque Marcel Thomas, il n'avait qu'un seizième de sang hongrois et ne parlait pas la langue de sa glorieuse famille. En 1898 le chef de famille des Esterhazy lui fera procès pour qu'il renonce au titre de comte qu'il usurpait, et qu'il soit contraint d'accoler Walsin à son nom, rappel de sa bâtardise [3].

bachelier. « Le monde parisien l'attirait, et il comptait y faire figure »[4]. Sa trace se perd durant quelques années. Reinach affirme qu'il passa alors « quelque temps en Allemagne » et apprit l'allemand. Mais nul n'en sait rien. Marie-Charles réapparaît en 1869 engagé dans la légion pontificale. Il passe un an à Rome, démissionne, et grâce à son oncle le général Walsin se fait nommer par décret impérial du 24 juin 1870 sous-lieutenant à la légion étrangère. Il combat bientôt dans l'armée de la Loire. Tandis que les troupes françaises sont en déroute, il est nommé sous-lieutenant au 1er zouaves, bientôt promu « capitaine ». Mais en 1871 la Commission de révision des grades le rétrograde, faisant de lui un sous-lieutenant, ce dont il concevra une vive amertume. Il reprend sa carrière. En 1875 il est en garnison à Beauvais, mais réussit à se mêler, à Paris, de la rédaction d'un bulletin édité par la Réunion des officiers. C'est qu'il parle convenablement l'anglais et l'italien. Il y rédige des articles sur toutes sortes de sujets militaires. En 1877 il réussit à se faire muter au Service de Renseignement, encore très mal organisé, où il rejoint son ami le capitaine Maurice Weil. Il y passe trois ans, en qualité de traducteur d'allemand. C'est là qu'il fait la connaissance du capitaine Henry qui entre au Service grâce à la protection du général de Miribel, en décembre 1877. Se lièrent-ils alors *? En 1880, il reçoit son troisième galon, est affecté à Cholet, puis part pour faire la campagne de Tunisie. Là il se débrouille pour transcrire sur ses états de service une citation à l'ordre de l'Armée purement imaginaire. Bientôt il se retrouve à Sfax, au service des renseignements tunisiens. Il écrit à sa belle cousine, Mme de Boulancy, sa maîtresse parmi beaucoup d'autres, pour lui demander des « prêts » **. Partout où il est passé il s'est endetté. La gentille cousine ne cesse de lui envoyer de l'argent, toujours davantage : 36 500 francs en deux ans[5]. Esterhazy est très amer que la France ne reconnaisse pas mieux ses mérites.

* C'est l'un des mystères de l'Affaire, qui ne sera sans doute jamais élucidé.

** La correspondance avec Mme de Boulancy sera en partie publiée dans *le Figaro*, à partir du 28 novembre 1897, à l'instigation de Mathieu Dreyfus.

Il adresse à sa créancière de vigoureuses diatribes : « Le général Saussier est un clown... les Allemands mettront tous ces gens-là à leur vraie place... Tous ces généraux grotesques ont encore la botte prussienne marquée plus bas que le dos... » [6]. Quelques trafics, mal éclaircis, obligent le résident général Paul Cambon à le faire réexpédier en France. En février 1884 il doit reprendre le bateau pour Marseille, affecté au 7e bataillon de chasseurs à pied. Il est furieux, presque désespéré. Il écrit à sa cousine une furieuse philippique contre la France *.

Mme de Boulancy a bientôt le front de lui réclamer son argent. Il rompt avec elle, et la maudit.

Que reste-t-il, sinon la chance d'un mariage? Esterhazy écrit à des agences spécialisées [7]. En vain. Il réussit à connaître, par un prêtre de la Madeleine, dira-t-il, une famille de vieille noblesse lorraine, les Nettancourt-Vaubécourt. Le marquis est ruiné et neurasthénique, mais sa femme d'origine bourgeoise a quelque fortune. La deuxième fille Anne paraît difficile à établir. On promet une dot de 200 000 francs. Le comte Esterhazy épouse Anne de Nettancourt-Vaubécourt le 6 février 1886. La comtesse restera fidèle à son mari, en dépit de toutes les vexations, dévouée jusqu'au terme de cette vie tumultueuse. Après sa mort, elle essaiera même de défendre sa mémoire. En revanche, Esterhazy trouve sa femme décevante, sotte, et bassement sensuelle :

> Le mariage est ou une association d'intérêts pécuniaires, ou la satisfaction d'une passion matérielle très grossière, ou la fusion de deux êtres qui en arrivent à penser et à sentir de même en toutes choses.
> D'intérêts pécuniaires, ma femme ne s'est jamais rendu un seul instant compte, n'a jamais cherché un seul instant à comprendre que, quand on se marie, pauvres comme nous, quand on a été assez fous pour débuter par des dépenses stupides, il faut être économe, et ne pas s'acheter à tort et à travers des robes, des manteaux et des chapeaux, ne pas voyager en première classe, ne pas payer des femmes de chambre 60 francs par mois.

* Voir *infra* pp. 281 et s.

Quant à la fusion de nos pensées et de nos sentiments, j'affirme que j'ai fait tout ce que j'ai pu, mais que, pas un instant, ma femme, qui avait hérité de sa mère d'un entêtement passif incommensurable, n'a fait aucun effort pour se rapprocher de moi, de ce côté. « Je m'ennuie », était son unique refrain; il l'a été dès le premier jour, je l'ai entendu jusqu'à la fin.

Reste la passion matérielle. Je crois en effet que ma femme m'a aimé vivement par les sens. Mais c'est de toutes les formes de l'amour, la plus basse, la moins durable et ce n'est pas dans ce but unique que je m'étais marié... De toutes les femmes à qui je me suis adressé dans ma vie et qui ont eu pour moi plus ou moins de tendresse réelle, la seule qui n'a eu pour moi aucune affection vraie, ce fut ma femme! Ce n'est point de chance. Car je n'appelle point amour ce sentiment physique, et peu durable quand il existe seul, qui attire une femme vers un homme – surtout vers le premier homme – et c'est celui-là, et celui-là seul, que Mlle de Nettancourt a éprouvé pour moi. Mes maîtresses m'ont aimé avec leur cœur, ma femme légitime n'a eu vers moi qu'une attirance sensuelle. C'est une singulière ironie [8]!

Mais cet « idéaliste » est couvert de dettes. En 1888, quand le ménage s'installe à Courbevoie, il est déjà ruiné. La comtesse doit, pour sauver quelques fonds, demander la séparation de biens. Cela n'empêche pas Esterhazy d'acheter un château dans la Marne, à Dommartin-la-Planchette * : pour ses vieux jours. La vie conjugale devient de plus en plus difficile. Les époux se chamaillent sans cesse, au grand désespoir du comte qui rêve d'une vie paisible. « La scène, écrit-il, est la mort du foyer. » Il joue et s'endette. Il trompe sa femme autant qu'il peut. Il se promène partout, cherchant l'argent et les aventures. Il demande secours à des Juifs riches, et en même temps il se lie avec des antisémites militants. Quand en 1892 il doit être nommé commandant, et veut être affecté au 74e régiment d'infanterie, il sollicite ses « amis juifs » : Maurice Weil bien sûr, qui intervient auprès de Saussier et de quelques

* A cinq kilomètres de Sainte-Menehould.

autres dont Joseph Reinach *... Il obtient quelques satisfactions.

Mais il faut vivre. Et l'année 1894 s'annonce mal pour le commandant Walsin-Esterhazy. Ses comptes au Crédit lyonnais sont vides, et le Crédit foncier lui réclame, en juin, sous menace de poursuites, près de 5 000 francs, soit trois semestres d'arrérages d'un emprunt hypothécaire qu'il ne parvient pas à rembourser. Il essaie de vivre d'influences, de rentrer dans un cabinet ministériel. Mais le ministre de la Guerre, le général Mercier, déteste son protecteur Jules Roche, qui intrigue pour lui succéder.

Partout Esterhazy fait valoir ses puissantes relations : son ami Saussier, son ami Roche. Il se mêle aux parlementaires, aux journalistes et à force d'affirmer qu'il est un personnage, il le devient. Mais l'argent? Sa situation ne cesse de s'aggraver. Son château de Dommartin lui coûte très cher, les créanciers s'y pressent, tout le long du jour. Il accuse sa femme d'être prodigue. Elle est incapable de vivre, soupire-t-il, avec les 1 000 francs par mois qu'il dit lui donner. Il tente à la Bourse des opérations à terme qui tournent mal, car il joue à la baisse sur des valeurs qui ne cessent de monter [9]. A qui soutirer de l'argent? A sa belle-famille? Elle ne veut plus rien faire pour lui. Depuis qu'il a servi de témoin au capitaine Crémieu-Foa, elle lui reproche de s'être « enjuivé ». Aux Juifs? Il fabrique une fausse lettre, qu'il attribue à son oncle maternel le diplomate de Beauval : « Tu as défendu les Juifs, et tu succombes par l'argent. C'est le doigt de Dieu. » Maurice Weil diffuse cette lettre capable d'émouvoir quelques Juifs riches. Le 5 juillet, le baron Edmond de Rothschild lui fait envoyer 2 000 francs **. Le grand rabbin Zadoc Kahn essaie aussi de trouver quelques fonds pour le malheureux, qui souffre d'avoir trop défendu les Juifs [10]. Ces soutiens ne peuvent suffire. « J'irai jusqu'au crime, assure-t-il, plutôt que de voir les miens mourir de faim. » Que peut-il faire? Collaborer ici ou là avec quelques journaux, qui exploiteront ses informations et son

* Joseph Reinach sollicité parmi beaucoup d'autres, paraît n'être pas intervenu.

** Esterhazy récidivera en 1895 (voir *supra* p. 159).

talent *? S'expatrier, ce à quoi il songe, et songera souvent? Se tuer? Se vendre à l'Allemagne, puisque la France est incapable de récompenser ses mérites?

C'était « un malade », écrit Joseph Reinach [11]. Physiquement, il l'est. Esterhazy est tuberculeux. Il ne dort pas ou presque. Il est surexcité, dangereux, irritable. Il passe d'un énervement extrême au plus profond abattement. Toujours il se croit persécuté : sa femme, ses maîtresses, ses camarades, l'État-Major, la France, le monde entier s'est ligué contre lui **. Et il les hait. Il ne distingue pas la vérité du mensonge, et croit tout ce qu'il dit. Il n'a nulle morale. Il trahit chaque fois qu'il est nécessaire, toujours convaincu d'être innocent. Tout chez lui, ou presque, est usurpé : le nom, la noblesse, les relations, les duels qu'il prétend avoir eus, les missions qu'il dit avoir remplies, les gloires dont il se vante. Amoureux de paraître, avide de luxe et même de faste, toujours en quête d'un plaisir nouveau, il dilapide l'argent, celui qu'il a, et celui qu'il n'a pas, l'argent de celles et de ceux auxquels il peut en soutirer. Il vit d'astuces, d'intrigues, de trucs, de chantages, mais aussi de chimères. Menteur, voleur de billets, de titres et de bijoux, méchant avec ceux qui se dévouent pour lui, envieux de tous, cruel avec les femmes, il est, au bout du compte, malheureux. Un aventurier? Un aventurier prodigieux dont l'invention et l'audace sont sans mesure. Mais à mi-chemin de l'année 1894 un aventurier déchu, épuisé, comme étouffé par les mille intrigues qu'il a nouées autour de lui.

Tel est l'homme qui le 20 juillet 1894 vient frapper à la porte de l'attaché militaire d'Allemagne. Il est sec, osseux, courbé, le corps trop maigre pour sa tête massive; le visage aux pommettes saillantes est barré d'une forte moustache noire, presque sans menton. « Le nez busqué, les yeux petits et enfoncés, noirs, impénétrables, toujours en mouvement, l'accent bref, la voix tremblante par des contrastes de violence et de douceur » [12] font de lui un personnage

* Ce qu'il fera en 1895, devenant le collaborateur anonyme de *la Libre Parole*.

** Une émouvante fidélité dans cette vie de trahison : un amour passionné pour ses deux filles.

étrange, « exotique » même. Mais le comte Esterhazy est aussi un officier « insinuant et charmeur ». Ceux qui l'ont connu ont admiré les vives saillies de son esprit curieux, souple, toujours en mouvement [13]. Son imagination fébrile, sa parole brûlante, une intensité merveilleuse de vie séduisent et souvent fascinent. Il ne ressemble à personne. Il paraît avoir rassemblé tous les dons et tous les vices en une mosaïque incohérente. Assis devant le bureau de Schwarzkoppen, il parle de sa femme et de ses enfants malades, de la misère qui l'accable, il menace de se loger une balle dans la tête. Comédien-né, il est entré dans un nouveau rôle.

X. – LA FRANCE TRANQUILLE

Tandis que le chef du Service de Renseignement fait secrètement une enquête sur le commandant Esterhazy, la France, en cet automne 1896, a presque oublié l'Affaire Dreyfus. « Dreyfus? Je me rappelle vaguement le nom mais je ne me rappelle plus rien de l'histoire. » Ainsi parle l'un des convives à une réunion d'amis où se trouve Léon Blum. Un officier présent, le colonel Roget, doit raconter l'Affaire *. La France avait d'autres soucis : la fiscalité, les congrégations, « l'inquiétante » montée des revendications ouvrières. Pour avoir proposé le vote d'une loi fiscale, dite loi d'abonnement, taxant les congrégations **, le gouvernement Ribot avait provoqué l'hostilité déchaînée de la droite, des « ral-

* Léon Blum ne précise pas la date de cette réunion : sans doute durant l'été 1896 [1]. Charles Maurras écrit, dans « Au signe de Flore » : « c'était à la mi-juin 1897, cinq mois entiers avant que n'éclatât l'affaire Dreyfus [2] »... « C'est, écrit François Goguel, de 1897 à 1900 que (l'Affaire Dreyfus) a exercé une profonde influence sur l'évolution politique et sur l'esprit public français » [3]. De janvier 1895 au dernier trimestre de 1896 on ne parle plus guère en France de l'Affaire Dreyfus.

** *La Croix*, organe des Assomptionnistes, avait mené contre cet impôt une violente campagne, appelant à ne pas le payer.

liés » eux-mêmes, sans parvenir à rassurer la gauche. Il était tombé le 28 octobre 1895 sur un scandale anodin, mais qui démontrait une nouvelle fois la collusion des affaires et de la politique. Le pontife radical Léon Bourgeois lui avait succédé, formant un ministère radical homogène. Sans majorité, il ne pouvait survivre que grâce à la « tolérance » des républicains de gouvernement, c'est-à-dire du centre [4]. Cette tolérance lui manqua vite. Annonçant une loi sur les associations, préalable à un règlement général des relations entre l'Église et l'État, Bourgeois suscita l'hostilité de toute la droite catholique et d'une partie du centre. Il renforça le mécontentement parlementaire en soutenant le principe de l'impôt sur le revenu, inscrit depuis longtemps au programme radical. Léon Bourgeois prétendit le défendre comme l'axe d'une politique destinée à corriger les inégalités sociales et à fonder la solidarité nationale. L'impôt sur le revenu, c'était la voie ouverte à l'inquisition, au collectivisme! L'opposition s'enfla de tous côtés. Difficilement le gouvernement fit voter par la Chambre le principe de l'impôt progressif *. Mais dès le printemps 1896, cinquante-cinq conseils généraux se prononçaient contre le projet. Les députés hésitants abandonnèrent le gouvernement. Sans majorité à la Chambre, Léon Bourgeois fut contraint de démissionner par le Sénat, après trois mois d'un conflit passionné **.

Vient alors Méline, l'ancien ministre de Jules Ferry, l'apôtre de la politique protectionniste. Il forme un ministère modéré homogène : Hanotaux revient aux Affaires étrangères, Barthou à l'Intérieur. Méline réussira à se maintenir vingt-six mois au gouvernement, naviguant avec habileté ***. Il se sépare résolument des radicaux, et cherche sa majorité dans une alliance des « républicains de gouver-

* Le projet, repris par Joseph Caillaux, n'aboutira qu'en 1907, à la Chambre, en 1914 au Sénat [5].

** Ce conflit posait un problème constitutionnel. Démissionnant, Bourgeois parut reconnaître au Sénat le pouvoir de renverser le gouvernement. Le Sénat usera à plusieurs reprises du pouvoir créé par ce précédent.

*** La majorité centriste de Méline attire à elle de remarquables orateurs qui, oscillant autour du centre, travaillent à leur carrière : Barthou, Deschanel, Poincaré, Waldeck-Rousseau.

nement », c'est-à-dire du centre et de la droite. Il lui faut donc renoncer à l'anticléricalisme qu'il dénonce comme « une tactique des radicaux pour tromper la faim des électeurs » et chercher l'apaisement religieux. C'est pourquoi le gouvernement ferme les yeux sur le retour des congréganistes, le développement de la propriété ecclésiastique et de l'enseignement religieux [6]. Méline, qui s'est réservé le portefeuille de l'Agriculture [7], prétend « prendre appui sur les campagnes » : la politique protectionniste dont il sera le promoteur résolu est destinée à rassurer les paysans, notamment les viticulteurs que menace la concurrence étrangère. Seulement le gouvernement fera-t-il la concession de quelques lois sociales [8], telle la loi de 1898 sur les accidents du travail. Il reste que pour les socialistes, qui conquièrent quinze grandes villes, dont Lille et Marseille, aux élections municipales de 1896, pour les radicaux dont l'audience s'étend dans la France rurale et qui réclament le retour à une république laïque et militante, le gouvernement Méline incarne désormais le pouvoir de la réaction.

C'est le temps où s'organise le « parti colonial » [9]. A la Chambre, le « groupe colonial » est devenu puissant et actif. Le ministère des Colonies est né en 1894. Il semble que la colonisation ne suscite plus, dans l'opinion publique, l'hostilité ou l'indifférence qu'elle provoquait dix ans plus tôt. La France ne cesse d'étendre ses possessions en Afrique. Madagascar, après la coûteuse campagne de 1895, est annexée en 1896. Des commerçants, des militaires, des fonctionnaires commencent à partir, fuyant souvent la vie médiocre ou difficile de la métropole. L'empire semble consacré, reconnu. Et s'il est douteux qu'il soit source de profit économique, du moins sert-il à détourner « toute une part du courant nationaliste » [10].

Mais c'est toujours le renforcement incessant de l'alliance franco-russe qui rassemble et réconforte l'opinion. Français et Russes multiplient prévenances et discours d'amitié. En octobre 1896, le jeune tsar Nicolas II consent à venir en voyage officiel en France, accompagné de la tsarine Alexandra. La République déploie tous ses fastes. A Cherbourg, sous les vivats frénétiques de la foule, le président

Félix Faure accueille les souverains de l'immense empire. Un train spécial les conduit à Paris, une gare a été édifiée, en lisière du bois de Boulogne, pour recevoir les têtes couronnées. Dans la capitale, l'accueil est délirant. Près d'un million de provinciaux ont déferlé sur Paris. Fêtes et spectacles se multiplient pour les souverains. A l'Élysée, un dîner fastueux les attend. On s'embrasse, on porte des toasts à l'amitié, à l'union des deux peuples. « Dans une Europe presque entièrement monarchique, la République a prouvé qu'elle pouvait faire belle figure »[11]. A la Bourse, les fonds russes ne cessent d'être en hausse : l'enthousiasme des Français ne se dément pas[12].

Dans cette année 1896, le gouvernement du centre a réussi à rassurer et fortifier la droite. L'Église et les congrégations ont été entourées d'égards. L'impôt sur le revenu a été mis au placard. L'Armée est au faîte de sa puissance et de son prestige. Les agriculteurs sont jalousement défendus. Par sa force militaire, par ses puissantes alliances, la France présente à l'Europe un fier visage. Bien sûr il y a des ombres : les grèves qui se multiplient et se durcissent, la montée des socialistes qui gagnent des voix et des sièges, à chaque nouvelle élection. Le 30 mai 1896 l'avocat socialiste Alexandre Millerand a prononcé à Saint-Mandé un discours-programme : « La propriété sociale doit se substituer progressivement à la propriété capitaliste. » Certaines industries, comme celle des sucres, « sont mûres dès à présent pour l'appropriation sociale ». Mais le socialisme, proclame Millerand, ne menace point les petits propriétaires. Les socialistes sont internationalistes, mais ils n'ont pas « l'idée impie et folle » de briser la patrie. Oui, ils sont patriotes. Et s'ils veulent transformer la société, c'est « par la conquête des pouvoirs publics, par le suffrage universel » *. Jules Guesde n'émet que quelques réserves de style. Il exprime sa satisfaction de voir « les données essentielles du socialisme... de plus en plus imposées à nos voisins de lutte ». Il faut d'abord s'emparer du

* Le 31 octobre 1896, le « programme de Saint-Mandé » est adopté comme plate-forme du groupe socialiste à la Chambre.

gouvernement. Ainsi les socialistes français se disciplinent. Se préparent-ils à conforter la République bourgeoise *?

Le progrès technique, en cette fin de siècle, fait son chemin tranquille. Déjà les taxis automobiles commencent à circuler à Paris. Louis Lumière a réalisé les premières projections publiques du cinématographe. La bicyclette est mise au point. A la fin de l'année 1896 la foule parisienne se passionne pour la première exposition du cycle et de l'automobile. Que le traître Dreyfus soit en train d'agoniser à l'île du Diable, qui s'en soucie? Et qui le sait?

XI. – SÉPAREZ LES DEUX AFFAIRES

Vingt mois avaient à peu près effacé le souvenir de l'Affaire Dreyfus. En moins de quatre mois le commandant Picquart et Mathieu Dreyfus vont, sans se connaître, l'un par entêtement vertueux, l'autre par dévouement maladroit, replacer l'Affaire Dreyfus au cœur de l'actualité.

Quand le colonel Picquart eut découvert, en confrontant le bordereau avec deux lettres d'Esterhazy, que celui-ci était vraisemblablement l'auteur du bordereau, il prit, avant d'en parler à ses chefs, quelques précautions. Et d'abord il demande à Lauth de photographier les deux lettres d'Esterhazy, en recouvrant d'un cache les parties des documents qui trahissaient l'identité de l'expéditeur et des

* Sur l'éparpillement puis l'unification des socialistes français, et leur ralliement hésitant à la République bourgeoise, cf. notamment l'ouvrage de Claude Willard, *les Guesdistes*. Les guesdistes diront ensuite n'avoir donné leur adhésion au « Credo » de Saint-Mandé, que parce qu'ils croyaient que « son élasticité et son vague pouvaient être utiles pour attirer aux socialistes une partie de l'élite de la bourgeoisie » (*le Socialiste*, 30 juillet 1899). Claude Willard éclaire « la tactique fluide et hésitante » des guesdistes, face à l'Affaire Dreyfus et aux tentations de concentration républicaine [13].

destinataires. Sur l'une des lettres il fait remplacer les mots « mon cher camarade » par « cher monsieur » : ce truquage devait permettre de montrer les photos des documents, sans révéler leur destinataire *. A la fin du mois d'août, Picquart fait venir le commandant du Paty. Il lui montre les photos ainsi « préparées » et la photo du bordereau. « Voyez-vous une analogie? » Picquart témoignera au procès de Rennes que du Paty lui aurait répondu : « Mais c'est l'écriture de Mathieu Dreyfus ». Singulière réponse, et qui n'éclairait guère Picquart **. Quelques jours plus tard, le chef de la Section de Statistique convoque Bertillon et lui présente les photos des lettres d'Esterhazy : « C'est l'écriture du bordereau », s'écrie Bertillon sans hésiter. « Mais si c'était une écriture récente? » objecte Picquart. « Alors, rétorque Bertillon, c'est que les Juifs ont exercé quelqu'un depuis un an pour imiter cette écriture. » Cette thèse sera plus tard reprise, sous des formes diverses, par les amis d'Esterhazy.

Le colonel Picquart est désormais convaincu : le bordereau est l'œuvre d'Esterhazy. Or il connaît l'existence du dossier secret qui a été communiqué aux juges du tribunal militaire, pendant leur délibération. Sandherr, lui transmettant ses pouvoirs, lui a précisé : « Vous n'aurez qu'à demander au commandant Henry le dossier qui a été communiqué aux juges en chambre du Conseil. Vous l'ouvrirez et vous verrez là-dedans des pièces convaincantes ». Ce mystérieux dossier, Picquart en a très vraisemblablement connu l'existence dès le procès de 1894. Mais il n'en connaît pas précisément le contenu. Il n'a pas eu la curiosité de le consulter depuis son arrivée à la Section de Statistique. Le 30, ou le 31 août *** il demande à Gribelin, en l'absence d'Henry : « Don-

* Lauth exploitera ce truquage par la suite pour prétendre que Picquart, agissant comme un faussaire, avait voulu dénaturer les lettres d'Esterhazy.

** Du Paty évoquait-il le système de Bertillon, soutenant que le bordereau écrit par Dreyfus avait été forgé pour partie par imitation de l'écriture de Mathieu? Marcel Thomas a retrouvé une note inédite de du Paty, datée du 1er décembre 1896, où l'officier écrivait : « Non seulement il y avait analogie, mais, à simple vue, identité absolue » [1].

*** Selon Joseph Reinach [2]; entre le 28 et le 31 août selon Picquart; le 28 août selon Gribelin [3].

nez-moi le petit dossier qui a été communiqué aux juges de Dreyfus, qui est dans le coffre du commandant Henry. » Gribelin s'exécute. Picquart emporte ce dossier poussiéreux qui, depuis un an et demi, dormait dans une armoire. Il s'attend à trouver « des choses graves », des preuves écrasantes. Il « trouve le néant ». La pièce « canaille de D » ne peut, d'évidence, s'appliquer à Dreyfus. La « lettre Davignon » ne dit rien. Picquart connaît trop Guénée pour ne pas savoir l'importance que l'on peut attacher à ses rapports. Picquart regarde longuement ces papiers insignifiants. A cause d'eux, Dreyfus est aujourd'hui supplicié à l'île du Diable. Picquart se remémore les jours du procès. Il se revoit, assis derrière le tribunal, observant – le traître? l'innocent? Il réfléchit de longues nuits. Il a maintenant la certitude d'une erreur judiciaire. Sa conscience, la haute idée qu'il se fait de l'Armée, la raison aussi, car la vérité forcément éclatera un jour, lui dictent son devoir. Jamais plus il ne s'en écartera.

Le 1er septembre 1896 il a terminé, pour le général de Boisdeffre, le rapport autographe où il rassemble les éléments essentiels d'une affaire qui appelle, selon lui, « des décisions immédiates ». Il y démontre la culpabilité d'Esterhazy. Il évoque le bordereau, il révèle la similitude d'écritures, rappelant seulement, d'une courte note en bas de page, que ce bordereau « a déjà servi de base à d'autres poursuites ». Cela devrait suffire pour que Picquart soit compris. Il joint à son rapport les pièces annexes nécessaires à sa compréhension. Seulement a-t-il l'habileté, qui se retournera contre lui, de dire avoir reçu « le petit bleu » par la voie ordinaire « à la fin du mois d'avril 1896 ». D'évidence il est embarrassé d'avoir tant tardé à prévenir ses chefs de l'arrivée du petit bleu, et il veut en « rajeunir » la date *. Ses adversaires en tireront bientôt argument pour prétendre qu'il a truqué le document accusant Esterhazy, ou même, pourquoi pas, qu'il l'a forgé.

* Picquart variera souvent dans ses déclarations relatives à la date d'arrivée du petit bleu. Au procès Zola il la placera au mois de mai [4].

Picquart se rend chez le général de Boisdeffre, pour lui faire part de sa conviction. Le chef d'État-Major l'écoute, impassible, à peine étonné. Quand le colonel évoque le dossier secret, Boisdeffre sursaute : « Pourquoi n'a-t-il pas été brûlé, comme il avait été convenu? » C'est le seul moment d'émotion. Picquart attend une réaction, des ordres, des félicitations, l'indignation du chef d'État-Major découvrant que l'on a probablement condamné un innocent. Mais Boisdeffre ne dit rien. Quand Picquart revient le lendemain, Boisdeffre lui dit seulement : « Croyez-vous que j'aie dormi après ce que vous m'avez montré hier? » Et il donne à Picquart l'ordre d'aller exposer l'affaire au sous-chef d'État-Major, le général Gonse. « Je tenais, expliquera Boisdeffre à Rennes, à suivre la voie hiérarchique et à connaître l'avis du général Gonse, avis tout à fait précieux et sérieux pour moi. »

Étonné, car Boisdeffre n'avait pas jusqu'à ce jour exigé ce respect scrupuleux de la hiérarchie, Picquart se rend chez le général Gonse, alors en congé de maladie à Cormeilles-en-Parisis. Il expose l'affaire, pendant deux longues heures, à Gonse qui, lui aussi, l'écoute sans rien dire. Seulement Gonse a-t-il ce mot : « Alors on se serait trompé? » [5]. Et le général Gonse ne donne qu'une seule consigne à Picquart : « Il faut séparer les deux affaires », l'Affaire Dreyfus et l'Affaire Esterhazy. Picquart se demande comment il pourrait bien les séparer. « Je ne voyais pas comment, s'occupant d'Esterhazy, on pouvait ne pas s'occuper du bordereau... le bordereau en somme c'était l'Affaire Dreyfus » [6]. Boisdeffre confirme cependant la consigne de Gonse : « Alors, séparez » [7]. Décidément Picquart et ses supérieurs hiérarchiques ne voient pas leur devoir de la même manière. N'importe : Picquart « séparera ».

Mathieu Dreyfus – qui ne sait rien bien sûr de ce qui se passe à l'État-Major – se désespère en cette fin de l'été 1896. Les nouvelles de son frère sont alarmantes. Que faire? Que faire pour attirer l'attention sur le martyre d'un innocent *? A Londres,

* « A en juger par les moyens employés, écrit Hannah Arendt (*Sur l'antisémitisme*, Calmann-Lévy, coll. Diaspora, 1973), on

Mathieu a requis les services d'une « agence » dont le directeur M. Cook promet d'obtenir par un mystérieux Monsieur X l'appui de quelques journaux anglais. Monsieur X s'agite beaucoup, se fait beaucoup payer. Il fait dire un jour d'août à Mathieu qu'il convient de lancer dans les journaux le bruit de l'évasion d'Alfred Dreyfus : pour empêcher que le silence ne s'appesantisse, pour que l'on ne tienne pas l'Affaire « comme définitivement classée »[9]. Mathieu Dreyfus trouve l'idée bonne. L'évasion à peine annoncée devra être aussitôt démentie. Ainsi sera saisie l'opinion publique. Et le 3 septembre le *Daily Chronicle* annonce « l'évasion du capitaine Dreyfus » : la nouvelle en a été apportée à Londres par le capitaine Hunter, du vaisseau le *Non pareil* : ni le vaisseau ni le capitaine n'avaient d'existence. Aussitôt retransmise par les agences de presse, la fausse nouvelle parvient le jour même à Paris. Elle y est reprise par les quotidiens du soir. Dès le soir du 3 septembre le ministre des Colonies, André Lebon, câble à la Guyane. On le rassure. Dreyfus est toujours là.

Dès le 4 le gouvernement publie un démenti. Mais le même jour le ministre des Colonies – que la fausse nouvelle a affolé – prend ses précautions. Le traître sera jusqu'à nouvel ordre maintenu dans sa case avec « double boucle de nuit » [10]. La manœuvre de Mathieu avait, dans le moment, aggravé le sort du prisonnier de l'île du Diable.

Elle n'en produit pas moins d'autres effets. Dès le 8 septembre, Gaston Calmette publie dans *le Figaro* un article où, aidé des confidences d'un fonctionnaire récemment rentré de Guyane, il décrit la tragique existence du condamné, « sans âge, le corps courbé, les cheveux blanchis, le visage jaune et creux, la barbe grise, la démarche lasse et lente ». *La Libre Parole* du 11 septembre 1896 réagit avec violence. « Dreyfus vit en brute. Il pourrait lire, il aime mieux manger. Il s'empiffre, mange, boit... » Chautemps, qui avait précédé Lebon dans les fonc-

aurait pu croire que les Dreyfus essayaient de soustraire un coupable à la Justice, et non de sauver un innocent. Ils avaient très peur de la publicité, et ne se fiaient qu'aux manœuvres en sous-main » [8]. Ce jugement sévère fait bon marché des difficultés de l'action dreyfusarde à l'époque.

tions de ministre des Colonies, se déclare diffamé par Calmette, parce que celui-ci a osé écrire que le ministre avait un moment envisagé de permettre à Mme Dreyfus de rejoindre son mari. « Infâme calomnie », assure l'ancien ministre, terrorisé par cette velléité de bienveillance que pourraient un jour lui reprocher ses électeurs. Il exige un démenti. Mais il est confondu. *Le Figaro* publie le télégramme chiffré de Chautemps au gouverneur de la Guyane demandant si Mme Dreyfus pourrait éventuellement être autorisée à rejoindre son mari. Les esprits s'échauffent. Rochefort fulmine dans *l'Intransigeant* et Drumont dans *la Libre Parole*. Le syndicat des amis de Dreyfus est accusé de propager de fausses nouvelles, d'acheter les gardiens de Dreyfus. « La juiverie », assure *la Libre Parole* du 22 septembre, aurait déjà réuni quatre millions pour organiser la fuite du traître [11]. Cassagnac, violent antisémite mais ami de Demange, publie le 14, dans *l'Autorité*, un article intitulé « le Doute » rappelant des exemples d'erreurs judiciaires. Toute la presse polémique à nouveau autour du déporté de l'île du Diable. Était-ce l'effet recherché par Mathieu?

Surtout *l'Éclair* publie, le 10 septembre, un long article violemment hostile à Dreyfus, dénonçant « les complices civils » du traître, « la famille, qui est l'âme de cette agitation ». L'article comporte une phrase mystérieuse :

> Si le doute en faveur du traître devait s'accentuer, on pense, même dans le monde militaire, qu'il conviendrait de mettre les points sur les *i*, et de très franchement avouer sur quelles bases irréfutables s'est appuyé le Conseil de guerre pour déclarer traître à la patrie l'homme qui semble bénéficier trop largement d'une inexplicable pitié et d'un doute qui paraît plus généreux que perspicace.

Texte étrange, qui semblait révéler, en termes ambigus, l'existence du dossier secret. Quel en fut l'inspirateur? Le commandant Henry, diront les uns. La famille Dreyfus, prétendront les autres. On accusera aussi Picquart. Toujours est-il que l'article fait sensation. Le 11 septembre, le député de l'Aisne Castelin rend publique une lettre au président du Conseil : le député avise Méline qu'il l'interpellera à la rentrée parlementaire « sur la complaisance du gouvernement à l'égard de Dreyfus et de ses amis ». Cette fois-ci le monde politique est en émoi. Et le 14 septembre *l'Éclair* récidive, apportant des précisions nouvelles [12] :

> Les attachés militaires à l'ambassade allemande en septembre 1894 adressaient à leurs collègues de l'ambassade italienne une lettre chiffrée. Cette lettre quitta bien ses auteurs pour aller entre les mains de ses destinataires, mais entre le point de départ et le point d'arrivée, elle avait été habilement lue et prudemment photographiée.
> C'était une lettre chiffrée au chiffre de l'ambassade allemande. Ce chiffre on le possédait, et on peut penser qu'il était d'une utilité trop grande pour que la divulgation d'un tel secret pût être rendue publique. On verra plus loin que ce fut la raison pour laquelle la lettre en question ne fut pas versée au dossier et ne fut qu'en secret et dans la chambre des délibérations, hors de la présence même de l'accusé, communiquée aux juges du Conseil de guerre.
> Vers le 20 septembre, le colonel Sandherr, chef de la Section de Statistique, communiquait au général Mercier cette lettre qui avait été déchiffrée. Elle était relative au service d'espionnage à Paris et contenait cette phrase : « Décidément cet animal de Dreyfus devient trop exigeant. »
> De quel Dreyfus, entre eux, les attachés militaires allemand et italien parlaient-ils?

Le long article de *l'Éclair* était manifestement bien renseigné. Il analysait à peu près correctement le texte du bordereau, sans cependant le reproduire. Il faisait un récit détaillé et fidèle de l'arrestation, de la scène de la dictée. Il nommait les principaux acteurs de l'Affaire : du Paty, Henry, Gonse, Gribelin. Et s'il se trompait sur un point essentiel – les mots « canaille de D » étaient remplacés par « cet animal de Dreyfus » – il révélait, cette fois sans équivoque, l'existence du dossier secret et une partie de son contenu.

L'émotion fut considérable. Enfin la communication d'un dossier secret aux juges de Dreyfus était connue de tous. Une des pièces, même déformée, était analysée. Mathieu Dreyfus retrouve espoir. Il croit voir dans les articles de *l'Éclair* « une réponse de l'État-Major » aux articles de Calmette et de Cassagnac. L'hypothèse est fragile : car si *l'Éclair* apportait de nouveaux éléments à l'appui de la condamnation de Dreyfus, il révélait à l'opinion publique la forfaiture commise en 1894. Et la révélation n'était pas sans risque pour Mercier, pour du Paty, pour Sandherr, pour Henry, pour ceux qui avaient été les inspirateurs ou les instruments de l'illégalité. Fallait-il chercher l'origine de la « fuite » du côté des amis de Dreyfus?

Le commandant Picquart, en tout cas, fait son profit de cette révélation. Ce qu'il avait craint commence de se produire *. Dès le 14 septembre, il écrit au général Gonse, lui adressant l'article de *l'Éclair* que Gonse a déjà lu.

> Mon Général,
> Le 8 septembre, j'avais l'honneur d'attirer votre attention sur le scandale que certaines gens menaçaient de faire éclater sous peu et je me permettais de vous dire qu'à mon avis nous allions avoir sur les bras de gros ennuis si nous ne prenions pas l'initiative.
> L'article de *l'Éclair* que vous trouverez ci-joint me confirme malheureusement dans mon opinion. Je vais chercher avec soin qui a pu préparer si habilement la bombe. Mais je crois devoir affirmer encore une fois qu'à mon avis il y aurait lieu d'agir sans retard.
> Si nous attendons encore, nous serons débordés, enfermés dans une situation inextricable, et nous n'aurons plus les moyens ni de nous défendre, ni d'établir la vérité vraie.
> Veuillez agréer, mon Général, l'assurance de mes sentiments respectueux et dévoués.
> P.S. Les papiers que je vous ai montrés à Cormeilles sont dans ma serviette qui est scellée.
> Si vous en aviez besoin, Lauth vous donnerait la serviette. Ni lui ni personne ne sait rien du reste de l'affaire.

* Picquart – sans doute informé des démarches en tous sens de Mathieu – craignait que la famille n'entreprît une campagne de presse en faveur de Dreyfus. L'événement lui donnait raison. Picquart paraît avoir été convaincu – et l'État-Major comme lui – que les amis de Dreyfus étaient à l'origine des articles de *l'Éclair*.

Mais le général Gonse semble ne rien entendre. Il ne cesse, depuis quelques jours, de ramener Picquart à la prudence, de le confiner dans sa mission : le chef de la Section de Statistique doit surveiller les activités suspectes d'Esterhazy sans s'occuper du bordereau : « Il me paraît utile de marcher dans toute cette affaire avec une grande prudence, en se défiant des premières impressions. » Gonse, que Picquart avait vu si agité, si affolé lors de la découverte du bordereau en 1894, est maintenant d'un calme que rien ne peut affecter! Pourtant Picquart ne cesse de le mettre en garde. Le moment est proche où des gens qui ont la conviction qu'on s'est trompé à leur égard vont tout tenter et faire un gros scandale... Ce sera une crise fâcheuse, inutile, et que l'on pourrait éviter en faisant justice à temps *. Mais Gonse l'apaise. « Il faut éviter toute fausse manœuvre et surtout se garder de démarches irréparables », répète Gonse que le zèle de Picquart commence à inquiéter. Le général Billot, ministre de la Guerre, est-il un recours pour le commandant Picquart que ses supérieurs découragent **? Sur autorisation de Boisdeffre, Picquart voit le ministre le 9 ou le 10 septembre. Il lui explique tout ce qu'il sait : l'identité d'écritures, l'existence et le contenu du dossier secret. Le général Billot écoute Picquart avec attention. Le général Billot n'aime pas du tout le général Mercier... Cette erreur judiciaire pourrait l'intéresser [15]. Mais que faire? Il faut réfléchir.

Quand Picquart retourne chez le ministre, il le « trouve tout retourné ». Boisdeffre a pris la précaution de le voir entre-temps. Maintenant « la solidarité militaire » joue à plein. Le général Billot garde pour lui tout ce qu'il vient d'apprendre. L'innocence probable de Dreyfus, la découverte d'un officier traître, ce sont pour le ministre des « secrets mili-

* Picquart avait entendu dire, par Guénée, que le député Castelin travaillait en réalité pour la famille Dreyfus [13].

** Joseph Reinach décrit ainsi le ministre de la Guerre : « Billot se croyait à la fois un grand militaire et un grand politique. C'était un troupier madré, sournois, d'esprit délié, mais sans caractère, point méchant, mais sans bonté, trop intelligent pour ne pas donner raison, dans son for intérieur, à Picquart, mais pas assez pour faire sienne, coûte que coûte, la cause qui s'offrait à lui [14] ».

taires ». Et il n'en parle ni au président du Conseil, ni à aucun de ses collègues. Ce secret ne concerne pas les civils. Picquart se désespère de ne pouvoir convaincre, ni seulement, semble-t-il, intéresser personne. Il a même l'impression de devenir gênant, à force d'entêtement.

Le 15 septembre, Picquart a, avec Gonse, une discussion qui tourne mal. Il semble que Picquart ait voulu brusquer l'événement, faire arrêter Esterhazy, ou lui tendre un piège [16]. Pour la première fois le sous-chef d'État-Major sort de sa réserve. « Qu'est-ce que cela peut vous faire que ce Juif reste à l'île du Diable? » Picquart est stupéfait. « Mais puisqu'il est innocent », s'indigne-t-il. Gonse hausse les épaules. Il est possible que Dreyfus soit innocent. « Cela ne fait rien. Ce ne sont pas des considérations qui doivent entrer en ligne de compte ». Et Gonse insinue : « si vous ne dites rien, personne ne le saura ». Cette fois Picquart éclate : « Ce que vous dites là est abominable. Je ne sais pas ce que je ferai; en tout cas je n'emporterai pas ce secret dans la tombe. » Picquart quitte la pièce sans attendre de réponse *.

Le conflit est désormais ouvert. Le commandant Picquart sait qu'il n'y a plus rien à attendre du général Gonse. Le lendemain les deux hommes, qui se retrouvent, font semblant d'avoir oublié la scène. « Qu'allez-vous faire? » demande Gonse. Picquart suggère à nouveau que l'on tende un piège à Esterhazy : un faux télégramme paraissant émaner de Schwarzkoppen serait adressé à Esterhazy, selon le code que l'on connaît maintenant. « Affaire importante et urgente concernant maison R. Venez immédiatement à Paris. Vous ferai attendre à la gare. C. » Gonse hésite, consulte Boisdeffre qui hésite. Tous deux gagnent du temps. On renvoie Picquart au ministre. « Non, colonel Picquart, il ne faut pas faire de ces choses-là... vous n'en avez pas le droit. Moi, chef de l'Armée, je n'ai pas le droit de faire à un officier supérieur une chose pareille. » Ainsi le général Billot décrira au procès de Rennes sa noble réaction [18]. Et Gonse ne se découvrira pas une

* Tel est, du moins, le récit fait par Picquart [17]. Gonse a démenti les termes, non l'esprit, de cette conversation.

moindre vertu. « Cette manœuvre indigne ne reçut pas, bien entendu, l'approbation du ministre, à qui je l'avais soumise du reste avec " avis défavorable ". » La proposition du commandant Picquart est aussi absurde que déplacée *. On ne traite pas ainsi un officier français!

Le 18 septembre, Lucie Dreyfus a adressé au président de la Chambre des députés une pétition rédigée par Me Demange. Le prudent avocat a enfin consenti à ce que la famille prenne des initiatives publiques :

> Messieurs les Députés,
> Le journal *l'Éclair*, dans le numéro du mardi 15 septembre, paraissant le lundi matin, a publié, en défiant toute contradiction, qu'il y avait une preuve matérielle, irréfutable de la culpabilité de mon mari, que cette preuve était aux mains du ministère de la Guerre qui l'avait communiquée confidentiellement, pendant le délibéré, aux juges du Conseil de guerre, dont elle avait formé la conviction, sans que l'accusé ni son défenseur en aient eu connaissance.
> Je me refusais à admettre un pareil fait et j'attendais le démenti que l'officieuse Agence Havas oppose à toute nouvelle fausse, même de moindre importance que celle-là.
> Le démenti n'est pas venu. Il est donc vrai qu'après les débats enveloppés du mystère le plus complet, grâce à un huis clos, un officier français a été condamné par un Conseil de guerre sur une charge que l'accusation a produite à son insu et que par suite ni son conseil ni lui n'ont pu discuter.
> C'est la négation de toute justice.
> Subissant depuis bientôt deux ans le plus cruel martyre comme le subit celui en l'innocence duquel ma foi est absolue, je me suis renfermée dans le silence malgré toutes les calomnies odieuses et absurdes répandues dans le public et dans la presse.
> Aujourd'hui c'est mon devoir de sortir de ce silence, et sans commentaires, sans récriminations, je m'adresse à vous, Messieurs les Députés, seul pouvoir auquel je puis avoir recours et je réclame justice.
> Lucie Dreyfus.

* Le général Gonse, comme le général de Boisdeffre, avait autrefois approuvé le piège tendu à Dreyfus [19].

Les journaux, dont *le Figaro*, reproduisent la pétition [20]. Le syndicat des amis de Dreyfus monte donc à l'assaut? Cette fois l'Affaire Dreyfus est commencée!

XII. – LE FAUX PATRIOTIQUE

Pourtant, en octobre, cette agitation paraît retomber. Elle semble se perdre dans les « fêtes russes ». La République accueille le tsar et l'impératrice. Il semble que la France ait donné son cœur à la Russie [1]. Elle est heureuse de se croire aimée. Pour être dignes de leurs invités impériaux, les hommes d'État républicains se font faire de nouveaux costumes, et délibèrent longuement sur les repas et sur les fêtes. Dans ces moments somptueux, la patrie, le plaisir du faste, la vanité se confondent.

Le colonel Picquart fait, dans le secret, son devoir. Il poursuit son enquête et l'étend aux articles de *l'Éclair* dont il recherche les inspirateurs. « On est fondé à dire, mon Colonel, lui confie perfidement Gribelin, puisque le commandant Henry est absent depuis fin août, que cet article a été écrit par vous ou par moi. » « Soyez tranquille, je vous couvre », répond Picquart [2]. Mais lui, peut-il être tranquille? Les correspondances d'Esterhazy régulièrement interceptées n'apportent aucun élément utile. Non plus la vérification des activités passées d'Esterhazy *. L'enquête sur les fuites dont a bénéficié *l'Éclair* ne conduit à rien. Picquart pressent qu'on lui impute cet échec. Ne protégerait-il pas les responsables? A mille signes, dont aucun n'est décisif, il voit venir sa disgrâce. Le commandant Henry est revenu de permission. Lauth, Gribelin, Guénée se retrouvent avec lui, dans une « conspiration bureau-

* En vain l'agent Desvernine perquisitionne, en l'absence d'Esterhazy, dans son appartement de la rue de la Bienfaisance. On y trouve des papiers brûlés, et deux cartes de visite de Drumont [3].

cratique » * contre ce chef solitaire et prétentieux. Gonse et Boisdeffre entretiennent fréquemment le ministre Billot. Ce malheureux Picquart délaisse son service. Il n'est plus occupé que de ses marottes, l'Affaire Esterhazy, l'Affaire Dreyfus. Vers le milieu d'octobre, le général de Boisdeffre ne cache pas à Picquart son mécontentement. Le chef du Service de Renseignement « manque de pondération » dans son enquête sur Esterhazy. Il a eu tort d'en parler à Bertillon qui en parle à qui veut l'entendre. Et ne voit-on pas souvent, trop souvent, l'avocat Leblois au ministère? Pourquoi Picquart s'intéresse-t-il tant à l'innocence prétendue de Dreyfus? Le commandant Henry fait un rapport au général Gonse, qui entretient le général de Boisdeffre. Le chef du Service de Renseignement est en train de tourner mal. Il souffre d'une idée fixe. Le général de Boisdeffre suggère au ministre d'éloigner le colonel Picquart, dans l'intérêt du service. Il s'agit aussi de le soustraire aux malheureuses influences qui risquent de s'exercer sur lui. Picquart s'est distingué autrefois au Tonkin. Ne pourrait-on l'y renvoyer dans son intérêt même? Le ministre de la Guerre est gêné. Il cherche une solution moyenne. Il veut éviter, dit-il, de nouvelles polémiques de presse. Le mieux sans doute est d'inventer le prétexte d'une mission. On demandera au colonel Picquart de réorganiser le Service de Renseignement dépendant des différents corps d'armées stationnés sur les frontières de l'Est et du Sud-Est. On ne le remplacera donc pas. Gonse prendra la direction provisoire du Service de Renseignement, et Henry fera le travail.

Le 27 octobre, le ministre signe l'ordre de mission de Picquart. « Je compris tout de suite, dira Picquart, qu'il s'agissait de m'éloigner, mais je ne l'ai fait sentir à personne » [5]. Il commence à comprendre que son zèle, sa curiosité à découvrir « la vraie vérité » dérangent l'État-Major et ses propres subordonnés. Il voit bien que de l'innocence de Dreyfus nul ne se soucie. Chose jugée? Prestige de l'Armée? Renom de la France? Ou simplement embarras

* A partir d'octobre, le commandant Henry est manifestement chargé de surveiller son chef [4].

causé par l'illégalité du dossier secret *? Il ne sait. Mais il sait qu'on veut se débarrasser de lui. Quand partira-t-il? La mission, inventée pour lui, ne présente aucune urgence. C'est le 14 novembre que le ministre lui signifie que son sort est scellé : il devra partir dans les quarante-huit heures. Les 15 et 16 novembre, le colonel Picquart transmet tous ses dossiers au général Gonse, dont l'enquête sur Esterhazy. Il remet l'original du petit bleu au commandant Henry. Le général Gonse lui fait d'« affectueux adieux ». « Vous nous reviendrez en décembre », promet Gonse, de plus en plus amical. Quand le colonel Picquart monte dans le train qui va le conduire à Châlons, il devine le soulagement qu'il laisse derrière lui.

Mais entre la signature de l'ordre de mission éloignant Picquart et son départ, entre le 27 octobre et le 16 novembre, les événements se sont précipités, donnant raison à son inquiétude. La rentrée des Chambres, fixée au 27 octobre, laissait planer la proche menace de l'interpellation du député Castelin. Que dira ce parlementaire apparemment acharné contre Dreyfus, mais dont l'agent Guénée prétendait qu'il était « payé » par la famille Dreyfus? Le général Billot était de plus en plus préoccupé. Une note confidentielle de Guénée à Gonse, en date du 30 octobre, ajoutait un nouveau souci : elle révélait que Picquart avait poussé ses investigations plus loin qu'on ne le croyait dans l'étude du dossier secret, qu'il avait travaillé sur le commentaire de du Paty, et, curiosité dangereuse, sur les deux rapports de Guénée **. Il avait convoqué Guénée, et l'avait interrogé sur les étranges propos de Val-Carlos

* Schwarzkoppen décrit ainsi la situation, dans ses *Carnets* : « Gonse, Boisdeffre et le ministre de la Guerre ne voulaient pas se prêter à une reprise de l'Affaire Dreyfus. La découverte de Picquart et la grande énergie avec laquelle il paraissait vouloir poursuivre l'Affaire leur semblaient fort embarrassantes et grosses de difficultés. Aussi bien que leurs acolytes, du Paty et Henry, ils devaient craindre que si Picquart arrivait à prouver l'innocence de Dreyfus et la culpabilité d'Esterhazy, c'en serait fait d'eux, du prestige de l'Armée et du bon renom de la France. La poursuite de l'enquête de Picquart devait donc être rendue impossible, et la culpabilité de Dreyfus établie à nouveau » [6].

** Dont on sait qu'ils avaient été surchargés pour renforcer le dossier secret. Voir *supra* p. 118.

rapportés par lui. Dangereuse curiosité. Picquart avait-il « décelé le point faible » des rapports Guénée communiqués au Conseil de guerre [7], avait-il aperçu ou soupçonné les faux commis? Qu'en savait-on, que risquait-on d'en savoir à l'extérieur?

A la fin d'octobre, Gonse avait brutalement repris à Picquart le dossier secret. Une note de Guénée, révélant que Picquart a peut-être eu des soupçons sur ce qui s'était passé en 1894, rappelle la fragilité de ce dossier **. Ce qui manque, pour faire face au péril, c'est une pièce véritablement accablante pour Dreyfus. Oui, il faudrait une pièce décisive. Gonse, qui voit Henry le 3 octobre, lui suggère-t-il, lui ordonne-t-il, d'« inventer » le document qui prouvera définitivement la culpabilité de Dreyfus? Est-ce Henry qui en eut l'idée, pour plaire à ses chefs, pour leur rendre service, pour servir Esterhazy, par zèle d'officier ou par amitié complice [9]?

Le dimanche 1er novembre, jour de la Toussaint, le commandant Henry travaille tranquillement chez lui. Il a emporté deux ou trois documents venus par la voie ordinaire, pris dans les réserves de la Section de Statistique. L'un est une lettre de Panizzardi à Schwarzkoppen, courte lettre au crayon bleu sans doute écrite vers la deuxième quinzaine de juin 1896, et trouvée selon l'usage par Mme Bastian, dans la corbeille de Schwarzkoppen :

> Mon Cher Ami,
> Voici le manuel : j'ai payé pour vous (180) selon le convenu. C'est entendu mercredi, huit heures du soir, chez Laurent. J'ai invité trois de mon ambassade, dont un seul Juif, ne manquez pas. Alexandrine [10].

Un autre document est une enveloppe, venue aussi par la voie ordinaire. Au recto elle porte l'adresse de Schwarzkoppen écrite de la main de Panizzardi. Au verso, le cachet de l'Italien à ses initiales. Henry s'est muni, pour travailler, d'une

* Guénée terminait sa note du 30 octobre en précisant que Picquart lui aurait dit avoir fait part de ses « doutes » à des tiers. Henry et Guénée prétendront que Picquart en avait parlé à son ami Leblois [8].

demi-feuille vierge de papier quadrillé, ce même papier qu'emploie d'ordinaire Panizzardi.

Peut-être seul, peut-être aidé d'un espion faussaire [11], en tout cas aidé de sa femme qui l'entoure de ses conseils, après s'être entraîné de multiples fois, Henry fait son travail. Au crayon bleu il trace sur sa feuille préalablement déchirée – pour qu'elle paraisse venir de la voie ordinaire – un texte qu'il a imaginé, et qui est accablant pour Dreyfus :

> J'ai lu qu'un député va interpeller sur Dreyfus. Si on demande à Rome nouvelles explications, je dirai que jamais j'avais les relations avec ce Juif. C'est entendu. Si on vous demande, dites comme ça, car il ne faut pas qu'on sache jamais personne ce qui est arrivé avec lui.

Il imite, de son mieux, le graphisme de Panizzardi. Il prend la précaution d'introduire dans la rédaction deux ou trois mots figurant sur le modèle qu'il utilise. Il raboute de son mieux, à l'aide de bandes de papier gommé transparent, l'en-tête de la lettre modèle « mon cher ami » et la signature « Alexandrine ». Sur son modèle, maintenant amputé de l'en-tête et de la signature, il recolle l'en-tête et la signature d'une pièce insignifiante – une invitation à dîner [12] – qu'il détruit ensuite. Ainsi fabrique-t-il un faux – ou plutôt deux faux : mais l'un est la pièce décisive tant espérée. Le faux est grossier. Henry, qui n'est pas un grand professionnel, ne s'est pas aperçu que le quadrillage du papier ayant servi à son faux est bleuté, tandis que l'en-tête et la signature sont tracés sur du papier quadrillé en mauve. A l'inverse la pièce de comparaison écrite sur quadrillage mauve est maintenant pourvue d'un en-tête et d'une signature sur papier gris bleuté. Par surcroît l'écartement des carreaux est légèrement dissemblable.

Ces négligences seront un jour fatales au commandant Henry. Mais pour le moment, il est très fier. Dès le 2 novembre, il porte son document au général Gonse. Gonse et Boisdeffre se précipitent chez le ministre. Ils lui apprennent « la découverte » que vient de faire le commandant Henry. Les voilà tous rassurés. La voie ordinaire vient donc d'apporter la preuve qui va confondre définitivement les partisans de Dreyfus. Pourquoi ne montre-t-on pas le document au colonel Picquart, qui est encore pour quelques jours chef du service? « Parce que, dira le général de Boisdeffre, tel a été l'avis du ministre, comme le mien. Le départ du colonel Picquart était chose décidée, le ministre avait décidé qu'il était préférable de ne plus lui parler de rien »[13]. Était-ce bien la décision du ministre? Au ministre on n'a montré qu'une photo du document : « Je dirais que jamais j'avais des relations avec ce Juif. » Malheureusement cette photo n'est pas nette. Quant à l'original il est « remplacé » dans le dossier secret par une copie du faux, tout entière écrite de la main de Gribelin, et précédée d'une description de l'enveloppe et du cachet. Admirable précaution : cette copie est « authentifiée » dans l'ordre hiérarchique par Gonse, Henry, Lauth et Gribelin, avec mention des grades et des fonctions. Tous quatre attestent l'authenticité de la copie, qui est substituée à l'original[14].

Étrange procédure. Pour Marcel Thomas, elle signe sans équivoque la complicité de l'État-Major et de la Section de Statistique. Désormais « chacun des associés tient les autres ». Si le général de Boisdeffre reste à l'écart, son adjoint le général Gonse donne son aval au faux, conçu sur l'ordre ou sur le conseil de l'État-Major. Quand le colonel Henry dira à sa femme, au moment de partir pour le Mont-Valérien : « Je suis perdu, ils me lâchent » *, il dira la vérité. Ses complices l'abandonneront!

Mais tandis que l'État-Major élimine Picquart, qu'Henry fabrique le faux qui devra confondre les amis de Dreyfus, que l'État-Major et la Section de Statistique scellent leur complicité criminelle, Mathieu Dreyfus passe vigoureusement à l'attaque. Les 7 et 8 novembre, tous les parlementaires, les grands journalistes parisiens, de nombreuses personnalités reçoivent l'opuscule, signé de Bernard Lazare, *Une erreur judiciaire. La vérité sur l'Affaire Dreyfus* **. C'était, observe Marcel Thomas, une

* *Infra* p. 419.

** La brochure fut secrètement imprimée à Bruxelles et envoyée sous enveloppe fermée. On sait que, dès juin 1895,

« véritable déclaration de guerre » des partisans de Dreyfus. Le contenu du bordereau était intégralement repris. Bernard Lazare affirmait : « la pièce secrète ne contenait pas le nom de Dreyfus, mais seulement l'initiale D ». Le mémoire, que le jeune écrivain avait remanié jusqu'au dernier jour, notamment pour qu'il réfutât les articles de *l'Éclair*, reçoit un accueil réservé [15]. Mais l'émotion est grande à l'État-Major. Bernard Lazare paraît très bien renseigné. A-t-il entre les mains le texte intégral de la pièce « canaille de D »? Connaît-il les autres pièces du dossier secret, si même il n'en parle pas? Picquart a le temps, avant de partir, d'enquêter hâtivement. Il découvre que la brochure de Bernard Lazare a coûté 25 000 francs à la famille Dreyfus. Mais sur l'origine des fuites qui ont renseigné Bernard Lazare, il ne trouve rien. En tout cas, il ne dit rien. Pour l'État-Major, c'est désormais lui, Picquart, le vrai suspect.

Le 10 novembre survient le coup de théâtre : *le Matin* publie un fac-similé du bordereau *. Cette fois-ci on ne se cache plus de soupçonner Picquart. Gonse lui demande sèchement s'il a dans ses dossiers une copie du bordereau. Il répond que non, contre l'évidence. « Après vérification », il doit reconnaître son erreur [16]. Par surcroît le ministre de la Guerre apprend que Picquart fait intercepter, par l'administration des postes, les correspondances échangées entre Maurice Weil et Esterhazy. Les lettres surprises ne sont pas dénuées d'intérêt. Elles révèlent la personnalité d'Esterhazy, ses relations avec Drumont et *la Libre Parole*. On y trouve déjà mêlées aux supplications des menaces de chantage [17]. Mais le général Billot est furieux de « ces procédés » qu'il estime déloyaux et qui risquent d'atteindre son ami Saussier. Le ministre, que tout semble affoler, a connaissance le 12 novembre

Bernard Lazare avait rédigé son premier mémoire en faveur de Dreyfus. Demange et Dreyfus l'avaient obligé à patienter près d'un an et demi. Bernard Lazare avait constamment repris, amélioré son travail. La brochure fut tirée à 3 000 exemplaires.

* Le fac-similé avait été vendu, semble-t-il, au journal, sous le titre « La preuve : fac-similé du bordereau écrit par Dreyfus », par l'expert Teyssonnières qui l'avait conservé, et entendait profiter, à son tour, de la campagne de presse.

d'une lettre anonyme adressée à Maurice Weil : « Vous êtes informé que Castelin va vous dénoncer complice dans l'Affaire Dreyfus, vous et Esterhazy. Commandant Pierre. » Maurice Weil a sûrement prévenu Esterhazy, et sans doute le général Saussier *. Voilà bien des ennuis en perspective. Que fait donc le colonel Picquart? Rien que des maladresses. Gonse menace de démissionner si Picquart n'est pas immédiatement éloigné. Le 14 novembre le ministre reçoit Picquart avec de Boisdeffre et Gonse. Il le tance fortement. « Votre enquête sur Esterhazy est certainement divulguée. » « Vous partirez après-demain. » Gonse et Boisdeffre se taisent.

Mais la publication du bordereau n'a pas fait que précipiter l'exil de Picquart. Esterhazy est épouvanté. Il lit dans les journaux le bordereau écrit de sa main. Il sait que nombreux sont ceux qui peuvent reconnaître son écriture. A l'État-Major, l'inquiétude est croissante. D'où vient ce fac-similé? Où s'arrêteront les divulgations? Quant à Mathieu Dreyfus, il tient enfin l'instrument tant attendu d'une véritable enquête. Il fait reproduire sur des placards le fac-similé du bordereau, encadré de chaque côté de lettres de son frère. De proche en proche, par une incessante propagande, le placard, révélant les dissemblances d'écritures, ouvrira les yeux : « Notre cercle d'action s'étendait, s'élargissait de jour en jour », écrit Mathieu [19]. Reste à découvrir l'auteur du bordereau...

Et la publication du bordereau apprend au colonel von Schwarzkoppen l'affreuse vérité. « J'ai tout de suite reconnu l'écriture d'Esterhazy », écrira-t-il. Il comprend que « Dreyfus avait été innocemment condamné à la place d'Esterhazy » [20]. J'en informai, ajoute-t-il, « mon ami Panizzardi auquel pour la première fois je fis connaître alors le nom et la position de mon correspondant ». Le colonel von Schwarzkoppen assure que sa situation devint alors « extrêmement pénible ». Devait-il proclamer la

* Il est certain que Maurice Weil a montré la lettre à Esterhazy, que la publication du bordereau avait déjà mis en état de panique. Weil remit la lettre anonyme au député de la Marne, Adrien de Montebello, membre de la commission de l'Armée, qui la communiqua au ministre de la Guerre [18].

vérité, confondre Esterhazy? Son « devoir » d'officier – ou d'espion – l'en empêchait. Après un débat de conscience qu'il expose avec soin dans ses *Carnets* [21], il choisit de se taire. Il adresse pourtant à ses chefs, le 22 novembre, un long rapport où il tente de concilier son secret et ses scrupules [22] :

> En ce qui concerne l'Affaire Dreyfus, elle reste tout aussi mystérieuse qu'auparavant... Nous ne pouvons ici que répéter encore et toujours que Dreyfus était et est absolument inconnu à notre ambassade, que nous n'avons jamais eu de rapports avec lui, ni directement, ni par un intermédiaire, et que par conséquent il n'a jamais existé à l'ambassade ce prétendu document écrit de sa main et dérobé à l'ambassade d'Allemagne, qui passe pour avoir entraîné sa condamnation. Si la condamnation de Dreyfus a réellement résulté d'un prétendu document émanant de lui et dérobé à l'ambassade d'Allemagne, cette condamnation est une erreur, et après la déclaration faite par l'ambassadeur d'Allemagne au ministre des Affaires étrangères que l'ambassade n'a jamais eu de rapports quelconques avec Dreyfus, le gouvernement français doit assumer seul la lourde responsabilité de cet assassinat judiciaire [23].

Un assassinat judiciaire? Depuis le 10 novembre, von Schwarzkoppen a entre les mains la preuve de l'innocence de Dreyfus, la preuve de la trahison d'Esterhazy. Il tient leur sort entre ses mains. Mais il est attaché militaire d'Allemagne, et agent de renseignement. La vérité, les affaires de la France ne sont pas ses problèmes.

A nouveau M. de Munster, qui ignore tout, s'indigne que l'on ose mettre en cause l'ambassade d'Allemagne : « le ministère des Affaires étrangères a le devoir de protéger résolument l'ambassade impériale contre des attaques si mensongères et absurdes » [24]. En novembre, il enverra à l'empereur d'Allemagne Guillaume II un rapport, exposant les thèses de Bernard Lazare sur l'innocence de Dreyfus, que Guillaume II annotera de ces mots : « C'était, et c'est toujours mon idée » [25].

L'interpellation de Castelin a lieu le 18 novembre. Ce grand débat, tant redouté, ne durera pas deux heures. Le général Billot a très bon moral. Il sait maintenant qu'existe au ministère un document décisif, celui dont Boisdeffre et Gonse lui ont montré la photo. Il en a mis la copie dans son dossier. Il ne s'en servira que si Castelin le gêne vraiment. Mais l'interpellation fait long feu. Le ministre, montant à la tribune dès le début de la séance, se retranche derrière l'autorité de la chose jugée, le respect du huis clos. Il refuse d'aborder le fond. Castelin a rassemblé tous les ragots, au hasard des articles lus. Il dénonce les « complicités civiles » dont bénéficie Dreyfus, les tentatives de corruption dont ont été victimes les juges et les experts. Il demande des poursuites contre Bernard Lazare, et tous ceux qui font l'apologie du traître et de la trahison. Il ne prononce ni le nom d'Esterhazy ni le nom de Weil. Billot est soulagé [26]. Nul besoin de sortir, contre ce médiocre réquisitoire, les armes en réserve. Quelques socialistes, Vaillant, Sembat, quelques députés antisémites proposent des ordres du jour invitant le gouvernement à prendre les mesures utiles « pour réprimer la trahison ». Méline proteste que le gouvernement fait tout son devoir et ne reçoit pas de leçon. Il accepte finalement la formule d'un ordre du jour votée à l'unanimité, moins cinq opposants et quelques abstentions *, aux termes duquel la Chambre « se déclarait unie dans un sentiment patriotique et confiant dans le gouvernement pour rechercher s'il y a lieu les responsabilités qui se sont révélées à l'occasion et depuis la condamnation du traître Dreyfus, et en poursuivre la répression » [27]. « La chose est jugée, a proclamé Billot, et il n'est permis à personne de revenir sur ce procès. » Boisdeffre et Gonse sont maintenant rassurés. Le gouvernement a bien manœuvré. L'Assemblée a flétri unanimement les partisans du « traître Dreyfus ». Picquart est parti pour sa longue mission... Le commandant Henry, qui a si bien travaillé pour l'Armée, va prendre sa suite. Mal commencé, ce trimestre se termine bien.

Mais un peu d'espoir éclaire maintenant les soirées de la famille Dreyfus. L'illégalité qui a permis la condamnation de Dreyfus est connue de tous. Elle commence à heurter certains de ceux qui croient à

* Dont celle de Joseph Reinach.

la culpabilité de Dreyfus, juristes rigoureux, consciences exigeantes. La photo du bordereau est largement répandue. Les yeux peuvent s'ouvrir, et vérifier qu'il n'est pas d'Alfred Dreyfus. Oui, un peu d'espoir est né. Mais à l'île du Diable le déporté est enchaîné dans sa case, tenu par la double boucle tandis que l'on édifie la double palissade qui l'enfermera. Les copies de ses lettres – car l'administration garde les originaux [28] –, qui parviennent à Lucie avec trois ou quatre semaines de retard, apportent de très mauvaises nouvelles. Tiendra-t-il encore? Il est épuisé, au bord du désespoir. Le temps qui passe est un mortel ennemi.

XIII. – SPERANZA

Les conjurés n'ont pas attendu le départ de Picquart pour commencer à « enquêter » sur lui : le commandant Henry a pris la tête des opérations. Dès le 18 novembre il a chargé le commissaire de police Tombs de faire une enquête sur les fuites dont a bénéficié *le Matin*. Le policier découvre vite que l'indiscret est l'expert Teyssonnières, qui a vendu au journal la copie du bordereau. Nouvelle décevante : ce n'est donc pas Picquart. Henry charge alors le très dévoué Gribelin de poursuivre l'enquête. Sous le pseudonyme de Lescure, Gribelin interroge le journaliste du *Matin*. Il dit – ou Gribelin lui fait dire – ce qu'on attend de lui : « c'est un personnage officiel qui avait la garde du bordereau » qui a renseigné le journal. « Un personnage officiel? Picquart. » Et Guénée – sur le zèle duquel on peut toujours compter – dresse rapport le 21 novembre des confidences que lui a faites avant de partir son chef Picquart. « Voyez-vous, M. Guénée, quand je me trouve en présence d'une affaire délicate... j'ai l'habitude d'aller consulter un vieil ami à moi qui demeure près d'ici » [1]. « Le vieil ami », c'est l'avocat Leblois, protestant, alsacien, dont Guénée fait le plus détestable portrait : « un aigri... un chafouin... dès le collège haï de ses camarades ». Ainsi Picquart aurait, dès novembre 1896, pris conseil de l'avocat Leblois! On dira bientôt que l'on a vu Picquart montrer à son ami Leblois les pièces du dossier secret ouvert sur son bureau. Cette indiscrétion sera dénoncée comme une « faute professionnelle grave », dont Picquart et Leblois seront successivement les accusés.

Ce n'est pas suffisant. L'acharnement du commandant Henry ne connaît plus maintenant de mesure. Toutes les correspondances adressées à Picquart – qui est encore, en titre, chef du Service de Renseignement – sont décachetées, lues avec soin, puis réexpédiées à leur destinataire, parfois retenues. Picquart mettra quelque temps à s'en apercevoir. Il est si occupé, le colonel Picquart! Et si utile là où il est! Le général Gonse lui envoie des lettres affectueuses [2]. La mission de Picquart se prolonge, le rapproche sans cesse de la Méditerranée. « Le général Billot vous prescrit de continuer votre tournée au 7e corps sans revenir à Paris... Le ministre désire que vous alliez sans désemparer examiner les 14e et 15e régions... ». La Section de Statistique fait savoir au ministre que les agissements des consuls italiens en Tunisie obligent à une enquête. Et le colonel Picquart est certainement l'homme d'une telle enquête. Il serait très bien en Tunisie...

Le 27 novembre, un heureux hasard a permis au commandant Henry d'intercepter une lettre, écrite en espagnol, adressée au colonel Picquart par un ancien soldat, nommé Germain Ducasse, très dévoué à Picquart, qui avait de temps à autre servi d'agent à la Section de Statistique et qui était devenu, sans doute grâce à son protecteur, le secrétaire particulier d'une vieille demoiselle tenant salon, la comtesse de Comminges. Comme beaucoup d'officiers, Picquart fréquentait ce salon mondain et militaire. Sous le nom de Durand, Ducasse adresse à Picquart les 24 et 26 novembre deux rapports, en style énigmatique, qu'intercepte Henry, et surtout il lui envoie, le 27 novembre, un mystérieux billet, rédigé en espagnol :

Très honoré Monsieur,
Jamais je ne l'aurais cru, si moi-même je ne l'avais vu. Le chef-d'œuvre est accompli depuis aujourd'hui : nous devons appeler Cagliostro Robert Houdin.
La comtesse parle toujours de vous et me dit chaque jour que le demi-dieu demande quand il sera possible de vous voir.
Son dévoué serviteur qui vous baise les mains. « J »[3].

Message codé, donc suspect? Le premier paragraphe concerne une affaire de service, que Picquart avait confiée à l'agent Desvernine (ici surnommé Cagliostro). Le second concerne des relations mondaines dans le salon de la comtesse. Le capitaine de Lallemand est « demi-dieu » tandis que pour le dévoué Ducasse Picquart est le « bon dieu ». N'importe : le document est suffisamment étrange pour être exploité. Le commandant Henry consulte Gonse. On se garde bien d'interroger l'auteur du billet, que l'on connaît fort bien. Ce qu'il faut, c'est démontrer que ce mystérieux papier révèle les relations qu'entretient Picquart avec les amis de Dreyfus. Ainsi on arrachera au ministre l'éloignement définitif de l'embarrassant colonel.

L'infatigable commandant Henry se remet au travail. Le 14 décembre, en quelques heures, il a fabriqué un nouveau faux, à partir du document saisi. C'est une lettre qui arrivera par la poste le 15 au ministère, qui sera « ouverte par erreur », et soigneusement conservée.

Paris, minuit 35 – Je sors de la maison, nos amis sont dans la consternation, votre malheureux départ a tout dérangé. Hâtez votre retour ici, hâtez-le vite, vite! Le moment des fêtes étant très favorable pour la cause, nous comptons sur vous pour le 20. Elle est prête, mais elle ne peut et ne veut agir qu'après vous avoir causé. Le demi-dieu ayant parlé, on agira. Speranza[4].

« Hâtez votre retour ici, hâtez-le vite... » Le faux dit ce qu'il veut dire : le syndicat des Juifs, les amis de Dreyfus attendent le retour de Picquart. C'est vers Noël qu'ils vont agir ensemble. Le ministre de la Guerre est mis en présence de ce nouveau document. Cette fois il est convaincu. Le 24 décembre il prend la décision d'envoyer Picquart en

Tunisie. C'est Gonse qui annonce à Picquart la bonne nouvelle : « Le ministre vient de me dire qu'il donne à votre mission une ampleur nouvelle et il vous charge d'aller organiser le Service de Renseignement dans l'Algérie et dans la Tunisie... Vous devez partir par le paquebot partant de Marseille le mardi 29 décembre pour Philippeville » [5]. Le colonel Picquart en Afrique? Cette fois-ci on en sera vraiment débarrassé.

XIV. – DU COLONEL À L'AVOCAT, DE L'AVOCAT AU SÉNATEUR

Le général Gonse, le commandant Henry, qui sont maintenant les principaux acteurs, veulent aussi apaiser le colonel Picquart, car ils savent que son caractère n'est pas de se soumettre facilement. Henry l'assure de sa fidélité. « Je sens comme vous le malaise dont vous parlez, mais je dois vous dire franchement et d'homme à homme que si vous aviez voulu m'écouter le jour où vous m'avez dit que je parlais d'or il y a beau temps que ledit malaise serait dissipé... » *. À l'occasion du 1er janvier, le général Gonse adresse à Picquart tous ses vœux. « Bonne santé, lui souhaite-t-il, pour votre beau voyage... » et il précède sa signature des mots « affectueusement à vous ». On assure Picquart que tous ses frais seront remboursés, et même davantage. On lui promet toutes les « permissions » dont il aura besoin. On soignera son cheval, le « vieux camarade » qu'il a laissé à Paris. Picquart feint d'être dupe. Sans doute l'est-il encore pour partie. Il reste déférent avec Gonse, chaleureux avec Henry. Mais puisqu'il est clair que sa mission n'existe pas, il demande le 16 janvier à rentrer franchement dans la troupe [1]. Le ministre s'y refuse. Ce serait avouer que Picquart est disgracié.

* Lettre du 4 décembre 1896.

Est-il en disgrâce? On en parle à Paris. Ses amis s'inquiètent. « Il est en mission », affirme péremptoirement Gonse[2]. En mars 1897 le colonel Picquart vient passer quelques jours à Paris. Est-ce alors, comme il le dira plus tard, qu'il eut la « révélation » de la duplicité du commandant Henry, qu'il avait cru jusque-là son fidèle auxiliaire[3]? Ses amis, mieux renseignés que lui, l'avertirent-ils que sa situation était plus dangereuse qu'il ne croyait? Toujours est-il qu'à son retour à Sousse, il rédige un codicille à son testament. Il y raconte le hasard qui l'a mis sur la piste d'Esterhazy. Il expose les influences d'Esterhazy, ses relations avec Weil « peut-être son complice », et l'influence possible du général Saussier. Il explique comment il a découvert que Dreyfus avait été condamné sur des pièces secrètes pour le crime d'un autre, comment le général de Boisdeffre a « retourné » le ministre de la Guerre, comment il a été envoyé en Afrique « dans l'intention évidente de l'éloigner du Service de Renseignement ». Il enferme son récit dans un pli scellé, sur lequel il écrit ces mots : « En cas de décès du soussigné, remettre ce pli au président de la République qui seul devra en prendre connaissance. G. Picquart, lieutenant-colonel au 4e tirailleurs »[4].

Le 18 mai, renvoyant à Henry la lettre d'un agent, le colonel Picquart y ajoute un mot désagréable :

> Commandant Henry,
> Que l'on dise donc une bonne fois aux gens que j'ai été relevé de mes fonctions, ou que je n'occupe plus mes fonctions.
> Je n'ai aucune raison d'en rougir; ce qui me fait rougir ce sont les mensonges et les mystères auxquels ma situation vraie donne lieu depuis six mois.

Henry lui répond, le 31 mai, par une lettre très insolente, sans doute rédigée avec Lauth et Gribelin, vraisemblablement soumise pour accord au général Gonse, et qui formule pour la première fois contre son ancien chef les plus graves accusations :

Mon Colonel,
J'ai l'honneur de vous informer qu'il résulte de l'enquête faite ici, après la réception de votre note du 18 mai courant, que le mot « mystère » peut s'appliquer aux faits relatés ci-dessous ayant eu lieu à la S.S. dans le cours de l'année 1896 :
1° Ouverture d'une correspondance étrangère au service et dans un but que personne ici n'a jamais compris.
2° Propositions faites à deux membres du personnel de la S.S. et qui consistaient à témoigner le cas échéant que « un papier classé au service avait été saisi à la poste et émanait d'une personne connue ».
3° Ouverture d'un « dossier secret » et examen des pièces y contenues, au sujet desquelles des indiscrétions se produisirent dans un but étranger au service.
Les preuves matérielles de ces faits existent ici. Quant au mot « mensonges », également contenu dans la note précitée du 18 mai courant, l'enquête n'a pu déterminer encore où, comment et à qui ce mot devait être appliqué. Veuillez agréer, je vous prie, l'expression de mes sentiments respectueux. Henry *.

La lettre parvient à Picquart le 7 juin, à Gabès. Picquart, cette fois-ci, ne se fait plus d'illusions. C'est une déclaration de guerre [5]. « Trois jours il réfléchit, bouleversé » [6]. Le 10 il répond brièvement : « Reçu lettre du 31 mai. Je proteste de la manière la plus formelle contre les insinuations qu'elle contient et la manière dont les faits y sont exposés. » Il sait désormais qu'il lui faut se défendre, et contre de tels ennemis, accumuler les précautions.

Il demande un congé pour se rendre à Paris où il arrive le 20 juin. Dès le lendemain il se rend chez son vieil ami Me Leblois, le seul avocat qu'il connaisse. Il lui expose le détail de l'affaire, lui montre les documents qu'il détient, dont les lettres de Gonse. Il lui dit qu'il est maintenant convaincu de l'innocence de Dreyfus et de la culpabilité d'Esterhazy.

* A mots à peine couverts, la lettre accusait Picquart d'avoir « altéré » le petit bleu, et d'avoir communiqué le dossier secret à son ami l'avocat Leblois.

Mais il ne lui parle pas à ce moment du « petit bleu », car il estime la pièce couverte par le secret professionnel. Leblois voit aussitôt le drame de conscience où est plongé son malheureux ami, il comprend ses scrupules. Il pressent le danger des intrigues qui l'entourent. Picquart n'est-il pas pris au piège? Ils passent ensemble toutes les soirées du 21 au 29 juin. « Leblois, écrit Reinach *, d'heure en heure plus pressant, plus curieux de détails, plus passionné pour cette grande cause qu'il avait l'ambition de faire sienne; Picquart perplexe, tourmenté de doute, sans boussole ».

Avant de repartir pour Sousse, le colonel Picquart donne à son ami si cher un « mandat général de défense ». Leblois pourra « si le besoin s'en fait sentir » mettre au courant le gouvernement. Mais il interdit à l'avocat d'aviser le frère ou l'avocat de Dreyfus. Toute indiscrétion serait « un abus de confiance à son égard ». Leblois promet le silence. Les deux amis se séparent. Quel sort attend désormais Picquart?

Des confidences reçues, l'avocat Leblois, tenu par son serment, ne sait que faire. Il se sent une double responsabilité envers son ami Picquart, envers l'innocent Dreyfus. Mais il est prisonnier de ses promesses. Il ne peut évidemment en parler à son confrère Demange. Il songe à rendre visite au garde des Sceaux. C'est imprudent. Il y renonce. A qui parler, sans parler? Un jour de juillet, il dîne à Ville-d'Avray avec les membres du Comité alsacien-lorrain. Il y a là Scheurer-Kestner, l'ancien député protestataire d'Alsace, le vice-président du Sénat. Scheurer, que l'affaire Dreyfus préoccupe maintenant, exprime des doutes sur la culpabilité du déporté de l'île du Diable. Leblois écoute et ne dit mot. Quelques jours plus tard, Leblois rencontre le neveu de Scheurer-Kestner, Charles Risler, maire du 7e arrondissement. Leblois est maire adjoint. Risler lui parle des préoccupations de son oncle : Dreyfus est-il coupable? Brutalement Leblois se décide. « Menez-moi chez votre oncle ». Le 13 juillet, il rend visite au vice-président du Sénat, à son domicile. Ce jour-là

* Joseph Reinach est souvent sévère, trop sévère, à l'égard de Leblois [7].

se produit l'un des événements décisifs de l'Affaire Dreyfus.

L'avocat raconte tout ce qu'il sait. Il montre à Scheurer-Kestner les lettres que lui a remises Picquart. Il fait jurer au vice-président du Sénat qu'il ne fera jamais usage de ses confidences sans son assentiment. Sur le mémento qu'il rédige le jour même, sur papier du Cercle de l'Opéra, Scheurer-Kestner, bouleversé, « terrassé », dira-t-il, affirme sa conviction : « Voici la vérité sur l'Affaire Dreyfus. »

> Au moment de sa condamnation, tout le monde, juges et fonctionnaires militaires du ministère de la Guerre, étaient convaincus de sa culpabilité.
> Aujourd'hui, c'est le contraire. Les uns doutent; les autres, et parmi eux le ministre de la Guerre, savent à quoi s'en tenir : Dreyfus est innocent.
> Mais on étouffe l'affaire et, pour s'en tirer, on invente l'histoire d'un complice.
> Non seulement on sait au ministère de la Guerre que Dreyfus est innocent, mais on connaît le coupable, on connaît le criminel.
>
> . . . .
>
> Le coupable s'appelle Walzin (sic) Esterhazy; c'est un Autrichien (raturé) hongrois naturalisé français, commandant de l'Armée française, mis récemment en retrait d'emploi, soi-disant pour infirmités temporaires, demeurant rue de la Bienfaisance, 27. Il était commandant au 74e de ligne il y a trois mois encore. On a commencé par le mettre en retrait d'emploi – sauf à voir, car au ministère de la Guerre on vit au jour le jour. C'est un homme criblé de dettes, joueur et viveur. Je vais me procurer de son écriture en achetant une créance sur lui. Son écriture, que je n'ai pas vue encore, est exactement pareille à l'écriture de la pièce qui a fait condamner Dreyfus, me dit la personne qui m'a fait cette énorme confidence que je suis seul à connaître.
> Walzin a été pris dans une autre affaire d'espionnage depuis l'Affaire Dreyfus et c'est alors que la similitude d'écriture avec celle de la pièce Dreyfus a éclaté.
> Le commandant Walzin a été le témoin de Mayer dans son duel avec Morès et depuis il s'en targue pour demander de l'argent à toute la juiverie.
> Ce Walzin a un complice : il s'appelle Maurice Weil et demeure 97, faubourg Saint-Honoré. Passons à Weil. Weil est commandant de la territoriale; c'est

un coulissier, croit-on, ancien marchand de chevaux. Il est entré dans l'intimité du général Saussier qui, lui, encore à l'heure actuelle, ne sait rien de tout cela; en juin 1896, Saussier, qui est, dit-on, très bien avec Mme Weil, a dîné chez Weil avec Walzin...

....

Difficultés de la situation.
1. M. Picquard (sic) doit rester dans l'ombre.
2. Le ministère a défendu la condamnation de Dreyfus en novembre 1896, le sachant innocent.
3. Relations de Weil avec Saussier.
4. En disant un seul mot, Picquard est découvert, car le général Gonse devinerait la source de l'indiscrétion.
... Le commandant Henry sait tout [8].

Ce mémento comporte quelques inexactitudes. Il émet des hypothèses – telle la complicité de Maurice Weil et d'Esterhazy –, mais sur l'essentiel Scheurer-Kestner sait désormais la vérité. Cette vérité, ils sont maintenant trois hommes intègres à la connaître. Mais Picquart est en Afrique, et tenu par le secret professionnel. Quant à Leblois et Scheurer, ils sont l'un et l'autre prisonniers des serments qu'ils ont prêtés. Leblois, qui a le sentiment d'avoir été indiscret, est intransigeant. Non, Scheurer ne peut rien dire à quiconque. Quelques jours plus tard, le 11 août, Scheurer écrira à Leblois pour le supplier de le délier de sa promesse. Il en appellera à Picquart. Picquart devrait parler. « Votre ami est certainement un honnête homme, il en a donné la preuve, mais il ne faut pas que son honnêteté s'arrête en route. » Leblois, sans même en référer à Picquart, oppose un refus formel. Il rappelle Scheurer à la prudence. « Tous ces gens-là se défendront, et nous savons qu'ils sont sans scrupule. Si l'on ne fait pas d'omelettes sans casser d'œufs, il en faudra, pour celle-là, casser terriblement. » Le vice-président du Sénat ne peut rien obtenir de Leblois. Il lui reste à agir seul. Il autorise son ami Joseph Reinach, dont l'influence est grande dans les milieux politiques du « centre », et quelques amis – dont Ranc – à raconter « que sa conviction est faite, et que Dreyfus est innocent ». Bien sûr, on ne lui tire pas un mot sur ses raisons. Il permet à Reinach de prévenir Mme Dreyfus. « Premier rayon de soleil qui réchauffait depuis trois ans ce pauvre cœur »[9]. L'appui du vice-président du Sénat, dont l'autorité morale déborde les fonctions, qui a de nombreux et puissants amis, ce n'est pas rien. Enfin un homme politique, influent, écouté, paraît gagné à la cause de Dreyfus! Mais Scheurer veut compléter son dossier, vérifier les charges contre Esterhazy. Il lui manque un spécimen de l'écriture du traître. Il charge un policier retraité, Jaume, de se mettre en chasse pour lui en procurer un. Jaume le lui apporte le 27 juillet *. Reinach adresse à Scheurer une photo du bordereau. Les ressemblances sont frappantes **! Bien entendu, tenu par sa promesse, Scheurer ne parle encore à quiconque d'Esterhazy. En revanche il clame partout sa conviction. Et le monde politique apprend, peu à peu, que le vice-président du Sénat est convaincu de l'innocence du déporté de l'île du Diable, qu'il a « des preuves » en main. Dînant à l'Élysée le 19 juillet, chez son ami Félix Faure, le vice-président du Sénat prend à part la fille du président de la République « qu'il savait intelligente et bonne »[12].

> J'ai le cœur gros, la conscience bourrelée. C'est une histoire atroce, le capitaine Dreyfus est innocent. N'en parlez pas à votre père, car je ne saurais encore lui dire grand-chose; je ne suis pas libre; mais réservez-moi votre sympathie[13].

Bien entendu Lucie Faure en parle à son père. Deux jours après, elle écrit à Scheurer. Il faut qu'il en parle vite au président. Et Joseph Reinach transmet à Scheurer-Kestner les supplications de la famille Dreyfus, maintenant accrochée à cette miraculeuse bouée. Oui. Il faut que Scheurer parle.

Mais que pourrait-il dire, tenu par son serment, comme Leblois l'est par le sien? Picquart est silencieux. Leblois ne peut rien dire. Scheurer ne peut rien dire. Mathieu et Lucie ne savent rien de ce

* Esterhazy ne cessait d'écrire. Les spécimens de son écriture étaient répandus partout[10].

** Il ne semble pas que Scheurer eut alors la certitude d'« identité absolue » qui avait frappé Picquart. Mais sa conviction est désormais faite[11].

qu'ils savent, et qu'ils taisent. A l'État-Major, à la Section de Statistique, les déclarations du vice-président du Sénat sont examinées avec le plus grand soin. Voici un nouveau péril. Que sait ce nouvel ennemi? Et comment le paralyser?

XV. – J'EN AI UNE ARMOIRE PLEINE

A quel moment, dans quelles circonstances Esterhazy fut-il averti que de graves soupçons pesaient sur lui? Fut-il prévenu par le commandant Henry dès le début de l'enquête? Le fut-il par Maurice Weil dans le courant de l'année 1897? Ou plus tard, quand l'État-Major affolé prendra contact avec lui? En tout cas il n'a perdu, au début de l'année de 1897, ni son sang-froid ni son cynisme. Il est seulement furieux que le ministre Billot, que le général Saussier son ami l'aient lâché, furieux de n'avoir pas été nommé au cabinet du ministre malgré tant de démarches. Au mois de mars il réussit à faire déclencher, par *la Libre Parole,* une violente campagne de presse contre le ministre de la Guerre. « Pour mon cochon, j'ai prié Drumont de le faire attaquer par tous les bouts sans repos ni trêve. Il a été parfait. Paul de Cassagnac a été aussi très bien, et grâce à Drumont qui fait marcher non seulement sa feuille mais d'autres – entre autres *l'Intransigeant* – la crapule n'a pas de répit... » Et bien sûr il menace. « Si je ne peux pas me recoller, si je m'en vais, je leur réserve une histoire qui fera scandale, dont on parlera dans le monde entier » [1]. Il sait ce qu'il veut dire.

Ses déceptions ne l'empêchent pas de chercher partout, et par tous les moyens, l'argent qui lui manque de plus en plus. Sous le nom de Rohan-Chabot, il s'est associé avec la tenancière d'une maison close, 43, rue du Rocher. Il n'a versé que 2 000 francs, mais fournit plus de quinze cents adresses de « clients » possibles, en général des officiers. L'affaire paraît lui avoir apporté quelques ressources, durant la difficile année 1897 [2]. Surtout la mort de son cousin germain, Paul Esterhazy, lui a fourni, en octobre 1896, la matière d'une nouvelle escroquerie. Son cousin a laissé une veuve, plusieurs filles, un fils de vingt ans, Christian, qui rêve de ne pas travailler, et dispose de quelque argent. Esterhazy persuade Christian et sa mère que lui seul est capable de placer avantageusement leurs avoirs. Il a tant d'amis chez les Juifs! En versements successifs il reçoit, de son crédule neveu, près de 40 000 francs qu'il est censé placer chez les Rothschild. Il y prend ce dont il a besoin, joue le reste en Bourse, perd. A la fin de l'année 1897 il est incapable de rendre un sou à Christian, cherche en compensation à lui trouver un mariage riche, échoue, et parvient quand même à le faire réformer [3]. Ainsi vit tranquillement, en 1897, au fil de ses malhonnêtetés, un officier français dont le ministre de la Guerre, le haut État-Major, le Service de Renseignement soupçonnent qu'il est un agent au service de l'Allemagne.

Au mois d'octobre 1897, les démarches de Scheurer-Kestner dans le monde politique, la campagne conduite par Mathieu Dreyfus, dans la presse, dans l'opinion même, notamment par la diffusion des placards des bordereaux, toute cette agitation commence à inquiéter sérieusement le général de Boisdeffre et le général Gonse. Ils sont convaincus que le colonel Picquart, si éloigné qu'il soit, renseigne Scheurer-Kestner. Ils ont acquis la preuve que Scheurer-Kestner et Leblois se rencontrent *, et qu'ils sont en relation avec la famille, les amis de Dreyfus. Le « syndicat » des Juifs, et de leurs partisans, l'argent juif deviennent menaçants. L'État-Major doit réagir. A partir d'octobre 1897, ses initiatives vont se multiplier, se diversifier, et faire place en deux mois à une véritable frénésie.

C'est le général Gonse, l'homme aimable, « doucereux... auquel le mensonge était naturel » [4], qui paraît avoir pris l'initiative. Dans une longue note secrète du 15 octobre, il « remonte » le moral de son

* Notamment le 10 septembre à Fribourg.

ministre, que la campagne de son ami Scheurer risquait fort d'affecter. Gonse rassemble tous les éléments qui accablent Dreyfus : notamment le document fourni par le commandant Henry sur l'interpellation de Gribelin, les aveux de Dreyfus qui réapparaissent à cette occasion, enfin la lettre « Weiler » indice « d'une correspondance clandestine et d'un commencement de machination pour substituer un autre personnage au condamné » *. Il fallait que le ministre fût mis en état de répondre à son ami Scheurer!

Mais cette précaution ne peut suffire. Ne faut-il pas aussi « prévenir » Esterhazy? Si l'on veut maintenir le dogme de la culpabilité de Dreyfus, ne faut-il pas protéger celui que le « syndicat » veut lui substituer? Surtout, il faut éviter qu'il ne fasse des bêtises. Le 16 octobre le général Gonse, après avoir consulté Boisdeffre, décide d'avoir recours à l'homme de toutes les corvées, celui qui a organisé l'arrestation de Dreyfus, le commandant du Paty, capable de tout, pourvu que l'on fasse appel à sa conscience de soldat. Du Paty, serviteur illuminé, se précipite chez Gonse. L'entretien a lieu en présence d'Henry. Henry, du Paty et Gonse délibèrent. Le commandant du Paty suggère de convoquer Esterhazy. « Engagez-le à rester calme, et à ne faire aucune bêtise ». Le convoquer? Cela se saura partout. Le procédé est dangereux. Par une coïncidence étrange, le ministre de la Guerre a reçu le même jour, 16 octobre, une lettre anonyme disant que la famille Dreyfus avait cherché un officier qu'elle pourrait substituer au capitaine Dreyfus dans

* Il s'agissait d'une « lettre » adressée au prisonnier de l'île du Diable le 31 août 1896 et qui avait été interceptée à l'époque par le ministère des Colonies. Écrite à l'encre sympathique, signée « Weiss » ou « Weiler », elle semblait émaner d'un parent de Dreyfus. Le texte déchiffré était fort compromettant : « Impossible déchiffrer dernière communication; reprendre ancien procédé pour répondre. Indiquer avec précision où se trouvaient les documents intéressants et les combinaisons faites pour armoire. Acteur prêt à agir aussitôt. »

La lettre Weiler était un faux manifeste, dont la fabrication fut attribuée par la suite tantôt au commandant Henry, tantôt à Bertillon. A l'époque de la découverte de la lettre Weiler, elle avait été attribuée, notamment par Bertillon, à la famille Dreyfus. Il semble que Picquart ait aussitôt « flairé » le faux [5].

le rôle de traître, et qu'elle en avait trouvé deux *. Cette lettre fournit une idée. Du Paty fabriquera une lettre anonyme, destinée à prévenir Esterhazy, qui reprendra à peu près mot pour mot la lettre adressée au ministre **. Mais le ministre de la Guerre, consulté par le général Gonse, s'oppose à l'envoi d'une lettre anonyme. L'embarras est extrême. Comment prévenir Esterhazy? Henry se retourne vers du Paty : « Du Paty, voilà où nous en sommes. Comprenez-vous? Voilà où nous en sommes » [8]. Du Paty comprend à demi-mot. Il comprend qu'il doit prendre, de lui-même, une initiative. « Je suis prêt », répond du Paty. Le lendemain part, à l'adresse du commandant Esterhazy à Dommartin-la-Planchette, sous la signature d' « Espérance », la lettre qui le met au courant :

> Votre nom va être l'objet d'un grand scandale. La famille Dreffus va vous accuser publiquement comme étant l'auteur de l'écrit qui servit de base au procès Dreffus. Cette famille possède de nombreux modèles de votre écriture pour servir de points d'examen. C'est un colonel qui était au ministère l'année dernière, M. Picard, qui a remis les papiers à la famille Dreffus. Ce monsieur est maintenant parti pour le Tonkin, je crois. La famille Dreffus compte vous affoler en publiant votre écriture dans les journaux, et que vous vous enfuirez en Hongrie chez vos parents. Cela indiquera que vous êtes le coupable; et alors on demandera la révision du procès pour proclamer l'innocence de Dreffus. C'est M. Picart qui a donné les renseignements à la famille. Ce M. Picart a acheté votre écriture à des sous-officiers de Rouen l'année dernière. Je tiens tout cela d'un sergent de votre régiment, auquel on a donné de l'argent pour avoir de votre écriture. Vous voilà bien averti de ce que ces scélérats veulent faire pour vous perdre. C'est à vous maintenant de défendre votre nom et l'honneur de vos enfants. Hâtez-vous, car la famille va faire agir pour vous perdre. Amie dévouée, Espérance. Ne montrez jamais cette lettre

* Joseph Reinach attribue au commandant Henry l'envoi de cette lettre anonyme [6], ce que Marcel Thomas juge peu vraisemblable [7].

** Le projet forgé par du Paty sera conservé par Henry qui y ajoutera les initiales P.D.C., Paty de Clam, pour compromettre, par précaution surabondante, son dévoué complice.

à personne. C'est pour vous seul et pour vous sauver des grands dangers qui vous menacent *.

Ainsi commence ce que l'on a appelé la « collusion » [9]. En vérité, elle se poursuit. Mais il est vrai qu'elle prend ce jour l'aspect d'une véritable trahison. Pour servir leur dessein, le sous-chef d'État-Major, le chef réel du Service de Renseignement, aidés d'un officier supérieur, préviennent secrètement un espion allemand de ce qu'il risque d'être arrêté.

Le 19 octobre, quand il reçoit la lettre « Espérance », Esterhazy s'affole. Il prend le train, débarque à Paris chez sa dévouée maîtresse, Marguerite Pays. Trois jours il reste prostré, affaissé dans un fauteuil, anéanti. « Je suis déshonoré. Il faut que je disparaisse. Il faut que je me tue. » Il doit y penser car il prend la précaution, dès le 20, d'écrire au gérant de l'immeuble pour lui demander que le bail de l'appartement soit transféré au nom de Mme Pays. Il est vraiment désespéré. Il ne trouve rien d'autre à faire que de fabriquer une lettre anonyme, remplie d'injures, qu'il fait adresser de Lyon au beau-père de Dreyfus, M. Hadamard. Il se sent seul, abandonné de tous, ignominieusement persécuté.

Il n'est pourtant pas seul. Le 22 octobre, vers sept heures du soir, un inconnu portant une paire de lunettes bleues se présente rue de Douai. M. Esterhazy est absent. Le visiteur, qui laisse un mot lui fixant rendez-vous, n'est autre que Gribelin. Celui-ci s'est fait un peu prier pour accepter une mission peu conforme à son métier. « Prenez des lunettes et une fausse barbe », lui a conseillé Henry. Cela suffirait-il à préserver la dignité d'un officier?

Le mystérieux rendez-vous est donné pour le soir même en face du parc Montsouris, à l'angle du réservoir de la Vanne. Esterhazy fut-il, ou feignit-il d'être intrigué [10]? Le message laissé cherchait à le rassurer : on lui disait qu'il avait « des protecteurs

* D'une écriture présumée « féminine », elle paraît avoir été écrite par Mme Henry. Car Mmes du Paty de Clam et Henry collaborent désormais avec leurs maris. En 1896, le commandant Henry avait signé « Speranza » le faux qui pressait Picquart de revenir pour rétablir l'œuvre que compromettrait son départ. Voir *supra* p. 230.

puissants qui voulaient le sauver et qu'il avait tout intérêt à écouter »[11]. Avant de se rendre au rendez-vous, Esterhazy se précipite chez le colonel von Schwarzkoppen. Il ne sait pas qu'il est suivi *. Cela fait près d'un an que l'attaché militaire a rompu avec lui. N'importe, Schwarzkoppen consent à le recevoir. Esterhazy lui dit l'objet de sa visite : leur relation a été découverte. Esterhazy est menacé de « remplacer » Dreyfus à l'île du Diable. Schwarzkoppen sera entraîné dans le scandale. Il ne reste qu'une solution. Il faut que l'attaché militaire aille voir Mme Dreyfus, qu'il lui affirme que son mari est coupable, que tout effort est vain. « Vous êtes fou, monsieur le commandant », répond Schwarzkoppen. Esterhazy se roule sur un divan, pousse des cris, sanglote, tire un pistolet, menace l'attaché militaire. Puis il se calme. « Je vous aurais couvert, lui dit Schwarzkoppen, si l'autre n'était pas là-bas »[13]. Et il met, poliment, Esterhazy à la porte. Esterhazy reprend son fiacre, passe rue de Médicis voir un sénateur qui s'intéressait, lui aussi, à Mme Pays. Enfin il se rend au parc Montsouris. Il attend.

Bientôt descendent de voiture deux personnages. L'un – Gribelin – est déguisé comme le matin. L'autre, « grand, élancé, rigide, comme un officier prussien, orné d'une fausse barbe noire », n'est autre que le commandant du Paty[14]. « L'officier prussien » aborde brusquement Esterhazy. « Commandant, vous savez de quoi il s'agit. » « Messieurs, je ne sais pas qui vous êtes, mais je vous déclare que je suis victime d'une affreuse machination. » « Si nous n'en étions pas convaincus, nous ne serions pas ici. » Tandis que la conversation se noue, le commandant Henry attend dans la voiture. Et voici que du Paty explique à l'espion les « machinations » qui l'entourent. Il lui montre le fac-similé du bordereau : « C'est phénoménal, s'écrie Esterhazy, comme certains mots ressemblent à mon écriture. » Ses réponses apparaissent nettes, et son « accent sin-

* Il continuait d'être placé sous une surveillance policière qui compliquait la tâche de ses « protecteurs ». On sait par le rapport du policier chargé de sa surveillance qu'il passa au Crédit lyonnais, puis au journal *la Patrie* avant d'arriver, vers trois heures, à l'ambassade d'Allemagne[12].

cère » *. Il faut qu'Esterhazy sache désormais qu'il a des défenseurs résolus, infatigables. Seulement doit-il obéir aux instructions qui lui seront données, ne rien faire sans en référer à ses protecteurs. Esterhazy est rassuré. On se quitte, en se promettant de maintenir un contact quotidien. Esterhazy retourne à l'ambassade d'Allemagne, il prend congé de Schwarzkoppen qu'il ne reverra plus. Il est tout à fait ragaillardi. Il a une rose à la boutonnière. Il raconte son entrevue, très réconfortante, avec « deux délégués du ministère de la Guerre » qui l'ont assuré du « concours du gouvernement ». Schwarzkoppen est tout heureux que les choses s'arrangent ainsi **. Mais il n'y comprend rien. Devrait-il raconter tout cela, confesser sa faute au comte de Munster? De toute manière Schwarzkoppen n'ignore pas qu'il devra bientôt quitter son poste. M. de Munster ne peut plus garder un attaché militaire que tout le monde soupçonne. Cent fois l'ambassadeur s'est porté garant de sa vertu. En est-il encore tout à fait assuré? Le 2 novembre 1897 l'imprudent colonel von Schwarzkoppen sera rappelé en Allemagne, et nommé au commandement du 2e régiment des grenadiers de la Garde à Berlin [18]. Flatteuse promotion! Le 11 novembre il ira faire ses adieux au président de la République française. Pour calmer sa conscience troublée, il dira à Félix Faure : « Je n'ai jamais connu Dreyfus. » Mais peut-on croire ce que dit Schwarzkoppen? Quant à l'ambassadeur d'Allemagne, il semble n'avoir, dans le moment, nulle rancune à l'égard de son attaché militaire auquel il écrira le 20 novembre :

> Mon Cher Colonel,
> Je regrette sincèrement que vous ne soyez plus là. Que les journaux français mettent votre mutation en rapport avec Dreyfus m'étonne mais ne me préoccupe guère. Nous savons bien tous les deux que le

* Il semble qu'Esterhazy ait alors tenté d'expliquer à ses deux interlocuteurs qu'il était employé par Sandherr, et que Gribelin l'ait sèchement contredit [15]. Esterhazy reprendra – après la mort du commandant Henry – cette thèse qui faisait de lui un agent double.

** Cette seconde visite n'a pas été racontée par Schwarzkoppen dans ses *Carnets* [16]. Il ne fait que l'évoquer. Mais Schwarzkoppen l'a décrite à son ami Panizzardi [17].

pauvre Dreyfus, en ce qui nous concerne, était absolument innocent. C'est pourquoi les cris des journaux me laissent froid et devraient vous laisser également froid. Esterhazy se défend très mal et semble être un homme d'une honorabilité bien douteuse.
Tout Paris ne pense qu'à Dreyfus... Vous devez avoir bien à faire pour faire connaissance avec le régiment, trouver et aménager un appartement. Vous nous manquez beaucoup ici.
Très amicalement vôtre.
Munster.

L'ambassadeur ne découvrira que plus tard à quel point Schwarzkoppen l'a trompé.

Désormais les conjurés du parc Montsouris, du Paty, Henry, Esterhazy, se voient fréquemment. Sans doute Esterhazy et Henry se rencontrent-ils à l'insu de leur comparse. Esterhazy est assez « regonflé » pour demander, le 23 octobre, un rendez-vous au général Millet, directeur de l'infanterie. Dès le 25 il est reçu. Il explique au général, qui n'y comprend pas grand-chose, le complot dont il est la victime. Il consent que son écriture ressemble, hélas, à celle du bordereau, mais comment un commandant d'infanterie connaîtrait-il quelque chose à l'artillerie? Et que lui veut ce colonel Picquart qui cherche à le substituer à Dreyfus? Il parle, il pleure, il s'interrompt. « Tout se brouille dans ma tête. » Il affirme qu'il a adressé au ministère, en 1893, plus précisément au capitaine Bro * de l'État-Major, un petit travail manuscrit sur la bataille d'Eupatoria où s'était illustré son père. « Ma fille était alors gravement malade, je la veillais », précisa-t-il. C'est du Paty qui lui a soufflé d'inventer l'histoire de cet anodin manuscrit qu'il aurait autrefois envoyé au ministère [19]. Ainsi pourra-t-il, dans les temps difficiles qui se préparent, soutenir que Dreyfus a connu, par le capitaine Bro, son écriture, et qu'il a réussi à l'imiter.

Le même jour, Esterhazy, infatigable, adresse un

* C'était en fait un mensonge. Le capitaine Bro démentira. Mais du Paty se souvenait que lorsqu'il avait, pour la première fois, présenté le bordereau à Dreyfus, ce dernier, qui s'était ensuite rétracté, avait un moment cru reconnaître l'écriture du capitaine Bro.

long rapport au ministre de la Guerre où il répète tout ce qu'il vient de dire au directeur de l'infanterie; et comme il est désormais soumis à ses protecteurs, il recopie fidèlement un texte, préparé par du Paty, dont il prend la précaution de garder l'original *. Oui, l'officier traître est devenu un auxiliaire docile. Mais on apprend – par la police – qu'il s'est rendu le 23 à l'ambassade d'Allemagne, qu'il y a passé plus d'une heure. C'est de la dernière imprudence! Il ne faut plus qu'il commette des bêtises pareilles. Voici que les commandants du Paty et Henry, chaque jour plus compromis, sermonnent un agent allemand parce qu'il risque de se faire remarquer quand il se rend à l'ambassade d'Allemagne. On fait rapport du tout au général de Boisdeffre. Nulle indignation, chez le chef d'État-Major de l'Armée française. Mais il juge ses subordonnés bien légers. Il faudrait trouver un intermédiaire « discret » pour causer avec le commandant Esterhazy. Pourquoi pas M. de Nettancourt, beau-frère d'Esterhazy? Hélas Esterhazy est brouillé avec son beau-frère. Marguerite Pays, et un peu plus tard Christian Esterhazy serviront aux contacts, quand on aura besoin d'eux. Esterhazy a compris qu'il avait le plus grand intérêt à « coller » à ses généreux protecteurs, et bien sûr à les compromettre. Désormais il est suspendu à du Paty. Et il manipule du Paty, beaucoup plus que celui-ci, débordé par son fougueux protégé, n'est capable de le tenir. Esterhazy voit le commandant Henry de plus en plus souvent. Ils réfléchissent ensemble aux mille moyens de déshonorer Picquart, de ridiculiser Scheurer, de faire reculer le syndicat. Sont-ils complices depuis longtemps? En tout cas ils le sont devenus en ce mois d'octobre 1897.

Mais le commandant Henry et son très dévoué Gribelin poursuivent dans leurs bureaux un autre travail. Ils renforcent, avec un soin quotidien, le dossier qui accable le capitaine Dreyfus. On se souvient opportunément des aveux de Dreyfus. Il est prudent de les faire consigner. Le capitaine Lebrun-

* L'original a disparu, mais il en existe plusieurs photos non contestées [20]. Dans sa lettre à Billot, Esterhazy reconnaît avoir eu entre les mains, en 1894, le *Manuel de tir* qui lui avait été prêté par un officier juif, le lieutenant Bernheim.

Renault retrouvé ne se fait pas longtemps prier. Le 20 octobre, en présence du général Gonse et du commandant Henry, il atteste avoir reçu les aveux de Dreyfus, au cours de la cérémonie de dégradation *.

On ajoute au dossier secret tout un lot de lettres recueillies à l'ambassade d'Allemagne, par la voie ordinaire, postérieurement à la condamnation de Dreyfus. On y met, bien entendu, le « document Henry » – son faux – qui portera le numéro 3 dans la liste des documents maintenant établie par Henry. On y joint une courte lettre – en vérité insignifiante – adressée par Panizzardi à Schwarzkoppen en mars 1894, dont le texte est le suivant :

> Mon très Cher Ami,
> Hier soir j'ai fini par faire appeler le médecin qui m'a défendu de sortir. Ne pouvant donc aller chez vous demain, je vous prie de venir chez moi dans la matinée car P... m'a apporté beaucoup de choses très intéressantes et il faut partager le travail ayant seulement dix jours de temps.
> Tâchez donc de dire à l'ambassadeur que vous ne pouvez pas monter.
> Tout à vous.
> Alexandrine.

Mais Henry prend l'utile précaution, pour donner intérêt à la lettre, de gratter le P et de le remplacer par un D. Enfin il antidate de sa main un document postérieur à la déportation de Dreyfus, billet adressé par Panizzardi à Schwarzkoppen le 28 mars 1895 **.

> ... Il faut que vous ayez l'obligeance de m'envoyer de suite ce que vous avez copié car il est nécessaire que

* Pour renforcer l'authenticité de cette déclaration, Gonse et Henry ont attesté, quelques jours plus tard, dans une note annexe, antidatée au 20 octobre, que la déclaration de Lebrun-Renault avait été faite en leur présence [21].

** C'est la pièce qui sera dite « des chemins de fer ». Henry découpa la mention « 28 mars, 3 heures » qui permettait de la dater, et de sa main, écrivit à l'encre rouge au bas de la lettre « avril 1894 ». Le faux est certain. Il servira à la deuxième révision.

je finisse parce que pour le 31 je vais envoyer à Rome et avant ce temps-là vous avez encore à copier la partie copiée par moi.
Je vous annonce que j'aurai l'organisation des chemins de fer...

L'intérêt était de compromettre Dreyfus qui avait, en mars 1894, travaillé au bureau chargé des transports militaires par voie ferrée. Dans le même temps Gribelin rédigeait des « notes secrètes », écrasantes pour Dreyfus, et surtout falsifiait la comptabilité de la Section de Statistique pour couvrir les faux rapports Guénée dont on craignait que Picquart ne les ait soupçonnés. Bon dossier, en vérité, ainsi complété, que l'on remet au général Gonse, et qui doit permettre au ministre de la Guerre de résister aux démarches de son « ami » Scheurer-Kestner, à la France de lutter contre les manœuvres du syndicat juif. Le commandant Henry est très fier de son travail. Le voici bientôt promu lieutenant-colonel. Le 3 novembre 1897 il rencontre sur le quai d'Orsay Maurice Paléologue. Le diplomate commence à être inquiet, comme beaucoup d'autres. Les juges de 1894 ne se seraient-ils pas par hasard trompés? « Rassurez-vous, lui répond le jovial Henry. Dreyfus a été justement condamné. Depuis qu'il pêche le requin dans son île, nous avons trouvé contre lui les preuves les plus accablantes. J'en ai une armoire pleine » [22]. Et comme Maurice Paléologue semble sceptique, le commandant Henry le rassure davantage : « Nous avons un document ultra-secret... nous avons une lettre de l'empereur d'Allemagne... une lettre adressée au comte de Munster... l'empereur y parle des relations avec Dreyfus » *. Cette fois Paléologue s'étonne : un empereur écrit-il à son ambassadeur pour lui parler d'espionnage? « Ce doit être une lettre de Munster, ou de Schwarzkoppen, adressée à l'empereur où il serait question de Dreyfus. » Mais le brave commandant Henry n'a pas le moindre doute. « C'est une lettre décisive...

* C'est, si les souvenirs de Paléologue sont exacts, la première allusion au fameux « bordereau annoté » par Guillaume II, dont le bordereau retrouvé n'aurait été qu'un décalque : cette légende fera plus tard son chemin.

vous ne m'arracherez plus un seul mot. » Et il s'éloigne rapidement de son gros pas lourd, vers les Invalides [23]... Le commandant Henry a bien servi l'Armée et sa patrie. Maintenant il a rempli une armoire de documents accablants. Le traître peut rester dans son île, à pêcher le requin...

XVI. – MON VIEIL AMI, ÉCOUTE-MOI DONC

Mathieu Dreyfus continue de se dépenser en démarches et en recherches. Tout au long de l'année 1897 il fait réaliser, en France et à l'étranger, de nombreuses expertises de l'écriture du bordereau *. Les experts sollicités concluent tous que l'écriture n'est pas d'Alfred Dreyfus. Il n'existe de désaccord que sur un point : le bordereau est-il d'une écriture courante, ordinaire, ou d'une écriture déguisée ? Aidé de Bernard Lazare, infatigable, et de Joseph Reinach, très tôt convaincu de l'innocence de Dreyfus, Mathieu commence un vaste travail d'information, notamment auprès des universitaires, des écrivains, des juristes, de tous ceux que peuvent, sinon convaincre, du moins émouvoir l'illégalité commise, et la fragilité d'une condamnation fondée sur une ressemblance d'écriture. Léon Blum a raconté dans les *Souvenirs sur l'Affaire* comment, à la fin de l'année 1897, tous les « démarcheurs » de bonne volonté commencèrent à se partager la tâche [2]. Et en vérité, la minuscule équipe qui ne groupait au début, autour de la famille, que quelques personnes, réunies par le hasard ou la générosité – Forzinetti, le docteur Gibert, Bernard Lazare, Auguste Lalance, bientôt Joseph Reinach, Leblois, puis, avec son autorité particulière, Scheurer-Kestner –, se grossit maintenant, au fil des mois. Bien des démarches

* De janvier à août 1897, Mathieu Dreyfus fit procéder à plus de dix expertises [1]. La première paraît avoir été celle de Gabriel Monod, membre de l'Institut, qui jouera un rôle important dans le combat pour la révision.

sont vaines. Bernard Lazare, assisté du commandant Forzinetti, rend visite à Henri Rochefort. L'ancien ami du général Boulanger, autrefois condamné par la Haute Cour, fraîchement revenu d'exil, ne devait-il pas être sensible à l'injustice des juridictions d'exception? « Il avait eu son île du Diable. » Puis il aimait défier les pouvoirs, prendre le contre-pied des traditions [3]. Surtout il exerçait, par ses articles dans *l'Intransigeant,* un véritable empire sur la portion « la plus légère, la plus versatile, par conséquent la plus passionnée de l'opinion publique ». Rochefort écoute Bernard Lazare, paraît intéressé, promet au moins une neutralité bienveillante, et le lendemain publie dans *l'Intransigeant,* en racontant la visite *, un article d'une violence extrême intitulé « Vaine tentative de réhabilitation d'un traître ».

De son côté Léon Blum va voir Maurice Barrès : « Il était pour moi non seulement le maître mais le guide; nous formions autour de lui une école, presque une cour. » Léon Blum est à peu près sûr de réussir à le persuader. « J'aurais presque engagé de moi-même sa signature » [4]. Léon Blum le trouve, tout en haut de son petit hôtel de peintre, rue Caroline, au milieu de la leçon d'armes que l'écrivain s'imposait tous les matins. « Je revois la grâce fière et charmante de son accueil... Je suis sûr qu'il avait pour moi de l'amitié vraie, presque une sollicitude de frère aîné... » Barrès le reçoit chaleureusement. « J'ai assisté il y a trois ans à la dégradation de Dreyfus... J'ai écrit un article dans *le Journal*... Vous vous rappelez? Eh bien, je me demande si je ne me suis pas mépris... Dreyfus était-il un scélérat, était-il un stoïque, un martyr? Je n'en sais plus rien. » Barrès ne dit ni oui ni non. « Je vous écrirai... » J'aurais dû comprendre, commente Léon Blum, « que ces trois mots contenaient un refus ». Barrès lui écrira quelques jours plus tard. Il ne voyait, d'aucune part, de vérité prouvée. Mais dans le doute, « c'est l'instinct national qu'il choisirait pour point de ralliement ». « Cette lettre tomba sur moi comme un deuil. Quelque chose était

* Ce qui entraîna la révocation de Forzinetti de ses fonctions de directeur de la prison militaire du Cherche-Midi.

brisé, fini; une des avenues de ma jeunesse était close... »[5]. Barrès jettera bientôt son talent et sa flamme dans le combat contre la révision du procès Dreyfus.

Mais il n'y a pas que des refus. Déjà Émile Zola s'était fermement engagé. Il portait, dans ses articles, des coups violents à tous ceux qu'aveuglait l'antisémitisme, et à l'État-Major. Anatole France fait connaître sa sympathie pour la cause du déporté de l'île du Diable. Ni son scepticisme, ni la distance à laquelle il semblait vouloir se tenir, ni sa situation d'écrivain reconnu et honoré ne suffisent à le retenir de prendre parti *. L'Université, l'École normale apportent des appuis, dont le nombre et l'autorité commencent à rassurer la famille Dreyfus. Gabriel Monod, Charles Andler, Paul Dupuy, Gustave Bloch viennent peu à peu, rue du Val-de-Grâce, au domicile de Lucien Herr, le bibliothécaire de Normale qui exerce une grande influence intellectuelle et morale sur des générations de normaliens. On se réunit le soir **. Quelques amis, des universitaires, des pensionnaires de la rue d'Ulm[6], que la condamnation de Dreyfus préoccupe, cherchent ensemble les moyens de connaître et faire connaître la vérité. On a, en commun, la détestation des autorités traditionnelles, des hiérarchies sociales, des institutions comme l'Église et l'Armée, qui se prétendent fondées sur des idées éternelles. On exalte la liberté de l'esprit laïc, opposé à tous les préjugés. L'attitude critique à l'égard de tout jugement, l'anticléricalisme, le refus de l'antisémitisme sont les raisons d'un doute qui peu à peu deviendra une conviction. Ce ne sont encore que des sympathies plutôt que des soutiens, qui n'ont pas grande influence, mais qui tirent les amis de Dreyfus de la solitude et du froid où ils étaient enfermés.

* « Pour Anatole France, écrit Léon Blum, nul n'aurait osé l'espérer. » Et analysant les raisons de l'engagement d'un écrivain que tout semblait détourner de cette cause, Léon Blum écrit : « France fut dreyfusard parce que le travail méthodique et scientifique de l'intelligence était à ses yeux la seule réalité certaine. »

** « L'opposition est absolue, écrivait Lucien Herr, entre le principe impérial, militariste, et le principe radical. Devoir d'obéissance ou devoir de critique. »

Mais, dans le combat qui commence, le ralliement de quelques hommes politiques semble encore plus important. Georges Clemenceau, qui avait été après 1871 le représentant d'un nationalisme cocardier et chauvin, et que le scandale de Panama avait durement atteint, semble revenir sur les premières positions qu'il avait prises contre Dreyfus. Pourquoi? Exclu pour un temps de la vie politique, il cherchait à y rentrer. Sans doute aussi était-il sensible à l'injustice, dont il avait été lui-même la victime, à la haine et à la calomnie dont il avait été abreuvé; peut-être était-il « touché par l'étroite parenté que l'histoire de Dreyfus offrait avec ses propres malheurs » *. Il pouvait devenir un allié très utile, car il disposait, grâce à la direction politique du journal *l'Aurore*, où l'avait appelé Vaughan, d'une audience non négligeable **. Le socialiste Jean Jaurès, d'abord hostile à ce Juif riche et protégé par l'argent, commençait à se poser des questions, autant sous l'influence de Lucien Herr *** que par « générosité chevaleresque », par une sorte de « donquichottisme ». Haïssant toute injustice, enclin par surcroît à chercher, dans chaque injustice, « une explication symbolique des iniquités collectives », il était troublé par l'Affaire [9]. Oui, Mathieu Dreyfus n'est désormais plus seul.

C'est quand même de l'autorité du vice-président du Sénat, Scheurer-Kestner, que l'on peut espérer, dans l'immédiat, une influence et un résultat. Mathieu Dreyfus reste convaincu que tout passe par le gouvernement. « C'est au gouvernement que

* Clemenceau avait été l'objet, dans l'affaire de Panama, d'une falsification de documents [7].

** Dès les 2 et 10 novembre il publie des articles où, sans écarter l'idée que Dreyfus puisse être coupable, il écrit que le pays a droit à la « pleine lumière ». S'il y a des « présomptions notables d'erreur, le procès doit être révisé ».

*** Léon Blum écrit [8] que Jaurès était un dreyfusard « du plus ancien contingent », et qu'il l'aurait été « naturellement comme on respire », quand bien même l'autorité de Lucien Herr ne se fût pas exercée sur son esprit. En réalité, Jaurès dut vaincre ses préjugés, ceux aussi de ses amis qui longtemps s'efforcèrent de le retenir. Il vint lentement au dreyfusisme. Allemane, convaincu plus tôt que Jaurès, joua un rôle important dans l'engagement total de Jaurès qui ne sera acquis, estime Madeleine Rebérioux, qu'en juillet 1898.

la loi française remet le pouvoir exclusif d'ouvrir une procédure de révision... rien n'est donc possible sans le gouvernement ». Tel est l'avis de Joseph Reinach, de Scheurer-Kestner. Comme Méline, président du Conseil, comme le ministre de la Guerre Billot, Reinach et Scheurer ont été des amis de Gambetta. Leur passé, leur commune fidélité, tissent entre eux des liens. Plus encore que Reinach, Scheurer-Kestner espère remuer un gouvernement qu'il croit composé d'hommes scrupuleux. Il s'obstine à leur faire confiance [10]. Il est avide de légalité, et intransigeant sur le respect des formes. C'est ainsi qu'après avoir décliné, par courtoisie pour le chef de l'État, une invitation à dîner de son vieil ami le général Billot, le vice-président du Sénat sollicite un entretien du président de la République. Il souhaite lui dire... le peu que Leblois l'autorise à dire. Dans les couloirs de la Chambre et du Sénat, l'intervention de Scheurer-Kestner est très attendue. L'entrevue est fixée au 29 octobre. Que sait, que va dire Scheurer? L'État-Major s'inquiète à nouveau. Vite il faut réagir. Quelques heures avant l'entrevue annoncée, le commandant Esterhazy fait parvenir au président de la République, au « chef suprême de mon pays », une lettre, sans doute préparée par du Paty, où il demande à Félix Faure de faire cesser la « machination » dont il est la victime, menaçant, s'il n'obtient pas satisfaction, de s'adresser à l'empereur d'Allemagne « suzerain » de sa famille [11] :

> Monsieur le Président de la République,
> J'ai l'honneur de vous adresser le texte d'une lettre anonyme qui m'a été envoyée le 20 octobre 1897.
> C'est moi qui suis visé dans cette lettre comme étant la victime désignée.
> Je ne veux pas attendre que mon nom ait été livré à la publicité pour savoir quelle sera l'attitude de mes chefs.
> Je me suis adressé à mon chef et protecteur naturel, M. le ministre de la Guerre, pour savoir s'il me couvrirait au moment où mon nom serait prononcé.
> Monsieur le Ministre ne m'a pas répondu. Or ma Maison est assez illustre dans les fastes de l'histoire de France et dans celles des grandes Cours euro-

péennes, pour que le gouvernement de mon pays ait le souci de ne pas laisser traîner mon nom dans la boue.

Je m'adresse donc au chef suprême de l'Armée, au président de la République, et je lui demande d'arrêter le scandale comme il le peut et le doit.

Je lui demande justice contre l'infâme instigateur de ce complot, qui a livré aux auteurs de cette machination les secrets de son service pour me substituer à un misérable.

Si j'avais la douleur de ne pas être écouté du chef suprême de mon pays, mes précautions sont prises pour que mon appel parvienne à mon chef de blason, au suzerain de la famille Esterhazy, à l'empereur d'Allemagne. Lui est un soldat et saura mettre l'honneur d'un soldat, même ennemi, au-dessus des mesquines et louches intrigues de la politique. Il osera parler haut et ferme, lui, pour défendre l'honneur de dix générations de soldats.

A vous, Monsieur le Président de la République, de juger si vous devez me forcer à porter la question sur ce terrain.

Un Esterhazy ne craint rien ni personne, sinon Dieu. Rien ni personne ne m'empêchera d'agir comme je le dis, si on me sacrifie à je ne sais quelles misérables combinaisons politiques.

Je suis avec le plus profond respect, Monsieur le Président de la République, votre très obéissant et très respectueux serviteur.

Signé : Esterhazy *.

Est-ce l'effet de cette lettre? Scheurer-Kestner trouvera Félix Faure, son ami d'autrefois, à la fois gêné et tranchant. Scheurer-Kestner se demande si le pouvoir ne l'a pas changé. Félix Faure, « autrefois aimable et gai, bon compagnon », s'est transformé, assure Joseph Reinach, comme si « dans l'orgueil démesuré qui lui était venu de sa prestigieuse fortune et de la fréquentation des empereurs et des rois, il eût pris l'habitude de se confondre avec la France » [12]. Félix Faure était devenu « tranquillement et sereinement ridicule ». Il est surtout probable que le président de la République, recevant le vice-président du Sénat, a conscience des ennuis

* Le même jour, Esterhazy écrit au capitaine Bro, en garnison à Toulouse, pour lui demander des nouvelles de sa prétendue notice sur la bataille d'Eupatoria.

que cette démarche, cette affaire, peuvent lui causer. Invoquant son rôle constitutionnel, il refuse de recevoir les confidences de son ami. Celui-ci insiste : « Accordez-moi au moins une neutralité bienveillante. » Félix Faure promet, soulagé d'un grand poids [13].

Scheurer, dépité, se rend le lendemain chez le ministre de la Guerre, son vieil ami Billot. Les deux interlocuteurs, qui se connaissent très bien, jouent serré *. Chacun veut faire parler l'autre. Chacun attend que l'autre prononce le nom de Picquart. « J'ai des preuves », assure Billot. Quelles preuves? « Mes renseignements m'ont été donnés par un brave homme, le général Gonse ». « Démontre-moi que Dreyfus est coupable et je m'en irai tranquille. » Alors Billot parle des aveux de Dreyfus. Il cite de mémoire le « faux Henry » pour confondre son ami. Scheurer s'acharne à réfuter chaque argument du ministre. « Je ne te croyais pas aussi naïf. » Mais Billot détourne la conversation. « Je suis ici dans une jésuitière. Depuis que Miribel a passé ici, le ministère est envahi par les élèves des jésuites. Il n'y a que Jean-Baptiste Billot – il se frappe la poitrine – qui ne soit pas jésuite » **. Vraiment? On revient à Dreyfus. Billot finit par promettre de faire une enquête personnelle. En échange de quoi il obtient de Scheurer l'engagement que celui-ci ne fera rien pendant quinze jours. Quinze jours sont gagnés! Les deux amis se quittent, très mécontents l'un de l'autre. Une heure après, Esterhazy reçoit un billet, de du Paty ou d'Henry, ainsi rédigé : « Le ministre quitte à l'instant Scheurer-Kestner avec lequel il a déjeuné; longue entrevue confidentielle. Tout va tout à fait bien. L'ennemi est fixé » [16].

Dès le lendemain 31 octobre, les journaux annonçaient que Scheurer-Kestner était allé voir Billot pour lui parler de Dreyfus. *Le Matin* publiait un récit détaillé de la conversation. D'où venaient les fuites?

* Le ministre avait reçu la veille une note de du Paty sur les « aveux » de Dreyfus, et une note de Gonse exposant que Picquart, venu en juin à Paris, avait sans doute rencontré Scheurer et Mathieu Dreyfus [14].

** Joseph Reinach [15] « suit pas à pas » le récit de cet entretien fait par Scheurer-Kestner dans ses Mémoires, et dans ses nombreuses dépositions. La conversation dura quatre heures.

Du commandant Henry, tenu au courant par le général Gonse que le ministre avait aussitôt informé? Scheurer, indigné, proteste le 1er novembre :

> Qui a commis l'indiscrétion? Tu es bien mal servi, ou plutôt tu es desservi... Je ne t'ai pas dit tout ce que je sais... cherche... cherche... et tu trouveras... En quoi l'Armée serait-elle touchée si les généraux reconnaissaient eux-mêmes qu'il y a peut-être eu une erreur judiciaire? Ils en seraient grandis, et le général Mercier et les autres. Mon vieil ami, écoute-moi donc.

Le vieil ami n'écoute pas. Mais la presse se déchaîne. *Le Matin, la Patrie, la Libre Parole, l'Intransigeant* couvrent d'injures Scheurer-Kestner « éminence grise de la trahison », « gorille lipomateux », « immondice qu'il faut pousser à l'égout ». « On entend un bruit vague de gros sous », c'est un « boche », un « Prussien », le « valet des Allemands ». « S'il n'est pas un scélérat, c'est un aliéné, la maison de santé s'impose » *. Scheurer, le vieil Alsacien protestataire, dont le patriotisme est la raison de vivre, en est très affecté. Il poursuit néanmoins ses démarches, sans faillir. Le 2 novembre il rend visite au président du Conseil Méline, et lui apporte, pour le convaincre, les spécimens des différentes écritures du bordereau, de Dreyfus, d'Esterhazy. Devant lui, il les compare. Méline est embarrassé de cette démarche insolite. « Je ne suis pas expert », objecte-t-il avec mauvaise humeur. Il lui semble que l'écriture de Dreyfus ressemble plus à celle du bordereau, que l'autre écriture... Le lendemain Scheurer revient chez le président du Conseil avec l'avocat Leblois, qu'il a pu – non sans mal – persuader de se joindre à lui. Tandis que Leblois attend dans l'antichambre, Scheurer essaie de convaincre le président du Conseil qu'il lui faut recevoir l'avocat. Pour la première fois Scheurer nomme Picquart. L'avocat, qui attend dans le salon, peut montrer au président du Conseil les lettres de Gonse à Picquart... il les a dans sa poche... Méline est impa-

* Juliette Adam étale dans *l'Intransigeant* du 3 novembre les « relations allemandes » de Scheurer. Camille Pelletan le prend à parti dans *la Dépêche* du 31 octobre [17].

tienté. Il rétorque que l'affaire concerne le ministre de la Guerre. Il refuse de recevoir Leblois. C'est un échec.

Les deux hommes décident d'aller voir Billot. Ils partent pour le ministère de la Guerre. Mais Leblois se ravise au moment d'entrer. « Non, c'est trop bête. Nous allons nous jeter dans la gueule du loup » [18]. C'est maintenant Scheurer-Kestner qui est furieux. Il s'est compromis dans de vaines démarches. Les louvoiements de Leblois commencent à le ridiculiser. Le 5, il voit le garde des Sceaux Darlan. Celui-ci ne veut pas recevoir de confidences officieuses, parce que si une demande en révision est un jour déposée, elle devra passer par lui. Ainsi chacun invoque, pour rester sourd, les devoirs de sa fonction. Scheurer-Kestner fait le même jour une déclaration au *Figaro* : il a déjà, dit-il, communiqué au gouvernement « les éléments de sa conviction » et il laisse au gouvernement le soin de prendre « les mesures nécessaires ». Déclaration maladroite : il semblait désormais s'en remettre au gouvernement. Scheurer-Kestner insiste auprès de Leblois. Il le supplie de « donner Picquart » sans réserve, d'aller « tout » raconter au ministre de la Guerre. C'est le seul moyen de faire éclater la vérité. L'avocat, partagé entre son serment et son devoir, finit par céder. Il accepte de voir Billot, ce que Scheurer, rassuré, annonce au président du Conseil. « C'est trop tard, lui rétorque Méline. Vous avez porté l'affaire au plan gouvernemental... » Et le Conseil des ministres du 6 novembre entérine, quelques instants plus tard, la position du président du Conseil, qui sera exprimée dans une note officieuse publiée dans *le Temps* le soir même : la famille Dreyfus n'a d'autre recours que de déposer une enquête officielle en révision, « on l'examinerait, elle suivrait sa voie naturelle... ».

C'était beaucoup de « fausses manœuvres », et le bilan des efforts de Scheurer était médiocre. En annonçant des révélations jamais venues, Scheurer avait, selon Marcel Thomas, « discrédité la cause de la révision dans l'esprit du public » [19]. En utilisant le nom de Picquart, sans exploiter ce que Picquart savait, on l'avait inutilement affaibli. On l'avait mis ainsi en position dangereuse. Picquart ne semblait-il pas maintenant l'animateur occulte de toutes les démarches entreprises? Méline et Billot avaient manœuvré, sans peine, leur « vieil ami » trop embarrassé des principes, trop rigoureux dans le choix des moyens, trop scrupuleux pour être vraiment redoutable. « L'alerte » Scheurer-Kestner est maintenant passée. L'État-Major le sait bien. L'homme dangereux, c'est le colonel Picquart.

XVII. – HARO, À MOI, MON PRINCE, À MA RESCOUSSE !

C'est Picquart dont il faut se débarrasser. Le commandant Esterhazy, le commandant Henry, le commandant du Paty vont y consacrer leur mois de novembre.

Dès le 31 octobre, le commandant Esterhazy, dont la correspondance est intarissable, adresse une nouvelle lettre au président de la République. Il y constate que « ni le chef de l'État, ni le chef de l'Armée ne lui ont fait répondre un mot d'appui ou de consolation ». Ainsi sont récompensés « les services rendus depuis cent soixante ans à la France par ses ancêtres ». On l'accule donc à user de tous les moyens en son pouvoir. Or la généreuse femme qui le protège lui a remis un document précieux, « la photographie d'une pièce volée dans une légation étrangère par le colonel Picquart ». S'il n'obtient pas justice, il devra la publier.

> ... La généreuse femme qui m'a prévenu de l'horrible complot tramé contre moi par les amis de Dreyfus avec l'assistance du colonel Picquart a réussi à me procurer depuis, entre autres documents, la photographie d'une pièce qu'elle a pu

soutirer à cet officier. Cette pièce volée dans une légation étrangère par le colonel Picquart est une des plus compromettantes pour certaines personnalités diplomatiques. Si je n'obtiens ni appui ni justice, et si mon nom vient à être prononcé, cette photographie, qui est aujourd'hui en lieu sûr à l'étranger, sera immédiatement publiée *...

Ce document secret, ce document « libérateur », Esterhazy, prudent, se gardait bien d'en livrer le contenu. Dans l'esprit d'Henry, qui a sans doute préparé la lettre avec Esterhazy, il est probable que le document libérateur était une photo de la pièce « canaille de D » [2]. Quant à la femme mystérieuse qui lui a confié le document libérateur, Esterhazy dira plus tard qu'elle était venue au rendez-vous, qu'elle lui avait fixé, « étroitement voilée ». Qui était-elle, cette providentielle femme voilée qui remettait à son protégé la photo d'un document volé par Picquart? C'était « une femme du monde très élégante, très fine », la comtesse de Comminges, grande amie de Picquart, prétendra-t-il d'abord. La rencontre avait eu lieu sur le pont Alexandre un soir de vendredi saint **. Puis il désignera la marquise du Paty, que son mari aurait envoyée au pont Alexandre. Entre-temps, il dira à du Paty que la femme voilée n'était qu'« une femme du commun, parfumée comme une demi-mondaine » [4]. Esterhazy présentera de nombreuses versions de ce mystérieux rendez-vous qui nourrira une partie des légendes de l'Affaire Dreyfus. Ainsi le président de la République prend-il connaissance d'une lettre de chantage écrite par un officier français fortement soupçonné d'espionnage, et qui s'affirme porteur d'un document volé. Félix Faure éprouve-t-il quelque indignation? Fait-il ouvrir une enquête, exige-t-il des poursuites immédiates? Il se contente d'en-

* Le même jour, *la Libre Parole*, apportant son concours, racontait « qu'un haut fonctionnaire du ministère de la Guerre avait livré des documents à Scheurer » [1].

** Du Paty paraît avoir été affolé par cette explication, suggérée par le commandant Henry. Car en 1892 il avait fait chanter la famille de Comminges, et des traces de ce dossier restaient à la préfecture de Police – ce que savait le commandant Henry [3].

tretenir le ministre de la Guerre de cette correspondance. Et le seul résultat est que le 1er novembre un télégramme chiffré part du ministère de la Guerre, à destination du général Leclerc, supérieur hiérarchique de Picquart, pour que l'on interroge cet officier sur le document volé.

> Le gouvernement, télégraphiait Billot, a reçu des lettres lui disant que le lieutenant-colonel Picquart du 4e tirailleurs se serait laissé voler par une femme la photographie d'une pièce provenant d'une légation étrangère et des plus compromettantes pour certaines personnalités diplomatiques.
> Je vous prie de bien vouloir interroger cet officier supérieur dans le plus grand secret et lui demander des explications dont vous me transmettrez d'urgence le résumé par télégramme chiffré. Vous me transmettrez ensuite d'urgence votre rapport détaillé. Le lieutenant-colonel Picquart devra rester à votre portée pour tout renseignement additionnel qui pourrait lui être demandé.

Belle victoire pour Henry et Gonse : le président de la République et le ministre de la Guerre se soumettaient à l'exigence d'Esterhazy. Et Picquart se retrouvait en position d'accusé.

Dès réception de la dépêche ministérielle, le général Leclerc convoque Picquart pour l'interroger. L'entretien se déroule dans une atmosphère cordiale, car le général Leclerc estime beaucoup son subordonné. Non, aucun document n'est sorti du bureau de Picquart, et aucune femme n'y a pénétré. En revanche, le général Leclerc doit confirmer au ministère que Picquart était « en permission ou en congé » du 15 juin au 7 juillet. L'État-Major s'assure ainsi, par rapprochement des dates, que Picquart, venu à Paris, a pu être l'informateur de Scheurer-Kestner. Voilà qui justifie les soupçons. Il est bien l'agent essentiel du « syndicat des dreyfusards ». Le 5 novembre, Esterhazy, que le succès encourage, écrit au président de la République une troisième lettre, plus menaçante encore :

> ... C'est la dernière fois que je m'adresse aux pouvoirs publics. La femme qui m'a mis au courant de l'horrible machination ourdie contre moi m'a remis,

entre autres, une pièce qui est une protection pour moi *parce qu'elle prouve la canaillerie de Dreyfus*, et un danger pour mon pays, parce que *sa publication avec le fac-similé de l'écriture* forcera la France *à s'humilier ou à faire la guerre...*
Je pousse le vieux cri français : « Haro, à moi, mon prince, à ma rescousse. » Je vous l'adresse à vous, Monsieur le Président, qui avant d'être le chef de l'État êtes un honnête homme et qui devez au fond de votre âme être profondément écœuré de la lâcheté que vous voyez.
Qu'on me défende et je remettrai la pièce au ministre de la Guerre sans que personne au monde y ait jeté les yeux. Mais qu'on me défende vite car je ne puis plus attendre et je ne reculerai devant rien pour la défense ou la vengeance de mon honneur indignement sacrifié...

La phrase sur la « canaillerie » de Dreyfus faisait d'évidence allusion à la pièce « canaille de D ». Est-ce cette allusion, la menace imminente que contient cette lettre, qui suscitent enfin une réaction? Le 6 novembre, le ministre de la Guerre écrit au général Saussier pour lui donner connaissance des lettres d'Esterhazy. Ces correspondances devraient aussitôt entraîner la mise aux arrêts, et l'ouverture d'une information. Mais Esterhazy semble invulnérable. Le général Saussier, qui connaît bien l'ami de Maurice Weil, se contente de convoquer Esterhazy, et de lui « laver la tête ». Esterhazy s'excuse de s'être trop énervé. Que se disent-ils? L'affaire paraît en rester là. Le jour même Esterhazy, débordant d'assurance et de cynisme, adresse à Picquart une lettre injurieuse dont il envoie copie au général de Boisdeffre.

Mon Colonel,
J'ai reçu ces jours-ci une lettre dans laquelle vous êtes formellement accusé d'avoir ourdi contre moi la plus abominable machination pour me substituer à Dreyfus. Dans cette lettre il est dit, entre autres, que vous avez soudoyé des sous-officiers pour avoir des spécimens de mon écriture, le fait est exact, je l'ai vérifié. Il est dit aussi que vous avez détourné du ministère de la Guerre des documents confiés à votre honneur pour en composer un dossier clandestin que vous avez livré aux amis du traître. Le fait du dossier clandestin est exact, puisque j'ai

aujourd'hui en ma possession des pièces soustraites à ce dossier.
Devant une aussi monstrueuse accusation et malgré les preuves qui m'ont été données, j'hésite à croire qu'un officier supérieur de l'Armée française ait pu trafiquer des secrets de son service pour tâcher de substituer un de ses camarades au misérable du crime duquel il avait les preuves. Il est impossible que vous vous dérobiez à une explication franche et nette [5].

Rassuré par ses protecteurs, constamment manipulé par Henry, aidé de du Paty, le commandant Esterhazy ne cesse plus de monter à l'assaut. Il est à la fois habile et imprudent. Il improvise dangereusement, et commence à gêner ses amis. Le 9 novembre, le ministre de la Guerre enjoint au général Saussier de faire restituer par Esterhazy le « document libérateur ». Saussier le convoque à nouveau, essaie de lui faire comprendre qu'il faut donner au ministre le fameux document. « Le fera-t-il ou non, je l'ignore », écrit Saussier dans son rapport. Visiblement très ennuyé, le gouverneur militaire de Paris ne veut prendre aucune responsabilité dans cette affaire, laissant au gouvernement le soin de décider :

En somme le gouvernement seul peut déterminer la portée qu'il faut attribuer aux lettres écrites par M. le commandant Walsin-Esterhazy à M. le président de la République et à vous-même, ainsi que l'opportunité des mesures à prendre contre lui.
A le juger au point de vue exclusivement militaire, il y aurait lieu de le déférer à un conseil de guerre, ou tout au moins d'enquête, pour répondre du manque formel à la discipline que ses actes constituent.

Mais Esterhazy semble de plus en plus nerveux. Le 10 novembre il adresse au général Saussier une lettre insolente et menaçante entre les lignes :

J'ai pris ce matin un engagement personnel vis-à-vis de vous, mais dans la journée j'ai trouvé mes proches fort émus à la suite d'un article paru dans *l'Intransigeant* de ce matin où ils ont cru voir une allusion à ma personnalité et je ne crois pas pouvoir les empêcher d'agir et de prendre les devants... Tout semble prouver que c'est bien moi que le colonel Picquart a voulu substituer à Dreyfus au moyen de documents fabriqués et d'autres soustraits à mon service. Le dossier clandestin serait chez un nommé Lebois (sic) et le gouvernement serait, dit-on, déjà fixé à ce sujet... Oserai-je vous demander, Monsieur le Gouverneur, d'user de votre haute influence auprès des membres du gouvernement pour obtenir d'eux un acte quelconque, officiel ou officieux, dégageant la personnalité d'un homme qu'ils savent parfaitement innocent?... J'ai cherché dès aujourd'hui un moyen de faire rapidement revenir la pièce que je vous ai promise; si je ne l'ai pas trouvé d'ici quarante-huit heures, je prierai un des miens d'aller lui-même à Londres [6]...

Le général Saussier transmet la lettre sans commentaire. Il attend désormais les instructions du gouvernement. Mais le ministre de la Guerre et le chef d'État-Major semblent en pleine harmonie. Contre cet officier, traître à sa patrie, et qui fait chanter les plus hauts personnages de l'État, il est urgent de ne rien faire.

En revanche Henry et Esterhazy, maintenant inséparables, poursuivent leur projet, qui est d'établir que Picquart n'est qu'un agent du « syndicat ». Ainsi sera-t-il définitivement discrédité, et ses accusations seront sans effet. Le 10 novembre 1897 un inconnu dépose au bureau de la rue La Fayette un télégramme adressé au « colonel Picquart, Tunis ».

Colonel Picquart, Tunis
Arrêtez le demi-dieu. Tout est découvert. Affaire très grave.
Speranza.

Ainsi le télégramme semblait poursuivre la correspondance fabriquée par Henry un an plus tôt, en décembre 1896 *. Et la signature « Speranza » évoquait la bienfaisante « Espérance » qui avait averti Esterhazy des dangers qui pesaient sur lui. Cette pauvreté d'imagination, sinon cette imprudence,

* *Supra* p. 230.

n'arrête ni le faussaire qu'est devenu Henry, ni l'illuminé qu'est Esterhazy *.

Le même jour, un deuxième télégramme, déposé au bureau de la Bourse, partait à l'adresse, cette fois corrigée, du colonel Picquart :

> Colonel Picquart, Sousse :
> On a la preuve que le « bleu » a été fabriqué par Georges. Blanche.

Le texte voulait être transparent. Blanche était Mlle de Comminges, l'amie de Picquart. Le « bleu » était d'évidence « le petit bleu ». Ainsi, les amis de Picquart cherchaient à le prévenir de ce que son crime était découvert : il avait fabriqué le petit bleu. Ordre fut bien sûr donné par Henry d'intercepter les deux faux télégrammes, ce qui fut fait. Le télégramme « Blanche » devait parvenir à Picquart le 11 novembre, le télégramme « Speranza », réexpédié de Tunis à Sousse, le 12 novembre. Enfin une lettre anonyme ainsi rédigée : « A craindre. Toute l'œuvre découverte; retirez-vous doucement; écrivez rien », parvenait à Picquart le 17 novembre.

Les télégrammes accusateurs, photographiés à la demande d'Henry, sont bien sûr remis en copies au général Gonse qui les transmet au ministre. Tous feignent d'être scandalisés. Ainsi « le syndicat » prévient Picquart! Mais de qui l'existence du petit bleu est-elle alors connue? De Billot, de Boisdeffre, de Gonse, d'Henry, de Gribelin et de Lauth **. Pour Picquart, qui reçoit les dépêches, c'est forcément l'un d'eux, ou plusieurs d'entre eux, sans doute Gonse et Henry, qui sont les mystérieux expéditeurs. Mais pour la Sûreté nationale, à laquelle le ministre demande d'enquêter, tout est clair. Demi-dieu c'est d'évidence Scheurer-Kestner. Georges, c'est Picquart. Blanche est bien Mlle de Comminges, la chère amie du colonel. L'affaire des télégrammes

* En 1898, la brave Marguerite Pays reconnaîtra auprès du juge d'instruction Bertulus qu'elle avait dû, sans même dissimuler son écriture, rédiger cette dépêche à la demande de son amant le commandant Esterhazy.

** Elle ne l'est pas de Leblois à qui Picquart n'a pas cru devoir en parler.

est prise très au sérieux, au point que le ministre de l'Intérieur, Louis Barthou, met ses collègues au courant, en plein Conseil des ministres, de ce grave rebondissement. Oui, ce colonel Picquart est au cœur d'un complot clandestin. Le ministère des PTT se fait communiquer tous les télégrammes adressés au colonel Picquart. On en trouve deux, authentiques ceux-là, adressés à Picquart les 6 et 7 novembre : « Ai écrit aujourd'hui seulement. Adressez désormais avenue Grande-Armée » et « Ai reçu lettre. Alice doit renvoyer immédiatement paquet lettres de Berthe. Écris aujourd'hui » [7]. Voilà qui semblait très louche. Ce n'était en fait que deux dépêches adressées à Picquart par sa maîtresse Mme Mounier, femme d'un fonctionnaire des Affaires étrangères, qui accumulait les précautions pour dissimuler sa liaison clandestine. Mais, dans le moment, tous ces télégrammes, les faux et les vrais, nourrissent le dossier du suspect Picquart. Et le 12 décembre, le général Billot, antidatant son ordre d'un jour pour justifier les initiatives du ministère des PTT, déléguait le général Gonse « pour procéder à l'instruction judiciaire secrète à suivre à Paris contre le lieutenant-colonel Picquart ». Cette fois les conjurés sont pleinement satisfaits. Leur audace a porté ses fruits. Ce n'est pas contre le commandant Esterhazy que l'on ouvre une instruction judiciaire. C'est contre le colonel Picquart. Il y a un mois aurait-on osé l'espérer?

Mais voici que le hasard s'en mêle, et vient soudain contrarier cette belle victoire. Le 7 novembre, un coulissier, M. de Castro, qui avait acheté par hasard, sur les boulevards, le fac-similé du bordereau et des lettres d'Alfred Dreyfus que partout Mathieu avait répandus, a un « éblouissement ». Il reconnaît l'écriture de l'un de ses clients, le commandant Esterhazy. Par l'intermédiaire d'une relation commune, M. de Castro convoque Mathieu Dreyfus. Il lui montre des correspondances d'Esterhazy. Mathieu les étudie, longuement. Pas de doute, « c'était l'identité même. C'était l'écriture du coupable ». Mathieu Dreyfus demande un entretien urgent à Scheurer-Kestner. « Je lui criai : je vais vous dire le nom du traître. C'est Esterhazy. » Et Scheurer, soulagé, car ce n'est pas lui qui a donné le nom, peut enfin répondre « Oui, c'est lui » *. Terrible décalage de temps, qui a beaucoup servi les « amis » d'Esterhazy : c'est le 11 novembre 1897 que Mathieu Dreyfus apprend par hasard ce que le ministre de la Guerre, l'État-Major, la Section de Statistique savent depuis le mois d'août 1896.

Pour Mathieu Dreyfus c'est un progrès décisif de l'Affaire. Ce qu'il a cherché pendant près de trois années il le sait désormais. L'auteur du bordereau est un officier français, le commandant Esterhazy. Mais comment saisir l'opinion publique? Le 12 novembre une réunion est organisée entre Scheurer, Leblois, Mathieu Dreyfus, Demange, et Emmanuel Arène, député de la Corse, rédacteur au *Figaro*, qui se déclare prêt à publier des articles pour « préparer l'opinion ». Arène devait conduire une campagne de révélations progressives. Or, se précipitant trop, il publie le 14 novembre, sous la signature « Vidi », un article où il révèle l'essentiel. Esterhazy n'est pas nommé, mais l'article désigne, comme auteur du bordereau, un officier « fort connu et répandu à Paris... titré, marié, très apparenté... ». L'article était trop clair pour les initiés, trop obscur pour les lecteurs du *Figaro* [9]. Par surcroît, il comportait une allusion à une « pièce nouvelle » dont le ministre de la Guerre aurait parlé à Scheurer, une pièce qui nommait Dreyfus. Lisant l'article, le commandant Henry eut tout à coup le sentiment « qu'un abîme s'ouvrait sous ses pas » [10] : la seule pièce qui portait le nom de Dreyfus était son faux. Le ministre aurait donc eu l'imprudence d'en parler à ses adversaires? Henry bondit chez du Paty. Il est dans un état d'intense excitation. Ils cherchent Esterhazy. Ils délibèrent dans l'agitation. Finalement les trois complices décident qu'Esterhazy portera à Drumont un texte en réponse, sorte de plaquette qu'ils avaient déjà préparée et qu'ils rema-

* Pour les ennemis de Dreyfus, il restera évident que la « fable » de Castro, inventée par Mathieu, avait servi à couvrir la confidence faite par Scheurer. C'est Scheurer qui, trahissant son serment, aurait raconté à Mathieu que l'auteur du bordereau était Esterhazy. Mais les témoignages de Scheurer-Kestner, dans ses Mémoires, de Mathieu Dreyfus et de Castro, se recoupent exactement [8].

nient à la hâte. L'article paraît dès le lendemain 15 novembre dans *la Libre Parole*, sous le titre « Dixi ». Il résume la thèse qui sera désormais, avec quelques variantes, celle de l'État-Major. L'officier dénoncé par *le Figaro* est innocent. Il est victime d'une infâme machination de Picquart et des amis de Dreyfus [11] pour substituer un innocent au vrai coupable, l'officier juif. Par précaution, Henry fait porter le soir même au ministère de la Guerre « le document libérateur », ainsi « spontanément » remis par Esterhazy à son ministre *.

Cette polémique de presse interdisait à Mathieu Dreyfus d'attendre ou de reculer. Le 15 novembre dans la soirée, il rend publique la lettre, rédigée avec Me Demange, par laquelle il dénonce au ministre de la Guerre le véritable auteur du bordereau, le commandant Esterhazy :

> Monsieur le Ministre,
> La seule base de l'accusation dirigée en 1894 contre mon malheureux frère est une lettre missive, non signée, non datée, établissant que des documents militaires confidentiels ont été livrés à un agent d'une puissance militaire étrangère.
> J'ai l'honneur de vous faire part que l'auteur de cette pièce est M. le comte Walsin-Esterhazy, commandant d'infanterie, mis en non-activité pour infirmités temporaires au printemps dernier.
> L'écriture du commandant Esterhazy est identique à celle de cette pièce. Il vous sera très facile de vous procurer de l'écriture de cet officier.
> Je suis prêt, d'ailleurs, à vous indiquer où vous pourriez trouver des lettres de lui, d'une authenticité incontestable et d'une date antérieure à l'arrestation de mon frère.
> Je ne puis pas douter, Monsieur le Ministre, que, connaissant l'auteur de la trahison pour laquelle mon frère a été condamné, vous ne fassiez prompte justice.

Le même jour, 15 novembre, Picquart portait plainte auprès de son ministre contre le commandant Esterhazy :

* Marcel Thomas a établi que Esterhazy n'avait jamais eu entre les mains le document libérateur, à savoir une photo de la lettre « canaille de D » et qu'il ne la connaissait même pas. C'est Henry qui imagina et réalisa la pseudo-restitution [12].

> celui-ci averti, je ne sais par qui, des recherches que j'ai faites à son sujet dans l'exercice de mes fonctions a porté contre moi des accusations calomnieuses, d'abord sous forme de lettre privée et ensuite sous forme de télégrammes.

Ainsi l'accusé Picquart passait à son tour à l'offensive.

Tout semblait basculer. La guerre clandestine menée depuis deux mois pour éliminer Picquart et sauver Esterhazy était maintenant portée devant l'opinion publique. Pour le ministre de la Guerre il ne s'agit d'abord que de sauver la face. Le 16, il annonce à la Chambre qu'en présence de la dénonciation de Mathieu Dreyfus, le devoir du gouvernement était tout tracé :

> Il devait à la justice, à l'honneur même de l'accusé ainsi mis en cause, de mettre l'auteur de la dénonciation en demeure de produire ses justifications. Il sera ensuite statué conformément à la loi. Le ministère de la Guerre, gardien de l'honneur de l'Armée et chargé de veiller à la défense nationale et à la sécurité du pays, ne manquerait pas à son devoir.

Billot prescrit au général Saussier d'ordonner une enquête. Le 17 novembre, celui-ci désigne, non pour instruire, mais pour « enquêter » – car aucun ordre d'informer n'est encore lancé – le général de Pellieux, commandant militaire du département de la Seine, dont relevait Esterhazy.

Ainsi que l'observe Marcel Thomas, la « collusion » destinée à éliminer Picquart semblait avoir échoué. Les conjurés « n'avaient pu éviter l'ouverture d'une enquête officielle qui allait, bon gré mal gré, ouvrir une première brèche dans le rempart de silence et de mystère qui seul pouvait sauver Esterhazy » [13]. Et pour protéger Esterhazy, Henry et du Paty avaient pris tant d'initiatives imprudentes, commis tant de faux, que l'enquête annoncée, que toute enquête, était maintenant dangereuse. Le général de Boisdeffre, le général Gonse, qui les ont encouragées ou approuvées, Gonse au jour le jour, Boisdeffre en gardant ses distances, sont inquiets. Il faut multiplier les précautions. L'un des officiers d'ordonnance du général de Boisdeffre, le commandant Pauffin de Saint-Morel, est allé voir l'écrivain Rochefort pour lui porter des renseignements? Le général de Boisdeffre le fait mettre aux arrêts de rigueur. Esterhazy et du Paty ont été aperçus ensemble passage Landrieu? Il ne faut plus qu'ils se voient, ou s'ils se voient encore, ce devra être avec une extrême prudence. Le temps est passé où dans la clandestinité les conjurés faisaient n'importe quoi. Au gouvernement, à l'État-Major, à la Section de Statistique on est soucieux. Une enquête est ordonnée, l'opinion publique est saisie. Où tout cela va-t-il s'arrêter?

Seul Esterhazy garde sa superbe audace. Il multiplie les interviews à *la Libre Parole*, au *Matin*, à *l'Écho de Paris*, au *Figaro*, au *Temps*. L'écriture du bordereau offre une ressemblance « effrayante » avec la sienne? Évidemment! Dreyfus l'a décalquée. Esterhazy ne se défend pas de connaître Schwarzkoppen : ses parents d'Autriche sont liés à la famille de l'attaché militaire. Une dame voilée l'a prévenu du complot monté contre lui. Son ami Drumont aussi. Il a bien fait, lui Esterhazy, d'avertir Félix Faure et de secouer un peu ce président de la République indolent. Il ne craint rien. Ses aïeux ignoraient la peur. Aucune force humaine ne l'arrêtera. Quant à ses diffamateurs, il les « emmerde ». A des centaines de milliers d'exemplaires, on vend les déclarations d'un « vrai soldat » injustement traqué. Tout Paris se passionne pour l'épisode de la femme voilée. On murmure son nom. La femme d'un diplomate? Une aventurière? Une belle Juive qui se vengeait de Picquart? Partout, Esterhazy proclame son innocence, jure qu'il la fera éclater, dût-il mettre le feu à Paris. « Dreyfus, observe Joseph Reinach, n'avait jamais eu de tels accents. » Contrairement au Juif alsacien, le gentilhomme hongrois n'est « pas plus tôt accusé qu'il est innocent » [14].

Comment le commandant Esterhazy ne serait-il pas glorieux et insolent! Pendant deux mois, il a tenu la France sous sa botte. Il a menacé le président de la République, défié le ministre de la Guerre, réprimandé le gouverneur militaire de

Paris. Espion, traître, maître chanteur, voleur, il a manipulé les plus hautes autorités civiles et militaires. Cette généreuse femme, qui n'a cessé de le protéger, la mystérieuse Espérance, pourquoi lui ferait-elle défaut?

XVIII. – JE TE PARLE COMME DE LA TOMBE

Le déporté Dreyfus fut entravé, chaque nuit, du 6 septembre au 20 octobre 1896. Quoiqu'il s'essayât à atténuer la morsure du fer en entourant ses chevilles avec des chiffons, elles ne furent bientôt plus qu'une plaie. Il fallut les panser tous les matins. Tout le jour, jusqu'au 12 novembre, le temps qu'on édifiât la double palissade ordonnée par le ministre des Colonies, Dreyfus resta enfermé dans sa case, sans une minute de promenade. Le 29 octobre, le directeur de l'Administration pénitentiaire écrivait au commandant supérieur des îles du Salut pour préciser les dispositions qui devaient être prises en cas de décès du déporté. Le cadavre devait être envoyé en France, mais avant la mise en bière, et dans le plus court délai après le décès dûment constaté, il devait être pris moulage du faciès. Dreyfus, durant cette période, n'adresse plus à sa femme que de courtes lettres, « le vide même de sa correspondance est révélateur de son martyre » [1].

> J'ai tant souffert, écrit-il à Lucie, j'ai supporté tant de choses que la vie m'est profondément indifférente, et je te parle comme de la tombe, du silence éternel qui vous place au-dessus de tout [2].

Le 12 novembre [3], quand ses gardiens lui ouvrent la porte de sa case, Dreyfus ne voit plus la mer. Sa prison est désormais entourée de deux palissades de deux mètres cinquante de haut. L'une, à un mètre cinquante environ de la case, lui retire air et lumière, l'autre entoure un promenoir de seize mètres de largeur sur quarante de longueur. Pas un arbre. Pas un coin d'ombre. Le déporté peut de jour circuler dans cet enclos, toujours suivi d'un surveillant. Il ne voit plus désormais que le bois des palissades et sur sa tête le ciel tropical. Les mois qui suivent sont un véritable enfer. « Le déporté a eu une forte crise », note Kerbrat le 27 novembre. En décembre il se plaint de transports au cerveau. Le commandant supérieur et le médecin viennent le visiter *.

Les lettres de Lucie [4] n'arrivent au déporté qu'avec deux mois de retard. A partir de mars 1897 elles lui parviennent recopiées « par une main banale » **. Le règlement interdit que Dreyfus soit tenu au courant de son affaire, et les lettres qu'il reçoit ne peuvent que décrire les jours et les nuits, parler de la santé des êtres chers, exprimer les sentiments, la souffrance, le désespoir. Les efforts accomplis pour faire éclater son innocence, les progrès du combat que Mathieu et Lucie mènent à Paris, Dreyfus n'en peut rien savoir.

Au mois d'août 1897 son état physique et psychique est devenu si alarmant que, sur le rapport inquiétant du médecin, on décide de lui construire une autre case. Celle-ci sera divisée en deux par une grille en fer, le déporté d'un côté de la grille, le surveillant de l'autre, afin que soit observé, de jour et de nuit, chacun de ses gestes. La nouvelle case est cependant plus haute, plus spacieuse. La vue de l'île, de la mer est toujours cachée par une palissade –

* A l'île du Diable, l'année 1897 sera essentiellement consacrée à renforcer le dispositif de sûreté de l'île qui devient, peu à peu, un véritable bastion fortifié. L'évasion de Dreyfus est devenue la terreur du ministère des Colonies. Mais le temps passant, Deniel montre « moins de passion dans ses activités de geôlier, moins de zèle fiévreux ». Est-ce l'inquiétude que lui inspire l'état pitoyable de Dreyfus? Peut-être aussi l'effet sur l'administration locale de l'évolution de l'Affaire Dreyfus.

** Il en a reçu deux de ses enfants, datées du 10 octobre 1896. « Papa chéri... je voudrais que tu reviennes bientôt. Il faut que tu le demandes au Bon Dieu. Moi je lui demande tous les jours... Je t'embrasse beaucoup. Ta petite Jeanne. » Et « Pierrot » lui écrit le même jour : « Chéri papa, j'ai pleuré ce matin parce que tu ne reviens pas, et que ça me fait trop de peine... » [5]. Dreyfus, observe Kerbrat dans ses notes, écrivait de nombreuses lettres qu'il brûlait ensuite. Le plus souvent il rédigeait des brouillons de ses lettres que l'administration prenait et brûlait.

haute de deux mètres quatre-vingts – mais désormais plus éloignée de la case. Alfred Dreyfus serait un peu mieux, si l'humidité n'y était plus forte. La case ne permet aucune ventilation et l'eau y stagne. Les bêtes sont plus nombreuses. Surtout, les vexations imposées par la peur de l'évasion se multiplient. Le moindre incident, « le plus léger panache de fumée rompant à l'horizon la monotonie du ciel »[6] est prétexte à des mesures de rigueur, à des précautions nouvelles. Une goélette s'approche, en septembre, à environ trois milles des côtes. « On a été un moment, note Kerbrat, sur le point de faire tirer dessus, et donner le signal d'alarme. » Les nouvelles « consignes » sont affichées dans la case, et souvent renforcées *. Le déporté est à ce point affaibli qu'il ne sait plus s'il survivra.

> Je t'ai longtemps caché, écrit-il à Lucie le 2 octobre 1897, mes horribles détresses devant de tels supplices, pour t'empêcher de faiblir, de plus à ton tour... si depuis quelques mois je ne te cache rien c'est que j'estime qu'il faut que tu sois préparée à tout.

Il avoue ses défaillances physiques et cérébrales.

* 1° Obligation pour le déporté d'assurer la propreté de sa « case » et de l'enceinte qui lui était réservée (le promenoir).
2° Préparation de ses repas par lui-même.
3° Il était autorisé à améliorer sa ration avec d'autres denrées et à recevoir des liquides « dans une mesure raisonnable et dont l'administration était seul juge ».
4° Les objets qui lui seraient envoyés devaient faire l'objet d'une visite très minutieuse, et ne lui être remis que suivant ses besoins journaliers.
5° Toute lettre ou écrit quelconque rédigé par le déporté devait être remis au chef de camp. Il en était de même des demandes et réclamations.
6° Les portes de la « case » demeureraient ouvertes jusqu'à la nuit. Entre-temps, le déporté serait libre de circuler dans l'enceinte palissadée.
7° Toute communication avec l'extérieur était interdite. Dans le cas de présences autres que celles habituelles nécessitées par le service, le déporté devait être enfermé jusqu'au départ des corvées.
8° Pendant la nuit, le local affecté au déporté devait être éclairé « intérieurement » et, comme le jour, occupé par un surveillant.

Souvent épuisé comme je le suis je m'effondre sous les coups de massue, je ne suis plus alors qu'un pauvre être humain d'agonie et de souffrances [7].

« J'ai des minutes terribles où le cerveau s'affole », écrit-il le 25 décembre 1897. Loin de s'améliorer, l'état du déporté s'aggrave encore au début de 1898. En revanche, la surveillance semble s'assoupir. Il est autorisé à voir la mer, à faire quelques promenades à la falaise *. Plusieurs lettres de sa femme – on saura plus tard qu'elles parlaient, en termes discrets, des initiatives de Scheurer-Kestner – ne lui parviennent qu'avec deux mois de retard en « copie partielle », c'est-à-dire manifestement censurées. Les lettres de Lucie, courageuses, consolatrices, laissent percer sa lassitude et sa tristesse.

Il était dit que nous n'aurions même pas la consolation de souffrir ensemble, et que nous boirions l'amertume jusqu'à la dernière goutte [9]...

En février 1898 Dreyfus adresse aux présidents des deux Assemblées, à MM. les députés et MM. les sénateurs, une lettre, fervente et digne, qui ne sera jamais acheminée. Il demande « la pleine et éclatante lumière... la justice pour les miens, la vie de mes enfants, un terme à cet effroyable martyre » [10].

Car il ne cesse de faire confiance aux autorités civiles et militaires, au gouvernement, à ses chefs hiérarchiques, à l'Armée dont il est le soldat :

J'ai remis notre sort, écrit-il à Lucie le 7 janvier 1898, le sort de nos enfants, le sort d'innocents qui depuis plus de trois ans se débattent dans l'invraisemblance, entre les mains de M. le président de la République, entre les mains de M. le ministre de la Guerre, pour demander un terme enfin à notre épouvantable martyre [11].

* Le traitement de Dreyfus s'améliore dans les premiers mois de 1898 tandis que se développe la campagne pour la révision. Il semble que Dreyfus ait été tenu au courant des principaux événements de son affaire non par les correspondances, mais par les gardiens qui commentaient devant lui les nouvelles venues de France [8].

Le 25 janvier il répète :

> J'ai demandé la réhabilitation, la révision du procès à M. le président de la République, à M. le ministre de la Guerre, à M. le général de Boisdeffre; j'ai remis le sort de tant de victimes innocentes, le sort de nos enfants entre leurs mains, j'ai confié l'avenir de nos enfants à M. le général de Boisdeffre. J'attends avec une fiévreuse impatience, avec ce qui me reste de force, leur réponse [12].

Et le lendemain [13] il redit à Lucie la foi qu'il a dans son chef :

> Voici la situation telle que je crois la comprendre et je m'imagine n'être pas loin de la vérité. Je crois que M. le général de Boisdeffre ne s'est jamais refusé à nous rendre justice. Nous, profondément blessés, nous lui demandons la lumière. Il n'a pas plus été en son pouvoir qu'au nôtre de la faire. Elle se fera dans un avenir que nul ne peut prévoir.

Et comme le déporté Dreyfus ne sait même plus comment il survit encore, « tellement mon épuisement cérébral et nerveux est immense », et qu'il a peur de mourir là, enfermé dans sa case, il dicte à sa femme son devoir :

> Je te donne comme devoir absolu d'aller trouver en personne M. le général de Boisdeffre, et après les lettres que je lui ai écrites, le sentiment qui, j'en suis sûr, est au fond de son cœur de nous accorder la réhabilitation, quand tu auras bien compris que la lumière est une œuvre de longue haleine, qu'il est impossible de prévoir quand elle aboutira, je n'ai nul doute qu'il ne t'accorde de suite la révision du procès, qu'il ne mette de suite un terme à une situation aussi atroce pour toi, pour nos enfants; j'espère non seulement de la loyauté de mon passé, mais de la loyauté absolue de ma conduite depuis trois ans, sous toutes les tortures, je n'ai jamais oublié ce que j'étais : soldat loyal et dévoué à son pays. J'ai tout accepté, tout subi, bouche close. Je ne m'en vante pas, d'ailleurs, je n'ai fait que mon devoir, uniquement mon devoir.

Pour Dreyfus, M. le président de la République, M. le ministre de la Guerre, M. le général de Boisdeffre représentent, incarnent la patrie. « Je n'ai jamais oublié qu'au-dessus des hommes, qu'au-dessus de leurs passions, qu'au-dessus de leurs égarements, il y a la patrie » [14]. Son innocence, ses enfants, sa vie maintenant si fragile, Dreyfus les a confiés à ses chefs, c'est-à-dire à la France. Il agonise, et s'en remet à eux. Mais Félix Faure, Billot, Boisdeffre n'ont souci ni de son innocence, ni de ses enfants, ni de sa vie. Ils ont de bonnes raisons, la France a de bonnes raisons, de vouloir que le déporté Dreyfus reste, et meure, à l'île du Diable.

XIX. – NE NOUS LAISSONS PAS MANGER

Le 17 novembre 1897 le général de Pellieux, commandant provisoirement la place de Paris, commence son enquête administrative. Il convoque aussitôt Mathieu Dreyfus qui lui apporte le fac-similé du bordereau et les lettres d'Esterhazy qu'il s'est procurés. Mathieu explique au général comment Esterhazy a pu connaître chacune des pièces visées au bordereau. Comme Mathieu Dreyfus évoque la personnalité d'Esterhazy, le général de Pellieux l'interrompt : « Nous connaissons la moralité douteuse de cet officier. Il est inutile d'insister » *. Le général enquêteur promet une expertise d'écriture. Mathieu sort très satisfait de ce premier entretien. Pellieux reçoit le même jour Scheurer-Kestner. « Voyez M. Leblois », répond le vice-président du Sénat à la plupart des questions qui lui sont posées. Il recommande aussi au général de Pellieux de recevoir le témoignage du colonel Picquart, sans quoi il ne peut y avoir d'enquête sérieuse ni sincère.

Esterhazy est convoqué pour le 18 au matin. Il

* Les renseignements du bordereau n'ont aucune espèce de valeur : ils sont connus de tout le monde » aurait également confié à Mathieu Dreyfus le général de Pellieux [1].

raconte, dans le détail, tout ce que l'article « Dixi » a déjà révélé. Il demande à être confronté avec Gribelin, et avec « l'officier qui a fait l'enquête sur Dreyfus » *. Bien entendu il ne le nomme pas puisqu'il est présumé ne pas le connaître. Déjà il prépare – par quelques allusions – la thèse qu'il reprendra et précisera plus tard : Dreyfus a rédigé le bordereau par décalque de l'écriture d'Esterhazy, dont il a obtenu un modèle par le capitaine Bro. Le 19, le général de Pellieux entend Leblois. Il le trouve « habile » et « plus armé » que Scheurer. L'avocat ne dissimule pas qu'il a parfois travaillé au ministère de la Guerre, avec Picquart qui l'a consulté sur des questions de service. Leblois réclame avec véhémence l'arrestation immédiate d'Esterhazy et sa traduction devant un Conseil de guerre.

C'est alors que le général de Pellieux se rend chez le chef d'État-Major général de l'Armée. Il semble que le général de Boisdeffre ait habilement pris en main l'enquêteur. Il lui explique « les dessous » de l'affaire Picquart. Il lui montre les « télégrammes » reçus par Picquart **. Le général Gonse aussi lui ouvre son dossier. Que lui dirent-ils pour le convaincre? Ils n'eurent assurément pas grand mal [3]. Dès le 20 novembre, le général de Pellieux signait le rapport qui clôturait sa première enquête. Esterhazy semble devoir être mis hors de cause. Mais Picquart paraît coupable.

> En mon âme et conscience, je dis :
> Esterhazy me semble hors de cause. Quelque peu intéressant qu'il soit, en raison des écarts graves de sa vie privée, il ne peut à mon avis, en l'état, être accusé de trahison.
> Picquart paraît coupable. Je crois que malheureusement les pièces qui existent à l'État-Major général ne permettent pas d'en douter (lettres et dépêches interceptées). Faut-il continuer l'enquête et l'étendre?
> Si on interroge Picquart à Tunis, on dira qu'on a craint de le faire venir.

* Du Paty de Clam.

** Il précise – ce que notera le général de Pellieux en annexe à son rapport – que le lieutenant-colonel Picquart ne lui a jamais « ni remis ni montré aucune pièce de l'enquête qu'il a faite sur le commandant Esterhazy » [2].

> Si on l'interroge ici comme témoin, il sera bien difficile de l'isoler de ses conseils.
> Il me paraît que le lieutenant-colonel Picquart est dans le cas d'être traduit devant un conseil d'enquête, et qu'il devra être interrogé dans les conditions les plus strictes du secret...

Le lendemain se tient un Conseil des ministres. On y discute du rapport Pellieux *. L'affaire devrait être classée... Or voici que le Conseil des ministres ne s'estime pas satisfait : étrange scrupule du pouvoir civil qui sera lourd de conséquences. Quelques heures après, le général Saussier est informé de ce que le gouvernement estime « que l'enquête devait être complétée, et prendre le caractère extra-judiciaire prévu par les articles 84, 85, 86 du Code de justice militaire ». S'agit-il d'instruire contre Picquart? Peut-être, puisque ordre est en même temps donné d'acheminer le colonel Picquart vers la France. Mais l'État-Major ne s'y trompe pas. Le général Billot a très mal manœuvré au Conseil des ministres. Esterhazy, furieux, adresse une lettre anonyme au président du Conseil Méline : « Grâce à la colossale stupidité de votre ministre Billot, l'affaire Picquart va éclater, avec toutes ses conséquences. Il est impossible de rêver pareille ineptie. » Et le général de Boisdeffre, qui voit le danger, commente : « Il faut marcher. Il faut que chacun s'y mette. Utilisons toutes nos armes et ne nous laissons pas manger » [5].

Dès le 21 novembre, le général de Pellieux commence sa nouvelle enquête. Elle durera jusqu'au 3 décembre.

Esterhazy, par précaution, prend un avocat : il désigne Maurice Tézenas, jeune avocat d'assises, « souple, aimable, sceptique dès l'enfance, orateur facile » ** que la personnalité d'Esterhazy paraît

* Le ministre de la Guerre Billot avait reçu une lettre de Picquart, datée du 15 novembre 1897, dénonçant Esterhazy comme l'auteur des faux télégrammes, et portant plainte contre celui-ci. « Billot, écrit Marcel Thomas [4], s'attachait maintenant à paraître tenir la balance égale même s'il était en son for intérieur hostile à la révision. »

** Ainsi le décrit Joseph Reinach [6] dont il avait été le camarade de collège.

avoir séduit. Esterhazy cause, pendant de longues heures, avec Tézenas, des sujets les plus variés. L'avocat découvre « une encyclopédie vivante sachant tout et parlant de tout avec beaucoup d'agrément et d'imprévu »[7]. Mais pour l'essentiel Esterhazy se défend seul. Et d'abord il prend la précaution de rester très proche de ses « protecteurs ». Il voit, en cachette et très régulièrement, le commandant Henry. Avec du Paty qu'il ne doit plus rencontrer, il trouve un intermédiaire, son brave neveu Christian, qui croit toujours avoir ses fonds chez les Rothschild, et qui consent à ce rôle délicat pour aider son oncle en difficulté. Du Paty et Christian Esterhazy se rencontreront presque tous les soirs, dans des endroits écartés, sur les berges de la Seine, dans les squares ou les églises. Du Paty lit, dans les vespasiennes, les billets d'Esterhazy. Il lui soutient le moral. Godefroy Cavaignac, cousin de du Paty, n'est-il pas prêt à prendre la défense d'Esterhazy à la tribune de la Chambre? Félix Faure n'a-t-il pas confié à un familier : « tant que je serai président la révision ne se fera pas »? Christian ne cesse de se dépenser pour son bon oncle, qui gère affectueusement sa fortune, mais qui ne peut, pour l'instant, lui rendre son argent, à cause des ennuis que lui procurent les Juifs. Ce bon Christian est devenu le plus zélé des facteurs. Il porte tous les matins une nouvelle note pour le général de Pellieux. Ainsi soutenu, Esterhazy prend rapidement l'initiative. Il sait bien que le vrai péril vient de Picquart, dont le retour en France est annoncé. Dès le 22 novembre, Esterhazy demande à Pellieux une perquisition dans la « chambre de domestique » qu'a louée Picquart au sixième étage de l'immeuble où il occupe un appartement, 3 rue Yvon-Villarceaux. Là sont cachés, affirme-t-il, les papiers détenus par le colonel Picquart[8]. Et il ajoute : « Je considère, mon général, que vous êtes le meilleur gardien de mon honneur. » Le général de Pellieux – qui semble de plus en plus docile – accorde la perquisition. On ne trouve rien, sinon quelques liasses de lettres sans intérêt que l'on devra rendre à Picquart.

Pellieux commet, le 22 novembre, l'indiscrétion de solliciter « l'original » du bordereau. On s'inquiète aussitôt à l'État-Major. L'enquêteur va-t-il avoir l'imprudence d'ordonner une expertise? De Pellieux doit vite rassurer les généraux de Boisdeffre et Gonse :

> En demandant communication du bordereau original du procès Dreyfus, il ne pouvait rentrer dans mon esprit d'en faire l'objet d'une nouvelle expertise avec l'écriture d'Esterhazy puisque j'indiquais moi-même dans mon rapport que c'était le but de Mathieu Dreyfus et que la révision du procès se trouverait par le fait engagée, ce qui ne pouvait avoir lieu par cette voie.
> J'ajouterai qu'une pareille expertise ne me paraît pas même utile, le commandant Esterhazy reconnaissant lui-même que certains mots du bordereau sont identiques à son écriture...
> L'expertise que je pourrais, peut-être, être à même d'ordonner serait la suivante et n'a aucun rapport avec le procès primitif.
> Étant donné les écritures d'Esterhazy avant le procès et la publication du bordereau, après cette publication et récemment, a-t-il modifié son écriture et est-il revenu depuis peu à son écriture primitive, ce que prétend l'accusation?
> Ce dont je désire m'assurer c'est que les fac-similés qui courent les rues sont exacts, c'est que le bordereau est réellement sur papier calque pour arriver si possible à la connaissance de la voie par laquelle il est arrivé à la presse et de la personne qui l'a communiqué, ce qui peut avoir son importance au point de vue de l'information engagée.

Non, il n'y a pas lieu de s'affoler. Le général de Pellieux, auprès duquel le général Gonse, le commandant Henry, s'empressent quotidiennement, ne saurait avoir de mauvaises intentions. Il est maintenant convaincu. Mathieu Dreyfus, à nouveau convoqué, trouve le général entièrement changé [9]. Il pose sèchement ses questions, fait noter les réponses, sans plus dire un seul mot hors interrogatoire.

Débarqué à Marseille le 25 novembre, le colonel Picquart est interrogé les 26 et 27 novembre. Il expose, avec précision, toute l'enquête qu'il a effectuée en 1896, ses démêlés avec les généraux Gonse et de Boisdeffre, les manœuvres d'Esterhazy, dont les faux télégrammes, enfin ses relations avec Leblois [10]. Pellieux lui témoigne une « correction affectée et malveillante » [11]. L'enquêteur présente au témoin le petit bleu : « Je crois le reconnaître; pourtant il me semble que l'écriture était plus homogène... » *. Quand le témoin veut parler du bordereau, le général de Pellieux l'en empêche. « Je ne puis vous permettre d'entamer la discussion sur la possibilité de la confection matérielle du bordereau par Esterhazy; ce bordereau à la suite du jugement ayant été attribué à Dreyfus et cette question ayant l'autorité de la chose jugée. » En revanche, le général de Pellieux interroge longuement Picquart sur « Speranza », sur Ducasse, sur Mlle de Comminges, sur les femmes qui l'entourent, sur les Juifs qu'il fréquente **. Comme Picquart se braque, l'instructeur le rassure : « Vous êtes témoin, vous n'êtes pas accusé. » Mais il lui parle aussitôt des « fautes très graves » qu'il a commises. « Pellieux, résume Joseph Reinach, poursuivit ces interrogations avec une dureté et une brutalité croissantes. Paternel et familier avec Esterhazy, obséquieux avec Scheurer, il traitait Picquart en coupable. Il eût été plus franc de le faire interroger par Esterhazy et par Henry » [13].

Mais l'État-Major ne compte pas seulement sur le général de Pellieux. La presse apporte son soutien. Elle est inondée d'articles qui dénoncent l'action du syndicat juif et exaltent Esterhazy, magnifique officier français que les Juifs veulent substituer au déporté de l'île du Diable. Des pièges sont tendus à Mathieu Dreyfus, à Joseph Reinach. On cherche à leur faire acheter des documents faux, dont ils se serviraient ensuite : ainsi pourraient-ils être publiquement confondus [14]. De tous côtés, la famille, les amis de Dreyfus doivent se garder.

A la fin du mois de novembre, il est clair que le général de Pellieux va rendre une ordonnance de non-lieu. La presse l'annonce déjà. Mais voici que Mme de Boulancy, l'ancienne maîtresse d'Esterhazy, à qui celui-ci a emprunté, escroqué, beaucoup

* Picquart ne sait pas que le commandant Henry a grossièrement « gratté » le petit bleu pour faire croire que son chef avait tenté de le trafiquer.

** Des recherches seront plus tard effectuées sur « l'origine juive » que certains attribuaient à Picquart. Elles resteront sans résultat [12].

d'argent, décide de se venger. Elle a remis à son avocat, Me Jullemier, les vieilles lettres de son cousin, amant et débiteur, où il lui exprimait, en termes délirants, sa haine de la France et son mépris de l'Armée française. L'avocat rencontre Scheurer-Kestner, par l'entremise d'un ami commun. Il lui montre les lettres. Il lui remet la plus violente de ces diatribes, celle où Esterhazy écrivait – treize ans plus tôt – à Mme de Boulancy :

> Si ce soir on venait me dire que je serai tué demain comme capitaine de Uhlans en sabrant des Français, je serais certainement parfaitement heureux... (...)
> Tu te trompes complètement sur ma nature et mon caractère; je vaux certainement, au point de vue général, infiniment moins que le dernier de tes amis, mais je suis un être d'une tout autre espèce qu'eux; c'est du reste là-dessus qu'on se trompe généralement sur mon compte; mais à l'heure présente, exaspéré, aigri, furieux, dans une situation absolument atroce, je suis capable de grandes choses si j'en trouvais l'occasion, ou de crimes si cela pouvait me venger.
> Je ne ferais pas de mal à un petit chien, mais je ferais tuer cent mille Français avec plaisir. Aussi, tous les petits potins de perruquier en goguette me mettent-ils dans une rage noire; et si je pouvais, ce qui est beaucoup plus difficile qu'on ne croit, je serais chez le Mahdi dans quinze jours.
> Ah! Les « on dit que », avec le « on » anonyme et lâche, et les hommes immondes qui vont d'une femme à une autre colporter leurs ragots de lupanar et que chacun écoute, comme cela ferait triste figure dans un rouge soleil de bataille, dans Paris pris d'assaut et livré au pillage de cent mille soldats ivres!
> Voilà une fête que je rêve.
> Ainsi soit-il.

Le jour même Scheurer va présenter cette lettre au général de Pellieux. Il est un peu gêné de sa mission *. Il demande que toute la correspondance d'Esterhazy soit saisie chez Mme de Boulancy. Pellieux résiste. Il voit que la situation se gâche. Il est

* La presse antidreyfusarde présentera l'exploitation des lettres de Mme de Boulancy par Scheurer-Kestner, puis par Mathieu Dreyfus, comme l'une des « ignominies » du syndicat juif.

pris de scrupules juridiques. Il demande au commandant Henry le nom d'un magistrat qu'il pourrait consulter sur les problèmes de droit que pose cette affaire. Henry lui conseille un jeune juge d'instruction, intelligent, habile, auquel on confiait depuis quelques années les affaires d'espionnage, le juge Bertulus. Le commandant Henry avait souvent entretenu le juge Bertulus des dossiers réunis contre Dreyfus et aussi contre Picquart. Il le croit suffisamment prévenu. Pellieux décide donc de prendre l'avis, sur les questions de procédure pénale, du juge Bertulus qui, surpris de cette confiance, prend la précaution de se faire autoriser par le garde des Sceaux. On décide la perquisition. Le 27 novembre, le commissaire de police se présente chez Mme de Boulancy qui livre « spontanément » les lettres. Ainsi assouvit-elle sa vengeance. Et le 28 novembre au matin, *le Figaro*, documenté par Mathieu Dreyfus et Joseph Reinach, publie la fameuse lettre, dite « lettre du Uhlan » qui apprend à l'opinion française et à l'opinion étrangère les sentiments que le commandant Esterhazy porte à la France et à son Armée.

Cette fois-ci, Esterhazy est affolé. Il semble qu'averti de ce qui se tramait, il ait pensé à quitter la France *. Il n'a d'autre ressource que de crier au faux. Une large partie de la presse vole aussitôt à son secours. Elle assure que le bordereau a été décalqué sur son écriture. Et voilà que le « syndicat juif », pour 17 000 francs dit *l'Écho de Paris* du 29, pour 20 000 francs précise *le Matin* du même jour, a acheté à une femme méchante d'anciennes lettres adressées en toute confiance, il y a près de quinze ans, par un officier à son amie. Puis un « travail savant de laboratoire » les a maquillées. « Le général de Pellieux va démontrer que ces lettres sont des faux », proclame *l'Écho de Paris* [16]. « Ces lettres sont fausses, assure Rochefort dans *l'Intransigeant*, nous ne voulons pas nous rendre coupables d'un faux en les reproduisant » [17]. Le coupable, c'est le Juif Rei-

* Barthou, ministre de l'Intérieur, paraît en tout cas l'avoir cru : le 26 novembre à 2 heures du matin, tous les postes frontières étaient avertis qu'il fallait arrêter le commandant Esterhazy s'il tentait de passer la frontière [15].

nach, « le dispensateur des millions du syndicat, l'inspirateur de Scheurer » [18]. Reinach est un faussaire professionnel, mais il sera bientôt sous main de justice. Il n'y aura pas alors de châtiment trop sévère, prophétise *la Libre Parole* [19]. De Londres le duc d'Orléans intervient dans le débat :

> Pour moi, s'il plaît à Dieu de me rendre la couronne, j'ose dire que je saurai trouver dans la conscience de mon devoir et de mon droit, et dans la puissance des institutions monarchiques, la force nécessaire de protéger, comme il convient, l'honneur des soldats de France [20].

Confronté avec Mme de Boulancy qui maintenant s'acharne contre lui, Esterhazy doit bientôt concéder que la plupart des lettres produites sont bien de lui : à l'exception de la « lettre du Uhlan » qu'il continue de tenir pour « maquillée ». Alors on imagine, pour défendre l'honneur de cet officier français, des circonstances atténuantes. Ces lettres, ce sont les propos d'un aigri, d'un exalté, non d'un traître [21]. Denys Cochin, député de Paris, dit à Joseph Reinach : « Qui n'a eu de tels accès de colère? » Dans la *Revue des deux mondes* [22], Francis Charmes, au nom de la morale, blâme Mathieu Dreyfus qui a forcément organisé cette publication : « Il y a des bornes qu'une certaine délicatesse morale ne permet pas de franchir. » Et de toute manière que signifie cet amalgame? Quel rapport ont ces lettres avec le bordereau? « Dreyfus continue à être le traître », affirme Alphonse Humbert, et la presse approuve cette juste déclaration [23].

Mais les dénégations d'Esterhazy, concernant la « lettre du Uhlan », présentent pour la famille Dreyfus un évident avantage. Elles devraient obliger le général de Pellieux à ordonner une expertise d'écriture. Peut-il limiter cette expertise aux lettres adressées à Mme de Boulancy, ce qu'il commence par faire en saisissant le 1er décembre l'expert Belhomme sur ce seul point *? Comment n'étendrait-il

* Une note officielle du 29 novembre 1897 annonce : « Bien que les lettres publiées hier n'aient pas de rapport immédiat avec l'Affaire Dreyfus, le général de Pellieux a décidé de les soumettre à l'expertise » [24].

pas la mission de l'expert à l'examen du bordereau? *Le Figaro* dénonce, sous la signature d'Emmanuel Arène, le scandaleux déni de justice qui se prépare. Dans *l'Aurore* du 30 novembre et du 2 décembre 1897, Georges Clemenceau prend fermement parti. Il pose, avec un talent cinglant, impitoyable, les vraies questions :

> Qui protège le commandant Esterhazy? La loi s'arrête, impuissante devant cet aspirant prussien déguisé en officier français. Pourquoi? Qui donc tremble devant Esterhazy? Quel pouvoir occulte, quelles raisons inavouables s'opposent à l'action de la justice? Qui lui barre le chemin? S'il le faut nous le dirons!

Et tandis que le Sénat obligeait – sur un vague problème d'administration de la justice – le garde des Sceaux Darlan à démissionner *, le ministre de la Guerre invitait le général de Pellieux à « faire saisir » le bordereau au ministère. Déjà Pellieux avait reçu l'original du petit bleu, le dossier des faux télégrammes. Risquait-il d'étendre son enquête, d'exiger tout le dossier? La catastrophe serait la saisie du document autrefois forgé par Henry pour les besoins du moment, dont Boisdeffre et Gonse savaient bien qu'il n'était qu'un faux grossier.

Et voici que l'ambassadeur d'Italie, le comte Tornielli, a la mauvaise idée d'écrire le 28 novembre au ministre des Affaires étrangères Hanotaux, pour annoncer que Panizzardi va être contraint de déclarer publiquement « fausses les phrases que l'on prétendait avoir été écrites par lui et qui auraient désigné Dreyfus soit par son nom, soit par une initiale ». C'est manifestement le document fabriqué par Henry qui est en cause. Par surcroît l'ambassadeur demande que Panizzardi soit entendu comme témoin. Cette fois, l'État-Major s'affole. Ce dangereux document, faudra-t-il le sortir, en discuter publiquement, peut-être l'expertiser? Il faut que le général de Boisdeffre pare immédiatement au dan-

* Joseph Reinach estime que le Sénat voulut – sous un prétexte – rappeler ainsi le gouvernement, et spécialement le ministre de la Guerre, au respect du droit. Mais le garde des Sceaux Darlan, contraint à démissionner, était sans doute le seul membre du gouvernement favorable à la révision [25].

ger. Il rédige une note, très vigoureuse, destinée au Conseil des ministres du 30 novembre. Non, il ne faut à aucun prix que Panizzardi dépose. Et jetant son autorité dans le débat, le chef d'État-Major écrit :

> L'État-Major de l'Armée estime que la demande du comte Tornielli ne peut être accueillie pour les raisons suivantes :
> 1° Le colonel Panizzardi étant partie directement intéressée dans la question, son témoignage ne peut être recevable. Il est forcément suspect et les affirmations d'un semblable témoin ne sauraient avoir de valeur.
> 2° L'État-Major de l'Armée possède trois lettres du colonel Panizzardi au colonel von Schwarzkoppen où il est question de Dreyfus.
> Les deux premières lettres parlent seulement de D...
> La troisième nomme Dreyfus en toutes lettres.
> Ces trois lettres sont ci-jointes : la dernière est même accompagnée de son enveloppe cachetée à la cire aux initiales A.P. Ce cachet est habituellement employé par le colonel Panizzardi *.

Ce document capital éclaire le comportement du général de Boisdeffre et sa tranquille audace. Voici qu'il se porte personnellement garant de l'authenticité de deux pièces qu'il sait fausses [27], afin d'empêcher qu'elles ne soient versées au dossier de l'instruction conduite par Pellieux. Et il use de son autorité pour interdire la déposition d'un témoin qui risque d'être décisive. Que peut le Conseil des ministres, impressionné par l'avis péremptoire du chef d'État-Major? On n'entendra donc pas M. Panizzardi. Le document massue, le « faux Henry », reviendra au ministère. Il n'en sortira que plus tard, provoquant d'autres drames.

L'enquête touchait à sa fin. Le général de Pellieux a vite renoncé à une expertise générale. Il a pris prétexte de l'absence d'experts qui n'aient pas été mêlés à l'Affaire Dreyfus. Il lui a suffi d'interroger Esterhazy sur « l'identité de l'original et des photos

* A la note étaient jointes les pièces « canaille de D », « car D m'a apporté... » et le « faux Henry », plus divers documents venus par la voie ordinaire à titre de pièces de comparaison [26]

du bordereau » : ce qu'Esterhazy a évidemment reconnu [28]. Avant de clore son enquête, le général de Pellieux entend encore Henry, Lauth et Gribelin. On présente à Henry le « petit bleu ». Henry, qui récoltait les « cornets » venus par la voie ordinaire, est formel. Il n'a gardé aucun souvenir de cette pièce. Elle ne peut être arrivée par la voie ordinaire. Ce dont il est sûr, en revanche, c'est qu'il a vu, en octobre 1896, le colonel Picquart et Me Leblois examiner ensemble la photo de la pièce « canaille de D » posée sur le bureau du colonel. Il ne veut pas accabler son ancien chef : ce n'est, dit-il, qu'« un sceptique, un névrosé ». « Je le considère comme un agent inconscient de personnes qui ont intérêt à le pousser » [29]. Lauth et Gribelin confirment ses déclarations. Eux aussi ont été les témoins des entretiens de Picquart et de Leblois, au ministère, sur les questions les plus confidentielles. Le commandant du Paty risque-t-il aussi d'être entendu? Pour être assuré de ne pas contredire Esterhazy, du Paty adresse à celui-ci une note – qui sera connue plus tard sous le nom de « note aux deux écritures » – où il expose ce qu'il compte dire à Pellieux, et ce que doit dire Esterhazy :

> Tant que vous n'aurez pas une lettre officielle de moi, vous n'êtes pas censé me connaître;
> Restez muet sur la nature des rapports que nous avons eus en vous retranchant derrière des engagements vis-à-vis de tierces personnes;
> Maintenez que ces rapports ont été purement des encouragements, des conseils de modération et des appels à vos bons sentiments pour rendre la pièce et sont complètement étrangers à l'affaire de la femme voilée; jamais je ne vous ai rien divulgué de confidentiel et ce n'est pas moi qui vous ai dénoncé Picquart. Voilà le terrain sur lequel je me placerai : pénétrez-vous bien de tout ce que je coche en rouge et détruisez. Vous comprendrez combien il est important d'être bien d'accord, pour vous comme pour moi [30]...

Le général de Pellieux ne convoquera pas du Paty. En revanche Esterhazy garde prudemment la note. Elle pourra servir un jour. Elle servira.

Tandis que Pellieux rédige son rapport, tendant

au refus d'informer contre Esterhazy, le général Billot se prépare à répondre, à la Chambre, à l'interpellation annoncée par le célèbre député de droite, le monarchiste Albert de Mun. Le comte de Mun promet des révélations. L'État-Major veut aider le ministre de la Guerre, et dans le même temps trouver un moyen pour qu'on en finisse, une fois pour toutes. Les généraux Billot, Boisdeffre et Gonse délibèrent. Le refus d'informer, auquel va Pellieux, suscitera des clameurs. On risque de devoir traduire Mathieu Dreyfus, le diffamateur d'Esterhazy, en cour d'assises. Le procès Dreyfus recommencera devant un jury. Ne vaudrait-il pas mieux pousser l'avantage? Qu'Esterhazy demande spontanément à être renvoyé devant le Conseil de guerre... Il y sera acquitté. Il rétablira sa réputation compromise. Surtout la culpabilité de Dreyfus sera, par l'acquittement d'Esterhazy, établie une seconde fois. La chose sera deux fois jugée. Tel est l'avis de l'avocat d'Esterhazy, Me Tézenas, qui s'en entretient avec Pellieux. Tel est bientôt l'avis de Pellieux. Mais Esterhazy se fait tirer l'oreille... et s'il y avait un risque? Le général de Boisdeffre, consulté, est formel. L'acquittement ne fait aucun doute. Tous, ils mettent maintenant en scène cet habile projet, qui permettra de clore juridiquement l'Affaire Esterhazy et l'Affaire Dreyfus. Me Tézenas négocie, entre Esterhazy et Pellieux, qui se rencontrent en dehors du cabinet du général enquêteur, les termes de la lettre « spontanée » qu'Esterhazy adressera à Pellieux. La lettre – dont le général de Pellieux avait corrigé le brouillon – parvient le 2 décembre à son destinataire :

> Mon général,
> Innocent, la torture que je subis depuis quinze jours est surhumaine.
> Je crois que vous avez en main toutes les preuves de l'infâme complot ourdi pour me perdre; mais il faut que ces preuves soient produites dans un débat judiciaire aussi large que possible, et que la lumière complète soit faite.
> Ni un refus d'informer, ni une ordonnance de non-lieu ne sauraient maintenant m'assurer la réparation qui m'est due. Officier, accusé publiquement de haute trahison, j'ai droit au Conseil de guerre, qui

est la forme la plus élevée de la justice militaire; seul, un arrêt émané de lui aura le pouvoir de flétrir, en m'acquittant devant l'opinion, à laquelle ils ont osé s'adresser, les plus lâches des calomniateurs. J'attends de votre haute équité mon renvoi devant le Conseil de guerre de Paris.

Admirable attitude, dont la presse, dès le lendemain, vante les mérites. Courageux Esterhazy! Imprudent Esterhazy! Ne risque-t-il pas, s'inquiète Rochefort, de tomber dans le piège des Juifs? Le 3 décembre, le général de Pellieux remet au général Saussier un rapport qui est un long plaidoyer en faveur du commandant Esterhazy *. Comme il a été prévu, le rapport conclut, en dépit de la requête d'Esterhazy, au refus d'informer. Pellieux qualifie le petit bleu de « pièce sans authenticité et sans vraisemblance qu'il voulait bien ne pas croire fabriquée pour les besoins de la cause ». Quant au colonel Picquart, Pellieux voyait en lui « l'agent inconscient » d'une personne qui lui avait fait côtoyer le déshonneur. Et Pellieux qui n'avait pas reçu mandat d'instruire contre Picquart, n'en concluait pas moins à son renvoi devant un conseil d'enquête appelé à se prononcer sur sa mise en réforme, pour fautes contre l'honneur, ou pour fautes graves dans le service.

Mission remplie! Les commandants des corps d'armée réunis à Paris pour la commission de classement font, le même jour, une démarche auprès du président Félix Faure. L'Armée est indignée que ses chefs soient critiqués, soupçonnés [32]. Oui, l'Armée doit aller de l'avant. Selon le plan concerté, le général Saussier, en accord avec les généraux Billot et Boisdeffre, refuse le 4 décembre d'entériner les conclusions du général Pellieux. Accédant à la requête du commandant Esterhazy, il signe l'ordre d'informer.

Tout est maintenant prêt pour l'interpellation du comte de Mun. L'événement a lieu le 4 décembre. Avant tout débat, l'inlassable Castelin demande à

* Il semble que le général Mercier se soit spontanément dérangé pour attester à l'enquêteur la culpabilité de Dreyfus. Voir *l'Écho de Paris*, 4 décembre 1897 [31].

poser une question au président du Conseil. Il prie Méline de rassurer « l'Armée, l'opinion publique, et la Chambre ». Méline répond aussitôt : « Je dirai tout de suite ce qui sera la parole décisive dans ce débat. Il n'y a pas d'Affaire Dreyfus. Il n'y a pas en ce moment, il ne peut pas y avoir d'Affaire Dreyfus. » Et voici que le comte de Mun monte à la tribune. S'instituant le défenseur de la patrie et de l'Armée, il dénonce le syndicat juif « qui s'est mis aux gages de l'Allemagne ». D'une voix forte et solennelle, il rassemble et réconforte la Chambre, unanime dans sa ferveur patriotique :

> C'est à M. le ministre de la Guerre que mon interpellation s'adresse, parce que c'est à lui, c'est au chef du département de la Guerre que je veux demander de venir ici, par une parole solennelle, venger les chefs de l'Armée et, en particulier, le chef de l'État-Major général.

Les applaudissements éclatent à droite, au centre, et gagnent la gauche. Bientôt « la Chambre presque tout entière se dresse pour acclamer ce magnifique langage » [33].

> Il faut qu'on sache s'il est vrai qu'il y ait dans ce pays une puissance mystérieuse et occulte, assez forte pour pouvoir, à son gré, jeter le soupçon sur ceux qui commandent à notre Armée, sur ceux qui, le jour où de grands devoirs s'imposeront à elle, auront mission de la conduire à l'ennemi et de diriger la guerre.
> Il faut qu'on sache si cette puissance occulte est vraiment assez forte pour bouleverser le pays tout entier, comme elle l'est depuis plus de quinze jours, pour jeter dans les esprits le doute et le soupçon contre des officiers...

L'émotion est à son comble. Joseph Reinach, que le discours désigne, se tait.

> Je sens sur ma tête la haine de trois cents hypnotisés... Je me croise les bras. Une parole, un geste, eût changé cette folie en fureur *.

Et de Mun continue :

* Jaurès était absent, note Reinach [34].

Ah! Vous demandiez qu'il n'y eût pas ici de questions politiques! Non, il n'y en a pas. Il n'y a ici ni amis, ni adversaires, ni ministères, ni ennemis du cabinet; il y a des représentants du pays, il y a des Français soucieux de conserver intact ce qu'ils ont de plus précieux, ce qui reste, au milieu de nos luttes et de nos discordes de parti, le domaine commun de nos invincibles espérances : l'honneur de l'Armée.

De Mun somme le président du Conseil de faire venir, de faire parler le ministre de la Guerre. On va chercher Billot. Et dès la reprise de la séance, le ministre de la Guerre s'élance à la tribune, comme à l'assaut.

L'Affaire Dreyfus a été régulièrement et justement jugée. Pour moi, en mon âme et conscience, comme chef de l'Armée, je considère le jugement comme bien rendu, et Dreyfus comme coupable.

La Chambre l'acclame. Le socialiste Millerand monte à la tribune. « Dur, acerbe, martelant ses paroles, il écrase le gouvernement sous l'étonnant reproche d'être l'ami, le complice, des promoteurs de la révision » [35]. Il dénonce la lâcheté du gouvernement, ses maladresses, mais aussi Joseph Reinach,

celui qui ici même mène sa campagne, alors que, au lieu d'essayer de réhabiliter un nouveau Calas, il aurait, peut-être, dans sa famille d'autres réhabilitations à poursuivre.

Cette allusion au baron de Reinach, compromis dans le scandale de Panama *, soulève les applaudis-

* Joseph Reinach était le cousin germain, et aussi le gendre, du baron de Reinach. Il avait souffert du discrédit que l'affaire de Panama avait jeté sur la famille. Après le scandale de Panama, Joseph Reinach n'est plus que l'ami de beaucoup d'hommes politiques exerçant le pouvoir, ou cherchant à l'exercer. Il reste très influent. Mais sa carrière d'homme d'État paraît brisée. Tout au long de ses écrits, Joseph Reinach se tait sur cette épreuve – qui aida sans doute à faire de lui un extraordinaire observateur de la vie politique.

Le lendemain Joseph Reinach provoquait Millerand en duel. Duel sans résultat. Les relations des deux hommes devaient s'améliorer, au temps du dreyfusisme vainqueur. Voir *infra* pp. 547 et s.

sements des socialistes et de la droite. A une énorme majorité, la Chambre vote, paragraphe par paragraphe, un ordre du jour où elle se déclare « respectueuse de la chose jugée », où elle « s'associe à l'hommage rendu par le ministre de la Guerre à l'Armée ». Elle « flétrit les meneurs de la campagne odieuse entreprise pour troubler la conscience publique ». La quasi-totalité des radicaux, la majorité des socialistes, votent avec la droite l'ordre du jour qui enterre l'Affaire Dreyfus.

Quelques jours après, le 7 décembre, Scheurer-Kestner interpelle à son tour le gouvernement au Sénat. Romain Rolland qui assiste à la séance [36] décrit ainsi le spectacle :

> Le vieux Scheurer, grand, droit et pâle, la barbe blanche avec des mèches jaunes, l'air austère d'un huguenot du XVIe siècle, gravissait les marches de la Tribune, d'un pas saccadé, comme s'il montait à l'échafaud... Il lisait son honnête appel à la raison et à la justice, d'une voix forte, lente, lourde, glacée, au milieu d'une assistance hostile, aveugle, féroce, qui ponctuait le discours de huées et de rires insultants... Quand il descendit de la Tribune, ce fut comme s'il descendait dans la tombe, et un silence cruel le recouvrit.

En réalité, il semble que le Sénat ait écouté poliment son vice-président, comme à l'ordinaire. Mais Scheurer-Kestner est embarrassé, coincé entre sa conviction, « la réserve qui lui est imposée », « le respect, le dévouement passionné qu'il porte à l'Armée », enfin la confiance qu'il s'acharne à faire au gouvernement. Le général Billot profite très habilement de l'embarras de son ami. A nouveau il affirme « en son âme et conscience, comme soldat et comme chef de l'Armée » que Dreyfus est coupable. Comme le comte de Mun à la Chambre, avec des mots plus simples, il rassemble tous les sénateurs en parlant de la patrie et de l'Armée.

> L'Armée est issue des entrailles du pays. Elle est soumise, patiente, patriote; tous nos enfants sont sous les drapeaux, songez à la France.

Reste-t-il quelque chose à dire? Courageusement l'ancien garde des Sceaux Trarieux vient au secours de Schcurer-Kestner. Il évoque les graves erreurs qu'il a connues dans ses fonctions. C'est un crime, affirme-t-il, de ne pas tout faire pour les réparer. Mais le président du Conseil l'interrompt : « Il n'y a pas d'Affaire Dreyfus. » Le Sénat vote à l'unanimité un ordre du jour qui approuve les déclarations du gouvernement.

Pour les amis de Dreyfus, c'est l'heure de la défaite. La justice militaire, le gouvernement, le Parlement ont dit la culpabilité de Dreyfus, ont flétri ceux qui osent publiquement défendre son innocence. Drumont, Judet, les Assomptionnistes de *la Croix*, Rochefort, Cassagnac qui a maintenant rejoint les plus acharnés contre Dreyfus, tous débordent de satisfaction, déversant, sur le syndicat juif et traître, un flot quotidien de haine et d'insultes. Il n'y aura plus d'Affaire Dreyfus, a assuré le président du Conseil? Pour l'État-Major, il reste le dernier acte à jouer. Il reste à faire acquitter Esterhazy, à s'assurer d'une chose « doublement jugée ». Ce n'est pas le plus difficile.

XX. – ON N'EN FERAIT PAS TANT POUR UN PAUVRE

Si l'acquittement d'Esterhazy est désormais très probable, encore faut-il veiller sur chaque détail. Dès le 4 décembre, le général Saussier confie l'instruction judiciaire au commandant Ravary, rapporteur auprès du premier Conseil de Paris. Vieux commandant retraité qui, assure Joseph Reinach, « ne comprenait rien sauf la consigne »[1], Ravary recommence l'enquête de Pellieux. Tous les soirs, pour être assuré de ne pas commettre de maladresse, il fait rapport au général Gonse. Gonse tient au courant Henry. Henry et du Paty se concertent avec Esterhazy. « Vous serez interrogé demain, lui écrit du Paty le 14 décembre 1897, sur vos rapports avec Schwarzkoppen. Maintenez-vous absolument sur le terrain qui a été convenu, et ne vous laissez aller à aucun détail »[2]. Ainsi devrait-on éviter la moindre gaffe. L'instruction ne comporte qu'un vrai risque : l'expertise d'écriture que Ravary a été contraint d'ordonner et de confier à trois experts, Varinard, architecte devenu expert, Couard, paléographe, ancien élève de l'École des chartes, enfin Belhomme, vieil inspecteur d'académie. Ravary leur a demandé de comparer l'écriture du bordereau et celle d'Esterhazy. Ils ne doivent pas, en revanche, s'occuper de l'écriture de Dreyfus, car ce serait porter atteinte à la chose jugée. Sous la direction de Belhomme, « l'idiot » au dire d'Esterhazy, « le gâteux » selon Reinach[3], les experts travaillent, enfermés au Cherche-Midi avec le commandant Ravary. A l'unanimité, ils concluent le 26 décembre que le bordereau n'était pas l'œuvre d'Esterhazy. Il apparaît, « au premier coup d'œil », comme un document « suspect ». Sans doute comporte-t-il « beaucoup de lettres identiques à celles de l'écriture courante d'Esterhazy ». Mais « Esterhazy, s'il avait rédigé ce document, eût dissimulé son écriture ». Ainsi les ressemblances comme les dissemblances plaidaient en faveur d'Esterhazy. Le bordereau est un faux « avec des parties de calques », réalisé pour compromettre Esterhazy. Mais le faussaire, dont il était seulement dit qu'il « n'était pas professionnel », n'était pas nommé. Dreyfus sans doute? Ce rapport enchante l'État-Major. Seul Esterhazy, plus exigeant que ses protecteurs, le déclare absurde, « insuffisant ». Plus nuancés sur la « lettre du Uhlan », les experts concluaient qu'elle « semblait plutôt » une imitation courante, et à main levée, de l'écriture du commandant Esterhazy qu'une pièce originale. On n'en demandait pas tant. Dès le 31 décembre 1897, le magistrat instructeur pouvait signer un rapport concluant :

> Si les accusations contre le commandant Esterhazy ont été portées avec une précision d'une mise en scène susceptible d'émouvoir l'opinion publique et de la troubler, en réalité il n'a été établi aucune preuve probante, juridique, de sa culpabilité.

Il émettait l'avis qu'il y avait lieu en l'état de rendre une ordonnance de non-lieu [4]. Exécutant le plan prévu, Esterhazy persistait à demander sa comparution devant le Conseil de guerre « qui seul peut faire éclater mon innocence et réduire à néant toutes les accusations de mes calomniateurs » [5]. Le 1er janvier 1898, le général Saussier, repoussant les conclusions du magistrat instructeur, renvoyait Esterhazy devant le premier Conseil de guerre *.

Entre-temps on prenait d'ultimes précautions. Le général Mercier se faisait remettre par Gonse, sur ordre du général de Boisdeffre, le fameux commentaire établi par du Paty pour accompagner le dossier secret, que Sandherr avait conservé. En présence de Gonse, le général Mercier brûlait la pièce qui le tourmentait, car elle était la preuve écrite de la communication illégale faite au Conseil de guerre qui avait condamné Dreyfus. Ainsi disparaissait « la seule trace tangible de la forfaiture de Mercier » [7].

Sur le plan judiciaire, tout se déroulait ainsi selon le plan prévu. Mais les difficultés venaient d'ailleurs, et les conjurés devaient y faire face, souvent en délibérant, parfois en improvisant. Le 12 décembre, le journal *l'Intransigeant* avait accusé l'empereur d'Allemagne et l'ambassadeur Munster d'avoir entretenu des relations directes avec Dreyfus. « Une des fameuses pièces secrètes, écrivait *l'Intransigeant,* est une lettre de l'empereur d'Allemagne... dans cette lettre adressée à M. de Munster, Guillaume II nommait tout au long le capitaine Dreyfus. » Plusieurs journaux avaient repris cette fable, ajoutant mille détails **, et l'ambassadeur d'Allemagne avait protesté, une nouvelle fois, auprès d'Hanotaux, auprès de Méline. Le président du Conseil s'excuse, déplore, promet de faire ce qu'il peut. Il

* Dans l'ordre d'informer figuraient les mots « faits commis en 1894 », enfermant dans le temps le crime imputé à Esterhazy. La date a été ensuite grattée. Ainsi la décision acquittant Esterhazy devait le laver juridiquement de tout fait de trahison, sans référence à l'année 1894. Sur ce fait, qui révélait les procédés frauduleux utilisés pour protéger Esterhazy par la chose jugée, le général de Luxer, président du Conseil de guerre, sera interrogé lors de la procédure de révision. Il dira ne pas avoir remarqué ce « grattage » si commode pour Esterhazy [6].

** C'est la légende du bordereau annoté qui jouera un rôle important dans la dernière phase de l'affaire.

lui faudrait, dit-il, une bonne loi sur la presse. Annotant de sa main les rapports de son ambassadeur, l'empereur Guillaume II exprime son mécontentement : « Le gouvernement français ne fait rien. Les excitations n'ont pas cessé. » Le vieil ambassadeur essaie vainement d'expliquer à son empereur la mentalité « parisienne » * :

> Le Parisien dans tout ce qui touche à la politique, et surtout à l'Allemagne, manque complètement de discernement. Sa légèreté, et son caractère passionné, ne lui laissent pas le temps de la réflexion. Aussi la mauvaise presse exerce-t-elle ici la plus pernicieuse influence...

Le gouvernement italien s'énerve aussi. L'ambassadeur d'Italie multiplie les protestations contre les articles de presse qui présentent Dreyfus comme un agent de l'attaché militaire d'Italie. L'ambassadeur répète que jamais Panizzardi n'a vu ni connu Dreyfus. Panizzardi a offert son témoignage, que le Quai d'Orsay, à la demande du gouvernement persuadé par Boisdeffre, a refusé, sous un prétexte mensonger. « Nous ne connaissons pas dans notre législation les témoignages spontanés, mais seulement les témoignages requis par la justice »[9]. On s'excuse très vivement auprès des représentants italiens, mais on ne peut donner aucune suite à leur demande. Schwarzkoppen – maintenant revenu en Allemagne – et Panizzardi – toujours à Paris – continuent d'échanger des correspondances. Leur relation s'est altérée, et leurs lettres sont mêlées de reproches. Panizzardi est inquiet. Ils parlent de l'Affaire.

> L'Affaire reviendra plus vif que jamais, écrit Panizzardi le 21 décembre [10], d'ici quelques jours quand on ouvrira le Conseil de guerre. On a décidé à tout prix, et cela est bon pour vous, de faire produire l'innocence de Esterhazy. On dira que le bordereau n'est pas de lui.

Écrivant à son ami, il précise le 31 décembre [11] :

> Tout le monde croit que l'affaire connue se clôturera dans la première semaine de 1898 avec un

* Rapport du 16 décembre 1897 à Guillaume II [8].

acquittement pour Esterhazy pour espionnage. Le gouvernement a des intérêts trop grands pour ne pas faire ainsi.

Panizzardi s'efforce de calmer son ami qu'il trouve « agité » par cette affaire. « Conservez-moi toujours votre précieuse amitié. » Le ton est amical, mais un peu distant, et préoccupé. Le temps est révolu de Maximilien et d'Alexandrine.

Mais qu'importent ces diplomates que le gouvernement français peut rassurer de quelques mots aimables? Et qu'importe l'opinion des souverains étrangers, telle l'impératrice Eugénie, tel l'empereur Guillaume II, qui se prétendent convaincus de l'innocence de Dreyfus? Il est normal qu'ils sympathisent avec un traître, et la France n'a pas de leçon à recevoir des étrangers. Les vrais problèmes sont en France, où le syndicat, à la veille du procès Esterhazy, tâche d'agiter l'opinion publique. Émile Zola, « ne voyant aucun journal qui lui prendrait ses articles », poursuit sa campagne, par la publication d'une *Lettre à la jeunesse*, le 13 décembre, véritable appel aux étudiants du quartier Latin, puis le 4 janvier d'une *Lettre à la France*, qui ne restent pas sans écho [12]. Le journal *le Temps* garde une neutralité qui devient, lentement, bienveillante à la cause de Dreyfus. Quelques femmes, dont Marguerite Durand, Séverine, Hélène See, fondent le 9 décembre un journal, *la Fronde*, qui fait entendre la voix de la pitié et bientôt celle de la sympathie. Yves Guyot, au *Siècle*, s'engage et publie, à la demande de Joseph Reinach, l'acte d'accusation du procès de 1894 pour en montrer le vide. Clemenceau dans *l'Aurore* devient de plus en plus actif et cinglant. En revanche *le Figaro*, longtemps fidèle, fait désertion, victime d'une campagne de désabonnements. Le 13 décembre, Fernand de Rodays, directeur du *Figaro*, s'en expliquait dans un article embarrassé : « la raison d'État lui en faisait un devoir ». Le journal sera neutre – pour un temps. Francis de Pressensé, Joseph Cornély, Émile Duclaux, directeur de l'Institut Pasteur *, Ferdinand Buisson, professeur à la

* Il fut persuadé, semble-t-il, par l'incohérence du rapport d'Ormescheville publié par *le Siècle*.

Sorbonne, Louis Havet, membre de l'Institut, Anatole France, Octave Mirbeau, témoignent une sympathie qui devient peu à peu agissante. Après Gabriel Monod et Salomon Reinach, Appell, le doyen de la faculté des sciences de Paris, rejoint le camp des amis de Dreyfus. Lucien Herr se dépense sans compter, entraînant d'anciens normaliens comme Léon Blum ou Victor Bérard, et surtout des jeunes, tels Péguy, Langevin, Jean Perrin, qui recrutent à leur tour.

C'est dans le monde politique que les ralliements sont les plus difficiles. Ludovic Trarieux, l'ancien garde des Sceaux, est passé du refus de l'illégalité à la conviction de l'innocence. Il est devenu un soutien très actif de la cause de Dreyfus. Mais cet engagement est exceptionnel. Les élections législatives de 1898 approchent, et il semble dangereux et inutile aux quelques parlementaires qui souhaitent la révision de se mêler d'une affaire où il n'y a que des mauvais coups à prendre. Et d'ailleurs qui en a envie? A droite et au centre la trahison de Dreyfus est un article de foi national. A gauche on reste très hostile, au mieux hésitant. Le gros du parti radical, observe Léon Blum, était et restera longtemps opposé à la révision. Cavaignac, Paul Doumer, Berteaux étaient acquis aux thèses de l'État-Major. Seuls Léon Bourgeois, Henri Brisson, républicains scrupuleux, étaient sans doute portés vers la cause de Dreyfus. Mais ils n'osaient le dire encore. Le journal radical *l'Éclair*, dirigé par Alphonse Humbert, était de notoriété publique aux ordres de l'État-Major auquel il servait de tribune. La masse du parti radical était « cocardière » [13] : l'honneur de l'Armée se confondait pour elle avec le service de la patrie. Du côté des socialistes, la méfiance à l'égard du syndicat se nourrissait de l'antisémitisme de gauche, de la haine de la bourgeoisie d'affaires dont les Dreyfus, et surtout les Reinach, semblaient les représentants. « On n'en ferait pas tant pour un pauvre », écrivait Viviani [14], exprimant un sentiment très répandu chez les socialistes. Jaurès lui-même traduisait encore le sentiment dominant des socialistes quand il écrivait, dans *la Petite République* du 11 décembre :

Si la terrible sentence avait accablé un pauvre homme sans relation, sans fortune... autour du procès ce sont deux fractions de la classe privilégiée qui se heurtent : les groupements opportunistes, protestants et juifs d'un côté, les groupements cléricaux et militaires de l'autre sont aux prises.

Pourquoi les socialistes se mêleraient-ils d'un conflit qui divise la classe bourgeoise, où tant d'intérêts capitalistes se mêlent et s'affrontent? Le ralliement progressif de Jaurès, porté par sa générosité, par sa conception de l'idéal humain du socialisme, exercera une grande influence sur le cours de l'Affaire. Mais il restera longtemps isolé. Jaurès, « occupé tout entier et comme illuminé par l'œuvre qu'il avait entreprise » [15], ne se détournait-il pas des vraies missions du socialisme? Les socialistes ne suivront Jaurès que peu à peu, certains à regret, la plupart contraints de vaincre des préjugés. Jusqu'au bout des hommes comme Millerand et Viviani se tiendront à l'écart des débats qui concernent l'Affaire. Déformation d'avocats trop sensibles à la chose jugée *? Prudence d'hommes ambitieux? Dans le monde parlementaire il faut aussi compter, au-delà des opinions et des convictions, avec les calculs de l'ambition. Les plus habiles des politiques, tels Barthou, Poincaré ou Caillaux **, ceux qui dans quelques années domineront la scène politique, s'efforceront, le plus longtemps possible, de ne pas se déclarer, ne devenant « dreyfusards » que quand ils seront assurés d'y trouver avantage. Il reste qu'en décembre 1897 et janvier 1898 la petite troupe des « dreyfusards », comme on commence à dire, s'enfle et s'organise. Le temps est passé où ils n'étaient pas une dizaine. C'est l'époque – décembre 1897 – où pour la première fois Mathieu Dreyfus rencontre Joseph Reinach ***. Et Mathieu ne con-

* Millerand écrira encore dans *la Lanterne* du 9 juillet 1898, après avoir admiré le discours de Cavaignac qui avait « soulagé la conscience publique » : « En voilà assez : maintenant l'Affaire est finie, finie pour nous » [16].

** En revanche, Aristide Briand, après être resté longtemps hésitant et silencieux, signera l'appel des intellectuels au lendemain de *J'accuse*.

*** Si différents qu'ils fussent de milieu social, et de tempérament, ils deviendront amis. Les deux familles se rejoindront. La

naît encore ni Clemenceau, ni Zola, ni Jaurès. Bernard Lazare, Scheurer-Kestner, et maintenant Joseph Reinach, Ludovic Trarieux, Lucien Herr se dépensent sans compter. Les réunions se multiplient chez l'un, chez l'autre. On fait connaissance des nouveaux venus à la cause de Dreyfus. Les uns rédigent, les autres commandent des articles que l'on tâche de passer à des journaux amis. On se partage les initiatives. Quand il faut de l'argent, et il en faut souvent, Mathieu en donne, ou en trouve. Le « Syndicat », comme disent Drumont et Rochefort, comme on dit à l'État-Major, le syndicat des Juifs, le syndicat des traîtres, ne cesse de se renforcer.

C'est Mathieu, le dénonciateur d'Esterhazy, le patron du syndicat, que les amis d'Esterhazy voudraient discréditer. On cherche à introduire chez lui des papiers suspects. Il donne ordre à son personnel de ne rien accepter. On lui donne des rendez-vous destinés à le compromettre, des pièges lui sont tendus, de même qu'à Joseph Reinach [17]. Mathieu Dreyfus devient très méfiant, trop peut-être. Il voit partout des guet-apens qu'il lui faut déjouer [18]. Mais il a quelques raisons d'être inquiet et prudent. Le 29 décembre une instruction est ouverte contre son frère Léon et lui-même, du chef de tentative de corruption. Les deux frères sont accusés d'avoir offert de l'argent au colonel Sandherr quand ils vinrent le voir, le 14 décembre 1894, quelques jours avant le procès d'Alfred Dreyfus *. Ainsi avait-on attendu près de trois ans pour les poursuivre. Et convoqués pour être entendus par le juge Bertulus, chargé de cette nouvelle affaire, Léon et Mathieu apprennent qu'existent trois témoins à charge : le général Gonse, le commandant Lauth, l'archiviste Gribelin. Tous trois ont attesté, sous la foi du serment, que le colonel Sandherr, mort en 1897,

fille de Mathieu, Marguerite, épousera Adolphe Reinach, fils unique de Joseph. Adolphe Reinach, jeune archéologue, tombera au champ d'honneur durant la guerre de 1914. Il laissera derrière lui une œuvre scientifique déjà remarquable. Ses trois enfants – Suzie, France et Jean-Pierre – seront alors élevés par leur grand-père Mathieu. Jean-Pierre Reinach, engagé dans les Forces françaises libres, sera parachuté en France en 1942, et tué dans l'accomplissement de sa mission.

* Voir *supra* p. 121.

leur avait raconté, à l'époque, la tentative de corruption dont il avait été la victime. Que défendent-ils, ces officiers qui ne reculent plus devant aucun moyen? Le commandant Esterhazy? La réputation du général Mercier dont ils continuent de couvrir l'illégalité? L'honneur de l'Armée dont ils sont les dépositaires? Sont-ils tenus par le serment prêté, enfermés dans la discipline, prisonniers de la complicité que chaque jour cimentent les mauvais coups réalisés ensemble? Sont-ils pris au piège de ce qu'ils savent les uns des autres? Est-ce la haine des Juifs, la peur du syndicat, la force hiérarchique, l'amour de leur caste, ou seulement l'instinct de sauvegarde qui les pousse? Et savent-ils encore ce qui les fait marcher? A chaque pas, il leur faut commettre un nouveau forfait pour étayer le précédent. L'acquittement d'Esterhazy, c'est leur prochaine étape.

XXI. – VIVE ESTERHAZY

Les choses se passèrent comme il était prévu.

Deux audiences, les 10 et 11 janvier, avaient été retenues pour les débats du premier Conseil de guerre : signe que l'on attendait de la justice militaire une remarquable célérité. « Comme en 1894 il restait à la victoire du mensonge un dernier obstacle, la publicité du débat » [1]. Les partisans de la révision prennent l'offensive pour tenter d'éviter le huis clos qui, étouffant le témoignage du colonel Picquart, facilitera l'acquittement. Reinach adresse une lettre ouverte au ministre de la Guerre, protestant contre le huis clos qui menace. Ludovic Trarieux publie, dans *le Temps* du 6 janvier 1898, une lettre dénonçant le « simulacre de justice qui se prépare ». Le général Billot hésite, trouve une solution moyenne et habile : Esterhazy et les témoins civils – moins Leblois – seront entendus en audience publique. Les témoins militaires et les experts le seront à huis clos. Ainsi l'essentiel était acquis pour l'État-Major. La presse ne connaîtrait pas la déposition du colonel Picquart.

Mathieu Dreyfus, dont la plainte était à l'origine de la poursuite, pouvait-il se constituer partie civile? La question était incertaine en droit. L'avocat Demange et Trarieux, l'ancien garde des Sceaux, estiment qu'il faut tenter d'être présent dans le débat, si même le tribunal militaire doit, comme il est vraisemblable, déclarer irrecevable la partie civile. Au moins se fera-t-on entendre. Me Demange se présentera pour Mathieu Dreyfus, comme en 1894 il s'était présenté pour son frère. Un avocat doit être trouvé pour Lucie Dreyfus, qui essaiera, elle aussi, de se constituer partie civile. Des noms sont prononcés. On retient la suggestion de Leblois : c'est Fernand Labori qui sera sollicité.

Me Labori n'a pas alors trente-cinq ans [2]. Il a déjà plaidé quelques affaires retentissantes. Sa plaidoirie pour l'anarchiste Vaillant l'a rendu célèbre au Palais. Il était intervenu dans le procès de Panama, confirmant son courage et son talent. C'était un avocat puissant, à la voix sonore, au geste large, volontiers théâtral, capable dans l'emportement de superbes moments d'éloquence. Admirable improvisateur, il était aussi très travailleur et méthodique. Il connaissait chaque pièce de ses dossiers et rédigeait, avec grand soin, les morceaux essentiels de ses plaidoiries. Sa fougue, sa témérité, dissimulaient en réalité une maîtrise rarement en défaut, une réflexion toujours vigilante, et même parfois une prudence calculatrice. Ambitieux, tenant le prétoire pour un champ trop étroit pour sa carrière, il avait tenté en 1893 de se faire élire député de la Marne, porté par les républicains modérés. Il avait échoué. Il songeait à se présenter à Reims contre Léon Bourgeois, l'un des chefs du parti radical.

Quand Leblois vient le voir pour lui demander de devenir l'avocat de la femme de Dreyfus, Labori hésite. Il n'a pas la certitude que Dreyfus soit innocent. Il dira plus tard [3] que sa certitude ne devint complète qu'après les débats du procès Esterhazy. Il demande à étudier le dossier, il y trouve un acte d'accusation qui, à lui seul, est « toute une défense » [4]. Excellent juriste, il voit les illégalités qui entourent cette affaire et les moyens qu'un avocat peut en tirer. Sans doute voit-il aussi les risques que l'affaire comporte pour lui, pour son cabinet en plein développement, pour la carrière politique qu'il espère. Il a le courage d'accepter le dossier. Mais il prend ses précautions. Il veut être commis d'office par le bâtonnier de l'Ordre des avocats. « Il faut, dit-il à Mathieu, que l'on sache que si je représente votre belle-sœur c'est parce que ma conscience m'y pousse, et que la question des honoraires n'a aucune influence sur ma détermination » [5]. Le vieux Demange, qui ne voit pas d'un très bon œil l'arrivée de son jeune et tumultueux confrère, proteste. De quoi aura-t-il l'air, lui qui a toujours accepté des honoraires? « Cette différence ne peut que me diminuer, me donner les apparences d'un homme d'argent. » Les deux avocats discutent seul à seul, tandis que Mathieu, dans la pièce voisine, attend la réponse : premier conflit que bien d'autres suivront. Finalement Labori cède. Il a les yeux remplis de larmes, la figure bouleversée : « Je m'incline devant la volonté formelle exprimée par Demange : mais c'est le plus grand sacrifice qu'on puisse me demander » [6]. Il recevra des honoraires, et s'habituera très bien à ce sacrifice [7].

Le 10 janvier avant 9 heures, Lucie et Mathieu Dreyfus sont arrivés au Cherche-Midi, accompagnés de leurs avocats. Le général de Luxer, président du Conseil de guerre, leur a fait réserver des chaises placées en contrebas, face à l'estrade sur laquelle est installée la table des juges militaires. A deux mètres à peine, est placé le banc de l'accusé.

Le public, les témoins, entrent peu à peu. Les bancs se remplissent d'officiers. Mathieu aperçoit un lieutenant-colonel qui semble seul, isolé. Son « dolman bleu de ciel » – celui des tirailleurs algériens – tranche sur « les dolmans noirs des autres » [8]. C'est le colonel Picquart, que Mathieu voit pour la première fois. L'huissier annonce : « Le Conseil de guerre... Portez arme ». Un flot d'officiers entre, qui suit les sept juges. Le général de Pellieux s'assied derrière le président du tribunal militaire.

« Faites entrer l'accusé. » Pour la première fois, Mathieu voit l'homme qui a écrit le bordereau, l'homme qui a envoyé son frère au bagne, le traître qu'aujourd'hui l'Armée française semble protéger.

« Il passe en me frôlant, tellement l'espace est étroit » [9].

Mathieu le regarde. Le profil est celui d'un grand oiseau de proie. Les yeux noirs, profonds, creusés dans leur orbite, sont constamment mobiles. Impossible de rencontrer son regard. Mathieu pense à son frère. Où est-il en ce moment précis? Dans quel état? Vit-il encore? Pourquoi toutes les forces sociales se sont-elles coalisées pour condamner son frère, comme elles s'unissent aujourd'hui pour innocenter cet officier? Voici que l'on procède à l'appel des témoins. Tous se retirent dans deux petites pièces. Mathieu Dreyfus se présente au colonel Picquart, qui s'assied à côté de Scheurer-Kestner. Arrive le colonel Henry, « tête rouge, couperosée, vulgaire sur un corps lourd, massif »; il parle bruyamment avec un autre officier. Ses pieds touchent ceux de Mathieu qui fait semblant de ne pas s'en apercevoir [10]. Le commandant du Paty ne cesse de se promener, le corps droit, raide, la tête haute, rejetée en arrière, le monocle dans l'œil, les yeux vides d'expression. On dirait qu'il cherche encore quelque chose à faire. Le commandant Lauth est là, « corps mince, souple, une figure taillée au couteau, sèche, dure, prodigieusement laide ». Paresseusement accoudé à une table, les yeux mi-clos, l'expression « paterne et douloureuse », entouré d'un groupe d'officiers, le général Gonse semble vaguement présent. Mathieu les découvre. Ils sont tous là, ceux qui se sont liés pour envoyer, puis maintenir son frère à l'île du Diable. Ils sont entourés d'officiers qui parlent fort, gesticulent, qui sont chez eux. Ils sont tous là sauf Boisdeffre, sauf Mercier.

Le Conseil de guerre ordonne comme prévu le huis clos « retardé ». « Les débats seront publics jusqu'au moment où leur publicité paraîtra devenir dangereuse pour la défense nationale. » Après avoir entendu les explications de Labori et de Demange qui invoquent pour Lucie et Mathieu Dreyfus, « au-dessus de la loi silencieuse, les règles immuables de la justice », le Conseil rejette à l'unanimité les constitutions de partie civile. L'arrêt retient pour motif essentiel que « l'ex-capitaine Dreyfus a été justement et légalement condamné ». Les avocats se retirent... Dreyfus a été « justement et légalement condamné... ». Après cette première sentence, que restait-il à juger?

L'interrogatoire d'Esterhazy * par le général de Luxer est expédié. L'accusé répond d'une voix calme, sèche. Il est parfaitement détendu. Il joue très bien le rôle où il est entré, celui du reître calomnié [11]. Le public, composé en très grande majorité d'officiers, lui manifeste sa sympathie.

En revanche la déposition de Mathieu Dreyfus est hachée de rires, et parfois de hurlements, dont le signal est donné tantôt par les avocats d'Esterhazy, tantôt par les officiers, groupés autour du général de Pellieux et assis derrière le Conseil de guerre. Quand Mathieu Dreyfus répond, à une interpellation de Me Tézenas, « Je défends mon frère partout », il est couvert par les huées d'une grande partie de l'auditoire. La déposition précise, émouvante, que fait ensuite Scheurer-Kestner, en forme de confession publique, est mieux écoutée. Mais quand le vice-président du Sénat en vient à dire sa certitude que le bordereau n'est pas de Dreyfus, plusieurs officiers ricanent bruyamment. Scheurer-Kestner les interpelle : « Vous trouvez cela drôle? » Son immense respect de l'Armée est durement éprouvé par ces sarcasmes qui se rient de lui et de la vérité. Puis commence le défilé des autres témoins, dont Marguerite Pays, « rentière », visiblement affolée et qui nie tout, et Maurice Weil qui n'a rien à dire. Alors le huis clos est prononcé.

C'est donc à huis clos que le colonel Picquart, qui avait été très souvent accusé pendant l'audience publique, fournit en fin d'après-midi et le lendemain ses explications. Calme, précis, sans émotion apparente, il raconte tout ce qu'il sait. Dès qu'il prononce le nom de Billot, de Boisdeffre, de Mercier, le général de Pellieux, muet tout au long de l'audience publique, intervient dans le débat. Il interdit à Picquart de mêler ces grands noms à une telle affaire. Au mépris du Droit, le président laisse parler l'officier instructeur **. En revanche, le général de

* Il s'était constitué prisonnier la veille.

** « Si j'ai participé à cette œuvre d'acquittement, dira le général de Pellieux au procès Zola, j'en suis fier » [12]. Interrogé, lors de la procédure de révision, sur le rôle qu'il avait, tout au

Luxer traite Picquart si mal, l'interrompt si souvent que l'un des juges, le commandant Rivals, croit devoir intervenir : « Je vois, dit-il, que le colonel Picquart est le véritable accusé. Je demande qu'il soit autorisé à présenter toutes les explications nécessaires pour sa défense. » Ce commandant Rivals serait-il un gêneur? Le général de Luxer laisse Picquart achever sa démonstration. Quand celui-ci revient dans la salle des témoins, Mathieu lui dit sa gratitude. Picquart l'arrête. « Vous n'avez pas à me remercier. J'ai obéi à ma conscience. »

Viennent Gonse, Lauth, Henry, qui chargent Picquart avec une violence concertée. Henry rappelle qu'il a vu son chef feuilleter le dossier secret avec Leblois. On rappelle Picquart. « Quand nous avez-vous vus? » interroge Picquart. Henry se perd dans les dates, s'embrouille. Le général de Pellieux intervient à nouveau, volant au secours d'Henry. « A cette distance d'un an, il est vraiment difficile de donner une date. » Gribelin aussi jure avoir vu les deux amis lire ensemble le dossier secret. Que peut dès lors le témoignage de Leblois, entendu dans l'indifférence? Suivent les derniers témoins. On n'a convoqué qu'un seul des trois experts. « Esterhazy écoute distraitement, l'air d'un spectateur qui s'ennuie au théâtre, à une méchante pièce » [14].

Tout s'est très bien passé. Le commissaire du gouvernement abandonne l'accusation. Quoique souffrant d'une forte sciatique, Me Tézenas, l'avocat d'Esterhazy, plaide cinq heures d'horloge, pour faire son métier, pour le respect des formes. « Cette plaidoirie minutieuse donna aux juges l'illusion qu'ils allaient statuer dans la liberté de leur conscience » [15]. A 20 h 5 les juges se retirent en chambre du conseil. Les gardes emmènent Esterhazy qui, passant devant Picquart, se met au garde-à-vous. La délibération dure trois minutes environ *. A 20 h 10

long du procès, laissé tenir au général de Pellieux, au mépris des règles de procédure, le général de Luxer reconnaîtra que le général de Pellieux était intervenu à plusieurs reprises « dans un sens favorable à l'inculpé » ou dans un sens hostile à Picquart. Le général de Luxer dira avoir, sur l'observation de l'un des juges, menacé Pellieux de le faire expulser [13].

* « Je n'avais pas eu le temps de ranger mes papiers, écrira dans *le Temps* du 13 janvier 1898 un collaborateur de Me Tézenas, que les juges rentraient » [16].

les portes de la salle sont rouvertes au public et le général de Luxer, d'une voix ferme, donne lecture du jugement. A l'unanimité le commandant Esterhazy est acquitté.

Dans la salle, les applaudissements éclatent, les cris fusent : « Vive l'Armée », « Vive la France », « Mort aux Juifs », « A mort le syndicat ». Le colonel Picquart, Mathieu Dreyfus, sortent lentement, difficilement, insultés par les uns, menacés par les autres. Le commandant Esterhazy a de la peine à se frayer un passage pour rentrer en prison, car il faut procéder à la levée d'écrou. Les officiers veulent le porter en triomphe. Mille à quinze cents personnes assiègent les abords du Cherche-Midi : les mains se tendent vers le glorieux officier qui a vaincu la juiverie. Au seuil de la prison une voix forte s'écrie : « Chapeau bas devant le martyr des Juifs ». On se découvre.

Voici qu'Esterhazy sort de prison, libre, souriant, entouré d'officiers et d'amis qui lui font escorte. Dans la nuit le cri s'élève, s'étend, de rue en rue, « Vive Esterhazy, vive l'Armée! » Le héros qu'il a rêvé d'être, il l'est devenu!

Le surlendemain, le colonel Picquart sera arrêté, mis aux arrêts de forteresse, et conduit au Mont-Valérien. Le même jour, au Sénat, Scheurer-Kestner sera privé de sa vice-présidence.

Le syndicat avait prétendu ouvrir la voie à la révision? Maintenant l'Affaire Dreyfus était deux fois jugée, le déporté de l'île du Diable deux fois condamné.

TROISIÈME PARTIE

LES DEUX FRANCE

I. – J'ACCUSE

Ainsi la vertu républicaine de Scheurer-Kestner attendant du gouvernement qu'il cherche la vérité, la diplomatie de Joseph Reinach, espérant d'une prise de conscience des milieux politiques la révision, l'effort quotidien de Mathieu Dreyfus frappant à toutes les portes, tout cela semblait vain. « Nous connûmes le découragement, confesse Léon Blum [1]... Tout était fini, tout était perdu... » Dreyfus était condamné pour la seconde fois... Les amis de Dreyfus avaient été inquiets tout au long de l'instruction puis du procès d'Esterhazy. Mais « pas un instant, assure Léon Blum, nous n'avions eu l'esprit seulement touché par l'idée que l'acquittement d'Esterhazy fût possible » [2]. Sans doute soupçonnait-on que l'État-Major avait tout organisé. Mais on avait attendu, malgré tout, la proclamation de la vérité. Que Picquart, parlant à des juges militaires, fît un miracle? Que le gouvernement Méline eût le dessein secret de laisser condamner Esterhazy pour préparer « en douceur » la révision? Et voici que l'acquittement d'Esterhazy, à l'unanimité, sans discussion, tombait, « comme un coup de massue » [3]. La révision semblait devenue impossible. Elle se heurtait désormais à « un système de résistance clos, complet, parfait ».

Plus lucide que la plupart des amis de Dreyfus, Émile Zola n'avait pas mis en doute l'acquittement d'Esterhazy. Dès avant le verdict, il avait commencé d'écrire le texte fameux qui devait « briser les vitres dans cette chambre verrouillée où la cause de la révision était condamnée à l'asphyxie »[4]. Le génie de Zola fut de comprendre qu'il n'y avait, dans le moment, plus rien à attendre des voies légales, que le seul recours était à l'opinion publique. Pour la saisir, pour l'émouvoir, il fallait cesser de lui faire connaître l'Affaire Dreyfus par bribes, par morceaux souvent peu compréhensibles. Il fallait, au mépris de toute prudence, sans s'arrêter à aucune précaution morale ou juridique, livrer à l'opinion un texte frappant qui résumât l'Affaire, au risque de la simplifier, qui mît en évidence les crimes de l'État-Major. Il fallait, d'un coup de poing énergique, changer l'ordre des choses.

En ce début de l'année 1898, Zola est un écrivain mondialement connu, et riche. Il vient d'achever, après *les Rougon-Macquart*, un nouveau cycle : *les Trois Villes*. C'est non seulement un littérateur comblé, mais un bourgeois tranquille, et qui vit enfin heureux. Il sait qu'à s'engager dans l'Affaire il risque de bouleverser sa vie, et de s'aliéner la masse de ses lecteurs, constituée d'une bourgeoisie moyenne, très généralement antidreyfusarde *. Il sait aussi qu'il devra sans doute renoncer à l'ambition – qu'il poursuit depuis longtemps – d'entrer à l'Académie française. Mais écœuré depuis plusieurs années par les campagnes nationalistes et antisémites, tôt convaincu de l'innocence de Dreyfus, il s'engage dans la lutte, avec passion, sans plus regarder en arrière[5]. Dans sa première brochure, la *Lettre à la jeunesse*, brochure publiée le 13 décembre 1897[6], il s'est adressé aux étudiants français qui, dans la rue, huaient le nom de Scheurer-Kestner :

> Où allez-vous, jeunes gens, qui courez en bandes dans les rues, manifestant au nom de vos colères et de vos enthousiames?
> Nous allons huer un... vieillard... qui s'est imaginé qu'il pouvait impunément soutenir une cause géné-

* Ceci n'empêchera pas que Zola soit accusé de chercher la gloire et l'argent dans l'Affaire Dreyfus. « Après lui-même, écrira Sarraut dans *la Dépêche* du 23 janvier 1898, Zola n'a qu'un culte, l'argent. Zola a vu dans l'Affaire Dreyfus une immense et colossale réclame. De Dreyfus au fond il se fiche comme d'une guigne; ce qui l'intéresse, c'est lui, Zola... » En fait, Zola sortira de l'Affaire presque ruiné.

reuse, vouloir que la lumière se fasse... pour l'honneur même de la patrie française.

Puis dans sa *Lettre à la France*, éditée chez Eugène Fasquelle le 7 janvier 1898, il a appelé ce peuple « de bon cœur et de bon sens » à n'être pas abusé au point d'en venir « à cette férocité de la peur, à ces ténèbres de l'intolérance », par les mensonges de la presse, les basses injures, les perversions morales auxquelles le pays lui semblait livré. Dans un article publié par *le Figaro* le 5 décembre 1897, il a vigoureusement analysé le rôle de la presse, « de la basse presse en rut », et aussi de la « grande presse, dite sérieuse et honnête » :

> Nous avons vu la basse presse en rut, battant monnaie avec les curiosités malsaines, détraquant la foule pour vendre son papier noirci... Nous avons vu plus haut dans l'échelle, les journaux populaires, les journaux à un sou, ceux qui s'adressent au plus grand nombre et qui font l'opinion de la foule, nous les avons vu souffler les passions atroces, mener furieusement une campagne de sectaires... nous avons vu, enfin, la grande presse, la presse dite sérieuse et honnête, assister à cela avec une impassibilité, j'allais dire une sérénité que je déclare stupéfiante. Ces journaux honnêtes se sont contentés de tout enregistrer avec un soin scrupuleux, la vérité comme l'erreur...

Ainsi Zola entreprend-il de rédiger son texte sur l'acquittement d'Esterhazy, en pleine conscience du rôle nouveau conquis par la presse. Puisque c'est la presse qui, pesant sur le gouvernement plus encore que sur l'opinion, étouffe toute chance de révision, c'est par la presse que Zola décide d'accomplir l'acte dont Jules Guesde dira qu'il fut « le plus grand acte révolutionnaire du siècle ». Zola sait les risques qu'il prend. Il voit les crimes et les délits qu'il commet en écrivant son texte, presque à chaque ligne, et aussi les haines et les ressentiments qu'il déchaînera. Il n'ignore pas aussi qu'il est l'un des seuls, sinon le seul écrivain, à disposer de l'audience qui peut donner à son initiative un vaste rayonnement. Il sait qu'il est non seulement un « romancier populaire » qui domine son temps, mais en outre un écrivain de réputation mondiale. Il sait qu'il peut frapper fort, et loin.

Sans attendre l'acquittement d'Esterhazy, il commence à écrire dans la fièvre et la colère. Il travaille durant un jour et deux nuits, à rédiger les quarante feuillets de sa lettre au président de la République *. Il porte son travail achevé à Ernest Vaughan, directeur de *l'Aurore,* puisque *le Figaro* où il écrivait volontiers venait de quitter le camp dreyfusard. Plus encore que Vaughan, Georges Clemenceau est aussitôt enthousiasmé. En revanche, François Coppée, auquel Zola montre quelques feuillets, le supplie de ne rien publier **. Le soir de l'acquittement d'Esterhazy, Zola donne à l'équipe de *l'Aurore* lecture de son texte achevé. On applaudit. C'est Clemenceau qui imagine le titre spectaculaire : *J'accuse.* Clemenceau et Vaughan organisent l'affichage et la criée. On tirera *l'Aurore* à 300 000 exemplaires, et la lettre sera répandue dans les rues, grâce au déploiement inhabituel de plusieurs centaines de « crieurs » de journaux. Et c'est ainsi qu'au matin du 13 janvier 1898 Paris reçut comme la foudre le numéro spécial de *l'Aurore* « où flamboyait en gros caractères »[7] « *J'accuse,* lettre au président de la République par Émile Zola. » En quelques heures, plus de 200 000 exemplaires furent vendus. Ce fut « la plus grande journée de l'Affaire »[8], celle en tout cas qui restitua, au moment désespéré, force et confiance aux partisans de Dreyfus. Celle aussi qui est restée dans la mémoire populaire.

La longue lettre de Zola à Félix Faure s'achève par la conclusion qui inspira son titre[9] :

> J'accuse le lieutenant-colonel du Paty de Clam d'avoir été l'ouvrier diabolique de l'erreur judiciaire, en inconscient, je veux le croire, et d'avoir ensuite défendu son œuvre néfaste, depuis trois ans,

* Le texte avait d'abord été préparé pour être imprimé en brochure comme les précédents. C'est au dernier moment que Zola eut l'idée de publier sa lettre dans un journal pour lui donner une publicité plus retentissante.

** Coppée avait été sur le point de rejoindre le camp des dreyfusards à la fin de 1897 à la suite, semble-t-il, d'une visite de Lucie Dreyfus. Il avait même rédigé pour *le Journal* un article très engagé, que celui-ci refusa. Coppée devait devenir ensuite un antidreyfusard militant et acharné.

par les machinations les plus saugrenues et les plus coupables.

J'accuse le général Mercier de s'être rendu complice, tout au moins par faiblesse d'esprit, d'une des plus grandes iniquités du siècle.

J'accuse le général Billot d'avoir eu entre les mains les preuves certaines de l'innocence de Dreyfus et de les avoir étouffées, de s'être rendu coupable du crime de lèse-humanité et de lèse-justice dans un but politique et pour sauver l'État-Major compromis.

J'accuse le général de Boisdeffre et le général Gonse de s'être rendus complices du même crime, l'un sans doute par passion cléricale, l'autre, peut-être, par cet esprit de corps qui fait des bureaux de la Guerre l'arche sainte, inattaquable.

J'accuse le général de Pellieux et le commandant Ravary d'avoir fait une enquête scélérate, j'entends par là une enquête de la plus monstrueuse partialité, dont nous avons, dans le rapport du second, un impérissable monument de naïve audace.

J'accuse les trois experts en écriture, les sieurs Belhomme, Varinard et Couard, d'avoir fait des rapports mensongers et frauduleux, à moins qu'un examen médical ne les déclare atteints d'une maladie de la vue et du jugement.

J'accuse les bureaux de la Guerre d'avoir mené dans la presse, particulièrement dans *l'Éclair* et dans *l'Écho* de Paris, une campagne abominable, pour égarer l'opinion et couvrir leur faute.

J'accuse enfin le premier Conseil de guerre d'avoir violé le droit en condamnant un accusé sur une pièce restée secrète, et j'accuse le second conseil d'avoir couvert cette illégalité par ordre en commettant, à son tour, le crime juridique d'acquitter sciemment un coupable.

En portant ces accusations, je n'ignore pas que je me mets sous le coup des articles 30 et 31 de la loi sur la presse du 29 juillet 1881, qui punit les délits de diffamation. Et c'est volontairement que je m'expose.

Quant aux gens que j'accuse, je ne les connais pas, je ne les ai jamais vus, je n'ai contre eux ni rancune ni haine. Ils ne sont pour moi que des entités, des esprits de malfaisance sociale. Et l'acte que j'accomplis ici n'est qu'un moyen révolutionnaire pour hâter l'explosion de la vérité et de la justice.

Je n'ai qu'une passion, celle de la lumière, au nom de l'humanité qui a tant souffert et qui a droit au bonheur. Ma protestation enflammée n'est que le cri de mon âme. Qu'on ose donc me traduire en cour

d'assises et que l'enquête ait lieu au grand jour! J'attends.
Veuillez agréer, Monsieur le Président, l'assurance de mon profond respect.

Il importe peu d'observer les erreurs que comporte le fameux *J'accuse*. Zola a travaillé vite, avec peu de documents, et il n'a pas prétendu faire un travail d'historien. Sans doute exagère-t-il l'importance de du Paty qu'il place à tort au premier rang. Il oublie de nommer Henry, le principal instrument criminel. Il minimise le rôle du général Gonse. Il n'aperçoit pas la responsabilité essentielle du général Mercier. Tous les acteurs, observe Reinach, il les fait « trop médiocres, trop nuls », comme conduits par du Paty. Il se trompe sur la hiérarchie des rôles [10]. Joseph Reinach – dont l'admiration pour Zola resta marquée d'une certaine défiance – critique même le style de l'écrivain :

> Plus il avance dans son discours, moins il raconte; il s'exclame et vitupère. Or, quand il a répété dix fois en vingt lignes le mot de crime, vous ne voyez plus les crimes qu'il dénonce, mais seulement l'orateur furieux. Sa colère met en défiance. Un crime tout nu est cent fois plus horrible qu'un crime habillé d'adjectifs [11].

« C'est sciemment, remarque Marcel Thomas, que Zola grossit, exagère, schématise, pour frapper l'opinion » [12]. Il prend le risque de l'erreur et de l'outrance. Il fait appel à son « intuition » plutôt qu'à des preuves « restées hors de sa portée ». Mais ce qui est étonnant, c'est la force lumineuse de l'intuition, ce que Joseph Reinach appelle « la pénétration terrible » avec laquelle Zola discerne et dénonce l'essentiel : l'esprit de corps dans l'« arche sainte », l'exaspération hiérarchique, la passion cléricale, la raison d'État, la conjuration de la foule trompée et des gouvernants apeurés, l'entêtement criminel, les crimes commis et couverts pour « sauver l'État-Major compromis ». Au-delà des erreurs de détail, Zola, qui n'a ni temps ni document, découvre la substance même de l'Affaire Dreyfus.

J'accuse est-il un « chef-d'œuvre », comme l'a écrit Léon Blum [13], un pamphlet d'une « impérissable beauté » [14]? C'est en tout cas un grand « papier » et qui marque une date essentielle de l'histoire du journalisme. Zola sut fondre sur l'événement : son article est publié le surlendemain de l'acquittement triomphal d'Esterhazy. La violence de l'expression, les métaphores audacieuses, les adjectifs véhéments, la répétition voulue de certains mots pour donner à la lettre une allure incantatoire (le mot crime est répété dix fois en vingt lignes), le style enflammé, enfin la progression haletante, comme inspirée par la colère, jusqu'au défi final, en font un texte admirablement conçu et écrit pour secouer l'opinion publique.

Était-ce un « moyen révolutionnaire pour hâter l'explosion de la vérité et de la justice » comme l'affirme Zola au terme de sa lettre? Zola n'ignore pas que chaque paragraphe, ou presque, tombe sous le coup de la loi, qu'il peut, qu'il doit provoquer des poursuites judiciaires. « Ma protestation enflammée n'est que le cri de mon âme. Qu'on ose donc me traduire en cour d'assises et que l'enquête ait lieu au grand jour. » Zola prend le risque de se dresser contre les autorités civiles et militaires. Il en appelle à l'opinion publique comme au pouvoir supérieur. C'est de ce pouvoir qu'il attend le mouvement qui secouera les autorités légales, qui les tirera du compromis ou de la peur. A-t-on bien senti, a écrit Léon Blum, que « l'acte de Zola fut vraiment celui d'un héros » [15]? C'est vrai que Zola, en 1898, avait conquis la fortune, une notoriété mondiale, qu'il jouissait de ses succès avec une satisfaction bourgeoise. Zola n'était pas du tout, comme Bernard Lazare, un jeune homme porté par la colère, un combattant à l'esprit audacieux, rêvant d'en découdre. Convaincu de l'innocence de Dreyfus, Zola aurait pu s'engager avec des armes mesurées, être utile à la cause de Dreyfus sans nuire à la sienne. Et voici qu'il aventure soudain « la récompense de quarante ans de travail », qu'il s'expose à toutes les haines, à tous les outrages, qu'il se jette, contre les pouvoirs en place, dans la plus dangereuse bataille. Par goût de la publicité, comme diront dès le lendemain de la publication de *J'accuse* les journaux désormais déchaînés contre lui? Par passion de l'argent et pour aider à vendre ses œuvres

« immondes »? Parce qu'il est grassement rémunéré par le syndicat? Parce qu'il est un pervers à demi dément, un métèque? « Qu'est-ce que ce M. Zola, écrira plus tard Barrès réfléchissant sur son engagement. Je le regarde à ses racines : cet homme n'est pas un Français. » Barrès ne mettra pas en doute sa sincérité dreyfusarde. Mais « je dis à cette sincérité : il y a une frontière entre vous et moi. Quelle frontière? Les Alpes... Émile Zola pense tout naturellement en Vénitien déraciné » [16]. Les adversaires de Zola ne s'y trompent pas. Le célèbre écrivain ne fait pas que défendre l'innocence de Dreyfus. Tout le texte de *J'accuse* est un réquisitoire contre les forces et les vertus de la France traditionnelle, contre la passion religieuse, l'esprit militaire, les hiérarchies, qui ont exigé la condamnation de Dreyfus puis l'acquittement d'Esterhazy. Et Zola prétend agir au nom des principes moraux qui constituent à ses yeux le fondement de la République [17].

> On nous parle de l'honneur de l'Armée, on veut que nous l'aimions, que nous la respections. Ah! Certes, oui, l'Armée qui se lèverait à la première menace, qui défendrait la terre française, elle est tout le peuple, et nous n'avons pour elle que tendresse et respect. Mais il ne s'agit pas d'elle, dont nous voulons justement la dignité, dans notre besoin de justice. Il s'agit du sabre, le maître qu'on nous donnera demain peut-être. Et baiser dévotement la poignée du sabre, le dieu, non!

Zola s'en prend, au-delà de l'Affaire, à toutes les forces traditionnelles qui veulent empêcher « l'œuvre de vérité et de justice » :

> C'est un crime encore que de s'être appuyé sur la presse immonde, que de s'être laissé défendre par toute la fripouille de Paris, de sorte que voilà la fripouille qui triomphe insolemment dans la défaite du droit et de la simple probité. C'est un crime d'avoir accusé de troubler la France ceux qui la veulent généreuse, à la tête des nations libres et justes lorsqu'on ourdit soi-même l'impudent complot d'imposer l'erreur devant le monde entier. C'est un crime d'égarer l'opinion, d'utiliser pour une besogne de mort cette opinion qu'on a pervertie jusqu'à la faire délirer. C'est un crime d'empoison-

ner les petits et les humbles, d'exaspérer les passions de réaction et d'intolérance en s'abritant derrière l'odieux antisémitisme, dont la grande France libérale des droits de l'homme mourra, si elle n'en est pas guérie. C'est un crime que d'exploiter le patriotisme pour des œuvres de haine, et c'est un crime enfin que de faire du sabre le dieu moderne, lorsque toute la science humaine est au travail pour l'œuvre prochaine de vérité et de justice.

Tel est peut-être l'essentiel. Zola fut le premier – car Bernard Lazare n'avait pu donner à son engagement cette dimension – à faire du combat pour la révision du procès Dreyfus une cause morale, et un devoir républicain. Du coup il a donné à l'action des partisans de Dreyfus une cohérence nouvelle qui dépassait la cause du déporté de l'île du Diable. « Le parti de la justice était né », assure Joseph Reinach. Et de la même manière Zola aidera – par ses excommunications – les ennemis de Dreyfus à se reconnaître, puis à se regrouper. Les raisons qui conduisent les uns et les autres, d'un côté la morale démocratique, le respect du droit, l'idéal de justice et de vérité, de l'autre côté les vertus traditionnelles, dont l'Armée s'estimait le refuge et la gardienne, l'exaltation du sentiment national, sont clairement, peut-être même grossièrement séparées, opposées. Ainsi Zola, en un seul jour, a beaucoup agi sur l'Affaire Dreyfus. Traçant à coups de serpe les frontières des deux camps, il a agi comme révélateur. Il a éclairé l'Affaire, en même temps qu'il l'a simplifiée. Et lui-même s'est situé dans ce partage.

A Paris l'effet fut immense. « Le dreyfusisme, assure Léon Blum, était regonflé... nous sentîmes refluer, remonter en nous la confiance » [18]. Rares furent ceux qui, comme Scheurer-Kestner, virent surtout les risques que Zola pouvait faire courir à la cause de Dreyfus.

Nous voici, écrit Scheurer-Kestner dans ses Mémoires, en pleine crise militaire. Ce qu'il fallait éviter est précisément ce qui arrive. Au lieu de laisser au pays le temps de réfléchir... on va remettre la solution à un tribunal douteux car le jury l'est toujours. Il fallait laisser souffler le pays que nous avons exténué depuis trois mois... Zola s'est mis sur le terrain révolutionnaire dans une affaire qui a besoin de l'opinion. Quelle faute! L'ère des bêtises va commencer [19]...

Mais le vieux Scheurer-Kestner restait attaché à une stratégie de patience et de prudence dont l'échec, en janvier 1898, était patent. « Laisser au pays le temps de réfléchir »... c'était sans doute renoncer à tout espoir de révision.

Au matin du 13 janvier, le gouvernement, effaré du bruit que fait, à Paris, la publication de *J'accuse*, a claire conscience du dessein que poursuit Zola. L'écrivain veut continuer d'agiter l'opinion par un grand procès en cour d'assises, qui reprendra le procès Esterhazy et le procès Dreyfus. Mieux vaudrait, d'évidence, ne pas poursuivre Zola en justice. Quelques jours encore, et l'effet de *J'accuse* sera effacé. C'est l'avis de Méline et de Billot. C'est aussi l'espoir d'Esterhazy, passé l'émotion que lui a donnée cette nouvelle tourmente. « Dans quelques jours on n'y pensera plus » [20], confie-t-il à Marguerite Pays et à son neveu Christian. Mais comment éviter de poursuivre Zola? Le Parlement est en émoi dès le matin du 13. Le comte de Mun a fait savoir qu'il interpellera l'après-midi pour défendre l'honneur de l'Armée qui ne saurait attendre. Et les radicaux entrevoient une occasion de renverser le cabinet Méline.

Brisson – réélu président de la Chambre l'avant-veille – ouvre la séance par un discours vague et solennel, évoquant « les périls de la dictature » et « le cercle sans fin des révolutions et des reculs ». Le président du Conseil essaie d'apaiser la droite en exprimant l'émotion du gouvernement devant les « abominables attaques » de M. Zola, et demande à la Chambre de renoncer au débat. Le comte de Mun réplique avec vigueur que l'article de Zola est « un outrage sanglant aux chefs de l'Armée » et il exige une réparation. Le ministre de la Guerre monte à la tribune, bafouille, compare l'Armée au soleil, et sous les applaudissements de l'Assemblée commet l'imprudence de promettre des poursuites [21]. Le radical Cavaignac – ancien ministre de la Guerre – intervient à son tour, estimant sans doute le moment venu de « renverser le gouvernement rien qu'en le poussant » [22]. Il affirme qu'il « ne veut pas laisser dire que la défense de l'Armée vient de la droite ». Il assure à l'Assemblée que Dreyfus a passé des aveux, que ces aveux sont établis par un « témoignage contemporain » du procès Dreyfus *. Il s'exaspère que le gouvernement taise ce témoignage par on ne sait quelles compromissions « avec les puissances occultes » [24]. Seul Jean Jaurès ose, ce jour, faire entendre une voix discordante.

> Quoi, une fois encore l'intervention du ministère, au lieu d'être spontanée, se produit sur une sommation de la droite... Je vous dis que vous êtes en train de livrer la République aux généraux.

Le général Billot proteste : « jamais les grands chefs militaires n'ont été plus respectueux de la loi, plus soumis à la discipline ». Méline capitule sans résistance devant le déchaînement d'une droite appuyée par la plupart des radicaux. Il rappelle que l'Affaire Dreyfus est jugée, que la Chambre ne doit, ne peut rien faire qui ouvre la voie à la révision. Il promet lui aussi des poursuites contre Zola [25].

Désormais le gouvernement ne peut plus reculer. Le 18 janvier, le Conseil des ministres délibère sur la plainte que devra déposer le ministre de la Guerre. Habilement on décide de ne retenir dans la poursuite qu'une seule phrase, celle où Zola avait accusé le Conseil de guerre d'avoir acquitté Esterhazy « par ordre » et d'avoir « commis le crime juridique d'acquitter sciemment un coupable ». Or il était, d'évidence, impossible à Zola d'apporter en justice la preuve que le Conseil de guerre avait, sur ordre, acquitté un coupable. Un tel ordre, en vérité inutile, n'avait sans doute pas existé. Du coup on limitait à l'extrême la poursuite contre Zola, on écartait toutes les accusations qui touchaient à l'Affaire Dreyfus, et surtout on rendait certaine la condamnation de l'écrivain. Esterhazy, informé avant même que la plainte ne soit effectivement déposée, pressent bien que ces précautions ne seront pas suffisantes, que le procès Zola débordera forcément le cadre ainsi

* Charles Dupuy, président du Conseil au moment du procès Dreyfus, assiste à la séance. Il sait fort bien que Dreyfus n'a passé aucun aveu, qu'il n'existe aucun témoignage. Il se tait. Et de même Barthou, Poincaré, Hanotaux [23].

tracé. « Ce procès Zola est une lourde faute..., écrit-il le 28 janvier à son neveu Christian,... Il eût fallu mépriser cet insulteur » [26]. Il va exprimer sa mauvaise humeur un peu partout, dans les boîtes de nuit, dans les bureaux de rédaction, et chez ses nouveaux amis, M. et Mme de Pellieux qui l'ont pris sous leur protection, et le reçoivent dans l'intimité. Mais il n'est pas le seul à redouter ce procès. Le général Billot est très conscient des difficultés qui s'amoncellent depuis deux mois. « Nous sommes dans la merde, dit-il à l'un de ses collègues [27], mais ce n'est pas mon cul qui l'a faite. » Le général de Boisdeffre aussi paraît avoir subi, plutôt que voulu, des poursuites dont il y avait peu à attendre et beaucoup à redouter.

En hâte on prend quelques précautions. Le général Gonse a déjà rédigé une lettre, adressée au général de Boisdeffre, exposant comment il avait, en janvier 1895, accompagné le capitaine Lebrun-Renault chez le général Mercier puis chez le président de la République afin qu'il leur racontât les aveux de Dreyfus, « demi-aveux ou commencements d'aveux », se résumant ainsi : « Le ministre de la Guerre sait que si j'ai livré des documents, ce sont des documents sans importance, et que c'était pour en obtenir de plus sérieux des Allemands. » Pour donner à cette lettre plus de crédibilité, le général Gonse croit bon d'antidater sa lettre... au 6 janvier 1895, comme s'il avait, au lendemain même de l'événement, rapporté à son chef « les aveux » du traître condamné *. Par ailleurs Gonse recueille avec soin le témoignage de plusieurs officiers : le capitaine Bernard, qui avait entendu quelques mots des « aveux » de Dreyfus, le capitaine Anthoine qui avait recueilli la confidence de son ami le capitaine d'Attel, lequel avait, lui aussi, entendu Dreyfus dire à Lebrun-Renault : « Pour ce que j'ai livré, cela n'en valait pas la peine. » Mais le capitaine d'Attel était mort et ne pouvait rien démentir. Ainsi en 1898 les souvenirs surgissaient. Ils confortaient les aveux de Dreyfus, qui prenaient de plus en plus d'importance, tandis que le bordereau en perdait.

* C'est sans doute cette lettre que Cavaignac avait « vue » et dont il avait fait état dans son interpellation le 13 janvier.

La justice est pressée. Le 7 février doit s'ouvrir, devant la cour d'assises, le procès fait à Émile Zola et à Perrenx, gérant de *l'Aurore*, sur la plainte déposée par le ministre de la Guerre moins de trois semaines auparavant. Le colonel Picquart sera d'évidence le principal témoin cité par les accusés. Il serait bon avant l'audience qu'il soit frappé d'une sanction disciplinaire. On précipite le mouvement. Le 1er février Picquart comparaît au Mont-Valérien, devant un conseil d'enquête composé d'officiers d'État-Major *. « Le conseil appréciera, déclare Picquart, si le lieutenant-colonel Picquart doit être chassé de l'Armée alors que le commandant Esterhazy se promène encore aujourd'hui avec sa croix et son grade. » Ni la défense de Picquart, répétant qu'il n'a jamais communiqué à son ami Leblois aucun dossier secret, ni la déposition favorable du général de Galliffet ne peuvent rien. Par quatre voix contre une, le conseil déclare le colonel Picquart « dans le cas d'être mis en réforme pour faute grave dans le service ». La décision, qui n'est qu'un avis donné au ministre, est aussitôt rendue publique. Cela suffit au discrédit du témoin que sera, dans quelques jours, Picquart en cour d'assises. Le général Billot reçoit l'avis, et fait prudemment attendre sa décision.

Mais voici que la Chambre se passionne, à l'approche du procès. A nouveau le 22 janvier le radical Cavaignac, auquel l'Affaire Dreyfus sert maintenant de moteur, somme le gouvernement de produire les pièces décisives qui établissent les aveux de Dreyfus. Méline sait bien que le projet de Cavaignac est de le renverser. Il confirme à la Chambre les aveux de Dreyfus, sans produire aucune pièce : « La déclaration du capitaine Lebrun-Renault recueillie le jour même de l'exécution du jugement de Dreyfus... je reconnais, et tout le monde sait, que cette déclaration existe. » La Chambre n'en demande pas plus. Mais pour se débarrasser de Cavaignac, Méline fait davantage. Il insulte Zola. « On n'a pas le droit de vouer au mépris les chefs de l'Armée. C'est par de pareils moyens qu'on prépare de nouvelles éditions de *la Débâcle*... Pourquoi ne poursuivons-nous pas

* S'il appartient au 4e régiment de tirailleurs, il n'y est détaché que « provisoirement » : il reste un officier d'État-Major, que des officiers d'État-Major doivent juger.

tout l'article? Parce que l'honneur de nos généraux d'Armée n'a nul besoin d'être soumis à l'appréciation du jury, parce qu'il est au-dessus de tout soupçon. » Et maintenant il s'en prend à Cavaignac. Il lui céderait volontiers sa place si Cavaignac était capable de la prendre. Et le président du Conseil soulève l'enthousiasme de la Chambre. « Ce que nous défendons ce sont les intérêts permanents du pays, c'est notre puissance militaire, c'est le bon renom de la France devant l'étranger... nous resterons comme des soldats à notre poste. » L'assemblée, debout, lui fait ovation. Mais voici que Jaurès intervient. Et pour la première fois, il prend clairement parti, avec véhémence, comme s'il avait trop longtemps contenu, retenu, le cri de sa conscience.

> Ceux qui préparent les futures débâcles, ce ne sont pas ceux qui signalent à temps les fautes, mais ceux qui les commettent, hier généraux de cour protégés par l'Empire, aujourd'hui généraux de jésuitières protégés par la République.

Et s'en prenant à Méline il dresse, dans un tumulte croissant, un terrible réquisitoire contre la politique du gouvernement.

> Savez-vous ce dont nous souffrons? Ce dont nous mourons tous? Je le dis sous ma responsabilité personnelle : nous mourons tous, depuis que cette affaire est ouverte, des demi-mesures, des réticences, des équivoques, des mensonges, des lâchetés! Oui, des équivoques, des mensonges, des lâchetés [28]!

« Il ne parlait plus, écrit Reinach. Il tonnait, le visage empourpré, le bras tendu vers les ministres qui protestaient, vers la droite qui beuglait » [29]. Plus les clameurs devenaient furieuses, plus Jaurès enflait sa voix « comme un grand cri d'oiseau de mer dans la tempête ». Bientôt les injures tentent de l'empêcher de parler. Le comte de Bernis, député du Gard, hurle : « Vous êtes l'avocat du syndicat. » « Monsieur de Bernis, riposte Jaurès, vous êtes un misérable et un lâche. » C'est le tumulte. Socialistes et députés de droite s'invectivent, et bientôt en viennent aux mains. Bernis réussit à frapper Jaurès. Vainement le président Brisson agite sa sonnette.

On se bat dans l'hémicycle, on s'injurie dans les tribunes. La troupe appelée doit faire évacuer la salle. Au-dehors, qui s'en soucie?

Le surlendemain, 24 janvier, Jaurès peut reprendre son intervention. Sur le fond même de l'Affaire Dreyfus, il dit n'avoir pas encore de certitude. « J'affirme sûr l'honneur que si je l'avais je dirais tout haut ma pensée ». Mais il presse Méline de questions sur les illégalités qui se succèdent depuis trois ans. « Oui ou non a-t-on respecté ou violé les garanties légales qui sont le patrimoine commun que tous les citoyens doivent défendre, même au profit des Juifs? » Méline répond, de sa place, par quelques phrases dédaigneuses. Il ne veut rien dire qui serve la révision. Il a trop de respect pour la chose jugée. Par 360 voix contre 126 l'ordre du jour de confiance au gouvernement est voté. La plupart des radicaux ont voté avec le centre et la droite. Dans les couloirs, de nombreux députés républicains qui ont voté la confiance à Méline entourent Jaurès. Oui, il a été excellent, et très courageux. Oui, il a posé les bonnes questions. Mais il s'agit de la France, de son Armée, de sa réputation. Surtout on est à quelques mois des élections...

Maurice Paléologue dîne en ville [30]. On parle du procès Zola qui se prépare. C'est le sujet des conversations bourgeoises. Mme Aubernon, qui reçoit, a réuni des « révisionnistes » comme Hervieu et Séailles, et des adversaires de la révision, tel René Bazin et Ferdinand Brunetière. On discute avec passion. Brunetière soliloque, entre deux plats.

> M. Zola, de quoi se mêle-t-il? La lettre *J'accuse* est un monument de sottise, d'outrecuidance et d'incongruité. Et cette pétition que l'on fait circuler parmi les intellectuels...
>
> ... Les aptitudes intellectuelles, que certes je ne méprise pas, n'ont qu'une valeur relative. Pour moi, dans l'ordre social, j'estime beaucoup plus haut la trempe de la volonté, la force du caractère, la sûreté du jugement, l'expérience pratique. Ainsi je n'hésite pas à placer tel agriculteur ou tel négociant, que je connais, fort au-dessus de tel érudit ou de tel biologiste ou de tel mathématicien qu'il ne me plaît pas de nommer...

Au dessert, Brunetière s'enflamme : « Sans tribunaux, pas de société, messieurs! Ayez donc le respect de la chose jugée! Ne détruisez pas les compétences que vous avez vous-mêmes instituées. » Paul Hervieu répond que c'est le droit qui fonde la justice, que l'honneur d'un homme n'est pas moins précieux que l'honneur d'une armée. La raison d'État? Elle n'est qu'un manteau commode pour couvrir l'ignorance, la bêtise ou la scélératesse d'une oligarchie. « Oui ce sont les intellectuels, et non les généraux, et non les braillards de *la Libre Parole* qui incarnent les vraies traditions de la conscience française, et de l'esprit français... »

M. Paléologue passe ainsi une bonne, une passionnante soirée. Et il se dit, rentrant à pied chez lui, que malgré tant de scandales et de vilenies la France est décidément un grand pays, car le drame qui la bouleverse ne manque pas de grandeur. « Il met aux prises deux sentiments sacrés, l'amour de la justice et la religion de la patrie [31]. »

L'amour de la justice... La religion de la patrie... M. Paléologue peut dormir, bercé de si grands sentiments. De son bagne, Alfred Dreyfus, « presque agonisant », écrit à sa femme. Il compte les heures, presque les minutes avec ce qui lui reste de force. Son « épuisement cérébral et nerveux est immense ». Il a peur de mourir [32]. Il fait confiance au général de Boisdeffre. « Il n'a pas été plus au pouvoir de M. le général de Boisdeffre qu'au vôtre de faire la lumière... » *. « Je veux souhaiter que j'aurai encore une minute de bonheur sur cette terre, mais ce dont je n'ai pas le droit de douter, c'est que justice ne soit faite; c'est que justice ne te soit rendue à toi, à nos enfants. Je te dirai donc courage et confiance » **. La justice, la patrie, Dreyfus ne peut les séparer ni les opposer. Comment la patrie voudrait-elle étouffer la justice? Comment l'Armée, le gouvernement, le Parlement, pourraient-ils supporter qu'un innocent meure au bagne?

* Lettre du 26 janvier 1898 [33].

** Lettre du 25 janvier 1898. Pendant ce mois de janvier 1898 les lettres d'Alfred à Lucie répètent souvent les mêmes phrases [34].

II. – LA QUESTION NE SERA PAS POSÉE

Zola préparait son procès [1]. Le bâtonnier Barboux, vieux républicain, convaincu de l'innocence de Dreyfus, avait décliné l'honneur de plaider pour lui. L'acte révolutionnaire – ou romantique – de Zola l'effrayait. Le bâtonnier du Buit avait fait savoir qu'il n'accepterait le dossier qu' « à condition de plaider la folie » *. C'est Leblois, une fois encore, qui conseilla à Zola de s'adresser à Labori **. Celui-ci accepta d'enthousiasme. Me Albert Clemenceau, frère cadet de Georges, devait plaider pour Perrenx, gérant de *l'Aurore*. Georges Clemenceau, qui n'était pas avocat, obtint du président des assises l'autorisation de plaider aux côtés de son frère, mais non pas de poser des questions.

Un conseil de défense fut organisé qui groupait, autour de Zola et des avocats, Trarieux, Leblois, Reinach et Mathieu Dreyfus qui restait un peu à distance, ne voulant pas paraître diriger l'organisation d'un procès qui n'était pas le sien [4]. Léon Blum, très bon juriste, s'était mis à la disposition de Labori. Il préparait les questions délicates de droit pénal, et devait rédiger, au long du procès, un grand nombre des conclusions déposées par Labori [5]. On décida de citer près de deux cents témoins : les deux ministres de la Guerre Mercier et Billot, tous les chefs de l'État-Major et leurs collaborateurs, les sept juges qui avaient acquitté Esterhazy [6], Esterhazy lui-même, Pellieux, Ravary, Picquart, Leblois, Lebrun-Renault, Forzinetti, Me Demange, le bâtonnier Salles, les experts des deux procès, Casimir-Perier, les ministres de 1894, un grand nombre d'hommes

* Labori affirme – critiquant l'*Histoire de l'Affaire Dreyfus* de Joseph Reinach – que si Barboux et du Buit furent sollicités, ce fut sans mandat de Zola [2].

** Jean France raconte que l'éditeur Fasquelle, qui éditait une publication périodique, *la Revue du Palais*, dont Labori était le directeur, présenta Labori à Zola qui cherchait un avocat. Mais Labori avait été l'avocat de Lucie Dreyfus dans le procès Esterhazy. Et il était devenu, en quelques semaines, un familier des milieux dreyfusards [3].

politiques, dont Scheurer-Kestner, Ranc, Jaurès, Trarieux, des intellectuels, comme on commençait à dire, dont Anatole France, Duclaux, Grimaux, des archivistes, des professeurs à l'École des chartes et au Collège de France pour faire l'expertise scientifique du bordereau, des journalistes, des diplomates étrangers, des attachés militaires dont Panizzardi et Schwarzkoppen. Jusqu'au 7 février il fallut, de jour et de nuit, préparer les questions qui seraient posées à chaque témoin. Le but était évident. Il s'agissait, à l'occasion du procès Zola, de démontrer l'innocence de Dreyfus, la culpabilité d'Esterhazy. Au-delà, pour certains de ceux qui entouraient Zola, il était de faire le procès de l'Armée. On n'avait jamais vu au Palais un procès qui eût pris de telles dimensions. Il devait occuper durant quinze audiences, du 7 au 23 février. Le président Delegorgue, un « gros homme rond qui n'était pas méchant et ne manquait ni de sens ni d'esprit » [7], était manifestement partagé entre l'orgueilleux plaisir de présider une si grande affaire, et le souci de ne pas déplaire au gouvernement. Le ministère public était occupé par l'avocat général Van Cassel, « rechigné et brutal ». Il sera vite débordé.

Au banc des accusés s'installeront Zola, rêveur, le menton appuyé sur sa canne, recevant des centaines de dépêches, et le gérant de *l'Aurore* Perrenx, timide, « endimanché ». Derrière eux Labori, ses collaborateurs, Mes Hild et Monira, et les frères Clemenceau, « deux exemplaires d'un même homme, Vendéens au type calmouk, les traits énergiques, les yeux vifs et pénétrants qui promettaient la bataille » [8]. Jamais foule plus nombreuse, agitée de plus de passions n'avait envahi la cour d'assises. Les avocats s'entassaient mêlés aux officiers, aux femmes élégantes, aux journalistes, aux comédiens. Le Tout-Paris des premières s'arrachait les rares cartes d'invitation.

Les jurés tirés au sort furent deux négociants, un rentier, un marchand de nouveautés, un marchand de vin, un entrepreneur de couverture, un monteur en cuivre, un employé, un tréfileur, un mégissier, un grainetier, un maraîcher. Des « petites gens », observe Reinach, qui ne les définit que par leur profession [9]. Dès l'ouverture du procès, l'avocat général Van Cassel, que le nombre des témoins cités rend méfiant, demande que le débat soit limité, par arrêt, au seul grief retenu dans la plainte du ministre de la Guerre, l'offense aux juges d'Esterhazy. « On n'a pas le droit de mettre indirectement en question la chose jugée. On veut provoquer une révision révolutionnaire. » Labori, puis Albert Clemenceau plaident en vain l'indivisibilité des accusations portées par Zola. La Cour rend un premier arrêt limitant le débat conformément aux conclusions du ministère public. La défense ne fit pas pourvoi, « acceptant de combattre dans ce défilé » *. Et le procès commença.

Ce fut, tout au long, « une prodigieuse bataille »[11] raconte Mathieu Dreyfus qui s'abstint de venir au Palais pour ne pas causer de troubles. Ce fut aussi un « spectacle dramatique et grandiose » [12] dressant face à face les combattants, creusant de jour en jour le fossé qui séparait « les hommes de la révision et les hommes de la résistance ».

A la première audience vient Lucie Dreyfus, « la veuve du mort vivant », vêtue de noir, très pâle, tremblante devant l'énorme auditoire. Elle ne peut dire un mot. Dès la première question posée par Labori – « Que pensez-vous de la bonne foi d'Émile Zola? » –, le président interrompt l'avocat par la formule, qu'il répétera ensuite des centaines de fois : « La question ne sera pas posée. » Lucie Dreyfus demeure muette, à la barre des témoins, tandis que s'engage une bataille de procédure. La Cour rend un nouvel arrêt : « Le président a refusé avec raison de poser à la dame Dreyfus les questions sollicitées par la défense. » Puis défilent tous les acteurs de « l'Affaire ». Leblois dépose habilement, raconte l'affaire des faux télégrammes. Scheurer-Kestner décrit longuement la genèse de ses convictions. Mais le président lui refuse le droit de lire les lettres échangées entre Gonse et Pic-

* Labori, dans ses notes, proteste avec véhémence contre ce jugement de Reinach [10] : « C'eût été une jolie chose qu'un pourvoi! D'abord quel en eût été le sort... fallait-il énerver l'opinion publique par une attente qui risquait de faire tomber tout l'intérêt? Ce Reinach, qui n'est pas un sot, est un misérable. » (Sur la brouille de Labori et de Reinach, voir *infra* pp. 552 et s., 568 et s.).

quart *. Vient ensuite Casimir-Perier qui suscite une ovation des révisionnistes, en commençant par ces mots : « Je suis un simple citoyen aux ordres de la justice de mon pays. » Mais par un nouvel arrêt la Cour interdit qu'il réponde aux questions de la défense.

Au soir de la première audience, on se bat dans les galeries du Palais. Zola, qu'attend une foule énorme et menaçante, ne peut sortir que sous la protection personnelle du préfet de police. Dans la rue l'agitateur antisémite Jules Guérin conduit ses bandes. On provoque, on assaille les dreyfusards. On hurle « mort aux Juifs », « mort aux traîtres », « A l'eau les youtres ». Les vitrines de magasins tenus par des Juifs sont brisées, des ateliers envahis, des machines brisées. Ces manifestations se prolongeront tout au long du procès **. « C'est la noble colère du peuple », observe *la Libre Parole*. Il n'est question que de jeter à l'eau les Juifs, ou mieux de les rôtir. Pourtant, observe *la Libre parole* du 12 février [14], « cela doit sentir bigrement mauvais, le youpin grillé » ***.

Les jours suivants viennent à la barre les généraux, les officiers du Service de Renseignement. En premier le général de Boisdeffre. Il est en uniforme, avec la plaque de la Légion d'honneur, « distingué, calme, sans raideur ». Il affirme que « la culpabilité de Dreyfus a de tout temps été certaine ». Pressé de questions par Labori, il ne cesse d'invoquer la chose jugée, ou le secret d'État, pour refuser de répondre. Après lui le général Gonse répète la déposition de son chef. Puis on entend le général Mercier, « hautain, flegmatique, précis, dédaigneusement retranché dans la conscience de son infaillibilité » [15]. Il nie « qu'il se fût vanté d'avoir fait communiquer des pièces secrètes au Conseil de guerre ». Mais il refuse de répondre sur l'existence même de pièces secrètes. Comme le général de Boisdeffre, il jure que

* Joseph Reinach les fera publier le lendemain, dans *le Siècle* et *l'Aurore*.

** « Tous les jours, écrit Labori, Zola est venu me chercher rue de Bourgogne. Nous nous rendions ensemble au Palais. Nous arrivions au milieu d'une foule immense d'adversaires et d'amis, hués et acclamés tout ensemble » [13].

*** En revanche, *le Siècle* et *l'Aurore* soutiennent très fermement Zola et la cause de Dreyfus.

Dreyfus était coupable. « Je n'ai pas à revenir sur le procès Dreyfus; mais si j'avais à y revenir, puisqu'on me demande ma parole de soldat, ce serait pour dire que Dreyfus était un traître qui a été justement et légalement condamné. » Le commandant du Paty de Clam vient faire une déposition très remarquée. Sanglé à la taille dans son plus bel uniforme, monocle à l'œil, il s'avance dans le prétoire, au pas cadencé de la parade prussienne, s'arrête comme un automate à deux pas de la barre, talons joints, jarrets tendus, reins cambrés, salue militairement la Cour et le jury et, raide, il attend, dans la position du soldat devant ses chefs. Serment prêté, il refuse de répondre à la plupart des questions. Après quoi il salue la Cour et le jury, pivote et repart selon le même cérémonial, dans les rires et les sarcasmes*. Après ce singulier spectacle, c'est la déposition du lieutenant-colonel Henry. Il n'a manifestement qu'une idée, c'est de repartir. Plus rouge que jamais, il se dit malade, congestionné par la fièvre. Il est muni d'un certificat médical. Se cramponnant à la barre, raconte Reinach, « de ses mains terribles de boucher », comme pour rester debout, il prétend ne pas comprendre les questions, il s'affirme « stupéfié par une nuit d'insomnie et de médicaments avalés... ». Il reste à peu près muet, émouvant et pitoyable, jusqu'à ce qu'il se retire, à la demande expresse du général Gonse : « Le colonel Henry est extrêmement souffrant; il a fait un grand effort pour venir ici; je demande à la Cour de l'autoriser à se retirer » [17].

C'est le tour de Bertillon. Il offre à la cour d'assises quelques heures de franche distraction. Il explique pourquoi le bordereau était certainement l'œuvre de Dreyfus :

> Le scripteur du bordereau s'est servi pour guider son écriture d'une sorte de transparent glissé à chaque ligne sous le papier-calque du bordereau. Ce transparent se compose d'une double chaîne : la première chaîne est constituée par le mot « intérêt »

* Maurice Paléologue décrit ainsi le témoin du Paty : « personnage inquiétant, mentalité morbide, imagination ténébreuse et détraquée, un bizarre mélange de fanatisme, d'extravagance et de niaiserie » [16].

calqué bout à bout indéfiniment et imbriqué, c'est-à-dire écrit de façon que l'*i* initial se confonde avec le *t* final qui le précède; la seconde chaîne est identique à la première, mais reculée de 1,25 mm.
Le transparent est calqué sur le mot intérêt qui termine une ligne de la lettre qui fut trouvée dans le buvard de Dreyfus. Ce mot lui-même n'est pas écrit d'une manière naturelle, mais construit géométriquement [18].

Et devant un tableau noir, il défend son fameux diagramme, s'étonne que le fac-similé du bordereau n'ait pas reproduit « le point du buvard », mais se dit incapable de répondre à la question, posée par Labori, de savoir s'il fallait placer ce point « dans l'arsenal, ou dans les tranchées ». Furieux de provoquer l'hilarité générale, l'expert Bertillon proteste qu'après sa mort on jugerait « au point de vue historique ». Il accuse les avocats de le tourmenter, déclarant éprouver des « bouillonnements intérieurs ». Puis, au bord de l'effondrement il décide de « s'abriter à l'avenir derrière l'arrêt de la Cour qui défend de parler de l'Affaire Dreyfus ». Le président des assises, pour une fois irrité d'une déposition hostile à Zola, mais qui faisait rire les officiers eux-mêmes, conclut : « Mettons que le témoin ne veut pas parler. » Et le malheureux Bertillon se retire, sous les huées, tandis que Me Labori commente : « Voilà l'accusation de 1894. Il y a une charge : le bordereau. Et voilà l'expert, le principal expert » *.

Esterhazy ne déposa qu'à la fin du procès. On l'avait vu de plus en plus sinistre, agité, tandis que se déroulaient les audiences, prophétisant tantôt que « les rues de Paris seraient jonchées de 100 000 cadavres avant la conclusion de cette misérable affaire », tantôt que si Dreyfus remettait le pied en France, « il y aurait 5 000 cadavres de Juifs dans les rues de Paris », et prévenant qu'il avait le projet « non pas seulement de parler mais d'agir à l'audien-

* Maurice Paléologue, qui assiste au procès, décrit tous les experts comme des fantoches « se jetant à la tête leurs doctrines abracadabrantes, se dénigrant et s'injuriant les uns les autres comme les médecins de Molière ». Il voit Bertillon comme un « halluciné, un fou » [19].

ce ». Puis il avait fini par accepter de se soumettre au silence prudent que lui commandait le général de Pellieux devenu son protecteur. Esterhazy vint à la barre, et, les bras croisés sur sa tunique, silencieux, le regard en constant mouvement, il écouta sans jamais répondre les quelques questions posées par Labori puis les soixante questions préparées par Albert Clemenceau sur sa vie, ses lettres à Mme de Boulancy, ses filouteries, ses faux. Durant plus de trente minutes [20], tandis que l'avocat martelait ses questions précises et terribles, s'interrompait, pour attendre une réponse, puis reprenait scandant ses mots, Esterhazy s'accrocha à son silence, blême, désespéré, tragique. Il fallut que le président vînt au secours du témoin sur cette question de Me Clemenceau : « Est-ce que M. le commandant Esterhazy reconnaît... avoir eu des relations avec le colonel von Schwarzkoppen? » « Ne parlons pas, maître Clemenceau, d'officiers appartenant à des pays étrangers. » « Pourquoi, monsieur le Président? » « Parce qu'il y a quelque chose au-dessus de tout, c'est l'honneur et la sécurité du pays. » « Je retiens, monsieur le Président, que l'honneur du pays permet à un officier d'accomplir de tels actes mais ne permet pas d'en parler. » Après quoi Esterhazy, presque défaillant, alla se rasseoir, dans le public, parmi la foule des officiers en uniforme qui lui firent ovation.

L'affaire risquait-elle de tourner mal pour l'État-Major? Malgré l'acharnement du président à enfermer le procès dans d'étroites limites, malgré la détermination des officiers généraux jetant dans le débat leur parole d'honneur, Labori et Albert Clemenceau ne cessaient de marquer des points, tout au long des audiences. Trop de silences, d'embarras, de brusques retraits derrière la « chose jugée ». Trop d'invocations de la raison d'État. A plusieurs reprises la défense prit même un franc avantage.

Ce fut d'abord lors de l'audition du colonel Picquart, le plus attendu des témoins. Il s'avança à la barre, « d'un pas rapide, très droit dans son uniforme bleu soutaché d'or, grand, mince, souple, l'air jeune à quarante-trois ans, les yeux étroits au regard lointain, le visage fermé, l'expression un peu lasse ». Il semblait un méditatif, un artiste autant qu'un militaire *. Avec un courage tranquille, de fréquents intervalles de silence, la voix parfois étranglée, il exposa, pendant plus d'une heure, au milieu d'une attention passionnée, comment il avait découvert la trahison d'Esterhazy, et tout ce qui s'était ensuivi. Des manœuvres, puis des haines dont il était la victime, il parla avec modération, sans faire entendre aucune plainte, disant cependant sa tristesse d'être chassé de l'Armée. Maurice Paléologue le crut gêné, « hésitant à prendre parti entre les devoirs de la discipline professionnelle et les risques de la rébellion ouverte, comme le serait un prêtre qui, s'étant fourvoyé dans une controverse théologique, sentirait planer sur lui les foudres de l'anathème et de l'excommunication » [21]. D'autres virent au contraire dans sa modération une habileté, « le signe d'un esprit cauteleux et fourbe ». Il était « de la race des grands félins » [22]. En vérité cette manière était son style même. En toutes choses Picquart mettait le même sérieux, la même exactitude, disciplinant, dissimulant sa passion. « Plus de chaleur ne nuirait pas, constate Reinach. Un peu d'émotion plairait » [23]. Mais le colonel Picquart ne veut pas laisser paraître ce qu'il éprouve **. Ce qui est sûr c'est qu'achevant sa déposition, il laisse une grande impression. Les révisionnistes, dont beaucoup d'avocats en robe, lui font ovation. Odieuse manifestation : les témoins militaires s'estiment insultés. On a même entendu un avocat crier « Vive Picquart ». A la suspension, le général de Pellieux, en tête des officiers, proteste. « Vive Picquart », affirme le général, cela signifie « à bas l'Armée ». Au nom de l'Ordre des avocats le bâtonnier Ployer, toque en main, suivi d'une procession de ses confrères, va s'excuser auprès des généraux, et pour bien les rassurer, crie très fort, dans les couloirs du Palais, à deux reprises, « Vive l'Armée ».

Après la suspension, on confronte Picquart avec les officiers – ses anciens subordonnés – qui bien

* Marcel Proust décrit dans *Jean Santeuil*, « le port oblique de sa tête... le son tout fin de sa voix... » « Sa longue déposition fut marquée tout le temps d'un balancement du corps de droite et de gauche... » (*Jean Santeuil*, Gallimard, 1952, t. II, pp. 134 et s.).

** On observera à Rennes le même comportement chez Alfred Dreyfus.

sûr l'accablent. Henry, à peu près rétabli mais encore fragile, revient à la barre. Picquart n'a guère de peine à le placer dans l'embarras. Henry consent que s'il a déclaré qu'il avait vu Leblois compulser le dossier secret avec Picquart, c'était « au figuré ». Et soudain apoplectique, frappant la barre de la main, il tonne « et moi je maintiens tout ce que j'ai dit et j'ajoute que le colonel Picquart a menti ». Le colonel Picquart, les dents serrées, d'une pâleur livide, retient son bras qui se lève *, et soudain, rejetant toute prudence, révélant son âme passionnée, il « rompt les ponts », il dit tout ce qu'il retient depuis des mois. Pourquoi est-il ainsi traité?

> Vous le comprendrez quand vous saurez que ces mêmes hommes, Henry, Gribelin, aidés de du Paty et sous la direction de Gonse, ont été les principaux artisans de l'autre affaire!... Ils ont travaillé alors en conscience, pensant, je veux le croire, qu'ils étaient dans la vérité. Ils ont reçu ensuite du colonel Sandherr, qui déjà au moment de cette affaire était atteint de la grave maladie dont il est mort depuis, la consigne, comme une sorte de testament, de défendre, contre les attaques, le jugement qui était l'honneur du Bureau!
> Moi j'ai pensé autrement lorsque j'étais à la tête de ce service, et comme j'ai eu des doutes, j'ai voulu m'éclairer et j'ai cru qu'il y avait une meilleure manière de défendre une cause que de se renfermer dans une foi aveugle.
> Messieurs les jurés, voilà je ne sais combien de temps, voilà des mois que je suis abreuvé d'outrages par des journaux qui ont été payés pour répandre ces calomnies et ces erreurs... Pendant des mois, je suis resté dans la situation la plus horrible pour un officier, car je me trouvais attaqué dans mon honneur sans pouvoir me défendre! Demain, peut-être, je serai chassé de cette Armée que j'aime et à laquelle j'ai donné vingt-cinq ans de ma vie! Cela ne m'a pas arrêté lorsque j'ai pensé que je devais rechercher la vérité et la justice. Je l'ai fait, et j'ai cru rendre en cela un plus grand service à mon pays et à l'Armée. C'est ainsi que j'ai cru qu'il fallait faire mon devoir d'honnête homme.

* Ils se battront en duel le 5 mars. Au cours d'un combat acharné, Henry sera blessé au bras.

Puis il retourne à la réserve dont il était sorti, un moment de superbe colère, tandis qu'Albert Clemenceau presse Henry de questions, Henry de plus en plus embarrassé, et de nouveau malade.

La défense prend encore avantage lors de l'audition des témoins cités par elle, archivistes, savants, dont Paul Meyer, membre de l'Institut, directeur de l'École des chartes, Auguste Molinier, professeur à l'École des chartes, Havet, professeur au Collège de France, Giry, professeur à l'École des chartes et à l'École des hautes études, qui viennent non seulement expliquer que les thèses de Bertillon étaient démentes, ce que la Cour et le jury avaient pu comprendre, mais encore que l'écriture du bordereau était « courante », sans hésitation, et qu'elle était identique à celle d'Esterhazy. « Le bordereau et les lettres d'Esterhazy sont de la même écriture, de la même main », affirme Auguste Molinier[24]. Ce jour-là, l'État-Major sent passer le vent de la défaite.

C'est alors que le général de Pellieux, promu acteur principal, se jeta ou fut jeté dans la mêlée. Le 16 février, il ouvre le feu, franchement, par une véritable plaidoirie en faveur d'Esterhazy, avec lequel on ne cessait de le voir conférer. Qu'étaient ces prétendus savants? Des « amateurs », qui n'avaient travaillé que sur des photos. Au reste cette question d'écriture était secondaire. Le général de Pellieux s'applique à démontrer qu'Esterhazy ne connaissait aucune des pièces visées au bordereau, tandis que Dreyfus les connaissait toutes. Et, vite, il s'adresse aux jurés, laissant déborder son indignation de soldat :

> Que voulez-vous que devienne cette armée au jour du danger, plus proche peut-être que vous ne le croyez? Que voulez-vous que fassent ces malheureux soldats qui seront conduits au feu par des chefs qu'on a cherché à déconsidérer auprès d'eux? C'est à la boucherie qu'on conduirait vos fils, messieurs les jurés! Mais M. Zola aurait gagné une nouvelle bataille, il écrirait une nouvelle *Débâcle*, il porterait la langue française dans tout l'univers, dans une Europe dont la France aurait été rayée ce jour-là.

Les jurés l'écoutent avec émotion. Dans la salle, les officiers se sont levés pour mieux voir et entendre. Et très habilement Pellieux commence sa péroraison.

> Je ne serai pas démenti par mes camarades : la révision nous importe peu; elle nous est indifférente. Nous aurions été heureux que le Conseil de guerre de 1894 eût acquitté Dreyfus; il aurait prouvé qu'il n'y avait pas de traître dans l'Armée, et nous en portons le deuil. Mais ce que le Conseil de guerre de 1898 n'a pas pu admettre, le gouffre qu'il n'a pas voulu franchir, c'est celui-là : il n'a pas voulu qu'on mît un innocent à la place de Dreyfus coupable ou non. J'ai fini.

« Escrimeur superbe, selon Paléologue, déployant au service de sa conviction l'ardeur, l'éloquence, l'intrépidité d'un croyant qui attesterait foi »[25], le général de Pellieux soulève l'enthousiasme. Il est longuement applaudi. Mais de nouveau Picquart revient. Il démontre qu'Esterhazy a obtenu, très aisément, tous les renseignements énumérés au bordereau. Confronté avec Gonse et Pellieux, il prend à nouveau l'avantage. Et voici que le 17 février, après une suspension d'audience, le général de Pellieux demande soudain à être rappelé à la barre. Il prend prétexte du fait que les avocats ont donné lecture publique d'un passage du rapport de d'Ormescheville. C'est, observe-t-il, un document relatif à l'Affaire Dreyfus. Ainsi se trouve rompu, dit-il, le « pacte du silence » que les officiers, eux, avaient strictement observé. Le général de Pellieux peut donc tout dire. Et voici que, pour la première fois, il va parler, à l'audience, du document « accablant » qui existe au ministère *.

> Je répéterai, dit-il, le mot si typique du colonel Henry. On veut la lumière? Allons-y!
> Au moment de l'interpellation Castelin, il s'est produit un fait que je tiens à signaler. On a eu au ministère de la Guerre – et remarquez que je ne parle pas de l'Affaire Dreyfus – la preuve absolue de la culpabilité de Dreyfus! Et cette preuve je l'ai vue. Au moment de cette interpellation, il est arrivé au ministère de la Guerre un papier dont l'origine ne peut pas être contestée et qui dit – je vous dirai ce qu'il y a dedans : « Il va se produire une interpella-

* C'est-à-dire du « faux Henry ».

> tion sur l'Affaire Dreyfus. Ne dites jamais les relations que nous avons eues avec ce Juif. »
> Et, messieurs, la note est signée; elle n'est pas signée d'un nom connu, mais elle est appuyée d'une carte de visite et au dos de cette carte de visite il y a un rendez-vous insignifiant signé d'un nom de convention qui est le même que celui porté sur la pièce, et la carte de visite porte le nom de la personne... Voilà ce que je voulais dire!

Le général de Pellieux avait-il reçu mission de l'État-Major de frapper ce grand coup parce que, comme l'écrit Mathieu Dreyfus, « les généraux affolés se décidèrent alors à faire un suprême et décisif effort pour écraser définitivement Dreyfus » [26]? On peut en douter. Ce document qu'avait fourni Henry, les généraux de Boisdeffre et Gonse savaient, ou soupçonnaient, qu'il était faux. Et tout leur effort, jusque-là, avait tendu à s'en servir, sans jamais le sortir. L'éclat de Pellieux ressemblait à une gaffe *. Il risquait en effet d'obliger à produire le faux, dont la défense s'emparerait. Sans doute Pellieux avait-il agi seul, emporté par sa conviction, par l'entraînement du rôle croissant qu'il avait pris dans le débat, irrité aussi, car il ignorait que le document était faux, que l'État-Major s'entêtât à ne pas exhiber, « pour en finir une bonne fois », la preuve décisive de la trahison de Dreyfus.

Dans l'instant Pellieux fit un triomphe. Les officiers exultaient, trépignaient. Cette fois le procès était fini. Labori feignit d'être désarçonné. En fait il connaissait, par Scheurer-Kestner qui le tenait de Billot, l'existence de la pièce, et il est probable qu'il connaissait les doutes entretenus sur son authenticité [28]. Il comprit aussitôt l'embarras où l'intervention de Pellieux risquait de placer l'État-Major. Il demanda que le document fût versé aux débats.

> Après une pareille chose, il ne s'agit plus de restreindre ni de rétrécir un débat d'assises. Que M. le général de Pellieux me permette très respectueusement de lui faire observer qu'il n'est pas une pièce,

* Marcel Thomas qualifie la déclaration de Pellieux de « gaffe énorme », qui à long terme « livrera la clef des machinations d'Henry » [27].

> quelle qu'elle soit, qui ait une valeur quelconque et qui, scientifiquement, constitue une preuve avant qu'elle ait été contradictoirement discutée... Quelque respect que j'aie pour la parole de soldat de M. le général de Pellieux, je ne puis accorder la moindre importance à cette pièce. Tant que nous ne la connaîtrons pas, tant que nous ne l'aurons pas discutée, tant qu'elle n'aura pas été publiquement connue, elle ne comptera pas...

Le général Gonse voit le désastre qui se prépare. Il demande la parole. Il tâche de parer le coup. « L'Armée ne craint pas du tout la lumière. Elle ne craint pas du tout pour sauver son honneur de dire où est la vérité. Mais il faut de la prudence, et je ne vois pas qu'on puisse apporter publiquement ici des preuves de cette nature, qui existent, qui sont réelles, qui sont absolues. » C'est une fois encore l'appel à la raison d'État. Le général de Pellieux comprend la leçon. Mécontent, porté par le succès, il appelle son officier d'ordonnance. « Commandant Delcassé, allez chercher le général de Boisdeffre en voiture, tout de suite. » Le général de Pellieux est maintenant maître du prétoire. Le président n'ose plus l'interrompre. Le général invective la salle. « Je demande qu'on ne m'interrompe pas par des ricanements... j'en ai assez à la fin. » Et il surenchérit : « Et il y a d'autres pièces, le général de Boisdeffre vous le dira » *.

Le général de Boisdeffre est entendu le lendemain **. Calme, sanglé dans son grand uniforme, d'une voix lente, énergique, il dit un texte manifestement appris par cœur :

> Je serai bref. Je confirme de tous les points la déposition de M. le général de Pellieux, comme

* Par précaution Pellieux se fait remettre par Lauth le matin de la déposition de Boisdeffre les principales pièces « accablant » Dreyfus [29].

** Voir la description qu'en donne Proust dans *Jean Santeuil* : « Il avait l'air très calme, très lent, quoique évidemment assez préoccupé... sur son passage on se découvrait et il saluait avec beaucoup de politesse... clignant des yeux par moments, tendant sa jambe raide, s'arrêtant, tirant sa moustache, passant sa main sur sa joue rougie comme un vieux cheval de bataille qu'il aurait lui-même fatigué... » (*op. cit.*, t. II, p. 124).

exactitude et comme authenticité. Je n'ai pas un mot de plus à dire; je n'en ai pas le droit; je le répète, messieurs les jurés, je n'en ai pas le droit.

Il appuie sur ces mots « je n'en ai pas le droit », signifiant que les relations avec l'Allemagne étaient en cause, que la guerre menaçait. Et il poursuit, plus grave encore, élevant un peu la voix :

> Et maintenant, Messieurs, permettez-moi, en terminant, de dire une chose :
> Vous êtes le jury, vous êtes la Nation. Si la Nation n'a pas confiance dans les chefs de son Armée, dans ceux qui ont la responsabilité de la défense nationale, ils sont prêts à laisser à d'autres cette lourde tâche. Vous n'avez qu'à parler. Je ne dirai pas un mot de plus.

Et il se retire, accompagné par les acclamations. Labori proteste qu'il a des questions à poser, mais le président Delegorgue lui refuse la parole. « L'incident est clos. » Au milieu des huées, des vociférations, Labori développe des conclusions, demandant la communication d'une pièce qui « n'offrait aucune apparence de valeur ni d'authenticité ». « C'est de la dernière inconvenance », tranche le président. Et la Cour rejette les conclusions de Labori *.

Ainsi pour éviter de produire une pièce qu'il savait fausse, le chef d'État-Major de l'Armée avait jeté l'épée des généraux dans la balance. « La IIIe République n'existe plus..., commentera un journal anglais, la *Westminster Gazette*, le coup d'État du général de Boisdeffre ne diffère du coup d'État de Napoléon III que par le degré de brutalité dans les circonstances accessoires. » Clemenceau s'indignera : « Menaces de guerre prochaine, boucherie annoncée, démission de l'État-Major toute prête, il n'en faut pas davantage pour amener douze citoyens tremblants à incliner la loi devant le sabre » [30].

« C'est idiot ce qu'il a fait, Pellieux », commente le colonel Henry à son ami Paléologue. Henry en sait quelque chose [31]. Gonse, Boisdeffre le savent aussi. Mais dans le moment, l'intervention pathétique et menaçante de Boisdeffre avait rétabli la situation. Et

* Les avocats et Zola songèrent alors à quitter l'audience, puis y renoncèrent.

le chef d'État-Major avait posé le principe qui pour l'Armée dominait tout le débat : douter de l'authenticité d'une pièce détenue par l'État-Major, douter de la parole des généraux, c'était se dresser contre l'Armée, c'était déclarer ses chefs incapables, c'était s'en prendre à la défense du pays. Boisdeffre avait jeté dans le débat non seulement l'honneur de l'Armée, mais la défense de la patrie menacée. Que pouvait-on contre lui?

Dans le moment, Boisdeffre a gagné la bataille. Rien ne peut plus renverser le cours du procès. En vain Picquart revint, le lendemain, affirmant que la pièce dont avait parlé le général de Pellieux ne pouvait être qu'un faux *. En vain Jean Jaurès fit une superbe déposition, s'adressant aux jurés, et au-delà des jurés au peuple, décrivant le rôle terrible du général Mercier, arrachant des applaudissements à ses adversaires mêmes. En vain Duclaux et Anatole France vinrent-ils apporter à Zola le témoignage de leur admiration et de leur solidarité. Le matin du 21 février commence le réquisitoire terne, morne, filandreux. Il réussit à consterner tous les « patriotes » qui brûlaient d'entendre une accusation passionnée. La salle, remplie d'officiers ** et d'amis de Déroulède, venus en foule, est déçue de ce discours qui ressemblait, dira *la Libre Parole,* « à une pluie qui tombe, une pluie d'hiver, monotone et froide, sans un éclair », « à un dégoulinement sous le ciel gris », écrira Séverine dans *la Fronde* du 22 février. Zola répond à l'avocat général, lisant un texte qu'il avait préparé, pour parler au cœur des jurés :

> Vous êtes le cœur et la raison de Paris, de mon grand Paris où je suis né, que je chante depuis tantôt quarante ans... Je vous vois dans vos familles le soir sous la lampe... En me frappant vous ne ferez que me grandir... qui souffre pour la vérité et la justice

* On sait que la pièce avait été dissimulée à Picquart lors de sa « découverte ». Pellieux reprendra la parole pour dénoncer « l'attitude d'un monsieur qui porte encore l'uniforme de l'Armée française et qui est venu ici à la barre accuser trois généraux d'avoir fait un faux ou de s'en être servi » [32].

** Placés par l'avocat royaliste Jules Auffray, qui avait accepté de l'État-Major la mission de « faire la salle des assises ».

devient auguste et sacré... Dreyfus est innocent je le jure... par mes quarante années de travail, je jure que Dreyfus est innocent.

« Il parlait, raconte Reinach, à la façon des personnages de Victor Hugo quand ils font un discours politique »[33]. A peine peut-il se faire entendre, sa voix est couverte par les huées, interrompue d'invectives. Puis Labori plaide trois audiences. Zola lui a demandé de plaider pour Dreyfus plus que pour lui. Échappant à la violence qui avait marqué les nombreux incidents du procès, argumentant avec soin, Labori, maîtrisant son émotion, poursuit l'implacable démonstration de l'innocence de Dreyfus. Puis il termine par quelques phrases vibrantes en l'honneur de l'Armée.

Que votre verdict signifie plusieurs choses : d'abord, « Vive l'armée! » – Moi aussi, je veux crier : « Vive l'Armée! » – Mais aussi « Vive la République! » et « Vive la France! », c'est-à-dire « Vive le droit! » « Vive l'idéal éternel! »

Les applaudissements éclatent, mêlés aux clameurs. Les officiers frappent le plancher de leurs fourreaux. Au milieu du prétoire, Déroulède fait des grands gestes, et crie son indignation.

C'est le tour de Georges Clemenceau, qui plaide pour Perrenx. Il explique, dans un vacarme continu, « qu'il y avait les plus grandes présomptions que Dreyfus fût innocent ». Il instruit le procès de la raison d'État, puis de la chose jugée. Il provoque des rires quand, montrant le Christ au-dessus de la cour d'assises, il s'écrie « la voilà la chose jugée »! Déroulède en tête, les patriotes s'acharnent à l'empêcher de parler. Il poursuit et conclut avec passion : « A vous de prononcer moins sur nous que sur vous-mêmes. Nous comparaissons devant vous. Vous comparaissez devant l'histoire. »

L'avocat général réplique : « Prenez pour guide l'âme de la patrie. » Labori lui répond, rappelant à la justice du peuple qu'elle allait rendre un jugement historique.

Mais rien ne pouvait plus retourner la situation qu'avait créée le général de Boisdeffre. Le délibéré dura trente-cinq minutes. A la majorité Zola et Perrenx furent reconnus coupables. Les circonstances atténuantes n'étaient pas accordées. Zola était condamné à un an de prison, maximum de la peine, Perrenx à quatre mois, tous deux à 3 000 francs d'amende. Des acclamations, des hurlements de joie accueillirent le verdict. Les officiers s'embrassaient. On entendait les cris cent fois poussés durant le procès : « Vive l'Armée », « A mort Zola », « Mort aux Juifs ». La sinistre clameur montait, tout autour du Palais. Injurié, menacé, Zola sortit tristement, protégé par ses amis, toujours appuyé sur sa canne. « Ce sont des cannibales », dit-il simplement. Clemenceau dira plus tard : « Si Zola avait été acquitté, pas un de nous ne serait sorti vivant » [34].

Ainsi le peuple, après l'Armée, avait condamné Dreyfus, et cette fois-ci, « après un grand débat public, en plein jour » [35]. Ce procès, voulu pour servir la cause de Dreyfus, s'achevait par une troisième condamnation. Et l'acte « héroïque » qu'avait été le *J'accuse*, il fallait maintenant que Zola le paie. Un an de prison! Partout en France la joie éclate. « Je renonce, écrit Barrès dans *le Figaro* du lendemain, à décrire le tourbillon, la fraternité, la joie de cette fin de journée. » Toute la nuit et la journée du lendemain des manifestations naissent spontanément ou s'organisent. On parcourt les rues en huant les Juifs, en acclamant l'Armée. Les barreaux de Lyon, de Grenoble, de Tours, du Mans votent des félicitations à l'Armée. Les cercles militaires arborent le drapeau. Les journaux piétinent Zola, le métèque, l'employé de Dreyfus, Labori, « cet avocat d'origine germanique marié à une Juive anglaise », Picquart « divorcé dont les enfants sont élevés en Allemagne » [36]. L'acquittement de Zola? C'eût été la guerre, avait assuré Rochefort. Maintenant, c'est l'écrasement des Juifs, des étrangers, des traîtres. C'est la victoire de la France!

Le lendemain, 24 février, à la Chambre, le président du Conseil tire les heureuses conclusions du verdict :

> Il n'y a plus à l'heure actuelle ni procès Zola, ni procès Dreyfus; il n'y a plus de procès du tout... Il faut que cela cesse... A partir de demain, tous ceux

qui s'obstineraient à continuer la lutte ne pourraient plus arguer de leur bonne foi... Nous leur appliquerons toute la sévérité des lois et, si les armes que nous avons entre les mains ne sont pas suffisantes, nous vous en demanderons d'autres.

Le 26 février le ministre de la Guerre faisait signer au président de la République le décret qui mettait le colonel Picquart en réforme pour « fautes graves dans le service » et liquidait sa pension. Pour avoir témoigné au procès, le professeur Grimaux était privé de sa chaire à l'École polytechnique. Me Leblois était relevé par Barthou, ministre de l'Intérieur, de ses fonctions d'adjoint au maire du 7e arrondissement. Cité à comparaître devant le Conseil de l'ordre des avocats au barreau de Paris, Leblois était, le 22 mars, condamné à six mois de suspension pour « avoir consulté hors de son cabinet et livré à Scheurer-Kestner les confidences de son client ». Ainsi faisait-on le ménage.

Pourtant ils ne sont pas nombreux, au lendemain du 23 février, ceux qui sont convaincus que le procès Zola a définitivement enterré l'Affaire Dreyfus. Méline peut répéter « Il n'y a plus de procès du tout », le Parlement peut voter l'affichage d'un discours qui, une nouvelle fois, constate que l'Affaire est close, ni Boisdeffre, ni Mercier ne se font d'illusion. Il faut encore se préparer à de nouveaux combats, que chaque victoire rend plus difficiles. Mathieu Dreyfus, découragé par l'acquittement d'Esterhazy, a repris espoir [37]. Peu importait que Zola eût été condamné : « Nous étions convaincus, assure Léon Blum, que le procès Zola avait décidé de l'Affaire. » Ce qui comptait, c'était « le cheminement de la preuve, c'était la progression logique de la vérité » [38]. Léon Blum dresse alors, dans *la Revue blanche,* le bilan du procès Zola [39]. L'illégalité commise au procès de 1894 a été établie *. L'absurdité de l'attribution du bordereau à Dreyfus a été démontrée. Les trames de l'État-Major contre Picquart avaient été publiquement exposées. Les charges

* Par le témoignage du bâtonnier Salles, empêché de parler par le président. Par celui de Me Demange, rapportant les confidences du bâtonnier Salles. Surtout par les « silences » du général Mercier.

pesant sur Esterhazy « s'étaient assemblées avec une pesante probabilité, pour ne pas dire avec certitude ». Une nouvelle fois, pour arracher la condamnation, il avait fallu avoir recours à un dossier secret, à une pièce non produite aux débats. Il avait fallu que l'Armée mît son épée dans la balance. Que Zola fût condamné n'empêchait pas que la vérité fût en marche...

A l'étranger il semblait que personne ne crût plus à la culpabilité de Dreyfus [40]. A Bruxelles, à Saint-Pétersbourg, à Varsovie, à Londres, à New York la presse est unanime, au lendemain du verdict, à déplorer la folie française. L'Affaire, explique la presse russe, symbolise la décadence d'un peuple hypnotisé par la terreur de la vérité... « Paris devient une bourgade lointaine, en Asie ou en Afrique... où la justice s'appelle le droit du plus fort. » « Le véritable crime de M. Zola, écrit le *Times,* a été d'oser se lever pour défendre la vérité et la liberté civile... pour cette courageuse défense des droits primordiaux du citoyen, il sera honoré partout où les hommes ont des âmes libres... » « La France disparaît de la liste des nations civilisées », assure le *Daily Mail.* « La République française ne peut pas vivre, ne doit pas vivre, écrit un journal américain, si une caste militaire, des mangeurs de Juifs ou une tourbe d'étudiants la mettent dans un état hystérique qui la pousse à fouler aux pieds la liberté des citoyens. » « Pauvre France, quel recul » écrit *le Genevois.* Maeterlinck applique aux Français le mot de Sieyès : « Ils veulent être libres, ils ne savent pas être justes », et Verhaeren écrit : « Dans cette désormais historique Affaire Dreyfus, l'Europe entière a défendu l'esprit de la France contre la France elle-même. » Mais qui lit cette presse, qui écoute ces écrivains? La France n'a pas de leçon à recevoir. M. Méline reçoit l'approbation du Parlement à peu près unanime : « Nous défendons le bon renom de la France à l'étranger. » Il défend surtout la longévité de son gouvernement.

Qu'importe de même que le secrétaire d'État allemand von Bülow ait déclaré, le 24 janvier, à la Commission du budget du Reichstag « qu'il n'y a jamais eu de relations ni de liaisons de n'importe quel genre entre l'ex-capitaine Dreyfus actuellement détenu à l'île du Diable, et n'importe quel agent allemand »[41]. Une large partie de la presse française, *le Gaulois, le Soleil, le Petit Journal, la Libre Parole* répliquent, en se riant des déclarations du ministre allemand qui ne visent évidemment qu'à discréditer la France. De même quand le comte Bonin, sous-secrétaire d'État aux Affaires étrangères d'Italie, fait, devant la Chambre italienne, le 1er février 1898, une déclaration identique : « Nous pouvons affirmer de la façon la plus explicite que ni notre attaché militaire ni aucun agent ou représentant du gouvernement italien n'ont jamais eu aucun rapport soit direct, soit indirect, avec l'ex-capitaine Dreyfus », les journaux français se moquent ou s'indignent.

Au lendemain de « la gaffe » de Pellieux évoquant une lettre échangée entre les attachés militaires d'Italie et d'Allemagne – de laquelle il semblait ressortir que les deux officiers s'étaient engagés à ne pas dévoiler leurs relations avec Dreyfus – l'ambassadeur d'Italie en France Tornielli écrit à Rome pour s'indigner auprès de son gouvernement. Par écrit, et oralement, il a déjà avisé le ministre français des Affaires étrangères que cette pièce n'existait pas, qu'elle ne pouvait être qu'un faux... A quoi a servi ce solennel avertissement[42]? Et voilà que le général de Boisdeffre est venu attester l'authenticité d'un document dont le gouvernement français ne peut ignorer qu'il est un faux. L'ambassadeur d'Italie proteste. M. Panizzardi s'indigne aussi. Il écrit le 22 février 1898 à son ancien ami, Maximilien von Schwarzkoppen, pour lui exprimer sa colère.

> Les gouvernements, nous, nos ambassadeurs ont donné leur parole que Dreyfus ne nous regardait du tout. Le chef d'État-Major Boisdeffre a eu... le courage, malgré tout cela, de dire devant la cour d'assises qu'on a eu la preuve de la culpabilité de Dreyfus deux ans après la condamnation et par une lettre tombée dans ses mains. Il a eu les soins, il est vrai, de ne dire nos noms, ni de spécifier notre qualité; mais tout le monde sait qu'il s'agit de nous deux... Il a donné sa parole et juré sur l'authenticité de ce document comme si c'était lui qui l'avait saisi chez moi ou chez vous, désavouant non seulement les déclarations de nos gouvernements et les nôtres,

> mais nous désignant comme des malhonnêtes, comme des menteurs.
> Et tout cela, à vous, il vous semblera probablement rien! J'ai le regret de vous dire qu'à ce point-ci non seulement je ne suis plus de votre opinion, mais j'ai la conviction qu'on devrait faire quelque chose. Maintenant il ne s'agit plus de sauver un innocent pour faire condamner le vrai coupable; il s'agit de sauver notre dignité et en même temps de donner une leçon à ce M. Boisdeffre, le mettre à sa place... [43].

Mais les deux amis, maintenant, sont en froid. Panizzardi a l'impression d'avoir été joué par son « grand bourreur ». « Je demande s'il n'était pas mieux de tout avouer dès le principe de l'affaire, à cette heure-ci vous seriez tranquille, et moi, quoique pas visé dans l'affaire Esterhazy je ne le serais ainsi pas du tout dans celle de Dreyfus qui ne me regarde absolument pas comme le premier... » Mais que peut Schwarzkoppen, tenu à l'obéissance et à la réserve? Peut-il avouer publiquement qu'Esterhazy a travaillé pour lui? Il cherche des demi-mesures. Il a fait quelques confidences à un publiciste italien, Henri Casella, que lui a envoyé Panizzardi. Ensemble ils ont dîné, au Kaiserhof, les 3 et 5 janvier. Schwarzkoppen a, devant Casella, affirmé catégoriquement l'innocence de Dreyfus. D'Esterhazy, il aurait dit : « Je le crois capable de tout. » Mais bien vite Schwarzkoppen a compris que l'excellent Casella travaillait en réalité pour Mathieu Dreyfus [44]. Et ceci achève de brouiller les deux attachés militaires, chacun reprochant à l'autre ses indiscrétions.

Quand Mathieu Dreyfus eut l'idée d'apporter à la défense de Zola les renseignements fournis par l'indiscret Casella, on décida de renoncer à ce témoignage. Un témoin étranger? Un témoin qui raconterait en cour d'assises les confidences de l'attaché militaire allemand? Ni Schwarzkoppen, ni Panizzardi ne pouvaient rien devant l'opinion française. Leurs déclarations ne pouvaient que faire la pire impression... Casella muselé se vengera en publiant dans des journaux belges, en mars 1898, le récit de ses rencontres avec Panizzardi et Schwarzkoppen. Puis, en avril et mai, il les publiera en

France, dans *le Siècle*, suscitant une forte émotion. C'est à ce moment et de cette manière que l'ambassadeur d'Allemagne, M. de Munster, comprendra qu'il avait été longtemps trompé par son attaché militaire, que celui-ci utilisait Esterhazy, et pratiquait en secret l'espionnage. Munster en fera reproche écrit à Schwarzkoppen, quelques mois plus tard :

> Je puis exiger, en tant que votre ancien chef, que vous ne me trompiez pas, ainsi que vous l'avez malheureusement fait dans cette affaire *.

Mais Schwarzkoppen lui répondra, drapé dans les replis de son devoir :

> Je n'ai pas trompé Votre Excellence, je me suis tu en son temps sur beaucoup de choses, parce que je croyais devoir le faire, mais je n'ai jamais sciemment dit un mensonge ou agi d'une manière contraire à l'honneur **.

L'attaché militaire avait effrontément menti. Mais il avait agi au nom d'intérêts supérieurs. Et sans doute était-il sincèrement désolé que son devoir lui ait interdit de dire la vérité à son ambassadeur. Il ne peut rien non plus pour aider Dreyfus. Comment pourrait-il, sans trahir son devoir, reconnaître qu'Esterhazy avait été employé par lui comme espion de 1894 à 1897? L'espionnage ne laisse guère de marge à la vérité.

Schwarzkoppen aurait-il révélé ses relations avec Esterhazy, cela eût-il changé quelque chose? Depuis 1897, les chefs de l'État-Major et la plupart des membres du gouvernement français n'ignorent plus qu'ils s'obstinent à défendre un espion allemand, qu'ils maintiennent un innocent à l'île du Diable. Le vrai problème est maintenant ailleurs. Il tient à l'honneur de l'Armée, à la raison d'État. Schwarzkoppen, Munster, Tornielli, Panizzardi peuvent toujours répéter qu'aucun agent allemand ni italien n'a jamais connu Dreyfus. Ils sont suspects. Et ils n'intéressent personne. Ce qu'ils disent, qui le croit? Qui l'écoute?

* Lettre du 19 décembre 1898 de Munster à Schwarzkoppen, écrite à propos du petit bleu. Schwarzkoppen reconnaîtra, dans sa réponse du 22 décembre 1898, être l'auteur du petit bleu.

** Lettre du 22 décembre 1898 [45].

III. – LES LOGICIENS DE L'ABSOLU

L'engagement retentissant de Zola, le procès passionné qui s'est ensuivi, ce grand spectacle auquel les journaux, les manifestations de rues [1], les réunions publiques donnèrent de vastes prolongements, eurent au moins l'un des effets recherchés. L'Affaire Dreyfus était désormais portée devant l'opinion. En vérité depuis l'automne 1897 ce que l'on commençait à appeler « l'Affaire » avait déjà beaucoup gagné en audience. La dénonciation d'Esterhazy par Mathieu Dreyfus, les publications qui l'avaient entourée, les débats parlementaires, l'acquittement d'Esterhazy avaient largement occupé la presse. Mais c'est Zola qui, en moins d'un mois, a donné à l'Affaire Dreyfus sa dimension nationale.

De même le manifeste de Zola a-t-il eu pour résultat, presque immédiat, comme s'il avait brisé une digue, d'encourager, presque d'imposer l'engagement de tous ceux, écrivains, professeurs, savants, artistes, qui jusque-là hésitaient à se lancer dans un combat judiciaire, militaire, ou politique qui ne les concernait pas directement. Non que Zola fût le premier « intellectuel » à prendre parti. On ne doit oublier le courageux combat mené par Bernard Lazare dès août 1895, ni l'action de ceux qui, comme Lucien Herr, Grimaux, Anatole France, Andler, Monod, manifestèrent, dès avant décembre 1897, leur sympathie pour la cause du déporté de l'île du Diable. Mais c'étaient des engagements encore peu nombreux, et solitaires, à peine conjugués par l'autorité morale d'hommes comme Lucien Herr, et dans quelques réunions tenues chez l'un et chez l'autre. Ce qui est nouveau, au lendemain de la publication de *J'accuse,* c'est non seulement que l'engagement dans l'Affaire – pour ou contre Dreyfus – devient naturel, pour tous ceux qui disposent, ou croient disposer, d'une influence ou d'une autorité dans le domaine des idées. C'est aussi qu'il devient collectif. Le rôle dans la cité de ceux que l'on appellera les « intellectuels », réunis en groupe d'influence et de pression par une communauté de convictions ou de pensées, naît en ce début de l'année 1898 [2].

Une première « pétition pour la révision », insistant sur « la violation des formes juridiques au procès de 1894 et les iniquités qui ont entouré l'affaire Esterhazy », lancée au lendemain du *J'accuse* par Zola et Duclaux, recueille en quelques jours plusieurs centaines d'adhésions, essentiellement d'universitaires, d'écrivains, de savants, d'artistes et de poètes. C'est un groupe de jeunes écrivains qui se partage la tâche de recueillir les signatures : Fernand Gregh, Élie et Daniel Halévy, André Rivoire, Jacques Bizet, Marcel Proust. Une seconde pétition, destinée à la Chambre des députés, demande « le maintien des garanties légales des citoyens ordinaires ». Elle recueille chaque jour des dizaines de signatures. De l'Institut viennent les noms de Monod, Duclaux, Edouard Grimaux, Frédéric Passy, Louis Havet, Charles Friedel, Arthur Guy, Paul Mages, Charles Richet, Paul Viollet. De la Sorbonne ceux de Seailles, Seignobos, Fernand Brunot, Lanson, Jean Psichari. Les normaliens « anciens », tels Lucien Herr, Andler, Victor Berard, Léon Blum, et « cadets » tels Péguy, Jean Perrin, Langevin, signent et font signer. Bien sûr ceux qui sont déjà engagés dans la bataille, Joseph Reinach, Leblois, Trarieux, Scheurer-Kestner, Yves Guyot, Arthur Ranc, Anatole France, ont donné leur signature. Des artistes, Gallé, Claude Monet, Clairin, Roll, Carrière, des poètes, Ratisbonne, Bouchos, Barbier, apportent leur adhésion. S'y ajoutent des enseignants, des étudiants, et des sympathisants dont les noms sont recueillis dans la France entière. Comme les premiers pétitionnaires étaient des hommes de lettres, et des hommes de science, ils furent qualifiés par leurs adversaires du nom d'« intellectuels », substantif déjà utilisé par Maupassant en 1879, puis par Barrès en 1888, et qui s'employait depuis lors dans de petites revues littéraires, fermées et orgueilleuses. Le mot, pris dans une acception péjorative, pouvait dévaloriser la vanité d'hommes de pensée qui prétendaient donner leur avis sur les affaires publiques. Il fut fièrement relevé par ceux qu'il devait ridiculiser, et Clemenceau, dans *l'Aurore* du 14 janvier 1898, publiait la pétition et ses signatures sous le titre de « Manifeste des intellectuels ». « En nous appelant des intellectuels, releva Anatole France, on jetait l'injure à l'intelligence, ni plus ni moins. On se moquait des gens capables de comprendre. On les diffamait, on les violentait. On prétendait qu'ils se mêlaient de ce qui ne les regardait pas... »

Ces intellectuels – des demi-intellectuels, devait écrire Barrès dans *le Journal* du 1er février – furent vite tournés en ridicule, et souvent injuriés. « Le seul fait, assure Brunetière *, que l'on ait récemment créé ce mot d'intellectuels pour désigner comme une sorte de caste nobiliaire les gens qui vivent dans les laboratoires et les bibliothèques, ce fait seul dénonce un des travers les plus ridicules de notre époque, je veux dire la prétention de hausser les écrivains, les savants, les professeurs, les philosophes au rang de surhommes. » En termes plus vigoureux Barrès dénonce « ce bottin de l'élite » : « qui ne voudrait en être? Les licenciés donnèrent; ils marchaient en rangs serrés avec leurs professeurs. Une demi-culture détruit l'instinct sans lui substituer une conscience. Tous ces aristocrates de la pensée tiennent à afficher qu'ils ne pensent pas comme la vile foule. On le voit trop bien... Ces intellectuels sont un déchet fatal dans l'effort tenté par la société pour créer une élite : dans toute opération il y a ainsi un pourcentage de sacrifiés [3] ». Ce qui désole Barrès, c'est la présence d'Anatole France parmi ces nigauds. Il lui cherche des excuses. « Anatole France est moins convaincu de l'innocence de Dreyfus que de la culpabilité générale. Il n'acquitte le traître de l'île du Diable que pour condamner la société » **. Mais Barrès fustige tous

* Brunetière publiera en mai 1898, sous le titre *Après le procès*, une « Réponse à quelques " intellectuels " » : « L'intervention d'un romancier, même fameux, dans une question de justice militaire m'a paru aussi déplacée que le serait, dans la question des origines du romantisme, l'intervention d'un colonel de gendarmerie » (Librairie académique Perrin, p. 1).

** Dans sa communication au colloque tenu à Orléans, en octobre 1981, sur « Les écrivains et l'Affaire Dreyfus », Jacques Suffel étudie les raisons et les circonstances de l'engagement

les autres, théoriciens sans racine, métèques comme Zola ou Psichari, philosophes écrasés par l'influence allemande, ambitieux, pervertis, au mieux jeunes gens assoiffés d'illusions, hommes abstraits pour qui « la patrie c'est une idée ». Quelle idée? Celle qui « leur est le plus utile », « et par exemple l'idée que tous les hommes sont frères, que la nationalité est un préjugé à détruire, que l'honneur militaire pue le sang... » [5].

Ce regroupement des « intellectuels » paraît avoir surpris les antidreyfusards – comme un phénomène nouveau, et incongru. Tous ces « logiciens de l'absolu » ne pouvaient manquer d'avoir – par la presse notamment – une audience et une influence. Il ne suffisait pas de les opposer, comme Brunetière, à la France profonde, à la foule. Les intellectuels antidreyfusards seront donc contraints, à leur tour, de s'organiser. Ils le feront avec retard, comme à regret, parce que cette action collective leur répugnait : la « Ligue de la patrie française », destinée à les regrouper, ne sera fondée qu'à la fin de l'année 1898. Dirigée par Coppée, Lemaître, Brunetière, Barrès, elle se donnera pour mission de défendre, dans « cette crise de la France » ouverte au début de l'année, le respect de la patrie et l'attachement à l'Armée, réunissant tous ceux qui veulent « une discipline sociale ». Elle connaîtra très vite un grand succès.

Analysant le partage du champ littéraire, que réalisa, au cours de l'année 1898, l'Affaire Dreyfus [6], Christophe Charle a observé que s'était engagé en masse, du côté des intellectuels, c'est-à-dire pour la révision du procès Dreyfus, ce qu'il appelle le « pôle dominé », essentiellement représenté par une « avant-garde » littéraire ou artistique de marginaux, de poètes non encore reconnus, d'artistes audacieux, d'écrivains publiés dans de petites revues

d'Anatole France dans l'Affaire. Suffel démontre l'inexactitude des thèses soutenues par ceux qui voulurent ensuite « récupérer » France pour l'antidreyfusisme – tel Maurras, tel Tharaud – et soutinrent ou que France se serait engagé à moitié, comme à regret, ou qu'il aurait subi l'influence de son amie Mme de Caillavet, Juive convertie. Jacques Suffel observe que c'est bien plutôt Anatole France qui entraîna son amie dans cet engagement qui eut, pour elle, l'inconvénient de « dépeupler » brusquement son salon [4].

littéraires, tels Proust, Gregh, Halévy du groupe du *Banquet*, tel Gide du groupe de *Conque*, tels surtout les collaborateurs de *la Revue blanche*, Mallarmé, Péguy, Blum, Psichari, Renard, Benda. Les symbolistes, Maeterlinck, Saint-Pol Roux, Paul Fort, Verhaeren, sont naturellement de ce camp. De ce côté, le dreyfusisme paraît être vécu non comme une position passive, mais comme une fonction militante, pour certains même, Péguy par exemple, comme une « mystique ». Il est conçu comme un prolongement de l'autonomie individuelle, un refus de transiger avec les institutions, l'ordre établi, en l'espèce l'Armée, l'Église, la chose jugée. Ces « intellectuels » élèvent une protestation morale : « Ils défendent, écrit Christophe Charle, le droit et la justice bafoués, comme ils défendent les valeurs littéraires pures contre les pressions du marché et le mercantilisme » [7].

A l'inverse, l'antidreyfusisme regroupera peu à peu les intellectuels du « pôle dominant », c'est-à-dire ceux qui ont reçu la consécration sociale et institutionnelle. « Pris dans le siècle, comblés d'honneurs, chargés de décorations », ce sont essentiellement les académiciens, les membres de l'Institut, les poètes consacrés *. C'est ainsi que la patrie française réunira, parmi ses premiers adhérents, vingt-deux membres de l'Académie française. Bourget, Brunetière, Lemaître, Loti, Coppée, Heredia, Theuriet, défendent, en s'engageant dans l'antidreyfusisme, un ordre social qui les a comblés, des valeurs établies dont ils sont devenus solidaires, le « fort capital culturel et social » dont ils ont réussi à disposer. Dans l'Université, remarque Christophe Charle, le partage se fait selon des critères analogues. Les disciplines récentes, contestées, comme la sociologie, ou encore les disciplines en mouvement, comme l'histoire, fournissent des dreyfusards : ainsi Durkheim, Lévy-Bruhl, sociologues, Hauser historien de l'économie, Lanson créateur de l'histoire littéraire [8]. En revanche les historiens académiques, tels Thureau-Dangin et Sorel, les professeurs de lettres de la Sorbonne, tels Petit de Juleville ou Faguet, sont généralement antidreyfusards. A l'inté-

* Tels les Parnassiens, à l'exception de Sully Prudhomme.

rieur de l'Université les polémiques opposeront ainsi autant des disciplines que des hommes [9]. Tandis que Brunetière dénie, dans la *Revue des Deux Mondes* du 15 mars 1898, aux intellectuels le droit de mettre en cause l'Armée et la Justice, au nom d'une fausse conception de l'individualisme, c'est Durkheim qui lui répond [10] :

> Si donc, dans ces temps derniers, un certain nombre d'artistes, mais surtout de savants, ont cru devoir refuser leur assentiment à un jugement dont la légalité leur paraissait suspecte, ce n'est pas que, en leur qualité de chimistes ou de philologues, de philosophes ou d'historiens, ils s'attribuent je ne sais quels privilèges spéciaux et comme un droit de contrôle sur la chose jugée. Mais c'est que, étant hommes, ils entendent exercer tout leur droit d'hommes et retenir par-devers eux une affaire qui relève de la seule raison. Il est vrai qu'ils se sont montrés plus jaloux de ce droit que le reste de la société; mais c'est simplement que, par suite de leurs habitudes professionnelles, il leur tient plus à cœur. Accoutumés par la pratique de la méthode scientifique à réserver leur jugement tant qu'ils ne se sentent pas éclairés, il est naturel qu'ils cèdent moins facilement aux entraînements de la foule et au prestige de l'autorité.

Ainsi Zola, bouleversant le champ des idées, obligeait les intellectuels à se compter et s'opposer. Or Zola, observe Christophe Charle, n'appartenait ni à l'un ni à l'autre des deux camps. Il se situait dans un groupe « intermédiaire », celui des écrivains « de grande production », qui comptait des romanciers, des auteurs dramatiques. Ceux-ci, qui n'étaient ni marginaux ni institutionnalisés allèrent vers l'un ou l'autre camp, selon leur âge, leur intérêt, leur tempérament, leur conviction, ou simplement le hasard. Zola et Mirbeau furent dreyfusards. Huysmans et Alphonse Daudet furent antidreyfusards, Claretie, Halévy, Sardou, Courteline, de Flers, Hermant, Rostand, Porto-Riche furent dreyfusards, Lavedan, Pailleron antidreyfusards.

Mais Zola avait sans doute toutes les qualités requises pour « forcer » ainsi le champ littéraire. Il n'était pas marginal, mais capable d'entraîner une large part des marginaux. Ce fut pour nous, observe

Léon Blum, « un allié inattendu et inestimable ». Mais pour les ennemis de Dreyfus, c'était un écrivain vulnérable : un métèque, un perverti, un demi-dément, un homme d'argent, un agent vénal du syndicat. Il n'était pas protégé, assuré, comme Anatole France par exemple, que sa situation, dans le pôle dominant, préservera des pires attaques.

L'analyse de Christophe Charle rend bien compte du partage des littérateurs, et aussi de la division dans les disciplines littéraires des universités. Elle fait de l'Affaire Dreyfus le révélateur d'une sorte de lutte des classes, à l'intérieur de la classe intellectuelle, ou plutôt d'une lutte entre des mouvements rivaux à l'intérieur de la classe sociale dominante [11]. Les écrivains, revendiquant désormais un rôle de guide, projettent sur l'ensemble social les crises ou les rivalités qu'ils vivent dans la république des lettres. Mais Christophe Charle doit consentir que de notables exceptions brouillent un peu le découpage linéaire du champ littéraire. Anatole France, Sully Prudhomme sont dreyfusards, que leur situation officielle aurait dû pousser à ne pas l'être. A l'inverse Paul Valéry, Léautaud, Pierre Louÿs – qui verseront pour le monument Henry * – resteront longtemps antidreyfusards, quoique situés dans le champ des marginaux. Et, sans doute, ces exceptions ne suffisent-elles pas à mettre en cause une analyse qui, pour l'essentiel, rend bien compte du partage qui s'organise, et de ses causes.

En revanche, il semble que les intellectuels de formation ou de discipline scientifique échappent souvent aux critères de détermination retenus par Christophe Charle, qui s'appliquent mieux au champ littéraire. C'est qu'interviennent alors le souci rigoureux des faits, les exigences de la preuve et du raisonnement, en bref la méthode que ces intellectuels ont acquise, et qu'ils sont tentés d'étendre à toute réflexion. Ainsi s'explique par exemple l'engagement d'Édouard Grimaux, professeur à l'École polytechnique, qui se définissait lui-même « un de ces patriotes chauvins qui courent quand les

* *Infra.* pp. 443 et s.

régiments défilent », mais déposait en ces termes au procès de Zola :

> Je dois vous signaler ce mouvement singulier de tant d'hommes de sciences, tant d'hommes de lettres, d'artistes, de ces hommes qui ne suivent pas les fluctuations de la politique quotidienne et dont beaucoup ignorent même les noms des ministres! Ces hommes sont sortis de leurs laboratoires, de leurs cabinets de travail, de leurs ateliers pour faire entendre leurs voix parce qu'ils ont compris qu'il s'agit aujourd'hui de la Liberté et de l'honneur de la Patrie *.

Ainsi l'attachement scrupuleux à la vérité, l'esprit de recherche et de libre examen, façonnant sinon une mentalité, au moins une méthode, ont sans doute joué un rôle dans l'engagement de nombreux intellectuels **. Il faudrait aussi tenir compte des exigences de la morale laïque, qui imprégnait alors la plupart des enseignants, et au-delà d'eux, beaucoup d'intellectuels. Fondée sur le respect de l'individu, la tolérance des opinions, un attachement irréductible à l'esprit critique, « forme supérieure de l'esprit qui doute », confondu avec l'esprit laïc lui-même, cette morale a pu être à l'origine de nombreux ralliements, timides, discrets ou au contraire passionnés.

* La lettre de Gaston Paris, administrateur du Collège de France, adressée le 23 janvier 1898 à Gabriel Hanotaux, ministre des Affaires étrangères, exprime les mêmes préoccupations. « Les faits sont d'ailleurs si évidents qu'il faut, pour ne pas les voir, être aveugle ou se fermer les yeux. Je suis très malheureux, croyez-le, et beaucoup d'autres le sont avec moi. Si je vous l'écris, ce n'est pas pour vous demander une réponse que vous ne pouvez sans doute pas me donner : c'est pour vous faire connaître ce qu'on pense dans le milieu auquel vous appartenez et que nous étions heureux de voir représenté par vous au pouvoir, le milieu des hommes désintéressés et sincères qui recherchent la vérité et ont l'habitude de la critique, le milieu de l'École des hautes études et du Collège de France ». Et du Collège de France, Gabriel Monod écrira dans le même sens le 20 février à son ami Hanotaux : « Les Français ont tellement besoin de foi et de maîtres que ne croyant plus en Dieu, ils croient à l'infaillibilité des militaires » [12].

** Madeleine Rebérioux observe que la double démarche de l'érudit – raisonner, vérifier – caractérisait la méthode de beaucoup de ceux – archivistes, chercheurs, historiens – qui devinrent dreyfusards. Madeleine Rebérioux rattache *les Preuves* de Jaurès à cette méthode [13].

Ces « demi-intellectuels », ces « logiciens de l'absolu », ils n'ont encore qu'une faible audience. Les rares journaux où ils peuvent écrire, tels *l'Aurore, le Siècle,* ne pèsent pas grand-chose au regard du poids énorme de la presse antidreyfusarde : que sont les 200 000 abonnés de *l'Aurore* au regard des 500 000 lecteurs de *la Libre Parole,* des 1 500 000 lecteurs du *Petit Journal* de Judet, hystériquement antidreyfusard, des 170 000 lecteurs de *la Croix,* auxquels il faut ajouter toutes les *Croix* de province, et il y en a près de cent *? La presse dreyfusarde ne couvre pas, en 1898, 10 % de la presse, et elle est essentiellement parisienne. Il reste que les « intellectuels » ont quelques bastions d'où rayonne leur influence.

C'est d'abord l'École normale supérieure qui est très majoritairement dreyfusarde [15]. Non seulement à cause de l'influence personnelle de Lucien Herr, et aussi de Charles Andler, de Gustave Bloch, de Paul Dupuy, de Gabriel Monod, mais aussi et surtout parce que l'esprit même de l'École est résolument hostile aux autorités installées, aux institutions permanentes, et bien sûr à l'Armée. L'attitude critique est naturelle au normalien. Elle n'a rien de commun avec l'esprit « presque féodal » que semble incarner l'Armée : la hiérarchie, l'honneur, l'obéissance, la soumission de l'individu au corps. Par surcroît l'École est généralement anticléricale. On s'y méfie de l'Église parce qu'elle est une organisation hiérarchisée, et surtout parce qu'elle est une force d'obscurantisme et de régression. Enfin l'École désapprouve généralement l'antisémitisme. Beaucoup d'élèves, les maîtres les plus respectés sont juifs. Même les « Talas » (qui vont à la messe), assure Jérôme Tharaud, signèrent en bloc les pétitions réclamant la révision du procès. L'antisémitisme n'avait pas sa place à l'École.

Un autre centre de l'action des intellectuels dreyfusards fut la librairie Bellais, installée au coin de la

* L'hebdomadaire *la Croix du Dimanche, le Pèlerin,* toutes les publications de la Bonne Presse, représentent près de 130 millions de feuilles par an, selon l'abbé Caperan, historien catholique [14].

rue Cujas et de la rue Victor-Cousin, qui ouvrit ses portes durant l'été 1898, grâce à la dot de la femme de Charles Péguy. La librairie devint vite le rendez-vous non seulement de ceux qui, comme Péguy, s'intéressaient à la littérature socialiste, mais aussi des intellectuels dreyfusards. Péguy recruta une poignée de jeunes normaliens, d'étudiants socialistes pour protéger les professeurs dreyfusards de la Sorbonne, Buisson, Aulard, Seignobos, que menaçaient les bandes antisémites. Quand Péguy sortait, suivi de sa troupe, de la librairie Bellais, c'était, dira-t-il fièrement, la petite armée de la Justice et de la Vérité qui montait la rue Saint-Jacques : « Dans ce temps-là j'étais pour ainsi dire le chef militaire de l'ancienne École normale. Ou plutôt il y avait deux chefs. J'étais le chef militaire les jours qu'il y avait à se battre. Herr était le chef militaire les jours où il n'y avait pas à se battre » *. Léon Blum raconte que pendant l'Affaire il passait presque chaque matin à la librairie. Les Tharaud y faisaient visite. Et aussi Albert Thomas, Paul Langevin et Jean Perrin. Romain Rolland y vint aussi, jusqu'à ce qu'il se brouillât avec Lucien Herr **.

> Vous aviez tort de me taquiner au sujet de la différence de nos opinions, écrivait-il le 1er février 1898 à Herr. Si je n'ai pas de sympathie pour Picquart ni pour Zola, il ne s'ensuit pas que Quesnay et Esterhazy ne me soulèvent pas l'estomac... cela ne m'empêche point que le jour où vous serez vaincus, poursuivis, exilés, peut-être fusillés (et je ne crois pas que cela tarde) je serai de votre côté, parce que, dans cette mêlée, la victoire quelle qu'elle soit m'est de tout la plus odieuse.

* Charles Péguy écrira ces lignes au temps de sa rupture avec Lucien Herr [16].

** A la fin de l'année 1898, Romain Rolland rompra avec Herr : « Vous le savez très bien, je ne cache à personne mes sentiments antisémites. Je laisserais pourtant ces sentiments de côté pour ne songer qu'à la justice, si la justice ne tenait une place bien secondaire dans les préoccupations de ceux qui défendent Dreyfus... » (Lettre 13 décembre 1898). Romain Rolland sera alors en train de rompre avec sa première femme, qui appartenait à une famille d'intellectuels juifs. Cela n'a-t-il pas joué un rôle?

La librairie Bellais – où l'amitié et l'enthousiasme étaient essentiels – fut, comme Lucien Herr l'avait prévu, au bord de la faillite à la fin de la première année. Elle devra être reconstituée, en août 1899, par une vingtaine d'actionnaires, à peu près tous anciens élèves de Normale, socialistes pour la plupart, tous engagés dans le combat pour la révision. Plus que l'École normale, républicaine, anticléricale, antimilitariste, antiraciste, mais plutôt radicale et modérée que socialiste, la librairie Bellais fut un foyer pour attirer les jeunes intellectuels socialistes vers la cause de Dreyfus [17].

Même limitée à un cercle étroit, *la Revue blanche* a joué, elle aussi un rôle non négligeable [18]. Sous l'influence des frères Natanson qui en avaient pris la direction en 1891, elle avait évolué, à partir de 1897, vers le dreyfusisme. Léon Blum, qui avait succédé à Lucien Muhlfeld le 1er février 1896, y était alors le critique littéraire attitré. Il le restera jusqu'à ce que Gide le remplace le 1er février 1900 *. Dès février 1898 *la Revue blanche* s'engage, protestant ouvertement contre le pouvoir militaire, « pouvoir occulte qui fait l'unanimité des juges quand il lui plaît ». Lucien Herr ose, pour la première fois, jeter l'anathème sur Maurice Barrès en qui la *Revue* avait toujours salué « le maître écrivain de l'époque ». Le 1er mars *la Revue blanche* publie un « hommage à Zola » auquel elle adresse ses « félicitations ardentes ». Par la suite les locaux de la *Revue blanche* devinrent, avec ceux de la librairie Bellais, un des centres du dreyfusisme militant. C'est là que se tenaient de véritables conseils de guerre qui se prolongeaient jusqu'à la nuit. « L'Affaire Dreyfus nous passionne, s'écrie Jules Renard, on compromettrait pour elle femmes, enfants, fortunes. » Octave Mirbeau s'est jeté à corps perdu dans la bataille. Presque chaque soir il vient à *la Revue,* ouvrant la porte avec fracas, faisant résonner l'antichambre de sa voix, et de son rire éclatant. Jean

* André Gide, qui voyageait avec sa femme en Italie au moment du procès Esterhazy, s'emballa d'abord pour le *J'accuse* de Zola et il envoya, de Rome, sa signature à la pétition de l'Aurore. Il semble qu'il ait ensuite hésité, sensible aux arguments de Paul Valéry, antidreyfusard [19].

Psichari est souvent là. Julien Benda les rejoindra bientôt [20]. Mallarmé passe apportant un article *. On vilipende Jules Lemaître qui devient le chef intellectuel des antidreyfusards. *La Revue blanche* est-elle la forteresse d'une aristocratie de l'esprit, dont la mission serait, selon Julien Benda, la « lente formation des êtres supérieurs »? Sous l'influence de Blum, puis de Benda, elle est en tout cas le lieu de rencontre d'un groupe engagé, parfois même exalté, au service de la révision.

Oui, Zola avait réussi ce miracle : à peu près tout le champ intellectuel est désormais contraint de se sentir concerné par l'Affaire. De plus en plus rares sont ceux, écrivains, universitaires, ou artistes, qui refusent tout engagement. Les appels à l'union que lancera *le Temps* au début de 1899 pour réunir la masse de ceux qui ne « veulent être ni révolutionnaires ni internationalistes avec certains défenseurs de Dreyfus, ni antisémites ou nationalistes avec certains adversaires de Dreyfus », ne recueilleront que quelques signatures, celle de Sully Prudhomme, de Sardou, d'Halévy, de Lavisse, d'Abel Hermant. Cet effort d'apaisement sera sans lendemain. Les salons eux-mêmes se partagent, au long de l'année 1898, entre les salons dreyfusards, tels celui de Mme Strauss, celui de Mme de Caillavet où règne Anatole France, et les salons antidreyfusards, tels celui de Mme de Loynes, où Jules Lemaître est l'oracle, celui de Mme Adam, où l'on écoute Paul Bourget. Et ce sont sans doute les intellectuels, quelles que soient les limites de leur audience, qui, se partageant et se passionnant, ont fait de l'Affaire Dreyfus une affaire nationale.

Mais un autre effet de ce partage est qu'en ce début de l'année 1898 le temps est fini où le combat pour Dreyfus n'était qu'un combat pour l'innocent condamné. Ainsi en avait-il été tant que Mathieu Dreyfus avait, d'abord solitaire puis aidé de quelques-uns, maîtrisé toutes les actions conduites en faveur de la révision. Désormais Alfred Dreyfus est devenu pour beaucoup un symbole, pour certains un instrument. On se bat contre les institutions,

* Charles Péguy donnera, de novembre 1898 à novembre 1899, seize articles à *la Revue blanche*.

contre la hiérarchie, contre l'autorité militaire, contre l'Église, autant et plus que pour Dreyfus qui agonise à l'île du Diable. Sans doute, ces combats sont-ils, dans le moment, inséparables. Mais la lutte, dans laquelle s'engagent des centaines d'intellectuels, dépasse de beaucoup la personne et le sort de Dreyfus. Pour certains le combat est devenu politique, pour d'autres mystique. Il s'agit, au moyen d'une revendication morale, de servir le projet d'une société où régneraient justice et égalité. « Nous serions morts pour Dreyfus, proclamera Péguy [21], Dreyfus n'est point mort pour Dreyfus. » « Nous comptions bien, écrira Blum, transformer la coalition révisionniste en une armée permanente au service du droit humain et de la justice » *. Cette coalition morale, mystique, politique qui entoure le déporté de l'île du Diable, elle sert encore son combat en 1898. Mais elle prépare des ruptures qui se feront quand Dreyfus semblera ne plus être le héros de sa propre cause. Et de la même manière, les antidreyfusards négligent maintenant Dreyfus. Ou plutôt, ils englobent le « traître juif », érigé en symbole, dans la haine de tous les types sociaux et intellectuels qui leur semblent coupés de la vérité organique, charnelle, de la patrie : les Juifs, les socialistes, les protestants, les prêtres libéraux, les femmes libres, les ouvriers grévistes, tous ceux qui menacent la stabilité et la continuité de la vraie France **. « Quel était notre but? s'interrogeait Léon Blum. Obtenir la révision d'une sentence inique? » [24]. Ce l'était, et le restera, pour quelques-uns. Mais pour beaucoup, au cours de l'année 1898, la

* C'est après le procès de Rennes que Blum situe pour lui cet engagement politique. Mais il est perceptible chez beaucoup de dreyfusards dès l'année 1898 [22].

** « Ce que les intellectuels dreyfusards et antidreyfusards ont au moins en commun, c'est de dénoncer avec passion un pourrissement des structures sociales. Pour les uns ce sont les forces traditionnelles, l'Armée, l'Église, les hiérarchies, l'ignorance cléricale qui asservissent l'individu, paralysent son progrès, écrasant la justice et la liberté. Pour les autres, ce sont des contaminations étrangères qui menacent la France dans sa chair, qui détruisent ses racines. Les « logiciens de l'absolu » ont sans doute en commun de rationaliser à l'extrême, de caricaturer la société à partir de l'observation du champ intellectuel où ils se déplacent [23]. »

perspective est plus vaste, plus vague aussi. Et le déporté de l'île du Diable risque de leur apparaître peu conforme au symbole, voire gênant dans l'immense perspective ouverte. Le temps vient, peu à peu, de « l'Affaire sans Dreyfus » *.

Mais le plus étonnant est que cette transformation du champ littéraire ne sera pas sans influence sur le champ politique. En 1897, en 1898 encore, Méline a sans doute raison de dire qu'il n'y a pas, en politique, d'Affaire Dreyfus. La quasi-totalité du monde politique est antidreyfusarde, par instinct, par prudence, par ignorance. Et ce ne sont que des individualités comme Scheurer, comme Trarieux, bientôt comme Clemenceau, puis comme Jaurès qui s'échappent, les unes après les autres, de la conviction commune que Dreyfus est coupable, ou qu'il faut qu'il soit coupable. Au long de l'année 1898 les professionnels de la politique vont commencer – lentement car les élections de mai 1898 incitent encore à la méfiance – à se classer. La conjonction des centres, qui récusait l'Affaire Dreyfus, ne va pas résister. Ce n'est pas l'influence des intellectuels qui peut à elle seule expliquer la rupture des centres. Mais elle va aider à « formaliser » le partage, à nourrir le combat politique en idéologies. La division des intérêts et des idées qui s'opérera, dans le monde politique, à partir de la fin de 1898, et plus encore en 1899, séparant, en gros, une gauche dreyfusarde, d'une droite antidreyfusarde, se fera largement autour des grandes oppositions que les intellectuels avaient tracées. « C'est la logique du champ littéraire, constate Christophe Charle [25], qui crée ce nouveau découpage, redessinant les contours de la droite et de la gauche, redonnant des idéologies de combat aux partis au pouvoir à bout d'idées : nationalisme d'un côté, anticléricalisme et défense républicaine de l'autre. » En cela Zola n'a pas fait que marquer pour la première fois en France le rôle des intellectuels dans la cité. Il a aussi indiqué la capacité des intellectuels dans la société française à dessiner les clivages politiques, à ouvrir la voie à des reclassements. Ce dont l'histoire du XXe siècle offrira d'autres exemples.

* Titre du livre de Marcel Thomas.

IV. – LA FURIE FRANÇAISE

Si les intellectuels antidreyfusards, comme surpris par l'acte révolutionnaire de Zola et l'action concertée qu'il entraîna, tardent à répliquer, en revanche, l'agitation antisémite trouve dans la publication de *J'accuse* l'aliment d'un brutal renouveau [1]. Une première vague d'incidents éclate dès le lendemain de la « bombe » lancée par Zola. Le 17 janvier à Nantes, 3 000 jeunes gens parcourent les rues en poussant des cris de mort. On casse les devantures des magasins des Juifs, on tente de forcer la porte de la synagogue. Le même soir à Nancy, les boutiques des Juifs sont envahies, la synagogue est assiégée. A Rennes, près de deux mille personnes, gentilshommes et paysans mêlés, donnent l'assaut aux maisons du professeur juif Victor Basch, et du professeur Andrade qui avait adressé une lettre, rendue publique, au général Mercier. A Bordeaux des manifestations violentes éclatent, aux cris « mort aux Juifs, mort à Zola, mort à Dreyfus »; la police évite de justesse le pillage des magasins juifs. Des scènes analogues se produisent à Moulins, à Montpellier, à Angoulême, à Tours, à Poitiers, à Toulouse. Le 19 on doit fermer, à Nantes, les boutiques juives, et les dragons doivent rétablir l'ordre. Le 21 à Angers, et à Rouen, la cavalerie doit charger pour empêcher les pillages. Le 22 janvier c'est la gendarmerie qui doit, à Châlons, défendre les magasins des Juifs. A Saint-Malo le mannequin de Dreyfus est brûlé en place publique. A Marseille plusieurs milliers de gens, conduits par quelques jeunes, acclament les officiers au balcon du cercle militaire, brisent les grilles du temple, et poussent des hurlements de mort contre le rabbin, qu'il faut protéger. Au cours de la dernière semaine de janvier, le centre des émeutes se déplace vers l'est. Toute la Lorraine est touchée. A Épinal, à Nancy, à Bar-le-Duc, on défile dans la rue, on brise des vitrines, aux cris renouvelés de « A bas Zola, à bas les Juifs ». Les manifestations réunissent 4 000 personnes à Marseille et Bordeaux, 3 000 à Nantes, 2 000 à Rouen. Elles durent six jours à Rouen, cinq jours à Marseille et Bordeaux, quatre jours à Nantes, Dijon, Châlons. Chaque fois la police doit intervenir pour préserver les synagogues et les maisons de commerce juives. A Paris l'agitateur antisémite Guérin exerce ses troupes au quartier Latin, sur les boulevards, autour du Palais de Justice, pendant que se déroule le procès Zola. D'immenses pancartes sont promenées dans Paris, portant les mots « Zola à la potence. Mort aux Juifs ». Guérin proclame, dans *le Figaro* du 19 janvier, que le peuple de Paris a désormais deux otages : Bernard Lazare et Joseph Reinach. Presque tous les soirs des réunions publiques sont organisées, où les Juifs, Dreyfus, Zola, le syndicat sont voués à la mort. Des services religieux sont célébrés au cours desquels l'officiant invite les fidèles à continuer la lutte sacrée contre le peuple déicide [3].

Mais c'est en Algérie que se répand une véritable crise d'hystérie antijuive. L'antisémitisme y avait beaucoup grandi depuis quelques années. Le décret Crémieux, du 14 octobre 1871, qui avait naturalisé en bloc tous les Juifs d'Algérie, les attachant à la République, avait été très mal supporté par la plupart des non-Juifs. Ils y avaient vu une faveur scandaleuse de la République naissante. Plus de 320 000 Français d'origine tenaient ainsi les 50 000 Juifs installés en Algérie pour une communauté à part, vivant de commerce sinon d'usure, méprisée des Arabes, détestée des étrangers non naturalisés, Espagnols, Maltais, Italiens, antipathique à tous, et du coup repliée sur elle-même, incapable de vivre selon le mode commun. Dès le mois de mai 1897 des déchaînements violents partis de Mostaganem avaient éclaté [4]. Des magasins juifs avaient été pillés, notamment le 20 mai à Oran, des synagogues saccagées. Entre le 18 et le 24 janvier 1898 ce sont des émeutes sanglantes qui éclatent, dans presque toutes les villes d'Algérie. Les magasins des Juifs sont mis à sac, et la police, qui intervient mal ou tardivement, compte de nombreux blessés. Les bagarres qui commencent à Alger le 18 janvier y durent plusieurs jours. La plupart des bazars juifs sont dévastés. Les boutiquiers chrétiens sont obligés d'arborer des pancartes indicatrices « Maison catholique », « Pas de Juif dans la maison ». Tous les jours Zola est brûlé en effigie. Le maire d'Alger tente de flatter la population pour rétablir l'ordre : « Vous avez été indignés des agissements infâmes de ceux qui essayent d'atteindre cette chose sacrée, l'honneur de l'Armée française... mais ne faites pas dégénérer en désordre l'explosion de ces beaux sentiments. » Et encore « vous avez montré superbement votre furie française; montrez maintenant que vous avez le calme et la force » *. Le 22 janvier au soir, les principaux meneurs, Pradelle, Lebailly, et un jeune homme, Max Régis Milano, agitateur à très fière allure, de famille italienne, haranguent une foule de plus de six mille personnes. Max Régis, qui a eu de nombreux duels avec des Juifs, propose d' « arroser de sang juif l'arbre de la liberté ». L'avocat Langlois proclame : « Les Juifs ont osé relever la tête. Il faut les écraser. » Attaqués les 22 et 23, les Juifs se défendent, et défendent leurs boutiques, à coups de bâton et de pierres. Un émeutier est tué, de nombreux policiers blessés. Le gouverneur Lépine, venu sur place, est lui-même atteint par un projectile, « au milieu des hurlements d'une foule en délire ». Aucune boutique juive n'échappe au pillage. Le 23 janvier, au retour des obsèques de l'émeutier tué, plusieurs Juifs sont lapidés, l'un d'eux massacré à coups de matraque. Plus de six cents personnes sont arrêtées, plus de cent grièvement blessées. Ce n'est que la première vague d'émeutes qui se prolongeront plusieurs années. Il ne se passe guère un jour, en 1898, sans qu'une manifestation antijuive n'éclate en Algérie. Le jeune étudiant Max Régis devient peu à peu l'idole d'une population qui voit en lui le plus courageux des militants antijuifs. Grand, beau, fort, énergique, il fait l'objet d'un véritable culte : « notre Jésus-Régis » l'appellent les dévotes. Il fondera bientôt un journal, *l'Antijuif*, qui connaîtra aussitôt un succès colossal. Partout, les bandes de Régis se promènent dans les rues, matraque au poing, scandant les chants antisémites, dont la « marche antisémite » :

* Proclamation des 21 et 22 janvier [2].

A mort les Juifs! A mort les Juifs!
Il faut les pendre
Sans plus attendre.
A mort les Juifs! A mort les Juifs!
Il faut les pendre
Par le pif!

et la « Marseillaise antijuive » :

Il y a trop longtemps qu'nous sommes dans la misère,
Chassons l'étranger,
Ça f'ra travailler;
Ce qu'il nous faut, c'est un meilleur salaire,
Chassons de notre pays,
Toute cette sale bande de youdis!

Max Régis offrira à Édouard Drumont, en février 1898, l'honneur d'être candidat aux élections législatives dans la seconde circonscription d'Alger. Aux cris mille fois répétés de « Vive l'Armée » « A bas les Juifs », l'auteur de *la France juive*, appuyé par Régis, fera une campagne triomphale, il sera élu le 8 mai au premier tour avec treize mille voix d'avance sur son rival Samary. Quatre députés d'Algérie sur six seront, en mai 1898, membres du « groupe antisémite » de la Chambre. En novembre Max Régis lui-même sera élu maire d'Alger. L'antisémitisme algérien, véritable mouvement de masses, illustré non seulement par la violence des émeutes, mais aussi par le succès électoral des antisémites, prendra alors l'allure d'un défi lancé aux pouvoirs publics [5]. Si l'agitation est moindre en métropole, où la police maîtrise mieux les manifestations, où l'antisémitisme ne paraît pas recevoir, comme en Algérie, un véritable soutien populaire, il reste que, tout au long des années 1898 et 1899, la société française a semblé en voie d'isoler la communauté juive.

L'antisémitisme catholique se déchaîne ces deux années-là. Un grand nombre de familles chrétiennes nourrissent leurs enfants de la haine quotidienne du Juif. François Mauriac raconte que, petit garçon, il ne s'étonna pas que son pot de chambre fût appelé « Zola » et qu'à ses côtés, chez les Pères, pendant l'étude, « un petit garçon jouait à dégrader Dreyfus, en arrachant l'aile d'une mouche, puis une patte, puis une autre aile »[6]. Dans les écoles libres du Sud-Ouest, on utilise un livre de lecture édité à Toulouse, recommandé par plusieurs évêques[7], où l'on lit « les Juifs sont une race maudite depuis qu'ils ont vendu Notre-Seigneur et méconnu ses bontés. Ils tendent à asservir toutes les nations sur lesquelles ils se sont abattus comme des vautours sur une riche proie. Ce sont des parasites dangereux et insatiables qui sont partout où ont lieu des crimes » *. De nombreux abbés écrivent et éditent des chansons antijuives dénonçant « ces Juifs et ces maçons... qui chaque jour veulent manger du prêtre... et chasser le divin maître... », stigmatisant, pêle-mêle, Judas, Rothschild, Dreyfus, Naquet l'homme du divorce, et aux côtés du Juif le huguenot son complice. Les frères des Écoles chrétiennes considèrent la culpabilité de Dreyfus comme un dogme intangible, au même titre que l'infaillibilité du pape, et ils répandent des textes et des brochures violemment antijuifs[8].

Mais l'action essentielle est celle que poursuivent les Pères augustins de l'Assomption grâce à la Maison de la Bonne Presse, formidable arsenal au service de la pensée catholique et qui, à partir de 1897, consacre une part essentielle de sa publication à la lutte contre les Juifs. En 1897 *le Pèlerin* tire à cent quarante mille tandis que *la Croix* dépasse les cent soixante-dix mille exemplaires **. *La Croix,* qui s'est définie « le journal le plus antijuif de France », et toutes les publications qui l'entourent, puisent dans « la reprise de l'Affaire », à partir de décembre 1897, une nouvelle fureur. L'antisémitisme de la « Bonne Presse » ne connaît plus alors de limite. En février 1898 l'abbé Loutil, chroniqueur d'ordinaire tempéré, sous le nom de Pierre L'Ermite intitule un éditorial consacré à Zola « Étripez-le » et le père Debauge n'hésite pas à écrire : « Tout cela finira mal pour les Juifs... si la police et le gouvernement restent impuissants, les citoyens écœurés devront rendre la justice eux-mêmes. » En juillet *la Croix* reproduira une affiche sur une page

* Le livre devra être interdit par décret du 5 sept. 1898.
** A ces journaux doivent s'ajouter les *Croix* provinciales, près de cent publications adaptées aux publics régionaux, et diffusant l'idéologie des Assomptionnistes.

entière : « Judas Dreyfus a vendu la France... les Juifs ont tout accaparé, tout sali, tout détruit... Unissons-nous pour chambarder l'omnipotence juive, et bouter les Juifs hors de France. » Mais au-delà de la culpabilité de Dreyfus, juif et traître, *la Croix* dénonce dans le Juif le symbole du mal, l'instrument historique du péché. Le baptisé, devenu soldat de Dieu, se doit de vaincre le Juif, et les Assomptionnistes se tiennent pour de véritables croisés, partis en guerre, comme autrefois, contre les païens et les méchants. Ce qu'ils défendent c'est le Christ, c'est l'Église, et c'est la France. Car les catholiques sont la France : « Le vrai patriotisme est celui des baptisés, écrit le père Bailly, être catholique et français ne font qu'un » [9]. Défendre la France, c'est aussi défendre une civilisation traditionnelle. Les Assomptionnistes détestent l'usine, le capital, sur lesquels règnent le Juif et Lucifer. Ils aiment la terre, car le Seigneur est le maître des champs [10]. Le village représente le bien, et la ville incarne le mal. Le passage de l'économie terrienne à l'économie industrielle est un désastre dont les Juifs sont les auteurs et les profiteurs. *La Croix, le Pèlerin* sont ainsi assurés de défendre le peuple, les paysans contre le capitalisme, les petits commerçants, contre les bazars et les grands magasins où les Juifs font leur profit. « On voit les Lévy quelconques s'implanter dans une contrée, et par des procédés que le Juif seul possède, obliger bientôt le commerce local à sombrer devant la concurrence... » [11]. Sans doute les Assomptionnistes cherchent-ils, par cette propagande, à s'assurer de nombreux lecteurs, notamment dans le Nord, où leur presse est très bien implantée. Mais ils ont une sincère horreur de l'industrialisation, « de la machine et de l'atelier qui dévorent les individus », du « capital roi avec sa cour d'agioteurs, de boursiers, d'industriels de toute sorte... ». « La France moderne abandonne Dieu, et ne vit que pour l'argent, sous l'influence coupable des Juifs ». La Bonne Presse vit ainsi dans la nostalgie d'un passé féodal. « Tout n'était pas parfait dans la France d'autrefois et cependant le peuple paraissait gai, les visages étaient ouverts... on chantait, on dansait à tout propos » [12]. Dreyfus n'est que le représentant, le symbole, des forces du mal qui détruisent la France.

Certes *la Croix* n'est pas l'organe autorisé de l'Église en France. Mais, observe Pierre Sorlin, son titre, son équipe dirigeante, sa fidélité affichée aux directives pontificales » [13] font qu'elle passe, aux yeux de beaucoup, pour le « Journal officiel » du monde religieux. Et l'Église ne fera pas grand-chose pour rappeler *la Croix,* et surtout les diverses *Croix* locales [14], dont certains numéros sont de véritables appels au meurtre, à une autre conception de la charité chrétienne [15]. Quand Léon XIII invite les religieux à la prudence, c'est leur hostilité à la République – non aux Juifs – qu'il déplore essentiellement. De telle sorte que les catholiques de France ont trouvé, dans la presse des Assomptionnistes, un aliment quotidien au vieux fond d'antisémitisme qui sommeillait dans la tradition catholique française [16].

Mais il n'y a pas que la presse assomptionniste qui fait ce travail. On ne peut négliger l'action du clergé « intégriste » [17] dont le fougueux abbé Barbier, et Mgr Delassus, directeur de *la Semaine religieuse,* furent les représentants les plus véhéments : « Si l'on avait écouté l'Église, jamais, assurait Mgr Delassus, les Juifs n'eussent été admis à faire partie de la nationalité française... » « Dreyfus était riche : il ne trahissait pas pour de l'argent, mais par instinct, sinon par obéissance. » Et Mgr Delassus ne cesse, par écrit, et dans ses prédications, de développer « les méfaits des Juifs ». Les catholiques sociaux eux-mêmes participent souvent à l'hostilité antijuive, commune à presque tous les catholiques. Dans la revue *la Sociologie catholique,* Paul Lapeyre, traitant en mars 1898 de la question juive, dénonce l'usure comme une satisfaction d'orgueil et d'égoïsme du Juif. La Tour du Pin – qui exercera une influence non négligeable sur l'Action française * – propose de libérer la France du mal juif, ce qui obligerait à « traiter les Juifs comme des étrangers, et des étrangers dangereux » et à reconstituer dans l'ordre économique et politique les organes de la vie propre qui « nous rendaient avant l'invasion

* Et au-delà sur le vichysme. Sur la continuité des idéologies antisémites, cf. l'ouvrage de Zeev Sternhell, *Ni droite ni gauche, l'idéologie fasciste en France,* le Seuil, 1983.

juive indépendants des Juifs et maîtres chez nous », c'est-à-dire les feux, les paroisses, les corporations. Les démocrates chrétiens eux-mêmes, l'abbé Sir, l'abbé Lemire, inscrivent à leur programme la lutte contre les Juifs et les francs-maçons « qui ont marqué leur haine du pauvre, comme ils avaient déjà marqué leur haine du Christ » [18]. Au congrès national de la démocratie chrétienne tenu à Lyon en novembre 1896, c'est Drumont, « le pape de l'antisémitisme », qui a présidé le banquet de clôture. On y a décrit les Juifs « volant les enfants du peuple », on a proposé de tirer, avec les Juifs prolétaires, la corde où serait pendu Rothschild [19]. L'abbé Henri Desportes – qui faisait partie de l'état-major de la démocratie chrétienne –, fondateur dès 1890 d'une revue mensuelle de « défense sociale et religieuse » dite *l'Alliance antijuive,* puis d'une autre, *la Terre de France,* se fit, lui aussi, pendant des années l'écho de toutes les accusations antisémites, et notamment des meurtres rituels des enfants chrétiens [20].

Que pouvait contre ce courant très large, et qui semblait emporter toute la pensée catholique, la protestation de quelques catholiques dreyfusards *? La publication en 1899 de la brochure *Catholique dreyfusard,* d'un certain Ginevra, dédiée par un chrétien « simple observateur de la loi évangélique », à M. et Mme Alfred Dreyfus, « israélites persécutés »? Les écrits et les sermons de l'abbé Fremont n'hésitant pas, dans des homélies qui faisaient scandale, à stigmatiser l'antisémitisme, et à parler des « Juifs nos frères » [23]? Que pouvait la fondation, en février 1899, sous l'inspiration du grand chartiste chrétien Paul Marie Viollet, du Comité catholique pour la défense du droit, réprouvant l'esprit d'intolérance, dénonçant le mal profond causé au pays par l'antisémitisme [24]? Et pourtant le Comité recueillit, en 1899, plus de cent adhésions, dont celles d'une quinzaine de prêtres. De même l'abbé Pichot publiant successivement, en 1898, en 1899 *la Conscience chrétienne et l'Affaire Dreyfus,* puis *la Conscience chrétienne et la Question juive,* osait

* Pierre Pierrard [21] et Jean-Marie Mayeur [22] ont dressé le bilan des initiatives, aussi importantes que courageuses, qui tentèrent de s'opposer à la force du courant catholique antidreyfusard.

condamner l'antisémitisme comme une violation de l'Évangile. Anatole Leroy-Beaulieu stigmatisait de même [25] cette doctrine simpliste, « venue de l'orgueilleuse Allemagne, et de l'informe et énorme Russie », et s'appliquait à réfuter tous les arguments dirigés contre les Juifs : « Je me suis souvent demandé ce qu'il y aurait de changé s'il n'y avait pas eu de Juifs en France. Il n'y aurait rien ou presque rien de modifié. Nous y aurions perdu quelques hommes de haute distinction... » Dès 1896, et tout au long de l'Affaire Dreyfus, Leroy-Beaulieu eut le courage de multiplier, pour exposer ses idées, des conférences, vite interrompues, qui lui valurent l'indignation haineuse de *la Libre Parole*. Elle ne cessa d'excommunier ce monstrueux « philosémite » [26].

Peut-être, assure Pierre Pierrard, Charles Péguy fut-il, sinon « le seul chrétien notable qui ait regardé ses frères juifs avec un regard clair, illuminé de l'intérieur et qui les ait aimés pour eux-mêmes » * : du moins le seul écrivain catholique qui ait, dans cette époque, répondu aux chrétiens antisémites avec une passion « évangélique » capable de défier la leur **! Sans doute Péguy aimera-t-il un Juif, conçu par lui, un Juif « idéal », pauvre, dépouillé,

* Selon Pierre Pierrard [27], il faut en effet mettre à part Léon Bloy, dont le livre, confus, hyperbolique, *le Salut par les Juifs*, publié en 1892, est un fouillis de jugements injurieux contre les Juifs, mais aussi un superbe effort – isolé – pour élever la question juive au plan religieux : « L'histoire des Juifs barre l'histoire du genre humain comme une digue barre le fleuve pour en élever le niveau. » Léon Bloy s'est à peu près tu pendant toute l'Affaire Dreyfus, ne reprenant que beaucoup plus tard son ténébreux dialogue avec le peuple juif : « Sachez que je mange chaque matin un Juif qui se nomme Jésus Christ, que je passe une partie de ma vie aux pieds d'une Juive au cœur transpercé dont je me suis fait l'esclave, enfin que j'ai donné ma confiance à un troupeau de youpins, l'un présentant l'agneau, un autre portant les clefs du ciel, un troisième chargé d'instruire toutes les nations... et je sais qu'on ne peut être chrétien qu'avec de tels sentiments. Tout le reste est contingence banale et n'existe absolument pas » [28].

** Mais l'engagement militant de Péguy dans l'Affaire, en 1898, est un engagement socialiste, non encore catholique. C'est peu à peu que se développera, chez Péguy, l'idée d'un double enracinement de l'Affaire dans la tradition révolutionnaire française, et dans la foi et la morale chrétiennes. Cette représentation de l'Affaire s'épanouira dans *Notre Jeunesse* paru en 1910 [29].

avide de justice, héritier authentique de la race prophétique, un Juif « ruisselant de la parole de Dieu » auquel il donnera la voix, les traits, le courage, « le cœur dévoré de feu » de son ami Bernard Lazare. Il construira une image mystique du Juif qui se confondra avec celle du Christ. Mais il est vrai qu'au-delà des exaspérations de son prophétisme, des colères lyriques qui le porteront à l'injustice, notamment à l'égard de Jaurès, de Dreyfus lui-même, accusé de s'être « lamentablement tiré » de sa magistrature capitale de victime, de héros [30], à travers même quelques relents d'antisémitisme (ainsi quand il parle du capitalisme), Péguy est peut-être le seul à s'en être pris, avec une lumineuse ardeur, aux fondements mêmes de la vieille hostilité des catholiques : « Ce ne sont pas les Juifs qui ont crucifié Jésus-Christ, mais nos péchés à tous. » « Les antisémites bourgeois ne connaissent que les Juifs bourgeois. Nous qui sommes pauvres, comme par hasard, nous connaissons des Juifs pauvres et même misérables... » « Les antisémites parlent des Juifs. Je préviens que je vais dire une énormité : les antisémites ne connaissant pas les Juifs, ils en parlent, mais ils ne les connaissent pas. » A ceux qui parlent de la « finance juive », il oppose : « Et la finance française mon ami, est-ce qu'elle est française? Est-ce qu'il y a une finance qui est française? » Mais en 1898, Charles Péguy n'est encore qu'un jeune normalien socialiste, qui, avec quelques camarades, fait le coup de poing autour de la Sorbonne, pour défendre les professeurs dreyfusards. La pensée catholique, c'est *la Croix* qui l'incarne et l'exprime.

L'antisémitisme, en cette fin de siècle, se nourrit de Rothschild autant et plus que de Judas. Drumont lui-même proclamait en 1898, lors de la reconstitution de l'ancienne Ligue antisémitique : « L'antisémitisme n'a jamais été une question religieuse; il a toujours été une question économique et sociale » [31]. Les principaux thèmes de cet antisémitisme, qui a fonction d'intégration et de mobilisation du peuple, avaient été développés par Toussenel, disciple de Fourier *. La décadence de la France, la

* Dans son livre *les Juifs Rois de l'époque* dont Drumont s'était largement inspiré.

corruption parlementaire, la faiblesse des gouvernements ont permis aux Juifs de devenir les maîtres de la banque, des transports, du commerce, de s'emparer de l'économie du pays. Dans ce contexte le protestant est volontiers accouplé au Juif [32]. L'ouvrage de Toussenel était à peu près le seul livre antisémite connu des pionniers du socialisme français. De même Proudhon avait-il exprimé, avec violence, son hostilité aux Juifs : « Le Juif est l'ennemi du genre humain. Il faut renvoyer cette race en Asie ou l'exterminer. La haine du Juif comme de l'Anglais doit être un article de notre foi politique » [33]. Chez Blanqui aussi le socialisme antijuif avait été porté à la hauteur d'un article de foi. C'est que les Juifs incarnaient le règne de l'argent, la luxure et la rapacité. La lutte contre le capitalisme et les Juifs confondus commandait la dénonciation du suffrage universel qui fondait la République parlementaire : « Le suffrage universel, écrivait Blanqui, c'est l'intronisation définitive de Rothschild, l'avènement des Juifs... » [34]. Albert Regnard, qui a recueilli dans la *Revue socialiste* l'héritage intellectuel du blanquisme, a pu saluer la parution du livre de Drumont *la France juive* comme une œuvre de salut public. Drumont n'affirmait-il pas, comme Blanqui, que le capitalisme était « le produit immédiat du sémitisme » *? Ainsi existait-il une forte tradition française d'antisémitisme populaire, qui liait dans l'exécration les Juifs au capitalisme **. En 1898, Barrès, candidat aux élections législatives à Nancy, reprendra et précisera ce thème dans son

* Le livre d'Auguste Chirac, *les Rois de la République*, publié en 1883, mais qui est loin d'avoir connu le succès de *la France juive*, développait lui aussi les thèmes d'un antisémitisme plébéien : « la " Juiverie ", c'est une conception du monde, un mode de vie, c'est la domination de l'argent, c'est l'exploitation du peuple par le capital » [35].

** Le boulangisme, qui n'était pas antisémite à l'origine, y avait puisé. En 1889 plusieurs candidats boulangistes – dont Barrès à Nancy, Laur et Rochefort à Paris – avaient développé dans leur campagne des thèmes violemment antisémites. C'est sur le thème de l'antisémitisme social que Barrès avait mené son combat à Nancy : « Crier à bas les Juifs, c'est crier à bas les inégalités sociales... Le socialisme d'État, voilà le correctif indispensable de la formule antijuive. Le socialisme d'État c'est tout notre espoir. » « Le crédit est l'arme terrible que le youtre a inventée pour décupler, pour centupler sa puissance. »

programme. Le Juif est responsable de l'insécurité économique. Réfractaire au travail manuel, inapte aux travaux des champs, il ne sera jamais que « marchand d'hommes ou de biens, au besoin usurier ». « Depuis vingt ans le système opportuniste a favorisé le Juif, l'étranger, le cosmopolite. » Une politique criminelle a livré la France à la famille Reinach, à Cornélius Herz, à Alfred Dreyfus [36]. Il faut, proclame Maurice Barrès, protéger les Français contre le produit étranger, contre l'ouvrier étranger, contre les naturalisés, et surtout contre la finance internationale, c'est-à-dire contre la juiverie [37]. Jules Guérin dira à peu près la même chose, avec moins de talent, dans les articles qu'il publiera, au long de l'année 1899, dans la revue *l'Antijuif* : « Plus on est loin des Juifs, plus on est près du peuple. » La République fondée par l'entente des Juifs, des francs-maçons et des protestants a livré les travailleurs français à la haute banque, à la finance juive. Et les antisémites sont, avec les ouvriers socialistes et révolutionnaires, les derniers Français attachés à la cause du peuple, et capables de la défendre.

Et sans doute les socialistes qui siègent au Parlement, au moment où Zola publie *J'accuse,* ne sont-ils pas ouvertement antisémites. On ne trouve d'antisémitisme déclaré dans aucune des quatre organisations socialistes qui rivalisent entre elles, celle de Vaillant, celle d'Allemane, celle de Brousse, celle de Jules Guesde. Ni Jaurès bien sûr, ni Guesde, ni Vaillant n'ont repris les thèmes antisémites qui circulaient dans la vieille tradition du socialisme français. Les intellectuels socialistes, tel Lucien Herr, condamnaient vigoureusement tout antisémitisme. La référence à Marx ne conduisait pas à l'antisémitisme comme à une doctrine. Il reste que la *Question juive* était sur ce sujet un ouvrage ambigu, et que dans l'ouvrage alors le plus connu de militants français, *la Lutte des classes en France* [38], Marx avait repris plusieurs fois l'assimilation du judaïsme et du capitalisme, s'en prenant aux financiers juifs, aux « Juifs de la Bourse ». Marx avait, estime Sternhell, alimenté, lui aussi, quoique discrètement, l'idée que le socialisme pouvait impliquer l'antisémitisme [39].

Et Léon Blum est sans doute trop enthousiaste quand il prétend n'apercevoir chez les socialistes, au cours de l'Affaire, « la moindre complaisance à l'égard du courant antisémite »[40]. En 1898 la tradition de l'antisémitisme plébéien n'était pas étouffée chez les socialistes français. Dans de nombreuses fédérations guesdistes, l'Affaire Dreyfus suscite des réactions ouvertement antisémites[41]. Le 20 février 1898, alors qu'ont déjà éclaté les émeutes dans plusieurs villes de France, et que les Juifs subissent ici ou là des violences, le groupe parlementaire socialiste, dont sont Jaurès, Viviani, Guesde, Millerand, rend public un « Manifeste sur l'Affaire Dreyfus ». Celui-ci ne fait pas allusion aux violences, mais dénonce l'Affaire « comme une lutte entre deux factions rivales de la classe bourgeoise » qui ne devait pas détourner les socialistes du vrai combat contre le système capitaliste *. La campagne de Dreyfus y est présentée comme financée par des capitalistes juifs qui essaient, en réhabilitant Dreyfus, de se concilier le soutien du pays pour leurs propres méfaits et de « laver... toutes les souillures d'Israël » **. Il faudra l'action résolue de Jaurès, à partir de janvier 1898, la prise de conscience, au cours des mois suivants, que le péril « était non seulement pour la république bourgeoise, mais pour la république sociale », la publication, à la fin de septembre 1898, du volume de Jaurès *les Preuves* diffusé, au prix coûtant, par le quotidien socialiste *la Petite République* *** pour que les socialistes adhè-

* *La Petite République* publiait, en 1898, une « lettre des ouvriers juifs » aux socialistes français, assurant que les signataires n'avaient rien à voir avec Rothschild.

** « Le Manifeste », *la Lanterne*, 20 janvier 1898.

*** Réunissant les articles qu'il avait publiés dans *la Petite République* sur l'Affaire Dreyfus, Jaurès démontrait lumineusement, dans *les Preuves*, l'innocence de Dreyfus, éclairant et dénonçant les crimes commis au nom de l'honneur de l'Armée et de la raison d'État. Il concluait : « Au plein jour la justice! Au plein jour la révision pour le salut de l'innocent, pour le châtiment des coupables, pour l'enseignement du peuple, pour l'honneur de la patrie. » Dans sa préface, Jaurès expliquait que le prolétariat ne pouvait plus s'en tenir « à des formules générales », et qu'il voulait maintenant connaître « à fond et jusque dans les moindres ressorts le mécanisme des grands événements ». L'ouvrage a été réédité aux Éditions le Signe en 1981, avec une préface de Madeleine Rebérioux.

rent peu à peu à la thèse, soutenue par Jaurès, « que si la République bourgeoise avait besoin, contre la conspiration militaire, de l'énergie socialiste, c'était au contraire, pour un parti audacieux, conquérant, une offre du destin, une ouverture de l'histoire ». Mais il y faudra des mois d'agitation, d'émeutes, et même la menace d'un coup d'État. Encore l'engagement de Jaurès, parce qu'il risquait de détourner le socialisme de sa tâche essentielle, suscitera-t-il de longues réticences. Léon Blum observera, après coup, que Jaurès para le socialisme d'une nouvelle grandeur morale mais qu'il n'entraîna pas « l'immense afflux de consentements et de convictions » qu'il avait espéré [42]. Et plus tard quand Clemenceau, l'un des symboles du combat pour Dreyfus, conduira une politique de répression anti-ouvrière, l'extrême gauche pourra dénoncer la mystification qu'avait été, pour les prolétaires, l'engagement dans l'Affaire Dreyfus, le « triomphe du parti juif » dans la guerre de deux bourgeoisies dont l'Affaire avait été le champ de bataille, enfin l'installation, aux dépens des ouvriers, d'un « socialisme embourgeoisé, apprivoisé », né de l'appui apporté à l'idéologie bourgeoise *.

L'antisémitisme catholique et l'antisémitisme populaire peuvent sembler divergents : le nationalisme leur offre une cohérence. Par le nationalisme, l'antisémitisme cesse d'être une combinaison confuse de préjugés, de peurs, de haines et de refus. Il s'érige en une véritable doctrine, qui commande une politique. C'est sans doute Barrès qui, tout au long des articles qu'il ne cessa de publier durant l'Affaire, et aussi dans ses « programmes électoraux », a donné de l'antisémitisme national la plus forte expression. Le nationalisme, pose Barrès, « c'est une discipline, et une méthode ». C'est une continuité : « nous sommes les hommes de la continuité française » [44]. Dans cette continuité, on trouve pêle-mêle le refus de la société industrielle, du machinisme qui fait de l'homme l'esclave de son travail, de la civilisation bourgeoise qui répand la médiocrité, du système

* Pour la classe ouvrière « l'Affaire se soldait par une débâcle ». C'est la thèse que soutiendront avec passion Gustave Hervé dans son journal *la Guerre sociale* et Hubert Lagardelle dans *le Mouvement socialiste* [43].

parlementaire corrompu et corrupteur. « Le nationalisme c'est de résoudre chaque question par rapport à la France »[45]. Il implique la défense du travailleur contre l'étranger, la défense du travail contre l'exploitation capitaliste. Il oblige au protectionnisme qui est un devoir patriotique, « en France le Français doit marcher au premier rang, l'étranger au second ». Car la Nation est la seule réalité : « Faute de sang grec dans mes veines, écrit Barrès, je ne comprends guère Socrate ni Platon. » Ni l'étranger ni le Juif ne peuvent penser, ne peuvent vivre en Français.

« Je n'ai pas besoin qu'on me dise, affirmera Barrès, pourquoi Dreyfus a trahi... »[46]. Mais peut-on même parler de trahison? Dreyfus n'appartient pas à la Nation. « Dreyfus n'est qu'un déraciné qui se sent mal à l'aise... dans notre vieux jardin français »[47]. Reste que « l'Affaire Dreyfus n'est que le signal tragique d'un état général ». La Nation française est divisée, affaiblie de toutes parts. Il faut restaurer son unité morale. Il faut avoir de la France une définition et une idée communes. Or chacun, dans l'Affaire Dreyfus, prétend juger de la France selon ses idées ou ses goûts. « Une nation c'est la possession en commun d'un antique cimetière, et la volonté de continuer à faire valoir cet héritage indivis. » La France, c'est sa terre, ce sont ses morts. Il faut vivre selon ses morts, en protégeant l'héritage. « Nous avons voulu maintenir la maison de nos pères que les invités ébranlaient » *. « Les intellectuels » qui soutiennent la cause de Dreyfus ne font que dissocier, décérébrer la France. Ils sont « fous d'orgueil » et jugeant « tout par l'abstrait » ne comprennent rien à la patrie : « Je ne suis pas un intellectuel, proclame Barrès, et je désire avant tout qu'on parle en français »[49]. Ces déracinés entretiennent le trouble de la mentalité nationale. Dreyfus est-il un symbole? C'est vrai que des étrangers, pour détruire l'Armée, « ont ramassé ce petit Juif comme une arme, comme un couteau dans la poussière »[50]. Et que Dreyfus soit coupable ou innocent, cela impor-

* « Il n'y a pas même de liberté de penser... Nous ne sommes pas les maîtres de nos pensées. Elles ne viennent pas de notre intelligence. Elles sont des façons de réagir, où se traduisent de très anciennes dispositions physiologiques... »[48].

te-t-il? Le complot des dreyfusards divise et désarme la France. « Quand même leur client serait innocent, ils demeureraient des criminels ». Ce qui est certain, assure Barrès, reprenant une formule de Déroulède, c'est que « la France est innocente ». Barrès ira plus loin encore, posant qu'il n'y a de justice qu'à l'intérieur d'une même espèce : « Dreyfus est le représentant d'une espèce différente ». « Le problème de la race est posé. » Et ne serait-ce la nécessité de le juger « selon la moralité française et selon notre justice », le cas de Dreyfus serait du ressort d'une « chaire d'ethnologie comparée » [51].

Ainsi l'antisémitisme coule-t-il du nationalisme comme d'une source. « La question juive est inséparable de la question nationale » [52]. Comment la résoudre? Barrès et la plupart des nationalistes proposent, en 1898, un programme de mesures où le fédéralisme tient une bonne place *. En termes vagues, Barrès proclame qu'il faut défendre les Français contre l'insécurité, lutter contre les féodalités financières, protéger les travailleurs nationaux, interdire l'emploi des étrangers dans les chantiers nationaux, protéger les produits français. Barrès ne précise pas les mesures antijuives qu'il attend. Ce qui est sûr, c'est qu'il faut arrêter l'invasion juive, interdire la conquête économique de la France par les Juifs. Il faut « reconquérir la France », « dégrader tous les traîtres » [54], éliminer « ces points de pourriture sur notre admirable race » [55]. Barrès laisse à d'autres le soin de préciser les moyens.

Face au déferlement d'antisémitisme qui monte en France, dans ces années 1898-1899, et qui se manifeste désormais non plus seulement par des écrits, mais par la violence et les exactions, la communauté juive est consternée. Mais ses réactions sont rares et timides. « Les Juifs français, écrit Léon Blum, fuyaient le sujet. Ils ne parlaient plus de l'Affaire entre eux. Un grand malheur était tombé sur Israël. On le subissait sans mot dire, en attendant que le temps et le silence en effacent les effets » [56]. Même après la publication de *J'accuse*, quand l'Affaire fut portée devant l'opinion publique,

* L'extension des libertés communales, le référendum municipal sont au programme de Barrès : « Donnez à chacun deux patries » [53].

les Juifs de France restèrent généralement silencieux. Il y avait, dit Léon Blum, une sorte de « prudence égoïste et timorée ». Il y avait aussi le fait qu'ils ne voulaient pas que l'on pût croire qu'ils défendaient Dreyfus parce que Dreyfus était juif. Il y avait la volonté de ne pas fournir aliment à la passion antisémite [57]. Il y avait aussi, enraciné au cœur de la plupart des Juifs, un attachement passionné à la France qui impliquait une confiance obstinée : « nous sommes convaincus, écrivait Louis Lévy dans *l'Univers israélite* en 1898 [58], que la France se reprendra bientôt, aura honte de l'égarement où elle se sera laissée aller, secouera son erreur » *.

Si des Juifs se battent, après Bernard Lazare, après Joseph Reinach, pour défendre le déporté de l'île du Diable, ce n'est pas par un parti pris de solidarité. C'est pour accomplir un devoir dicté par l'amour de la patrie, et la passion de la justice **. C'est parce que « l'Affaire Dreyfus n'est aucunement juive, mais purement humanitaire » [59]. Aucun mouvement juif de résistance active à l'antisémitisme ne se formera tout au long de l'Affaire : sinon un petit « comité contre l'antisémitisme » dont l'activité et l'identité des membres seront tenues secrètes : l'existence n'en sera officiellement révélée qu'en 1902, « quand l'orage sera passé » [60].

Les Français juifs, ou plutôt les citoyens français de confession juive, croyaient ne rien pouvoir d'autre que de « chercher refuge dans la France de 1789, dans une promesse d'émancipation qui n'avait

* Formulant ses vœux, à l'occasion de la nouvelle année 1899, le grand rabbin Zadoc Kahn réaffirmait la foi historique des Français juifs dans la République française. « De tout cœur, je souhaite à notre chère France de demeurer fidèle à son génie naturel, admirable, composé de raison, de bon sens, de loyauté et de générosité; de ne rien abandonner des glorieuses traditions qui lui ont valu dans le passé la reconnaissance et l'amour des opprimés, d'ambitionner toujours le premier rang parmi les nations dans la défense des principes de justice, d'humanité et de solidarité sociale, afin d'être forte et respectée au-dehors, unie et prospère au-dedans. »

** Beaucoup adhèrent à la Ligue des droits de l'homme, dès sa fondation par Ludovic Trarieux en février 1898. Sur trente-quatre membres du bureau de la Ligue, trois seulement sont juifs, ainsi que l'observent « avec satisfaction » les *Archives israélites* au lendemain de la fondation de la Ligue.

jamais été véritablement tenue »[61]. Que leur restait-il comme choix sinon d'être encore plus scrupuleux, dans l'amour de la France et la passion de la justice? Rien, ni l'antisémitisme, ni les cris de haine, ni les violences exercées ici ou là sur les personnes ou sur les biens, ne pouvait remettre en cause la force de la tradition assimilatrice. « Pour la majorité des Juifs, conclut Marrus, il était vain d'en appeler à la personnalité juive, face à l'attrait puissant exercé par la France. Dans l'adversité, les Juifs français se sont toujours montrés enclins à recourir à la protection que leur accordaient les idéaux de la Révolution française et la séduction de la patrie »[62].

Mais que pourrait signifier la « conscience nationale » juive pour des Français de confession ou de tradition « israélite » comme disent la plupart, et qui ne se connaissent le plus souvent ni communauté ni solidarité? Bernard Lazare peut prétendre parler « en tant que Juif », affirmer que « Dreyfus appartient à une classe de parias », faire du déporté de l'île du Diable le symbole du Juif persécuté dans le monde entier[63], enfin réclamer que l'Affaire renforce « le sentiment de la nationalité juive », éveille, chez les Juifs français « la conscience nationale juive »[64]. Quel sens donne-t-il à ces mots? Et comment pourraient-ils être compris? Bernard Lazare semble un extrémiste, au mieux un romantique, qui risque de compromettre les Juifs, sinon de les discréditer. Si la pensée de Théodore Herzl * a connu un grand succès chez les Juifs d'Europe de l'Est, en Russie notamment, partout où il existait un prolétariat juif isolé, maltraité, Herzl n'a guère été lu, et pas du tout entendu chez les Juifs assimilés d'Europe occidentale. En 1896, Herzl a présenté son projet au baron Edmond de Rothschild qui l'a pris pour un rêveur. Edmond de Rothschild est convaincu que le XXe siècle résoudra naturellement le

* Théodore Herzl, qui a assisté à la dégradation de Dreyfus comme correspondant du journal autrichien la *Neue Freie Press*, a pris conscience des illusions de l'assimilation. Il a, dès 1896, publié son ouvrage *l'État juif : essai d'une solution de la question juive*, qui présente pour la première fois de manière cohérente la thèse de la création d'un État juif comme seule solution à la question juive : « Nous sommes un peuple uni. Et parce que les Juifs forment une Nation qui ne veut pas, ne peut pas, ne doit pas disparaître, cette nation doit engendrer un État »[65].

problème juif, s'il existe, par l'assimilation progressive de toutes les minorités. Au premier congrès sioniste qui se tient à Bâle en 1897, il y a douze délégués de la France, mais quatre-vingts délégués de la Russie [66]. A partir de fin 1897, Bernard Lazare, devenu rédacteur en chef de la revue sioniste *Zion*, réussit à engager, sur les idées de Herzl, quelques étudiants, de rares intellectuels juifs. En 1899 le journal sioniste *le Flambeau*, fondé par l'un des délégués français au congrès de Bâle, le journaliste Jacques Bahas, appuyé par Bernard Lazare, essaiera lui aussi, exprimant son mépris pour les Juifs français assimilés, tel le grand rabbin Zadoc Kahn, tel le grand bourgeois Joseph Reinach, d'entraîner les Juifs français vers un nationalisme juif. Mais dans quelles brumes se situent cette Nation, cet État? Les efforts de Bernard Lazare, de Jacques Bahas ne porteront que peu de fruits chez quelques Juifs détachés de la société française, anarchistes, révolutionnaires, étrangers mécontents de la vie en France. Dans leur immense majorité, les Français juifs resteront fidèles à la réponse qu'ils feront à la persécution, quand même la persécution leur viendra de la France. Il leur faut être plus français que les autres Français [67].

V. – TU NE SUIVRAS POINT LA MULTITUDE

Le général Billot était assez lucide pour n'être rassuré ni par l'acquittement d'Esterhazy, ni par la condamnation de Zola. Le vaste mouvement d'opinion acquis au soutien de la révision annonçait d'évidence des rebondissements de l'Affaire. L'approche des élections législatives obligeait à des précautions. Si le général Billot devait être remplacé, il fallait qu'il léguât à son successeur des dossiers en ordre. Tout au long du procès Esterhazy, puis du procès Zola, les pièces du dossier Dreyfus n'avaient cessé de se promener, entre le ministère, l'État-

Major, la Section de Statistique, le tribunal militaire. Oui, il fallait mettre de l'ordre et, s'il se pouvait, parfaire encore le dossier qui écrasait Dreyfus.

Le général Billot confie à son gendre, M. Wattine, jeune magistrat, le soin de procéder à un classement complet du dossier Dreyfus, sous la direction du général Gonse, et avec l'assistance du commandant Henry. Wattine sera bientôt aidé, dans ce travail d'archiviste, par le capitaine Cuignet. On constitue un dossier de trois cent soixante-cinq pièces, où prennent place, à leur rang chronologique, les vieilles pièces du dossier secret. On date les pièces qui ne le sont pas. Le général Gonse numérote et paraphe de sa main chaque document. Il n'hésite pas à changer la date de certaines pièces pour mieux étayer l'accusation [1]. On joint au dossier principal divers dossiers annexes, destinés à laisser croire que partout où passait Dreyfus des documents étaient divulgués. Le dossier des aveux est complété par le compte rendu des déclarations de Lebrun-Renault adressé par le général Gonse au général de Boisdeffre. En revanche les rapports truqués de Guénée, qui avaient fait partie du dossier secret de 1894, sont, par précaution, retirés du dossier. Le 1er juin 1898 le général Gonse terminait le rapport destiné à accompagner l'ensemble des pièces ainsi réunies et classées. Il concluait :

> A quel état d'égarement peut conduire la passion pour que l'on en vienne pour sauver un coupable à soutenir que des officiers français ont commis des faux ou se servent de pièces falsifiées! Les documents ci-joints et les dix cartons du Service de Renseignement répondent. On ne fabrique pas 1 500 pièces!
>
> ....
>
> Désigné par les lettres de Panizzardi, convaincu par le bordereau, accablé par l'enchaînement des preuves aussi bien que par la correspondance postérieure où il est nommé en toutes lettres, Dreyfus a certainement trahi sa patrie et l'on peut affirmer en son âme et conscience avec les juges du Conseil de guerre de 1894 : « Oui, Dreyfus est coupable. »

Le général de Boisdeffre authentifiait le travail et le rapport en ajoutant sa signature, précédée de la mention « lu et approuvé ».

Tandis que l'on s'affairait ainsi, au ministère de la Guerre, « à mettre de l'ordre » dans le dossier Dreyfus, l'affaire Zola rebondissait. Maître Mornard, avocat à la Cour de cassation, qui devait devenir l'un des meilleurs artisans de la révision, avait retenu en faveur de Zola sept moyens de cassation, dont l'un était que le ministre de la Guerre était sans droit à porter plainte aux lieu et place du Conseil de guerre que Zola avait accusé d'avoir acquitté Esterhazy « par ordre ». Désigné comme rapporteur, le conseiller Chambareaud, de la Chambre criminelle, avait conclu, sur ce dernier moyen, à la cassation de l'arrêt qui avait condamné Zola. Et le 2 avril, à l'audience de la Chambre criminelle, le procureur général Manau *, presque octogénaire, les yeux encore brûlants sous l'épaisse broussaille de ses cheveux blancs, prend la parole. Il a assisté à la plupart des audiences du procès Zola. Il refuse de limiter ses réquisitions au débat juridique soumis à la Cour de cassation. D'une voix ardente, à certains moments cassée par l'émotion, il affirme que les promoteurs de la révision n'étaient « ni des vendus, ni des traîtres, mais l'honneur du pays ». Il dit son dégoût des fureurs antisémites. Il termine, rappelant à la chambre criminelle le précepte biblique : « Tu ne suivras point la multitude pour faire le mal et lorsque tu prononceras dans un procès, tu ne te détermineras point pour suivre le plus grand nombre jusqu'à pervertir le droit. » Étonnée, sans doute divisée, la Cour de cassation écoute son procureur général, vieux combattant du droit et de la justice, qui prend si fermement parti. Elle remet son délibéré au surlendemain. Et le 2 avril elle casse sans renvoi l'arrêt qui avait condamné Zola **.

Ce fut une grande joie chez les révisionnistes [3], une explosion de fureur dans l'autre camp. Cassagnac, Drumont, Rochefort rivalisent d'invectives. La

* « C'était, raconte Joseph Reinach, un ancien proscrit de décembre, l'un des derniers survivants de cette génération de 1848 qui avait porté dans la vie des illusions illimitées de justice » [2]. Il était entré dans la magistrature, à la chute de l'Empire, après trente ans de barreau.

** Il n'y avait pas lieu de renvoyer l'Affaire devant une autre cour d'assises puisque la plainte était irrecevable.

Cour de cassation s'est mise aux ordres de la juiverie. Le président de la Chambre criminelle – l'Alsacien protestant Loew – est, comme Dreyfus, un Juif allemand. « L'immonde » Manau est lui-même un Allemand dissimulé. On prononce désormais son nom « Manaüh ». Au gouvernement, l'arrêt est accueilli avec stupeur. On ne s'attendait ni aux réquisitions « dreyfusistes » du procureur général ni à un arrêt qui compliquait la tâche du pouvoir politique. Le président du Conseil, très dépité, se laisse emporter à la tribune de la Chambre, quelques heures après la lecture de l'arrêt, jusqu'à critiquer la théorie juridique de la Cour de cassation. Il croit opportun de blâmer « les phrases malheureuses du procureur général ». Il promet, à plusieurs députés qui déclarent « indignes » les réquisitions de Manau, que le gouvernement examinera « en toute impartialité » le « langage incriminé ». C'est une nouvelle étape, dans le déroulement de l'Affaire. Le pouvoir judiciaire est entré en conflit avec la volonté de l'exécutif. Il a « éclaboussé l'Armée ». Le 8 avril les juges du Conseil de guerre, diffamés par Zola, se réunissent pour tirer les conséquences de l'arrêt de la Cour de cassation. Ils délibèrent pendant plus de huit heures. Leur faut-il porter plainte? Faut-il prendre le risque de subir un second procès Zola? Méline, que la proximité des élections rend très prudent, incline plutôt à l'abstention. Mais l'honneur de l'Armée oblige... par cinq voix contre deux, les juges militaires décident de porter plainte, limitant celle-ci à cette seule phrase de la lettre de Zola : « Un Conseil de guerre vient, par ordre, d'oser acquitter Esterhazy, soufflet suprême à toute vérité, à toute justice. » Et ils émettent, du même coup, le vœu que Zola soit rayé de la Légion d'honneur. Embarrassé, le gouvernement ne peut plus que limiter les dégâts : on tâchera de ne pas recommencer le procès Zola. Sous le prétexte que l'ordre public pourrait être troublé, on décide que le second procès aura lieu non plus à Paris, mais à Versailles. A Versailles, l'Armée est très présente, et la salle d'assises très petite. Il y aura très peu de monde et beaucoup d'officiers. On fixe l'audience au 23 mai. A cette date, les élections législatives seront passées.

Le 7 avril, *le Siècle* publiait le texte de la déposition qu'aurait faite Casella s'il avait été entendu en cour d'assises. Il racontait ses conversations avec Panizzardi et Schwarzkoppen *, leurs déclarations affirmant l'innocence de Dreyfus et la culpabilité d'Esterhazy. Il faisait le récit détaillé de la dernière visite d'Esterhazy à Schwarzkoppen, que Casella prétendait tenir de la bouche même de Schwarzkoppen. Mensonges, crient Drumont et Rochefort. Mais ni Panizzardi ni Schwarzkoppen ne démentent... Alors la presse imagine des thèses nouvelles qui innocentent Esterhazy. Esterhazy était bien en rapport avec Schwarzkoppen, mais sur ordre. Il trompait Schwarzkoppen, en lui livrant des documents faux ou insignifiants. C'est l'Allemand qui était joué et trahi [4]. Mais l'arrêt de la Cour de cassation, les révélations de Casella, les élections qui approchent, tout ceci inquiète fort Esterhazy, plus lucide que beaucoup de ceux qui le soutiennent. Il s'agite, il alimente les journaux en confidences contradictoires. Il se plaint au général de Pellieux. Tout cela finira mal. La France est gouvernée par des imbéciles [5]...

VI. – UNE MAJORITÉ RÉPUBLICAINE

L'Affaire Dreyfus est à peu près absente de la campagne qui conduit aux élections de mai 1898. Chez les candidats de la droite et du centre, la culpabilité de Dreyfus est un dogme, qui se confond avec l'honneur de l'Armée et la défense de la patrie. La grande majorité des radicaux reste convaincue de la culpabilité de Dreyfus. Brisson, qui a quelques doutes, ne les exprime guère. Léon Bourgeois est d'une infinie prudence. La chose est jugée. Pelletan est persuadé que Scheurer-Kestner a été abusé. Au reste, constate Pierre Miquel, « il n'y a pas quatre

* Voir *supra* p. 345.

députés à la Chambre qui doutent du verdict de 1894 »[1]. Le petit nombre de ceux qui hésitent sont en tout cas convaincus que les Français ne s'intéressent pas à cette histoire, et que s'ils s'y intéressent, c'est pour souhaiter que le Juif reste à l'île du Diable. « Nous sommes avec la foule et point du tout avec les intellectuels », affirme *la Dépêche de Toulouse,* qui dit exprimer la pensée des radicaux. Quant aux socialistes, ils souhaitent pour la plupart ne s'engager dans « aucun des clans de cette guerre civile bourgeoise ». « Ils ont peur », dit Jaurès, dont l'ardeur dreyfusarde est vivement combattue chez ses amis : « Ils m'arrachent les pans de mes habits pour m'empêcher de monter à la tribune » [2]. Jaurès lui-même, qui tente de se faire réélire dans le Tarn, ne souffle pas mot de l'Affaire Dreyfus dans ses manifestes électoraux *. Tous les historiens s'accordent à observer qu'on ne parle pas, ou guère, de l'Affaire Dreyfus durant la campagne électorale. Peut-être en déduit-on trop vite que l'Affaire n'avait encore suscité aucun intérêt en France, sinon peut-être dans les grandes villes. Le silence sur l'Affaire est aussi une précaution politique. Il n'y avait, à en parler, que des risques. Pour être sûr de ne s'aliéner personne, le mieux est de se taire. Ainsi les politiques avisés, qui hument encore le vent, ne disent mot sur ce sujet incertain.

Aux deux tours des élections législatives, les 8 et 22 mai, les résultats vérifient, en tout cas, qu'il peut y avoir des inconvénients à être dreyfusard. Joseph Reinach, député des Basses-Alpes depuis huit ans, ne réunit pas mille voix. Il en avait eu plus de sept mille en 1893 **. Jean Jaurès est battu à Carmaux. Déroulède et Cassagnac, combattants antidreyfusards, sont élus. De même Drumont est triomphalement élu à Alger, sur les thèmes de la France juive. Mais ce ne sont que des accidents. Pour l'essentiel, la Chambre de 1898 indique une étonnante conti-

* Il est vrai que le Tarn est alors agité d'une guerre de classes impitoyable. Le patron des mines de Carmaux reprendra à Jaurès son siège après une campagne d'une rare violence.

** Joseph Reinach avait courageusement affirmé son engagement dans ses professions de foi : « Il est possible que je perde mon siège dans cette bataille. Il est certain que je garderai la satisfaction d'avoir fait mon devoir. »

nuité des clivages électoraux. 270 centristes remplacent 270 centristes. Les conservateurs, les ralliés et les nationalistes gagnent quelques sièges, aux dépens des radicaux et des socialistes. Le ministre de l'Intérieur, Barthou, peut afficher sa satisfaction. La majorité de Méline reste stable. Dès sa première séance, la nouvelle Chambre porte à sa présidence le très modéré Paul Deschanel. Soutenu par les conservateurs et les progressistes, c'est-à-dire le centre, il l'emporte, de quelques voix, sur le radical Brisson.

Pourtant l'immobilité n'était qu'apparence. De nouveaux clivages semblaient se dessiner. A droite avaient surgi « les nationalistes », qui, prenant à beaucoup d'égards la relève du boulangisme, prétendaient défendre, contre toutes les formes d'abandon et de trahison, la patrie, l'Armée et les valeurs traditionnelles dont les Juifs étaient les principaux fossoyeurs. Drumont, Déroulède, Rochefort, Barrès – battu à Nancy – s'étaient déclarés « nationalistes ». Ce courant nouveau, allié aux conservateurs et aux « ralliés », avait remporté près d'une centaine de sièges. Il avait apparemment mordu sur l'électorat radical. Tout au long de la campagne, les Pères de l'Assomption, notamment les plus actifs d'entre eux, les pères Adeodat, Bailly, Picard, Jaujoux, « hommes venus du peuple, rudes d'allure et grossiers de ton » [3], s'étaient ardemment engagés au soutien des nationalistes, à travers toutes les publications de la Bonne Presse qui avait pris parti dans la plupart des circonscriptions contre « les mécréants » radicaux et socialistes, mais aussi par des réunions, des comités de propagandistes qui s'étaient dépensés sans compter. Quatre cents moines, un millier de frères et de novices, plusieurs milliers de chevaliers de *la Croix,* laïcs engagés sous la bannière du journal catholique, avaient couru les villages, les quartiers populeux, pour mobiliser, contre tous les agents de la trahison, l'électorat patriotique [4]. Des comités « Justice, Égalité », fondés dans la France entière, depuis 1896, sous l'égide des Assomptionnistes [5] avaient constitué des organismes très actifs de vente de la Bonne Presse et de propagande électorale. Ainsi épaulée par les Assomptionnistes – de manière plus discrète par les autres congrégations religieuses * – et par de nombreux prêtres, une droite « dure » fait son entrée au Parlement. L'antisémitisme est évidemment l'un de ses thèmes favoris. Et cette force nouvelle n'est pas sans influence sur la vie et l'action des autres partis. Parmi les élus du centre, nombreux sont ceux qui ont vu avec inquiétude monter une droite, violente et cléricale, qui leur rappelait les mauvais souvenirs du boulangisme. La campagne électorale a convaincu beaucoup de députés que « l'esprit républicain » était menacé par les nouveaux élus – ou par les forces qui les appuyaient. Ainsi des parlementaires, élus au centre, par commodité plutôt que par conviction, mais sincèrement républicains, qui s'étaient jusque-là satisfaits d'une droite conservatrice, celle de l'ordre établi qui avait appuyé Méline, seront, peu à peu, portés à se tourner vers les radicaux. Tels sont notamment Barthou, Poincaré, Georges Leygues, Caillaux et bien d'autres, qui regarderont désormais vers la gauche modérée, parce qu'à droite la puissance cléricale les inquiète, et aussi parce qu'ils voient monter, sous le manteau du nationalisme, des appétits de revanche contre la République. Des fissures se dessineront peu à peu dans le parti de l'ordre. Elles conduiront, au cœur de l'été 1898, à une véritable désagrégation du centre « progressiste », qui éclatera pour se partager entre la droite et la gauche [7].

La première manifestation en fut donnée dès le 14 juin. Méline s'imaginait qu'il pourrait continuer à gouverner, appuyé sur la droite contre les radicaux. Mais Brisson, écarté de la présidence, le guettait. Il fit proposer, par deux radicaux, un ordre du jour promettant de n'approuver pour l'avenir « qu'une politique appuyée sur une majorité exclusivement républicaine » [8], ce qui devait condamner toute alliance avec les nationalistes. Par 295 voix contre 246 la motion, fermement combattue par Méline, fut adoptée. Sans doute Drumont et ses amis avaient-ils voté avec la gauche parce que, proclama

* Joseph Reinach met en cause – sans apporter d'élément probant – l'action souterraine des Jésuites [6]. Il s'en prend spécialement au Père du Lac, « bouillonnant dans toutes les intrigues ». Le Père du Lac était le directeur de conscience de plusieurs officiers généraux, dont le général de Boisdeffre.

Drumont, « la haute banque, la juiverie avaient imposé à Méline, à Félix Faure, dans l'Affaire Dreyfus une attitude équivoque ». Mais l'échec de Méline fut acquis parce qu'un nombre important de progressistes avaient rejoint la gauche dans le vote. « La Chambre avait fait son choix, écrit Pierre Miquel. Entre les dangers socialistes et collectivistes et le danger réactionnaire et clérical, les radicaux et les progressistes avaient donné la priorité au danger le plus menaçant, celui de la droite. La politique du ralliement était condamnée, et avec elle tout le personnel opportuniste »[9]. La condamnation n'est pas encore si claire, et en vérité la Chambre n'avait guère conscience, en 1898, d'un « danger » socialiste. Mais il est vrai que le marais centriste se détournait d'une droite trop dure, devenue dangereuse. Si même personne, sauf Drumont, n'avait prononcé le nom de Dreyfus au Parlement, les récents développements de l'Affaire, la brutalité de la droite nationaliste, les violences antisémites, avaient poussé à ce reclassement décisif des forces politiques.

Ouverte le 15 juin par la démission de Méline, la crise politique devait durer douze jours. Après l'échec de Ribot, puis de Sarrien, Félix Faure appela le radical Brisson, dans l'espoir, semble-t-il, de le voir échouer à son tour *. Mais Brisson réussit à constituer un ministère, dont l'habile ambiguïté ne devait pas tarder à apparaître. Tandis que le président du Conseil se réservait le ministère de l'Intérieur, et confiait les portefeuilles essentiels à ses amis radicaux, installant le très laïc Bourgeois à l'Instruction publique, il offrait le ministère de la Guerre à Godefroy Cavaignac, radical sans doute mais de tendance nationaliste, qui s'était illustré depuis quelques mois, par son acharnement antidreyfusard. Ainsi la composition du gouvernement signifiait-elle que la République laïque serait défendue contre les menées cléricales, mais aussi que la cause de Dreyfus ne devait pas compter sur le nouveau gouvernement. François Goguel observe que les radicaux étaient encore « fort éloignés de lier leur cause à celle du révisionnisme »[11]. Ce qu'ils

* Pour ouvrir la voie à Cavaignac, assure Joseph Reinach[10].

souhaitaient à peu près tous, c'est que l'Affaire Dreyfus fût close une bonne fois, et que cessât l'agitation entretenue depuis le début de 1898. Les nationalistes ne s'y trompèrent pas. Ils décidèrent, contre toute logique, de voter pour le gouvernement radical * « parce que, proclama Déroulède à la tribune, Cavaignac était ministre de la Guerre et que c'était une garantie que l'honneur de l'Armée, l'honneur du pays seraient sauvegardés ». « Le président du Conseil, commenta joyeusement *la Libre Parole* du 29 juin, n'est qu'un mannequin sur lequel s'assoira Cavaignac. »

A peu près seul, du côté des militaires, Esterhazy se désespère de l'arrivée au ministère de la Guerre de ce « polytechnicien borné », « bourrique à mine austère, qui prend son entêtement pour de l'énergie, sectaire en carton... » [12]. Et tandis que les antidreyfusards se congratulent, Esterhazy avertit Drumont que ce « Robespierre-Jocrisse » fera regretter son prédécesseur le général Billot. Avant de céder sa place à Cavaignac, le général Billot trouve encore le temps de soumettre à la signature du président de la République le décret révoquant Joseph Reinach de son grade dans l'armée de réserve « pour avoir, en dehors de la période d'activité, publié contre ses chefs un article injurieux ». Billot, démissionnaire, contresigne le décret. « Il n'eût pas voulu, affirme Reinach, en laisser l'honneur à Cavaignac » [13].

VII. – TOUT CELA FINIRA MAL

Si Brisson était le chef du gouvernement, c'était bien Cavaignac qui en était la personnalité prépondérante. Petit-fils du conventionnel Jean-Baptiste Cavaignac, fils du général Eugène Cavaignac, maître du pouvoir en 1848 qui réprima l'insurrection de

* L'ordre du jour de confiance fut voté par 316 voix (dont Déroulède et Drumont) contre 203.

juin, Godefroy Cavaignac, député de la Sarthe depuis 1882, illustrait une conception nouvelle du radicalisme, où se mêlaient un nationalisme passionné, un projet réformateur et la revendication d'une véritable vertu républicaine, refusant toutes les formes de corruption. Son influence et sa popularité n'avaient cessé de grandir. Dans les débats sur le scandale de Panama il s'était imposé par sa rigueur et sa sévérité. Il avait fourni aux radicaux le thème sur lequel ils avaient fondé leur campagne de 1898 : la lutte contre les inégalités fiscales [1]. Il avait conquis une forte audience du côté des nationalistes, partageant leur intransigeance patriotique. L'image qu'il s'était faite, celle d'un homme probe, inflexible sur les affaires d'argent, sorte de justicier loyal mais intraitable, lui donnait autorité bien au-delà du parti radical. Il était porté par une haute conscience de ses mérites et une grande ambition. Il ne cachait pas que la présidence de la République était son but.

Depuis plusieurs mois, il semblait avoir lié son destin politique à la cause antirévisionniste [2]. Passionnément convaincu de la culpabilité de Dreyfus, il était devenu le symbole – et peut-être le recours – de toutes les forces qui s'opposaient à la révision. Mais son tempérament, sa réputation, son orgueil aussi empêchaient qu'il reprît la stratégie de Billot et de Méline, réfugiés derrière la chose jugée, naviguant à courte vue entre les obstacles. A peine arrivé au ministère de la Guerre, Cavaignac affirme son plan, plus courageux, estime-t-il, et efficace que celui de ses prédécesseurs *. C'est lui qui éclairera, de manière décisive, la culpabilité de Dreyfus, et les machinations sordides des partisans de la révision. Il réduira le syndicat à l'impuissance et au ridicule. Nul besoin pour cela d'Esterhazy, soldat perdu, dont il « allégera » le parti patriote : « quand j'aurai brisé Esterhazy, je n'aurai que plus d'autorité pour empoigner toute la bande ». Quant à Picquart, « clef de voûte » de l'entreprise, il le promet aux foudres du Conseil de guerre.

* Il avait exigé que le ministère de la Justice fût confié à Sarrien, homme effacé, de conviction antidreyfusarde, dont il comptait faire un instrument docile.

Dès le 28 juin, Cavaignac demande communication du dossier secret. Il veut le faire examiner par le colonel Roget, chef du 4ᵉ bureau, devenu le chef de son cabinet militaire, et par le capitaine Cuignet, déjà à l'œuvre, en qui il a toute confiance. Il espère trouver les éléments qui confondront définitivement les amis de Dreyfus. Ainsi le ministre de la Guerre prétendait-il fouiller personnellement le dossier? Le général de Boisdeffre voit aussitôt le désastre auquel peut conduire cette nouvelle stratégie. Ce nouveau Saint-Just ignore tout. Il ne sait pas qu'Esterhazy et l'État-Major ont depuis longtemps partie liée, que le dossier est nourri de documents fabriqués. Le chef d'État-Major va tenter de circonscrire le mal. Un temps il espère que Cavaignac sera découragé par l'ampleur du dossier. Mais il n'en est rien. Cavaignac demande à Boisdeffre s'il a bien fait vérifier l'authenticité de chaque pièce. Le chef d'État-Major doit confesser que non. « L'authenticité de l'ensemble, et la confiance sans limites qu'il avait dans le lieutenant-colonel Henry, lui avaient paru des garanties suffisantes » [3]. Le ministre s'étonne. Boisdeffre, de plus en plus inquiet, prodigue à Cavaignac mille conseils pour le grand discours auquel celui-ci pense déjà. Il ne faudra pas parler des pièces secrètes, ni pour avouer leur existence, ni pour la démentir. Il ne faudra pas prononcer le nom des attachés militaires. Il ne faudra citer ni l'Allemagne ni l'Italie. Cavaignac paraît écouter, mais sait bien qu'il n'en fera qu'à sa tête. Quant à Esterhazy, il s'affole, car on lui dit, de tous côtés, que Cavaignac se prépare à l'exécuter. Le 3 juillet il court chez son ami le général de Pellieux, il lui déclare que « la vie n'est plus tenable », qu'il va se tuer, qu'il entraînera dans sa chute ceux qui l'auront lâché. Boisdeffre et Gonse essaient, prudemment, d'amollir Cavaignac qui ne fait que s'entêter. Oui, il lui faut éliminer cet Esterhazy, ce mythomane, ce maître chanteur!

Le 7 juillet doit venir en discussion devant la Chambre une nouvelle interpellation de l'inlassable Castelin sur les menées honteuses des amis de Dreyfus. C'est l'occasion qu'a choisie Cavaignac pour faire le « grand discours » qui dissipera, une fois pour toutes, la légende de l'innocence de Dreyfus. Avec Roget, son chef de cabinet, avec Cuignet, il travaille assidûment [4]. Il ne consulte pas le lieutenant-colonel Henry. Serait-ce un signe de méfiance? Le général de Boisdeffre ne lui plaît guère. Cavaignac pense déjà à le faire nommer ambassadeur à Saint-Pétersbourg, pour s'en débarrasser, en satisfaisant un vieux rêve de Boisdeffre qui avait été l'un des artisans de l'alliance franco-russe. Ainsi placerait-il un homme à lui à la tête de l'État-Major. Le ministre s'entête à suivre son plan, sans se soucier de quiconque, parce qu'il est sûr d'avoir raison, et qu'il entend le prouver, envers et contre tous. Jusqu'au dernier moment, le général Gonse s'affaire au service de l'accusation. Le 4 juillet le capitaine Lebrun-Renault apporte au ministre une feuille de son agenda de 1895 où il avait, prétend-il, noté à l'époque les aveux de Dreyfus. Cavaignac prend la feuille, la lit, la recopie, la rend à Lebrun-Renault qui, étrangement, dira plus tard l'avoir alors détruite, estimant « qu'elle n'avait plus d'utilité ». Dans le moment le ministre est renforcé dans la conviction que Dreyfus a avoué.

Et le 5 juillet, Cavaignac reçoit au ministère de la Guerre le président du Conseil Brisson, le garde des Sceaux Sarrien, et quelques ministres. On a étalé sur une grande table, au milieu du cabinet du ministre, les pièces décisives – environ soixante – du dossier secret. Le capitaine Cuignet les commente, tandis que le général Gonse attend, dans la pièce voisine, prêt à intervenir si ces messieurs ont besoin d'explications. Le président du Conseil et le garde des Sceaux se montrent spécialement intéressés par la pièce où le nom de Dreyfus est écrit en toutes lettres *. C'est « très intéressant », observe le président du Conseil auquel Cavaignac explique qu'il peut prendre connaissance du dossier complet que le général Gonse tient à sa disposition. Cavaignac est très fier de ses preuves. Il va « pulvériser » le syndicat. Brisson laisse faire. Est-il vraiment convaincu? Ou saisit-il une chance de voir se discréditer « un dauphin trop encombrant » [5]?

Le même jour 5 juillet, Lucie Dreyfus adresse au garde des Sceaux Sarrien une requête en annulation de la condamnation de 1894 fondée sur la commu-

* C'est-à-dire le « faux Henry ». *Supra*, pp. 218 et s.

nication aux juges d'une pièce secrète. Elle demande que le garde des Sceaux saisisse la Cour de cassation des violations de la loi qui ont permis la condamnation de son mari. Cette requête, rendue publique, revigore la flamme du ministre de la Guerre et lui fournit prétexte. Il est tout prêt pour l'exécution de Dreyfus.

Selon l'usage, le député Castelin monte à la tribune le 7 juillet, pour réclamer « non des preuves nouvelles et superflues du crime du Juif », mais des lois d'exception destinées à punir les « champions » du traître. Il cite Mathieu Dreyfus, Picquart, Joseph Reinach, l'avocat Demange, qui se réunissent en conspiration pour « faire appel à la fois à l'étranger et à la révolution ».

Déchirant un grand silence, Cavaignac vient à la tribune. Il répond, de ce ton sec et dur, où l'Assemblée croit reconnaître celui d'un grand inquisiteur. Il commence par « liquider » Esterhazy sans le nommer : « On a tenté de substituer à Dreyfus un officier qui sera frappé demain des peines disciplinaires qu'il a méritées. » La droite est stupéfaite, et la gauche éclate en applaudissements. Puis le ministre passe à Dreyfus. Il s'adresse, au-delà de l'Assemblée, aux défenseurs de Dreyfus, en qui il salue des hommes de bonne foi. « Un malentendu menace de s'élever entre eux et cette Armée qui a pour mission sacrée de défendre le patrimoine de la France, non pas seulement son patrimoine matériel, mais son patrimoine intellectuel et moral. » C'est pour les défenseurs de Dreyfus qu'il va surtout parler, c'est pour eux qu'il va apporter « la preuve de la vérité ». Il jure sa certitude absolue de la culpabilité de Dreyfus : « Jamais aucune raison de salut public, quelle qu'elle fût, ne pourrait me déterminer à maintenir un innocent au bagne... » Alors il produit ses preuves. Il a retenu trois pièces « choisies entre mille » dont il donne lecture, et qu'il commente. C'est la lettre de Panizzardi à Schwarzkoppen de septembre 1896 *. C'est la lettre « canaille de D. » qui avait figuré dans le dossier secret de 1894 **, et

* Qu'Henry avait datée de mars 1894, y portant l'initiale D qu'il avait substituée, après grattage, à l'initiale P. *Supra* p. 247.

** *Supra* p. 71.

surtout, car elle éclairait les deux autres, c'est la lettre qui portait en toutes lettres le nom de Dreyfus *. Des exclamations retentissent de tous côtés. La conviction paraît unanime, foudroyante. Personne à la Chambre ne semble se souvenir que Scheurer-Kestner, que Picquart, que vingt journalistes ont déjà dénoncé cette dernière pièce comme un faux, après que Pellieux en eut imprudemment parlé au procès Zola. Non, la preuve semble décisive à l'Assemblée : « Misère de l'ignorance et de la peur, dira Jaurès. On ne savait pas, parce qu'on n'avait pas osé savoir »[6]. Cavaignac jette maintenant son autorité dans la balance : « J'ai pesé l'authenticité matérielle, et l'authenticité morale de ce document », et avec talent il s'attache à démontrer l'une et l'autre. Puis, « poursuivant sa leçon comme un « professeur au tableau noir » *, il passe aux aveux de Dreyfus. Il atteste que Lebrun-Renault a reçu les aveux de Dreyfus. Il en a eu les preuves entre les mains. Achevée sa démonstration, il termine par un hommage vibrant à l'Armée :

> Que demain tous les Français puissent s'unir pour proclamer que cette Armée qui fait leur orgueil, qui fait leur espérance, n'est pas puissante seulement de sa force propre... n'est pas forte seulement de la confiance du pays, mais qu'elle est forte aussi de la justice des actes qu'elle a accomplis[7].

Tandis qu'il descend de la tribune, la Chambre entière se lève pour l'acclamer. Le président du Conseil tient à dire que Cavaignac avait parlé « au nom du gouvernement ». Ainsi l'empêchait-il de confisquer à son profit la gloire d'un tel discours. A l'unanimité des votants, l'affichage du discours dans toutes les communes de France est décidé. Seuls s'abstiennent quinze socialistes et... l'ancien président du Conseil Méline.

« Nous avions espéré en Cavaignac, écrira Léon Blum. Nous le savions probe, laborieux, méthodique. » Et voilà qu'il déclarait Dreyfus coupable! Il s'était porté garant de l'authenticité des pièces qu'il avait lues. Il s'était porté garant de la réalité de

* Le faux Henry.
** Drumont, *la Libre Parole* du 8 juillet 1898.

l'aveu à Lebrun-Renault! « Ce qui était effrayant, effarant, c'est qu'il put croire à tout cela de bonne foi. Et la Chambre entière l'avait acclamé » [8]. Nous étions atterrés, raconte Léon Blum. « L'atmosphère était renouvelée, et nous redevenait hostile » [9]. Le lendemain la presse exprime un contentement presque unanime. La « question Dreyfus », écrit Cassagnac dans *l'Autorité,* ne demeure ouverte « que pour ceux qui ont un intérêt de race, ou un autre intérêt à proclamer son innocence ». *La Dépêche de Toulouse* note « un sentiment unanime de satisfaction ». Le socialiste Millerand écrit dans *la Lanterne* du 9 juillet que Cavaignac a « soulagé la conscience publique ». *Le Figaro, l'Écho de Paris* expriment une satisfaction modérée : le bon sens a triomphé. Il n'y a plus à parler de l'Affaire Dreyfus...

> « Nous étions la tête dans nos mains, explique Léon Blum. Mathieu Dreyfus, Lucien Herr et moi. Nous étions muets, immobiles. Pleurions-nous? L'oppression contraignait-elle nos larmes? Je cherche en vain les mots qui rendraient communicable cette pesanteur d'abattement, de consternation, de deuil » [10]...

Et voici que survient Jaurès. De sa voix chaleureuse il console ses amis, il les invective, « il y avait de la véhémence et de la colère dans son discours, mais aussi quelque chose de triomphant et de radieux... ». Il les réchauffe et bientôt les persuade. Ces pièces dont Cavaignac a garanti l'authenticité sont des faux. Elles sentent le faux. Elles puent le faux. Les faussaires sont sortis de leur trou, « nous les tenons à la gorge ». « Ne prenez plus ces airs d'enterrement; faites comme moi, réjouissez-vous... » Puis Jaurès s'apaise. Bien sûr il est un peu triste, lui aussi. « Le silence, l'acquiescement muet, le vote unanime, c'est triste... C'est triste qu'il ne s'en soit pas trouvé un seul... » Mais qu'importe la complaisance de l'Assemblée. Le discours de Cavaignac ne doit pas consterner les amis de Dreyfus, mais les réconforter. Cavaignac était sorti de la forteresse où Méline était inexpugnable. Cavaignac avait, par maladresse, par passion, par aveuglement têtu, tout concédé, tout, sauf l'innocence de Dreyfus.

Il avait concédé, écrit Joseph Reinach, dressant l'inventaire des maladresses de Cavaignac, que l'élite intellectuelle, qui a dénoncé l'erreur judiciaire, est de bonne foi; que la raison d'État ne saurait prévaloir contre la justice; que l'argument empoisonné de l'étranger est le plus méprisable des prétextes; que la France a le droit de régler cette affaire, dans un sens ou dans un autre, sans avoir à redouter la guerre; que la prétendue nécessité du huis clos est un mensonge et une lâcheté; que la question est strictement judiciaire, nullement politique; que la chose jugée n'est qu'un formalisme légal, sans rien d'intangible; que chacun a le droit, à l'exemple du ministre lui-même, de procéder à l'examen des faits et des pièces, à sa révision intime; qu'à l'exemple, encore, du ministre, il est loisible de tirer argument, sans manquer de patriotisme, de documents allemands et italiens; que des pièces secrètes ont été communiquées aux juges de 1894, puisque le ministre n'a pas osé reprendre à son compte la formule sacro-sainte de Billot; que le bordereau, seule base légale de l'accusation, dont il n'a même pas prononcé le mot, ne suffit pas à prouver la culpabilité de Dreyfus; qu'un autre que lui pourrait bien en être l'auteur; et qu'Esterhazy, puisque Cavaignac va le faire chasser de l'Armée, est, au moins, un gredin, peut-être un bandit.

Dès lors, que restait-il, après l'abandon de tous ces avant-postes, les plus solides, pour défendre la citadelle? Une légende et un faux [11].

Comme Joseph Reinach, Mathieu Dreyfus assure, dans le livre de ses souvenirs, que Cavaignac, par son discours du 7 juillet, « fit aussi la révision » [12]. Mais ce n'est qu'avec le recul du temps qu'apparaîtront les vrais effets de l'intervention de Cavaignac. Dans le moment le ministre de la Guerre paraît avoir mis en déroute les partisans de Dreyfus. Son discours est affiché, et le « faux Henry » avec lui, dans les trente-six mille communes de France.

Tous les partis politiques semblent avoir enterré l'Affaire. De son lit qu'il ne quitte plus, le vieux Scheurer-Kestner continue de proclamer sa conviction : « Il serait indigne d'un vieux républicain comme moi, en présence d'une tâche que sa conscience lui a imposée, de reculer parce qu'une partie de l'opinion publique, momentanément égarée, s'est dressée devant lui... » [13]. Mais Scheurer-Kestner a peur, maintenant, de mourir avant que Dreyfus ne soit sorti du bagne...

C'est sans doute à l'État-Major et à la Section de Statistique que l'on mesure le mieux les risques que la stratégie de Cavaignac fait courir. Se retranchant derrière l'autorité de la chose jugée, Méline, Billot évitaient de parler et d'agir. Ils laissaient faire l'État-Major. Maintenant le pouvoir civil, confisquant l'initiative, sans rien savoir, ni prévoir, préparait des désastres. Esterhazy, affolé, était capable du pire. La « gaffe » de Pellieux au procès Zola, que Boisdeffre avait habilement réparée, Cavaignac l'avait renouvelée et aggravée. Ils sont quelques-uns – dont Boisdeffre, Gonse, Henry – à savoir que deux des pièces dont le texte est maintenant affiché sur le mur de toutes les mairies de France sont des faux, et hélas, des faux grossiers. Une poignée d'hommes politiques le savent aussi *. Et pourquoi, sinon pour cette raison, le très prudent Méline s'est-il abstenu dans le vote sur l'affichage du discours de Cavaignac?

Dans le cabinet du général Gonse, quelques officiers sont réunis au soir du « triomphe » de Cavaignac. « Le ministre aurait mieux fait de ne pas lire les lettres », murmure Henry [14]. « Tout cela finira mal », commente le général Gonse.

VIII. – IL NOUS FAUT LE COUP DE FOUDRE

Dès le lendemain du « discours triomphal », Jean Jaurès publie, dans *la Petite République,* une lettre ouverte au ministre de la Guerre, dans laquelle il reprend, avec vigueur, la thèse qu'il développait devant Léon Blum et Lucien Herr. Cavaignac a,

* Au moins Hanotaux et Billot, ministres du gouvernement Méline.

malgré lui, rendu le plus grand service à la cause de la révision *.

> Vous avez fait hier, à la Chambre, une œuvre utile et une œuvre criminelle. Vous avez fait œuvre utile en produisant au pays une partie du dossier.
> Désormais, il ne sera plus permis de parler de la nécessité du huis clos, c'est la Nation elle-même qui est saisie par vous du problème. Par vous la discussion est ouverte. Et tout d'abord, un grand fait, un fait décisif frappera tous les esprits quand aura passé le rapide torrent des approbations parlementaires:
> Vous n'avez pas dit, vous n'avez pas osé dire que des pièces secrètes n'avaient pas été communiquées aux juges sans l'être à l'accusé. Bien mieux, en citant vous-même les pièces qui, selon vous, doivent former votre conviction et qui ne figurent pas à l'acte d'accusation, vous avouez, vous proclamez la monstrueuse iniquité de la procédure militaire et vous fournissez à votre collègue Sarrien les éléments de preuves dont il a besoin pour la révision. Mais laissez-moi vous le dire : au fond ces arguments ne portent pas; ils n'ont aucune valeur. Bien loin d'ébranler ma conviction profonde ils l'ont affermie au contraire et, plus que jamais, je suis convaincu qu'une monstrueuse erreur judiciaire a été commise. Plus que jamais, je suis convaincu que c'est Esterhazy et Esterhazy seul qui est le traître.
> Quand les groupes socialistes de Paris le voudront, quand ils voudront sortir des équivoques, des ignorances et des mensonges pour saisir sur le vif le monstrueux fonctionnement de la machine militaire, je suis prêt à faire devant eux la preuve de ce que je dis.
> Qu'avez-vous donc apporté? Vous avez opposé les prétendus aveux de Dreyfus au capitaine Lebrun-Renault. Mais si l'État-Major accordait quelque valeur à ce récit, pourquoi n'a-t-il pas exigé que celui-ci le formulât par écrit, dans un rapport formel, et sous sa signature? Pourquoi surtout n'a-t-on pas soumis à l'accusé, comme l'exige la loi, le procès-verbal de ces prétendus aveux? Pourquoi n'y en a-t-il trace que dans une note prise sur le calepin de Lebrun-Renault ou dans une lettre au général Gonse?

* Dans *l'Aurore* du 8 juillet, Clemenceau constate que la communication secrète faite aux juges de 1894 est désormais un fait acquis, et que la révision est devenue inévitable. Yves Guyot écrit la même chose dans *le Siècle* du même jour.

Mais il y a mieux et si l'on veut lire avec soin cette lettre du général Gonse, on aura toute la clef de l'Affaire.
Au procès Zola, Labori a lu un extrait authentique de l'interrogatoire de Dreyfus par du Paty de Clam. Là il est constaté que du Paty a essayé en vain d'obtenir des aveux de l'accusé. Il lui a promis de le mettre en présence du ministre de la Guerre si seulement il entrait dans la voie des aveux, s'il avouait au moins une imprudence. Et l'accusé, malgré ce piège, a affirmé son innocence.
Et voici comment le général Gonse raconte, d'après Lebrun-Renault, les prétendus aveux de Dreyfus :
« Le ministre sait que je suis innocent; il me l'a fait dire par le commandant du Paty de Clam, dans la prison il y a trois ou quatre jours et il sait que si j'ai livré des documents, ce sont des documents sans importance et que c'était pour en obtenir de sérieux. »
Oui, je vous remercie de nous avoir communiqué ces textes, car on voit en plein à quel travail de transformation la conversation, fixée au procès-verbal d'interrogatoire et répétée par Dreyfus pour sa défense, a été dénaturée, inconsciemment sans doute, par le capitaine Lebrun-Renault. On voit aussi combien il est dangereux de fonder un jugement sur les prétendus propos d'un accusé, quand on ne soumet pas à l'accusé lui-même ces propos, pour qu'il les reconnaisse et qu'il les signe. Il n'y a plus alors de limite à l'arbitraire, à la fantaisie, à l'incertitude et à l'erreur.
Mais, Monsieur le Ministre, il y a un homme qui aurait dû, devant la Chambre, se dresser pour vous crier que vous vous trompiez. C'est M. Charles Dupuy. J'affirme à nouveau, je jure à nouveau qu'il m'a dit que le capitaine Lebrun-Renault, appelé par lui, lui avait affirmé n'avoir pas reçu d'aveux de Dreyfus. Quoi? M. Charles Dupuy sait cela et il se tait! Il voit que vous fondez sur ces prétendus aveux votre conviction, celle du pays. Il sait qu'ils sont faux, et par prudence, par calcul, il se tait. De quel nom appeler son crime? Et quelle flétrissure trouvera l'histoire pour cet homme quand elle saura la vérité?
En tout cas pour établir que le D... doit s'appliquer à Dreyfus, vous êtes obligé de citer un document saisi en 1896 et qui porterait en toutes lettres le nom de Dreyfus.
Ce document, le général de Pellieux l'avait déjà cité, et il était déjà visible que c'était le faux le plus

grossier, le plus criant, venu à point pour sauver Esterhazy.

Après ce que vous avez cité, c'est plus certain encore. Vous attribuez ce document de 1896 aux personnes qui ont écrit ceux de 1894 et il vous suffit, pour établir l'identité, de constater que c'est écrit au même crayon bleu. Mais comparez donc le langage des uns et des autres. Les documents de 1894 sont d'un français tout à fait correct.

Le document de 1896 contient les fautes les plus grossières. Le faussaire, voulant imiter le style d'un étranger, a fabriqué avec plaisir le français le plus pitoyable.

Mais avez-vous seulement réfléchi à ces choses? Avez-vous pris le temps et la peine d'étudier, de comparer? Non, il vous fallait un succès immédiat, un succès de tribune et d'opinion. L'Elysée vous fascine et vous avez pensé que les passions chauvines vous y porteraient. Prenez garde : ce n'est pas toujours impunément qu'on viole le droit, la justice, la vérité.

Les acclamations passeront : la vérité restera.

Et les consciences intrépides continueront leur combat implacable contre tous les mensonges, contre toutes les vilenies. Vous avez déchaîné de nouveau la passion du pays égaré. Peu importe. La vérité est patiente et ses amis ne fléchiront pas.

Ainsi les dreyfusards, Jaurès en tête, montent à l'assaut. Le même jour, l'avocat Demange se concerte avec Labori, Picquart, Trarieux et Reinach [1]. Il décide d'adresser au garde des Sceaux Sarrien une lettre, destinée à appuyer la demande d'annulation de l'arrêt de 1894 dont Lucie Dreyfus a saisi Sarrien *. Il affirme « que les pièces datées de mars et avril 1894 lues à la tribune de la Chambre des députés par M. le ministre de la Guerre... n'ont été connues ni de M. Dreyfus ni de son défenseur ». Il observe que la seule pièce dont le Conseil de guerre a connu légalement – le bordereau – n'a pas été mentionnée par M. Cavaignac dans son discours. Enfin, et pour détruire la légende des aveux, il adresse au ministre de la Justice la copie de la note, rédigée par Alfred Dreyfus aussitôt après la visite que lui avait faite du Paty le 31 décembre 1894, note

* La lettre est publiée dans *le Siècle* du 9 juillet.

rapportant que du Paty était venu lui demander « de la part du ministre » s'il n'avait pas voulu seulement « amorcer les Allemands » et précisant : « Je lui ai répondu que je n'avais jamais eu de relations avec aucun agent ni attaché militaire allemand, que je ne m'étais livré à aucun amorçage, que j'étais innocent ». Pourquoi Dreyfus eût-il dit le contraire au capitaine Lebrun-Renault?

Mais la lettre essentielle est sans doute celle qu'adresse ce 9 juillet, le colonel en réforme Picquart à M. Brisson, président du Conseil :

> Monsieur le Président du Conseil,
> Il ne m'a pas été donné jusqu'à présent de pouvoir m'expliquer librement au sujet des documents secrets sur lesquels on a prétendu établir la culpabilité de Dreyfus.
> M. le ministre de la Guerre ayant cité à la tribune de la Chambre des députés trois de ces documents, je considère comme un devoir de vous faire connaître que je suis en état d'établir devant toute juridiction compétente que les deux pièces qui portent la date de 1894 ne sauraient s'appliquer à Dreyfus et que celle qui porte la date de 1896 a tous les caractères d'un faux. Il apparaîtra alors manifestement que la bonne foi de M. le ministre de la Guerre a été surprise et qu'il en a été de même, d'ailleurs, pour tous ceux qui ont cru à la valeur des deux premiers documents et à l'authenticité du dernier.
> Veuillez agréer, Monsieur le Président du Conseil, etc.
> G. Picquart.

Picquart ne se fait pas d'illusions. Il sait que cette lettre provoquera la fureur du ministre de la Guerre, contre laquelle il est désormais sans défense. Il accomplit, calmement, ce qu'il croit être son devoir. Effectivement, Cavaignac prend cette lettre – adressée au président du Conseil par un « agent du syndicat » – pour une offense personnelle. Il lui faut désormais « la peau » de Picquart. Il presse le président du Conseil d'annoncer le dépôt d'une plainte contre Picquart et Leblois. Brisson est tombé malade. Le ministre de la Guerre traîne le garde des

Sceaux au chevet du président du Conseil : il veut, il exige des poursuites. Mais Cavaignac qui, hier, mettait le syndicat en déroute, a bien d'autres ennuis aujourd'hui. Les plus graves lui viennent d'une voie tout à fait imprévue, d'un juge d'instruction qui n'en fait qu'à sa tête.

Le juge d'instruction Bertulus instruisait depuis quelques mois la plainte en faux déposée par le colonel Picquart à raison des deux télégrammes, signés l'un Speranza, l'autre Blanche, qui lui avaient été adressés le 10 novembre 1897 en Tunisie dans le dessein de le faire passer pour un agent du syndicat. Cette instruction n'avait guère progressé, quoique le juge Bertulus l'eût conduite avec soin. Or voici qu'au mois de mai, un avocat, Me Herbin, a conduit chez son confrère Labori un nouveau témoin, d'importance essentielle : Christian Esterhazy. Le brave Christian, las de demander à son cher oncle restitution de l'argent prêté, a fait enquête. Il a découvert que les fonds remis au commandant n'avaient jamais été placés chez Rothschild. Il a compris qu'il n'en retrouvera pas un centime. Ainsi son oncle l'a escroqué, humilié, et par surcroît manipulé, en l'utilisant comme intermédiaire. Furieux, pressé de se venger, Christian Esterhazy vient tout raconter à l'avocat de Zola et de Lucie Dreyfus. Documents à l'appui il expose le rôle qu'il a joué entre du Paty et son oncle, les rencontres organisées dans les églises ou sur les quais. Il dit tout ce qu'il sait du « document libérateur » et des faux télégrammes. Il révèle les communications incessantes entre Esterhazy, le général de Pellieux et l'État-Major. On n'en espérait pas tant. Comme Christian croit se souvenir que l'un au moins des faux télégrammes adressés à Picquart était de l'écriture de Mlle Pays, Mathieu Dreyfus imagine de faire envoyer par un comparse des fleurs à la maîtresse d'Esterhazy, qui, tout émue, répond d'un mot de remerciement *. Ainsi vérifie-t-on que l'écriture de la dépêche Speranza est bien celle de la maîtresse d'Esterhazy.

* Le procédé n'est pas irréprochable, et Mathieu, engagé dans l'action, ne s'y arrête pas [2]. Les antidreyfusards soutiendront que Christian fut « acheté » par le syndicat, et que tout le reste ne fut que mise en scène réglée [3]. « Christian, affirme Reinach, ne demanda pas un sou, et ne reçut rien » [4].

Il semble que les « révisionnistes » aient attendu quelque temps avant d'exploiter d'aussi précieuses révélations. Le juge Bertulus, manifestement favorable à la révision, les aida-t-il, du moins par le calendrier de ses diligences? Dès le 4 juillet Picquart avait écrit au juge pour demander l'audition de Christian Esterhazy. Et c'est le 9 juillet, deux jours après le discours de Cavaignac, que le juge entend Christian comme témoin. Christian, pris de remords, commence par nier, puis avoue, et raconte ses exploits *. Mais les « documents » qui prouvent la collusion entre Esterhazy, du Paty et l'État-Major, il les a confiés à Labori. Alors l'avocat et le juge d'instruction organisent une singulière mise en scène. Accompagné de son greffier, le juge se présentera le 11 juillet chez Labori, qui protestera contre une visite « attentatoire aux droits de l'avocat ». Refusant de remettre les pièces au juge, l'avocat consentira à les remettre à Christian venu avec le juge, pour reprendre son dossier. Et Christian les remettra lui-même à Bertulus. Ainsi fut fait, et le juge reçut les précieux documents. Aussitôt Bertulus avertit le procureur de la République qu'il a l'intention de faire arrêter Esterhazy et sa maîtresse, sous la double inculpation d'escroquerie et de faux. Le procureur Feuilloley est bouleversé. Il prévient son ministre, le garde des Sceaux Sarrien, qui prévient Cavaignac. On tente de dissuader le juge Bertulus, qui s'entête. Maintenant c'est une course de vitesse entre les diverses procédures. Dès le 11 juillet, le ministre de la Guerre, poursuivant son dessein, a signé l'ordre d'envoyer Esterhazy devant un conseil d'enquête. Mais le juge confisque l'initiative à Cavaignac. Le 12 juillet à 18 heures, on perquisitionne chez Marguerite Pays. On y découvre une quantité considérable de papiers **. À 20 heures, quand se présente Esterhazy, qui vient chercher sa maîtresse pour aller dîner, on l'arrête. Esterhazy

* Esterhazy, averti on ne sait comment, avait écrit à son neveu dès le 8 juillet : « On affirme que tu as été au mois d'avril me livrer, me trahir, me vendre, raconter sur moi des histoires abominables et monstrueuses à mes pires ennemis... Toi après la Boulancy. Non ce serait vraiment à nier Dieu » [5].

** Sans grande importance. Esterhazy, qui s'attendait à la perquisition, avait dissimulé les documents essentiels.

s'effondre, sanglote. Puis il menace : « Je parlerai, et je dirai ce que j'ai caché jusqu'à ce jour. » Le substitut du procureur de la République, présent, essaie encore de faire revenir Bertulus sur sa folle détermination. Mais rien ne peut plus arrêter le juge. Vers minuit, le commandant Esterhazy est conduit à la prison de la Santé et Marguerite Pays à la prison Saint-Lazare. Il y avait fête militaire, ce soir-là à l'Elysée. Cavaignac y trônait. C'est là qu'il apprend la nouvelle. Le voici furieux. Ce petit juge bouleverse tous ses projets. A l'État-Major, l'atmosphère est au désastre. Boisdeffre prend le parti de tomber malade, et quitte le service. Gonse reste à son poste, mais sera malade à son tour dans les jours suivants. Quant à Henry qui « sent le sol trembler », il sombre dans le désespoir [6].

Au moins contre Picquart, Cavaignac garde l'initiative. Dès le 12 juillet, il a arraché au président du Conseil l'autorisation de saisir la justice d'une plainte contre Picquart, accusé de divulgation de dossiers secrets. Le projet est de le faire, très vite, arrêter *. Le grief, qui n'était pas nouveau, s'appuyait sur les accusations de Gribelin, de Lauth et d'Henry. Picquart aurait montré trois dossiers – dont un dossier sur des « pigeons voyageurs » et le fameux « dossier secret » à son ami Leblois. On désigne un juge d'instruction « efficace », M. Albert Fabre, ami personnel de Brisson. Le jour même le juge fait perquisitionner chez Picquart, en son absence. L'arrestation est imminente. Pour tenter de faire fléchir la résolution du gouvernement, l'ancien garde des Sceaux Trarieux écrit à son collègue Sarrien : « Si l'arrestation du lieutenant-colonel Picquart doit avoir lieu, je tiens, pour lui épargner d'inutiles vexations, à ce que ce soit sous mon toit qu'on vienne le chercher. Cela vous dit assez mon émotion. » Sarrien ne répond pas. Le lendemain le juge Fabre, après avoir, semble-t-il, résisté quelques heures, s'incline devant la volonté du ministère public. Il mettra Picquart en détention. Celui-ci, convoqué au Palais de Justice, n'a que le temps

* Brisson, malade, avait résisté trois jours. Et tout en cédant aux pressions de Cavaignac et de Sarrien, il comprit bien que donner son accord au dépôt de la plainte, c'était autoriser l'arrestation.

d'affirmer son innocence. Il est arrêté, puis conduit à la prison de la Santé... où Esterhazy est détenu depuis l'avant-veille!

L'affaire en était venue, par l'entêtement furieux de Cavaignac * et la faiblesse de Brisson, à un point de totale incohérence. Le gouvernement ne pouvait pas maîtriser des instructions judiciaires distinctes, connexes, aussi compliquées qu'imprévisibles dans leur déroulement. Chacun joue désormais sa propre partition, dans un concert de procédures qui ne cesseront de se multiplier et de se compliquer. Christian Esterhazy ayant « chargé », devant le juge Bertulus, le colonel du Paty, Picquart, du fond de sa prison, porte plainte en faux contre du Paty. Il croit, à tort, que du Paty est l'auteur du télégramme signé « Blanche ». Cavaignac, qui poursuit avec acharnement sa propre enquête, reçoit Gribelin, qui rejette toutes les responsabilités sur du Paty et sur Gonse. Ce dernier, cherchant maintenant à se dégager, prétend que l'entrevue de Montsouris a été organisée à l'insu de l'État-Major. Lui aussi charge du Paty, qui devient en quelques jours le bouc émissaire. Cavaignac convoque donc du Paty, qui est son parent éloigné. Il l'entend longuement. Du Paty semble sincère au ministre, mais il est clair qu'il a été imprudent. C'est du Paty maintenant qui s'affole. Cavaignac lui prodigue des conseils de prudence et de calme. Pendant ce temps les juges d'instruction s'affairent, et rivalisent de zèle. Le juge Bertulus entend plusieurs fois Esterhazy qui a pris maintenant le parti de tout nier. Mais le juge semble emporté par sa propre audace. Il reçoit la visite du commandant Henry, délégué comme représentant du ministre de la Guerre, pour assister au dépouillement des papiers saisis. Le juge et le faussaire se connaissent bien depuis longtemps. Ils ont souvent « travaillé » ensemble. Que se passe-t-il dans le cabinet du juge Bertulus le 18 juillet? Le juge raconte à Henry tout ce qu'il sait de la collusion, les charges qui s'entassent sur Esterhazy et sur du Paty. Henry

* « L'idée fixe, écrit Reinach, la plus terrible des névroses, l'est surtout lorsqu'elle s'installe dans le cerveau d'un mathématicien, qui s'imagine qu'il l'a raisonnée. Ces gens de science, même à l'état de santé, sont très dangereux quand ils se mêlent de politique » [7].

semble avoir soudain pris peur. Le juge Bertulus a-t-il alors entrepris d'accuser Henry, de le « secouer », pour connaître la vérité? A-t-il tenté de lui démontrer que, lui, Henry, était forcément le pourvoyeur d'Esterhazy, la plaque tournante de toute cette collusion? Bertulus racontera, au procès de Rennes, que soudain le colosse s'écroula; qu'Henry, pleurant à chaudes larmes, supplia le juge d'instruction, l'embrassa, criant, à travers ses sanglots « Sauvez-nous, sauvez-nous... il faut sauver l'honneur de l'Armée »[8]. Le greffier André attestera avoir entendu cette voix hachée par les hoquets, ces cris désespérés : « ... il faut sauver l'honneur de l'Armée ». Mais à Rennes, Henry ne sera plus là pour donner sa version de cette scène étrange où, hors interrogatoire, un juge d'instruction aurait fait « craquer un coupable ».

Quant au juge Fabre, il procède, de son côté, à une enquête méticuleuse contre Picquart. Neuf fois il interrogera l'inculpé. Il entendra tous les acteurs de l'Affaire, déjà entendus lors du procès Zola, sauf Boisdeffre résolument malade. Gribelin, Henry et Lauth maintiennent et confortent leurs accusations. Ce juge aussi est plein de zèle. Il décide d'inculper également Leblois de divulgation de renseignements secrets. Mais l'un des inculpés est militaire et l'autre civil. Que faire des poursuites? Le ministère public, le juge Fabre, les avocats, s'enfoncent dans le maquis du droit. On consulte, on délibère. Devait-on séparer les deux complices, les renvoyer chacun devant sa juridiction, ou devait-on les renvoyer ensemble devant le tribunal correctionnel? On s'y perdait. En attendant Picquart restait en prison.

C'est maintenant le temps des procédures. Lorsque le second procès Zola était venu devant la cour d'assises de Versailles, le 23 mai, Labori avait réussi à le faire renvoyer, en obligeant la Cour à rendre, avant tout débat sur le fond, un arrêt sur la compétence *, que l'on avait aussitôt frappé de pourvoi en cassation. Le pourvoi rejeté, Zola était à nouveau

* Zola habitait Paris, et l'article poursuivi avait été publié à Paris. Labori soutenait donc l'incompétence de la cour d'assises de Versailles.

assigné devant la cour d'assises de Versailles, pour le 18 juillet. A nouveau Labori décide de refuser le débat. Parce que l'instruction Bertulus était en cours et que l'on attendait d'elle les éléments décisifs? Parce qu'il semblait inutile, alors que la révision semblait en marche par d'autres voies, de recommencer le procès Zola? L'avant-veille du procès, l'écrivain adresse au président du Conseil une lettre véhémente, publiée par *l'Aurore* du 16 juillet.

> Vous incarniez la vertu républicaine. Vous étiez le haut symbole de l'honnêteté civique... Vous tombez dans l'Affaire. Vous voilà dépossédé de votre souveraineté morale, vous n'êtes plus qu'un homme faillible et compromis.

Cette lettre s'intègre dans une stratégie. Labori et Clemenceau ont réussi à persuader Zola de faire défaut, de quitter la France, si la cour d'assises ne l'autorisait pas à faire la preuve de ses accusations, non seulement sur les trois lignes retenues dans la plainte, mais sur tous les faits « connexes », c'est-à-dire sur l'ensemble de l'article *J'accuse*. Il n'y avait pas la moindre chance que la Cour le permît. Dès le début de l'audience, Me Labori, sans illusion, développe des conclusions sur l'étendue de la preuve. Le procureur général Bertrand a reçu des instructions énergiques : il dénonce avec flamme les manœuvres de Zola pour fuir « dans le maquis de la procédure ». Comme prévu la Cour rejette les conclusions de Labori. L'avocat forme instantanément un pourvoi en cassation, mais la Cour juge aussitôt que le pourvoi n'est pas suspensif. Alors Emile Zola quitte le banc des accusés, et lentement, traversant la foule, il s'en va, sous les huées et les cris. Les juges, le jury le regardent, effarés. Déroulède, debout dans une tribune, hurle « Hors de France! A Venise ». Les injures pleuvent sur le vieil écrivain qui s'en va, refusant la justice : « Lâche », « Traître », « Retourne chez les Juifs ». Il ne restait plus à la Cour qu'à condamner Zola et Perrenx, défaillants, au maximum de la peine – un an de prison. Pour éviter d'être arrêté, Zola partit pour l'Angleterre, à la tombée de la nuit. Le lendemain matin il n'était plus que « M. Pascal », du nom d'un personnage de ses romans, dans un petit hôtel londonien. *

Il semble que Zola ne se soit que difficilement résigné à faire défaut, à ce départ clandestin, celui d'un coupable, à l'exil. Nombreux étaient les révisionnistes, comme Reinach, qui désapprouvaient cette dérobade [9]. Fallait-il vraiment que Zola, si courageux, parût fuir? Labori et Clemenceau – qui le 20 juillet publiait dans *l'Aurore*, sous la signature de Zola, un article justifiant son départ – avaient convaincu l'écrivain que cette fuite était « une nécessité tactique dont ils prenaient la responsabilité ». Et Zola s'était résigné « parce qu'il lui semblait que là où il y avait pour lui le plus à souffrir, là était le devoir... ». Mais cette « fuite », difficile à expliquer [10], laissa amertume chez les uns, tristesse chez tous. Scheurer-Kestner était de plus en plus malade. Picquart était en prison. Zola était en exil. Le « parti de la justice » avait perdu trois de ses principaux champions [11].

Pourtant rien ne paraissait plus pouvoir arrêter l'élan des révisionnistes. Rien non plus, l'entêtement furieux de Cavaignac. Il était obsédé par l'idée fixe que des puissances occultes avaient entrepris de déshonorer, à prix d'argent, la République, dont il se figurait être le champion. Les révisionnistes incarnaient maintenant pour lui plus qu'un syndicat, un véritable complot contre la sûreté de l'Etat, « il était, assure Reinach, le portrait de son père, le général, mais une mauvaise copie sèche et brouillée » **. Obstiné, presque halluciné, emporté par une confiance presque illimitée en soi, il poursuivait, sans plus rien regarder autour, son ambition qui était, dans le moment, d'en finir, une fois pour

* En France, les gares, les ports, les frontières seront désormais surveillés, tandis que des agents seront lancés à la recherche du fugitif. Sous le nom de M. Beauchamp, Zola s'installera en juillet à Neybridge, tout près de la Tamise, à une douzaine de miles de la capitale. En août, il trouvera une maison à louer, baptisée Penn. Ses enfants le rejoindront en avril, Mme Zola en octobre. Fin août, il s'installera à Summerfield, puis définitivement au Queen's Hotel à Upper Norwood. Son exil durera onze mois.

** Joseph Reinach cite, l'appliquant à Cavaignac, le mot de Mirabeau sur Robespierre : « Il ira loin : il croit tout ce qu'il dit » [12].

toutes, avec Dreyfus et les dreyfusards. Mais Cavaignac perd toute mesure. Il forme le projet d'envoyer devant le Sénat constitué en Haute Cour les « responsables » du révisionnisme sous la prévention de complot contre la sûreté de l'Etat. Ainsi va-t-il débarrasser la France, d'un seul coup, de tous les comploteurs! Déjà Cavaignac a confié à un avocat, sans doute le bâtonnier Ployer, le soin d'étudier les moyens juridiques d'une vaste poursuite. Et le 11 août, à un dîner qui réunit les ministres chez le président du Conseil, il donne lecture d'une note exposant son système. Il s'agit de dessaisir les juridictions de droit commun de toutes les affaires en cours, et de poursuivre, devant la Haute Cour, sous des incriminations diverses, Scheurer-Kestner, Trarieux, Leblois, Picquart, Vaughan, Clemenceau, Urbain Gohier, Ranc, Victor Simond, Jaurès, Gérault-Richard, Yves Guyot, Joseph Reinach, Zola, et bien sûr Mathieu Dreyfus et Bernard Lazare. Les ministres sont stupéfaits. Cavaignac devient-il fou? Brisson – ferme pour une fois – déclare sèchement qu'il ne se prêtera jamais à un tel procès. Décontenancé, Cavaignac dissimule son mécontentement. Il n'insiste pas dans le moment. Mais il ne renonce pas à son projet.

Du moins la justice civile devait-elle apporter à Cavaignac quelques-unes des réparations qu'il attendait. Dès le 5 août, la chambre des mises en accusation de la cour d'appel de Paris, persuadée par les conclusions du procureur général, rendait un arrêt qui déclarait le juge d'instruction Bertulus incompétent pour instruire contre du Paty de Clam sur la plainte en faux et usage de faux déposée par Picquart. Du Paty, officier en activité de service, relevait de la justice militaire *.

Le 12 août, sur les réquisitions « pressantes » du procureur général, la chambre des mises en accusation infirmait l'ordonnance par laquelle le juge Bertulus avait envoyé Esterhazy et Marguerite Pays devant la cour d'assises pour faux et usage de faux.

* La Cour de cassation devait casser cet arrêt le 2 septembre, et déclarer le juge d'instruction compétent pour instruire contre du Paty. Satisfaction platonique puisque les auteurs principaux du crime, Esterhazy et Mme Pays, ne pouvaient plus, alors, être poursuivis.

Elle déclarait que l'expertise attribuant à la maîtresse d'Esterhazy l'écriture de la dépêche « Speranza » n'était pas une « charge suffisante », que « l'intention dolosive et frauduleuse » n'apparaissait pas dans la rédaction des télégrammes, que « les contradictions nettes, flagrantes, injusticiables » de Christian Esterhazy discréditaient son témoignage, que d'ailleurs ce jeune homme avait « à la dernière heure livré, trahi, et vendu » le parent dont il s'était dit l'ami dévoué. Cet arrêt, fidèle à l'attente du garde des Sceaux, n'était qu'un fougueux plaidoyer en faveur d'Esterhazy. La Cour déclarait enfin « qu'il n'y avait pas lieu de suivre contre Walsin-Esterhazy et la nommée Pays ». Ainsi le juge Bertulus était vaincu.

Esterhazy est libéré le soir même. Il va chercher son amie à la prison Saint-Lazare. Ils sont libres, tandis que Picquart reste enfermé. Ce n'est pas une mince satisfaction pour l'État-Major. Quant à Cavaignac, qui poursuit irréductiblement son dessein, il fait préparer une plainte en dénonciation calomnieuse contre Labori, Trarieux, Picquart et Christian Esterhazy. Et il peut enfin, de sa seule autorité, faire comparaître Esterhazy devant un conseil d'enquête. « Dieu merci, l'Affaire, malgré toutes les difficultés restantes, a franchi une passe bien difficile, écrit ce jour le général de Boisdeffre, toujours souffrant, à son ministre. J'espère que du Paty comprendra l'utilité de se taire, de se tenir tranquille... » [13]. De Londres, Zola écrit à Labori : « Vous ne sauriez croire l'horreur que soulèvent en moi les échos qui m'arrivent de France. Nous n'avons plus à compter sur la justice. Je n'espère plus que dans l'inconnu, l'imprévu. Il nous faut le coup de foudre tombant du ciel... » [14]. Le 13 août au soir, le coup de foudre va tomber sur l'Affaire.

IX. – JE SUIS PERDU. ILS ME LÂCHENT...

Ce soir du 13 août, comme tous les soirs, le capitaine Louis Cuignet, attaché au cabinet militaire du ministre, travaille dans son bureau du ministère. Sur l'ordre de Cavaignac, il examine l'une après l'autre, avec un soin méticuleux, toutes les pièces du dossier secret. Vers 22 heures, il tourne et retourne, à la lumière de sa lampe, la fameuse lettre de Panizzardi à Schwarzkoppen que Cavaignac a lue devant la Chambre, et qui a produit l'effet décisif car le nom de Dreyfus y figure en toutes lettres : « Je dirai que jamais j'avais eu des relations avec ce Juif ». Plaçant la lettre sous la lampe, l'observant longuement, le capitaine Cuignet découvre soudain que les quadrillés du papier sont de deux teintes différentes. L'en-tête et la signature apparaissent sur des fragments quadrillés en gris bleuté, le corps de la lettre sur des fragments quadrillés en violet pâle. Cuignet est stupéfait. Ainsi cette pièce, maintenant célèbre, cette pièce tant exploitée, tant critiquée, elle est faite des morceaux de deux lettres différentes. Elle est un faux. Et cette pièce, c'est le commandant Henry qui prétend l'avoir trouvée, en 1896, dans le cornet de Mme Bastian! Cuignet est convaincu de la culpabilité de Dreyfus. Il est aussi un ami d'Henry. Soudain le voici placé devant cette terrible évidence. La pièce principale qui accable Dreyfus est un faux. C'est Henry qui a fourni ce faux. Et ce faux, authentifié par le discours de Cavaignac, est affiché dans toute la France.

Le capitaine Cuignet dira qu'il s'est alors senti très malheureux. Il avait le cruel devoir de dénoncer le faux, et le faussaire. « Si c'était à refaire, dira-t-il, je le ferais encore, mais j'aurais souhaité n'avoir jamais été mêlé à cette horrible aventure. » Le lendemain matin, il se précipite chez le général Roget, chef de cabinet du ministre. En plein jour la différence de quadrillages n'apparaît pas. On fait la nuit dans le bureau de Roget, on

proteste, puis reconnaît avoir fourni « la carcasse » de la première lettre. Harcelé par Esterhazy, et par le président du conseil d'enquête, le témoin finit par avouer, sans avouer : « Je ne sais pas... Je n'ose confirmer le dire du commandant... je ne dis pas le contraire. » Profitant de l'avantage, Esterhazy soutient maintenant que tout lui a été commandé, qu'il n'a jamais pris une seule initiative dont l'État-Major n'eût donné l'ordre. En veut-on une preuve? Il existe une pièce de l'écriture de M. du Paty, qui est l'homme de confiance du général Gonse. Le général de Boisdeffre y est nommé. Veut-on cette pièce? Elle est entre les mains de son avocat. Effaré, le conseil d'enquête renvoie les débats.

Le 27, Esterhazy fournit au conseil la « note aux deux écritures » * qu'il a obtenue, non sans mal, de son avocat. Du Paty est bien forcé d'en endosser la paternité. « J'en ai bien d'autres, assure Esterhazy, ... en ce moment même je me retiens. » Il n'est pas loin d'avoir gagné la partie. Le conseil d'enquête conclut à la mise en réforme d'Esterhazy pour « inconduite habituelle », mais estime qu'il n'y a eu ni faute contre l'honneur, ni faute contre la discipline. Cette procédure, voulue par le ministre de la Guerre, est devenue ce qu'elle risquait d'être : un désastre pour l'État-Major. Transmettant à Cavaignac le procès-verbal et le dossier du conseil d'enquête, le général Zurlinden, gouverneur de Paris, attire l'attention du ministre sur le fait que le procès-verbal faisait état « de révélations graves sur le rôle de certains officiers de l'État-Major de l'Armée dans la première affaire Esterhazy ». « En se rapportant aux usages de l'Armée, concluait Zurlinden, il y aurait lieu d'user d'indulgence à l'égard du commandant Esterhazy. » On ne pouvait compter sur Cavaignac pour l'indulgence. Aussitôt il met Esterhazy en réforme. « Monstrueux abus de pouvoir », commentera Esterhazy, de cette Armée qui lui avait fait exécuter ses « besognes les plus confidentielles ». Cavaignac et sa bande n'étaient décidément que de « lâches et immondes canailles » [3]. L'essentiel était ailleurs. L'enquête avait révélé que

* Voir *supra* p. 286.

des officiers de l'État-Major avaient eu des comportements coupables. Il restait à Cavaignac à mettre le feu...

Le 30 août, le ministre de la Guerre se décide à interroger personnellement le colonel Henry. Le général Gonse est chargé d'amener lui-même Henry au cabinet du ministre. Le général de Boisdeffre, toujours malade, a été lui aussi convoqué d'urgence. Cavaignac, qui le reçoit avant d'interroger Henry, lui répète sous une lampe la démonstration que lui a faite Cuignet. Boisdeffre est stupéfait. Il se refuse à admettre qu'Henry soit un faussaire. N'y a-t-il pas longtemps, en vérité, qu'il est sans illusion sur la pièce que lui présente Cavaignac?

L'interrogatoire du colonel Henry commence le 30 août à 14 h 30 en présence des généraux de Boisdeffre et Gonse. Le général Roget tient la plume. Il dressera un procès-verbal extrêmement détaillé *. Le ministre va droit au but : l'examen des deux pièces au crayon bleu – la lettre de Panizzardi du 31 décembre 1896 et la pièce de comparaison de juin 1894 – a permis de constater que l'une d'elles renfermait des mots appartenant à l'autre, et réciproquement. « Devant la matérialité des faits, l'absence d'explication serait aussi grave qu'une explication insuffisante. Quand et comment avez-vous reconstitué ces pièces? » Henry commence par mentir. Mais il est incapable d'inventer une explication plausible. Cavaignac se prend à son jeu. Il va montrer à ces généraux ce qu'est un ministre qui veut la vérité. Il répète que la pièce de 1894 « contient des morceaux appartenant à celle de 1896 ». Henry tergiverse : « Comment j'explique le fait? Je ne peux pourtant pas dire que j'ai fabriqué une pièce que je n'ai pas fabriquée. » Boisdeffre et Gonse restent muets, tandis que Cavaignac presse Henry de questions, comme le chasseur force son gibier. Henry fait quelques concessions : « J'ai arrangé des phrases... Je vous jure que je n'ai rien fabriqué. » « Quels sont les mots que vous avez

* Le procès-verbal est daté du 3 septembre, ce qui a permis à certains, dont Esterhazy, d'en contester l'authenticité. Joseph Reinach estime que le document n'est pas contestable [4].

fabriqués? » « Je ne me rappelle plus. » Cavaignac cherche maintenant les complices : « Qui vous a donné l'idée de ces arrangements? » Henry répond qu'il a eu seul l'idée. Boisdeffre et Gonse se taisent toujours. Le malheureux explique : « Mes chefs étaient très inquiets... je voulais les calmer, faire naître la tranquillité dans les esprits... Je me suis dit : Ajoutons une phrase; si nous avions une preuve dans la situation où nous sommes. D'ailleurs personne n'en a rien su... J'ai agi seul dans l'intérêt de mon pays. »

Eut-il envie de parler davantage, comme l'écrira la fille de Cavaignac, utilisant les souvenirs de son père [5]? Cavaignac perçut-il un tressaillement, une hésitation aussitôt réprimée? Harassé, écœuré, le ministre commande à Henry de sortir. Puis aussitôt il le rappelle. « Maintenant Henry, je fais appel à votre honneur de soldat. Dites-moi la vérité. » Cavaignac veut des aveux complets. Il bouscule Henry de questions précipitées. Désespéré, Henry se débat de moins en moins. Il concède, en bafouillant, des morceaux de vérité. Et finalement, à la question qui résume l'accusation « Vous avez reçu en 1896 une enveloppe avec une lettre dedans, une lettre insignifiante, vous avez supprimé la lettre et vous avez fabriqué l'autre? », Henry répond « oui ». C'est fini. Henry a avoué être un faussaire. Cavaignac est victorieux. Boisdeffre et Gonse se taisent toujours.

Le ministre donne au général Roget l'ordre de conduire Henry dans une pièce voisine, et de l'y garder à vue. Le général de Boisdeffre prend une feuille de papier sur le bureau du ministre. Sans s'interrompre un instant, il rédige sa lettre de démission :

> Monsieur le Ministre,
> Je viens d'acquérir la preuve que ma confiance dans le colonel Henry, chef du service des renseignements, n'était pas justifiée. Cette confiance, qui était absolue, m'a amené à être trompé et à déclarer vraie une pièce qui ne l'était pas et à vous la présenter comme telle. Dans ces conditions, Monsieur le Ministre, j'ai l'honneur de vous demander de vouloir bien me relever de mes fonctions.

Cavaignac, surpris, tente de faire revenir Boisdeffre sur une décision précipitée : « Tout le monde peut être trompé... il vous appartient de poursuivre l'enquête, de présider à la répression des actes qui ont entraîné l'erreur que vous avez commise en toute loyauté » *. Mais Cavaignac ne connaît qu'une faible partie de la vérité. Il ne sait pas qu'en quelques minutes, dans son bureau, vient de s'écrouler le patient édifice construit par l'État-Major pendant des années. Il ne peut mesurer l'étendue du désastre. « Tout le monde peut être induit en erreur, répond Boisdeffre. Mais tout le monde n'a pas eu le malheur d'affirmer devant un jury qu'une pièce était vraie alors qu'elle était fausse... Quand on s'est trouvé dans ce cas il n'y a plus qu'à s'en aller. » Cavaignac l'avait, lui, affirmé devant tous les députés, devant le pays. Mais il n'en tirera nulle conséquence... Il rend seulement public un communiqué que l'Agence Havas diffuse le 30 août 1898...

> Aujourd'hui, dans le cabinet du ministre de la Guerre, le lieutenant-colonel Henry a été reconnu et s'est reconnu l'auteur de la lettre en date d'octobre 1896 où Dreyfus est nommé. Le ministre de la Guerre a ordonné immédiatement l'arrestation du lieutenant-colonel Henry qui a été conduit à la forteresse du Mont-Valérien.

Seul avec le colonel Henry, le général Roget tente de l'interroger. A-t-il eu des complices? Henry répète que non. Roget l'interroge sur Esterhazy. Esterhazy connaissait-il Sandherr? Henry révèle qu'il a vu, une fois, en 1895, Esterhazy qui apportait des documents pour le colonel Sandherr. Et Henry, parlant soudain du bordereau, assure à Roget que le document est venu au Service de Renseignement « par la voie ordinaire ». « Toute autre version est contraire à la vérité et matériellement impossible. » Pourquoi dans cette

* Cavaignac aurait cependant dit à un intime, le soir du 30 août : « Le général de Boisdeffre m'a donné sa démission... il m'a évité de la lui demander » [6].

circonstance cette attestation sur l'origine du bordereau *?

Cavaignac convient avec le gouverneur de Paris de faire conduire le colonel Henry au Mont-Valérien, pour qu'il y soit placé aux arrêts de forteresse. Le colonel Ferry, major de la place, vient chercher Henry vers cinq heures, pour le mener en fiacre au Mont-Valérien **. Ainsi Henry avait-il, quatre ans plus tôt, conduit Dreyfus au Cherche-Midi. Ferry conduit d'abord Henry chez lui, à son petit appartement du 13 avenue Duquesne, afin qu'il puisse réunir quelques affaires et embrasser sa femme. Henry prend un peu de linge, une trousse de toilette, rassure sa femme : « Tout cela s'arrangera. Ma conscience est tranquille. » Dans le fiacre, il a une crise de désespoir : « Ce que j'ai fait je suis prêt à le faire encore; c'était pour le bien du pays et de l'Armée. Ma pauvre femme, mon pauvre petit garçon. Tout s'écroule en une seconde. Je ne ferai pas l'ouverture de la chasse. Que va-t-on penser... » Il sanglote. Il parle des « misérables » qui sont « cause de son malheur ». On le conduit au pavillon des officiers, dans la chambre que le colonel Picquart avait occupée, l'hiver passé.

Dormit-il? Il fut debout de très bonne heure. Quand l'ordonnance qui le servait entra chez lui, il le trouva dans un état de grande prostration. Henry demanda de quoi écrire. A 11 heures, il déjeuna

* Elle apparaît suspecte – et révélatrice – à ceux qui, comme Reinach, soutiennent que le bordereau n'est pas venu par la voie ordinaire. Jusqu'au dernier moment Henry aurait ainsi voulu dissimuler sa complicité avec Esterhazy [7].

De toute manière il n'existe de cette conversation d'autre témoin que le général Roget.

** Une déclaration du général Gonse, faite le 5 septembre 1898, atteste qu'avant de partir pour le Mont-Valérien, Henry aurait, sur l'ordre du ministre, accompagné le général Gonse « par l'intérieur de l'hôtel du ministre » jusqu'à la Section de Statistique afin de lui faire la remise sommaire de son service. Le général Gonse décrit ainsi – après la disparition d'Henry – la conversation qu'auraient eue alors les deux complices : « Il parlait surtout par phrases saccadées et par monosyllabes : " Que va-t-on faire de moi? C'est affreux! On me met en prison; on va me conduire au Cherche-Midi et de là je passerai au conseil de guerre!... Je sais ce qui va m'arriver!... Cependant je n'ai pas mal agi; j'ai agi dans l'intérêt général! On me met entre les mains d'un commissaire de police et on ne me permettra pas de voir ma femme et nos enfants " » [8].

légèrement et fit mettre à la poste une lettre à l'adresse du général Gonse :

> Mon Général,
> J'ai l'honneur de vous prier de vouloir bien venir me voir ici. J'ai absolument besoin de vous parler. Veuillez agréer, je vous prie, mon Général, l'expression de mes sentiments respectueux.

Puis il écrivit à sa femme :

> Ma Berthe adorée, je vois que sauf toi tout le monde va m'abandonner, et cependant tu sais dans l'intérêt de qui j'ai agi. Ma lettre est une copie et n'a rien, absolument rien de faux. Elle ne fait que confirmer les renseignements verbaux qui m'avaient été donnés, quelques jours auparavant. Je suis absolument innocent, on le sait, et tout le monde le saura plus tard; mais, en ce moment, je ne puis parler. Prends toujours bien soin de notre petit Joseph adoré, et aime-le toujours, comme je l'aime et comme je t'aime.
> Au revoir, ma chérie; j'espère que tu pourras venir me voir bientôt. Je vous embrasse tous deux du plus profond de mon cœur.

Henry ne dit pas la vérité (« ma lettre est une copie... Elle ne fait que confirmer des renseignements verbaux »). Il semble déjà défendre sa mémoire, presque rédiger un testament. Depuis quelques heures il boit de l'alcool à grandes rasades. Il a vidé une demi-bouteille de rhum [9]. Il fait très chaud dans sa chambre, inondée de soleil. Il commence une autre lettre à sa femme :

> Ma Berthe bien-aimée, je suis comme fou, une douleur épouvantable m'étreint le cerveau, je vais me baigner dans la Seine...

Il n'alla pas plus loin. Soit à cause de la chaleur, soit pour être tout à fait libre de ses mouvements, il enleva le costume civil qu'il avait revêtu le matin. Il s'étendit sur le lit. C'est sans doute vers trois heures qu'Henry se coupa la gorge de deux coups de rasoir *. Le sang jaillit, en jet violent, inondant ses

* Charles Maurras écrit, dans *la Gazette de France* du 7 septembre 1898 : « Après une nuit et un jour de méditation dans la solitude, exalté jusqu'à la folie, le lieutenant-colonel Henry,

mains, ses bras, ses draps, le matelas, bientôt la chambre entière. La mort fut lente à venir : il fallut sans doute un quart d'heure. Un peu après 6 heures, l'ordonnance qui apportait le repas d'Henry, n'obtenant pas de réponse, avertit le lieutenant de semaine. Il fallut forcer la serrure. Le colonel Henry était étendu sur le lit, la gorge ouverte. Le sang ruisselait du cadavre et du lit. Le corps était froid et rigide. Il tenait le rasoir de la main gauche. La main était retombée sur le bord du lit et, étrangement, s'était refermée, ou fut refermée, sur lui [10]. Sur la table, à côté de la bouteille de rhum, on trouva les deux dernières lettres écrites à sa femme, l'une ouverte, l'autre cachetée. Un médecin juif, le docteur Léon Lévy, jeune interne des hôpitaux qui faisait son service au fort, ferma les yeux de l'homme qui avait tant fait pour envoyer et maintenir Dreyfus au bagne. Le lendemain, le docteur Lévy fit la toilette du mort. L'autopsie, devant l'évidence du suicide, parut superflue. Dans la salle de mess des officiers on installa une chapelle ardente. Gribelin et Lauth, les amis, les complices, veillèrent le corps en sanglotant. Puis la dépouille mortelle fut conduite à Pogny, dans la Marne, village natal d'Henry. L'évêque de Châlons interdit au curé de Pogny de célébrer un office religieux. La fanfare, les pompiers, les villageois, de nombreux officiers suivirent le cercueil, que recouvrait l'uniforme d'Henry. Un soldat portait sur un coussin ses décorations. Ni Gonse ni Boisdeffre n'étaient là. « Je suis perdu, ils me lâchent » avait confié le malheureux à sa femme au moment de partir pour le Mont-Valérien. Henry avait été leur exécutant, leur instrument. Il n'était plus qu'un agent brûlé, un agent mort.

Henry s'est suicidé. Boisdeffre a démissionné. Gonse n'a plus la moindre autorité. Du Paty a été gravement compromis par Esterhazy. Esterhazy est en réforme. Pour les conjurés c'est, en quelques jours, le temps de la débâcle.

officier de la Légion d'honneur, quatorze campagnes, deux blessures, jugea utile de se faire deux blessures nouvelles. Il y succomba sur-le-champ... Dans la vie comme dans la mort il était allé en avant. »

X. – PLUS BÊTE QUE LÂCHE, PLUS LÂCHE QUE BÊTE

« Tu n'ignores pas dans l'intérêt de qui j'ai agi. » Ces derniers mots d'Henry à sa femme n'ont pas cessé de nourrir un mystère que chacun prétend percer à sa manière. Le colonel Henry avait-il agi dans l'intérêt d'Esterhazy, son vieil ami et complice de toujours, comme le crurent Mathieu Dreyfus, Joseph Reinach, et avec eux de nombreux révisionnistes? Avait-il agi dans l'intérêt de l'État-Major, de Boisdeffre et de Gonse qui avaient inspiré, ou approuvé, ses actes criminels, puis qui l'avaient laissé tout avouer sans l'aider d'un seul mot? Cette ultime lettre, qu'Henry écrivit pour le général Gonse, était-elle adressée à l'organisateur des faux dont Henry n'avait été que le dévoué serviteur? N'avait-il agi que par zèle militaire ou policier, pour « rassurer » ses chefs inquiets, pour défendre, à sa manière, par les moyens dont il disposait, l'honneur de l'Armée, l'intérêt du pays? Ou n'avait-il jamais été que l'instrument docile d'un chef mystérieux, organisateur d'une vaste trahison, dont il aurait emporté le nom dans la mort?

Quelle mort? Plusieurs des légendes qui entourent l'Affaire prennent appui sur une hypothèse, celle de l'assassinat d'Henry. Le docteur Léon Lévy, qui avait fermé les yeux du colonel Henry, raconta, dès le lendemain, que dans l'après-midi du 31 août, à l'heure approximative de la mort d'Henry, un officier de l'État-Major était venu trouver le prisonnier. Une longue conversation aurait eu lieu entre les deux hommes. En sortant l'officier d'État-Major aurait dit à l'officier de service : « Ne dérangez pas pour l'instant le lieutenant-colonel Henry. Il doit travailler... » Mais rien n'authentifie cette visite. Plusieurs auteurs, soutenant la thèse de l'assassinat, se sont attachés à quelques détails étranges. Pourquoi Cavaignac, ayant eu la révélation du crime d'Henry, l'avait-il fait conduire au Mont-Valérien, et non à la prison du Cherche-Midi comme c'eût été son devoir *? Qu'étaient devenues les feuilles de papier de grand format que certains témoins avaient aperçues sur la table d'Henry? Comment Henry avait-il pu se tuer avec un rasoir fermé? Pourquoi l'autopsie parut-elle inutile? Tout cela, et aussi l'imagination policière, le désir enfin d'ajouter du mystère à une affaire qui n'en manque déjà pas, alimentent volontiers l'accusation d'assassinat. Encore aujourd'hui de nombreux historiens présument que le colonel Henry a été exécuté **. Exécuté par qui? Par l'État-Major, dans la crainte qu'il ne parlât davantage? Par le véritable traître, de peur qu'il ne révélât son nom?

Rien ne permet aujourd'hui d'étayer sérieusement une thèse qui ne se nourrit que de vagues indices. On ne saurait sans doute exclure qu'Henry ait été assassiné, que ce meurtre ensuite ait été déguisé en suicide. Mais ce n'est qu'une fragile hypothèse, et en l'état du dossier, la version du suicide reste la seule convaincante. La situation tragique où était Henry, son caractère à la fois fougueux et dépressif, les derniers mots écrits pour sa femme, révélant que son esprit divaguait, les circonstances de sa mort rendent vraisemblable un suicide qu'hélas la raison aussi pouvait lui commander. Henry savait d'expérience qu'un agent brûlé est un agent lâché. Le silence de Boisdeffre et de Gonse, pendant l'interrogatoire de Cavaignac, lui avait confirmé, s'il en était besoin, qu'il était désormais un homme seul, vaincu, sans espoir.

Resterait à savoir si fabriquant, dans la nuit du 2 novembre 1896, le faux auquel l'histoire a donné son nom, Henry travailla sur ordre, ou par zèle, pour rassurer ses chefs, pour leur plaire, pour combler des vœux qu'ils n'osaient pas exprimer ***.

* Ainsi avait-on fait pour le capitaine Dreyfus. Henriette Dardenne soutient au contraire que le Code de justice militaire obligeait à la procédure suivie [1].

** Ainsi Pierre Miquel écrit, dans son excellent livre *l'Affaire Dreyfus* : « Il est donc très probable qu'Henry a été exécuté " soit par le poison, soit par pression morale " » [2].

*** Léon Blum, dans ses *Souvenirs*, estime que la position de l'État-Major ne devient intelligible que « si l'on admet que le colonel Henry tint réellement dans sa main, dès le premier instant, toutes les ficelles et tous les commutateurs ». « Il fut à la fois l'inspirateur et l'animateur, l'instrument et l'agent. » Mais

Il est probable qu'Henry fut, au service de l'État-Major, un exécutant tout dévoué dont le zèle inlassable, audacieux, maladroit, fut d'abord efficace puis désastreux. Est-il au reste essentiel de décider si, dans ses activités de faussaire, Henri se soumit à des ordres ou s'il agit de lui-même? On ne doit pas oublier que le faux d'Henry, fabriqué sur ordre, ou spontanément comme il l'a dit, pour venir en aide à ses chefs, fut ensuite « authentifié », par Gonse, Henry, Lauth et Gribelin dans l'ordre hiérarchique, avec mention de leurs grades et de leurs fonctions *. Tous ils ont su que la pièce était fausse. Tous ils l'ont authentifiée. Tous ils se sont employés à éviter qu'on ne la produise. Les généraux de Boisdeffre et Gonse, au procès Esterhazy, ont engagé leur conviction et leur honneur pour garantir son authenticité, quand Pellieux y a fait maladroitement allusion. Ainsi le « faux Henry » est-il devenu leur faux à tous [4]. Ils doivent marcher la main dans la main « et aucun ne lâchera les autres parce qu'ils sont liés désormais par leur complicité. Rien n'ébranlera leur parfait concert jusqu'à la catastrophe finale... » [5]. Quand Henry confondu est contraint d'avouer, il voit, il sait qu'il est lâché par ceux qui sont non seulement ses chefs, mais aussi ses complices. Et c'est au général Gonse, qui pendant deux ans encouragea et couvrit tous ses crimes, qu'il écrit de sa prison : « J'ai absolument besoin de vous parler. » La mort dispensa Henry de parler ou de se taire.

Quand furent connues toutes les nouvelles de cette journée, les aveux du colonel Henry dans le bureau du ministre, sa mort au Mont-Valérien, la démission du général de Boisdeffre, il put sembler, quelques heures, que la révision était faite. Tous les journaux qui se tenaient à l'écart du combat pour la révision se déclarèrent en faveur de celle-ci. La plupart des journaux catholiques et nationalistes parurent un moment l'admettre, comme si elle était inévitable : « Le procès de Dreyfus est à recommen-

cette thèse, qui donne à Henry le premier rôle, ne trouve appui ni dans les faits, ni dans sa personnalité [3].

* Marcel Thomas fait de cette caution collective offerte au général Billot l'acte qui scella la conjuration.

cer, écrit Cassagnac, et ce procès ne peut plus avoir lieu dans une cave... Si Dreyfus est coupable, on le renverra là-bas, c'est tout ce qu'on risque en somme. Sans la révision, l'Affaire est sans issue, c'est l'enlisement dans la boue. » « Tout est changé, affirme *l'Écho de Paris*, la révision s'impose. Elle est désirée par un grand nombre d'officiers... » « Mieux vaut, écrit *la Presse*, une révision provoquée par le gouvernement, acceptée par lui, que la révision arrachée tardivement au scrupule des juristes... » [6]. Rochefort déclare le crime d'Henry « à la fois odieux et stupide » et Drumont concède dans *la Libre Parole* « qu'ils révisent ou ne révisent pas, la chose, au point où nous en sommes, n'est pas faite pour nous émouvoir ». Du côté des dreyfusards, la conviction est que la révision est désormais irrésistible : « La vérité avait triomphé, écrit Blum, le système de Cavaignac s'était effondré d'un seul coup... Nulle force au monde ne pouvait plus désormais faire obstacle à la révision... l'affaire était terminée... » [7].

Mais il eût fallu faire vite, très vite, profiter de l'accablement où la révélation du faux et la mort d'Henry avaient plongé les antidreyfusards. Or le président du Conseil, selon son habitude, tergiverse. Il dira avoir été « bouleversé » par la découverte du faux, par le « repentir d'avoir fait afficher un faux sur tous les murs de France ». « J'avais des rêves, écrira-t-il, où j'arrachais ces malheureuses affiches avec mes ongles » [8]. Il est désormais convaincu que l'œuvre de réparation doit être accomplie. Il se jure de poursuivre la révision. Mais la prudence, l'hésitation sont de la nature de Brisson. Et il lui faut compter avec Cavaignac. Celui-ci a vite repris son souffle. Quand, à un dîner chez Delcassé, les ministres apprennent de la bouche de Cavaignac comment, interrogeant Henry, il avait arraché l'aveu du faussaire, l'un des ministres s'écrie : « Allons, c'est la révision. » « Moins que jamais, monsieur », riposte Cavaignac. Et fièrement il repart à l'assaut.

Dans la journée du 31 août, les ministres tiennent quatre conseils. Tout leur débat porte sur les événements de l'Affaire, et surtout sur la démission du général de Boisdeffre. Ce même jour, le général de

Pellieux offre, lui aussi, sa démission à son ministre.

> Monsieur le Ministre,
> Dupe de gens sans honneur, ne pouvant espérer conserver la confiance de mes subordonnés sans laquelle il n'y a pas de commandement possible, ayant perdu de mon côté la confiance en ceux de mes chefs qui m'ont fait travailler sur des faux, j'ai l'honneur de vous prier de vouloir bien liquider ma retraite pour ancienneté de services.

Mais le gouverneur de Paris garda quelques jours cette démission, pour donner à Pellieux « le temps de réfléchir ». Et Pellieux finit par la reprendre *. Que devait faire le président du Conseil? Faire arrêter Esterhazy? Ouvrir à Picquart les portes de sa prison? Engager la procédure de révision? Modifier immédiatement le régime pénitentiaire de Dreyfus? Coincé entre sa conscience, la peur de Cavaignac, le souci de l'opinion publique, Brisson hésita, et ne sachant que faire, durant trois jours il ne fit rien. Il laissa l'État-Major reprendre courage, la presse antidreyfusarde se ressaisir, Cavaignac répandre partout sa conviction. Il perdit des heures précieuses.

Ce n'est que le 3 septembre que Brisson fit donner, par un ami commun, Léon Bollack, conseil à Mathieu Dreyfus de déposer une requête en révision. Le gouvernement pouvait saisir spontanément la commission de Révision, mais il estimait plus prudent d'agir... sur requête de Lucie Dreyfus **. La lettre fut aussitôt rédigée, chez Joseph Reinach, au cours d'une réunion qui regroupa Demange, Trarieux, Labori, Mornard, Ranc et Mathieu Dreyfus [9]. Signée par Lucie, la requête fut portée le soir même au ministre de la Justice. Léon Bourgeois, rentré de Suisse dans la matinée, se précipite chez Cavaignac, qui fut son camarade de lycée, et est resté son ami. Il le supplie d'accepter la procédure de révision que les circonstances rendent nécessaire. Cavaignac est

* La démission de Pellieux fut, semble-t-il, cachée par Cavaignac au président du Conseil.

** Jaurès protesta dans *la Petite République* du 8 septembre 1898 : « Pourquoi laisser à Mme Dreyfus l'initiative de la procédure de révision, au lieu de l'ouvrir soi-même au nom de la France ? »

inflexible. « Mon crédit n'a pas été diminué par la découverte du " faux Henry. " Au contraire. Moi seul j'étais capable de prouver que la pièce était fausse. » Mais il reste toutes les autres preuves... Que faut-il faire? Aujourd'hui comme hier, assure Cavaignac, il faut poursuivre le syndicat, engager un grand procès de haute trahison contre tous ceux qui ont pris en main la cause de Dreyfus. Bourgeois est consterné. Son ami serait-il fou? Brisson et Cavaignac se voient le soir. Le président du Conseil maintient sa position. La procédure de révision est inéluctable. Le ministre de la Guerre maintient la sienne, et prévient qu'il démissionnera si le gouvernement ne le suit pas. Cavaignac entend maintenant sonner le ralliement des antidreyfusards, abattus depuis le drame du Mont-Valérien. Il sera leur chef, et leur drapeau. Deux heures après leur entretien, vers 21 heures, alors que Brisson réfléchissait encore, Cavaignac adresse au président du Conseil et rend publique sa lettre de démission, affirmant fièrement : « Je demeure convaincu de la culpabilité de Dreyfus. »

L'Affaire Dreyfus ouvrait ainsi une crise politique.. Prudemment Esterhazy, profitant du répit, avait, dès le 1er septembre, pris le train pour Maubeuge. Après s'être coupé les moustaches, il avait franchi, à pied, la frontière belge. Puis il s'était rendu à Bruxelles, enfin à Londres. Il s'y était installé sous le nom de « M. de Becourt ».

Maintenant Brisson navigue, comme il peut, pour aller à la révision sans que se décompose son gouvernement. Tandis que le président de la République rentre précipitamment du Havre où il était en séjour, on cherche un nouveau ministre de la Guerre, qui aide à l'apaisement. Félix Faure conseille le général Zurlinden, de famille alsacienne, bel homme jouissant d'une réputation parfaite, admirable cavalier, qui accepte avec empressement, déclarant « quitter avec regret le gouvernement militaire de Paris » *. Le général Zurlinden semble prêt à subir la révision. Nommé ministre le 5 septembre, il demande à son nouveau collègue le

* Il avait déjà été ministre de la guerre après le général Mercier.

ministre de la Marine de prévoir, d'ores et déjà, l'envoi d'un navire aux îles du Salut et de se préoccuper d'un lieu de débarquement pour Dreyfus. Simplement il souhaite étudier lui-même le dossier Dreyfus. Dans les jours qui suivent il voit le général Roget, puis le capitaine Cuignet. L'un et l'autre accusent du Paty, qu'ils ne supportent pas, mais ils minimisent le rôle d'Henry *. Henry a fait un faux, sans doute, par zèle grossier. Mais ce faux n'a été imaginé que pour répondre au faux de Picquart. Picquart n'avait-il pas gratté l'adresse, sur le petit bleu, pour substituer au véritable destinataire le nom et l'adresse de l'officier que le syndicat avait choisi pour remplacer Dreyfus ** ? Oui, le faux d'Henry n'avait été que la riposte maladroite d'un bon et brave soldat pour confondre Picquart et sauver Esterhazy qu'il savait innocent. Voulait-on connaître la vraie nature de ce Picquart? Cuignet découvre un officier, le capitaine Tassin, qui atteste, le 6 septembre 1898, avoir parlé à Picquart, au lendemain de la dégradation de Dreyfus, s'être étonné devant lui du cynisme révoltant de Dreyfus observant « avec intérêt » l'arrachage de ses galons. « Parbleu, avait répondu Picquart à Tassin, il pensait à leur poids, tant de grammes à tant, ça fait tant... » Et Picquart, précise ce singulier témoin, avait même ajouté ces mots : « Il n'y a pas un Juif qui n'ait des forçats dans sa famille. » Comment Picquart, cet antisémite fanatique, était-il donc devenu le meilleur soutien de Dreyfus? Parce qu'il s'était vendu au syndicat. Le général Zurlinden est vite persuadé. Sans doute ne demandait-il qu'à l'être. Le 10 septembre il transmet au garde des Sceaux Sarrien son « avis négatif » sur la révision. Cet avis rend courage aux partisans de Cavaignac. De Londres, Esterhazy repart à l'assaut, annonçant de

* Du Paty devient un coupable commode. Le général Zurlinden charge aussitôt le général Renouard, nouveau chef d'État-Major, de procéder à une enquête contre le colonel du Paty « à raison de ses relations avec Esterhazy ». Dès le 11 septembre le général Renouard adressait au ministre un rapport proposant pour « fautes graves dans le service » la mise en non-activité de du Paty.

** On se souvient qu'Henry avait légèrement gratté le petit bleu pour rendre plausible la thèse maintenant reprise par Roget et Cuignet.

fantastiques révélations. Oui, le colonel Henry n'avait eu qu'une défaillance. Cela ne changeait rien au fond de l'Affaire, à la culpabilité de Dreyfus.

Dans les jours suivants, on fait du colonel Henry un héros. Dès le 3 septembre, les Assomptionnistes racontent, dans plusieurs *Croix* de province, qu'Henry avait été assassiné, dans sa prison, par les Juifs qui voulaient empêcher qu'il parlât. Mais c'est Charles Maurras qui imagine, dans le journal royaliste *la Gazette de France*, la thèse du « faux patriotique ». Maurras proclame la haute vertu d'Henry et le transfigure en un martyr de la juste cause. Il développe sa thèse, dans deux articles parus les 5 et 6 septembre. « L'énergique plébéien » avait fabriqué son faux « pour le bien public, ne s'en ouvrant à personne, pas même aux chefs qu'il aimait, consentant à se risquer, mais seul ». « Notre mauvaise éducation demi-protestante est incapable d'apprécier tant de noblesse intellectuelle et morale ». Le criminel c'est Cavaignac, « le spéculateur en vertu » qui avait contraint Henry à la mort. Et Maurras conclut son hommage au serviteur héroïque des grands intérêts de l'État :

> Colonel, il n'est pas une goutte de votre sang précieux qui ne fume encore partout où palpite le cœur de la Nation... Nous n'avons pu vous faire les grandes funérailles dues à votre martyre. Il fallait secouer sur les boulevards la tunique sanglante et les lames souillées; promener le cercueil, arborer le drap mortuaire en manière de drapeau noir. Ce sera notre honte que de ne pas l'avoir essayé... Mais le sentiment national se réveillera, il vaincra et vous vengera. Avant peu de temps sortiront du sol de la patrie, dans Paris, dans votre village, les monuments expiatoires de notre lâcheté... Dans la vie comme dans la mort vous êtes allé en avant. Votre faux malheureux sera compté entre vos meilleurs faits de guerre.

Les jours suivants, *la Libre Parole, la Croix, le Petit Journal, l'Éclair* reprennent les thèmes de Maurras. Ils y ajoutent l'appel à la peur. « La révision, c'est la guerre, affirme *la Libre Parole* des 4 et 8 septembre.

Pour cette guerre nous ne sommes pas prêts. Oui, ce sera la guerre, et la débâcle. Et tel est bien le plan, l'espérance des Juifs. »

Jour après jour, les antidreyfusards retrouvent l'espoir. Quand Labori demande, le 8 septembre, la mise en liberté provisoire de Picquart, le vent a déjà tourné. Sa demande est rejetée le 12, par le tribunal correctionnel. Au Conseil des ministres du même jour, le gouvernement est manifestement partagé. Zurlinden plaide avec passion contre la révision. Et il présente au Conseil quelques pièces « secrètes » qui l'ont aidé à faire sa conviction [10]. Bourgeois plaide en sens contraire. Il décrit la situation nouvelle. Henry est convaincu de faux, du Paty en réforme. Esterhazy en fuite, Boisdeffre démissionnaire : comment pourrait-on ne pas saisir la Cour de cassation? Tour à tour Brisson et Zurlinden menacent de démissionner. Félix Faure, qui sent la majorité plutôt favorable à Brisson, qui surtout est pressé d'aller présider les grandes manœuvres, et de retourner à ses chasses, fait renvoyer la décision au... 17 septembre. On se sépare dans une atmosphère de crise [11].

Le gouvernement est maintenant dispersé. Chacun agit à sa guise. Sur les conseils « secrets » de Delcassé, ministre des Affaires étrangères, le colonel Picquart adresse au garde des Sceaux, les 14 et 15 septembre, deux lettres destinées à servir la révision, l'une sur les prétendues charges retenues contre Dreyfus, l'autre sur « l'impression » que le dossier secret avait pu faire auprès des juges de Dreyfus. Furieux, Zurlinden réplique en rédigeant le 14 une note vengeresse sur les « manœuvres employées par M. Picquart alors qu'il était chef du Service de Renseignement à l'effet de substituer à Dreyfus un autre coupable », et le 16 septembre il annonce qu'il donne au gouverneur de Paris ordre de faire ouvrir une enquête à l'effet de traduire Picquart en Conseil de guerre pour « faux et usage de faux ». Cette fois, c'en est trop. Le président du Conseil cherche, en cachette, un nouveau ministre de la Guerre pour remplacer Zurlinden chaque jour plus excité. Un ami personnel de Brisson, M. Gachet, voit Joseph Reinach, et rend visite à Mathieu Dreyfus. On leur demande s'ils connaîtraient par hasard un général, favorable à la révision, qui pourrait devenir ministre de la Guerre [12]! Ainsi le gouvernement en est-il réduit à prendre le conseil des proches de Dreyfus pour découvrir un ministre qui veuille aider à la révision. Mathieu Dreyfus et Joseph Reinach conseillent le général Darras. Celui-ci avait présidé à la dégradation de Dreyfus, et il en était resté, disait-on, très bouleversé, prêt à réparer. On prie Reinach et Mathieu Dreyfus de « sonder » le général Darras, ce qu'ils font par plusieurs émissaires [13]. Entre-temps Bourgeois a pensé au général Chanoine, brave soldat, esprit fin et cultivé, qu'avait apprécié Gambetta, et qui, élu au conseil général de la Marne, avait parfois voté à gauche. Son ministre en poche, le président du Conseil peut affronter Zurlinden au Conseil des ministres du 17 septembre. Zurlinden exhibe le petit bleu qu'il appelle « le faux Picquart », et demande au gouvernement l'autorisation de faire informer contre Picquart. Mais cette fois Brisson paraît décidé. Il oppose que la question n'est pas à l'ordre du jour. Et à sa demande le gouvernement décide que le garde des Sceaux transmettra à la commission de révision la requête de Lucie Dreyfus. Zurlinden part, claquant la porte, suivi du ministre des Travaux publics qui démissionne avec lui. La lettre de démission de Zurlinden, comme celle de son prédécesseur Cavaignac, affirme péremptoirement la culpabilité de Dreyfus. « L'étude approfondie du dossier judiciaire de Dreyfus m'a trop convaincu de sa culpabilité pour que je puisse accepter comme chef de l'Armée toute autre solution que celle du maintien intégral du jugement. » Vient le général Chanoine, nouveau ministre qui a promis d'aider à la révision.

Or la première décision du nouveau ministre de la Guerre, prise le 20 septembre, est de réintégrer Zurlinden, qui n'avait pas, faute de temps, été remplacé dans ses fonctions de gouverneur militaire de Paris. A peine revenu dans son bureau des Invalides, Zurlinden, après avoir consulté Chanoine, signe mandat d'informer contre Picquart, sous l'inculpation de faux. C'est qu'en effet Picquart doit, le lendemain 21 septembre, comparaître devant le tribunal correctionnel. Leblois et lui ont été renvoyés devant cette juridiction pour divulgation de documents. Or il y a de sérieuses chances que Picquart soit acquitté, en tout cas libéré *. Le dessein de Zurlinden, réclamant Picquart pour la justice militaire, est d'obliger le tribunal correctionnel à renvoyer l'affaire, mais à maintenir Picquart en prison. Apprenant la manœuvre, Brisson est aussi atterré qu'impuissant. Il découvre trop tard qu'il a été joué par Chanoine et Zurlinden. A l'audience de la 8e chambre du tribunal correctionnel, le procureur de la République demande le renvoi de l'affaire, au motif essentiel que la justice militaire poursuit Picquart sous l'inculpation de faux. Labori, devenu le fougueux avocat de Picquart, s'oppose au renvoi. Picquart prend la parole. Regardant en face Gonse et Pellieux – témoins cités – qui baissent la tête, il dit seulement, la voix à peine altérée par l'émotion :

> J'irai peut-être ce soir au Cherche-Midi. C'est probablement la dernière fois, avant cette instruction secrète, que je puis dire un mot en public. Je veux que l'on sache, si l'on trouve dans ma cellule le lacet de Lemercier-Picquart ou le rasoir d'Henry, que ce sera un assassinat, car jamais un homme comme moi ne pourra avoir un instant l'idée du suicide. J'irai le front haut devant cette accusation et avec la même sérénité que j'ai apportée devant mes accusateurs. Voilà ce que j'avais à dire.

Après un quart d'heure de délibération, le tribunal correctionnel renvoie l'affaire. Et Picquart est reconduit à la prison de la Santé. Il y passe sa soixante-douzième nuit. Le lendemain, sur les réquisitions du procureur général, il est emmené à la prison du Cherche-Midi, mis au secret sur l'ordre du général Zurlinden. Cette fois-ci la justice militaire le tient. Les grandes manœuvres de Zurlinden et de Chanoine ont été un succès. Quant au président du Conseil, il avait démontré qu'il était incapable d'imposer ni même d'avoir une volonté.

* Il semble que Labori ait, dans les jours précédents, négocié avec le président du tribunal un renvoi de l'affaire *sine die*, avec mise en liberté provisoire de Picquart. Projet que firent échouer Chanoine et Zurlinden [14].

Les jours suivants, Georges Clemenceau, dans *l'Aurore*, insulte Brisson :

> Que dire de Brisson qui nous mène, en se lamentant sur sa destinée, aux catastrophes dernières? Plus bête que lâche, ou plus lâche que bête? Les deux. Brisson, Sarrien, Bourgeois, toute la bande de la radicaille, plus jésuites que toute la jésuiterie... Jamais on ne vit tel déchet d'humanité lamentable *.

Louvoyant, ménageant, supportant, amortissant tout, Brisson vivait des heures anxieuses et douloureuses. Il voulait la révision mais il n'en trouvait pas le chemin.

La commission de révision se réunit au ministère de la Justice deux jours entiers, à partir du 21 septembre. Composée de trois conseillers à la Cour de cassation, et de trois directeurs du ministère de la Justice **, elle était manifestement partagée, comme le gouvernement lui-même. Divisée par moitié, elle ne put émettre d'avis ni négatif ni positif ***. Le garde des Sceaux Sarrien prétendit que ce partage était l'équivalent d'un avis négatif, et qu'il y avait lieu de s'incliner. Mais au conseil de cabinet du 24 septembre, Brisson, soutenu par Delcassé et Bourgeois, se montre enfin déterminé. Il rappelle que l'avis de la commission n'est que consultatif, et que l'initiative appartient au gouvernement tout entier. Au surplus il ne s'agit pas de proclamer l'innocence de Dreyfus. Il s'agit seulement de transmettre la requête de Lucie Dreyfus à la Cour de cassation. Nul autre moyen d'arracher l'Affaire à la politique, d'en finir avec l'agitation. Il y va de l'intérêt de la République. Il y va de son honneur. Brisson a des sanglots dans la voix. Mais il ne peut imposer sa volonté. On décide d'attendre le Conseil des ministres qui se tiendra le 26 septembre

* *L'Aurore* des 22, 23, 24 septembre 1898.

** La commission de révision ne devait donner qu'un « avis » au garde des Sceaux qui restait libre de saisir ou de ne pas saisir la Cour de cassation de la demande de révision.

*** Il semble que le partage ait opposé les magistrats, hostiles à la révision, et les fonctionnaires du ministère de la Justice, favorables à la révision.

sous la présidence de Félix Faure. Dans Paris l'agitation va croissant. Les révisionnistes organisent de grandes réunions. De l'autre côté, Guérin, Déroulède mobilisent leur troupe. « Si Dreyfus rentre en France, prévient Déroulède, il sera écharpé. » Le 26 septembre le Conseil des ministres délibère durant quatre heures. Sarrien, épouvanté à l'idée de transmettre la requête de Lucie Dreyfus à la Cour de cassation, offre sa démission, prend la porte, puis revient. Finalement on décide de voter. Brisson l'emporte par six voix contre quatre – dont celle du garde des Sceaux. Le ministre de la Guerre, qui n'en pense pas moins, juge prudent de s'abstenir. Le jour même, le garde des Sceaux, contraint par le gouvernement, saisit la Cour de cassation. Il avait fallu près d'un mois, depuis les aveux d'Henry, pour que la procédure de révision fût mise en marche. C'était quand même un grand pas franchi sur le chemin de la vérité. Et un bouleversement des forces en présence. Le pouvoir exécutif, le pouvoir militaire ne maîtrisaient plus seuls l'Affaire. Il leur fallait maintenant compter avec le pouvoir judiciaire.

Mais le gouvernement Brisson avait fait la preuve de son impuissance. Les nationalistes y trouvent encouragement. Déroulède, excellent conducteur d'hommes, rassemble, dans la Ligue des patriotes *, toute une clientèle d'officiers, de commerçants, de petits-bourgeois et de catholiques, quoiqu'il affecte de n'être pas clérical. Il est de plus en plus remuant, et s'il se dit républicain, il proclame lucidement que « l'avenir est au premier républicain résolu qui mettra sa main dans la main du premier général patriote » [16]. Jules Guérin, qui « met en action l'idée antisémitique comme Déroulède l'idée patriotique », se met au service du duc d'Orléans **. On voit Guérin, dans les rues de Paris, entouré d'hommes forts, armés de gourdins et de barres de fer, qui se

* Fondée en mai 1882. Les objectifs initiaux étaient purement patriotiques : entretenir le souvenir de l'Alsace-Lorraine, et le culte des vertus nationales. C'est peu à peu que la Ligue est devenue nationaliste, et antiparlementaire [15].

** Dès juillet 1898 le représentant du duc à Paris, André Buffet, s'est abouché avec Guérin qui rendit visite au prince, en Bohême, à Marienbad [17].

feraient tuer pour lui. Le duc promet, vers août 1898, des subsides mensuels d'environ vingt-cinq mille francs par mois, tandis que Guérin offre l'appui des quatre ou cinq mille personnes qu'est censée regrouper la Ligue antisémitique. Le duc d'Orléans ne songe, bien sûr, qu'à défendre l'Armée et la France contre les Juifs, contre les étrangers. « C'est l'Armée qu'on veut détruire et la France qu'on veut perdre. Nous ne le permettrons pas », proclame-t-il le 21 septembre. Mais Déroulède et Guérin savent bien qu'ils ne peuvent rien pour secouer la République sans l'appui de l'Armée.

Le malheureux Brisson a tous les soucis. En septembre, plusieurs centaines de terrassiers parisiens, occupés aux travaux de l'Exposition universelle, se mettent en grève : ils réclament dix centimes d'augmentation du salaire horaire! La plupart des corporations du bâtiment sont bientôt solidaires. Il y a vingt mille grévistes au début d'octobre. Bientôt c'est le syndicat des employés du chemin de fer qui annonce une grève générale. Brisson ordonne des perquisitions, fait occuper les gares par l'Armée, place des cordons le long des voies. L'Armée exécute, sans broncher, les tâches de maintien de l'ordre qui ne feront peu à peu que se multiplier. Il reste que le bruit court, en octobre, d'un complot contre la République. On raconte que le général de Pellieux aurait servi d'intermédiaire entre un groupe de généraux et le prétendant bonapartiste. Pellieux doit démentir un voyage à Bruxelles. Zurlinden serait du complot. Le coup d'État est paraît-il fixé... au 16 octobre. Une grande agitation règne chez les révisionnistes. Plusieurs jugent prudent de découcher. Dans une atmosphère de « peur civique », on se réunit – notamment à *l'Aurore* –, on se concerte. Clemenceau, Labori, Ranc, Jaurès, Bernard Lazare, Mathieu Dreyfus, Millerand dînent ensemble. Ils décident de faire porter à Brisson les nouvelles alarmantes qu'ils ont reçues. Brisson déjà prévenu fait promettre qu'il sera vigilant [18]. Le jour fatidique, il ne se passe rien... mais pendant huit jours, il n'a été question que d'un complot militaire.

A tant de causes d'agitation s'ajoute la crainte d'une guerre avec l'Angleterre [19]. Hanotaux et Delcassé ont conçu le dessein de couper à l'Angleterre la route du Caire au Cap. Ce pourquoi ils ont envoyé, à travers l'Afrique, une « mission d'étude ». Le capitaine Marchand, parti du Congo avec une dizaine de Blancs, quelques centaines de Noirs, a occupé, en juillet, le village de Fachoda sur le Nil. Quand, en septembre, arrivent les Anglais avec ordre d'occuper la place, Marchand refuse de déloger. Kitchener plante le drapeau anglais à côté du drapeau français. Deux droits de conquête, deux usurpations se trouvaient confrontés. Il eût suffi que Kitchener fît un pas pour jeter Marchand dans le Nil. En septembre et en octobre, les négociations se déroulent, dans une atmosphère de drame, entre la France et l'Angleterre. La Russie se déclare prête à mobiliser, mais conseille à la France de céder. L'opinion anglaise se déchaîne contre la France, tandis que le capitaine Marchand, inconnu la veille, est devenu un héros national. Félix Faure et Brisson, qui n'ont d'autre choix si ce n'est la guerre, s'essoufflent à négocier pour trouver les modalités d'une humiliation qui n'en soit pas une. L'Europe regarde, « hostile, railleuse », tandis qu'en France Fachoda devient un nouveau Strasbourg [20].

Les Chambres ont été convoquées pour le 25 octobre. Le 22 octobre Déroulède convie les Parisiens à protester devant le Palais-Bourbon de leur confiance dans l'Armée, et de leur aversion pour les traîtres. Il prévient « qu'aucun outrage à la France ne sera supporté » *, tandis que la Ligue antisémitique appelle, sous la signature de Drumont et de Guérin, les patriotes à crier « à bas les Juifs, vive l'Armée, à bas les traîtres ». Le 24 octobre, le comité de la Ligue des droits de l'homme ** demande aux républicains « d'opposer le dédain aux rendez-vous fanfarons et perfides d'une association de malfaiteurs » [21]. Les socialistes constituent un « comité de vigilance », regroupant toutes les tendances, avec Guesde, Jaurès, Briand, Millerand, Viviani, Alle-

* Réunion de la Ligue des patriotes, fixée au mardi 25 octobre à 13 heures, place de la Madeleine.

** On trouve comme signataires Trarieux, Ranc, Isaac, Delpech, Duclaux, Giry, Grimaux, Havet, Paul Mayer, Yves Guyot, Joseph Reinach, Pressensé, Lucien Herr, Reclin, Seailles, Seignobos, etc.

mane. Le 25, une foule bruyante a envahi les abords du Palais-Bourbon. Des régiments de cavalerie barrent les rues voisines, et occupent le jardin des Tuileries. Dès le début de la séance, les nationalistes, Déroulède en tête, exigent la démission de Brisson. « Allez-vous-en. Vive l'Armée! » Et voici que Déroulède prononce, comme par hasard, le nom du général Chanoine. Avaient-ils concerté leurs interventions? Chanoine demande à l'interrompre, se précipite à la tribune, et en quelques phrases cinglantes, donne sa démission.

> Mes camarades, les chefs de l'Armée m'ont approuvé quand j'ai accepté le portefeuille de la Guerre; je me suis exposé alors, et je le savais, à des soupçons et à une impopularité imméritées; je m'y suis résigné par devoir et par dévouement à l'Armée, à mon pays, à la République...On parlait tout à l'heure de cette affaire néfaste devant laquelle mes prédécesseurs se sont retirés; j'ai le droit d'avoir une opinion : elle est la même que la leur. Aujourd'hui que le Parlement est réuni, je puis m'adresser à vous, représentants de la Nation, et vous dire : « Je remets entre vos mains le dépôt qui m'était confié des intérêts et de l'honneur de l'Armée. » Je donne ici, à cette tribune, ma démission de ministre de la Guerre.

Ainsi n'y avait-il plus de ministre de la Guerre. Et Chanoine, avant de disparaître, avait, comme ses deux prédécesseurs, proclamé la culpabilité de Dreyfus. Frappé dans le dos, le président du Conseil proteste : « La Chambre me soutiendra dans ma volonté de faire prévaloir la suprématie du pouvoir civil. » Il demande l'ajournement du débat. La gauche applaudit. On suspend la séance, tandis que Brisson se rend avec Sarrien chez le président de la République. Durant cet entracte, les bureaux des groupes républicains, des socialistes aux modérés, rédigent une motion « affirmant la suprématie du pouvoir civil » et la confiance de la Chambre dans « l'Armée fidèle observatrice des lois de la République ». Quand le débat reprend, on entend Albert de Mun et Cavaignac, toujours aussi sûr de lui. « Je n'ai pas besoin d'affirmer ici la suprématie du pouvoir civil; je l'ai affirmée comme ministre de la Guerre. »

La Chambre unanime n'en vote pas moins l'adoption de l'ordre du jour républicain affirmant la suprématie du pouvoir civil. C'est fini? Pas encore. Barthou – député du centre – demande la parole. Ni lui ni ses amis, proclame-t-il, n'accorderont plus confiance à ce gouvernement. C'est la mise à mort. Le président du Conseil a compris. Il est las. Il ne répond que par quelques mots vagues. Il sait que si le centre l'abandonne, il est battu. Il l'est effectivement et la confiance lui est refusée par 286 voix contre 254. Les anciens présidents du Conseil, Méline, Ribot, Charles Dupuy, presque tous les anciens ministres, dont Cavaignac, Barthou, Poincaré, ont voté contre lui. Spontanée ou organisée, l'opération du général Chanoine a produit son effet. Le gouvernement de la gauche est à terre. *La Libre Parole* adresse au général démissionnaire un « merci patriotique ». L'État-Major paraît vainqueur. C'est, écrit Clemenceau dans *l'Aurore* du 27 octobre, le « retour des cendres » d'Esterhazy.

Cependant ce ne fut qu'une courte victoire, que les nationalistes, comme étonnés de leur facile succès, n'osèrent, ou ne purent exploiter dans la rue *. Le surlendemain 27 septembre, la Chambre criminelle de la Cour de cassation se réunit pour décider si la requête de Lucie Dreyfus était, ou non, recevable. Sous les lambris dorés de la Cour de cassation, dans la solennité des robes et des hermines, il semble que l'Affaire Dreyfus soit un autre débat. Nulle passion apparente, si ce n'est le respect du droit. Drumont et une centaine d'amis ont voulu venir à l'audience. La police les tient à lointaine distance. C'est le conseiller Bard qui a été chargé du rapport par le président de la Chambre criminelle, le président Loew, magistrat d'origine alsacienne, aussi rigoureux que courageux **. Reinach décrit ainsi le conseiller Bard [22] : « jeune encore, juriste vigoureux, homme de logique et d'ardeur, républicain éprouvé, célibataire, dès lors moins accessible

* Pour avoir frappé un commissaire de police, place de la Concorde, Jules Guérin est arrêté. Les manifestations antisémites se poursuivent tout le soir dans Paris.

** Le président Loew avait été l'ami de Sandherr, et aussi du docteur Gibert.

aux invectives et aux menaces de mort... » *. Le conseiller Bard lit, d'une voix monocorde, son rapport qui démontre que l'Affaire est fort loin d'être en état, qu'une enquête est nécessaire.

> Mettre la vérité en évidence, c'est la mission que vous impose la loi; vous l'accomplirez. Combien l'œuvre sera délicate, il est superflu de le dire. Mais que ce puisse être un motif à vous dérober, personne ne l'admettra et vous l'admettrez moins que personne. Il y a eu assez de défaillances. Dégagés de toute autre considération que celle de la justice, inaccessibles à toute suggestion, insensibles aux menaces comme aux outrages, vous êtes en présence d'un grand devoir. Vous appréciez ce qu'il exige et vous ferez ce que votre conscience vous dictera.

A l'audience du lendemain, le vieux procureur général Manau prend ses réquisitions. Il refoule les sanglots qui lui montent à la gorge. Il parle vivement, avec une éloquence pathétique déjà démodée. Ce grand vieillard est d'une certaine manière l'illustration de son discours : « O! saintes lois protectrices des accusés, et même des condamnés, qu'a-t-on fait de vous... laissez donc passer la justice de la République : qu'elle traverse les mers! » Lui aussi conclut à la recevabilité de la requête en révision. Plaidant ensuite pour Lucie Dreyfus, Me Mornard démontre **, avec une implacable précision, une clarté élégante et limpide qui se passait de tout effet, la nécessité d'une enquête. Après un très long délibéré, la Chambre criminelle rendait, le 29 octobre [24], l'arrêt qui mettait en marche la procédure de révision.

> La Cour déclare la demande recevable en la forme; dit qu'il sera procédé par elle à une instruction

* Le conseiller Bard était né à Paris en 1850. Il avait été procureur général à Marseille en 1884, directeur des Affaires criminelles en 1888. Il était conseiller depuis 1892.

** Mornard « avait accepté d'entrer dans l'Affaire au moment le plus critique où tout paraissait désespéré, après la condamnation de Zola. Et il continua à s'acquitter de son devoir, simplement, sans chercher à se pousser, sans grands gestes ni grandes phrases, modeste en raison de sa valeur ». Cet éloge justifié de Joseph Reinach [23] est aussi, à mots voilés, un réquisitoire contre Labori.

supplémentaire; dit n'y avoir lieu de statuer quant à présent sur la demande du procureur général tendant à la suspension de la peine.

Du fond de son lit, le vieux Scheurer-Kestner, aussitôt prévenu par Reinach, laissait éclater sa joie : « Votre dépêche m'a tellement ému que j'en ai eu des suffocations de bonheur. Je n'en suis pas mort. C'est qu'on ne meurt pas de joie. Nous sommes toujours la France. » Et Zola écrit, de Londres : « Ce supplément d'enquête, c'est pour moi l'acquittement certain de l'innocent » [25]. Telle était devenue la complication de l'Affaire. En moins de deux jours, les révisionnistes, vaincus au Parlement, étaient vainqueurs à la Cour de cassation.

XI. – POUR RÔTIR LES JUIFS

En cette fin de l'année 1898, les frontières qui séparent dreyfusards et antidreyfusards sont nettement tracées. Et elles n'évolueront plus guère dans les années qui suivront.

Du côté des dreyfusards le temps est passé où l'on ne se battait que pour sortir Alfred Dreyfus du bagne et faire éclater son innocence. Les premiers qui se dévouèrent à la cause d'un innocent injustement condamné, Mathieu Dreyfus bien sûr, Forzinetti, Bernard Lazare, Scheurer-Kestner, sont désormais emportés, bon gré mal gré, dans un combat qui dépasse le retour de Dreyfus et la révision d'une inique sentence. « On ne luttait plus, constatait Léon Blum, pour la réparation d'une erreur judiciaire, pour le salut d'un homme » [1]. Beaucoup de dreyfusards voudraient généraliser les résultats acquis, prolonger en larges ondes la secousse de l'Affaire. Le combat pour Dreyfus est devenu, pour un grand nombre, un combat contre les institutions gardiennes de la France traditionnelle, contre l'Église, contre l'Armée, qui semblaient liées dans la défense de l'ancienne France. Le camp dreyfusard tend à regrouper toutes les forces de contestation intellectuelle et politique : les « vrais » républicains, les antimilitaristes, les anticléricaux, les francs-maçons, les Juifs, souvent les protestants, les marginaux de tous les groupes sociaux, en bref tous ceux qui se sentent rejetés ou exclus par la « France traditionnelle », tous ceux aussi qui rêvent de l'avènement d'une société de liberté et de justice. La Ligue des droits de l'homme, fondée le 4 juin 1898 par Ludovic Trarieux, incarne bien les principes qui guident et rassemblent désormais la plupart des dreyfusards. Elle prétend défendre « dans la personne » de Dreyfus l'intérêt et les droits de tous les citoyens, les principes de tolérance et l'idéal d'humanité de 1789.

Mais encore quelques mois, et des clivages apparaîtront entre les dreyfusards. Car le même mot sert à désigner ceux qui, comme Mathieu Dreyfus, comme Demange, ne s'étaient jamais donné d'autre devoir que la défense de l'innocent martyrisé; ceux qui avaient élevé le combat pour Dreyfus à la hauteur d'une mystique de justice et de vérité, tels Bernard Lazare, et surtout Charles Péguy, et qui prétendront avoir incarné, à l'écart des politiques, l'âme du dreyfusisme, sa pureté et son honneur [2]; ceux aussi comme Clemenceau, comme Blum, comme Jaurès, pour qui l'Affaire Dreyfus était devenue combat politique, contre les organisations, les forces conservatrices. Le jour viendra où les politiques reprocheront au déporté libéré, à ses proches, d'avoir préféré Dreyfus au combat dont il était devenu le symbole. Et les mystiques ne pardonneront pas aux politiques d'avoir engagé la cause sacrée du dreyfusisme « dans la démagogie, dans l'agitation radicale, anticléricale », d'avoir détourné, dégradé l'Affaire [3]. Encore faudra-t-il séparer, parmi les politiques, ceux qui voulaient défendre, à travers l'Affaire, l'héritage des lumières et de la Révolution française, l'esprit de tolérance, la démocratie laïque, les libertés publiques, et ceux qui, comme Jaurès, comme Blum, et bientôt comme de nombreux socialistes, espéraient que cette affaire, cet affrontement, aideraient à l'accouchement d'une société nouvelle. Mais à la veille de l'année 1899, parce que la révision est encore un but immédiat, contraignant, parce que les forces traditionnelles se sont elles-mêmes rassemblées pour empêcher la révision, et qu'il faut les combattre, ces différences ne se voient guère, ou bien sont, dans le moment, dominées. Le camp dreyfusard a des principes communs, et à court terme un projet clair.

A l'inverse, les antidreyfusards se sont eux aussi regroupés. L'armée antidreyfusarde compte les monarchistes, les antisémites, la grande majorité des militaires, la plupart des prêtres, la quasi-totalité des congrégations, la masse des catholiques pratiquants, et de manière générale tous ceux qui veulent défendre la France traditionnelle, sa morale, ses vertus, ses institutions, son économie même, contre le pourrissement de la République, de la laïcité, du capitalisme, tout ce que les Juifs apportent avec eux. Le nationalisme et l'antisémitisme sont le fonds commun du bloc antidreyfusard. Et il n'est pas contestable que l'Église en est la force principale. « Toutes les forces politiques de l'Église », reconnaît Dansette [4], se sont trouvées engagées contre le dreyfusisme. Que la hiérarchie soit restée discrète, que quelques catholiques aient milité au soutien de Dreyfus, ne peut cacher cette évidence que l'Église et les congrégations, redoutant le développement d'une société nouvelle hostile à l'Église, sinon à Dieu, d'une société sans morale ni vertu, s'accrochèrent à l'Affaire Dreyfus comme à une bouée, dans la tempête qu'elles croyaient traverser [5]. Pour les antidreyfusards aussi, Dreyfus a valeur de symbole. Dreyfus est deux fois coupable, parce qu'il est juif, et parce que l'honneur de l'Armée le veut. Le débat sur l'innocence de Dreyfus est finalement secondaire. « Son pire crime, dira Barrès, exprimant la conviction antidreyfusarde, est d'avoir servi pendant cinq ans à ébranler l'Armée et la Nation totale » [6]. Dreyfus ne serait-il que « le plus mou » des dreyfusards? Ce sont eux les coupables. « Ils injurient tout ce qui nous est cher, notamment la patrie, l'Armée... Leur complot divise et désarme la France. » Et Barrès fixe les principes qui doivent, en toute occasion, innocenter les antidreyfusards : si Dreyfus n'est pas un traître, sa honte est d'avoir excité de telles sympathies. Quand même Dreyfus serait innocent, les amis de Dreyfus demeureraient des criminels. Cette bonne conscience inspire tout le combat antidreyfusard.

Dans ce combat, les ligues apportent une « note originale ». Elles constituent, assure René Remond, « la première ébauche du mouvement de masse » [7]. Elles n'ont ni programme précis, ni organisation permanente. Elles visent à enrégimenter des adhérents, à les tenir en haleine, à porter l'action dans la rue. La Ligue des patriotes, fondée en 1882, dissoute en 1889, officiellement reconstituée à la fin de 1898, a trouvé en Paul Déroulède le chef, à la fois théâtral et populaire, dont elle avait besoin. Véritable successeur de Boulanger, Déroulède a su susciter la ferveur et le dévouement de ses troupes, et aussi gagner dans la rue parisienne un rare prestige. En 1889, la Ligue regroupe environ soixante mille « patriotes ». L'essentiel de ses forces est à Paris où Déroulède, bientôt appuyé par Marcel Habert, se dépense sans compter en manifestations, en réunions, et quand il le faut en coups de poing. Sa grande taille, ses grands bras gesticulants, son immense redingote démodée, sa voix criarde, tout concourt à lui donner l'allure sympathique d'un Don Quichotte mi-comédien mi-soldat : jusqu'au jour où le gouvernement devra prendre très au sérieux, sinon ses discours, du moins son action secrète, et notamment le quadrillage de Paris qu'il avait soigneusement confié à ses sections *. Plus bruyante, mais moins agissante est la Ligue antisémitique de Jules Guérin qui prétend, en juillet 1898, compter onze mille adhérents répartis dans la France entière. Son hebdomadaire *l'Antijuif* tire à la même époque à quarante mille exemplaires, dont il ne vend pas la moitié [9]. L'immeuble que Guérin a loué, 59 rue de Chabrol, a été transformé en une véritable forteresse : hautes grilles de fer, volets doublés de tôle, sonneries et téléphones en tous endroits [10]. Guérin paraît moins redoutable par son audience que par sa violence. Il est le spécialiste des expéditions punitives, et quand il dévale, avec ses

* « La Ligue des patriotes, assure Sternhell, fut le premier parti de masse structuré en France autour d'une idéologie nationaliste et autoritaire, à la fois militariste, populiste, et antimarxiste, le premier aussi à mettre en œuvre des méthodes modernes d'encadrement, de propagande, et d'action dans la rue » [8].

gardes du corps, Juifs et dreyfusards font bien de s'effacer.

C'est en décembre 1898 qu'un groupe d'hommes de lettres et de professeurs fonde la Ligue de la patrie française, pour faire pièce aux « intellectuels » dreyfusards : Coppée, Brunetière, Lemaître, Barrès en sont les fondateurs avec Syveton, Henri Vaugeois et Louis Dausset. La Ligue, présidée par François Coppée, puis par Jules Lemaître, connaît aussitôt un immense succès. Près de douze cents personnes assistent à la première assemblée générale, le 19 janvier 1899. Vingt-trois membres de l'Académie, des dizaines de membres de l'Institut, des centaines d'universitaires, de très nombreux membres des professions libérales apportent leur adhésion. Mais la Ligue, qui groupe en quelques mois près de quarante mille adhérents, souffre des équivoques de son idéologie. Elle n'accueille franchement ni le nationalisme de Barrès ou de Déroulède, ni l'antisémitisme de Guérin. Elle invoque, comme les dreyfusards, la justice et la vérité. Elle prétend défendre, en termes très vagues, « les pactes fondamentaux de la société humaine », qui impliquent notamment l'acceptation des jugements rendus par les autorités compétentes. Elle pose en principe qu'un officier jugé coupable par un tribunal compétent ne saurait être innocent. Elle attend de la charité chrétienne la solution des problèmes sociaux. Elle s'en prend à la corruption et à l'irresponsabilité du Parlement, mais elle refuse l'autoritarisme. Le socialisme, le collectivisme sont dénoncés comme les ennemis principaux, mais aussi toutes les formes de gouvernement personnel. Tout cela risque d'apparaître confus, mou, beaucoup moins exaltant que le nationalisme agressif de Déroulède. Manquant d'une idéologie claire, très mal organisée, trop modérée pour beaucoup de ses adhérents, la Ligue de la patrie française ne tardera pas à péricliter. Elle sera très vite vieille, à l'instar de beaucoup de ses membres. En 1902 il n'en restera plus rien [11].

Mais à la fin de l'année 1898, la passion et l'intransigeance sont à leur point culminant. La Ligue des patriotes et la Ligue antisémitique fournissent des troupes de choc. La Ligue de la patrie française rassemble les « gens sérieux », ceux qui ne font pas – ou peu – le coup de poing. Les boulangistes nostalgiques aperçoivent une chance de revanche. Et surtout une large part du clergé régulier et séculier, de nombreux officiers, tous ceux qui continuent à considérer la République comme un accident de l'histoire voient dans les remous de l'Affaire l'occasion d'un retour aux formes traditionnelles de pensée et de vie. Une presse puissante, la presse catholique, souffle sur ces espérances, ou ces nostalgies.

La souscription ouverte par *la Libre Parole*, en décembre 1898, pour permettre « à la veuve et à l'orphelin » du colonel Henry d'intenter un procès à Joseph Reinach qui avait accusé Henry d'être le complice d'Esterhazy dans la trahison, aide à connaître les dimensions de l'exaltation antidreyfusarde. La souscription a pour objet de défendre l'honneur de « l'officier français tué, assassiné, par les Juifs ». « Si minime que soit l'offrande versée, c'est un soufflet sur la face immonde de Reinach l'ignoble » *. La souscription est un triomphe. En moins d'un mois il y a 25 000 souscriptions, qui apportent 131 000 francs **. Les souscriptions sont surtout nombreuses parmi les ouvriers et artisans [12], spécialement dans les industries du vêtement, présumées « envahies » par les Juifs; les militaires apportent 4 500 signatures [13], parmi lesquelles 3 000 signatures d'officiers. 28 généraux en retraite, dont Mercier, ont signé. Un pourcentage de 8,6 % d'étudiants [14] révèle un antisémitisme étudiant, qui peut recouvrir pour partie la tentation de l'extrémisme, pour partie la force d'un courant socialiste antibourgeois. Les professions libérales fournissent 8,25 % des signatures [15] : ce sont les milieux médicaux et juridiques, où la compétition et aussi la présence juive sont importantes qui donnent les plus gros contingents. Il faut relever aussi 433 signatures précédées d'une particule, dont celles de 336 nobles titrés : parmi lesquels 7 ducs et duchesses, 2 princes, 50 marquis et plus de 200 comtes, vicomtes, et barons. La noblesse

* *La Libre Parole*, 17 décembre 1898.

** Voir Stephen Wilson, « Le monument Henry, la structure de l'antisémitisme en France, 1898-1899 », *Annales ESC*, mars-avril 1977.

d'Empire est en revanche à peu près absente. 350 prêtres ont signé la souscription, 100 seulement indiquant leur nom *. Mais beaucoup ont souscrit anonymement. Un prêtre infirme qui envoie huit centimes voudrait manier l'épée aussi bien que le goupillon. Un autre prie « pour avoir une descente de lit en peaux de youpin » afin de la piétiner matin et soir. Un troisième signe « un prêtre pauvre écœuré qu'aucun évêque de France n'apporte sa souscription ». Un petit curé poitevin, qui envoie 1 franc, chanterait avec plaisir le requiem du dernier des youpins. On ne voit en revanche guère d'industriels et de cadres (0,9 %), assez peu de petits employés (6 %) **, et contre toute attente peu de petits commerçants (2 %) ***. Géographiquement on observe un taux élevé de souscripteurs dans les centres urbains, un taux faible, souvent très faible, en milieu rural. Les dix-huit départements accusant une proportion élevée de souscriptions se regroupent en trois ensembles : l'Est, où existait une longue tradition antisémite liée à une importante présence juive, les départements de la France méridionale, où existaient des communautés juives très anciennes et que la montée de la crise agricole portait vers l'antisémitisme, enfin le Bassin parisien. Ainsi ce que l'on a appelé le monument Henry donnait une image assez fidèle des structures de l'antisémitisme en France.

Mais ce qui est plus révélateur encore, ce sont les commentaires qui accompagnent un grand nombre de souscriptions. Ils révèlent à la fois la violence de la haine antisémite, et les fondements conscients ou non de cette passion. L'exploitation juive, l'argent juif, la puissance financière juive, fournissent des raisons à tous ceux qui se sentent opprimés ou humiliés : « une concierge de Juifs dégoûtée des youpins », « Jeanne, ex-bonne de youpins », « trois brodeuses de Bains-les-Bains Vosges, qui en travaillant pour un Juif gagnent 14 sous pour quinze heures », « un ouvrier sans travail », « une dame noble ruinée par les Juifs », « un royaliste octogé-

* Les prêtres redoutent la réaction des évêques, qui redoutent celle du ministre des Cultes.

** Pour 13 % de la population.

*** Pour 3 % de la population.

naire réduit par les Juifs à l'hospice », « un petit industriel ruiné par les Juifs », « un petit maire de l'Orne », « un tout petit curé de campagne », « mes 10 sous valent mieux que les 100 000 francs de Rothschild ». La misère, l'exploitation, le chômage sont ainsi expliqués par le rôle des Juifs. Ceux-ci sont perçus comme des agents de bouleversement social, au même titre souvent que les protestants, les francs-maçons, les intellectuels. Ils détruisent ou corrompent des valeurs morales sûres, les catégories traditionnelles, immobiles et rassurantes : « Un groupe de vrais Français », « un Français de France descendant d'officier », « un Vendéen qui serait heureux de décrocher le flingot de ses ancêtres de 1793 pour canarder les youtres qui empoisonnent la France ». L'attachement à l'ascendance, à la province, au pays est exprimé par plus de 850 souscripteurs : « deux Berrichons honteux de se dire du Cher », « un Breton exilé en Normandie ». Bien sûr on défend l'Église, la France et l'Armée qui sont, le plus souvent, indistinctement mêlées. Leur ennemi juif les cimente : « Une antisémite en l'honneur de l'Armée », « en souvenir de notre cher martyr », « vive l'Armée, mort aux Juifs », « vive le sabre qui nous débarrassera de toute la vermine », « un patriote qui attend le sabre vengeur », « pour Dieu et pour la patrie », « pour Dieu, pour son pays et l'extermination des Juifs », « la bonté de Dieu s'arrête où commence le Juif ».

De nombreuses souscriptions assimilent les Juifs aux protestants, aux hommes politiques, ou à la République : « un groupe de cultivateurs contre la République des Juifs et des francs-maçons qui déshonorent la France », « un catholique français, par haine des Juifs et des francs-maçons qui déshonorent la France ». De même les intellectuels sont associés au bloc des ennemis de la France : « un non-intellectuel », « hors la France les youpins et leurs souteneurs les intellectuels », « pour museler les pédants et les Juifs qui ont la même âme », « un prolétaire des lettres », « un universitaire victime des intellectuels ».

Enfin le Juif est décrit par de nombreux souscripteurs : bête puante et nuisible, vermine, peste, mille-pattes, microbe, mite, cancer, vilaine araignée, poux de synagogue. Reinach le diffamateur est un crapaud, un reptile, un singe, un cochon. Les Juifs ne sont pas des gens propres : « un vidangeur qui n'oserait pas toucher Reinach de peur de se salir ». Le Juif est menaçant, pollueur, ambigu, marginal, informe. Il inspire l'horreur : « une jeune femme à qui la vue d'un youtre fait mal au cœur ». Il est capable de tout, notamment par son pouvoir sexuel monstrueux : « une ouvrière trompée par un patron juif son séducteur », « un Roubaisien qui veut contribuer dans sa modeste part à arracher une Française des mains d'un Juif ».

Reste à s'en débarrasser. Un médecin militaire propose « la vivisection sur les Juifs plutôt que sur d'inoffensifs lapins ». Berthe, cuisinière, souscrit « pour rôtir les Juifs ». Un groupe d'officiers en activité suggère « un achat de clous pour crucifier les Juifs ». Un officier de réserve demande à « massacrer les sales youpins ». Un habitant de Baccarat voudrait voir « tous les youpins et youpines et youpinets de la localité dans les immenses fours de la cristallerie ». Un autre souscrit « pour la conversion de la viande de youpins en hachis ». Un autre offre 0,25 franc « pour louer un wagon d'exportation ». Stephen Wilson remarque justement que l'antisémitisme a ainsi pour fonction, dans la société française, « le défoulement d'une violence contenue et l'expression d'une agressivité née du sentiment d'infériorité. La logique de l'extermination est demeurée au niveau des gestes rituels et de la compensation psychologique » [16]. Le Juif est le plus souvent perçu comme une conception mythique, sans définition précise, l'incarnation du mal, le responsable de la souffrance et de la misère. Il aide l'antisémite à se définir, à se situer. Il l'innocente. D'une certaine manière il le console. En France, en 1898, le « passage à l'acte est hors de question », observe Stephen Wilson en conclusion de son étude. « La volonté de transcrire en actes la solution finale, écrit-il, n'est pas nécessairement sous-entendue ni recherchée » [17]. Du moins la justification latente du génocide, sinon son attente, parcourt le « monument Henry ».

L'impression d'ensemble que laissent les dix-huit listes publiées par *la Libre Parole* est celle d'un antisémitisme populaire, clérical et cocardier [18]. Mais il n'y a pas que des « petits » qui s'engagent, apportant de minuscules oboles. Des bourgeois riches, de nombreux aristocrates, des avocats, des médecins, des professeurs, des intellectuels y participent *. François Coppée y fut de ses 20 francs. Albert de Mun envoya 50 francs pour défendre « notre chère Armée ». De nombreux hommes politiques tinrent à apporter leur participation : Le Cour Grandmaison (20 francs), de Broglie (20 francs), de Montalembert (50 francs), de Salignac-Fénelon (20 francs), tous ardents catholiques. Et aussi Maurice Barrès (50 francs).

L'abbé Caperan a voulu voir, dans le « monument Henry» , un « mémorial de la pitié », qu'inspiraient aux Français, et notamment aux catholiques, une veuve et un orphelin réduits à l'indigence. C'est davantage, observe lucidement Pierre Pierrard dans son livre *Juifs et Catholiques français*, un « moment de la conscience ou de l'inconscience catholique en France, l'expression la plus basse et la moins contestable d'un aberrant et collectif aveuglement » [19]. Ce qui est remarquable, ce n'est pas seulement cette expression sauvage d'antisémitisme collectif, c'est aussi la manière dont elle est célébrée par l'ensemble de la presse antidreyfusarde. Voici Henry devenu un héros national, un martyr des Juifs. Drumont compare ces souscriptions aux quenouilles des paysannes de France travaillant au XIVe siècle à la rançon de du Guesclin. Et *la Croix* écrit que « cette manifestation de respect et de sympathie allant du grand au petit, du riche au pauvre, du vieillard à l'enfant, du savant à l'ignorant... est un grand, réconfortant et consolant spectacle ». Je crois, ajoute le journal catholique, « qu'il en sortira un des rayons de la lumière destinée à rendre la paix à la France » [20].

Rendre la paix à la France? Mais l'Affaire opposait désormais « deux France », celle du *J'accuse* et celle du monument Henry. « On ne se battait plus, assure Léon Blum, pour ou contre Dreyfus, pour ou contre la révision; on se battait pour ou contre la Républi-

* Pierre Louÿs, Léautaud, Paul Valéry. Valéry dira n'avoir souscrit qu' « après avoir hésité ».

que, pour ou contre le militarisme, pour ou contre la laïcité de l'État »[21]. Quant à la véritable Affaire Dreyfus, l'Affaire de Dreyfus, elle, semblait à beaucoup de dreyfusards aller irrésistiblement, vers la proclamation de l'innocence, désormais certaine. « L'enchantement avait cessé, parce que la vérité était établie. On pouvait se battre encore contre Dreyfus, contre les dreyfusards. On ne pouvait rien contre le fait logique et historique que l'innocence de Dreyfus était démontrée. » L'innocence démontrée? La vérité établie? Il y faudra encore sept ans. Et en cette fin de l'année 1898, Alfred Dreyfus n'en finit pas d'endurer son supplice, s'obstinant à ne pas mourir.

XII. – NOUS VOICI DONC ARRIVÉS À LA DERNIÈRE ÉTAPE...

De l'île du Salut, Alfred Dreyfus écrit à sa femme, en juillet et en août 1898, de longues lettres. Elle n'en recevra que quelques-unes. « Tout ce que je t'ai écrit ces derniers mois peut se résumer bien simplement. Mon honneur est mon bien propre, le patrimoine de mes enfants. Cet honneur je l'ai réclamé à la patrie... ton droit, ton devoir, est de le réclamer infatigablement à la patrie, au magistrat suprême du pays jusqu'à ce qu'il nous soit rendu » *. Il parle longuement de ses enfants, qui le croient toujours en voyage, de leur sensibilité, des méthodes d'éducation, « c'est surtout par l'influence morale qu'il faut agir... ». « A toute heure il y a eu au loin un cœur qui n'a battu que pour toi, pour nos enfants; il y a eu au loin une âme qui, peu à peu, s'est détachée de tout, pour veiller nuit et jour, par la pensée, sur toi, sur eux... » Mais au-dessus de tout doit planer constamment « le culte de l'honneur ». « Cet honneur, je l'ai voulu courageusement, infatigablement

* Lettre du 16 juillet 1898[1].

sans jactance comme sans faiblesse » *. Les lettres de Dreyfus expriment toujours les mêmes sentiments : que l'honneur est un patrimoine, qu'il est la valeur suprême, qu'il faut faire son devoir, aimer les siens, avoir foi dans la justice et la vérité. Elles traduisent aussi une immense fatigue et répètent maintenant non seulement des mots qui reviennent, mais des phrases entières. Les demandes de révision, qu'inlassablement, il adresse restent sans réponse. Il demande, pour connaître ses droits, un Code qui lui est refusé. En septembre il déclare qu'il cessera toute correspondance tant qu'il ne lui sera pas répondu. On transmettra inexactement sa décision à Lucie, qui éprouvera un immense désespoir, croyant qu'il avait résolu de ne plus écrire à quiconque, même à elle [3]. Il est maintenant dans un état de faiblesse extrême, et connaît de longs moments de désespoir où il reste prostré, sans bouger, manger, ni boire. Il supplie encore que l'on réponde à ses requêtes. Le 27 octobre, alors qu'il ignore toujours que Lucie a elle-même introduit une requête, il est informé qu'il va recevoir « une réponse définitive » aux demandes de révision qu'il a adressées au chef de l'État. Cette annonce lui rend espoir. Et dans les premiers jours du mois de novembre, la censure laisse passer une lettre de Lucie, du 26 septembre, où elle explique à son mari qu'elle a déposé requête et que le Conseil des ministres a transmis le dossier à la Cour de cassation :

> Nous voici donc arrivés à la dernière étape, à la crise finale qui doit nous rendre ce que nous avons injustement perdu, notre honneur, qui doit te ramener à tous les chers tiens qui ne se possèdent plus de joie à la pensée de te voir, de te presser entre leurs bras, de te montrer comme ils t'aiment. Te décrire notre émotion est impossible. Moi, je ne vis que dans la pensée de la joie profonde que tu auras en apprenant cette nouvelle, et je me souhaite des forces, un pouvoir surhumain pour te voir dans ce moment de satisfaction suprême. Pourvu, mon Dieu, que cet ébranlement si grand ne te soit pas funeste et que ton pauvre corps affaibli ne se ressente pas d'une telle secousse!

* Lettres du 7 août 1898 et du 28 août 1898 [2].

> Je n'ai rien osé dire aux enfants. Ils ont tout ignoré. Ils n'ont pas connu notre peine. Ils ne se doutent pas de notre joie. Ils ne connaîtront ton retour que lorsque tu seras libre, tout près de venir les embrasser. Je ne veux pas, tant qu'ils sont petits, qu'ils connaissent les tristesses de la vie; ils auront le bonheur de te revoir et sauront seulement plus tard, lorsqu'ils seront en âge de comprendre, d'apprécier ce que tu as souffert pour eux, l'héroïsme, la grandeur d'âme de leur admirable père... *.

Dreyfus éprouve une folle émotion. Enfin il peut espérer le moment du bonheur : « C'est dans notre affection mutuelle, dans celle de nos chers et adorés enfants, dans la satisfaction de nos consciences et du devoir accompli, que nous trouverons l'oubli de nos grandes peines... » **.

Le 16 novembre, il reçoit un télégramme ainsi conçu :

> Gouverneur à déporté Dreyfus
> par commandement supérieur des îles du Salut :
> Vous informe que Chambre criminelle de la Cour de cassation a déclaré recevable en la forme demande en révision de votre jugement et décidé que vous sèriez avisé de cet arrêt et invité à produire vos moyens de défense.

Il demande alors à être mis en communication avec son avocat. De tout ce qui s'est passé depuis 1894 il ne sait à peu près rien. Il croit toujours que son affaire ne tient qu'au bordereau, qu'elle ne comprend qu'une discussion sur l'écriture.

Il semble que la direction pénitentiaire, installée à Cayenne, ait alors considéré qu'il n'était plus qu'un simple prévenu. La palissade est abattue. Le 28 novembre, il est autorisé à circuler le matin de 7 heures à 11 heures, et l'après-midi de 2 heures à 5 heures « dans l'enceinte du camp retranché », c'est-à-dire dans une enceinte de pierres sèches, haute de moins d'un mètre, qui entourait la caserne de ses surveillants. Enfin il revoit la mer, qu'il n'avait plus vue depuis plus de deux ans. Il aperçoit les îles. Il

* Lettre de Lucie Dreyfus du 26 septembre 1898 [4].
** Lettre du 5 novembre 1898, à Lucie Dreyfus [5].

est admis au régime alimentaire « officier ». Il lui semble revivre.

Puis il ne reçoit plus rien. Aucun courrier de sa femme en décembre. Aucune des lettres que lui aurait adressées sa femme en octobre ne lui parvint jamais. Il demande aux autorités pénitentiaires quand doivent avoir lieu les débats devant la Cour de cassation, mais nul n'en sait rien. Le 23 décembre il reçoit enfin une lettre de Lucie, écrite en novembre. Elle sait qu'il a appris, par un télégramme du gouverneur, que la demande de révision avait été jugée recevable. Elle croit qu'il a reçu ses lettres précédentes, qu'il en sait davantage. Surtout elle est triste de la résolution qu'il a prise de ne plus lui écrire :

> J'ai eu connaissance, il y a quinze jours, d'une lettre de toi dans laquelle tu annonçais ta résolution de ne plus écrire, même à moi. Quelle que soit l'impulsion à laquelle tu as obéi, que ce soit d'impatience, de chagrin, ou de désespoir, je t'en supplie, mon chéri, ne me prive pas de la seule chose qui était douce dans ma vie...

Alfred Dreyfus est indigné. Ainsi on avait donné à sa femme connaissance d'un extrait de sa lettre ! On avait laissé croire à Lucie qu'il ne voulait plus lui écrire. On avait fait souffrir sa femme. Il proteste auprès du gouverneur : « Il y a un devoir de conscience pour celui, que j'ignore et que je veux ignorer, qui a commis cet acte et à qui il appartient de le réparer. » Et le lendemain de Noël, il écrit à Lucie pour la rassurer :

> Si ma voix eût cessé de se faire entendre, c'est qu'elle eût été éteinte à tout jamais, car si j'ai vécu, c'est pour vouloir mon honneur, mon bien propre, le patrimoine de nos enfants, pour faire mon devoir, comme je l'ai fait partout et toujours, et comme il faut toujours le faire, quand on a pour soi le bon droit et la justice sans jamais craindre rien ni personne [6].

Tel il est, dans la souffrance comme dans la joie : intransigeant avec les principes, rigide, vite cassant, implacablement vertueux, répétant toujours les mots qui résument et dirigent sa vie et son martyre :

« mon honneur », « mon devoir », « mes enfants », la justice, et au-dessus de tout la patrie. Lucie et lui disent les mêmes choses : leurs sentiments, leurs expressions mêmes se confondent. Leur fermeté, leur courage se nourrissent mutuellement. Peut-être aperçoit-on chez elle les signes d'une sensibilité plus tourmentée. Lui il est, comme il l'a dit, un soldat rigoureux qui place la patrie « au-dessus des hommes », un homme de haute exigence qui veut toujours se regarder dans sa conscience « avec la certitude d'avoir toujours et partout fait son devoir ».

QUATRIÈME PARTIE

LA VÉRITÉ EN MARCHE *

I. – CES FILLES DE BRASSERIE

Le président Félix Faure, qui avait le goût des parades militaires, s'était pris de passion pour « son » Armée, et il cachait de moins en moins son hostilité à la révision du procès Dreyfus. Il résolut de faire appel, pour former le nouveau gouvernement, à Charles Dupuy, qui était président du Conseil lorsque fut condamné Dreyfus. La médiocrité de Dupuy ne suffisait pas à l'imposer dans des circonstances difficiles. Mais Félix Faure lui gardait gratitude car Dupuy, le choisissant autrefois pour ministre, était à l'origine de sa carrière politique.

Les républicains entendaient qu'un civil fût placé au ministère de la Guerre. Le « coup » Chanoine avait porté ses leçons. Dupuy désigna Freycinet qui vivait dans la retraite depuis six ans, et se consacrait à la philosophie scientifique. Freycinet était protestant « sans inquiéter les catholiques »[2]. On savait, par quelques confidences, qu'il était plutôt du côté de Dreyfus. Après s'être fait suffisamment prier, il accepta d'être ministre. Pour aller au ministère de la Justice, dont le rôle devenait essentiel dans la procédure de révision, on pensa à Ribot – cette « grande canaille méconnue » selon le mot de Pelletan – qui s'était prononcé pour la révision. Est-ce ceci qui fit obstacle? Charles Dupuy lui préféra un député obscur, Lebret, professeur de droit à Caen, qui avait pris parti contre Dreyfus, et que Drumont

* Tel est le titre donné à la publication par Zola, le 16 février 1901, des articles écrits par lui tout au long de l'Affaire[1].

salua aussitôt comme « un honnête homme et un bon citoyen ». Bien accueilli par le centre, avec méfiance par les radicaux, avec hostilité par les socialistes, le nouveau président du Conseil fit un discours vague, promit de ne gouverner qu'avec les républicains, mais plut à la gauche en parlant des « influences cléricales » qui s'exerçaient dans l'Armée. Il fut investi par 413 voix contre 68 *. Drumont et Déroulède votèrent avec la majorité.

La Chambre criminelle de la Cour de cassation commença son information : immense travail qu'elle décida d'accomplir en audience plénière **. Elle entendit d'abord, du 8 au 14 novembre, les cinq ministres de la Guerre qui s'étaient succédé depuis l'arrestation de Dreyfus : Mercier, Billot, Cavaignac, Zurlinden et Chanoine. Quatre étaient généraux. Tous affirmèrent la culpabilité de Dreyfus. Mercier, Cavaignac et même Zurlinden entreprirent d'en faire la démonstration. Les conseillers parurent très surpris en apprenant l'insolite visite rendue par du Paty à Dreyfus, sur l'ordre de Mercier, au lendemain de sa condamnation. « Pourquoi n'avez-vous pas fait dresser procès-verbal? » demanda-t-on au général Mercier. « C'était une affaire terminée, opposa Mercier, on ne pouvait pas prévoir que toute une race se solidariserait plus tard avec Dreyfus. » Interrogé par le président de la Chambre criminelle sur la communication des pièces secrètes, Mercier répondit sèchement que la demande en révision était limitée

* Les socialistes et quelques royalistes. « Les assemblées sont comme les femmes, écrit J. Cornély commentant ce scrutin dans *le Figaro* du 5 novembre, on s'impose à elles ou pour parler plus exactement elles subissent leurs vainqueurs pour des raisons très diverses, parmi lesquelles l'énervement, la lassitude tiennent une place considérable... » [3].

** Dès octobre, le conseiller Atthalin, délégué par le président Loew, avait reçu d'un huissier deux éléments de comparaison décisifs. Il s'agissait de deux lettres d'Esterhazy, écrites sur un papier pelure quadrillé identique à celui du bordereau. La première, datée du 17 août 1894, commençait par ces mots « ... J'ai reçu, en revenant du camp de Châlons où j'ai été passé quinze jours... » La seconde, datée du 11 août, portait pour en-tête : « École à feu de la 3e brigade d'artillerie. Camp de Châlons ». Esterhazy écrivait : « Je quitte le camp dans cinq jours... » Même papier pelure, écriture identique. Et les deux documents étaient d'une date très proche de celle du bordereau [4].

aux moyens tirés du faux commis par Henry et à la contradiction des expertises. « Je ne crois pas que la Cour ait à s'occuper de cette question. »

Quant à Cavaignac, il suggéra la thèse, qui lui était devenue chère, d'une complicité de Dreyfus et d'Esterhazy. Il était maintenant convaincu que Dreyfus avait fait copier le bordereau par son complice Esterhazy. Et il fit un cours savant pour démontrer que les pièces visées au bordereau « traduisaient la vie même de l'État-Major pendant les mois de juillet et août 1894 ». Dreyfus les avait toutes connues, non Esterhazy. Du 21 au 23 novembre, la Chambre criminelle entendit le général Roget qui fit la même démonstration. « Esterhazy n'avait pu connaître les documents énumérés au bordereau. » Puis on entendit, du 23 novembre au 5 décembre, le colonel Picquart, extrait de sa prison, qui raconta, dans le détail, tout ce qu'il savait. Son calme, sa précision, sa modération aussi, contrastant avec la passion qui semblait agiter les précédents témoins, firent forte impression sur les magistrats.

Recevant le 10 novembre une lettre d'Alfred Dreyfus datée du 24 septembre et transmise par le ministère des Colonies, Lucie Dreyfus apprend que son mari n'avait pas été avisé de l'arrêt de la Chambre criminelle qui déclarait la requête recevable. Elle proteste auprès du garde des Sceaux. Joseph Reinach s'indigne dans *le Siècle,* Guyot, dans *le Soleil,* dénonce « la férocité de la peur » [5]. Mais le gouvernement ne bronche pas. Était-il possible que Dreyfus continuât d'ignorer la procédure? La Chambre criminelle délibère, et décide qu'Alfred Dreyfus sera informé « par voie rapide » de l'arrêt qu'elle a rendu, et que celui-ci lui sera transmis en même temps qu'une expédition de la requête en révision *. De plus Dreyfus « sera invité à préparer ses moyens de défense ». Cette fois-ci la Cour de cassation s'est offerte à la vindicte des nationalistes. A travers cet arrêt, on croit discerner de quel côté elle penche. Déroulède et Cavaignac veulent interpeller,

* La Chambre criminelle, réunie en « commission d'instruction », décide par « ordonnance » en date du 14 novembre 1898 « que Monsieur le Ministre des Colonies sera prié de faire connaître par voie rapide au condamné Dreyfus... l'arrêt du 29 octobre dernier ».

sommer le gouvernement de ne pas déférer à l'ordre de la Cour de cassation. Le général Mercier fait savoir que la Chambre criminelle est « achetée » par le syndicat depuis trois ans. Drumont et Rochefort n'appellent plus le président Loew, président de la Chambre criminelle, que « le Juif Lévy ». Dès le 28 octobre, *la Libre Parole* a publié les adresses des conseillers à la Cour de cassation. « Quelles précieuses vies s'abritent à ces adresses mystérieuses? » Dans *le Gaulois* du 16 novembre, Arthur Meyer, Juif dont l'antisémitisme ne connaît plus de borne, assure que « les juges de la Cour de cassation ont entrepris par haine du sabre... de déconsidérer l'Armée »[6]. Ces magistrats « félons » ne cherchent qu'à ouvrir la frontière à l'étranger, puis à se retirer, « fortune faite » *. Rochefort stigmatise ces « filles de brasserie », offertes au plus offrant, et suggère qu'on crève les yeux des conseillers avant de conduire « ces hideux aveugles » au pilori **.

Tandis que la justice civile fait son devoir, sous les injures, la justice militaire pense faire le sien. Mais ils ne se ressemblent pas. Le capitaine Tavernier, magistrat instructeur près le Conseil de guerre, s'ingénie à démontrer que Picquart a surchargé le petit bleu, après grattage, du nom et de l'adresse d'Esterhazy. Cette hypothèse, Henry l'avait rendue plausible, en grattant, grossièrement, le nom et l'adresse d'Esterhazy sur le petit bleu : ainsi pouvait-on croire à un maquillage dont l'auteur ne devait être que Picquart. La thèse était d'autant plus fragile

* *La Libre Parole* et *l'Intransigeant* du 17 octobre 1898.

** *L'Intransigeant* du 18 octobre 1898 : « On ferait ranger tous les membres de la Cour de cassation en queue de cervelas comme dans les maisons centrales. Un tortionnaire, préalablement stylé, leur couperait d'abord les paupières avec une paire de ciseaux... Quand on les verrait ainsi dans l'impossibilité absolue de fermer les yeux, on introduirait de grosses araignées de l'espèce la plus venimeuse dans les coquilles de noix, qu'on appliquerait sur le globe de l'œil et qu'on fixerait soigneusement au moyen de solides cordons noués derrière la tête. Les araignées, affamées, et qui ne sont pas très délicates sur la nourriture, rongeraient peu à peu la prunelle et le cristallin jusqu'à ce qu'il ne restât plus rien dans ces cavités désormais sans regard. Alors on entraînerait tous ces hideux aveugles à un pilori élevé devant le Palais de Justice où s'est commis le crime et on leur accrocherait sur la poitrine cet écriteau : " Voilà comment la France punit les traîtres qui essayent de la vendre à l'ennemi! " »

que les photographies prises par Lauth du petit bleu, qu'Henry avait eu la négligence de ne pas détruire, ne portaient évidemment trace d'aucun grattage. L'infatigable Lauth, puis le général Roget lui-même, devenu l'un des champions de la lutte contre la révision, répètent que le petit bleu a tous les caractères d'un document fabriqué, frauduleux, dont d'ailleurs l'écriture reste inconnue. Après avoir été maintenu trois semaines au secret absolu, Picquart est enfin entendu. Le 13 novembre, sur l'intervention personnelle du garde des Sceaux, Me Labori est autorisé à voir son client. Il y a alors cent vingt-deux jours que Picquart est en prison, quarante-neuf jours qu'il est au secret. Le 16 novembre le capitaine Tavernier rend une ordonnance, concluant au renvoi de Picquart devant le Conseil de guerre. Son ordonnance est un réquisitoire. Elle reprend toutes les accusations d'Henry, de Lauth et de Roget. Le colonel Picquart a « fait fabriquer » le petit bleu. La preuve en est qu'Henry n'avait pas remarqué, dans le paquet des papiers venant par la voie ordinaire, « ce document d'un si grand intérêt ». Picquart a longtemps dissimulé le petit bleu à ses supérieurs hiérarchiques, et « sans doute il avait ses raisons ». Il s'est livré à toutes sortes d'opérations : clichés, retouches, photographies. Ainsi, Henry mort, tous ses mensonges lui survivaient. La thèse de l'État-Major restait la bonne. Ni la révélation du faux Henry, ni la connaissance des comportements d'Esterhazy et de du Paty n'avaient rien changé. Il n'y avait qu'un seul vrai coupable, Picquart, les autres n'ayant fait que défendre, maladroitement ou non, l'honneur de l'Armée. Et le 24 novembre, le gouverneur Zurlinden ordonnait la mise en jugement du colonel Picquart : Picquart est cité devant le deuxième Conseil de guerre pour le 12 décembre, prévenu du crime de faux, et du délit de communication de pièces secrètes à personne non qualifiée. La longue machination poursuivie pour éliminer Picquart touchait enfin au but.

Cette péripétie prouvait que la révision du procès Dreyfus était loin d'être faite. Mais elle provoqua, par son absurdité même, un vaste mouvement de protestation. Des listes circulèrent qui regroupèrent « les intellectuels » déjà engagés, mais aussi de nouveaux noms. Des réunions publiques furent organisées, notamment par la Ligue des droits de l'homme, et par le Grand Orient. Jaurès, Pressensé, Allemane parlèrent à plusieurs reprises, à Paris et en province. Duclaux, Reclin, Buisson, Huvet, Paul Meyer prirent la parole. On se bousculait pour les entendre. Anatole France sortit de son ordinaire modération. « Ne faites entendre, dit-il, que le langage de la raison, mais avec un bruit de tonnerre » *. Jaurès proposa que Picquart aille au bagne « pour l'absolue perfection du crime de l'État-Major » **, mais Clemenceau opposa : « on ne tolérera pas que l'iniquité contre Dreyfus soit redressée au prix d'une iniquité plus grande contre Picquart » ***. L'Affaire Dreyfus est devenue l'Affaire Picquart.

Picquart, dans sa prison, reste calme, serein. A son ami Gast autorisé à lui rendre visite, il dit : « Je ne comprends pas pourquoi je suis exalté par les uns, et injurié par les autres. Je n'ai fait que mon devoir » [7]. Députés et sénateurs annoncent des interpellations. La gauche veut exiger du gouvernement qu'il ajourne, comme la loi le lui permet, la réunion du Conseil de guerre. Le 28 novembre à la Chambre, Millerand développe, avec la rigueur d'un excellent juriste, les arguments qui permettent au gouvernement de surseoir au jugement : « Si vous n'usez pas de votre droit, si les juges militaires n'usent pas du leur, qui est de surseoir, c'est sur vous que retombera la responsabilité. » Et voici que Raymond Poincaré demande la parole. Il était ministre quand Dreyfus fut condamné. Il s'était toujours tu sur l'affaire. On le sait aussi intelligent que prudent, grand travailleur, doué d'une ambition sans mesure, capable de longues patiences. Pour la première fois il prend parti : « Le silence de quelques-uns d'entre nous serait à l'heure actuelle une véritable lâcheté. » Il nomme ses anciens collègues, ministres avec lui en 1894 : « Mon ami Dupuy... mon ami Barthou... mon ami Leygues... » ceux qui, comme lui, se sont tus jusqu'à ce jour. Et il prévient Dupuy, redevenu président du Conseil : « S'il était vrai qu'une erreur

* 1er décembre 1898 au Grand Orient.
** *La Petite République,* 22 novembre 1898.
*** *L'Aurore* du 28 novembre 1898.

judiciaire eût été commise, ceux d'entre nous qui ont été aux affaires en 1894 auraient l'impérieuse obligation de ne rien faire, et de ne rien laisser faire qui pût en empêcher la découverte. » Barthou, président du groupe des républicains progressistes, s'associe à l'attitude de « son ami Poincaré ». On interrompt Poincaré : pourquoi a-t-il tant tardé à parler? Alors il vide son sac, selon son plan. Il déclare qu'aucun de ses collègues n'a jamais entendu parler d'aucune autre charge que le bordereau, que jamais aucun d'eux n'a eu connaissance d'aucun dossier diplomatique ou secret, qu'ils n'ont jamais rien su des « aveux » faits par le condamné à Lebrun-Renault, que le général Mercier n'a jamais parlé, à aucun de ses collègues, des aveux dont Cavaignac s'était saisi dans son fameux discours. Et s'accusant lui-même de s'être si longtemps tu, il conclut :

> Je sais bien qu'en rompant aujourd'hui ce silence qui me pesait, je m'expose à des attaques, à des injures, à des calomnies. Je ne m'en soucie pas. Je suis heureux d'avoir saisi, à cette tribune, l'occasion, trop longtemps attendue, de libérer ma conscience.

La « confession » de Poincaré fait un effet considérable sur l'Assemblée [8]. Freycinet intervient, explique que le gouvernement ne peut pas empêcher le Conseil de guerre de siéger, ce qui serait « s'engager dans la voie de l'arbitraire », mais que la Chambre criminelle, si elle sollicite, pour les besoins de son enquête, les originaux des documents compris dans le dossier du Conseil de guerre, peut, elle-même, obliger au renvoi en prenant au Conseil de guerre son dossier. On ne pouvait se débarrasser plus lâchement du problème, le confiant aux astuces de la Chambre criminelle. « On a perdu l'habitude d'être brave, dans le gouvernement », écrit J. Cornély *. Le président du Conseil murmure quelques mots sur le respect de la justice : son seul problème est de ne pas perdre de suffrages. Par 388 voix contre 83 ** la Chambre repousse

* *Le Figaro*, 29 novembre 1898.
** Les socialistes et quelques radicaux.

l'ordre du jour socialiste qui invite le ministre de la Guerre à ordonner le sursis. Il était clair qu'une très large majorité de la Chambre restait farouchement hostile à la révision. Picquart devait-il se préparer à rejoindre Dreyfus au bagne?

Les choses furent plus difficiles au Sénat. C'est que la Haute Assemblée était beaucoup moins sensible aux préoccupations électorales. Et elle comptait de nombreux juristes. Dans sa séance du 1er décembre, le Sénat votait un projet de loi disposant que l'instruction contradictoire serait désormais étendue aux Conseils de guerre. Cette réforme, qui venait trop tard pour Picquart, montrait dans quel sens inclinait le Sénat. C'est le moment que choisit Waldeck-Rousseau pour demander la parole.

Grand avocat d'affaires, très occupé au Palais, le sénateur de la Loire, élu en 1894, réélu en 1897, n'était jamais intervenu au Sénat. Ancien collaborateur de Gambetta et de Jules Ferry, il jouissait d'une grande autorité, que fondaient la rectitude de son caractère, et les lumières de son esprit. Il avait sagement oscillé du centre gauche au centre droit, mais ne s'était, en aucune circonstance, abaissé. On le savait timide, orgueilleux, secret. Comme il avait fait, en dehors du Parlement, une carrière enviée de tous – il était peut-être le plus grand avocat civiliste de son temps –, on le jugeait détaché, ce que son allure un peu hautaine confirmait. Pour qu'il intervînt en cette circonstance il fallait que « la mesure des iniquités et des sottises » fût comble *. Il fallait surtout qu'il estimât le moment opportun pour prendre parti. Il vient défendre au Sénat un projet permettant à la Cour de cassation d'ordonner la suspension de poursuites qu'elle juge en rapport avec une procédure dont elle est déjà saisie. Ainsi entend-il soustraire Picquart au Conseil de guerre. Pourquoi Waldeck-Rousseau, qui ne fait rien sans mûre réflexion, choisit-il ce moment, et ce prétexte, pour sortir du silence où il s'enfermait depuis 1894? Sont-ce les scrupules du juriste qui obligent l'avocat Waldeck-Rousseau à intervenir, comme ils ont influencé

* Dit Joseph Reinach, qui porte à Waldeck-Rousseau une vive admiration [9].

l'avocat Poincaré à la Chambre *? Cherche-t-il, dans la tempête, une solution légaliste qui puisse satisfaire les deux camps? Plus vraisemblablement a-t-il estimé que l'heure était venue pour lui d'aller de l'avant. Son discours au Sénat fait grande impression. Lebret s'oppose à la discussion d'urgence requise par Waldeck, et l'urgence n'est repoussée que de justesse par 113 voix contre 113. Cet échec est pour Waldeck-Rousseau, qui a réussi à entraîner la moitié du Sénat, un succès personnel. Qu'il l'ait voulu ou non il est désormais classé. Il est du camp des dreyfusards. Comme Millerand converti au dreyfusisme depuis le suicide d'Henry, comme Poincaré enfin sorti de son silence. Les trois grands avocats décident de se rencontrer, de se consulter. Ils s'adjoignent Barthou; leurs réunions regroupent ainsi, du socialiste Millerand au progressiste Waldeck-Rousseau, toutes les nuances républicaines. Ni le Parlement, ni la presse ne s'y trompent. Le ralliement de ces hommes d'avenir, qui prennent de leur carrière un soin jaloux, c'est aussi un signe!

Le 12 décembre approche. Que peut-on encore pour soustraire Picquart au Conseil de guerre? Emporté par le zèle, Zurlinden avait renvoyé Picquart devant le Conseil de guerre, non seulement pour faux, mais pour infraction à la loi sur l'espionnage. Or Picquart restait – par ailleurs – de même que son ami Leblois, poursuivi devant le tribunal correctionnel pour « communication du dossier secret Esterhazy ». Les mêmes faits étaient ainsi soumis simultanément à la juridiction militaire et à la juridiction de droit commun. Les avocats de Picquart et de Leblois se consultent. En hâte ils saisissent, le 2 décembre, la Cour de cassation d'une requête en règlement de juges. La Cour de cassation consent à s'en saisir aussitôt et l'affaire vient devant la Chambre criminelle le 8 décembre. Il ne reste que quatre jours. Le conseiller rapporteur conclut qu'il serait plus pratique, plus sage, avant de décider, de se faire communiquer le dossier du Conseil de guerre. Le procureur général Manau approuve, grondant « qu'il fallait se placer au-dessus des pas-

* C'est la thèse de Pierre Sorlin dans son livre essentiel, *Waldeck-Rousseau* [10].

sions devenues féroces »[11]. Et la Cour de cassation rend un arrêt habile, qui ne décide rien mais ordonne la communication du dossier militaire. L'arrêt imposait le sursis : Picquart restait en prison, mais il échappait, pour le moment, à la justice militaire. Il était juste temps. La fureur éclate chez les adversaires de la révision *. L'évidence était que la Chambre criminelle était « du côté des Juifs ». Où allait-on? Il devenait urgent de retirer à ces juges « malhonnêtes ou imbéciles » le dossier de l'Affaire Dreyfus.

II. – À L'ÉLYSÉE, MON GÉNÉRAL

La Chambre criminelle poursuivait son enquête. Comme la France entière, elle était divisée. Mais les conflits, à la Cour de cassation, se dissimulaient dans les replis des toges. Les opinions ne s'exprimaient qu'avec mesure et précaution. La réserve était plus qu'un devoir, un style commun à tous, fait de prudence, mais aussi d'habitudes professionnelles. Quelles que fussent les convictions, le travail des juges ne supportait ni les éclats ni les démonstrations.

La connaissance du droit, le respect de la loi, chez beaucoup une vénération de la règle écrite, qu'elle fût de droit ou de procédure, ne pouvaient être sans effet sur le caractère des hommes. La plupart des conseillers avaient derrière eux un long passé consacré à la science juridique, théorique et appliquée. L'esprit juridique les avait formés, et aussi déformés. Il leur avait donné une méthode, mi-scientifique mi-littéraire, où l'invention et l'imagination tenaient leur place, mais aussi le soin méticuleux du détail, la rigueur dans l'examen, la rectitude du raisonnement. La plupart des magistrats de la Cour de

* C'est le temps des souscriptions au « monument Henry ». Voir *supra* p. 443.

cassation étaient conservateurs. A peu près tous étaient républicains *. Leur milieu social, leur éducation, leur formation, leur discipline même les inclinaient à être respectueux des institutions et des autorités. Mais ils ne l'étaient pas à la manière des officiers. Ils ne pouvaient admettre facilement que l'honneur d'une institution commandât une erreur judiciaire. Ni la communication secrète de pièces dans un délibéré, ni la fabrication d'un faux, ni l'exécution d'un crime par obéissance ou par zèle ne pouvaient leur être aisément supportables. L'exaspération de l'esprit juridique répugnait à toute irrégularité, de quelque principe qu'elle s'habillât. La Cour de cassation n'était ni révolutionnaire, ni même « radicale » : seulement républicaine. Un bon nombre des juges étaient prévenus contre Dreyfus. Car la chose jugée, fût-ce par un tribunal militaire, était une des règles de droit qu'ils tenaient pour sacrée. Beaucoup de conseillers étaient antisémites. Mais ils étaient pour la plupart des juristes, incapables d'accepter n'importe quelle illégalité pour servir leur préjugé. Plusieurs d'entre eux étaient par surcroît des esprits justes, pour qui la justice n'était pas qu'une institution, mais un devoir, un idéal. Quelques-uns ne cherchaient qu'à prendre le vent, prêts à devenir dreyfusards si le gouvernement le devenait.

On savait que le conseiller Sevestre, qui avait de nombreux parents dans l'Armée, conduisait la minorité hostile à la révision. Il reprochait au président Loew, manifestement favorable à la révision, de trop « laisser percer son opinion » et de manquer à son double devoir de juge et de président. Plusieurs

* La République avait fait de grands efforts à partir de 1879 pour « reprendre en main » le pouvoir judiciaire par des voies diverses, peu respectueuses de l'indépendance des juges. Une loi de juillet 1883, suspendant pour quelques mois l'inamovibilité, avait permis une vaste épuration : six cent neuf magistrats du siège avaient été éliminés. Près de trois cents magistrats avaient démissionné par solidarité. Ainsi les bonapartistes, les royalistes, les « conservateurs cléricaux » avaient-ils été chassés de la magistrature, dans une épuration qui fut conduite avec autant de brutalité que d'arbitraire. Quinze ans après, la magistrature française en subit encore les effets, et surtout en garde le souvenir. (Sur la grande épuration de 1883, voir l'ouvrage de J.-P. Royer, R. Martissage, P. Lecoq, *Juges et notables au* XIXe *siècle*, PUF, 1982, pp. 365 et s.)

conseillers semblaient indifférents, soit qu'ils n'eussent pas encore d'opinion, soit qu'ils eussent décidé de la taire. Tous travaillaient avec application. En décembre, la Chambre criminelle entendit le général Gonse, toujours acharné, mais de plus en plus confus, et le général de Boisdeffre qui s'était retiré dans un vieux manoir ancestral en Normandie et qui semblait chaque jour plus triste et las. Elle entendit tous ceux qui avaient eu connaissance, directe ou indirecte, des prétendus aveux, les principaux ministres de 1895, l'ancien président de la République Casimir-Perier lui-même. Maurice Weil fut longuement entendu sur ses relations avec Esterhazy. Esterhazy, qui avait quitté Londres pour Rotterdam où il se cachait sous un faux nom, écrivit au premier président de la Cour de cassation, M. Mazeau, pour offrir de venir déposer. Mais il exigeait qu'un sauf-conduit lui fût accordé. Il déposa les 23, 24 et 30 janvier, instruisit le procès de Cavaignac « qui avait promis sa peau », affirma ses relations avec Sandherr mais refusa d'en justifier. « J'ai des preuves décisives, je les produirai quand je voudrai. » Interrogé sur le bordereau, il ne répondit pas, se retranchant derrière « la chose jugée par les soldats ». Il repartit dès qu'il sut son sauf-conduit périmé [1].

La grande affaire restait le dossier secret. La Cour de cassation l'avait demandé au gouvernement dès le 14 novembre. Freycinet avait d'abord promis qu'il ne refuserait rien à la Cour de cassation, puis il avait posé ses conditions. La Chambre criminelle prendrait l'engagement de ne rien publier du dossier secret sans l'assentiment du ministre de la Guerre, et le capitaine Cuignet présenterait personnellement le dossier secret à la Cour de cassation, l'apportant le matin, le rapportant le soir. Pourquoi? Par respect pour la raison d'État? Parce que des puissances étrangères étaient concernées? Plusieurs conseillers, choqués de cette procédure, protestèrent, puis la Chambre criminelle s'inclina. Comment faire autrement?

A partir du 30 décembre, le capitaine Cuignet vint donc chaque jour au Palais de Justice, exposer, expliquer le contenu du « dossier secret » maintenant lourd de près de quatre cents pièces, en présence du procureur général, et de Me Mornard, l'avocat de Lucie Dreyfus. On examina successivement tout ce qui concernait le bordereau, puis tous les témoignages accumulés autour des aveux de Dreyfus, enfin toutes les pièces qu'avaient collectionnées ou fabriquées le colonel Henry et le général Gonse. Les conseillers se passaient les documents. On lisait, on commentait, on bavardait. Peu à peu la certitude gagnait la plupart des conseillers que le dossier secret était aussi vide que le dossier judiciaire. Cuignet s'en apercevait, et s'inquiétait : cette justice civile ne semblait pas entendre grand-chose à l'intérêt et à l'honneur de l'Armée.

La contre-offensive vint de la Cour de cassation elle-même. Le jour de Noël 1898, *l'Éclair* et *la Patrie* publiaient soudain les confidences de M. Quesnay de Beaurepaire, président de la Chambre civile de la Cour de cassation. M. Quesnay de Beaurepaire après avoir végété quelques années au barreau était entré – en 1878 – dans la magistrature. Il y avait aussitôt révélé une rare audace. Avocat général à Paris, il avait violemment requis contre Boulanger quand le procureur général s'y refusait. Puis, quand plusieurs de ses collègues se dérobaient, il avait requis contre les anarchistes, demandé et obtenu la tête de Ravachol. Dès 1892 il avait été nommé à la présidence de la Chambre civile. Mis en cause par les socialistes, au moment du procès de Panama, il avait exigé d'être traduit devant les Chambres Réunies de la Cour de cassation, statuant disciplinairement, et de présenter lui-même sa défense. Disculpé de toute faute contre l'honneur [2], il avait gardé de cette affaire de l'amertume, mais aussi un violent désir de faire à nouveau parler de lui. La bataille, la publicité étaient ses goûts. Le courage lui était naturel. Il s'ennuyait à la Chambre civile, enfoncé dans des dossiers ingrats. Que l'Affaire Dreyfus se déroulât sans lui ne lui était guère supportable.

Dès les premiers jours de décembre, il allait, répétant partout que la Chambre criminelle était un ramassis de politiciens et d'ignorants. A la presse nationaliste il livre bientôt ses preuves. Il a été le témoin de scènes révélatrices. Le colonel Picquart, extrait de prison pour venir déposer à la Chambre criminelle, avait été installé dans le bureau du président de la Chambre civile, faute d'un autre lieu. Et voici que le conseiller Bard, rapporteur, était venu trouver Picquart, et s'était adressé à lui : « Mon cher Picquart, donnez-moi votre avis sur la déposition de... » Le conseiller Bard n'avait pas eu le temps d'achever sa phrase... Quesnay de Beaurepaire s'était dressé en face de lui. Beaurepaire avait bien entendu ces mots : « Mon cher Picquart »! C'était l'aveu d'une connivence entre le conseiller rapporteur et l'agent principal du syndicat juif. La presse exploite ce récit. Beaurepaire est devenu l'homme du jour et la Chambre criminelle est en émoi. Beaurepaire, enhardi, livre chaque jour aux journaux de nouveaux détails. Il a entendu le conseiller Bard dire à Picquart : « Voilà la déposition de Gonse, je crois que nous le tenons. » Le garde des Sceaux, que cette affaire inquiète, demande au premier président Mazeau de faire enquête. Mais le 28 décembre, le président Quesnay de Beaurepaire, encouragé par le succès croissant de ses révélations, adresse au premier président un mémoire énumérant sept faits de « prévenance » du président Loew et du conseiller Bard en faveur de Picquart et des avocats de Dreyfus, Mornard et Labori. Un jour on a servi à Picquart un breuvage. Un autre jour un grog chaud. Le conseiller Bard avait été vu causant avec Labori. Et le président Loew, confus de faire attendre Picquart, avait chargé le greffier de lui exprimer « tous les regrets de la Cour ».

Voici le président Loew et le conseiller Bard contraints de répondre, sur chaque point, aux accusations de leur délateur. Le Conseil des ministres délibère sur cette affaire qui devient une affaire d'État : car les antirévisionnistes voient le profit qu'ils peuvent en tirer. Le président de Beaurepaire s'exaspère. Le 6 janvier il menace. Il réclame une enquête : « J'y établirai que par l'effet de la conduite de quelques magistrats, la Cour de cassation est montrée du doigt; que nous sommes obligés de dire, dans le monde, que nous appartenons aux chambres civiles. » Soudain le 8 janvier, n'ayant pas reçu réponse à son ultimatum, il adresse au ministre de la Justice, sans la motiver, sa démission de ses fonctions de président de chambre à la Cour de cassation. Et il avise la presse.

Cette fois, le malheureux garde des Sceaux est tout désemparé. Il flotte trois bons jours. Pour remplacer le démissionnaire, on choisit le conseiller Ballot-Beaupré, de la Chambre des requêtes. Et l'on décide que le premier président Mazeau prendra lui-même la présidence de la Chambre criminelle, se réservant le choix du rapporteur. Ainsi le président Loew doit-il subir ce qui est, devant l'opinion publique, une rude humiliation. Quant à Beaurepaire, il est devenu un infatigable journaliste. *L'Écho de Paris* publie en janvier 1899 ses nouvelles confidences : le conseiller Dumas a de fréquentes conférences, en dehors du Palais, avec des amis et des parents de Dreyfus; un autre conseiller a eu des « conciliabules prémédités » avec Picquart, dans les urinoirs de la Cour de cassation.

Le Parlement vit maintenant à l'heure de la Cour de cassation. Le 12 janvier, Paul Deschanel, réélu président de la Chambre, fait un de ces magnifiques discours qui constituent son activité essentielle. « Comment pouvait-on opposer l'un à l'autre ces deux nobles amours de la France, l'Armée et la Justice, au risque de lui déchirer le cœur? » Plusieurs députés insultent les magistrats. A la tribune, un député dénonce Manau, Bard et Loew, ce « trio de coquins ». On somme le garde des Sceaux de révoquer le procureur général. Lebret promet, pour apaiser la Chambre, de demander au premier président Mazeau une nouvelle enquête sur les faits signalés par Beaurepaire. La Chambre débat sur le « grog » servi à Picquart. Le garde des Sceaux assure que les généraux Billot et Roget ont eux aussi eu à leur disposition une carafe d'eau et un flacon de rhum. Ce débat dérisoire en masque à peine un autre : Drumont, Rochefort, accusent ouvertement l'argent juif d'avoir corrompu la Cour de cassation.

Pour mener son enquête, le majestueux premier président Mazeau s'entoure de deux magistrats choisis dans l'ordre d'ancienneté du Tableau, les conseillers doyens Dareste et Voisin. Dix jours durant les trois magistrats entendent le dénonciateur et tous les témoins. On descend au plus infime détail. Le mal fut extrême pour découvrir le conseiller qui avait communiqué avec Picquart dans les urinoirs.

On finit par trouver un policier qui disait avoir assisté à la scène. A l'audience publique de la Chambre criminelle il reconnut et désigna le conseiller Chambareaud. Mais le conseiller Chambareaud était notoirement atteint d'une maladie de la vessie. Finalement l'enquête des doyens s'acheva, sans qu'aucun des griefs de Beaurepaire prît la moindre consistance. Le 27 janvier, le premier président Mazeau, les conseillers Dareste et Voisin adressaient au garde des Sceaux une lettre dont les termes avaient été très soigneusement mesurés. Elle devait tout à la fois innocenter leurs collègues, mais en même temps ouvrir la voie au « dessaisissement » de la Chambre criminelle [3] :

> Nous avons l'honneur de vous remettre, avec l'avis que vous nous avez demandé, les dépositions recueillies dans l'enquête officieuse que vous nous avez confiée et qui portait sur les derniers faits signalés par M. Quesnay de Beaurepaire.
> Il en résulte pour nous cette impression qu'il serait sage, dans les circonstances exceptionnelles que traverse le pays, de ne pas laisser à la Chambre criminelle seule la responsabilité de la sentence définitive. Depuis trois mois, en effet, nos collègues poursuivent une instruction laborieuse, au milieu d'un déchaînement inouï de passions opposées qui ont pénétré jusque dans le prétoire. N'est-il pas à prévoir qu'un arrêt rendu dans de telles conditions serait impuissant à produire l'apaisement dans les esprits, et manquerait de l'autorité nécessaire pour que tout le monde s'incline devant lui?
> Nous ne suspectons ni la bonne foi, ni l'honorabilité des magistrats de la Chambre criminelle; mais nous craignons que, troublés par les insultes et les outrages, et entraînés pour la plupart dans des courants contraires par des préventions qui les dominent à leur insu, ils n'aient plus, après l'instruction terminée, le calme et la liberté morale indispensables pour faire l'office de juges.

Et tandis que la Chambre criminelle, calomniée *, déjà sacrifiée par les plus hautes autorités de l'État

* La violence des calomnies déversées quotidiennement sur la Chambre criminelle, notamment sur le conseiller Bard et sur le président Loew, est bien décrite dans le livre que publiera, en

aux clameurs antirévisionnistes, poursuivait patiemment son enquête, la procédure de dessaisissement était mise en marche. Dès le 28 janvier le gouvernement dépose le projet d'une loi applicable aux procédures en cours, attribuant aux Chambres Réunies de la Cour de cassation le pouvoir de décision sur toute affaire de révision *. C'est qu'en effet si la majorité de la Chambre criminelle semblait favorable à Dreyfus, le premier président Mazeau avait indiqué au gouvernement que la majorité des deux autres chambres, la chambre civile et la chambre des requêtes, inclinait en sens contraire. Il apparaissait donc peu probable que les chambres réunies ordonnassent la révision. Restait à sauver la face. Car ce dessaisissement de la haute juridiction, à quelques jours de son arrêt, était sans précédent, et défiait le droit **. Le 6 février la Chambre criminelle avisait le garde des Sceaux qu'elle arrivait au terme de son enquête. Pour lui ravir le dossier, il fallait faire vite, très vite. Le débat sur le dessaisissement eut lieu à l'Assemblée le 10 février. Le rapporteur de la commission, M. Renault-Morlière, ancien avocat à la Cour de cassation, fit le procès d'une loi qui foulait aux pieds tous les principes, loi de circonstance, loi odieuse. « Vous tuez dans ce pays l'idée même de la justice. » Puis le socialiste Millerand monta à l'assaut du texte infâme. « Il est permis à un César de mépriser la loi et d'avilir les juges; c'est l'honneur, la force d'une démocratie, de ne pas tolérer l'arbitraire. » A son tour Pelletan intervint :

1910, le président Loew sous le titre *la Loi de dessaisissement par un dessaisi* (librairie Fischbaches). « Lévy-Loew » fut accusé de s'être vendu au syndicat, et vendu cher. Son frère, demeuré notaire à Strasbourg, fut dénoncé comme un agent de l'Allemagne. Son fils aussi fut attaqué dans sa vie de famille et ses relations d'affaires. Les caricatures montraient Lévy-Loew recevant des Juifs ses sacs d'écus, ou circulant, en costume de magistrat, la tête couverte d'un casque à pointe.

* Les Chambres Réunies comprenaient, outre la Chambre criminelle, la Chambre des requêtes et la Chambre civile qui l'une et l'autre examinaient les pourvois formés en matière civile. Il semblait que l'esprit de la France traditionnelle soufflât davantage dans les Chambres civiles qu'à la Chambre criminelle...

** La commission nommée par la Chambre des députés se prononça, par neuf voix contre deux, contre l'adoption du projet.

> Ce n'est là ni une loi républicaine, ni une loi française. Si elle est votée, il n'y aura plus de parti républicain parce qu'il n'y aura plus de justice. Et puisqu'on parle beaucoup de la Patrie française j'ose dire que cette grande patrie mérite qu'une Chambre, à la fin de ce siècle, n'inflige point cette honte à son histoire.

Mais le président du Conseil et le garde des Sceaux se retranchent derrière l'opinion du premier président de la Cour de cassation. « Qui pourrait se plaindre? demande Dupuy. Est-ce le justiciable? Sont-ce les partisans, prématurés ou téméraires, de l'innocence de Dreyfus? Ils croient à l'évidence de leur cause. Cette évidence est-elle d'un genre tellement spécial qu'elle ne puisse éclater que devant la Chambre criminelle? » Le garde des Sceaux Lebret est moins habile, mais plus convaincant. Descendant très bas, pour entraîner le vote, il donne conseil aux députés : « Regardez dans vos circonscriptions. » Le projet est voté par 324 voix contre 207. Presque tout le centre, les deux tiers des radicaux ont voté avec la droite.

L'affaire promettait d'être plus difficile au Sénat. Mais le jour même, 16 février, où la Haute Assemblée désigne la commission qui examinera le projet de dessaisissement, le président Félix Faure se lève fatigué. Il tient cependant ses rendez-vous et déjeune de bon appétit. Vers 17 heures les officiers de service entendent des cris qui paraissent provenir du cabinet du président. On se précipite. On le trouve sur son lit, inerte, immobile, le regard fixe, sans expression. L'état des lieux ne laisse guère de doute sur les circonstances dans lesquelles l'hémorragie cérébrale a frappé le président. Un médecin présent à l'Élysée accourt, mais Félix Faure râle déjà. On appelle les médecins ordinaires tandis que l'on répare « le désordre des êtres et des choses » [4]. La visiteuse du président a été conduite vers une porte dérobée. Vers 19 h 30 Félix Faure tombe dans le coma. Il meurt vers 22 heures, après avoir reçu le sacrement de pénitence d'un prêtre trouvé dans la rue. Les saintes huiles arrivent trop tard.

Le lendemain Georges Clemenceau commentait,

dans *l'Aurore* * : « Cela ne fait pas un homme en moins en France... » Pour les révisionnistes, la mort soudaine de Félix Faure était un soulagement, car il avait rejoint le camp des antidreyfusards et usait, contre la révision, de toutes les ressources de son autorité. Qu'il fût mort dans les bras d'une dame permettait sinon de se réjouir, au moins de se distraire. Les anecdotes allaient bon train. Restait à espérer l'élection d'Émile Loubet, président du Sénat. Loubet avait été président du Conseil au moment du scandale de Panama, ce qui n'aidait pas sa candidature. Mais il était un « vrai républicain », révisionniste convaincu. L'Affaire Dreyfus était maintenant au cœur de la vie politique.

Les groupes républicains du Sénat et de la Chambre proclament aussitôt la candidature de Loubet. Les radicaux, et même les socialistes, se rendent en délégation chez lui pour dire leur soutien. Les progressistes au contraire s'obstinent à souhaiter la candidature de Méline, qui hésite et se fait prier. Loubet est vite couvert d'insultes. Il est le candidat de l'île du Diable! La Ligue de la patrie française s'agite en tous sens. Le matin même de l'élection, Quesnay de Beaurepaire et Jules Lemaître publient des articles dénonçant les louches interventions de Loubet dans l'Affaire de Panama. Rien n'y fait. Le 29 février, le candidat des « panamistes », des « dreyfusistes » est élu au premier tour par 483 suffrages. 279 voix vont à Méline qui n'était pas officiellement candidat, les autres s'égarent sur Cavaignac, Deschanel et Dupuy. La gauche n'en revient pas de son succès. Est-ce l'absence d'un vrai candidat de la droite et du centre? Est-ce le signe que le front républicain est majoritaire, alors que la loi de dessaisissement avait, à la Chambre au moins, paru indiquer le contraire **?

Les dreyfusards sont en liesse. Mais les nationalistes ont eu le temps de « préparer » cette journée. Guérin a recruté des troupes exceptionnelles, « débardeurs, coltineurs, rôdeurs de barrières et autres vagabonds », et Déroulède a mobilisé ses ligueurs.

* *L'Aurore* du 17 février 1899. Dès le 18, *la Patrie* insinue que Félix Faure a été tué par les Juifs ou par une Juive.

** Déroulède refusa de voter au Congrès parce que « l'élection du chef de l'État appartient au peuple ».

Dupuy, pourtant prévenu, n'a rien fait, « soit par incurie, soit qu'il ne déplût pas à ce gros homme... de dégoûter Loubet, dès le premier soir, de sa magistrature » [5]. Le nouveau président de la République prend le chemin de fer, de Versailles à Paris. Quand il débarque à la gare Saint-Lazare pour se rendre à l'Élysée, des centaines de manifestants l'attendent et l'accueillent. Aux cris de « démission! » et « Panama! » sa voiture est poursuivie et secouée. Il a grand-peine à atteindre l'Élysée.

Pendant ce temps Déroulède et ses troupes, arrivés de Versailles, parcourent les rues en pleine excitation. On supplie Déroulède de marcher sur l'Élysée. Il va place des Pyramides, et, adossé à la statue de Jeanne d'Arc, il jure « de bouter hors de France, comme Jeanne d'Arc avait fait des Anglais, une Constitution étrangère » [6]. « L'élection d'aujourd'hui est un défi... c'est au peuple qu'il appartient de nommer le président de la République. » Comme on continue de crier « A l'Élysée! » il proteste : « Ne faisons rien ce soir, il y a à l'Élysée un mort que j'aimais... jeudi je ferai mon devoir. » Jeudi, la République enterrera Félix Faure. La menace n'est pas vaine. La police rapporte le projet des ligueurs qui envisagent de marcher sur l'Élysée, ou sur le Palais-Bourbon, au retour des obsèques.

Les Chambres avaient voté des funérailles nationales. La cérémonie religieuse devait avoir lieu à Notre-Dame. Émile Loubet, inquiet de l'agitation nationaliste, adresse aux Chambres un message où il balance des recommandations. « Il faut respecter également la magistrature qui applique les lois, et l'Armée qui assure l'indépendance de la patrie. » Il prévient aussi « qu'il ne laisserait pas affaiblir entre ses mains les droits que lui conférait la Constitution ».

Aidé de son adjoint Marcel Habert, Déroulède prépare son action. Ce qu'il veut c'est un « quatre septembre militaire sans effusion de sang ». Le peuple, c'est-à-dire les ligueurs, devra entraîner un général acquis d'avance, et suivi d'une brigade, vers l'Hôtel de Ville et l'Élysée. L'Élysée et le ministère de l'Intérieur seront occupés. Déroulède, le général libérateur, et s'il y a lieu un complice civil – qui pourrait être Cavaignac s'il acceptait de s'y prêter –

adresseront au pays une proclamation abrogeant la Constitution usurpatrice de 1875, et annonçant que le peuple serait bientôt convoqué en ses « comices ». Déroulède prépare le texte de son message au pays : il en donnera – quand l'affaire aura mal tourné – lecture en Haute Cour [7].

Restait à trouver le général qui réussirait à entraîner l'Armée. On pense à Pellieux, dont l'antidreyfusisme est devenu la raison de vivre, et qui se déchaîne contre les Juifs et la Chambre criminelle vendue aux Juifs. Sollicité, Pellieux hésite. Il fait de vagues promesses. Déroulède, ayant appris que le point de dislocation des troupes, après les funérailles, avait été fixé place de la Nation, avertit 25 000 ligueurs, par convocations à domicile, cartes-télégrammes et même affiches, qu'ils devront se trouver à 3 heures à la Bastille. Le prétexte – qui ne peut tromper personne, pas même le ministre de l'Intérieur – est qu'on se rendra de là au Père-Lachaise, pour déposer une couronne sur la tombe de Félix Faure. Déroulède espère que cinq à six mille ligueurs viendront à la Bastille, et cela lui suffit. Il harangue ses troupes, le 21, dans une grande réunion tenue salle Charrasse qui se termine aux cris de « vive la République, à bas le Parlement ». De leur côté, mais sans projet précis, les bandes de Guérin se préparent à passer à l'action. Le duc d'Orléans multiplie les contacts. Il espère bien que cette affaire pourra lui profiter.

Ce fut un échec et presque une bouffonnerie. Après que les obsèques se furent déroulées, dans un calme absolu, le général de Pellieux, quittant le parvis de Notre-Dame, suivi de sa troupe pour aller à la Nation, fut pris de scrupule, ou vaincu par la peur. Il décida de ne pas se rendre au rendez-vous où l'attendait Déroulède et arguant d' « inquiétudes » qui lui étaient venues, du risque qu'il courait d'être « bruyamment acclamé » place de la Nation, il demanda au gouverneur Zurlinden de le remplacer. Pellieux dut parlementer pour obtenir satisfaction *. Cependant Déroulède attend, à la Nation, installé

* Barrès, qui se trouvait aux côtés de Déroulède place de la Nation, assurera que le coup d'État, soigneusement préparé, avait échoué à cause d'indiscrétions diverses, mais surtout à cause de la « trahison » du général de Pellieux [8].

dans une loge de concierge en compagnie de Maurice Barrès, son écharpe de député en sautoir, les poches bourrées de proclamations, de décrets, de pièces d'or, de billets de banque, pour faire face aux premiers besoins. Son adjoint Habert l'assure que tout va bien. Les ligueurs jalonnent le chemin qui va de la Nation à l'Hôtel de Ville puis à l'Élysée. Vers 16 h 30, la brigade attendue s'approche. Déroulède va sur la place, et suivi de deux cents fidèles, car il est venu moins de monde que prévu, il se porte à sa rencontre. Un général à cheval marche en tête, sous son chapeau à plumes noires. C'est Pellieux? Non, c'est Roget.

Déroulède tente de faire face à ce coup du sort. Il se précipite sur Roget stupéfait. « Suivez-nous, mon général, ayez pitié de la patrie, sauvez la France et la République. A l'Élysée, mon général. » Barrès, Habert, Syveton vocifèrent, essaient de l'entraîner. Le cheval de Roget se cabre, Roget écarte violemment Déroulède. De l'épée il indique aux troupes le boulevard Diderot, c'est-à-dire le chemin de la caserne de Reuilly. Alors les ligueurs, comprenant que l'opération est manquée, tentent de lui barrer la route. Roget force le barrage, et fonce maintenant vers la caserne de Reuilly avec ses hommes. Encore au seuil de la caserne, Déroulède cherche à s'emparer de la bride du cheval. Habert et lui sont entraînés, emportés dans la cour, tandis que le gros de l'émeute, avec Barrès et Guérin, reste dans la rue. Ainsi les comploteurs se retrouvent-ils enfermés dans une caserne. Le général Roget, maintenant embarrassé de ses prisonniers, les invite à se retirer. Ils refusent. « Allez dire à Paris, hurle Déroulède, que je suis prisonnier de l'Armée. » Il discourt dans la cour de la caserne, interpellant les officiers : « L'Armée m'a trahi... tout est pourri ici. Vous n'êtes plus des soldats. Vous êtes des parlementaires. » Roget, qui ne peut les mettre dehors, avertit Zurlinden, qui avertit Dupuy. Il est près de minuit quand le commissaire Cochefert se transporte à Reuilly pour signifier au général Roget qu'il doit « garder » les députés présents, et les considérer comme en état d'arrestation. A une heure du matin, Cochefert conduit les comploteurs au dépôt, sous la prévention de « s'être introduits dans une caserne à la tête d'une bande de manifestants, et d'avoir refusé d'en sortir malgré les injonctions de l'autorité militaire ». Déroulède s'indigne. Les termes de ce mandat étaient une injure. Il fait insérer au procès-verbal « qu'il s'était rendu place de la Nation pour entraîner les troupes dans un mouvement insurrectionnel et renverser la République parlementaire ». Redoutant d'être arrêté, Guérin, suivi d'une soixantaine d'hommes, s'était retiré dans son fort, rue Chabrol. Aussitôt averti, le duc d'Orléans allait tristement se coucher. Bouffonnerie? Conspiration d'opérette? Vrai complot avorté auquel il ne manqua qu'un général résolu? Mais le danger du césarisme pèsera maintenant sur la vie politique, et l'infléchira *.

Prévenu du complot comme rarement gouvernement le fut, le gouvernement Dupuy n'avait que très mollement défendu la République. Quand le président du Conseil demanda à la Chambre la levée de l'immunité parlementaire des députés arrêtés, il n'invoqua qu'une infraction à la loi sur la presse, et le délit de provocation à la désobéissance des militaires. Alors commença une instruction singulière, où les inculpés s'acharnaient à proclamer qu'ils avaient voulu soulever l'Armée et le peuple, et renverser la République, tandis que le juge d'instruction et le procureur de la République s'ingéniaient à démontrer qu'ils n'avaient commis que des infractions bénignes. A l'effet de prouver son zèle républicain, Dupuy imagina toutefois de faire ouvrir une instruction générale contre les ligues, pour infraction à une loi désuète sur les associations non autorisées de plus de vingt personnes. Il fit englober dans la poursuite la Ligue des patriotes, la Ligue antisémitique, et la Ligue des droits de l'homme **. Ainsi répartissait-il les coups, et témoignait-il de son objectivité ***.

* Peut-être ce complot manqué sera-t-il par la suite « majoré à des fins de politique intérieure » par Waldeck-Rousseau notamment. Cf. en ce sens l'opinion de René Remond [9].

** Le tribunal devait prononcer la peine de seize francs d'amende avec application de la loi de sursis [10].

*** « M. Charles Dupuy, écrit Joseph Cornély (*le Figaro* du 12 mars), est en train de devenir ridicule avec son histoire des ligues... Il va se trouver obligé de poursuivre MM. Trarieux, Duclaux de l'Institut, en même temps que M. Coppée, et

Au moins le complot manqué, l'agitation nationaliste eussent-ils pu faire oublier la loi de dessaisissement. Il n'en fut rien. Dupuy et Lebret s'entêtèrent dans leur projet, comme si rien ne s'était passé. Le débat commença le 27 février au Sénat. Le premier président Mazeau, qui était sénateur, ne vint pas aux séances. Après Maxime Lecomte qui dénonça « une des plus grandes hontes du siècle », après Béranger « ferme républicain et très ferme catholique » qui fit le procès des violations du droit qui ne cessaient d'entourer l'Affaire Dreyfus, Waldeck-Rousseau monta à la tribune. Ce fut un grand moment. « Nulle éloquence, raconte Reinach, ne fut moins de l'éloquence. » « On dirait que cet homme qui ne fait pas un geste, froid, tranquille, presque immobile, ne s'adresse pas à l'entendement par l'ouïe mais par la vue; ce n'est pas un bruit, c'est de la lumière qui passe » [11]. Waldeck-Rousseau dénonce cette loi de suspicion, loi de faiblesse, violation du droit, atteinte à la conscience :

> On faisait hier appel à ce sentiment français qui aime à se rappeler son passé, ce qu'il a été, ses grandeurs; ce qui me préoccupe n'est pas de voir que nos institutions sont attaquées. Notre caractère national lui-même se trouve menacé.
> Nous avons toujours été un peuple épris d'idéal et de raison. Nous étions avides d'égalité, et des prédications furieuses exhument, pour les vanter, des souvenirs qui sont la honte de l'histoire, essayent de précipiter toute une partie d'un peuple contre un autre. Nous étions avides de justice, et l'on a pu dire, sans que partout ce peuple frémisse, que contre le droit individuel, il peut y avoir des raisons d'État.
> Certains mots ont perdu leur sens : craindre qu'une erreur ait été commise, ce n'est pas obéir au plus noble devoir et au plus noble sentiment de l'humanité, non; dans un certain jargon nationaliste, cela a été méconnaître la patrie.
> Vouloir réparer cette erreur, cela a été une forfaiture. Et voilà qu'on nous demande maintenant des tribunaux exceptionnels ou extraordinaires.

M. Lemaître, encore plus de l'Institut s'il est possible... Rien n'était inoffensif comme ces ligues... Il fallait les laisser en proie aux vanités individuelles qui les eussent dévorées. M. Charles Dupuy leur fabrique une auréole. »

> Il semble, en vérité, que certains actes soient oubliés et que certains souvenirs ne mordent plus au cœur, comme autrefois, les fils ou les descendants des proscrits de 1851.
> Je me refuse à amnistier le passé; nous ne fournirons pas aux réactions de l'avenir un précédent républicain.
> On a parlé de l'opinion... je réponds : parlons de la justice; je dis, en outre, qu'il ne faut pas prendre pour l'opinion de la France les clameurs de quelques professionnels.
> Je dis à mon tour : des hommes politiques ne doivent jamais considérer le moment présent; ils doivent regarder l'avenir. Oui, l'opinion est mobile! Oui, elle a des retours soudains et irrésistibles... Et ce qu'elle pardonne le moins, ce sont les fautes qu'elle a commises parce que ses représentants les lui ont laissé commettre. Je ne sais qu'un moyen de ne pas se tromper et de ne pas la tromper, c'est d'écouter, d'abord, sa conscience; c'est ensuite de lui obéir.

Le grand avocat réussit à faire forte impression, mais non pas à changer les votes. Par 155 voix contre 125 le Sénat se prononça pour la loi et passa à la discussion des articles *. Pour Waldeck-Rousseau l'essentiel est ailleurs. Il a parlé « au-delà de l'Affaire ». C'est un message politique qu'il a exprimé à la tribune, faisant le procès du ministère Dupuy. Il veut apparaître comme le défenseur intraitable de la République et de ses libertés. Déjà il pense au prochain gouvernement [12]...

* Le premier président de la Cour de cassation, M. Mazeau, absent lors des débats, vota cependant la loi qui, au mépris du droit, dessaisissait la Chambre criminelle.

Ce n'est que le 11 juin 1908 – la révision acquise – que le gouvernement déposera un projet d'abrogation de la loi de dessaisissement. La loi qui rendait sa compétence à la Chambre criminelle de la Cour de cassation fut promulguée le 5 mars 1909.

III. – CASSE ET ANNULE

La loi de dessaisissement n'était pas plus tôt promulguée, le 1er mars 1899, que la Chambre criminelle marquait son indépendance, ou sa mauvaise humeur. Le surlendemain – 3 mars 1899 – elle accueillait la requête de Picquart en « règlement de juges ». La plupart des faits retenus contre Picquart par la juridiction militaire, notamment la falsification du petit bleu, étaient déclarés par la Cour de cassation « connexes » des communications « illicites » faites à Leblois, qui relevaient des juridictions de droit commun. Cette fois Picquart échappait définitivement au Conseil de guerre. La presse nationaliste dénonçait cette nouvelle victoire des Juifs, qui confirmait la docilité de la Chambre criminelle aux intérêts du syndicat.

Par l'effet de ce « coup d'État judiciaire », selon le mot de Millerand, qu'était la loi de dessaisissement, le dossier de la Chambre criminelle devait être transmis aux Chambres Réunies. Mais le dessaisissement intervenait au moment où la Chambre criminelle avait achevé son enquête. Pour succéder au conseiller Bard, le premier président Mazeau cherche un nouveau rapporteur qui fasse le même travail, pour les Chambres Réunies. Il lui semble convenable, ou prudent, de désigner un président de Chambre. Mazeau écarte le président Tanon, président de la Chambre des requêtes, notoirement favorable à la révision, et désigne le président Ballot-Beaupré qui avait remplacé Beaurepaire à la présidence à la Chambre civile. On ne savait rien du sentiment de Ballot-Beaupré sur l'Affaire. C'était un homme d'apparence lourde qui semblait un bon bourgeois bien nourri, et qui vivait, avec sa mère, dans une austérité rigoureuse. Il avait la réputation d'un excellent juriste, et aussi d'un magistrat intègre et généreux, dont la carrière ne devait rien à l'intrigue. A Nancy il avait été procureur général, puis premier président. Voilà dix-sept ans qu'il siégeait à la Cour suprême. Ballot-Beaupré se met aussitôt au travail. Dès le 27 mars les Chambres Réunies reçoivent communication du dossier secret qui leur est présenté par le général Chanoine assisté de l'infatigable capitaine Cuignet. En avril elles ordonnent une « enquête supplémentaire ». Elles eussent pu, en vérité, s'en passer, mais il sembla qu'à paraître se satisfaire du travail de la Chambre criminelle, les Chambres Réunies eussent manqué à leur rôle. Elles entendront donc encore dix témoins, en avril et en mai, tandis que dreyfusards et anti-dreyfusards font le compte des voix qui, dans le délibéré, pèseront dans un sens ou dans l'autre *. *L'Aurore* décompte vingt-quatre magistrats pour la révision, vingt-trois contre. D'autres calculs assurent que douze indécis feront au dernier moment le partage. Mais la grande majorité des conseillers, effrayés de la campagne menée contre la Chambre criminelle, se taisent.

Me Mornard, avocat de Lucie Dreyfus, avait obtenu connaissance de tous les procès-verbaux des auditions de la Chambre criminelle. Il parut à Mathieu Dreyfus – et ce fut l'avis de Clemenceau, de Bernard Lazare, de Trarieux, de Reinach – que pour remuer l'opinion, il était nécessaire de les publier au mépris du droit qui l'interdisait. Me Mornard, qui donnait régulièrement connaissance des procès-verbaux à Mathieu Dreyfus, ne pouvait autoriser cette publication. On imagina un subterfuge qui malmenait le secret professionnel. Labori, qui faisait copier par ses secrétaires toutes les pièces chez Mornard, accepta de remettre ses copies à Mathieu, exigeant le secret le plus absolu, et sous condition que Mathieu les fasse à son tour recopier. Il fallait qu'en cas d'enquête on n'en pût déceler l'origine. Bernard Lazare trouva quelques pauvres Juifs russes qui travaillèrent, jour et nuit, à cet énorme labeur de copiste. Et *le Figaro* commença, le 31 mars, la publication de l'enquête de la Chambre criminelle, qui dura jusqu'à fin avril. Ce fut un scandale, mais

* « L'instruction nouvelle, écrit le président Loew, ouverte par les Chambres Réunies, ne fit en effet que confirmer toutes les données de l'information (de la Chambre criminelle); pas une de ses constatations ne fut controuvée, pas un témoin ne vint se plaindre que sa déposition eût été mal comprise, ou inexactement rendue... » [1].

un scandale efficace. Le tirage du journal ne cessa de monter. Les bruits les plus divers circulèrent pour expliquer la fuite. C'était Mlle de Freycinet, fille du ministre de la Guerre, qui avait renseigné le journal. On avait aperçu un « homme masqué », portant les documents à Sardou, directeur du *Figaro*. Le dossier avait été volé chez un conseiller. Nul doute, assura *la Libre Parole,* « qu'une canaille en hermine avait trahi »[2]. Le gouvernement fit ordonner une enquête, ou un « semblant d'enquête »[3] qui ne donna rien et ne permit aucune poursuite. Mais la publication eut un effet considérable. Désormais l'opinion publique avait connaissance de l'entier dossier. Il parut à la plupart, et même à de nombreux antidreyfusards, que la révision ne pouvait plus être empêchée.

Pendant ce temps Esterhazy ne cesse d'alimenter une campagne de presse de plus en plus désordonnée. Le 5 mars il raconte à *l'Aurore,* au *Daily Chronicle* – qui le paie 5 000 francs – le détail de ses collusions avec l'État-Major, le mystérieux rendez-vous du parc Montsouris, les pressions exercées, lors de son procès, sur les experts et les témoins. Drumont, pour atténuer l'effet de ses déclarations, affirme dans *la Libre Parole* que le syndicat l'a acheté *. Esterhazy réplique : « Non, monsieur, et vous le savez mieux que personne, le syndicat ne m'a pas acheté. Je ne suis pas à vendre. » Esterhazy insulte tout le monde. « Gonse? Un ahuri. » « Pellieux? Un brave homme qui a perpétuellement le trac du pouvoir civil. » « Billot? Un politicien. » « Cavaignac? Le plus culotte de peau, celui-là, un grotesque. » « Picquart? Un bellâtre, un ambitieux, un Napoléon rond-de-cuir. » Seul Henry mérite estime : « Un vrai soldat, nous étions très liés et nous n'avions rien de caché l'un pour l'autre. Son faux? Mais comprendrez-vous jamais, vous autres Français, qu'un Service de Renseignement est et doit être fatalement une officine de faux... » Les généraux français sont capables de se faire trouer la peau, « mais ils n'ont aucune volonté, aucune dignité de caractère ». « Déroulède est un fou. » Esterhazy est dégoûté de vivre en ce siècle, entouré

* *La Libre Parole* du 9 mars 1899.

de pantins : « J'en ai assez, je vais probablement partir pour le Soudan. Les Français ne m'ont pas compris. Tant pis pour eux » *.

Est-ce la conspiration manquée de Déroulède? La publication de l'enquête de la Cour de cassation? Un mouvement vers la révision que rien ne paraît plus retenir? Les politiques aussi semblent emportés par le courant. Dans les couloirs de l'Assemblée, puis devant la Cour de cassation quand il dépose, le président du Conseil fait cette confidence : « Je me demande si nous n'avons pas été victimes, en 1894, d'une mystification. » A la rentrée de mai, la Chambre elle-même, qui hume le vent, s'en prend au ministre de la Guerre Freycinet qui a cru bien faire de suspendre le cours de Georges Duruy **, professeur à l'École polytechnique. Georges Duruy n'avait commis d'autre faute que d'avoir publié dans *le Figaro* une série d'articles – réunis ensuite sous le titre « Pour la Justice et pour l'Armée » – où il suppliait l'Armée de ne pas faire sienne la cause d'Esterhazy. Violemment attaqué à la Tribune, notamment par ses amis radicaux, le ministre de la Guerre donne le 5 mai sa démission *, alléguant qu'après l'accueil qu'il avait reçu des Chambres il n'avait plus l'autorité nécessaire. Encore un ministre de la Guerre qui s'en va... Charles Dupuy nomme à sa place le ministre des Travaux publics Camille Krantz, qui ordonne aussitôt la reprise du cours de Georges Duruy. A peine installé, Camille Krantz apprend que le capitaine Cuignet renseigne certains journaux, et les fournit en documents. Cuignet, maintenant très engagé, revendique fièrement sa « faute ». Krantz le met en non-activité par retrait d'emploi ***. On est à quelques jours de l'arrêt de la Cour de cassation. Ces petits éclats gouvernementaux ne sont pas sans signification. Le président du Conseil n'est plus le même homme. Il explique à la Chambre que « la loi de dessaisissement n'est pas

* *Le Matin*, 16 et 17 mars 1899, l'*Observer* du 9 avril 1899, *le Temps* du 10 avril 1899, *le Matin* du 10 avril 1899.

** Fils de Victor Duruy.

*** Mais – pour marquer son objectivité – il frappe quelques jours plus tard de la même sanction un officier juif, le commandant Mayer, qui critiquait l'Armée française dans des revues étrangères.

le pivot de sa politique ». Pourquoi, après tout, ne deviendrait-il pas le chef d'un gouvernement qui ferait la révision?

Les trois chambres de la Cour de cassation se réunissent en audience solennelle le 29 mai. Par un singulier hasard, Déroulède et Habert, poursuivis pour leur complot manqué, comparaissent le même jour devant la cour d'assises, dans la salle voisine. Les conseillers écoutent le rapport du président Ballot-Beaupré. Ballot-Beaupré lit, pendant plusieurs heures, un texte dont la rigueur méticuleuse, la sécheresse même font la force. La salle est remplie d'avocats, d'intellectuels, d'hommes politiques, de combattants de l'un et de l'autre bord, et aussi de femmes du monde. Mais ici « l'air de bataille s'était évaporé; le respect planait, quelque chose de presque religieux » [4]. Après avoir exposé, avec minutie, les arguments qui s'opposent, le rapporteur reprend à nouveau l'Affaire dans ses éléments essentiels, pour faire connaître son opinion. Il démontre que les prétendus aveux n'en sont pas. Il vient au bordereau, « base principale de l'accusation et de la condamnation de Dreyfus ». Il pose la seule question dont tout dépend : « Est-il, oui ou non, de la main de Dreyfus? » Il s'arrête un instant comme s'il réfléchissait encore. Et sa réponse vient, lente, presque solennelle, qui ouvre la voie à la révision [5] :

> Messieurs, après un examen approfondi, j'ai acquis, pour ma part, la conviction que le bordereau a été écrit, non par Dreyfus, mais par Esterhazy.

Il dit encore quelques mots : « Non, l'Armée devant nous n'est pas en cause. Elle n'est pas notre justiciable. Elle est, Dieu merci, bien au-dessus de ces discussions qui ne sauraient l'atteindre, et son honneur assurément n'exige pas que l'on maintienne à l'île du Diable un condamné innocent. » Et il achève, demandant à la Cour non de proclamer l'innocence de Dreyfus, mais de décider « qu'un fait nouveau avait surgi de nature à l'établir ».

Le procureur général Manau conclut dans le même sens. Mais il n'a pas la modération de Ballot-Beaupré. Il assure que « les faits nouveaux foisonnent ». Pour émouvoir les juges, il donne lecture des lettres du déporté de l'île du Diable. Comme le rapporteur, il demande à la Cour de cassation d'annuler l'arrêt de 1894, et de renvoyer Dreyfus devant un autre Conseil de guerre *. Puis Me Mornard, l'avocat de Lucie Dreyfus, plaide. Mornard reprend l'admirable démonstration de son mémoire écrit. Comme il en est convenu avec Lucie et Mathieu, il demande, à son tour, que le capitaine Dreyfus soit jugé par ses pairs. « C'est la joie au cœur que les juges militaires, proclamant une erreur loyalement commise, déclareront que leur infortuné frère d'armes, si grand au milieu des épreuves, n'a jamais forfait à la loi de l'honneur... J'attends votre arrêt comme l'aurore bénie du jour qui fera luire sur la patrie la grande lumière de la concorde et de la vérité. »

Les Chambres Réunies se retirent pour délibérer. La veille, 31 mai, dans la salle des assises, Déroulède et Habert ont été acquittés, après quelques minutes de délibération. « Citoyens jurés, avait proclamé Déroulède, si vous voulez que je recommence, acquittez-moi. » Dans le Palais de Justice puis dans la rue, il avait été porté en triomphe. La presse nationaliste avait exulté : on recommencera! Et tandis que la Cour de cassation commence le délibéré le plus célèbre de son histoire, le général Zurlinden, sur ordre du ministre Krantz, fait arrêter du Paty, qui va occuper au Cherche-Midi la cellule laissée libre par Picquart **.

Le délibéré fut long, difficile, souvent violent. Il dura la soirée du 1er juin, et encore toute la journée du 2 juin. Les conseillers ne retinrent pas le « faux Henry », car il n'avait pas été utilisé contre Dreyfus en 1894. On se mit d'accord, sans peine, sur un bref

* En principe, la Cour de cassation, constatant l'existence de « faits nouveaux de nature à établir l'innocence du condamné », devait annuler la condamnation prononcée, et renvoyer l'accusé devant un autre Conseil de guerre. Dans certains cas exceptionnels, « s'il y a une possibilité de procéder à de nouveaux débats ou si l'annulation du jugement ne laisse rien subsister qui puisse être qualifié crime ou délit », elle pouvait elle-même statuer sans renvoi. Cette dernière faculté sera utilisée en 1906. Voir *infra* pp. 607 et s.

** Transféré à la Santé, prison de droit commun.

« considérant » qui ruinait la légende des aveux. La Cour retint la communication secrète de la pièce « canaille de D », pièce qu'elle déclarait « inapplicable à Dreyfus ». Puis on discuta du bordereau. On retint essentiellement l'ensemble des expertises nouvelles qui paraissaient établir que le bordereau n'était pas de Dreyfus : « ... Attendu que ces faits, inconnus du Conseil de guerre qui a prononcé la condamnation, tendent à démontrer que le bordereau n'aurait pas été de Dreyfus... » En revanche, une majorité ne se dégagea pas pour attribuer formellement le bordereau à Esterhazy. Ainsi la porte restait ouverte à une nouvelle erreur judiciaire...

Le 3 juin le premier président Mazeau, avant d'ouvrir l'audience solennelle, adressa une allocution à ses collègues. Il leur dit que cette terrible affaire, qui avait déchiré le pays, avait aussi troublé la Cour de cassation, et qu'il fallait maintenant oublier les querelles, dans la joie de la justice réalisée. Il s'adressa spécialement à la Chambre criminelle. Elle ne devait garder nulle rancune du passé.

Le président Loew, qui avait été si durement calomnié mais qui semblait aujourd'hui victorieux, se leva. Il prit la main de son premier président. « Au nom de la Chambre criminelle, monsieur le premier président, j'oublie et je pardonne » *.

A pas lents, lourdement vêtus de leurs robes rouges et de leurs hermines, chamarrés de décorations, les hauts magistrats entrèrent en séance. Et, dans un « effrayant silence », le premier président Mazeau lut, d'une voix solennelle, parfois cassée par l'émotion, l'arrêt qui faisait la révision.

> Par ces motifs, et sans qu'il soit besoin de statuer sur les autres moyens, la Cour casse et annule le jugement rendu le 28 décembre 1894 contre Alfred Dreyfus, et renvoie l'accusé devant le Conseil de guerre de Rennes, à ce désigné par délibération spéciale prise en Chambre du conseil, pour être jugé sur la question suivante : « Dreyfus est-il coupable

* Le président Loew sera admis à la retraite, nommé premier président honoraire en 1903, fait grand officier de la Légion d'honneur la même année.

> d'avoir, en 1894, pratiqué des machinations ou entretenu des intelligences avec une puissance étrangère, ou un de ses agents, pour l'engager à commettre des hostilités, ou entreprendre la guerre contre la France, ou pour lui en procurer les moyens, en lui livrant des notes et documents mentionnés dans le bordereau sus-énoncé? »

C'est la victoire! Jaurès, Clemenceau, Bernard Lazare, Mathieu Dreyfus, Leblois, tous les grands artisans de la révision sont là. Tandis que les juges se retirent, on s'embrasse, on pleure. Lucie Dreyfus aussitôt prévenue laisse éclater sa joie. On annonce la nouvelle aux enfants. Le grand voyage est fini. Papa va revenir.

Les faiblesses de l'arrêt, ses timidités, les portes qu'il laisse ouvertes à l'astuce et à la haine, on ne les voit pas, pas encore. Ce soir-là, chez Mathieu Dreyfus, c'est la fête. Alfred allait revenir, il serait triomphalement acquitté. L'Affaire était terminée, et terminée par une merveilleuse victoire. Mathieu souriait, tranquille, joyeux. Il avait rempli sa mission.

Ce même 3 juin, *le Matin* publiait une interview du commandant Esterhazy *. Il s'y reconnaissait l'auteur du bordereau : « Oui, c'est moi qui ai écrit le bordereau, à la prière du colonel Sandherr, mon supérieur et mon ami. Je révèle le secret qu'on n'avait jamais pu m'arracher jusqu'ici à prix d'or... Billot, Boisdeffre, Gonse savaient que j'étais l'auteur du bordereau. »

Mais il n'est pas besoin des élucubrations d'Esterhazy. Alfred Dreyfus va rentrer, et il sera acquitté.

* *Le Matin,* 3 juin 1898. L'interview est donnée sous la signature de « Paul Ribon », pseudonyme de Serge Basset. Il sera authentifié le 8 juin par une déclaration autographe d'Esterhazy.

IV. – PANAMA Ier

L'arrêt des Chambres Réunies provoqua, comme il fallait s'y attendre, un déchaînement de colère dans la presse antidreyfusarde. « Ballot-Beaupré est un scélérat qui sera une figure dans l'histoire des ignominies humaines. » Les magistrats de la Cour de cassation ne sont que « de vieux macaques qui avaient mis à sec les caisses du syndicat ». Drumont s'en prend à l'Armée : « Une armée qui ne sait pas défendre son honneur contre une bande de Juifs ne saura pas défendre la patrie contre une armée étrangère. » « C'est l'Armée qui aura le dernier mot », prévient Cassagnac. Barrès feint le dégoût : « L'historiette Dreyfus, cette sale affaire confuse ne m'intéresse pas, c'est une guerre civile » *. Le président de la République reçoit sa part des insultes. « Panama Ier » est devenu la bête noire des nationalistes. L'acquittement de Déroulède leur a rendu un peu d'espoir. « Déroulède acquitté, c'est Loubet condamné », assure *la Libre Parole* **. Loubet est sommé de démissionner, s'il ne veut pas « être chassé de l'Élysée comme un laquais ». A nouveau le bruit circule qu'un mauvais coup se prépare. Le dimanche 4 juin le président Loubet doit se rendre à l'hippodrome d'Auteuil pour assister au grand steeple-chase. Par précaution le ministre de l'Intérieur échelonne quelques escouades tout au long du chemin que doit emprunter le président de la République.

Dès que le président Loubet – venu sans incident jusqu'à Auteuil – s'avance pour gagner la tribune présidentielle, les cris fusent de partout : « A bas Loubet », « A bas Panama », « Démission »... Les manifestants semblent être plusieurs centaines, « gens du monde et valets d'écurie », commente Joseph Reinach [1]. Le président de la République

* *La Libre Parole,* 29 mai, 2 et 4 juin, *l'Autorité,* 31 mai, 1er et 3 juin 1899, *l'Intransigeant,* 1er et 3 juin.

** 1er juin 1899.

feint de ne pas s'en apercevoir et il gagne sa place. Soudain un jeune homme blond, élégamment vêtu, gravit les marches de l'estrade présidentielle, et lance, à tour de bras, de vigoureux coups de canne sur Émile Loubet, dont seul le chapeau est atteint. Pendant que les officiers se précipitent sur l'assaillant, le président de la République, très calme, présente ses excuses à sa voisine, la comtesse Tornielli, légèrement bousculée. L'agresseur, M. de Christiani, est vite maîtrisé. Un groupe de manifestants royalistes, dont la plupart ont la boutonnière ornée de l'œillet blanc ou du bleuet antisémite, commencent à se colleter avec la police. La bagarre dure une demi-heure. On arrête une cinquantaine de personnes, presque toutes pourvues de titres ou de particules. Le président du Conseil présent aux côtés d'Émile Loubet lui fait ses excuses. Loubet répond sèchement : « Je n'ai aucun mal. Pourtant c'est une leçon » [2].

Le complot de Déroulède, son acquittement, l'incident d'Auteuil, l'atmosphère de coup d'État entretenue de tous côtés, avaient fini par provoquer un vif mécontentement chez les républicains. La mollesse de Dupuy, son impuissance à maintenir l'ordre, apparaissaient d'autant plus insupportables que Drumont et quelques autres ne cessaient d'appeler le peuple à « recommencer », à descendre dans la rue, pour chasser « Panama Ier ». De l'autre côté, certains partisans de Dreyfus, encouragés par l'arrêt ordonnant la révision, commençaient à réclamer des châtiments. Urbain Gohier s'en prenait dans *l'Aurore* au « tas de scélérats et de coquins à plumes d'autruche que réclamait le bagne », tandis que Jaurès et Clemenceau demandaient tour à tour la mise en accusation immédiate, et même l'arrestation, du général Mercier [3]. A la Chambre, le 5 juin, après que les républicains eurent protesté contre le scandale d'Auteuil, le « cas Mercier » est porté à la tribune. Millerand, puis Viviani, qui se sentent maintenant des ailes, soutiennent vigoureusement la « mise en accusation » de l'ancien ministre de la Guerre. Ribot croit devoir s'y opposer, invoquant des raisons juridiques. On fait beaucoup de droit. Brisson, Poincaré, Barthou jugent préférable de se taire. Par 277 voix contre 228, la Chambre trouve la solution commode : elle ajourne le projet de mise en accusation. En revanche les républicains retrouvent toute leur ardeur pour soutenir une proposition socialiste tendant à faire afficher l'arrêt de la Cour de cassation dans toutes les communes de France. Brisson se fait l'avocat de ce projet symbolique. « Comme président du Conseil qui a eu le malheur de faire afficher des faux par ordre de la Chambre, je demande aujourd'hui l'affichage de l'arrêt... » L'affichage est ordonné malgré l'opposition de la droite et des nationalistes.

Mais l'Armée, qui devait juger une nouvelle fois Dreyfus, donnait des signes d'agitation. « Je suis un accusateur et non un accusé », prévient le général Mercier. A Angers, à Rennes, des officiers généraux manifestent publiquement, par ordre du jour, ou par lettre ouverte publiée dans la presse, leur intention de défendre l'Armée contre le clan des dreyfusards. A l'École militaire, le lieutenant-colonel de Coubertin harangue ses cuirassiers. « Le cas échéant je vous engage à vous servir de vos armes contre les insulteurs de l'Armée » [4]. Le ministre de la Guerre laisse faire. Le 11 juin *, les républicains organisent une vaste manifestation pour défendre la République, et rendre hommage à Émile Loubet. Près de 100 000 personnes se trouvent bientôt en marche, parmi lesquelles beaucoup d'ouvriers et d'étudiants. La foule se dirige vers Longchamp en chantant *la Marseillaise*. De nombreux manifestants sont armés de cannes et de gourdins. Ce jour-là les nationalistes ne se montrent pas. En revanche, le président du Conseil a fait mettre en place un immense déploiement de troupes et de police. Insouciant quand la République était en danger, il semblait faire du zèle quand elle était défendue. Au soir quelques bagarres se produisent entre policiers et manifestants. C'en était trop. Le 12 juin, à la Chambre, le socialiste Vaillant, ancien membre de la Commune, député de Charonne, monte à la tribune pour « exécuter » ce gouvernement sans âme ni force. Dupuy – qui se sait perdu – déclare qu'il assume toute la responsabilité des actions de la police. Au moins veut-il tomber fièrement. Il est abandonné du centre, des radicaux,

* Le dimanche suivant celui de l'incident d'Auteuil.

de ses amis même, pressés de participer à la curée. Et sur la proposition du radical Ruau, la Chambre vote un ordre du jour par lequel elle se déclare « résolue à ne soutenir qu'un gouvernement décidé à défendre avec énergie les institutions républicaines et à assurer l'ordre public... ». Par 296 voix contre 159, Charles Dupuy est renversé. Ainsi l'Affaire Dreyfus déployait-elle ses effets politiques. La défense des institutions républicaines était maintenant au cœur du débat qui opposait les partisans et les ennemis de Dreyfus.

Pendant ce temps la cause de Dreyfus progressait vite. Zola était rentré à Paris dès le 4 juin. Il avait aussitôt formé opposition à l'arrêt de la cour d'assises qui l'avait condamné par défaut. L'affaire avait été renvoyée au ... 23 novembre. Le 9 juin, jour où Zola faisait recours, la chambre des mises en accusation, constamment fidèle aux réquisitions variables du ministère public, ordonnait la mise en liberté du colonel Picquart. Le 13 juin elle rendait un arrêt de non-lieu en sa faveur, et en faveur de Leblois. Ainsi deux des principaux combattants de l'Affaire, Zola et Picquart, se retrouvaient libres, à Paris. C'était le temps où Alfred Dreyfus s'embarquait pour la France, quittant l'île maudite. Oui, c'était bien la victoire.

Le 10 juin, Trarieux donne un grand dîner en l'honneur de Picquart. Le colonel Picquart avait passé trois cent quatre-vingt-quatre jours en prison. Jamais il ne s'était plaint. Jamais il n'avait hésité sur son devoir. Des centaines d'amis viennent le saluer chez Trarieux. Des milliers de télégrammes lui parviennent. C'est l'apothéose de Picquart, protestent les antidreyfusards. La Ligue des droits de l'homme charge Trarieux d'adresser un remerciement public aux « champions de Dreyfus, Scheurer, Zola, et Picquart ». Ne sont-ce que ceux-là les « champions de Dreyfus »? Bernard Lazare est attristé. Dans *l'Aurore* il proteste, pour ceux que la Ligue des droits de l'homme a oubliés, les combattants des premiers mois : Forzinetti « qui avait souffert les souffrances journalières de l'innocent », Leblois qui avait travaillé dans le silence, Demange « inoubliable cependant celui-là », et qui fut le premier à affronter l'insulte, Bernard Lazare lui-même, qui

« avait tendu la main au malheureux, à l'heure de la lutte solitaire... », et qui ne s'était effacé qu'à la demande de Mathieu Dreyfus, parce qu'il était trop engagé, trop juif, trop fier de l'être :

> J'appartiens à la race de ceux qui, a dit Renan, ont introduit les premiers l'idée de la justice dans le monde... Tous, tous ceux-là, mes ancêtres et mes frères, ont voulu, fanatiquement, qu'il fût fait à chacun son droit et que ne penchât jamais injustement le plateau de la balance. Pour cela, depuis des siècles, ils ont crié, chanté, pleuré, souffert, malgré les outrages, malgré les insultes et les crachats. Je suis des leurs et je veux l'être. Étant ainsi, ne pensez-vous pas que j'ai raison de parler de ceux auxquels vous n'avez pas songé?

Bernard Lazare en appelait à Mathieu Dreyfus, « le frère admirable, vrai héros celui-là... ». A son tour Picquart se sentait visé par la protestation de Bernard Lazare, maltraité. Ainsi commençait-on, dans la victoire, à peser les mérites, à décerner les prix. Déjà les amours-propres créaient des clivages. On comptait les soldats des premiers jours, les ouvriers de la dernière heure. On séparait les purs des impurs. Venait le temps des malentendus...

Le lundi 5 juin 1899, à midi et demi, le surveillant-chef entre précipitamment dans la case de Dreyfus, et lui remet une note :

> Veuillez faire connaître immédiatement capitaine Dreyfus dispositif cassation ainsi conçu : « La Cour casse et annule jugement rendu le 22 décembre 1894 contre Alfred Dreyfus par le premier Conseil de guerre du gouvernement militaire de Paris et renvoie l'accusé devant le Conseil de guerre de Rennes, etc. »
> Dit que le présent arrêté sera imprimé et transcrit sur les registres du premier Conseil de guerre du gouvernement militaire de Paris en marge de la décision annulée; en vertu de cet arrêt, le capitaine Dreyfus cesse d'être soumis au régime déportation, devient simple prévenu, est replacé dans son grade et peut reprendre son uniforme. Faites opérer levée d'écrou par l'administration pénitentiaire et retirer surveillants militaires de l'île du Diable; en même temps faites prendre en charge le prévenu par le

commandant des troupes et remplacer surveillant par brigade de gendarmerie qui assurera le service de garde de l'île du Diable dans position réglementaire des prisons militaires.
Croiseur *Sfax* part aujourd'hui de Fort-de-France avec l'ordre d'aller chercher prévenu île du Diable pour le ramener en France.
Communiquez à capitaine Dreyfus dispositif arrêt et départ *Sfax*.

« Ma joie, écrit Alfred Dreyfus, fut immense, indicible. J'échappais enfin au chevalet de torture où j'avais été cloué pendant cinq ans... L'aube de la justice se levait pour moi » [5].

De son histoire, il ne savait à peu près rien. Il venait d'apprendre le nom d'Esterhazy, l'existence d'un faux du colonel Henry, le suicide du faussaire. Il n'avait eu avec le lieutenant-colonel Picquart que des rapports de service. Les luttes engagées pour sa cause, le combat des intellectuels, l'agitation qui avait entouré la révision, il n'en connaissait que de vagues échos venus jusqu'à lui par ses gardiens. Il lisait, dans l'arrêt de la Cour, que l'auteur du bordereau ce n'était pas lui. Son innocence était donc reconnue. Il ne restait au Conseil de guerre de Rennes que « l'honneur de réparer une effroyable erreur judiciaire » [6].

Dans la soirée, arrive de Cayenne la brigade de gendarmerie désormais chargée d'assurer sa garde. Dreyfus dit adieu à ses surveillants, leur distribue ses livres, en souvenir. Deniel ne se fait pas voir. Le maire de Cayenne lui fait parvenir un costume, quelque linge, ce qui est nécessaire pour la traversée.

Le *Sfax* jette l'ancre, dans la soirée du 8, assez loin de l'île, trop tard pour embarquer avant la nuit. Une dernière fois Dreyfus dort dans sa case. Le 9 au matin, une chaloupe vient le chercher pour le conduire sur le *Sfax*. Ce jour, Deniel est présent. La mer est si forte que Dreyfus, épuisé, est malade. Il monte sur le navire où il est reçu par le commandant en second. On le conduit dans une cabine de sous-officier spécialement aménagée pour lui, avec des grilles au hublot, et sur le couloir une porte vitrée. Il est désormais traité comme un officier aux arrêts de rigueur, ce dont il ne s'étonne pas. Cela lui paraît conforme au règlement. Le 9 juin le *Sfax* lève l'ancre. Bientôt l'île du Diable se perd dans la brume *.

Se considérant comme l'égal de chacun, il décide de ne parler à personne. Pendant la relâche aux îles, du 18 au 20 juin, un officier lui prête des livres, et un numéro du *Times*. Il y lit que du Paty a été arrêté et transféré au Cherche-Midi, là où il fut lui-même détenu. Ceci lui confirme que son innocence est définitivement affirmée. Le 30 juin le *Sfax* arrive en vue des côtes françaises.

Alors commencent les désillusions. Toute la journée le *Sfax* reste immobilisé. Le débarquement est sans cesse remis. Dreyfus est seulement averti, à 9 heures du soir, qu'un canot l'attend, au bas de l'échelle du *Sfax*, pour le conduire à un autre bateau qui l'amènera jusqu'à la côte française. La mer est si forte que Dreyfus a beaucoup de mal à embarquer sur le canot, soulevé par les flots, et qui fait des bonds effrayants. Il se blesse aux deux jambes. Un violent accès de fièvre le prend. Il a la pire peine à embarquer ensuite sur le bateau à vapeur qui doit le conduire au lieu du débarquement. A nouveau on le transborde dans une baleinière. Il est deux heures et quart du matin quand, dans la nuit noire, sous une pluie battante, on touche la côte française. Où est-il? A Port-Haliguen apprendra-t-il plus tard. A la lueur des lanternes, Dreyfus distingue les soldats qui occupent les quais, et les gens du pays venus en curieux assister à la scène. Trois gendarmes le poussent dans une calèche qui démarre entre deux haies de soldats. Nul ne lui parle, et il ne parle à personne. On l'emmène à une gare – celle de Quiberon saura-t-il après. On le met dans un train spécial qui s'arrête dans la nuit, en rase campagne, à un passage à niveau. Le préfet est là qui l'attend, avec une escouade de gendarmes. On le hisse dans une calèche. Il entre dans une ville, et comprend qu'il est à Rennes. A 6 heures du matin la porte de la prison militaire s'ouvre. On l'enferme dans une cellule. A 9 heures il est prévenu qu'il verra sa femme, quelques instants, dans une cellule voisine. On l'y conduit. La petite pièce garnie d'une table et

* La détention du capitaine Dreyfus avait duré quatre ans et trois mois.

de deux chaises est fermée par un grillage serré en bois. Elle ne permet pas de voir dans la cour. Il attend quelques minutes. Il ne tient que très difficilement debout.

La porte s'ouvre. Lucie se jette dans ses bras. Ils veulent parler, mais les mots ne viennent pas aux lèvres. Ils se regardent. Ils lisent sur leurs visages, sur leurs corps, les signes de leurs souffrances. Ils sont dévorés de joie et de douleur. Le lieutenant d'infanterie qui assiste à leur entretien s'écarte autant qu'il le peut. Lui aussi retient ses larmes. Ils restent ainsi un temps court, un temps immense, si proches, si séparés, blottis, incapables de rien exprimer. Elle a le visage creusé. Il est méconnaissable.

V. – SILENCE DANS LES RANGS

Dupuy renversé, le président de la République fait appel à Raymond Poincaré pour constituer un gouvernement. « Il restait, écrit Reinach, le premier de sa promotion politique, mais à la fois une énigme et une espérance; on ne savait exactement ce qui lui manquait de qualités ou de défauts pour être un homme d'État » [1]. On le savait grand travailleur, très sérieux. On le présumait aussi habile à gérer les affaires de l'État qu'à organiser sa carrière. On lui connaissait peu d'amis, mais moins encore d'ennemis. Quoiqu'il fût avocat, il pratiquait à la perfection l'art de se taire. Il était venu tard au dreyfusisme, « pour soulager sa conscience ». Il voulait le pouvoir, mais aussi il le redoutait. C'est qu'il ne voulait faire aucun faux pas sur le parcours qui devait le conduire à l'Élysée.

Poincaré ne put réussir à former le gouvernement. Selon Clemenceau, il appliqua le meilleur de son intelligence à faire échouer sa combinaison. Les radicaux ne voulurent pas de Barthou auquel tenait Poincaré. Chacun souhaitait exclure son voisin. Que la situation fût grave, on l'oubliait vite. Les rancunes, les ambitions comptaient plus que l'intérêt de la République. Poincaré renonça donc, et conseilla au président de la République de faire appel à Waldeck-Rousseau. Waldeck-Rousseau était, au centre gauche, ce que son confrère Poincaré était au centre droit : un parlementaire dont on reconnaissait partout l'intelligence, le sérieux, et aussi l'intégrité, vertu rare. Mais il n'avait pas, comme Poincaré, l'ambition besogneuse, et parfois trop habile. Il semblait au contraire distant, presque détaché, placé au-dessus des destins ordinaires, ce qui ajoutait à son prestige. Waldeck songea d'abord à former un cabinet homogène, de quelques républicains modérés. Puis il pencha vers un cabinet d'union républicaine. Reinach assure avoir lui-même conseillé à Waldeck de faire entrer au gouvernement Millerand, chef des socialistes parlementaires. Le duel qui l'avait opposé à Millerand était loin, et il paraissait à Reinach que Millerand était le symbole de l'évolution des socialistes vers la défense de la société républicaine, dont l'Affaire Dreyfus avait été le moteur. « Depuis quinze mois les socialistes se battaient côte à côte avec des bourgeois, pour un homme qui était un bourgeois. » Puisqu'il fallait réunir tous les républicains, on pouvait, grâce à Millerand, tenter d'entraîner les socialistes. On savait aussi que Millerand rêvait d'entrer au gouvernement, et que de nombreux socialistes le soutenaient dans son ambition.

Waldeck-Rousseau offrit d'abord le ministère de la Guerre à Casimir-Perier qui n'en voulut pas. Il songea alors au général de Galliffet, son ami de longue date. Galliffet, l'ancien « massacreur » de la Commune, se mourait d'ennui dans sa retraite. Il avait soixante-neuf ans, et vivait dans la fierté de son passé, assumant sa gloire de soldat, sa réputation de bourreau, tâchant d'étancher sa soif de plaisir. Il s'était autrefois prononcé avec vigueur contre Boulanger, et il professait un grand mépris pour ce qu'il appelait la sottise des gens de sa caste. Il n'avait pas caché ces derniers mois ses sympathies pour la cause de Dreyfus. Mais les querelles se nouent vite autour de Waldeck. Les progressistes ne veulent à aucun prix d'un socialiste au gouvernement, et les socialistes ne veulent pas entendre parler de Galliffet. Écœuré, Waldeck-Rousseau renonce le 19 juin ou feint de renoncer. Le président de la République le sollicite à nouveau le 22 juin. Waldeck-Rousseau décide alors d'aller vite, très vite, pour vaincre les résistances. Il laisse de côté les progressistes trop exigeants, et le petit groupe qu'anime Poincaré, trop ambitieux et compliqué. Et le soir il constitue un gouvernement étrange où, selon Pierre Sorlin, « la tête domine et absorbe tout le reste »[2]. Galliffet est ministre de la Guerre. Millerand, ministre du Commerce. Caillaux, qui est entré à la Chambre un an plus tôt et que bien peu connaissent, est ministre des Finances. L'avocat Monis, tout dévoué à Waldeck, s'installe à la Chancellerie. Delcassé reste aux Affaires étrangères. Les ministres n'ont en commun que les liens personnels qui les attachent au président du Conseil. En outre ils sont à peu près tous, affichés comme Millerand ou discrets comme Caillaux, favorables à la cause de Dreyfus.

Aussitôt connue, la composition de ce nouveau gouvernement est accueillie comme un défi au bon sens, et un scandale. C'est « le ministère Dreyfus » s'indignent les nationalistes, le « gouvernement de la trahison ». « Loubet sombre dans le crime... Waldeck-Rousseau, l'avocat d'Eiffel et de Dreyfus, préside au Sabbat. Tout cela pour sauver un ignoble Juif », écrit *l'Intransigeant*. « Galliffet et Reinach c'est la même âme, une âme de scélératesse et de boue », écrit *la Libre Parole*. François Coppée assure, dans *le Gaulois* : « Le nouveau-né est un monstre. A quand la terreur? » Et Jules Lemaître se désespère : « On veut terroriser une armée adorée. » Mais chez les socialistes, chez beaucoup de radicaux, l'indignation n'est pas moindre, pour d'autres raisons. Pelletan proteste : « Confier la République au massacreur de la Commune, c'est une infamie. » Vaillant fait savoir qu'il rompra avec ceux des socialistes qui soutiendront un tel ministère. Dès le 23 juin il fonde avec douze de ses amis – dont Sembat et Lassalle – un groupe distinct dit « socialiste révolutionnaire ». Guesde, Lafargue, Vaillant, Dubreuilh, Landrin, Zevaès prépareront ensemble le manifeste rédigé pour l'essentiel par Guesde et rendu public en juillet qui condamnera avec éclat « la politique prétendue socialiste faite de compromissions et de déviations que depuis trop longtemps on s'efforçait de substituer à la politique de classe », et « le scandale » que constitue la présence de Millerand au ministère « la main dans la main du fusilleur de mai » *.

La séance d'investiture n'est fixée qu'au 26 juin. Ce délai laisse au président du Conseil le temps de prouver sa fermeté. Dans les vingt-quatre heures le préfet de police est remplacé, le procureur de la République et le procureur général sont relevés de leurs fonctions. Plusieurs généraux sont mutés, et le général Roget apprend avec stupeur qu'il doit rejoindre Belfort. Préfets et chefs de corps d'armée reçoivent des circulaires d'une vigueur inaccoutumée. Mon langage à l'Armée, dit Galliffet, est : « Silence dans les rangs. » La politique de défense républicaine est commencée.

Ce style vigoureux servit Waldeck-Rousseau, dont la situation restait malgré tout difficile. Quand il se présente à la Chambre, le gouvernement est accueilli par des cris, des huées, des hurlements d'animaux. « Assassins, massacreurs, vive la Commune », hurle-t-on à l'adresse de Galliffet : « Assassin, voilà » répond Galliffet, allant s'asseoir au banc des ministres. Waldeck-Rousseau croit être entré dans une cage aux fauves **. Il est personnellement insulté : « avocat des crapules, des fripons, des meurtriers ». Il essaie de parler, mais sa voix est couverte par les vociférations. Le socialiste Viviani tente de venir à son secours : « Il n'y a pas trois politiques en présence; il y a la politique de défense républicaine, et la politique de trahison. Choisissez. » Mais Waldeck-Rousseau semble déjà battu. Un député radical renonce à prendre la parole « pour ne pas piétiner un cadavre ». Pelletan, portant le coup de grâce, annonce qu'il va s'abstenir. Et c'est

* Le texte du manifeste, qui dénonce Jaurès sans citer son nom, est publié dans *le Socialiste* du 16 juillet 1899 : « Le Parti socialiste, parti de classe, ne saurait être ou devenir, sous peine de suicide, un parti ministériel. Il n'a pas à partager le pouvoir avec la bourgeoisie, dans les mains de laquelle l'État ne peut être qu'un instrument de conservation et d'oppression sociale. Sa mission est de le lui arracher pour en faire l'instrument de la libération et de la révolution sociale » [3].

** « Il lui faut pour adversaires des hommes et non pas des bêtes sauvages », écrit Clemenceau dans *l'Aurore* du 27 juin.

soudain Brisson qui sauve, par une brutale résolution, ce gouvernement moribond. Aussitôt après Pelletan, comme rendu furieux par cette défection, il s'élance à la tribune. « Et je dirai, moi, pourquoi je ne m'abstiens pas. » La voix brisée par l'émotion, il dit son angoisse pour la République menacée. « Le gouvernement propose de défendre la République. Je lui donne mon vote. J'invite tous ceux sur qui je puis avoir, par ma carrière passée, quelque influence dans cette Chambre, à voter, je ne dis pas pour le gouvernement, mais pour la République » [4]. Le discours de Brisson fait grand effet. La lassitude, peut-être aussi une véritable inquiétude font le reste. Le gouvernement l'emporte par vingt-cinq voix de majorité. Huit jours plus tard, la session parlementaire est close. Waldeck-Rousseau gouvernera pendant trois ans.

Il gouvernera seul ou presque, tenant à l'écart un président de la République qu'il tient pour un velléitaire, exigeant de ses ministres une soumission inhabituelle. « Tout ce qui concerne la politique du cabinet, affirme-t-il au Conseil des ministres, appartient au président du Conseil et à lui seul. » Il ne fait exception que pour Galliffet, qui est son ami intime, et dont il a grand besoin pour reprendre en main l'Armée.

La mise au pas de l'Armée est aussitôt entreprise, et rondement menée. Une partie des officiers qui ont fait carrière au ministère est envoyée dans les garnisons. En juin et juillet les principaux chefs – dont Zurlinden et Pellieux – sont déplacés. Plusieurs généraux sont mis à la retraite. La presse nationaliste a beau s'indigner, prétendre que le haut commandement est bouleversé, que la France, désormais, serait incapable de faire la guerre, Waldeck-Rousseau et Galliffet poursuivent une reprise en main que l'Armée subit sans murmurer. Des réformes de structures, sur la composition du Conseil supérieur, sur les règles d'avancement, suivront, afin que l'Armée soit désormais soumise au pouvoir civil. Est-ce la loyauté traditionnelle de l'Armée française, sa soumission instinctive au gouvernement? Est-ce la surprise ou la résignation? Est-ce l'absence de tout recours? L' « Arche sainte » hier si remuante, si puissante que le pouvoir civil n'osait la contrarier, se soumet sans révolte ni discussion aux exigences, sinon même aux vexations du gouvernement républicain.

Ce n'est pas tout. Dès le 7 juillet Waldeck-Rousseau a demandé au nouveau préfet de police de faire enquête pour déterminer si toutes les manifestations qui s'étaient succédé, de Reuilly à Auteuil, étaient concertées. On ne trouve pas grand-chose pour l'établir. Waldeck-Rousseau se saisit de ce peu, fait au Conseil des ministres du 10 août un exposé dramatique, et il obtient l'accord du Conseil pour qu'il soit procédé à une série d'arrestations. Le 12 août, Déroulède, Habert, les principaux nationalistes seront arrêtés. Jules Guérin et quelques-uns de ses amis antisémites tenteront d'échapper à l'arrestation. Ils se retrancheront dans la « forteresse » de la rue Chabrol *.

Restent l'Église et les congrégations. Waldeck-Rousseau n'est pas anticlérical. Il lui semble, observe Pierre Sorlin [5], que la religion est condamnée à dépérir, parce qu'elle ne correspond pas aux besoins de l'esprit moderne. Il croit que le progrès de la civilisation effacera peu à peu l'idée religieuse. En revanche, il est convaincu que l'Église catholique doit être soumise au pouvoir républicain. Elle ne doit pas être une force de résistance ni de réaction. Le prêtre n'est, pour Waldeck, qu'un fonctionnaire comme les autres, auquel il convient d'appliquer les mêmes règles qu'à tous les agents de l'État, et le ministre des Cultes doit traiter les problèmes religieux comme de simples questions administratives. Au fond Waldeck-Rousseau reste concordataire. La séparation de l'Église et de l'État lui paraît un but sans doute inéluctable, mais lointain. Dans l'immédiat il faut remettre prêtres et religieux au pas. Ce qu'il fait. Dans la première année du ministère, le président du Conseil suspend

* Sternhell, analysant notamment les archives de la procédure, assure que Déroulède avait à nouveau monté un projet de coup d'État. Le général de Négrier, récemment relevé de ses fonctions, devait marcher sur l'Élysée. Un gouvernement de salut public devait être constitué, comportant Pellieux et Quesnay de Beaurepaire. Habert, l'adjoint de Déroulède, devait être nommé préfet de police. (*La Droite révolutionnaire en France, 1885-1914*, le Seuil, 1978, pp. 125 et s.).

le traitement de dix-neuf desservants qui avaient manifesté des opinions défavorables au gouvernement. Il fait blâmer, par le ministre des Cultes, les évêques qui soutiennent, même discrètement, des personnalités hostiles à sa politique. En quelques mois aucune voix n'ose plus s'élever dans l'Église pour exprimer une quelconque hostilité au gouvernement républicain.

Mais l'œuvre de défense républicaine oblige aussi à soumettre les congrégations, et notamment les Assomptionnistes que Waldeck-Rousseau tient, non sans quelque raison, pour des ennemis forcenés de la République. Le 14 novembre 1899 il déposera à la Chambre un projet de loi relatif au contrat d'association, dont la partie la plus importante sera consacrée aux congrégations. Un second projet prétendra imposer aux candidats à des fonctions publiques, de faire leurs trois dernières années de scolarité dans l'enseignement public. Le 11 novembre il demandera des poursuites contre les Assomptionnistes. Le procès aura lieu en janvier 1900 et la congrégation sera dissoute. Mais Waldeck-Rousseau rêve d'aller plus loin. Il entend briser « l'invasion cléricale », dont l'enseignement religieux est le chemin, casser la puissance financière et sociale des congrégations. C'est pourquoi il lui faut du temps.

Ainsi va cet homme inflexible, timide et glacé, venu au pouvoir comme par hasard, pour défendre la République. En quelques mois, le bilan de la « défense républicaine » est impressionnant [6]. L'Armée, l'Église, les congrégations subissent, sans résistance ni plainte, la dure loi que la République de Waldeck-Rousseau leur impose. Les nationalistes, surpris, démantelés, perdent leur vigueur. Ils semblent même prostrés. Les parlementaires sont étonnés. Ils n'ont pas vu, depuis longtemps, l'exercice d'une autorité républicaine. Ce pouvoir rigoureux les déconcerte, et pour beaucoup les rassure.

Reste à en finir avec l'Affaire Dreyfus.

Que Waldeck-Rousseau fût dreyfusard, un dreyfusard de raison, non de passion, cela ne faisait aucun doute pour personne. On savait son amitié avec Demange – c'est lui qui l'avait désigné à Mathieu Dreyfus pour défendre son frère –, les liens qui l'unissaient à Joseph Reinach. Il s'était engagé à deux reprises au Sénat, et ne cachait pas ses sympathies pour une cause qui s'était confondue pour lui avec la défense de la République. Mais il est maintenant président du Conseil. Il connaît l'atmosphère passionnelle qui entoure l'Affaire. Les initiatives du gouvernement, quelles qu'elles soient, risquent d'être prises en mauvaise part, et de ne satisfaire ni l'un ni l'autre des deux camps. Et s'il veut remettre l'Armée au pas, il n'entend ni l'exaspérer ni l'humilier.

Dès son arrivée à la tête du gouvernement, Waldeck-Rousseau cherche à mieux connaître l'Affaire. Elle ne l'avait jamais concerné au point qu'il en connût le détail. L'ampleur et la complexité des dossiers le découragèrent d'abord. Il s'adressa à son ami Joseph Reinach qui l'accabla d'informations. Le président du Conseil décida finalement de demander au commissaire Tombs, seul civil à avoir connu de l'Affaire, de lui établir un rapport clair et précis sur le dossier, les manœuvres et les actions des militaires depuis 1894. Tombs lui fit un excellent travail, qui persuada définitivement Waldeck-Rousseau de l'innocence de Dreyfus.

De son côté, Galliffet s'est fait communiquer le dossier secret. Le ministre de la Guerre est vite convaincu qu'il est vide, insignifiant : le procès de Rennes ne sera qu'une formalité. « Il méprise tant, écrit Pierre Sorlin, les généraux qu'il les voit déjà ridiculisés par la défense » [7]. Et sans doute y prend-il par avance plaisir. « Je crois, écrit Galliffet à son amie la princesse Radziwill, que la déposition de ce pauvre Mercier ne sera que ridicule. » Le général Chamoin, que Galliffet a délégué à Rennes pour « suivre » le procès, multiplie les rapports rassurants. Tout sera facile. Par optimisme, pour paraître respecter la liberté du ministère public, et aussi sans doute pour ne heurter personne, le gouvernement décide de ne pas imposer au commissaire du gouvernement, comme il eût pu le faire, d'abandonner l'accusation contre Dreyfus. Millerand, Reinach insistèrent en vain auprès de Waldeck, observant le danger de ce choix. Mais Galliffet objecta que l'abandon de l'accusation ferait mauvaise impression, que l'on braquerait les juges militaires, et que l'acquittement viendrait tout seul. Plus lucide, Waldeck-Rousseau est aussi plus pessimiste. Dès l'ouverture du procès, le président du Conseil dit à son ami Reinach « qu'il ne voit qu'un petit nombre de chances de faire acquitter Dreyfus ». Waldeck est inquiet de nature, et sans doute mesure-t-il mieux que Galliffet, qui déteste trop ses collègues et se croit plus influent qu'il n'est, la force de l'esprit de corps dans l'Armée [8]. Le président du Conseil charge secrètement le préfet d'Ille-et-Vilaine de la singulière mission d'entrer en rapport avec le commissaire du gouvernement, et même avec les juges, de tâcher de les influencer. Pendant le procès, Waldeck-Rousseau manifestera sa sympathie à la cause de Dreyfus, en faisant des démarches personnelles auprès de l'ambassade d'Allemagne pour obtenir des pièces utiles à la défense de Dreyfus, et notamment les « pièces énumérées au bordereau » *. Plus tard, le colonel Picquart, et surtout Labori qui détestait Waldeck-Rousseau pour des raisons « confraternelles », accuseront le gouvernement de les avoir désarmés à force de fausses promesses, d'avoir échangé – par l'intermédiaire de Demange – la « modération de la défense » contre une promesse d'acquittement, d'avoir ainsi berné les dreyfusards, les empêchant de démontrer et dénoncer tous les crimes de l'Armée. Waldeck-Rousseau et Galliffet auraient habilement veillé sur l'honneur de l'Armée, sans vraie volonté d'acquittement **. Mais ces reproches serviront à excuser les erreurs de stratégie que commettront les dreyfusards tout au long du procès de Rennes. Il ne semble pas que Waldeck-Rousseau ait jamais caché les difficultés du procès devant un tribunal militaire auquel il ne faisait pas confiance. Pouvait-il faire davantage, ordonner que le commissaire du gouvernement abandonnât l'accusation, peser de tout son poids sur le cours du procès? Cela eût-il servi à quelque chose? Mais il est vrai aussi que le souci de Waldeck-Rousseau est désormais celui de l'apaisement plutôt que celui de l'acquittement. Il pense à préserver l'unité nationale,

* Il fera quatre démarches à l'ambassade entre le 12 et le 19 août, sans en parler au gouvernement ni même à Galliffet. Il ira jusqu'à se déplacer personnellement à l'ambassade, le 12 août, sans obtenir satisfaction.

** Le reproche est partiellement repris par Pierre Vidal-Naquet dans son introduction à *Cinq années de ma vie* [9].

tandis qu'il reprend en main l'Armée. Il veut pacifier la République pour mieux la défendre. Ce que certains dreyfusards ne voient pas, dans la fièvre du combat, c'est qu'il est le chef du gouvernement de la France, et non l'avocat de Dreyfus.

VI. – À RENNES, À RENNES, MESSIEURS DE L'ARMÉE

Deux jours après que Dreyfus eut été enfermé dans la prison militaire de Rennes, son avocat, Me Demange, vient lui rendre visite. Il est accompagné de Me Labori. Mathieu Dreyfus, qui avait beaucoup admiré Labori au procès de Zola, avait estimé que le vieux Demange, prudent, presque trop prudent, parfois timide, serait utilement aidé à Rennes par son fougueux confrère. Demange, qui avait vu un grand nombre de ses clients l'abandonner depuis qu'il défendait Dreyfus, ne se connaissait d'autre devoir que la défense passionnée de son client *. Chrétien, conservateur, il ne voulait pas connaître tout ce qui maintenant entourait la cause de son client. Pour beaucoup de dreyfusards, il n'avait nulle sympathie. Au contraire Labori ne connaissait pas Dreyfus, et se confondait à la cause. Son courage, son talent en avaient fait le champion des dreyfusards. Les deux avocats pouvaient ainsi se compléter, autant par leurs convictions que par leurs tempéraments.

Au parloir, Dreyfus embrasse son vieil avocat, fait connaissance de Labori dont il ne sait à peu près rien. Les deux avocats reviennent le lendemain et remettent au capitaine Dreyfus l'essentiel du dossier, c'est-à-dire la sténographie du procès de 1898

* Voir l'éloge d'Edgar Demange prononcé à l'ouverture de la Conférence des avocats, le 14 janvier 1933, par Me René Bondoux, premier secrétaire : « Les clients désertent son cabinet, les amis deviennent rares, mais sa conscience le rassure, il a marché droit son chemin. »

et l'enquête de la Cour de cassation. Dreyfus lit toute la nuit le compte rendu du procès Zola, puis, les jours suivants, celui du procès Esterhazy et l'enquête de la Cour de cassation. Quoiqu'il ait de fortes fièvres et grelotte sans cesse, il passe ses jours et ses nuits à travailler. Il souhaite maintenant être maître de sa défense. Il interroge ses avocats, leur commande des travaux. Manifestement il est plus proche de Demange que de Labori. Une scène pénible éclate au cours de l'une des premières visites, à la prison, après que Demange eut expliqué qu'il ne saurait être question de « recommencer le procès de Zola ». « Et moi je ne recommencerai pas le procès de 1894 », répond Labori furieux. Il menace de s'en aller, de renoncer à la défense. Alfred Dreyfus est obligé de l'apaiser. « Labori, explique Reinach [1], avait bu trop jeune d'un vin trop fort... l'éclatant succès qui lui était venu si vite, les adulations et les attaques, également enivrantes pour un esprit mal préparé, l'avaient persuadé que le procès Zola avait été son procès Baudin et qu'il ne ferait qu'un bond, après la victoire, de la barre à la tribune, et de la Chambre aux plus hautes destinées » *.

Labori supporte de plus en plus mal Demange. En fait tout sépare les deux avocats : leur âge, leur tempérament, leur conception de la défense **, l'idée qu'ils se font de leur destinée. Labori est convaincu que Waldeck-Rousseau abandonne Dreyfus, que Demange n'est qu'un instrument entre les mains de son ami Waldeck, que Galliffet n'est qu'un instrument entre les mains de l'Armée. Dans les notes qu'il a laissées, Labori assure que si sa maladie – il avait eu la typhoïde – l'avait laissé prendre part à la constitution du gouvernement, il aurait « dicté ses conditions » [3]. Il n'aurait pas laissé Waldeck-Rousseau choisir Galliffet sans qu'il prît des engagements. « Mon influence était considérable... Depuis le commencement de 1898 elle avait toujours été

* Mais Labori dénonce, dans les notes qu'il a laissées, les « infamies » et les « perfidies » de l'*Histoire de l'Affaire Dreyfus* de Reinach [2].

** « C'est Labori qui tonne, dit le bâtonnier René Bondoux, et c'est Demange qui plaide. Si Labori est " la défense " Demange est " l'avocat " ».

prépondérante... J'avais tous les fils dans la main... Zola et Picquart ne faisaient rien sans moi... J'étais le centre de l'affaire... »[4]. Il est maintenant convaincu qu'il est trahi de tous côtés, par ceux qui veulent sauver les généraux, ménager Mercier et l'État-Major. Le gouvernement a promis un acquittement médiocre, à « la minorité de faveur ». En échange de quoi la défense de Dreyfus sera discrète et modérée. Lui, Labori, se refuse à cette transaction honteuse. Il faut tout dire, tout révéler, tout démontrer, sans ménager quiconque. Le fossé se creuse entre ceux qui, comptant sur l'appui du gouvernement, souhaitent un procès mesuré, modéré, et ceux qui, derrière Labori, entendent soutenir un procès sans concession ni prudence, pour contraindre les juges à acquitter. Labori, dont l'orgueil est exaspéré, est de plus en plus convaincu qu'on cherche à l'éliminer de l'Affaire, alors que lui seul voit clair, que lui seul porte une vraie chance de faire acquitter Dreyfus [5].

De tous côtés on s'agite. Dans la préparation du procès de Rennes, le général Mercier apparaît vite comme le chef des antidreyfusards, comme il avait été, en 1894, le chef de la conjuration contre Dreyfus. Il multiplie les interviews, annonce qu'à Rennes il dira tout ce qu'il sait. Il confie au *Journal*, à *la Libre Parole* qu'il produira de formidables preuves, dût la guerre en résulter [6]. Les nationalistes reprennent espoir. « Nous voulons voir en face, écrit François Coppée, la vérité, fût-elle hideuse et terrible, et si c'est la guerre, peut-être sera-t-elle la renaissance et le salut. » Le général Mercier distille, dans la presse, les vérités qu'il fera éclater. Le bordereau sur papier pelure, le bordereau de 1894, n'est qu'un calque – ou une reproduction – du bordereau original. Et cet original, il a été annoté par l'empereur d'Allemagne, de sa propre main. On dit qu'il en existe une photo, que le général Mercier détient cette photo, qu'il la sortira au procès. Cette fois-ci, c'est l'heure de vérité, et Dreyfus sera confondu par les pièces secrètes, déterminantes, que nul n'a encore osé produire. M. Quesnay de Beaurepaire se remue aussi, en tous sens. Il s'érige en juge et décide d'instruire tout seul le procès Dreyfus, puisque la justice est aux mains des Juifs. Il annonce à la presse qu'un témoin a la preuve formelle des crimes de Dreyfus. Le témoin s'avère un escroc, et *le Figaro* du 5 juillet raconte avec mille détails la lamentable mystification dont a été victime l'ancien président de la Chambre civile. Mais c'est Barrès qui, dans une série d'articles publiés dans *le Journal,* pose les termes du procès et enferme dangereusement les juges militaires dans les replis de leur idéal. « C'est à choisir, écrit-il le 4 juillet, Dreyfus ou les grands chefs » [7]. Les amis de Dreyfus sont les ennemis de la patrie. « Ils injurient tout ce qui nous est cher, la patrie, l'Armée... leur complot divise et désarme la France, et ils s'en réjouissent. » Le procès de Rennes est tout simple, « il y aura d'une part l'honneur de Dreyfus, et d'autre part l'honneur de tous les ministres et généraux qui nous ont juré la culpabilité de Dreyfus ». Et il menace :

> Nous sommes plusieurs millions d'honnêtes gens qui n'avons jamais eu à connaître l'Affaire, et qui nous sommes confiés – c'était la raison et le devoir – à l'autorité légitime des Conseils de guerre et des chefs de l'Armée. Si les généraux Mercier, Billot, Chanoine, Zurlinden, et MM. Cavaignac et Méline nous ont trompés, s'ils nous ont associés à l'œuvre infâme de maintenir au bagne un innocent, nul châtiment assez lourd pour eux [8].

Barrès prévient que si Dreyfus est acquitté il y aura des représailles. Ainsi il ne s'agit plus de savoir si Dreyfus est innocent ou coupable. L'idéal nationaliste, la solidarité militaire, la simple prudence obligent à la condamnation. Barrès encourage, bouscule les officiers : « Il faut qu'à Rennes la vérité éclate avec un caractère d'évidence... A Rennes, à Rennes, messieurs de l'Armée! Cavaignac et Mercier vous imposent leur exemple. Il n'y a pas d'échappatoire possible. En route. La France est dans Rennes, ville qu'arrose le Rubicon! » [9].

Les révisionnistes écoutent ces discours d'une oreille distraite, comme s'ils n'exprimaient plus que des combats d'arrière-garde. Et ils se divisent dans la préparation du procès. On discute à perte de vue pour savoir si le Conseil de guerre est lié par l'arrêt de cassation, s'il y a des vérités « acquises et définitives » sur lesquelles la Cour de cassation a définitivement statué – telle la question des aveux. Clemenceau prévient, dans *l'Aurore* du 21 juillet, qu'il faudra « entendre tout le monde et poser toutes les questions » sous peine de tomber au niveau « des juges immondes » tel le premier président Mazeau. Les journaux nationalistes applaudissent : « Il nous faut la grande lessive. » Le gouvernement, qui avait, dans une note officieuse, demandé au commissaire du gouvernement Carrière que ses réquisitions ne portent sur aucun des points tranchés par la Cour de cassation, se trouve ainsi désavoué par l'un des plus ardents révisionnistes. Labori, qui ne veut pas se satisfaire de l'autorité de la chose jugée par la Cour de cassation, s'affirme solidaire de Clemenceau. Il décide de citer Lebrun-Renault pour le confronter avec Dreyfus, afin d' « en finir définitivement » avec la légende des aveux. Ainsi, hésitant entre plusieurs stratégies, la défense n'en choisit aucune. L'accusation cite soixante-dix témoins, et notamment tous ceux qui avaient déposé à charge devant la Cour de cassation. La défense en cite vingt, ce qui était trop ou trop peu. Et tandis que Mathieu Dreyfus, et aussi Alfred Dreyfus dans sa prison, essaient de concilier les avocats et les amis, de plus en plus divisés, le commandant Carrière, commissaire du gouvernement, choisit, pour l'aider à se débrouiller dans la procédure, un avocat monarchiste, Me Auffray, qui avait autrefois conseillé du Paty et qui, de notoriété publique, était lié à l'État-Major *. On ne s'en inquiéta pas. L'équipe des dreyfusards qui se réunit à Rennes, dans les jours qui précèdent le procès, s'installe dans l'incohérence et la division.

Pourtant l'amitié, l'enthousiasme, la fièvre du combat sont encore là. On se retrouve surtout à l'auberge des Trois Marches, en pleine campagne, à l'entrée de Rennes **. Le ménage Guillet, Mme Jarlet font, pour le clan des dreyfusards et leurs invités, des journalistes amis, une « cuisine bourgeoise simple et saine ». L'ex-ordonnance du colonel Picquart aide au service de table [10]. Séverine décrit ainsi l'auberge des Trois Marches [11] :

* C'est lui qui, pour le compte de l'État-Major, avait « fait la salle » au cours du procès Zola.

** 66, faubourg d'Antrain.

C'est une pauvre demeure, très vieille, très propre, souriante, hospitalière. La porte au-dessus du triple degré de pierre, les fenêtres, le portail donnent sur la route, face à des villas dont les jardins descendent vers l'Ille, toute frétillante et claire entre les peupliers.

Alentour, ce n'est que des prairies encloses de haies après lesquelles foisonne, parfumé, le duvet de la clématite. Des vaches y pâturent, de petite taille, mais robustes et le pelage lustré.

La salle est gaie, proprette, avec le luxe d'une cheminée en marbre noir, de quatre lithographies militaires aux murs, d'un bouquet sur la nappe de grosse toile blanche. A deux pas de la grande cuisine, où sous la direction de l'hôte, la surveillance de l'hôtesse, flambent les antiques fourneaux. La chère est bonne, mais simple. D'immenses pains coupés par tranches fleurent bon le froment; et le cidre met des reflets d'ambre au flanc des carafes rebondies.

Dans le jardin sont des tonnelles; sous un ombreux couloir de platanes, des tables de bois rugueux flanquées de bancs. Au-delà d'un préau à l'aire battue, surhaussée, adossée au mur du fond une sorte de petite estrade couverte où, les jours de noces, les soirs de bal, perchent les ménétriers.

Dans la salle close les voilà tous assis : Picquart, Jaurès, Basch, Gabriel Monod, Gast, Leyret, Turot, Hild, Monira, Stock, Desmoulins, Bardey, les docteurs Reclus, Brissaud, Widal; ceux qui passent, Mirbeau, Laroche, Molinier, Havet, Corday, Navarre – hier Pozzi, demain n'importe quel grand esprit d'où qu'il se soit orienté vers la lumière.

Les propos volent, spirituels ou passionnés, gais ou graves, s'élevant toujours, peu à peu, vers des conceptions supérieures. La belle voix de Jaurès claironne; son rire puissamment retentit. Georges Picquart doucement discute. Quelque savant disserte, établit la relation des effets aux causes, dans le débat qui nous occupe.

C'est un banquet de Girondins en liberté pour qui la menace de la mort compterait moins encore qu'elle ne compta jadis, à la Conciergerie.

On se moque de la laideur, et de la haine, et du mensonge et de la force marchant contre le droit. On stigmatise d'un trait les défections, les défaillances.

Souvent tous se taisent devant l'éloquence d'un seul. Il parle comme devaient parler les apôtres, alors que suspects, au fond des catacombes, se réunis-

saient les premiers chrétiens. On écoute : la foi, le désir d'héroïsme vous gonflent le cœur.
Quelqu'un heurte à la porte : c'est venant du Sud ou du Nord, de l'Est ou de l'Ouest, quelque pèlerin qui s'est acheminé vers cette table d'auberge où l'on rompt le pain de vérité.
Il entre, s'assied, se tait... Mais les sermons sont courts; un mot de parisianisme rompt le charme, modernise la bataille.
Alors on s'en va. En masse on reconduit les plus menacés *.

Zola, Clemenceau, Reinach sont restés à Paris, pour éviter « des occasions de passion et de trouble ». Mais on ne cesse de les consulter. Scheurer est en train de mourir à Luchon. Trarieux, Leblois sont venus, et beaucoup d'autres qui apportent des informations, donnent des conseils, et souvent font valoir leur rôle. Entre Labori et Demange, les relations sont de plus en plus tendues. Mathieu Dreyfus « emploie le meilleur de sa diplomatie et son expérience douloureuse des hommes » [13] à apaiser les uns et les autres. Il n'y parvient guère.

Le dimanche 6 août, Mathieu passe un long moment avec son frère. Il le trouve calme, plein de sérénité, extrêmement confiant. Mais Mathieu est inquiet. Le capitaine Dreyfus s'exprime avec une extrême lenteur. Il n'a pas repris l'habitude de la parole. La perte de plusieurs de ses dents provoque un léger sifflement quand il parle. Il est très amaigri. Comment supportera-t-il les émotions, les fatigues des audiences? Et qui saura, tant il dissimule ses maux physiques, que c'est un homme cruellement atteint par les supplices du bagne qui comparaît devant ses pairs?

* Edmond Gast, parent de Picquart, et P.-V. Stock auront l'idée de fonder en 1899, pour réunir tous les « combattants » du procès de Rennes, « un dîner des Trois Marches ». Le dîner inaugural eut lieu le 8 novembre 1899 au restaurant Champaux place de la Bourse à Paris. La plupart des « grands » dreyfusards étaient présents, dont Mathieu Dreyfus, Bernard Lazare, Joseph Reinach, Picquart, Gabriel Monod, Trarieux, Mirbeau, Marcel Prévost, Psichari, Ranc, Bertulus... Il y eut de moins en moins de monde aux dîners suivants et le dîner « s'éteignit » en 1902 [12].

VII. – DE LA CHAIR VIVANTE ET BROYÉE

Le lundi 7 août, à 6 heures du matin, Mathieu Dreyfus se rend à pied au lycée de Rennes, où doit se dérouler le procès de son frère *. Il découvre un étonnant spectacle : « Rennes a l'apparence d'une ville assiégée » [1]. Toutes les rues qui aboutissent à l'avenue qui borde le lycée sont fermées, gardées par des troupes à pied et à cheval. Il faut passer plusieurs barrages pour arriver au lycée, montrer chaque fois son sauf-conduit. Des gendarmes passent et repassent, en tous sens. Des officiers galopent le sabre à la main. « Il s'élève une grande rumeur, faite du remuement des chevaux, du cliquetis des sabres, du bruit des crosses de fusil. »

C'est la salle de théâtre du lycée, très haute, vaste et rectangulaire, qui a été transformée en salle d'audience. Au fond, sur la scène de théâtre qui domine la salle, une grande table et des sièges ont été installés pour les juges du Conseil de guerre, et, derrière eux, le général Chamoin, délégué du ministre de la Guerre, M. Paléologue, délégué du ministre des Affaires étrangères, et quelques personnalités. A droite du tribunal, dans la salle, en contrebas, on a placé le banc de la défense. Devant ce banc, deux chaises pour l'accusé et le capitaine de gendarmerie qui l'accompagne. A gauche, en face du banc de la défense, une table et des sièges pour le commissaire du gouvernement Carrière, son suppléant et le greffier. Des bancs ont été placés, un peu en retrait, pour les représentants de la presse française et de la presse étrangère. Le reste de la salle est divisé en deux parties, séparées par des barrières. La première est réservée aux témoins, la seconde aux privilégiés qui ont obtenu des cartes. Partout des gendarmes circulent.

Les juges du tribunal militaire ont reçu depuis près d'un mois le dossier du procès de 1894 et

* Le premier procès de Dreyfus avait duré trois jours. Le second va durer cinq semaines (du 7 août au 9 septembre).

l'enquête de la Cour de cassation. Ils les ont étudiés. Tous sont d'anciens polytechniciens. Aucun n'a jamais manifesté d'opinion, si ce n'est le commandant de Bréon, fervent catholique, qui a souscrit avec sa femme cinq francs pour le « monument Henry ». Le colonel Jouaust qui préside, « belle tête un peu dure, la figure balafrée d'une épaisse moustache blanche », passe pour un brave homme autant qu'un bon soldat. Il est à la veille de la retraite. Le lieutenant-colonel Brogniart est directeur de l'École d'artillerie. Les commandants Merle et Profillet ont été, à Polytechnique, les camarades de promotion de Cavaignac. Les capitaines Parfait, froid et attentif, et Beauvais, « le plus intelligent de ces sept soldats » [2], complètent le tribunal. Ces juges paraissent des hommes sérieux, et qui sans doute balancent encore.

Le jour même où s'ouvre le procès, *le Matin* commence la publication d'une longue lettre qu'Esterhazy a adressée au commissaire du gouvernement, le commandant Carrière *. Esterhazy avise qu'il ne viendra pas témoigner parce qu'il sait le Conseil de guerre résolu à acquitter Dreyfus, et qu'en outre il est sans ressource, « dans l'impossibilité matérielle » de faire le voyage. Et il reprend l'un de ses thèmes : « Devant Dieu et par la mémoire sacrée de mon père, je jure n'être entré en rapport avec Schwarzkoppen que par l'ordre de Sandherr. » Le général Mercier et l'État-Major éprouvent un grand soulagement. Mieux vaut qu'Esterhazy ne paraisse pas à l'audience.

A 7 heures du matin la salle est pleine. Les journaux ont envoyé leurs meilleurs collaborateurs : Barrès, Jean-Bernard, Chevrillon, Claretie, Séverine, Maizières, Marcel Prévost, Serge Basset, Gaston Salles sont là. Jaurès et Viviani sont présents aussi, qui feront presque tous les jours un article. Les journalistes étrangers se bousculent. Il y a plus de cartes que de places. Dans la partie de la salle réservée aux témoins, Mathieu Dreyfus observe tous les acteurs de la tragédie qui a emporté son frère. Le général Mercier, « d'une laideur sinistre, des yeux glauques à demi recouverts de paupières épaisses,

* *Le Matin*, 7 et 8 août.

plissées »[3], est assis au premier rang, dans un fauteuil réservé. Cavaignac, long, mince, est d'aspect lugubre. Il marche de long en large. Billot semble s'amuser à regarder le public. Sanglé dans son uniforme, le monocle fixé dans l'œil, le général Zurlinden paraît tout occupé de sa prestance. Le général Roget papillonne autour des autres généraux, comme s'il faisait la liaison. Gonse et Lauth, aussi sombres l'un que l'autre, conversent dans un coin. Le général de Boisdeffre se tient à l'écart, figé dans un comportement qui exprime sa lassitude. Casimir-Perier s'est assis aux côtés du général Mercier, sans lui adresser un regard. La veuve du colonel Henry est présente, « enveloppée d'un long voile de deuil »[4]. Mais voici que l'huissier annonce le Conseil de guerre : « Portez armes. » Dans un brouhaha d'éperons et de sabres les membres du tribunal entrent, suivis de leurs suppléants. Tous, debout, portent la main au képi. Nouveau commandement : « Déposez armes. » Les juges prennent place. Le colonel Jouaust déclare l'audience ouverte. « Faites entrer l'accusé. »

Tous les regards se tournent vers la porte du couloir situé derrière le banc de la défense. Mathieu ferme les yeux. Il n'a pas le courage de voir entrer son frère. La porte s'est ouverte. Alfred Dreyfus paraît. Toute la salle est debout, pour le mieux voir. Il est en uniforme de capitaine d'artillerie. Il avance d'un pas rapide, volontairement automatique. Ses jambes chancellent et il craint de ne pouvoir monter les marches qui le conduisent à sa place. Il fait effort pour sembler ferme, impénétrable, « plus fermé qu'un mur ». Il s'immobilise, salue militairement le Conseil. Puis à l'invite du président, il retire son képi et s'assied.

On eût dit une statue[5]. Ses cheveux sont blancs, taillés en brosse. Ils font contraste avec sa moustache très fine qui est demeurée châtaine. Son teint très pâle s'empourpre à de courts moments, « de minute en minute le sang vient colorer sa peau puis le laisse tout blême »[6]. Le pantalon flotte autour des jambes sans muscles et sans chair, comme autour de deux bâtons. Il a fait ouater son uniforme, ce qui lui donne un semblant de carrure. Il s'est gorgé de stimulants. Surtout il ne veut pas faire pitié. « Je n'avais qu'un devoir, faire appel à la raison et à la conscience des juges. C'est moi qui ai de la pitié pour les hommes qui se sont déshonorés en faisant condamner un innocent par les moyens les plus criminels. » Un moment, Maurice Barrès paraît avoir été ému :

> Toute la salle bougea d'horreur et de pitié mêlées quand Dreyfus parut.
> Sa figure mince et contractée! Son regard net derrière le lorgnon! Oh! qu'il me parut jeune d'abord, ce pauvre petit homme qui, chargé de tant de commentaires, s'avançait avec une prodigieuse rapidité. Nous ne sentîmes rien à cette minute qu'un mince flot de douleur qui entrait dans la salle. On jetait en pleine lumière une misérable guenille humaine. Une boule de chair vivante, disputée entre deux camps de joueurs et qui depuis six ans n'a pas eu une minute de repos, vient d'Amérique rouler au milieu de notre bataille. Mais déjà Dreyfus a gravi les trois marches de l'estrade, la nouvelle station de son calvaire [7]...

Tel ne sera pas le regard des journalistes de *la Libre Parole*, de *l'Éclair*, du *Journal*. Ils observeront que le traître « n'avait nullement souffert ni du climat ni des gardes-chiourme pendant sa lointaine retraite », que « sa mine éclatait de santé », qu'il était « comme honteux dans l'habit militaire qu'on lui avait rendu » [8].

On lit l'acte d'accusation de 1894 « que Dreyfus entendit plus qu'il n'écouta ». Vient l'appel des témoins : Esterhazy est en fuite, du Paty de Clam indisposé, Maurice Weil malade. Puis le colonel Jouaust commence l'interrogatoire. Tous les dreyfusards sont étonnés du ton brusque, presque brutal, dont le président pose ses questions, ou interrompt Dreyfus. Le président essaie manifestement de durcir sa voix, de bousculer l'accusé. Il passe le bordereau à Dreyfus debout, toujours aussi raide. Il l'interroge sur son contenu. Dreyfus éclate : « J'affirme encore que je suis innocent. Je supporte tout depuis cinq ans, mon colonel, mais encore une fois pour l'honneur de mon nom et celui de mes enfants, je suis innocent, mon colonel ». La plupart des mots se perdent [9]. On entend « honneur... enfants... innocent ». Il est entièrement décoloré, pris de vertige. Ses yeux sont mouillés par les larmes. « Alors vous niez », résume le président. « Oui, mon colonel. » Ces mots « mon colonel » parurent à Barrès comme « les deux bras d'un désespéré à genoux qui étreint son juge tout-puissant ». Mais « sa voix sans timbre ajoutait à l'effet désastreux de cette tenue sans frisson ». Il semblait parler « comme un phonographe »[10]. Mathieu « affreusement pâle aurait voulu crier pour lui »[11]. Ces phrases pathétiques que dit Dreyfus : « Je suis innocent, je jure que je suis innocent », Maurice Paléologue, assis derrière les juges, les reconnaît. Il les a entendues « le matin sinistre de la dégradation »[12]. « Pourquoi sonnent-elles encore aussi faux à mon oreille? » « Pourquoi cet homme est-il incapable de toute chaleur? Pourquoi dans ses protestations les plus fortes, rien de son âme ne peut-il sortir de sa gorge étranglée? Il a je ne sais quoi d'incompréhensible et de fatal comme un héros de la tragédie antique. »

Le colonel Jouaust interroge Dreyfus de plus en plus durement. Il reprend toutes les accusations, le jeu, les femmes, les questions « indiscrètes » posées par Dreyfus à d'autres officiers. « N'avez-vous pas joué aux courses? » « Jamais. » « Pourquoi votre présence en Alsace a-t-elle été tolérée? » « Pendant sept ans les passeports m'ont été refusés. » « Et cependant vous y êtes allé. » « Trois fois, en me cachant, en passant par la Suisse. » On l'interroge sur les aveux faits à Lebrun-Renault. De nouveau il s'indigne. Ses mains sont agitées d'un tremblement continu. Il se retient mal de pleurer :

> Cette conversation (avec Lebrun-Renault) a été un monologue haché. Je lui ai dit : « Je suis innocent... » Je sentais au-dehors tout un peuple ému auquel on allait montrer un homme qui avait commis le crime le plus abominable qu'un soldat puisse commettre; je me rendais compte de l'angoisse patriotique qui étreignait ce peuple et je disais : « Je voudrais crier à la face du peuple que ce n'est point moi qui suis coupable. Je voudrais essayer de faire passer dans cette foule le frisson que j'éprouve. Je voudrais lui faire comprendre que l'homme qu'elle croit avoir commis ce crime n'est pas celui qui a été condamné. Je vais crier à la face du peuple mon

innocence. » J'ajoutai : « Le ministre le sait bien. » Cela se rapportait à ce que j'avais dit au lieutenant-colonel du Paty de Clam lors de sa visite; je lui avais dit : « Dites au Ministre que je ne suis pas coupable » [13].

Souvent l'accusé répond par des dénégations sans phrase, sans commentaire. « Non, mon colonel », « Jamais mon colonel. » S'il répond longuement, le colonel Jouaust l'interrompt. « C'est de la discussion. Vous niez ou vous ne niez pas? » Jules Soury commentera : « Il ne parle pas, il aboie » [14]. Le Pelletier écrira : « Chez lui, nulle humiliation que d'être pris... il ergote avec une dextérité d'avoué madré » [15]. « Il ment comme un écolier. » « Têtu comme une crapule, il n'a qu'un système, c'est de nier. » Ses partisans eussent aimé qu'il se laissât aller, « qu'il laissât crever son cœur gonflé de tant de misères », raconte Séverine, bouleversée qu'il apportât si peu d'émotion dans le débat. Mais il ne le peut pas. Il ne le veut pas. « Il fallait un acteur, conclut Joseph Reinach, et c'était un soldat » [16].

A la suspension, les juges bavardent avec les représentants du ministre de la Guerre et du ministre des Affaires étrangères, pour organiser ce qu'ils appellent « leur collaboration » [17]. Puis le colonel Brogniart, le commandant de Bréon font un « bout de chemin » avec Maurice Paléologue, le long de la Vilaine. Ils ne lui dissimulent pas l'impression défavorable que Dreyfus leur a faite dès ce premier jour. « Notre tâche est lourde », commente le colonel Brogniart. Maurice Barrès reste sous le coup de son émotion.

> Pour moi, que mes amis m'excusent, je considérais l'homme, la figure lointaine, le fantôme qui met la France en crise, et je sentais que ce nom exécré de Dreyfus représentait tout de même de la chair vivante et broyée [18].

Barrès évoque les prières du Vendredi saint. « Prions pour les perfides Juifs. » Mais il se ressaisit vite. « S'il ne s'était agi que d'un homme, nous eussions couvert sa honte d'un suaire. Mais il s'agit de la France » [19].

Par jugement * le Conseil de guerre décide de siéger à huis clos « dans l'intérêt de la défense nationale » le temps que le général Chamoin, délégué du ministre de la Guerre, présente le dossier secret. Un incident significatif intervient dès la première audience. Le général Chamoin avait spontanément « ajouté » au dossier secret une pièce que lui avait remise le général Mercier **, « à titre de document privé » et pour son information personnelle. Confondu par Labori, Chamoin confesse son erreur, et s'excuse auprès du Conseil de guerre « sur son ignorance des choses de la justice » ***. Mais les avocats de Dreyfus ont désormais compris que Chamoin est entre les mains du général Mercier, ce que confirme bientôt sa manière résolument favorable à l'État-Major de présenter le dossier. Il y faut trois audiences : les 8, 9 et 10 août. Dreyfus semble absent du débat, comme si ce dossier ne le concernait pas. Et le président paraît oublier l'accusé. « Mon dossier n'a produit aucun effet sur les juges », confie Chamoin à Paléologue, dans les allées du parc du Mont-Thabor, où ils se promènent en devisant [3]. Mais le général Chamoin raconte à Paléologue que Mercier va faire une révélation décisive, porter un « coup de massue ». Cette expression de « coup de massue » inquiète Paléologue. Elle est celle

* Rendu par cinq voix contre deux.

** Il s'agissait d'une note de du Paty sur la traduction d'une dépêche de Panizzardi, dont, tout au long de l'Affaire, il circula plusieurs versions [1].

*** Mandaté par Trarieux, Labori, Picquart, l'éditeur Stock se rendit à Paris pour rendre visite à Waldeck-Rousseau, et demander une sanction exemplaire contre le général Chamoin. Waldeck-Rousseau s'y refusa. « Le général de Galliffet, dit-il à Stock, ne veut pas aller au-delà de la sévère semonce qu'il a faite au général Chamoin. J'ai agité avec lui la question de l'arrestation et il m'a déclaré que si je donnais suite à cette idée, il démissionnerait... Je ne ferai pas arrêter le général Chamoin, dites-le bien à vos amis » [2].

qu'employait le colonel Henry quand il parlait de son fameux document.

Mathieu Dreyfus est, lui, rendu pessimiste par ces audiences à huis clos. Dès le 8 août, il écrit à Joseph Reinach qu' « il craint le pire »[4], qu'il faudrait à tout prix obtenir du gouvernement allemand des preuves indiscutables du crime d'Esterhazy, par exemple les « notes » qui accompagnaient le bordereau. Les 10 et 11 août, toujours à huis clos, c'est Maurice Paléologue qui présente aux juges militaires le dossier diplomatique. Dreyfus se tait. « Pas un mot ne lui sort des lèvres, pas un trait de son visage ne remue. » Les juges posent de nombreuses questions, semblent passionnés[5]. A la sortie l'un des juges, le colonel Brogniart, demande à Paléologue : « Parlez-moi donc à cœur ouvert. Quelle est votre opinion sur l'Affaire Dreyfus? » « Si je me bornais à vous dire qu'après avoir cru fermement à la culpabilité de Dreyfus, je crois maintenant à son innocence, vous ne tireriez pas grand profit de notre conversation... » Et Paléologue prodigue au juge quelques conseils : « Il faut élucider l'arrivée du bordereau... obtenir de la veuve d'Henry qu'elle dise à quelles personnes son mari faisait allusion quand il lui écrivait " tu sais dans l'intérêt de qui j'ai agi ", il faut organiser une confrontation entre Esterhazy et Weil... » *. Étrange dialogue. Après quoi M. Paléologue s'en va dîner avec son ami l'ancien président de la République, Casimir-Perier, qui doit déposer le lendemain...

A l'audience du 12 août, Casimir-Perier vint témoigner. Il expliqua qu'il avait été, à l'époque du procès, tenu dans l'ignorance de la communication du dossier secret, que jamais il ne lui avait été soufflé mot des prétendus aveux faits à Lebrun-Renault, qu'enfin aucun risque de guerre n'avait à aucun moment existé avec l'Allemagne. Il raconta ensuite comment MM. Waldeck-Rousseau et Joseph Reinach étaient venus le voir, en 1894, pour solliciter que l'Affaire ne fût pas jugée à huis clos : « Je leur ai répondu que je ne pourrais que transmettre

* Paléologue construira sur de vagues indices la thèse de la complicité d'Esterhazy et de Weil, tous deux manipulés par un « troisième homme ». Voir *infra* p. 642 et s.

leur désir au Conseil des ministres » *. La presse nationaliste se saisit de cette anecdote. Ainsi, en 1894, Waldeck-Rousseau faisait des démarches pour Dreyfus! « La conjonction de Reinach et de Waldeck, c'était la conjonction de Blücher et de Wellington pour un nouveau Waterloo » [7].

Mais on attendait le général Mercier, et sa révélation foudroyante. Il vint en grand uniforme, prêta serment, et s'assit. Puis d'une voix basse, nonchalante, une « voix de vieille dame » que l'on entendait à peine, il fit un long exposé de l'Affaire, conduit avec une méthode et une précision remarquables [8]. Il raconta une nouvelle fois la nuit tragique « où nous fûmes à deux doigts de la guerre » **, où le général de Boisdeffre attendait au ministère l'ordre de mobilisation, et comment le ministre avait décidé, pour éviter une guerre perdue d'avance, « par dévouement pour son pays », de faire connaître aux juges de Dreyfus, secrètement, les charges accablantes qui pesaient sur l'accusé. Il ne montra pas la pièce décisive tant attendue, mais il parla, par allusion, du « bordereau annoté » « Sa Majesté l'empereur d'Allemagne s'occupait personnellement de ces affaires d'espionnage... » « ... au château de Potsdam tout le monde connaissait le nom de Dreyfus » [9]. « Il faut, dit-il au tribunal, examiner avec une extrême méfiance les démentis de la diplomatie étrangère qui peuvent être opposés pour raison d'État. » Ainsi le général Mercier procède-t-il lentement, par vagues insinuations, mêlées de petits détails, qui font grande impression. Il parle quatre heures sans avoir une fois regardé Dreyfus, qui est assis à deux pas de lui ***. Et il en vient à sa péroraison, se tournant enfin vers sa victime **** :

* Cette déclaration provoqua un incident avec Me Demange, que Casimir-Perier obligea à s'excuser publiquement. L'avocat avait à l'époque mal rapporté à Dreyfus le contenu de cet entretien, lui laissant croire que le président de la République était engagé [6].

** *Supra* pp. 111 et 142.

*** Le général Mercier publiera, au cours du procès, une édition révisée de la sténographie de sa déposition, qu'il adressera à chacun des juges.

**** « Il regarde le traître comme une chose », écrira Maurice Barrès.

> Je ne suis pas arrivé à mon âge sans avoir fait la triste expérience que tout ce qui est humain est sujet à l'erreur. Par conséquent, j'ai suivi avec une anxiété poignante tous les débats de la campagne révisionniste. Si le moindre doute avait effleuré mon esprit, messieurs, je serais le premier à vous le déclarer, car je suis un honnête homme et le fils d'un honnête homme; je viendrais donc dire devant vous au capitaine Dreyfus : « Je me suis trompé de bonne foi... »

A ce moment Dreyfus se dresse, s'avance le bras tendu vers Mercier et il hurle : « C'est ce que vous devriez faire. » Il semble qu'il va se jeter sur Mercier. Des applaudissements éclatent. Le capitaine de gendarmerie fait rasseoir Dreyfus. L'ancien ministre de la Guerre, très pâle, reprend lentement : « Je viendrais dire... » Dreyfus hurle à nouveau : « C'est votre devoir. » Les applaudissements et les huées couvrent maintenant la voix de Mercier qui achève son texte, appris par cœur :

> Je viendrais donc dire devant vous au capitaine Dreyfus : « Je me suis trompé de bonne foi; je le reconnais avec la même bonne foi, et je ferai tout ce qui est humainement possible pour réparer une épouvantable erreur. » Eh bien, non! Ma conviction depuis 1894 n'a pas subi la plus légère atteinte; elle s'est approfondie par une étude plus complète de la cause; elle s'est fortifiée enfin par l'inanité des résultats obtenus pour démontrer l'innocence du condamné, malgré le chiffre énorme des millions follement dépensés!...

Et il se retire lentement, comme conduit par une conviction tranquille. A peine a-t-il quitté la barre que Casimir-Perier y bondit à nouveau. « Le général Mercier a fait sur mon rôle en 1895 quelques déclarations que je ne veux pas ratifier de mon silence, que je ne peux tolérer. Je demande à être confronté avec lui. » Le colonel Jouaust décide que la confrontation aura lieu le lundi matin et lève l'audience.

Ce samedi 12 août avait été une bonne journée pour les révisionnistes. A Paris, dans la matinée, une quinzaine de « conspirateurs » – dont Déroulède – avaient été arrêtés. Habert avait pris la fuite. Guérin s'était enfermé dans son fort Chabrol *. La République était bien défendue. A Rennes, le général Mercier était venu et n'avait rien dit qu'on ne sût. Sa preuve décisive n'existait pas! Jaurès, Clemenceau, Cornély exultent dans la presse dreyfusarde. Mercier a perdu la bataille, et Dreyfus sera acquitté.

Dans le camp adverse, la déception est rude. Le 14 août *le Gaulois* publie une lettre ouverte au général Mercier : « Vous avez dit une grande partie de la vérité, mais l'avez-vous dite tout entière? » Et parlant du bordereau annoté, le journal précise : « Vous en possédez une photographie et vous l'avez apportée sur vous à Rennes. Si cette affirmation est sérieuse et exacte, confirmez-la. Si elle est en partie erronée, rectifiez-la. » Le général Mercier se tait. Mais il travaille autrement. Des amis communs font quotidiennement, habilement, le siège des juges, de Parfait, de Profillet, de Beauvais, de Brogniart. Quant à Bréon, on le voit tous les jours se rendre à l'église, à la sortie de l'audience. Il est pris à partie par la presse dreyfusarde : c'est un hypocrite, un fanatique, entre les mains de son frère, l'abbé de Bréon. Oui, tous les soirs, ce juge s'abîme dans la prière...

Le lundi matin, 14 août, peu après 6 heures, le colonel Picquart et Me Labori se rendent à l'audience, longeant les quais de la Vilaine, encore déserts à cette heure. Ils remarquent qu'un individu, jeune, vêtu d'une veste noire à manches blanches et coiffé d'une casquette plate, les suit à quatre ou cinq mètres. Picquart invite Labori à parler moins fort. Soudain un coup de feu retentit. Labori, atteint d'une balle dans le dos, s'effondre. Picquart, et Gast qui les accompagnait, se précipitent à la poursuite de l'assassin qui s'enfuit. Il a vite disparu. A 6 h 30, alors que l'audience vient de commencer, on entend des clameurs qui grandissent. Un homme fait irruption dans la salle. « On vient d'assassiner Labori. » Le président du Conseil de guerre suspend les débats.

Par miracle la balle s'était arrêtée à quelques millimètres de la colonne vertébrale. Installé dans la maison du professeur Basch, Labori devait très

* *Supra* p. 500.

vite retrouver ses forces. Les médecins, après discussion, avaient décidé de ne pas extraire la balle. « Comment extraire une balle, commentait *la Libre Parole,* aussi introuvable que le meurtrier? » La convalescence fut très rapide. Le bruit court bientôt que, si tout va bien, Labori reprendra sa place à la barre dès le 21. De tous les pays, de tous les barreaux du monde, des télégrammes arrivent, par milliers, à l'avocat. « Mon cher, mon grand, mon vaillant ami, guérissez-vous et achevez notre victoire », lui écrit Zola *. Même des antidreyfusards notoires, comme Léon Daudet, lui manifestent leur sympathie. L'attentat est condamné de toutes parts. Les amis de Labori accusent, sans preuve, le général Mercier d'avoir armé le bras de l'assassin. D'autres imaginent que ce pourrait bien être le gouvernement. « Soyez-en sûr, écrit Barrès, la famille Dreyfus et le gouvernement se trouvent bien des huit jours que l'impétueux avocat dut passer dans son lit. » Et Barrès ajoute cyniquement : « Oh, mon vieux camarade Labori, pour un Français qui veut guerroyer, le minimum de désagréments est encore de servir dans les armées de la France. » Mais Barrès éprouve pour Labori une véritable aversion : « Dans ce groupe sinistre fait de Dreyfus qui vend nos généraux, de Demange qui les ridiculise, et de Labori qui les déshonore, c'est Labori, né alsacien et aimable garçon, le pire... C'est la trompette des étrangers et des mercenaires lancés à l'assaut de la France. »

Tandis que Labori se remet de sa blessure, sa mauvaise humeur ne cesse de croître. La police a bien sûr été impuissante à mettre la main sur l'assassin. Et Waldeck-Rousseau et Demange ont profité de son absence. Dès le 14 août, le colonel Jouaust a ordonné la reprise des débats. Alfred Dreyfus a personnellement demandé l'ajournement du procès jusqu'au rétablissement de Labori prévu pour le 21. Le Conseil de guerre, à l'unanimité, s'y est opposé **. On a rapporté à Labori que son confrère Demange n'avait pas mis beaucoup d'ar-

* 16 août 1899 [10].

** Une disposition formelle du Code militaire stipulait que les débats ne pouvaient être interrompus plus de quarante-huit heures sans être recommencés en entier.

deur à soutenir la demande d'ajournement, et Mathieu Dreyfus a aussitôt fait venir, pour remplacer l'absent, Me Mornard, l'avocat à la Cour de cassation, vite accouru. Labori est de plus en plus convaincu que l'on cherche à se débarrasser de lui, et par n'importe quel moyen.

A l'audience du 14 août, interrompue par l'attentat contre Labori, la confrontation entre Casimir-Perier et le général Mercier est restée sans résultat. Mercier continue d'affirmer, contre l'ancien président de la République, que durant ce qu'il appelle la nuit « tragique » du 6 janvier 1895, tout le monde attendait le résultat des télégrammes qui s'échangeaient entre le comte de Munster et l'empereur Guillaume, pour savoir « si la paix ou la guerre allait sortir de cette crise ». C'est Labori qui s'était réservé l'interrogatoire de Mercier. Labori absent, Demange est contraint d'improviser quelques questions, sans résultat. Les amis de Labori colportent que Mercier ne se serait pas aisément tiré d'un interrogatoire conduit par le grand avocat.

Viennent les anciens ministres de la Guerre, Billot, Chanoine, Zurlinden. Chacun à son tour affirme son inébranlable conviction : l'auteur du bordereau, le fournisseur de Schwarzkoppen, c'est Dreyfus [11]. Tête haute, sans éluder aucune explication, ils répètent leur absolue confiance dans les preuves accumulées par le Service de Renseignement. Puis Cavaignac, « le corps émacié, les orbites creuses, les prunelles scintillantes, la peau verdâtre », assemble et résume tous les arguments de l'État-Major dans une synthèse puissante. Il a le masque et le talent d'un grand inquisiteur. Les juges, raconte Paléologue [12], l'écoutent, comme fascinés. « Pâle, effaré, la bouche béante, Dreyfus écoute, avec une morne stupeur, l'irréfutable démonstration de sa culpabilité... la sueur perle à ses tempes, tout son visage exprime une détresse affreuse. » L'ancien ministre des Colonies Lebon vient s'expliquer sur la « double boucle » imposée au déporté, l'odieux régime pénitentiaire imaginé pour lui. Mais Dreyfus intervient : « Je ne suis pas ici pour parler des atroces tortures qu'on a fait subir pendant cinq ans à un innocent, mais pour défendre mon honneur. » Il ne supporte pas le moindre appel à l'émotion.

Les dépositions se succèdent, après l'entracte de l'Assomption, sans apporter de lumière nouvelle. Le procès devient une bataille de mots. Du bordereau il n'est plus guère question; c'est ce qu'avait précisément redouté Waldeck-Rousseau. Dreyfus lui-même est de plus en plus absent du débat. On instruit difficilement le procès de la procédure, des intrigues, des mensonges, des faux. L'attention se disperse, et se perd, tandis que défilent les témoins. La veuve du colonel Henry, interrogée par l'un des juges, affirme que c'est « dans l'intérêt de l'Armée » que son cher mari a commis sa faute. Elle répète : « Dans l'intérêt de l'Armée... dans l'intérêt de qui d'autre pourriez-vous croire qu'il a agi? » Le général Roget prononce un éloquent réquisitoire. Il démontre aux juges impressionnés qu'Esterhazy est un aventurier, mais un aventurier à la solde des Juifs, que Dreyfus et Esterhazy appartiennent à la même bande. Paléologue a l'impression que le général Roget prend les juges en main. On dirait presque qu'il leur commande la manœuvre [13]. Puis Bertulus raconte longuement ses enquêtes. Il apparaît à Maurice Paléologue « équivoque et rampant, furtif et nébuleux ». C'est enfin l'heure de Picquart, très attendu des dreyfusards. « Monsieur Picquart », annonce le greffier. Il est dans ses vêtements civils. Il y semble comme gêné devant ses anciens camarades en uniforme. Il dit tout ce qu'il sait, avec fermeté et modération. Mais son témoignage de défroqué inspire, chez les officiers, une naturelle méfiance. « Tout le temps qu'il occupe la barre, rapporte Paléologue, il me fait penser à un hérésiarque, un apostat, comparaissant devant un tribunal ecclésiastique » [14]. Vient le capitaine Cuignet que sa disgrâce, la peine disciplinaire dont il a été frappé, ont peu à peu exalté. L'homme, qui a découvert le « faux Henry » et permis la révision, est maintenant porté par la haine des dreyfusards. Il donne, comme des certitudes, de si misérables inventions que Dreyfus ne peut s'empêcher de l'interrompre : « Je ne peux entendre tout le temps de pareils mensonges. » Le président Jouaust fait taire l'accusé.

Le 19 août, c'est le tour du général de Boisdeffre. En indisponibilité depuis un an, il a beaucoup vieilli. Il n'a pas soixante ans et il en fait soixante-quinze. Il parle d'une voix lente, presque brisée. Il affirme tristement, fermement, sa conviction de la culpabilité de Dreyfus. Il assure qu'Esterhazy n'a été que l'homme de paille de la famille Dreyfus. Ses paroles sont aussi péremptoires que sa voix est lasse. Dreyfus l'écoute, désespéré. Il avait tant admiré Boisdeffre. Il lui avait tant fait confiance. C'était l'effondrement de sa foi, et aussi une grande douleur [15]. Quand le président lui demande s'il a quelque chose à dire, Dreyfus ne trouve que ces mots : « Je ne veux rien répondre au général de Boisdeffre. »

Maintenant c'est la meute. Gonse [16], relevé de ses fonctions depuis le 29 juillet, ânonne, s'embrouille, se rétracte, s'acharnant à accuser Dreyfus et Picquart. Évoluant parmi ses mensonges, Lauth s'applique à déshonorer Picquart. Les anciens camarades de Dreyfus, et notamment Bertin-Mourot, venus pour l'accabler une nouvelle fois, le décrivent tour à tour joueur, libertin, prétentieux, fureteur, toujours en quête d'un renseignement secret. Dreyfus n'en peut plus. « C'est faux, j'aime l'Armée, j'aime la patrie. » Il dément, il proteste. Mais, observe Barrès, « il ne montre rien de sincère ». « C'est une machine qui se déclenche. » « Son seul espoir? C'est la salle qui le soutient. Elle est immonde d'argent, parfumée de femmes, secrètement travaillée par toutes les corruptions » [17]. Tous les amis de Dreyfus, « le morne escadron des insoumis que préside le mauvais sourire de Picquart » et « la faction des universitaires dont Jaurès dirige les manœuvres », tous, et l'avocat Demange qui pose ses questions « avec la componction d'un maître d'hôtel qui passe le turbot », tous sont des ennemis de la France. Et maintenant Barrès voit la figure de Dreyfus « qui suinte la trahison ». « Lui et ses partisans ont commis le pire crime : ce n'est pas d'avoir livré les documents énumérés au bordereau, c'est d'avoir servi, pendant cinq ans, à ébranler l'Armée et la Nation » [18]. Les officiers qui ont connu Dreyfus, qui l'ont eu sous leurs ordres, ou qui ont partagé sa vie, tous, sauf le général Ducros, l'ont eu en suspicion. Tous les grands chefs sont certains de son crime. Toute l'Armée aurait-elle tort?

Le 22 août, Me Labori a repris sa place à la barre.

Les témoins, notamment Billot et Mercier, sont venus le féliciter. Le président Jouaust l'a salué, en quelques paroles, auxquelles l'avocat a répondu par un discours enflammé [19]. Les choses vont-elles changer? Sans doute Demange n'a-t-il ni l'art, ni la flamme de Labori. Il a laissé passer bien des occasions. Sans doute la défense est-elle gênée par de trop nombreuses absences. Le colonel Sandherr est mort. Henry est mort. Du Paty ne vient pas et demande à être entendu sur commission rogatoire. Esterhazy est en Angleterre. Weil se déclare malade. Sans doute aussi n'a-t-on pas cité tous les témoins utiles. L'un des juges de 1894, le capitaine Freystaetter, vient dire le souvenir qu'il garde de la lecture de « plusieurs pièces » au cours du délibéré qui a conduit à la condamnation de Dreyfus. Il reconnaît l'impression que ces documents ont faite sur lui. Il s'oppose au colonel Maurel, qui présidait le Conseil de guerre. Le colonel Maurel assure n'avoir lu qu'une pièce, ne pas avoir donné de commentaire. Il conteste l'impression produite par le dossier secret. Mais la défense n'a pas cité les autres juges. Par prudence? Par maladresse? Certains ont cru que Labori revenu reprendrait la situation en main, que l'on volerait vers la victoire. Mais il est fatigué, et mécontent. L'hostilité qu'il porte à Demange est maintenant ostensible. La défense n'a plus une stratégie moyenne, mais deux stratégies contraires, qui souvent s'annulent. Labori semble « avide de bataille ». Il cherche les incidents, moins, semble-t-il, pour en tirer profit que pour affirmer sa place. A chaque audience il s'oppose au président, de plus en plus insupporté :

> « Je vous prie de vous exprimer avec modération.
> – Je n'ai pas dit un mot qui ne fût modéré.
> – Mais le ton ne l'est pas.
> – Je ne suis pas maître de mon ton.
> – Vous devez en être le maître; tout homme est maître de sa personne.
> – Je suis le maître de ma personne; je ne le suis pas de mon ton.
> – Je vais vous retirer la parole.
> – Retirez-la-moi.
> – Asseyez-vous.
> – Je m'assieds, mais pas par ordre. »

Tous les jours sont prétextes à de nouveaux affrontements entre Jouaust et Labori, et aussi entre Demange et Labori. Les nationalistes s'en amusent. « Il me parut, commente Barrès, qu'il y avait une haine de prêtre entre ces deux robes » [20]. Labori fait soudain préciser à un témoin que, dans l'État-Major, on considère Me Demange comme un spécialiste attaché à la défense des agents à l'étranger. Demange ne cache pas son mécontentement. Ni Alfred Dreyfus, ni même Mathieu qui souffre de ces scènes, mais se sent mal à l'aise pour faire remontrance, n'osent trancher. Pendant ce temps, le général Mercier, assis dans son fauteuil, dominant la troupe des témoins militaires, suit, avec autant d'intelligence que de sang-froid, le déroulement des audiences. Il fait passer des messages, envoie des émissaires, demande à intervenir dès qu'un officier s'empêtre ou menace de fléchir. Comme il fut, en 1894, le chef de la conspiration qui fit condamner Dreyfus, il se fait aujourd'hui le chef de celle qui empêchera qu'il soit acquitté. Et en face de lui, la défense de Dreyfus s'enfonce dans ses contradictions et ses ressentiments.

Tandis que les dépositions continuent, inlassablement, que Bertillon, « tel un astrologue du XVe siècle » [21], se démène une nouvelle fois, devant son tableau noir, avec des gestes d'exorciseur, déployant ses dessins fantasmagoriques, que les experts se succèdent, dans un ennui pesant, tandis que le procès s'étire, l'inquiétude gagne le camp des dreyfusards. Le général Chamoin continue de laisser prévoir au ministre de la Guerre un acquittement « faute de preuves », mais il est isolé dans ce bel optimisme. Maurice Paléologue, qui converse tous les jours avec les juges, a fait savoir au ministre des Affaires étrangères Delcassé qu'à moins d'un coup de théâtre « qui ne peut venir que de Rome ou de Berlin » il paraît certain que Dreyfus sera condamné [22]. Ranc, Trarieux ne cachent pas leurs inquiétudes. Jaurès, de plus en plus pessimiste, écrit dans *la Petite République* du 27 août : « Il ne resterait plus à la France, contre l'irrémédiable chute morale et l'abêtissement définitif, d'autre ressource que la révolution » [23]. A d'autres moments il reprend espoir. La condamnation lui paraît « une impossibilité physique ». Seul Picquart garde une confiance obstinée. Dreyfus sera acquitté parce qu'il est innocent.

Mathieu Dreyfus, Joseph Reinach, Demange sont convaincus qu'il n'y a plus qu'une seule chance : il faut obliger le Conseil de guerre à revenir au cas étroit de Dreyfus, c'est-à-dire au bordereau, et il faut prouver, définitivement, l'innocence de Dreyfus, en obtenant de l'Allemagne qu'elle accuse Esterhazy, qu'elle fournisse les notes, jointes au bordereau, remises par Esterhazy à Schwarzkoppen [24]. Pour une fois Labori et Demange semblent d'accord. Labori écrit à Waldeck-Rousseau le 24 août pour le prier d'intervenir personnellement auprès du gouvernement allemand. « S'il ne survient pas quelque chose d'extérieur à l'Affaire, production des documents du bordereau et pièces postérieures (une simple déclaration ne suffirait plus) ou des poursuites contre les machinateurs, avec, à leur tête, le général Mercier, je considère le succès de la cause de la justice comme impossible. Je me battrai jusqu'au bout, mais, encore une fois, en désespéré... » [25]. Dès le 12 août le président du Conseil a vu l'ambassadeur Munster, qui vient d'être fait prince, il lui a demandé personnellement l'aide tant attendue des dreyfusards. Il renouvelle sa démarche le 24 août, de manière très pressante [26]. Le 25 août, von Bülow, secrétaire d'État aux Affaires étrangères du gouvernement allemand, fait répondre :

> Le gouvernement allemand a le désir sincère d'être agréable au gouvernement français; mais la façon dont tous les organes officiels français ont ignoré la déclaration, faite par moi au Reichstag, en qualité de représentant du gouvernement impérial, que l'Allemagne n'a eu ni directement ni indirectement affaire avec Dreyfus, exclut, suivant la volonté exprimée par Sa Majesté l'empereur et roi, la possibilité que le gouvernement impérial intervienne désormais dans cette affaire intérieure française par des démarches de quelque nature que ce soit [27].

Waldeck-Rousseau insiste encore, le 28 août, et fait cette fois sa démarche avec Galliffet. Rien n'y fait. Von Bülow lui répond, le 29, par une fin de non-recevoir très polie :

Le gouvernement de Sa Majesté l'empereur reconnaît volontiers que le gouvernement français actuel se laisse toujours et partout guider par des points de vue corrects. Toutefois la politique allemande doit compter non seulement avec le gouvernement français d'aujourd'hui, mais encore avec les forces nationales qui maintenant troublent le pays par leur hostilité réciproque et par leurs efforts pour se faire valoir, ce que résume l'idée collective d' « opinion publique ». De la part de cette opinion publique, et quelque contradictoire qu'elle puisse être sur d'autres points, l'Allemagne et en particulier la personne du monarque ont été, dès qu'il a été fait mention d'elles, en liaison avec l'Affaire Dreyfus, discutées d'une façon qui fait au gouvernement impérial un devoir d'éviter autant que possible que l'Allemagne et l'empereur y soient dorénavant mêlés. Car, après tout ce qui s'est passé jusqu'ici, nous devons considérer comme impossible qu'un fait ou une personnalité quelconque jetés du côté allemand dans le domaine de la discussion puissent trouver une appréciation objective. Le gouvernement impérial n'est donc absolument pas en état d'examiner si, en dehors de la déclaration que j'ai faite, comme on sait, au Reichstag, il pourrait fournir d'autres matériaux pour l'éclaircissement du cas Dreyfus. Sa Majesté l'empereur, qui suit avec attention les phases souvent curieuses du procès Dreyfus, a été amenée ainsi à l'idée ci-dessus exposée.
Votre Excellence voudra bien informer dans ce sens l'intermédiaire de M. Waldeck-Rousseau, ou lui-même en personne, et exprimer en même temps mes vifs regrets personnels de ne pas avoir la bonne fortune de seconder un gouvernement dont j'accompagne, de mes plus sincères sympathies humaines la lutte sévère pour la légalité et la vérité. J'ai cependant la conviction que cette lutte ne peut être menée à une fin utile que par des forces exclusivement françaises, et que l'introduction d'éléments étrangers, dont l'utilité éventuelle serait neutralisée par une suspicion générale, ne se laisse pas du tout évaluer d'avance dans ses conséquences.

Singulière situation : le gouvernement français sollicitait vainement du gouvernement allemand son aide... pour faciliter l'acquittement de Dreyfus. Galliffet poursuivra inlassablement ses démarches, jusqu'au verdict, pour obtenir au moins la comparution du colonel von Schwarzkoppen. Il se heurtera, jusqu'au bout, à un refus courtois. Et l'empereur Guillaume II, annotant le rapport de son ministre, suggérant de ne pas laisser entendre von Schwarzkoppen, quoique cette audition « faciliterait le retour du calme et de l'ordre en France », écrira de sa main : « En quoi cela me regarde-t-il? Je ne suis pas empereur des Français » [28]. Les notes jointes au bordereau ne seront jamais communiquées, ni même, semble-t-il, retrouvées. Cet espoir s'évanouissait. Il n'y avait rien à attendre de l'Allemagne.

Le bilan des points marqués par la défense n'était quand même pas négligeable. L'expert Charavay était revenu sur les conclusions de son expertise – l'une de celles qui avaient entraîné, en 1894, la condamnation de Dreyfus. Il avait solennellement reconnu que le bordereau était non de Dreyfus mais d'Esterhazy *. La déposition du général Deloye, directeur de l'artillerie au ministère de la Guerre, avait établi que Dreyfus n'avait pu connaître le mécanisme secret du canon de 120 court et particulièrement son frein hydropneumatique. Lebrun-Renault avait bafouillé, s'était contredit, et la légende des aveux avait été, avec lui, très malmenée. Labori avait ridiculisé Gonse. Un ancien camarade de Dreyfus, Fonds-Lamothe, longtemps très hostile à Dreyfus, était venu attester que les stagiaires de 1894 avaient été informés, en mai 1894, par une circulaire de Boisdeffre qu'ils n'iraient pas aux manœuvres. Dreyfus n'avait donc pu trois mois plus tard écrire la dernière phrase du bordereau. La dernière semaine du procès, il put sembler que la balance penchait vers l'acquittement.

C'est alors que l'accusation découvrit un nouveau témoin, Eugène Lazare de Cernuski, ancien lieutenant de dragons autrichien, qui s'était présenté le 3 septembre chez Roget, chez Mercier, chez Cavaignac, prétendant détenir la preuve de la culpabilité

* « Je tiens à déclarer ceci, c'est qu'en 1894, abusé par une ressemblance graphique, je me suis trompé en attribuant la pièce appelée bordereau à l'auteur d'une écriture anonyme qui était celle du capitaine Dreyfus. Ayant trouvé un nouvel élément d'écriture, j'ai reconnu mon erreur et c'est pour moi un très grand soulagement de conscience de pouvoir, devant vous, messieurs, et surtout devant celui qui a été victime de cette erreur, déclarer que je me suis trompé en 1894... »

de Dreyfus. Tous trois l'avaient éconduit. Plus téméraire, le commissaire du gouvernement Carrière demande au Conseil de guerre de l'entendre. Le bruit se répand aussitôt qu'un gros incident va se produire. Entendu le lundi 4 septembre, en vertu du pouvoir discrétionnaire du président, Cernuski, qui dit parler très difficilement le français, faire lire par le greffier sa déposition. Il y affirmait qu'un de ses amis, « chef de section au ministère des Affaires étrangères à Vienne, lui avait confié, au mois d'août 1894, les noms de quatre personnes qui faisaient de l'espionnage en France pour le compte des Allemands. Le premier de ces quatre noms était celui de Dreyfus. Un mois plus tard un officier supérieur de l'État-Major allemand lui avait confirmé ce renseignement. Au Conseil de guerre, comme à toute l'assistance, Cernuski fait la plus inquiétante impression. « Une tête de crapule et d'escroc, observe Paléologue, son aspect suffirait à le discréditer » [29].

Comme s'il sentait le terrain dangereux, le commissaire du gouvernement Carrière interrompt soudain son témoin et réclame le huis clos pour la suite de la déposition. Les juges sont stupéfaits. Labori voit le profit qu'il peut tirer de l'incident. Il fait des réserves sur l'honorabilité du témoin. Et il annonce, sans consulter Demange, que si, par la volonté du président, un témoin de nationalité étrangère vient d'être introduit dans le débat, il va, lui, proposer par conclusions que les notes du bordereau soient réclamées, à qui de droit, par voie diplomatique. Ce qu'il fait aussitôt. Le tribunal est dans l'embarras. On consulte M. Paléologue. M. Paléologue assure que jamais M. Delcassé n'acceptera de transmettre une demande pareille à Berlin. Le Conseil de guerre rejette alors les conclusions de Labori, qui, furieux, annonce qu'il fera entendre le colonel von Schwarzkoppen et le général Panizzardi comme témoins. Le commissaire du gouvernement aperçoit la gaffe de la défense, réplique qu'il n'y voit aucun inconvénient et Labori adresse derechef un télégramme ainsi rédigé à Schwarzkoppen et à Panizzardi :

> Un grave incident qui vient de se produire devant le Conseil de guerre de Rennes oblige la défense du

capitaine Dreyfus à faire appel à votre témoignage personnel. Votre témoignage a été sollicité officiellement par moi à l'audience de ce jour. Le commissaire du gouvernement en a reçu notification régulière. Cette demande vous sera transmise officiellement par la voie et selon la procédure diplomatiques. Vu l'urgence, je crois devoir vous aviser personnellement et directement avant que ma demande ne vous parvienne par la voie diplomatique, et afin que vous puissiez prendre toutes mesures utiles pour que votre témoignage puisse être reçu dans le plus bref délai possible.

L'audience prévue, le 6 septembre, pour l'audition à huis clos de Cernuski ne dura que quelques minutes. Entre-temps la police avait découvert que le témoin était couvert de dettes, qu'il était atteint de troubles cérébraux, et qu'il avait menti sur de nombreux points. Cernuski prêta serment, donna les noms de ses informateurs prétendus, puis pressé de questions par les avocats, il s'effondra. L'après-midi, il fit savoir qu'il était malade, et il ne revint jamais. Manifestement ce témoignage de dernière heure avait servi la défense *. Mais Labori, au risque de compromettre l'avantage pris, insiste maintenant. Il veut que le président ordonne l'audition de Schwarzkoppen et de Panizzardi en vertu de son pouvoir discrétionnaire. Il dépose des conclusions en ce sens, que le Conseil de guerre rejette, se déclarant incompétent [31]. Et l'on apprend que Labori, emporté par son propre mouvement, a télégraphié à l'empereur d'Allemagne et au roi d'Italie pour exiger les auditions! La presse nationaliste hurle que Labori est fou, que le parti de la trahison s'est, cette fois, franchement découvert. Le 7 septembre Labori demande, par conclusions, que les deux attachés soient entendus par commission rogatoire. Ce devient une affaire d'État. L'empereur Guillaume II fait savoir à ses ministres qu'il est impossible d'accéder à la demande de l'avocat. Von Bülow, qui s'est entretenu avec l'empereur à Stuttgart, télégraphie à la Wilhelmstrasse [32] :

* « C'est une crapule et un faux témoin », avait confié le président Jouaust à Paléologue dès le 4 septembre [30].

Sa Majesté l'empereur et roi, notre très gracieux maître, considère comme naturellement et totalement impossible d'accéder ici de façon quelconque à l'étrange suggestion de Me Labori. Pour le gouvernement de Sa Majesté et pour autant que l'Allemagne est intéressée, l'affaire est complètement élucidée et définitivement terminée par les déclarations faites à Paris dès 1894 par le prince de Munster, et par moi-même au Reichstag l'an dernier. Ce qui nous confirme encore dans cette façon de voir, c'est le fait que le Conseil de guerre de Rennes a, entre-temps, rejeté la requête de la défense qui demandait l'intervention du gouvernement français auprès des gouvernements étrangers. C'est d'après cette décision inébranlable de Sa Majesté que je vous prie de régler le langage de la presse auprès de laquelle nous avons accès.

M. Paléologue, de son côté, fait savoir à son ministre Delcassé les inconvénients que présenterait, dans l'atmosphère actuelle du procès, l'audition du colonel von Schwarzkoppen [33]. Rien ne vient de Berlin qu'une note ainsi conçue, en tête de la partie officielle du *Moniteur de l'Empire* du 8 septembre :

Nous sommes autorisés à renouveler les déclarations que, en ce qui concerne le capitaine français Dreyfus, le gouvernement impérial, tout en restant dans la réserve que commande la loyauté dans une affaire intérieure d'une puissance étrangère, mais afin de sauvegarder sa dignité propre, a faites pour remplir son devoir d'humanité. L'ambassadeur prince de Munster a remis, sur l'ordre de l'empereur, en décembre 1894 et en janvier 1895, à M. Hanotaux, ministre des Affaires étrangères, à M. Dupuy, président du Conseil, et au président de la République, M. Casimir-Perier, des déclarations réitérées que l'ambassade allemande en France n'avait jamais entretenu de relations, ni directes ni indirectes, avec le capitaine Dreyfus.
Le secrétaire d'État, M. von Bülow, s'est exprimé en ces termes, le 24 janvier 1898, devant la commission du Reichstag : « Je déclare de la façon la plus formelle qu'entre l'ex-capitaine français Dreyfus, actuellement détenu à l'île du Diable, et n'importe quel organe allemand, il n'a jamais existé de relations ni de liaisons de quelque nature qu'elles soient. »

Paléologue prend la précaution de porter lui-même la note aux juges. Il n'y avait rien, dans cette note, qui ne fût connu des juges de Rennes. « Mais le ton en était nouveau, assure Reinach, et le choix du moment en doublait l'importance. C'était la conscience allemande qui se libérait une dernière fois » [34].

Le procès finissait. On vit encore Cuignet. Il apportait un nouveau dossier secret, qu'il fallut examiner pour le trouver vide. Trarieux fit, selon Reinach, une déposition « admirable de clarté et de logique » [35], mais Paléologue le vit, au contraire, « pérorant, sans se douter un instant de l'effet désastreux qu'il produisait » [36]. Enfin, prenant prétexte d'un article paru dans l'édition du soir du 6 septembre de *la Libre Parole,* qui affirmait que « des considérations diplomatiques ont empêché de communiquer aux juges la photographie du vrai bordereau annoté par l'empereur », le général Mercier demande une dernière fois à venir à la barre. Il dresse un affreux réquisitoire contre l'ancien juge de Dreyfus, le capitaine Freystaetter, dont il craint que la déposition, sur la communication du dossier secret, n'ait influencé les juges. Mercier décrit Freystaetter comme un soldat à l'esprit troublé, dont toute la vie a été liée aux Juifs, et qui est devenu étrangement scrupuleux, lui qui, à Madagascar, avait fait fusiller trente-cinq indigènes sans jugement... Freystaetter, qui a quitté Rennes, n'est plus là pour répondre. Puis le général Mercier rassemble, résume les arguments qui prouvent la trahison, et pose une dernière fois le dilemme « c'est Dreyfus ou c'est moi ». Une dernière fois il demande aux juges de bien vouloir « conserver à toutes les dépositions » qu'il a eu « l'honneur d'apporter à cette barre, le degré de confiance et l'autorité morale » qu'ils auront « bien voulu leur attribuer... ». Jusqu'au bout, il s'affirme maître de l'accusation, et par sa voix, il prétend faire entendre la conviction de l'Armée tout entière.

Le colonel Jouaust prononce la clôture des débats. Et voici que les témoins militaires et les officiers présents se lèvent tous pour quitter l'audience. C'est l'ordre qu'ils ont reçu de Galliffet. Tous ensemble ils sortent, d'un pas scandé, la tête haute, comme s'ils étaient à la maœuvre. On croit presque entendre le commandement. « Toute leur attitude, note Paléologue, semble dire : notre tâche est accomplie; nous avons gagné la cause de l'Armée; le verdict n'est plus qu'une simple formalité » [37]. Cette dernière bataille, l'Armée l'a livrée en rangs serrés, derrière son ancien chef, le général Mercier.

IX. – OUI, L'ACCUSÉ EST COUPABLE

Le commandant Carrière fit son réquisitoire le 7 septembre. Il fut aussi mauvais que les dreyfusards pouvaient l'espérer. Ce fut, dans un jargon à peine compréhensible, une longue suite d'ébauches de raisonnements, d'embryons d'hypothèses, sans lien ni suite. Mais les thèses de l'État-Major y circulaient, quoique déformées par la médiocrité de la pensée, et plus encore de l'expression. « Esterhazy a sans doute servi d'intermédiaire à Dreyfus, mais il n'y en a pas de preuve... Chacun peut avoir son idée à soi sur le petit bleu, ce n'est donc pas la peine d'en parler... Quand Dreyfus écrivait à sa femme, de l'île du Diable, il faisait toujours des brouillons de ses lettres : c'était donc un homme très soigneux, très intelligent, et qui n'a pas écrit le bordereau comme un papier ordinaire. Il a forcément pris des précautions. Il a imité la facture de son frère, la facture d'Esterhazy... » « Ce fut, raconte Paléologue [1], un spectacle indescriptible que celui de ce pauvre homme au crâne fuyant, aux petits yeux écarquillés, à la voix tour à tour sépulcrale et glapissante, aux gestes bouffons. Le radotage qu'il nous inflige durant une heure et demie est tellement obscur, amorphe, disloqué, baveux, biscornu, que vingt fois les sténographes n'y comprenant plus rien posent la plume avec découragement. Les juges ont l'air humiliés... » *. En guise de péroraison, le comman-

* Cornély commente de même : « On a entendu un galimatias à peu près incompréhensible, qui serait, au dire du colonel

dant Carrière prononce ces quelques mots : « Messieurs du conseil, je vous le déclare : Dreyfus est coupable. Je requiers donc l'application de l'article 76 du Code Pénal. » Ainsi le représentant du gouvernement avait-il conclu, contre la conviction de la plupart des membres du gouvernement, à la culpabilité de Dreyfus. Pour avoir voulu laisser une conscience libre, Waldeck-Rousseau et Galliffet avaient permis que s'exprimât une conscience trop bien disciplinée [2].

C'était l'heure de la défense. Les difficultés qui l'agitaient n'avaient cessé de croître depuis l'attentat manqué contre Labori. Elles avaient atteint un degré d'extrême violence quand Labori avait, seul, décidé de requérir le témoignage de Schwarzkoppen puis avait télégraphié à l'empereur l'Allemagne. Ce n'était pas seulement un conflit de stratégie. C'étaient des querelles d'hommes, auxquelles étaient maintenant mêlés Picquart, Trarieux, Reinach, Bernard Lazare, Clemenceau. Mathieu Dreyfus ne pouvait plus les arbitrer. Joseph Reinach, Bernard Lazare souhaitaient vivement que Labori renonçât à plaider : non parce qu'ils redoutaient les excès de sa plaidoirie, car au procès Zola Labori avait, après les outrances des interrogatoires, sagement tempéré son plaidoyer, mais parce que, d'évidence, l'avocat indisposait les juges militaires. Ses relations avec le colonel Jouaust étaient devenues franchement détestables. On craignait que sa seule présence à la barre n'assurât une condamnation. A l'inverse, Picquart, Clemenceau ne faisaient plus confiance qu'à Labori. Et ils dénonçaient une stratégie prudente et molle, celle de Demange, celle que conseillait Waldeck-Rousseau, et dont on voyait, avec l'odieux réquisitoire du commandant Carrière, les premiers résultats.

La manière dont les choses se firent a donné lieu à des explications contraires. Il semble que Mathieu, maître de la défense de son frère, ait hésité. Il semble aussi que Labori – parce qu'il n'y avait plus rien à espérer selon lui, parce qu'il estimait que l'on voulait, pour plaire au gouvernement, « ménager les

Jouaust, le réquisitoire du commissaire du gouvernement... » (*le Figaro*, 8 septembre).

criminels » – ait à plusieurs reprises exprimé son intention de quitter la barre. Le 6 septembre en tout cas Mathieu Dreyfus, se déclarant « indigné des incidents de l'audience de ce matin », supplie Labori, au nom de son frère et en son nom propre, de rester au banc de la défense *. Le 7 septembre Picquart quitte Rennes. Labori a le sentiment de se retrouver bien seul. Le 8 septembre Zola lui fait porter une lettre très chaleureuse : « Si Dreyfus peut être sauvé, vous le sauverez. Ma confiance est en vous... »

Le 8 septembre au matin, le jour même de l'audience des plaidoiries, Bernard Lazare vient chez Labori à six heures moins le quart, accompagné de Jean Jaurès et de Victor Basch. C'est Jaurès qui prend la parole : « Je vais droit au but. Mathieu Dreyfus va vous demander de renoncer à plaider. » Labori assure que Jaurès ajouta : « C'est le gouvernement ** qui le fait demander... l'acquittement est certain si vous renoncez à la parole. La situation au contraire est perdue si vous plaidez. » Les choses furent-elles dites comme cela? Labori aurait, selon son propre récit, démontré à ses trois visiteurs le piège dans lequel Mathieu Dreyfus allait tomber. Depuis le premier jour des audiences, toutes les fautes avaient été commises, par excès de confiance, par pusillanimité, dans l'espoir de conquérir un ou deux juges, notamment le capitaine Beauvais, qui était en réalité, selon Labori, l'un des adversaires décidés de Dreyfus. Et maintenant on allait se soumettre à la volonté de l'État-Major. « Votre démarche me dégage », aurait répondu Labori. « Non seulement le capitaine Dreyfus est perdu, mais encore en m'imposant le silence, vous jetez sur lui la dernière pelletée de terre... » « Il faut que vous plaidiez », aurait répliqué Jaurès, convaincu par Labori. Il était trop tard.

* A la suite, semble-t-il, des incidents qui avaient entouré la demande d'audition de Schwarzkoppen adressée à l'empereur d'Allemagne par « Labori, avocat du capitaine Dreyfus ».

** Il semble bien que le gouvernement ait – jusqu'au bout – entretenu l'espoir, alimenté notamment par le général Chamoin, que l'acquittement était possible, à la « minorité de faveur ». L'acquittement pouvait en effet être emporté devant les Conseils de guerre à la minorité dite de faveur (trois voix sur sept en faveur de l'acquittement).

C'est dans la salle d'audience, déjà envahie de spectateurs, que Labori rencontre Mathieu Dreyfus. Mathieu Dreyfus est porteur de deux lettres; l'une, destinée à Labori, émane de Cornély, rédacteur politique au *Figaro,* qui assure que « le devoir des avocats qui veulent plaider utilement pour leur client est de ménager les généraux », et, commente Labori, d'exécuter dans leurs discours des variations sur le cri de « vive l'Armée » *; l'autre de Joseph Reinach à Mathieu, exprime entre les lignes le souhait de voir Labori s'effacer :

> Jeudi 4 heures. Mon cher ami, le porteur vous remettra une lettre de Cornély pour Labori dans le sens où Bernard Lazare et Victor Simond m'ont téléphoné qu'il fallait lui faire écrire par Clemenceau. Clemenceau qui sort d'ici se refuse à écrire à Labori. Il estime qu'il n'y a qu'une personne qui ait l'autorité nécessaire et le droit de prier Labori ou de renoncer à la parole ou de se tenir dans certaines limites, et que cette personne, c'est vous. Quand Clemenceau ne veut pas faire une chose, vous savez qu'il n'y a point moyen de l'y contraindre. Au surplus, personnellement, je trouve qu'il a raison...

La lettre de Joseph Reinach se terminait par ces mots : « Personnellement je n'ai point perdu espoir, et je garde jusqu'au bout la foi qu'une pareille infamie qui déshonore la France ne sera pas commise. Mais je dois encore à la vérité que je suis seul à garder cette foi ou cette illusion. Je vous embrasse » [4]. La lettre comportait un post-scriptum ainsi rédigé :

> Vous remettrez ou vous ne remettrez pas à Labori, selon que vous déciderez vous-même, la lettre de Cornély, mais mon sentiment personnel est de laisser faire Labori. Je suis sur ce point d'accord avec Clemenceau, Calmette et Arène.

Qu'y comprendre? On souhaitait le départ de Labori, sans le souhaiter vraiment. On laissait enten-

* Cornély, rédacteur politique au *Figaro,* devenu tardivement un dreyfusard convaincu, entretenait des relations suivies avec Galliffet [3].

dre que la présence de Labori à la barre compliquait les choses, mais on préférait le « laisser faire ». Hésitant comme Jaurès, comme Bernard Lazare, Mathieu Dreyfus montre la lettre à Labori qui la prend *. A peine l'a-t-il lue que Labori s'écrie : « Je ne plaiderai pas. Je me tairai. » Mathieu, qui paraît avoir transmis cette correspondance sans conviction, et parce qu'il ne pouvait pas la dissimuler à Labori, essaie de faire revenir l'avocat sur sa décision. Labori s'entête : « Si je plaide et si, comme je n'en doute plus, votre malheureux frère est condamné, ils diront que c'est ma faute, que tout était sauvé sans moi. Je me tairai. » Et il va s'asseoir aux côtés de Demange, tandis que le Conseil entre en séance. « Connaissez-vous la démarche que l'on vient de faire auprès de moi? » dit-il à Demange. « C'est un malheur, répond Demange. Je ne veux pas de cela. J'y suis étranger. Il faut que vous plaidiez. » « Je ne peux pas plaider, je ne plaiderai pas. » Leur dialogue est interrompu par le président : « La parole est à Me Demange » **.

Demange plaida cinq heures. « Belle plaidoirie, assure Maurice Paléologue, sans nul souci d'éloquence ou de parure, mais solide, claire, prudente, modérée, tout empreinte de franchise, de bon sens, et de pitié » [5]. Plaidoirie « admirable », écrira Jaurès, à cause de la décisive lumière dont elle éclairait toute l'affaire » ***. « Chef-d'œuvre de logique et de clarté... », commentera *l'Aurore*. Labori, assis aux côtés de Demange, admire sa belle démonstration. Mais dès les premiers mots de Demange : « Je suis sûr que le doute au moins assaillira vos consciences, et le doute suffit pour que vous acquittiez Dreyfus », Labori a mesuré le fossé qui le sépare de son vieux confrère. Demange ménage les « très distingués officiers supérieurs », et les ministres de la Guerre qui se sont succédé à la barre. Leur conviction l'a impressionné, l'a même troublé, dit-il. Il multiplie les hommages à l'Armée, « loyaux officiers, vieux guerriers qui ont versé leur sang pour leur pays », et parvient même à « comprendre » ceux qui se sont

* Il en gardera l'original.
** Il est 7 heures 35, le samedi 9 septembre.
*** *La Petite République* du 10 septembre.

acharnés contre Dreyfus par les pires moyens. Les juges sont très attentifs, et peu à peu l'émotion les gagne. Le colonel Brogniart semble décomposé. Le commandant de Bréon ne quitte plus Dreyfus du regard. Le commandant Merle qui passe pour hostile à Dreyfus a les larmes aux yeux. Et Demange arrive au terme de sa plaidoirie :

> Vous allez entrer dans la chambre de vos délibérations et alors, là, qu'allez-vous demander? Si Dreyfus est innocent? Non! Je l'atteste, moi, son innocence, mais vous n'avez qu'à vous demander, vous, s'il est coupable... Vous vous direz : « Nous ne savons pas! Un autre aurait pu trahir; mais lui, non, non : il y a des choses qu'il n'a pu commettre... Cette écriture n'est pas la sienne... Il y a un homme, là-bas, au-delà de la Manche, qui a pu, lui, commettre le crime... » A ce moment-là, je le jure, il y aura un doute dans votre conscience. Ce doute me suffit; ce doute, c'est un acquittement!

« Ce doute me suffit »! Ces mots horrifient Labori. Non, il ne peut plus plaider. Il ne plaidera pas. Demange achève, s'adressant aux juges manifestement bouleversés : « Je vous dirai à tous : nous sommes français, par conséquent nous sommes unis dans une même communion, c'est l'amour pour la patrie, c'est l'amour pour l'Armée! » La salle éclate en applaudissements. Labori reste immobile, glacé. Sur question du président, le commandant Carrière fait savoir qu'il répliquera l'après-midi. Pendant la suspension, Mathieu et Demange supplient Labori de revenir sur sa décision. Pourtant sa plaidoirie est rédigée *. « Je suis malheureux de penser que vous avez été à la peine si longtemps, lui dit Demange, et que tout à l'heure vous ne serez pas à l'honneur. » « Nous verrons ce qu'est cet honneur... », murmure Labori, et il reste inflexible [7].

A la reprise de l'audience, le commandant Carrière reprend la parole. Il lit un texte que lui a préparé l'avocat Auffray. Ce n'est plus du

* Labori la publiera dans *la Grande Revue*, numéro du 1er février 1900. Plus ferme que celle de Demange, la plaidoirie de Labori n'en était pas moins mesurée et modérée. Mais comment comparer un texte écrit, publié un an plus tard, et la plaidoirie qui aurait été prononcée dans le feu de l'action [6]?

tout grotesque. Il dit aux juges qu'il n'est pas besoin de preuves, que seule suffit leur intime conviction :

> La loi ne demande pas compte aux jurés des moyens par lesquels ils sont convaincus. Elle ne leur prescrit point de règles, desquelles ils doivent faire particulièrement dépendre la plénitude et la suffisance d'une preuve. Elle ne leur fait que cette question, qui renferme toute la mesure de leur devoir : Avez-vous une intime conviction?

Et pour encourager les juges à condamner, il « savonne, dira Reinach, la pente de l'iniquité » [8], il requiert soudain l'application des circonstances atténuantes. Fatigué par son effort du matin, Demange supplie Labori de répliquer. Labori refuse. Alors Demange prononce quelques mots, en vérité très pauvres, comprenant un dernier hommage à l'Armée :

> Messieurs,
> M. le commissaire du gouvernement, en lisant le texte de la loi, vous a rappelé ce que nous savons tous : c'est que vous ne devez compte de votre jugement qu'à votre conscience et à Dieu. Ce que je sais aussi, et c'est mon dernier mot dans cette affaire, c'est que des hommes d'une loyauté, d'une droiture comme celle des juges militaires n'élèveront jamais à hauteur d'une preuve des possibilités ou des présomptions comme celles qui ont été apportées ici. En conséquence, mon dernier mot est celui que j'ai jeté à la face de tous.
> J'ai confiance en vous parce que vous êtes des soldats.

Des possibilités? Des présomptions? Labori est indigné. Une dernière fois, Demange ménage l'État-Major, flatte les juges. Labori confie à son collaborateur, Me Hild : « Avec les moyens suivis la défaite était inévitable. Mais Demange vient d'achever la besogne » [9].

« Capitaine Dreyfus, avez-vous quelque chose à ajouter pour votre défense? » C'est la première fois que le président donne à Dreyfus son grade. Dreyfus, très pâle, semble dans un état de détresse extrême. Il dit quelques mots, qui meurent, dans un murmure rauque : « Je suis innocent... l'honneur du nom que portent mes enfants... Votre loyauté... » Il fait un geste, comme s'il avait quelque chose à ajouter, puis retombe sur son siège. Le président paraît surpris : « C'est tout ce que vous avez à dire? » « Oui, mon colonel. »

Les juges se retirent pour délibérer. Il est 15 h 15. L'attente se prolonge. Amis et ennemis de Dreyfus font le décompte des voix possibles. Il suffit de trois « non » pour que Dreyfus soit acquitté à la minorité de faveur. Que signifient les larmes du commandant Merle, que l'on croyait hostile? On a vu le commandant de Bréon, bouleversé, qui ne cessait de regarder Dreyfus, comme pour lire en lui : quel est le choix de sa conscience? Le bruit court que le colonel Jouaust n'a malmené Dreyfus que pour réagir contre sa conviction. Il croit à l'innocence. Parfait et Profillet sont décidés à condamner. Mais Brogniart, qui n'a pas arrêté de prendre des notes pendant que plaidait Demange? Mais Beauvais que l'on dit très hésitant?

A 16 h 45 la sonnerie carillonne. Le décor est soudain changé. Devant l'estrade une ligne de gendarmes est tournée face au public. Chaque porte est gardée par un détachement d'infanterie. Le tribunal rentre en séance. La chaise de Dreyfus reste vide. Selon les prescriptions du Code militaire, il ne doit pas assister à la lecture du verdict. Demange, les yeux clos, les mains jointes, semble en prière. Labori, les bras croisés, se raidit pour paraître impassible. Dans un lourd silence, le colonel Jouaust commence : « Au nom du peuple français » – les mots venaient lentement – « à la majorité de cinq voix contre deux, oui, l'accusé est coupable. A la majorité il y a des circonstances atténuantes. » En conséquence le Conseil de guerre condamne Alfred Dreyfus à la peine de dix ans de détention.

Il n'y eut aucune protestation. Ce fut une immense douleur, à peu près muette. Seulement entendait-on les sanglots mal contenus. Et tandis que les juges livides demeuraient dans la salle, la foule s'écoulait dans la rue, sans un cri [10].

Demange est en larmes, affaissé sur son siège, la tête entre les mains. Il dit à Labori. « Allez le lui dire. Je ne le pourrai pas. » Labori se rend dans la petite salle réservée à Dreyfus. Le regardant, Dreyfus comprend aussitôt. Il embrasse son avocat. « Deux voix pour vous, et les circonstances atténuantes, c'est la condamnation. Mais vous ne retournerez pas à l'île du Diable. Je vous le promets. » Tendant tous ses nerfs, Dreyfus tente de rester impassible : « Occupez-vous de ma femme et de mes enfants », dit-il à Labori [11].

Dans le couloir, on donne à Dreyfus lecture du jugement. Il est au garde-à-vous, rigide comme un mort. Une seconde fois la justice a décidé qu'il a trahi la France. Une seconde fois il devra être dégradé.

Maurice Barrès va quitter Rennes, comme les autres journalistes, comme les témoins, comme tous. Cette bête humaine, cette boule de chair broyée, ne lui inspire plus maintenant aucune émotion. On fête la victoire de l'Armée [12].

> Ne nous souvenons plus du traître que pour aimer ceux qui le châtièrent. Exprimons notre reconnaissance à ces officiers, les Mercier, les Roget, les Deloye, environnés désormais d'une immense popularité, qui nous donnèrent de magnifiques exemples de claire raison française. Confions-nous à cette jeune Armée, dont nous vîmes les représentants gravir les marches de l'estrade au lycée de Rennes. Ils ont resserré et justifié la fraternité française.
> (...) La conscience nationale française a été irritée, froissée, parce que des étrangers de l'intérieur et de l'extérieur ont voulu nous « faire marcher ». Nous enregistrons avec une immense espérance la victoire de Rennes.

Il s'est quand même trouvé deux officiers pour voter l'acquittement. Le commandant de Bréon, « un mystique, commente Barrès, plus chrétien que militaire, un homme à scrupules ». Et le colonel Jouaust, président du tribunal, qui avait « vendu son âme au diable ». Barrès assure que « le prix promis à sa trahison c'étaient les étoiles de général » *, et que, son forfait commis, il vivra dans le remords,

* En fait le colonel Jouaust fut mis à la retraite le 28 janvier 1900.

« fui de tous et fuyant tout le monde ». Il a trahi l'Armée : « la vue d'un uniforme lui sera désormais un vivant reproche ». Et Barrès raconte qu'on le vit, au lendemain du verdict, accablé par le déshonneur d'avoir voté l'acquittement, qui s'en allait lentement le long de la Vilaine bourbeuse « comme s'il y cherchait la place où noyer la vie dont il meurt » [13].

X. – L'INCIDENT EST CLOS

Ce verdict absurde, qui avait transformé des hésitations en circonstances atténuantes, frappa les révisionnistes de stupeur et de tristesse. Mais il ne les désespéra pas. Ce n'était donc pas, écrivit Zola, « le cinquième acte » que l'on attendait. « C'était la terreur sacrée de l'homme qui voit l'impossible se réaliser, les fleuves remonter vers leurs sources » *. « L'iniquité recule », proclamait Clemenceau dans *l'Aurore*. La première fois l'unanimité des juges avait condamné Dreyfus. Maintenant il y avait deux voix pour proclamer son innocence. Il fallait poursuivre le combat, se battre encore, et toujours...

Mais comment exécuter l'odieux arrêt? Renvoyer Dreyfus au bagne? Recommencer la cérémonie de dégradation? Il ne pouvait en être question. Mathieu Dreyfus, quand il revit son frère, le lendemain de la condamnation, le trouva ravagé par la souffrance. « Ses traits étaient comme convulsionnés, et le rictus douloureux de sa bouche s'était creusé encore davantage » [1]. Au seul mot de dégradation Dreyfus avait eu un violent sursaut. « Jamais je ne supporterai une nouvelle condamnation. Je ne revêtirai pas mon uniforme. Je me ferai traîner. On me portera de force. » Son état faisait peur.

* Émile Zola, « Le Cinquième Acte », *l'Aurore* du 11 septembre.

L'arrêt consternait le président du Conseil. Mais il ne le surprenait pas. Waldeck-Rousseau s'était attendu au pire. Quelques jours plus tôt, il avait expliqué à Galliffet qu'il saisirait la Cour de cassation si Dreyfus était condamné, et qu'il empêcherait l'exécution de l'arrêt. Le 8 septembre Galliffet avait pris la précaution d'écrire à son président du Conseil, pour l'inciter à la prudence : « Il y a dans l'Armée un parti pris, absolument pris, de ne pas vouloir l'acquittement de Dreyfus. » Il ne faut pas que le gouvernement engage le combat « contre toute l'Armée concentrée dans une résistance morale ». Il faut éviter de se retrouver dans la posture suivante : « d'un côté toute l'Armée, la majorité des Français, et tous les agitateurs; de l'autre le ministère, les dreyfusards, et l'étranger » *. Waldeck-Rousseau est conscient de ces difficultés. Au lendemain du verdict, il s'entretient à nouveau avec Galliffet, puis avec Delcassé, puis avec le président de la République, du projet qu'il a de prendre l'initiative d'un pourvoi en cassation dans l'intérêt de la loi **. Dans la journée du 10, Waldeck-Rousseau reçoit longuement Me Mornard. Ils évaluent, en juristes, les chances d'un tel pourvoi. Ils les trouvent minces. Et que serait le sort de Dreyfus renvoyé, après annulation de l'arrêt, devant un troisième Conseil de guerre? Mornard explique à Waldeck-Rousseau que Dreyfus n'est ni dans l'état physique ni dans l'état moral de continuer à subir une détention. « La grâce est possible », lui dit simplement Waldeck-Rousseau qui, sans doute, y pensait déjà.

Le même jour, les juges du Conseil de guerre, comme s'ils ne pouvaient supporter leur propre décision, se réunissent. A l'unanimité ils décident de demander que la dégradation soit épargnée à Dreyfus, et ils sollicitent que leur requête soit transmise au président de la République. Étrange démarche de

* Lettre de Galliffet à Waldeck-Rousseau, 8 septembre 1899 [2].

** Il estimait que le Conseil de guerre aurait commis un excès de pouvoir, en sortant, au fil des audiences, des limites où l'avait enfermé l'arrêt de révision. En particulier de larges débats avaient porté sur le problème des aveux, que la Cour de cassation avait, selon Waldeck-Rousseau, souverainement tranché.

juges qui émettaient le vœu que l'on n'exécutât point leur sentence. Mais cette demande indiquait une direction, celle du pardon.

Les journaux du monde entier expriment la réprobation étrangère [3]. Plusieurs demandent que la France soit mise en quarantaine, que l'on ne se rende pas à l'Exposition universelle qui doit s'ouvrir, au printemps, à Paris, en « ce mauvais lieu ». Des manifestations éclatent à Anvers, à Milan, à Naples, à Londres, à New York. La police intervient pour protéger les ambassades de France. On dénonce le déshonneur de la France, le crime collectif « auprès duquel pâlissaient tous les autres crimes » de l'histoire de France. On appelle à la révolte de la conscience universelle [4]. Ce ne sont pas ces clameurs, vite retombées, parfois suspectes, qui inquiètent Waldeck-Rousseau. Ce qui le préoccupe, c'est le sort de Dreyfus, mais c'est aussi et surtout l'apaisement. Il cherche une solution qui mette fin à l'Affaire, réconcilie les Français, en satisfaisant la justice. Gracier Dreyfus? Mais la grâce ne signifierait-elle pas que Dreyfus était coupable? Ne serait-elle pas un défi à la justice? Comment le parti de la révision qui criait sa douleur et son indignation supporterait-il que tout se terminât par un pardon accordé à l'innocent?

C'est Joseph Reinach qui, dans *le Siècle* du 11 septembre, propose publiquement la grâce immédiate, « déchirant un jugement militaire à peine rendu, avant que l'encre en soit sèche ». La grâce sera la réponse du pouvoir exécutif à un arrêt inique. La France, par son gouvernement, se désolidarisera du crime. Reinach demande la grâce, non comme un aboutissement mais comme « une mesure de transition, la préface de la réhabilitation » [5].

Mathieu Dreyfus est vite persuadé. Son premier devoir est de sauver la vie de son frère. « Nous rechercherons ensuite les moyens de faire réviser cette inique condamnation » [6]. Mathieu prie Reinach de voir son ami Waldeck-Rousseau, d'obtenir la grâce. Puis il voit Clemenceau qui semble partagé : « Mon cœur dit oui; ma raison dit non. » Jaurès est dans le même état d'esprit que Clemenceau. Il hésite entre Dreyfus et sa cause. En revanche Bernard Lazare est favorable à la grâce. On ne peut laisser Dreyfus mourir en prison. Ce qui était sûr, c'est que « la grâce finissait la partie héroïque de l'Affaire ». Dreyfus revenu au bagne toucherait davantage les cœurs que Dreyfus libre. Dreyfus retrouvant sa femme et ses enfants, vivant paisiblement... c'était la fin de l'Affaire [7]. Mais que faire d'autre?

Dès le 11 septembre, Joseph Reinach rend visite au président du Conseil. « Au premier mot que je lui dis, assure Reinach, son visage s'éclaira » [8]. Waldeck est déjà convaincu. Mais il pressent des difficultés. Le président Loubet, timoré de nature, risque de redouter, comme un camouflet à l'Armée, ce désaveu des juges de Rennes. Ne pouvait-on attendre quelques semaines? « Dans un mois, rétorque Reinach, la grâce ne sera qu'une mesure de pitié. Il faut que la grâce d'un tel innocent ait une autre signification. Je ne vous demande pas la grâce, mais la grâce immédiate. » Waldeck-Rousseau consent, et s'engage.

Le président du Conseil s'employa à persuader l'un après l'autre tous les ministres, Galliffet notamment. Eut-il beaucoup de peine à convaincre le ministre de la Guerre? Celui-ci songeait déjà à faire de la grâce de Dreyfus le marchepied d'une amnistie qui enterrerait définitivement l'Affaire *. La difficulté vint de Millerand, le plus ardent des défenseurs de Dreyfus au gouvernement, qui découvrit, en bon juriste, qu'aucune grâce n'était juridiquement possible, si Dreyfus ne retirait au préalable le recours en révision que Me Mornard, par automatisme – et sans aucun espoir – lui avait fait signer dès le 9 septembre. Le retrait du recours ne priverait Dreyfus d'aucune chance réelle. Mais il obligeait le condamné à prendre une initiative. Dreyfus paraîtrait demander sa grâce, non la subir. Et déjà on entendait le cri de victoire des adversaires de la

* Étudiant les lettres échangées entre Waldeck-Rousseau et Galliffet, Pierre Vidal-Naquet, dans son introduction à *Cinq Années de ma vie,* montre les objections présentées par Galliffet. Celui-ci invoque tour à tour l'Armée, mais aussi les bourgeois, les catholiques, les parlementaires. Vidal-Naquet décrit minutieusement les événements qui ont entouré la grâce de Dreyfus et les positions prises par chacun des acteurs [9].

révision : Dreyfus, renonçant à un recours, reconnaissait donc qu'il était coupable!

Le ministre du Commerce insiste. Il faut que Dreyfus retire aussitôt son recours. Il argumente. Si par impossible le recours était accueilli, que ferait le conseil de Révision? Il risquerait de statuer sans débats contradictoires, de rectifier seulement le jugement en la forme, en retranchant quelques motifs. Après quoi chacun pourrait penser que Dreyfus a été, une troisième fois, condamné. Jaurès et Clemenceau sont cette fois franchement hostiles à la grâce. Il ne leur paraît pas possible que Dreyfus prenne une initiative sans se déshonorer, sans déshonorer sa cause. C'est l'impasse. Car entre-temps le président de la République, cédant aux instances du président du Conseil, a donné son accord. Il graciera Dreyfus quand Dreyfus aura retiré son recours.

Pour débattre de l'insoluble problème, on se réunit, le 11 septembre, en fin d'après-midi, dans le bureau du ministre du Commerce, rue de Lille. Millerand insiste vivement auprès de Mathieu Dreyfus qui hésite. « Si j'étais l'avocat de Dreyfus, dit Millerand, je lui conseillerais de retirer son pourvoi. » Joseph Reinach tente de persuader Mathieu dans les jardins du ministère : « Dans deux jours, si vous le voulez, vous pourrez être au loin, avec lui, dans quelque coin tranquille; il retrouvera sa femme, ses enfants, un peu de bonheur... » Mathieu sait que, dans sa prison, Alfred a demandé à revoir ses enfants. Mais est-il possible qu'au terme de ce long, de ce terrible combat, Alfred Dreyfus sorte de prison en demandant pardon? Cette fin de l'Affaire, jamais on ne l'aurait imaginée... Et comment prendre une si effrayante responsabilité? Mathieu est bouleversé. Il ne parvient pas à décider. Il veut qu'on appelle Jaurès et Clemenceau : « Je ne peux rien décider sans eux. » Millerand les fait chercher.

Extraordinaire entretien que celui qui réunit et oppose, dans le bureau du socialiste Millerand devenu ministre, les principaux combattants de la cause de Dreyfus. Une heure durant, avec des emportements féroces, Clemenceau soutient que Dreyfus ne peut retirer son pourvoi et demander sa grâce. « Vous humiliez la République devant le sabre... c'est son honneur que vous demandez à Dreyfus. » Le débat devient violent. « Je ne veux pas me laisser guider par mes sentiments, dit Clemenceau, et cependant... ce matin j'ai pleuré en voyant Mathieu. » « Cela prouve, répond sèchement Reinach, que vous ne pouvez pas pleurer deux fois dans la même journée » [10]. Le ministre déploie tous ses talents de persuasion. « Quel intérêt avez-vous à faire de nous les geôliers d'un innocent? » Peu à peu, cédant aux arguments de Millerand et de Reinach, Jaurès consent, à condition que l'on promette de continuer le combat. « Vous avez la majorité, dit Clemenceau à Mathieu. » Mais Mathieu ne s'en contente pas. « Si vous persistez à déconseiller le retrait du pourvoi, je n'y consentirai pas. » Georges Clemenceau réfléchit une longue minute, puis il dit ces mots, qui semblent sceller l'unanimité : « Eh bien si j'étais le frère, j'accepterais. »

Maintenant Jean Jaurès s'est assis au bureau du ministre. Il rédige d'une plume ferme le texte qu'Alfred Dreyfus devra rendre public, le lendemain de la grâce :

> Le gouvernement de la République me rend la liberté. Elle n'est rien pour moi sans l'honneur. Dès aujourd'hui, je vais continuer à poursuivre la réparation de l'effroyable erreur judiciaire dont je suis encore victime. Je veux que la France entière sache, par un jugement définitif, que je suis innocent. Mon cœur ne sera apaisé que lorsqu'il n'y aura plus un Français qui m'impute le crime qu'un autre a commis.

On décide que Mathieu partira aussitôt pour Rennes, porteur du texte de Jaurès, et d'une lettre de Galliffet afin d'être immédiatement autorisé à voir son frère. Une dernière fois, Millerand le rassure. « Je vous donne ma parole, monsieur Dreyfus, que si la grâce n'est point accordée demain, je donnerai ma démission. » Ainsi le gouvernement de la République et les amis de Dreyfus délibéraient des moyens de tenir en échec la décision qu'avait imposée l'Armée. Oui, les temps avaient changé.

Mathieu prit le train du soir, arriva à l'aube, courut chez son frère. Il fallut plus d'une heure pour le persuader. Mathieu dut reprendre, un par un, tous les arguments de Millerand et de Reinach. Surtout, il répéta : tu seras libre, heureux avec Lucie et les enfants. Enfin Alfred Dreyfus céda. Il consentit à signer le retrait de son recours [11]. Sa mission accomplie, Mathieu s'empressa de téléphoner à Millerand.

Et les difficultés recommencèrent. Appuyé par Delcassé, le président de la République s'avisa qu'il serait préférable d'attendre quelque temps pour préserver l'honneur du Conseil de guerre et, au-delà, celui de l'Armée. Millerand, qui avait donné sa parole d'honneur à Mathieu, offrit sa démission. Waldeck-Rousseau et Galliffet en firent autant. Une crise ministérielle allait-elle éclater? On se remit à négocier en tous sens. Il fallut que Mathieu, sur l'intervention de Viviani, dégageât Millerand de sa parole pour éviter que le gouvernement n'éclatât. L'accord se fit sur une solution moyenne : on attendrait une semaine. Et un médecin serait envoyé, pour examiner le condamné. Le docteur Delbet * constata que l'état de Dreyfus était très grave, incompatible avec le maintien de sa détention. Le président de la République avait une raison de gracier. Au Conseil des ministres du 19 septembre, Émile Loubet, sur proposition du général de Galliffet, signa le décret qui graciait Alfred Dreyfus **. Ce même matin mourait Scheurer-Kestner.

Alfred Dreyfus était libre. Dans la nuit qui suivit, le

* Waldeck-Rousseau qui suivait l'affaire à chaque instant avait pensé au professeur Pozzi. Celui-ci était absent. De même le docteur Brissaud et le docteur Reclus étaient en vacances.

** Le décret était précédé d'un rapport au président de la République, du ministre de la Guerre qui rappelait que Dreyfus s'était désisté de son recours, affirmait le respect des décisions de justice, et concluait invoquant l'état de santé de Dreyfus et l'intérêt général. « En dehors de ces considérations, de nature à éveiller la sollicitude, d'autres encore, d'un ordre plus général, tendent à la même conclusion. Un intérêt politique supérieur, la nécessité de ressaisir toutes leurs forces ont toujours commandé aux gouvernements, après des crises difficiles, et à l'égard de certains ordres de faits, des mesures de clémence ou d'oubli. Le gouvernement répondrait mal au vœu du pays, avide de pacification, si, par les actes qu'il lui appartient, soit d'accomplir de sa propre initiative, soit de proposer au Parlement, il ne s'efforçait pas d'effacer toutes les traces d'un douloureux conflit. Il vous appartient, Monsieur le Président, par un acte de haute humanité, de donner le premier gage à l'œuvre d'apaisement que l'opinion réclame et que le bien de la République commande. »

directeur de la Sûreté vint le prendre à la prison pour le conduire, en voiture, puis en train, à Nantes où l'attendait Mathieu. A Nantes les deux frères prirent le train pour Bordeaux, puis pour Sète. Ils changèrent à Tarascon pour débarquer à Avignon. Le voyage fut d'une extraordinaire complication tant la police prit de précautions pour éviter le moindre incident. A Bordeaux, la foule envahit les alentours de la gare et de l'hôtel Terminus où Alfred Dreyfus prenait, en compagnie de Mathieu, son premier dîner d'homme libre. Les rumeurs montaient sous les fenêtres, tandis qu'Alfred Dreyfus, très tranquille, contemplait la blancheur de la nappe, le miroitement des cristaux, le brillant de l'argenterie, « toutes choses auxquelles il n'était plus habitué » [12]. Les deux frères eurent du mal à reprendre le train sans incident. Quand ils arrivèrent à Avignon le 21 septembre, à 7 heures du matin, deux voitures les attendaient. Elles les conduisirent à Carpentras chez la sœur de Dreyfus et son beau-frère Valabrègue. Lucie et les enfants étaient venus attendre Alfred. Il retrouvait Pierre et Jeanne. Fini le grand voyage! Son martyre avait duré quatre ans et dix mois.

Ce même jour, 21 septembre, le général de Galliffet – sans consulter Waldeck-Rousseau – adressait à l'Armée son ordre du jour resté fameux :

> L'incident est clos! Les juges militaires, entourés du respect de tous, se sont prononcés en toute indépendance. Nous nous sommes, sans arrière-pensée aucune, inclinés devant leur arrêt. Nous nous inclinerons, de même, devant l'acte qu'un sentiment de profonde pitié a dicté à M. le président de la République. Il ne saurait plus être question de représailles, quelles qu'elles soient. Donc je répète, l'incident est clos.
> Je vous demande et, s'il était nécessaire, je vous ordonnerais d'oublier ce passé pour ne songer qu'à l'avenir. Avec tous mes camarades, je crie de grand cœur : « Vive l'Armée! », celle qui n'appartient à aucun parti, mais seulement à la France.

Irrité de cet ordre du jour, Waldeck-Rousseau réprimande son ministre, et refuse que le texte soit publié au *Journal officiel*. Les révisionnistes sont fort en colère. Non, l'Affaire Dreyfus n'a pas été un incident. Non, elle n'est pas close. Mais Galliffet fait son travail. Il apaise l'Armée, il rend supportable le désavœu que le gouvernement inflige au tribunal militaire. Au-delà, il s'adresse à l'opinion publique. Il prépare l'amnistie.

Dans les jours qui suivent, la grâce – que sur le moment la plupart des partisans de Dreyfus avaient sinon acceptée, au moins supportée, par fidélité ou respect à sa personne – devient l'occasion de querelles qui sépareront, peu à peu, les révisionnistes. Dès le 14 septembre Clemenceau, dans *l'Aurore*, avait écrit qu'il regrettait la seconde dégradation. « Eh bien moi, si je pouvais faire abstraction du martyre, je regretterais, pour la belle leçon des choses, cette parade sans seconde... Il va sans dire, n'est-ce pas, qu'on irait chercher Esterhazy pour cette fête. » Le 18, quand a commencé à circuler la rumeur d'une amnistie générale, Clemenceau s'est indigné. « Ils sont complices. Il leur faut maintenant l'amnistie. L'amnistie, pour eux bien entendu. L'innocent se contentera de la grâce déshonorée. » Et le 24 septembre, l'intraitable dreyfusard résume sa pensée par des mots très durs. « Dreyfus s'occupe de Dreyfus, c'est bien. Nous, nous songeons à notre patrie, succombant sous l'implacable iniquité de la secte romaine, et sous l'imbécile brutalité du fer impuissant contre l'étranger. » Clemenceau, Labori, Picquart, et avec plus d'hésitation Jaurès et Zola, liant irréductiblement la grâce de Dreyfus et l'amnistie qui suivra, accuseront Mathieu Dreyfus, Joseph Reinach, Alfred Dreyfus lui-même d'avoir pactisé avec Waldeck-Rousseau, habile politicien [13], d'avoir troqué la grâce contre le champ libre à l'amnistie de Mercier et des autres criminels. « La famille Dreyfus » sera désormais coupable d'avoir accepté que l'Affaire se terminât dans des conditions humiliantes, sinon honteuses. Mécontent de n'avoir pas été consulté sur la grâce, de plus en plus acharné contre Waldeck-Rousseau, Labori se placera à la tête du « groupe des vrais dreyfusards », de « ceux qui n'avaient jamais baisé le drapeau » [14], qui auraient, à la rigueur, toléré la grâce, car, écrira Labori, « il n'est pas donné à tout le monde d'être un héros » [15], mais qui ne supporteront pas une amnistie qui devait englober Picquart et Mercier, traiter de même manière les héros et les criminels. Labori, approuvé par Picquart, accusera Reinach d'avoir été « l'agent » de Mathieu Dreyfus, Alfred d'avoir été un jouet aux mains de son frère, tous d'avoir été manipulés par Waldeck-Rousseau. Plus tard, Picquart prendra la plume * pour séparer les « purs », ceux qui voyaient dans la réhabilitation de Dreyfus le triomphe de l'idée de justice et qui pensaient « qu'une cause si belle, qui avait survécu à des crimes si grands, devait arriver à la victoire décisive par la seule force de la vérité », et les autres, « intimidés par les conflits violents dont ils avaient souffert » et qui tremblaient intérieurement », ou encore « qui, rompus à la pratique des affaires politiques ou autres, se disaient qu'il convenait de restreindre la lutte, et de fortifier un ministère composé d'amis ». Pour l'incorruptible Picquart, l'Affaire Dreyfus s'était abîmée dans les manœuvres politiciennes.

Et maintenant Alfred Dreyfus, redevenu lui-même, n'est plus épargné. « La grâce était inséparable de l'amnistie. En acceptant la première, Dreyfus rendait la seconde possible » [16], écrira Picquart, qui ne lui pardonnera pas d'avoir consenti à ce marché, d'avoir renoncé à être un symbole. Labori jugera son ancien client au-dessous de sa cause, incapable de tenir l'emploi héroïque auquel il était destiné. Déporté, Dreyfus ne pouvait déplaire. Libre, il accumule les rancœurs. Il ne manifeste pas, à tel ou tel, assez de reconnaissance. Il récompense d'un simple « merci » des années de dévouement **. Il n'est plus un innocent persécuté, à l'abri de son martyre, mais un homme qui vit, écrit et parle, et dont tous les comportements sont appréciés. On décide qu'il n'a pas la dimension de son rôle. « Ce qu'il y a de tragique, de fatal, écrira plus tard Péguy [18], c'est

* *Gazette de Lausanne*, 2 mai 1903.

** Quand Joseph Reinach rencontre Alfred Dreyfus pour la première fois, à la campagne, près de Carpentras, chez les Valabrègue, Dreyfus lui serre la main, et sans émotion apparente lui dit simplement « merci ». « J'eus l'orgueil, écrit Reinach, de trouver cela également digne de lui et de moi. » A d'autres, tant de pudeur parut de la sécheresse, « on fit passer pour vide ce cœur plein, mais qui ne débordait pas » [17].

précisément qu'il n'a pas le droit d'être un homme privé. C'est que nous avons incessamment le droit de lui demander des comptes, le droit et le devoir de lui demander les comptes les plus sévères, les plus rigoureux. » Acceptant la grâce, permettant l'amnistie, Dreyfus a révélé qu'il n'avait pas la taille de Dreyfus. Et les siens, ceux qui ont voulu qu'il ne meure pas en prison, qu'il retrouve la liberté et s'il se pouvait le bonheur, ceux-là ne méritent pas d'avoir été des dreyfusards.

Mais qui le mérite? Picquart dénie ce droit à Joseph Reinach. Labori le dénie à Mathieu Dreyfus. A son tour Péguy le déniera à Picquart, à Clemenceau, à Jaurès [19]. Le combat de Jaurès et de Clemenceau pour la révision, « ce n'est qu'un détournement de la mystique en politique », la « dégradation d'une crise éminente ». L'Affaire Dreyfus de Picquart est « une affaire impure », celle de Jaurès une trahison politicienne. Il n'y eut de vrais dreyfusards que les héros, les mystiques, ceux qui vécurent, en héros, en martyrs, la dernière aventure de la mystique républicaine : de ceux-ci, une poignée, Bernard Lazare fut le symbole...

Ainsi, le temps passant, les « dreyfusards » vont s'éloigner, et se déchirer. C'est que Dreyfus libre, la cause de Dreyfus n'est plus un combat qui estompe les rivalités, qui dissimule les différences. Chacun retourne à ses convictions, à son tempérament. Bientôt la politique anticléricale, l'avortement des réformes sociales, la répression de l'agitation ouvrière, l'affaire marocaine et la menace de la guerre, la propagande pacifiste des uns, la volonté revancharde des autres sépareront ceux que la défense d'un innocent, la cause de la justice, avaient un temps assemblés *. Les castes, les préjugés, les opinions, les ambitions emporteront dans des courants contraires les dreyfusards privés de Dreyfus. Bien sûr quelques-uns continueront de combattre pour la révision, pour la proclamation juridique de l'innocence de Dreyfus. Mais ils sont très rares ceux qui s'en occupent encore. Au reste, qui peut douter

* Sur la désintégration progressive de l'équipe des dreyfusards, voir l'article très documenté de Gérard Baal : « Un salon dreyfusard, des lendemains de l'Affaire à la grande guerre : la marquise Arconati-Visconti et ses amis » [20].

de son innocence, et quelle importance revêt cette consécration juridique de l'évidence? Dreyfus est libre, il vit paisiblement, il vient à Paris, il reçoit ses amis, parfois il déjeune en ville *. Ensemble les dreyfusards ne sont plus que d'anciens combattants, que réchauffent les souvenirs héroïques. Beaucoup ont la nostalgie de l'Affaire. Au fond d'eux-mêmes, ce qu'ils reprochent à Dreyfus, c'est d'avoir quitté l'île du Diable, d'avoir déserté le rôle qui les faisait marcher d'un même pas, qui leur faisait partager courage et fierté. Maintenant chacun va à sa vie, et Dreyfus à la sienne. Les révolutionnaires, les politiques, les mystiques, ou simplement les fidèles, n'ont plus rien à faire ensemble. L'amitié, le plus souvent, ne franchit pas les fossés qui se creusent. Ils sont professeurs, avocats, journalistes, parlementaires. Ils sont radicaux ou socialistes, ou opportunistes. Ils sont juifs ou protestants, ou même catholiques. Ils sont riches ou pauvres. L'Affaire Dreyfus est terminée, au point que les nationalistes mêmes semblent l'oublier.

Waldeck-Rousseau le sait. Il estime que le moment est venu de clore définitivement l'Affaire par une loi d'amnistie.

XI. – L'OUBLI

Émile Loubet pensait que son métier de président de la République lui assignait pour mission de réconcilier les Français. Son tempérament le poussait aux accommodements. Galliffet cherchait à rassurer l'Armée, dans le temps même où il la soumettait à la discipline républicaine. Waldeck-Rousseau allait s'engager, contre les congrégations, dans un dur combat. Il voulait apaiser les catholi-

* Il participera souvent aux déjeuners du jeudi qui tentaient de réunir – chez la marquise Arconati-Visconti – les personnalités dreyfusardes. Mais au fur et à mesure que les années passent, les absences se multiplient [21].

ques. Ainsi tous avaient de bonnes raisons de souhaiter une amnistie générale de toutes les infractions liées à l'Affaire Dreyfus.

Emporté par sa haine de Demange et de Waldeck-Rousseau, Labori imagina que la condamnation de Dreyfus, le retrait de son recours en révision, la grâce, l'amnistie, tout cela n'avait été que la parfaite exécution d'un plan diabolique de Waldeck-Rousseau auquel Reinach, avec empressement, Mathieu Dreyfus, par résignation, avaient prêté la main. L'accusation ne semble pas juste. Il apparaît au contraire très probable que Waldeck-Rousseau fit tout, sauf peut-être contraindre le commissaire du gouvernement à abandonner les poursuites, pour faciliter un acquittement qu'il souhaitait sans trop y croire. Le président du Conseil n'était pour rien dans l'existence d'un recours en révision, introduit par les avocats de Dreyfus, et qui opposait à la grâce un obstacle insurmontable *. Ce qui est sûr en revanche, et Reinach doit le consentir, c'est que « la révision, la réparation de l'injustice, ne venaient qu'assez loin dans les préoccupations de Waldeck-Rousseau » [1]. Le président du Conseil a désormais, pour préoccupations essentielles, la défense de la République, avec pour corollaire l'apaisement et la réconciliation des Français **.

Or le moment est propice. Après la grâce de Dreyfus, l'agitation a été courte, et très localisée. On n'a signalé de mouvements de protestation que dans le Sud. Quelques manifestations ont eu lieu à Cahors, à Alès. Dans la région marseillaise des dreyfusards ont organisé quelques réunions, qui n'ont assemblé que peu de monde. La plupart des conseils généraux, à l'occasion de leur session d'automne, ont approuvé la manière dont le gouvernement avait réglé l'Affaire [2]. A Paris l'agitation persiste un peu. En septembre et en octobre on continue de s'injurier. Mais la fureur décroît. Quand s'ouvre, en Haute Cour, le 9 novembre, le procès de

* De l'avis de tous les juristes alors consultés.

** Pierre Vidal-Naquet a repris partie de la thèse qui accuse Waldeck-Rousseau, en admettant que celui-ci aurait « obligé Dreyfus, en se désistant, à mettre lui-même un terme à l'Affaire ». Il conclut qu'il y a là « un bel exemple de politique machiavélienne ».

Déroulède, de Buffet, de Guérin, l'opinion publique ne s'y intéresse guère *. Vainement les nationalistes tentent, sur ce procès, de remuer l'opinion. Elle semble lasse. *L'Écho de Paris*, *l'Éclair* reconnaissent en décembre que le nationalisme est en perte de vitesse. Le 19 novembre, à l'occasion de l'inauguration du *Triomphe de la République* de Dalou, « les groupements populaires, les syndicats, les sociétés professionnelles, officiellement invités, s'unissent aux corps constitués pour assurer, derrière le gouvernement, le succès d'une manifestation publique ». C'est une fête joyeuse de la République, sans aucune manifestation hostile [3]. La France, fatiguée de ses batailles, paraît prête à les oublier. Elle commence à vivre à l'heure de l'Exposition universelle. Oui, c'est bien le moment de l'oubli.

A la rentrée des Chambres, en novembre, on voit vite que Waldeck-Rousseau dispose de la confiance du Parlement. Quand le procès de Rennes est évoqué à la tribune, Galliffet trouve les mots qui rassurent la gauche : « L'Armée n'a pas le droit de parler. » « Jamais plus grande liberté n'a été laissée à un Conseil de guerre. Je vais plus loin, je dirais : j'ai fait acte de faiblesse en n'usant pas de tous mes droits et de tous mes pouvoirs vis-à-vis du commissaire du gouvernement » **. Waldeck-Rousseau expose son programme aux députés. Ce n'est plus seulement la défense de la République, c'est aussi la laïcité de l'État, la vieille bataille républicaine contre le parti clérical et les congrégations. Ce combat est sa conviction, mais aussi son habileté. Le président du Conseil sait que ce discours doit regrouper les gauches. Méline a beau lui reprocher de préparer la révolution sociale : « En faisant place aux socialistes vous avez logé l'ennemi dans la place sous prétexte de la défendre », Waldeck-Rousseau

* Quand Buffet et Déroulède seront condamnés, le 8 janvier 1900, à dix ans de bannissement, Guérin à dix ans de détention, la sévérité du verdict passera à peu près inaperçue.

** Dès septembre, Galliffet, poursuivant la « reprise en main » de l'Armée, a fait adopter par le gouvernement un décret enlevant au Conseil supérieur de la guerre, aux commissions supérieures de classement, la désignation des officiers généraux. Elle appartient désormais au ministre seul (décret du 29 septembre 1899).

obtient le 16 novembre une large majorité, de 317 voix contre 211. Presque la moitié des progressistes – dont Barthou et Poincaré – ont voté pour le gouvernement. Le vote paraît dessiner les contours d'une nouvelle majorité.

Fort de la confiance de la Chambre, Waldeck-Rousseau dépose au Sénat, le 17 novembre, son projet de loi d'amnistie. Celui-ci prévoit l'amnistie de « tous les faits criminels ou délictueux connexes à l'Affaire Dreyfus ou ayant été compris dans une poursuite relative à l'un de ces faits ». Un seul jugement doit subsister, celui de Rennes, afin que Dreyfus ne soit pas privé du droit d'en poursuivre la révision.

C'est qu'il y avait encore de nombreux procès en cours qui pouvaient réactiver l'Affaire et les passions. Le procès Zola devait être appelé le 21 novembre devant la cour d'assises de Versailles, celui de la veuve d'Henry contre Joseph Reinach, le 21 décembre à Paris. Picquart était toujours en instance de passer devant le Conseil de guerre, pour des faits mineurs [4]. Or il espérait à la fois être acquitté, et relancer l'Affaire Dreyfus. Dès le 17 novembre, il avait rendu publique sa protestation contre toute idée d'amnistie. « J'ai hâte de démontrer que les accusations portées contre moi reposent sur la fraude et le mensonge... Je proteste contre l'amnistie de toutes mes forces. Amnistier un homme injustement accusé, c'est lui enlever la réparation morale à laquelle il a droit » [5]. Picquart réclame l'ouverture d'une instruction contre Gonse « à raison de son rôle louche dans l'affaire du " faux Henry " », contre Gribelin « toujours pourvu d'un emploi de confiance au ministère de la Guerre ». Clemenceau et Jaurès demandent la mise en accusation du général Mercier, « le premier des criminels », et sa comparution en Haute Cour. On exige des arrêts vengeurs : « Les ministres de Waldeck-Rousseau, écrit Clemenceau, se font les complices des bandits... Ils ajournent la volonté, ils ajournent le courage, et ils appellent cela gouverner la France » *. Malgré ces protestations, l'ensemble des procès en cours est renvoyé, dans l'attente de l'am-

* *L'Aurore*, 17 novembre 1899.

nistie : sauf celui que Labori a intenté à *la Libre Parole* qui l'accusait d'avoir « machiné », pour se faire valoir, l'attentat de Rennes. Le 13 décembre Drumont, incapable d'apporter la moindre preuve, faisait défaut, et était condamné. La veuve Henry protestait à son tour. Pourquoi Labori avait-il des juges pour faire condamner Drumont, alors qu'on les lui refusait, à elle, pour faire condamner Reinach [6]?

Le projet de loi d'amnistie vint devant le Sénat au cours d'une session parlementaire très calme. Il semblait, à l'approche du premier printemps d'un nouveau siècle, que l'on fût d'accord de tous côtés pour observer « la trêve de l'exposition ». Paul Deschanel, réélu président de la Chambre, crut pouvoir saluer, sur son mode inlassablement lyrique, « les nobles esprits, les consciences droites, les généreux cœurs », qui, des deux côtés, avaient lutté et souffert. Waldeck-Rousseau défendit sans peine son projet devant la commission des lois du Sénat. « La question n'est pas de juger ou d'absoudre les actes accomplis. Il s'agit seulement de mettre les partis dans l'impuissance de faire revivre un douloureux conflit » *. Il refusa de comprendre dans l'amnistie les nationalistes condamnés en Haute Cour. « Leur condamnation, affirma-t-il, a assuré la paix publique. » Mais pourquoi la paix publique exigeait-elle l'impunité du général Mercier?

De Carpentras où il se remet lentement, Alfred Dreyfus adresse au Sénat, le 8 mars 1900, une vigoureuse protestation :

> Ce projet éteint les actions publiques dont j'espérais voir sortir des révélations, des aveux peut-être, qui m'auraient permis de saisir la Cour de cassation; il me prive de ma plus chère espérance... Je n'avais sollicité aucune grâce. Le droit de l'innocent, ce n'est pas la clémence, c'est la justice... Nul ne souhaite plus ardemment que moi l'apaisement, la réconciliation des bons Français, la fin des horribles passions dont j'ai été la première victime. Mais la justice seule peut faire l'apaisement. L'amnistie me

* « Je me refuse à amnistier le passé », avait proclamé Waldeck-Rousseau à la tribune du Sénat dans le débat sur la loi de dessaisissement (*supra* p. 479). Mais il est maintenant président du Conseil...

frappe au cœur; elle ne se ferait qu'au profit exclusif du général Mercier... Je supplie le Sénat de me laisser mon droit à la vérité, à la justice [7].

Zola proteste à son tour. « Je veux être jugé et achever mon œuvre » [8]. Reinach aussi s'insurge contre l'amnistie, mais dans des articles nuancés : chacun connaît ses liens avec Waldeck-Rousseau. On s'indigne de même du côté des antidreyfusards. Edmond Lepelletier exprime l'opinion de beaucoup d'entre eux, qui rejoignent les dreyfusards pour refuser l'amnistie. « L'amnistie est perfide et honteuse. Elle a été préparée par Waldeck-Rousseau avec les compères Dreyfus traîtres en chef, et les sous-traîtres Picquart, Reinach, Zola. Le trio de scélérats sue de peur à l'idée que l'amnistie pourrait être refusée » *. Mais ces protestations laissent l'opinion indifférente. Oserait-on troubler l'Exposition universelle, cette grande fête du travail et de la paix que la France va offrir au monde [9]? A la cérémonie d'inauguration de l'exposition, Émile Loubet célèbre la réconciliation des Français et la concorde entre les peuples. Waldeck-Rousseau salue dans l'exposition « le témoignage de la paix morale reconquise ». Et il poursuit fermement son chemin.

Mais voici que le 28 mai un incident, survenu à la Chambre, faillit bien ruiner ses efforts. Un débat confus avait mis en cause le comportement d'un certain nombre d'officiers. Galliffet avait courageusement couvert ses subordonnés, au risque de s'exposer aux coups [10]. A son tour, Waldeck-Rousseau monte à la tribune, et pour une fois sa parole va le trahir. Il parle de « la félonie d'un officier ». La droite, une partie du centre se dressent, poussent de longs cris. Galliffet se croit-il désavoué par son président du Conseil, son ami? Très énervé, il se lève et quitte la salle. Pâle, décontenancé, Waldeck-Rousseau demande à expliquer sa pensée. Il dit son affection pour Galliffet, son respect de l'Armée. On court à la recherche de Galliffet. Mais il est trop tard. Il a déjà rédigé sa lettre de démission, alléguant des raisons de santé. Cette brutale sortie

* *L'Écho de Paris,* 14 mars 1900.

convenait bien à son tempérament : et Galliffet ne cachait plus, depuis des mois, que la vie politique lui devenait insupportable. Il était épuisé. Il rêvait de revenir à sa vie privée. Le gouvernement ne fut sauvé que de justesse, grâce à une intervention de Bourgeois stigmatisant les manœuvres de la droite pour affaiblir la République [11]. Aussitôt Waldeck-Rousseau remplaça le général de Galliffet par le général André. Ce général, aussi courtois qu'obstiné, polytechnicien assoiffé de science et de méthode, si peu martial d'allure qu'il semblait toujours un civil en uniforme, avait la réputation d'un républicain intransigeant, et d'un anticlérical notoire. Nommé par Galliffet, l'année précédente, pour commander à Paris une division d'infanterie, il avait interdit l'entrée, dans les casernes, des journaux cléricaux et antisémites *. Le général André n'avait pas le prestige de Galliffet, mais du moins pouvait-il tenter de poursuivre le travail du vieux marquis, maintenant retourné à son château et à ses amours.

Le projet de loi vint en discussion devant le Sénat les 1er et 2 juin. La veille des débats, Zola adressait aux sénateurs une lettre passionnée :

> Vous n'aviez fait que changer les juges; vous êtes sollicités cette fois de dire qu'il n'y a plus de juges... On nous salit en nous renvoyant dos à dos avec des bandits... Ce n'est pas nous qui recommençons l'Affaire Dreyfus, qui l'utilisons pour nos besoins électoraux, qui en rebattons les oreilles de la foule afin de l'étourdir... Ce que nous voulons, c'est qu'elle finisse. J'écris simplement cette lettre pour le grand honneur de l'avoir écrite. Je fais mon devoir et je doute que vous fassiez le vôtre.

Mais qui écoute encore Zola? Chacun sait que l'amnistie sera votée. Seulement il y a, parmi les sénateurs, un homme dont la présence est insupportable pour tous ceux qui défendent la cause de Dreyfus, parce qu'elle leur semble un défi à la justice : c'est le général Mercier qui s'est fait élire, le

* Le général Mercier l'avait autrefois appelé à la direction de l'École polytechnique avec la consigne « d'y résister à l'envahissement de la gangrène cléricale » [12].

28 janvier 1900, sénateur de la Loire-Inférieure *. Élu, Mercier s'était jusque-là gardé de venir au Sénat. Il fait sa première apparition dans le débat sur l'amnistie. Tandis que parle Trarieux qui décrit, en juriste, les effets détestables de l'amnistie – Zola et Reinach renvoyés de la cour d'assises à la justice civile, Picquart privé du jugement qu'il réclame, et surtout les grands coupables impunis – Mercier, le plus grand d'entre eux, écoute, figé comme un mort, le regard immobile entre les paupières de ses yeux bridés. Et voilà qu'il demande la parole à la tribune. Tant de courage ou de cynisme surprennent. On l'écoute en silence. Il dit que « ce qu'il a fait en 1894, il l'a fait avec la conviction intime et profonde qu'il rendait service à son pays ». Il ajoute qu'il ne discutera pas l'amnistie, « qu'il s'en désintéresse complètement ». Et il retourne à son banc, à nouveau impassible.

Waldeck-Rousseau répond. L'intervention de Mercier, la hauteur du sujet, la confiance aussi qu'il a de sa force politique, ouvrent à son talent de larges perspectives. Waldeck-Rousseau rend hommage à ceux qui refusent l'amnistie parce que ces révoltes de la conscience sont « parmi les mouvements instinctifs les plus légitimes de l'âme humaine ». Mais « l'amnistie ne juge pas, elle n'accuse pas, elle n'innocente pas, elle ne condamne pas. Elle ignore, et elle ne s'inspire que de l'intérêt public ». Il explique pourquoi au lendemain du verdict de Rennes « le gouvernement a dû rechercher quel était son devoir au point de vue de l'humanité, et son devoir au point de vue de la politique », comment il n'avait d'autre solution, pour effacer toutes les traces d'un douloureux conflit, que la grâce pour l'innocent, et l'amnistie pour le pays. Et sans nommer ni regarder le général Mercier, il le flétrit dans sa péroraison :

> A ceux qui pensent que c'est trop d'indulgence et que nous risquons d'affaiblir dans l'âme de la Nation

* Sa candidature, présentée par les monarchistes, avait recueilli l'adhésion des nationalistes et de nombreux catholiques qui lui pardonnaient, à cause de Dreyfus, son passé de libre penseur. Il avait été élu par 700 voix contre 300 au candidat républicain Riom, maire de Nantes.

> le sentiment des responsabilités, je me borne à répondre qu'il y a des châtiments plus sévères que certaines des peines que prononce la loi, et que la justice qui siège dans les prétoires n'est pas toute la justice, qu'il en est une autre, formée par la conscience publique, qui traverse les âges, qui est l'enseignement des peuples, et qui déjà entre dans l'histoire.

Les sénateurs, bouleversés par un discours qui portait si haut le débat, s'empressèrent de voter l'affichage. Et par 231 voix contre 32, ils adoptèrent la loi d'amnistie.

La Chambre traîna à examiner le projet et les vacances passèrent, tandis que l'exposition battait son plein, et que Paris, devenue capitale de l'Europe, regorgeait de spectacles et de fêtes. Clemenceau s'attristait : « La République s'amuse. Ce ne sont que tréteaux... Des révolutionnaires repentis découvrent qu'il y a dans l'ordre social des causes de joie... Des lampions partout, des éclats de cuivre, des danses. C'est la République qui s'amuse de mourir » [13]. Elle s'amusait plutôt de vivre. L'exposition renvoyait aux Français l'image d'une France laborieuse, éprise de techniques et de sciences, et aussi joyeuse, sensible aux arts et aux divertissements. Le 22 septembre, pour l'anniversaire de la proclamation de la Ire République, vingt mille maires, adjoints, ou délégués des municipalités sont réunis au jardin des Tuileries dans un immense banquet, sous la présidence d'Émile Loubet. Le président de la République parle de réconciliation, de concorde. « Cet anniversaire est la fête du patriotisme autant que la fête de la liberté. » Sous les lampions, la liberté, la patrie, la concorde dansent ensemble. Qui s'opposerait au pardon général?

Ouvert à Paris, le Congrès socialiste international discute à n'en pas finir du « cas » de Millerand : c'est-à-dire du problème que pose la participation d'un socialiste au pouvoir bourgeois *. Guesde pose

* Le congrès, qui regroupait les diverses tendances du socialisme, se réunit salle Japy. Il se sépara au chant de *l'Internationale* le 8 décembre 1899, après des débats difficiles et confus. Sur « le millerandisme », observe Claude Willard, les deux motions adoptées, celle de Guesde et de Delesalle, étaient contradictoires et entretenaient l'équivoque [14].

la question « un socialiste peut-il être à la fois un agent de conservation et de révolution sociale »? Jaurès défend courageusement la participation de Millerand :

> Oui, le parti socialiste est un parti d'opposition continue, profonde, à tout le système capitaliste, c'est-à-dire que tous nos actes, toutes nos pensées, toute notre propagande, tous nos votes doivent être dirigés vers la suppression la plus rapide possible de l'iniquité capitaliste. Mais, de ce que le parti socialiste est foncièrement, essentiellement, un parti d'opposition à tout le système social, il ne résulte pas que nous n'ayons à faire aucune différence entre les différents partis bourgeois et entre les différents gouvernements bourgeois qui se succèdent.
> Ah oui! la société d'aujourd'hui est divisée entre capitalistes et prolétaires; mais, en même temps, elle est menacée par le retour offensif de toutes les forces du passé, par le retour offensif de la barbarie féodale, de la toute-puissance de l'Église et c'est le devoir des socialistes, quand la liberté républicaine est en jeu, quand la liberté de conscience est menacée, quand les vieux préjugés qui ressuscitent les haines de races et les atroces querelles religieuses des siècles passés paraissent renaître, c'est le devoir du prolétariat socialiste de marcher avec celle des fractions bourgeoises qui ne veut pas revenir en arrière [15].

Finalement on trouve un compromis : c'est, semble-t-il, une question « non de principe, mais de tactique ». Mais le ministre Millerand est obligé de durcir ses positions. Il parle à Lens, en octobre, sur l'organisation du droit de grève, l'arbitrage obligatoire, le salariat « qui ne sera pas plus éternel que ne le furent l'esclavage et le servage ». Il annonce l'évolution de la propriété individuelle vers la propriété sociale. Barthou, tête de file des progressistes, c'est-à-dire du centre, répond à Millerand : « On ne fait pas impunément au socialisme sa part... la doctrine collectiviste, si elle pouvait réussir, serait le triomphe de l'inégalité dans la servitude, et de la plus détestable des tyrannies. Le pays ne saurait payer d'un tel prix la défaite du nationalisme. » Beaucoup de radicaux approuvent ce ferme langage. Finie l'Affaire, la coalition gouvernementale commence-t-elle de se disloquer? Mais Waldeck-Rousseau prononce un grand discours à Toulouse, le 28 octobre 1900, pour rassembler ses troupes. Et c'est la politique anticléricale qui lui en donne le moyen. Il parle aux cœurs des radicaux et des socialistes. Il instruit le procès des congrégations enseignantes. Il montre l'Église elle-même de plus en plus « menacée par la Chapelle ». Il dénonce l'organisation politique des congrégations, leur immense fortune, « le péril d'une mainmorte grandissante, et qui menace le principe de la circulation des biens ». La moisson qu'il prépare l'étonnera lui-même [16]... mais pour l'instant il assure sa majorité.

De l'Affaire, il n'est plus question. Alfred Dreyfus, après avoir passé l'hiver et le printemps à Carpentras, s'est installé en Suisse, à Cologny, sur les bords du lac de Genève. Il tente d'y retrouver ses forces. Tandis que Reinach décide d'écrire l'histoire de l'Affaire, Dreyfus commence de rassembler ses souvenirs, songeant à les publier. Ils se voient en septembre, à Cologny. Reinach annonce à Dreyfus que l'amnistie sera sûrement votée à la session d'automne. « Il faut rester vigilant, conseille Reinach, rôder autour de la révision. Le hasard, un jour, nous servira » [17]. Mais Dreyfus peut-il tout attendre du hasard?

A l'automne, sa présence en Suisse donne lieu à des commentaires malveillants. « Esterhazy à Londres, Dreyfus en Suisse », cela ne sonnait pas bien [18]. Mathieu pense qu'il est mieux que son frère rentre à Paris. Il y vient au début de l'hiver, et s'installe chez son beau-père, M. Hadamard, rue de Chateaudun. Quand Mathieu Dreyfus apprend à Labori l'arrivée de son frère, Labori n'a pas d'autre commentaire qu'un mot désagréable : « Vous avez sans doute prévenu M. Waldeck-Rousseau », et l'avocat écrit dans ses notes : « Il est clair que ce retour est fait, d'accord avec le gouvernement, pour assurer le vote de la loi d'amnistie » [19].

La brouille est à peu près consommée. Labori voit partout l'action concertée de Demange, de Waldeck-Rousseau et de Reinach, dont Mathieu n'est plus, à ses yeux, qu'un instrument. Il demande que la famille de Dreyfus rompe avec Demange, ce qu'elle ne peut ni ne veut faire. Labori et Mathieu se rencontrent le 14 décembre. Ils n'ont plus en commun que des souvenirs. Labori accable la famille Dreyfus de tant de reproches, que Mathieu, à bout, finit par éclater : « Tout est rompu entre nous, au revoir, monsieur. » Labori croit devoir, dans une longue lettre à Mathieu, écrite au soir de cette rupture, lui adresser le compte rendu de l'incident, qu'il achève ainsi [20] :

> L'amnistie « à raison des faits se rattachant à l'Affaire Dreyfus » est peut-être la mesure la plus déplorable et la plus scandaleuse qui ait été prise depuis trois ans. Surtout parce qu'elle est l'œuvre, je ne dis pas du parti républicain, mais du gouvernement de défense républicaine que l'Affaire Dreyfus a mis au pouvoir. Certes, nul plus que moi peut-être, si je ne considérais que mon intérêt personnel, ne trouverait d'avantage matériel à l'amnistie. Mais laisser voter la loi d'iniquité, d'impuissance et de mensonge sans tout faire pour y mettre obstacle, quel que doive être d'ailleurs le résultat de l'effort, me paraît non seulement une injustifiable attitude, mais encore une faute impardonnable.

Puis évoquant le passé, la manière dont il a été empêché de plaider à Rennes, la réserve dans laquelle il est cependant demeuré « esclave de son devoir professionnel », Labori conclut :

> Vous me rendez aujourd'hui ma liberté. Dans la mesure où il me reste quelque chose à faire, j'en userai à mon heure et sous ma responsabilité; et je n'en serai que plus excessivement attaché à l'idée de justice pour laquelle j'ai toujours été prêt à tous les sacrifices. Je ne vous dissimule point la tristesse que je ressens au terme de tant d'efforts. Puisse l'émotion que nous m'avez causée aujourd'hui me préparer un peu plus pour les épreuves de l'avenir. J'en attends de plus cruelles. Nul homme, je pense, ne peut se flatter de connaître le fond de l'ingratitude.
> J'ai l'honneur, Monsieur, de vous saluer.
> Labori, 14 décembre, minuit.

Mathieu lui répond par une lettre, encore amicale, qui veut remettre au point les « erreurs » du compte rendu de Labori, mais cherche à effacer le souvenir de l'incident [21].

15 décembre 1900
Mon cher Ami,
Je continuerai à vous appeler ainsi chaque fois que j'en aurai l'occasion, car cette désignation répond aux sentiments que j'ai eus, que j'ai toujours pour vous, et si hier je me suis laissé aller à vous dire « Monsieur », c'est que j'étais en proie à une vive colère...
... Il me semble qu'une simple divergence de vues n'eût pas dû amener un pareil incident. J'ai peut-être eu tort de vous répondre ainsi que je l'ai fait. La reconnaissance, la vieille affection que j'ai pour vous eussent dû me faire négliger l'amertume, l'injustice, la violence de certaines de vos paroles. Mais j'étais moi-même un peu nerveux, et la tension extrême de mes nerfs, tendus depuis si longtemps vers un seul et unique but, m'a rendu plus sensible que je ne le croyais. Et puis, aussi, ce qui m'exaspère, c'est votre croyance persistante dans des relations occultes avec le gouvernement, malgré mes affirmations contraires.
Mais laissons ces vaines récriminations. En parlant hier, je n'ai engagé que moi-même. Mon frère n'a rien à voir dans cet incident qui m'est tout personnel.
Croyez, cher Ami, à mes sentiments les plus cordiaux. Mathieu Dreyfus.

A son tour Alfred Dreyfus intervient pour tenter d'éviter une brouille qui le désole. Il écrit à Labori : « Cher Maître et Ami... je serais très heureux d'avoir une conversation franche, nette et complète avec vous sur ce sujet. » Il demande à être reçu par Labori, qui lui fait répondre qu'il part en voyage. Le 20 décembre, Labori répond, en refusant l'entretien, car la lettre d'Alfred Dreyfus « ne contient pas même l'expression d'un regret » sur l'incident qui a opposé Labori et Mathieu. Alfred Dreyfus insiste le 20 décembre [22] :

Je regrette profondément que nous n'ayons pas encore pu causer ensemble; je le regrette d'autant plus que j'ai une profonde admiration pour le courage et le talent que vous avez montrés dans les circonstances terribles qui se sont présentées, que je compte toujours sur votre admirable dévouement et que je pensais que si parfois des divergences de tactique pouvaient se présenter, jamais un dissentiment ne s'élèverait entre nous.

J'espère donc, Cher Maître, que vous voudrez bien me donner rendez-vous, convaincu qu'après que nous aurions causé ensemble, l'union entre nous ne sera que plus forte.

Labori finit par accepter l'entretien, sous condition qu'il ait lieu en présence du colonel Picquart. Étrange, douloureuse rencontre, que celle où Alfred Dreyfus écoute les reproches de son avocat, en présence du colonel Picquart, devenu arbitre ou témoin. Mais Labori ne veut rien entendre. « La rupture est consommée. Comme homme mon dévouement vous est acquis. Comme avocat, je ne puis continuer à vous donner mes conseils. » Dreyfus proteste : « Cette rupture serait une chose abominable. » Il prend la main de Labori. « Voyons, ce n'est pas votre dernier mot? Voyez, restez, faites cela pour moi, faites cela pour moi. » Il dit ces derniers mots, précise Picquart, qui dressa procès-verbal de la réunion à la demande de Labori, « d'un ton insinuant, très particulier ». Que veut donc dire le colonel Picquart *? La version de Mathieu est différente. C'est Picquart qui, constatant des divergences de vues irrémédiables, aurait mis fin à l'entretien. « Il vaut mieux en rester là. Que chacun fasse son devoir de son côté » [24]. Dreyfus s'en va. Labori note qu'il a pleuré dans le vestibule. Alfred Dreyfus écrira encore deux lettres à Labori, l'assurant dans la dernière « du souvenir éternellement reconnaissant de votre admirable dévouement » [25]. Ils ne se reverront jamais. Un an plus tard Labori se brouillera aussi avec Joseph Reinach, quand l'avocat, rédacteur en chef de *la Grande Revue,* se séparera de son collaborateur Cornély, ce dont Reinach, actionnaire de la *Revue* et ami de Cornély, fera une affaire de principe. Reinach retirera ses dossiers à Labori qui fera le compte détaillé des honoraires reçus, des honoraires dus, des préjudices nés pour lui de l'Affaire, s'estimant finalement créditeur. Leur ami-

* Dans les notes manuscrites de Labori, on peut trouver ce singulier « récit du colonel Picquart de l'entrevue avec Dreyfus 22 décembre 1900 » [23].

tié finissait ainsi dans de sordides calculs [26]. Labori se brouillera aussi avec Bernard Lazare. Picquart refusera la main de Demange qui en sera très affecté. Plus tard il refusera celle de Mathieu Dreyfus. Ainsi se dispersera, dans des ressentiments médiocres, l'héroïque équipe des jours de peine et de combat. Le 4 décembre 1901 Labori expliquera dans *le Journal* ce qu'est devenu pour lui le capitaine Dreyfus * :

> En acceptant sa grâce, Alfred Dreyfus n'a, ni de près, ni de loin, reconnu sa culpabilité. Il a, pour les raisons que je n'ai point à juger, préféré sa liberté immédiate à la continuation héroïque, ininterrompue, de l'effort pour sa réhabilitation judiciaire. Bien qu'il doive son salut uniquement à un ensemble d'hommes soulevés dans l'intérêt de la justice commune et préoccupés avant tout de poursuivre une œuvre de progrès social, ou plutôt de défense humaine, c'est son droit d'homme privé. Un particulier peut se mettre au-dessus de la justice des hommes et qui nierait qu'Alfred Dreyfus fût bien placé pour la trouver méprisable? Il peut, satisfait du jugement de sa conscience, et quel que soit l'intérêt de tous, préférer sa liberté à l'honneur légal. Mais il se conduit par là comme un être indépendant et isolé, non comme un homme épris d'humanité et conscient de la beauté du devoir social; il agit comme un pur individu, non comme un membre de la collectivité humaine, solidaire de tous ses semblables. Du même coup, quelle que soit la grandeur du rôle qu'il a pu tenir, il ne représente plus rien.

Pendant que se produisent, du côté des dreyfusards, de si cruelles ruptures, Waldeck-Rousseau poursuit sans peine à la Chambre le vote de la loi d'amnistie. A Drumont, il refuse l'amnistie de Déroulède et de Guérin. « Ce ne serait pas un acte de défense, mais de défection républicaine. » Quand un député lui demande d'exclure Mercier de l'amnistie, il répond que « l'amnistie est faite pour les coupables, quels qu'ils puissent être, mais à une condi-

* Il publiera plusieurs articles du même ton, sur son ancien client, en réponse, semble-t-il, à des attaques de Bernard Lazare qui auraient été rapportées par un journaliste dans *l'Echo de Paris* [27].

tion : que l'intérêt public l'exige ». Il se sent proche des adversaires de l'amnistie. « Je ne condamnerai pas des mouvements que j'ai moi-même éprouvés... Mais il y a des heures où il faut se tourner vers l'avenir, et regarder moins peut-être du côté où l'on croit voir les coupables que du côté d'un état de choses qui a fait ces coupables »[28]. L'amnistie mettra fin à « cet état de crise qui est comme le milieu de culture où peut seulement prospérer le nationalisme ». Dans la nuit du 18 au 19 décembre le projet est adopté, au scrutin public réclamé par la droite. Le texte, modifié par la Chambre, revient au Sénat. Une fois encore Trarieux demande que l'on excepte Picquart de l'amnistie, tout en rendant hommage à « l'intention protectrice et bienveillante » du président du Conseil. Waldeck-Rousseau refuse, et la loi est définitivement adoptée à une écrasante majorité. C'est une grande victoire pour Waldeck-Rousseau, mais une victoire sans risque car, de tous côtés, l'Affaire paraît oubliée. Rochefort, tout au long du mois de décembre, a multiplié les articles venimeux pour relancer le combat : il n'a reçu aucun écho[29]. Le président du Conseil sait qu'il satisfait l'opinion publique. Elle est maintenant lassée de cette interminable bataille, qui n'a cessé de se compliquer. Et Dreyfus libre, qu'est devenue son Affaire sinon une querelle de juristes, une agitation vaine et démodée?

Mais pour le colonel Picquart l'Affaire est vivante, et douloureuse. Comme on annonce que le recours qu'il a formé devant le conseil d'État, à l'encontre de la décision qui l'avait mis en réforme, risque d'être accueilli, que le gouvernement songe même à lui confier un commandement, Picquart retire brusquement son pourvoi. Et, le 25 décembre 1900, il avise Waldeck-Rousseau, d'une lettre courtoisement injurieuse et rendue publique, qu'il ne veut rien recevoir de ce gouvernement[30]. Il en appelle à l'histoire[31].

> Un jour viendra où la vérité sera comprise par tous et où l'on se rendra compte que, sous prétexte de sauver la République, vous avez égaré l'opinion par une diversion plus ou moins justifiée contre des

> adversaires politiques, tandis que vous laissiez indemnes des criminels qui sont les véritables ennemis du pays et auxquels vous n'avez pas osé toucher parce qu'il vous eût fallu sans doute frapper trop haut, pour des crimes trop grands. Et pendant ce temps, nos prisons sont remplies de gens dont le plus grand méfait consiste à ne pas avoir de moyens d'existence!

Zola, triste et digne, écrit à Loubet : « J'ai rempli tout mon rôle, le plus honnêtement que j'ai pu, et je rentre définitivement dans le silence » [32]. Clemenceau fulmine contre une politique d'abandon et de lâcheté. Et comme Rochefort a, dans ses articles, fait revivre la légende du bordereau annoté, Alfred Dreyfus écrit à Waldeck-Rousseau, le 26 décembre 1900, une lettre où il rappelle vigoureusement son innocence, et demande une enquête :

> Mon innocence est absolue; cette innocence, j'en poursuivrai jusqu'à mon dernier souffle la reconnaissance juridique par la révision. Je ne suis pas plus l'auteur du bordereau annoté par l'empereur d'Allemagne, qui n'est qu'un faux, que du bordereau original authentique, qui est d'Esterhazy. Sauf Henry, tous les principaux auteurs de mon inique condamnation sont encore en vie. Je ne suis pas dépouillé de tous mes droits; je conserve le droit de tout homme qui est de défendre son honneur et de faire proclamer la vérité. Le droit me reste donc, Monsieur le Président, de vous demander une enquête, et j'ai l'honneur de la solliciter.

Mais Waldeck-Rousseau n'écoute plus ces voix, qui risquent de troubler le bienfaisant silence. Il ne prend la peine de répondre ni à Dreyfus, ni à Picquart. Ainsi s'achève cette année 1900, où commence un siècle, où finit l'Affaire. Esterhazy vit à Londres, et vend ses confidences à qui veut encore les acheter. Retiré dans son manoir, le général de Boisdeffre s'enfonce dans la tristesse. Gonse a pris sa retraite. Du Paty cherche tous les moyens de se faire oublier. Mercier siège au Sénat, solitaire et ignoré. Henry seul a payé ses crimes, parce que sa main l'a voulu. Lauth, Gribelin, tous les complices disparaissent de la scène. L'amnistie désormais les protège. L'intérêt public a voulu que leurs forfaits restent impunis. Les coupables peuvent mourir tranquilles.

De l'autre côté, les divergences, puis les ressentiments se sont substitués à la ferveur commune. Labori ne voit plus que les humiliations subies, et il accumule les rancunes à l'égard de ceux qu'il a si fort, et si bien défendus. Picquart, « ce soldat qui s'est élevé si haut par la vérité » [33], semble en perdre la claire notion. Il ne supporte pas d'être frustré de sa victoire sur ceux qui l'ont persécuté. Clemenceau décide que Dreyfus n'était pas digne de son rôle, et pour lui la continuité de l'Affaire c'est désormais le combat politique contre Waldeck-Rousseau. Jaurès voit que son influence se renforce sur la république bourgeoise; il croit que les socialistes ont tiré de l'Affaire de nouvelles forces. Chacun va son chemin. Ces divisions, observe Reinach qui veut prendre distance, étaient dans la nature des choses. C'est « qu'il n'y a pas de demi-dieux, pas de héros parfaits; que la politique est une grande gâcheuse de cœurs et d'esprits; que les martyrs décloués ne sont plus que des hommes comme les autres... » [34].

Pour ceux qui n'ont jamais eu d'autre combat que la vie, l'honneur du déporté de l'île du Diable, la proclamation de la vérité, pour Mathieu Dreyfus auquel Labori ne parle plus, pour Demange auquel Picquart ne serre plus la main, pour Bernard Lazare qui se bat pour son frère, le Juif persécuté, le chemin reste tracé. Mais il est d'autant plus rude qu'il devra être parcouru dans l'indifférence. Pour aller à la révision, on ne mobilisera plus grand monde. Du moins Alfred Dreyfus peut-il maintenant conduire lui-même son combat.

XII. – UN MOMENT DE LA CONSCIENCE HUMAINE

Au printemps 1901 Alfred et Lucie Dreyfus quittent Paris. Ils retournent sur les bords du lac de Genève, car l'hiver humide a provoqué chez l'ancien déporté de violents accès de fièvre. Les mille visites reçues, les longues conversations, surtout les dissentiments et les querelles opposant ses amis ont fatigué, sinon épuisé, Alfred Dreyfus. Il s'est occupé à regrouper le journal qu'il avait tenu en déportation, ses correspondances avec Lucie, ses souvenirs de 1894 à 1899, sous le titre *Cinq Années de ma vie*. Durant les jours calmes et reposants qu'il passe en Suisse, il corrige les épreuves de son livre qui paraîtra en mai 1901, et sera aussitôt traduit dans de nombreuses langues *.

L'Affaire Dreyfus devient matière à écriture. Tandis que Joseph Reinach achève le premier tome de son *Histoire de l'Affaire Dreyfus*, consacré au procès de 1894, Zola écrit le troisième de ses *Évangiles* : sous le titre *Vérité*, il transpose « l'Affaire » dans le monde des instituteurs laïques en lutte avec les ignorantins, où Dreyfus devient le maître d'école juif Simon, accusé d'un crime contre nature. Leblois publie sa correspondance avec Scheurer-Kestner **. Esterhazy continue de répandre ses confidences, et le texte de sa déposition devant le consul de France dont il vend plusieurs versions [3].

Si ce n'est dans les livres, on ne parle plus guère de l'Affaire. L'année politique 1901 tient presque tout entière dans la discussion du projet de loi sur les associations, qui veut imposer un contrôle aux

* Le livre de Dreyfus, écrit Julien Benda [1], étonne par la faculté « presque pathologique de parler de lui-même comme d'un autre ».

** Il protestera vigoureusement auprès de Reinach contre le rôle que celui-ci lui prête dans l'Affaire, contre l'accusation d'avoir « tergiversé », d'avoir trop pensé à sa personne : « Je n'ai jamais pensé à moi », écrira-t-il à Reinach le 30 novembre 1902 [2].

congrégations religieuses. L'objectif de Waldeck-Rousseau n'est que de procurer au gouvernement un moyen de surveiller les ordres religieux, en les soumettant à autorisation. Mais son projet paraît insuffisant à la gauche, qui se rassemble maintenant dans la défense de la laïcité. Les obligations faites aux congrégations sont aggravées par la Chambre. Notamment elle institue un contrôle rigoureux sur la fortune des ordres monastiques [4]. Waldeck-Rousseau redoute que la querelle religieuse ne s'envenime, que l'opinion ne confonde bientôt l'Église et les congrégations. Il précipite le vote de la loi, si même il en désapprouve plusieurs dispositions, inspirées davantage par la passion anticléricale que par la défense de l'État républicain. Ainsi Waldeck-Rousseau deviendra-t-il pour l'histoire l'auteur d'une loi qui n'était plus la sienne. Mais il lui fallait faire vite : pour éviter le déchaînement de l'anticléricalisme, aussi peut-être parce qu'il était déjà résolu à quitter le pouvoir.

L'Affaire Dreyfus semble oubliée. A peine Waldeck-Rousseau, qui dispose maintenant d'une majorité fidèle, et d'une grande autorité, y fait-il de rares allusions. Un jour il évoque « la discorde d'hier qui avait failli tourner à la guerre civile, la croisade contre la société sortie de la Révolution ». Un autre jour, il assure que l'État laïque ne s'exposera plus... à l'audacieuse tentative de ramener la France « au plus sombre passé ». On l'écoute avec respect. Mais nul ne saisit l'occasion d'un débat sur ces souvenirs déjà vieux.

En vérité le Parlement est tourné vers les élections générales, qui doivent avoir lieu en mai 1902. De la situation économique, des grèves, de la crise sociale, il sera très peu question dans la campagne électorale, qui deviendra peu à peu d'une rare violence *. C'est la laïcité qui en est le thème central, sinon le thème unique. En juin 1901 se tient, sous l'égide d'Henri Brisson et de Léon Bourgeois, le premier grand congrès de « tous ceux qui se réclament de la politique radicale ou radicale-

* « Peu d'élections, écrit Madeleine Rebérioux, ont été aussi longuement préparées et passionnément disputées que celles de 1902 » [5].

socialiste ». 78 sénateurs, 201 députés, 849 délégués de conseils généraux sont présent. 155 loges sont représentées. La lutte anticléricale est présentée comme le combat principal. Les radicaux essaient, notamment dans la déclaration finale de Camille Pelletan, d'esquisser les éléments d'une doctrine, en vérité assez vague, où se mêlent l'éloge de la propriété privée et le refus du collectivisme, mais aussi l'appel à l'intervention nécessaire de la puissance publique et la revendication d'une meilleure justice sociale appuyée sur l'impôt progressif sur le revenu. On veut rendre la République « républicaine », et notamment l'arracher à l'Église, aux Jésuites, aux congrégations, réaliser « la démocratie quotidienne », car c'est « du train quotidien des choses, du choix des fonctionnaires, du poids des influences locales, des mille questions de détail qu'un gouvernement traverse tous les jours, que se dégage l'impression décisive pour la grande majorité du pays » [6]. On s'affirme le « parti de la Révolution française », assumant l'héritage de 1789. La constitution du parti radical, affirmant sa vocation à rassembler toutes les voix du bloc républicain [7], oblige les progressistes proches de Waldeck-Rousseau à s'organiser sinon à se définir. Louis Barthou, Raymond Poincaré, Joseph Caillaux, Rouvier, Étienne, Chéron, Siegfried se rassembleront en octobre 1901 dans l'Alliance républicaine démocratique, groupement très lâche, plutôt une « alliance d'hommes » [8] souvent familiers des milieux d'affaires. Habilement balancé entre la droite et la gauche, ce groupe, pépinière d'hommes politiques ambitieux dont plusieurs seront des hommes d'État, se tient, dans le moment, proche des radicaux. C'est de ce côté que le vent va souffler.

Tandis que la gauche et une partie du centre partent à l'assaut du cléricalisme, la droite se mobilise pour défendre la liberté religieuse [9]. Les passions s'exaspèrent, pendant que le débat se simplifie. On est pour ou contre la loi sur les associations, pour ou contre le gouvernement. Waldeck-Rousseau, qui s'est astreint au silence, se tient hors de la compétition. Mais son nom sert de drapeau. Le 27 avril la participation est exceptionnelle : près de 80 % pour l'ensemble de la France.

Au second tour, le partage se fait clairement, entre droite et gauche, partisans et adversaires du gouvernement. La coalition des gauches l'emporte largement *. Elle conquiert 339 sièges sur 590. Les radicaux sont désormais le groupe le plus important de la Chambre. Les socialistes ne gagnent qu'un siège. Le grand battu du scrutin est le centre, écrasé entre la gauche et la droite. Quant à l'Affaire Dreyfus, elle n'avait à peu près joué aucun rôle dans la campagne. Elle n'avait suscité d'intérêt que dans les circonscriptions où un candidat avait été mêlé à l'Affaire. Labori était battu à Fontainebleau, Viviani à Paris, Reinach à Digne. Drumont était battu à Alger, mais Jaurès élu à Carmaux, Pressensé à Lyon. Quelques jours plus tôt, Clemenceau avait été élu sénateur dans le Var.

Ces élections consacraient le succès de la politique de défense républicaine, la victoire de Waldeck-Rousseau. Or voici qu'il fait soudain connaître son intention de quitter le pouvoir. Jugeait-il la nouvelle Chambre plus à gauche qu'il ne lui convenait? Préférait-il s'en aller sur une victoire, plutôt que s'enliser dans la politique anticléricale? Dans sa lettre au président de la République, le 3 juin 1902, il invoque sa santé pour expliquer son départ. Et il est vrai qu'il s'était usé à la peine, qu'il était très affaibli **. Il dit aussi qu'il avait accompli le programme qu'il s'était tracé en venant au pouvoir, qu'il ne fallait pas qu'un homme politique se perpétuât à la tête du gouvernement. Son ministère qui avait failli ne durer qu'un jour s'était maintenu trois ans. Aucun ministère, sous la IIIe République, n'avait connu une telle longévité.

Bourgeois, puis Brisson refusèrent la difficile succession. Peut-être est-ce sur la recommanda-

* On n'observe de poussée nationaliste qu'à Paris, dans les arrondissements du centre. Brisson, Allemane, Viviani y sont battus. Madeleine Rebérioux remarque que le succès de la gauche ne doit pas dissimuler la stabilité électorale de la France. Au premier tour à peine 200 000 voix séparent les deux camps [10].

** Atteint d'un cancer du pancréas, il devait s'aliter en décembre 1903 et commencer une douloureuse agonie qui s'acheva le 10 août 1904.

tion de Waldeck-Rousseau que le président de la République offrit la mission de former le gouvernement à un obscur sénateur radical de la Charente, le docteur Émile Combes, qui avait pris une part importante dans le débat sur les associations. Né dans le Tarn d'une famille d'artisans pauvres, le docteur Combes était un petit vieillard, très alerte, très autoritaire, adorant la lutte, aussi têtu dans la haine que dans l'amitié. Il avait fait ses études au petit séminaire, avait soutenu une thèse sur saint Thomas d'Aquin. A Pons, ville natale de sa femme, il avait fait une carrière politique régulière et discrète. Il s'affirmait spiritualiste convaincu. Mais l'anticléricalisme était devenu sa religion. Il allait en faire, trois ans durant, la politique de la France.

Huit ans s'étaient écoulés depuis le premier procès de Dreyfus, quatre ans depuis le procès Zola. Les acteurs de cette longue tragédie commençaient de disparaître [11]. Scheurer-Kestner, le plus pur des politiques, s'était éteint le premier. Grimaux, l'homme de sciences dont la conscience intransigeante et le scrupule de vérité avaient fondé l'engagement, était mort le 2 mai 1900. Après que le général Billot lui eut retiré son laboratoire, il n'avait plus fait que décliner, comme si la source de vie s'était tarie en lui. Ludovic Trarieux et Bernard Lazare étaient l'un et l'autre atteints du cancer qui devait les emporter. Et voici que le 30 septembre 1902, dans leur petit hôtel de la rue de Bruxelles, Zola et sa femme font du feu dans la cheminée de leur chambre à coucher. Tandis qu'ils s'endorment, l'oxyde de carbone commence à les intoxiquer. Mme Zola se lève dans la nuit, passe dans la pièce voisine, respire un peu d'air pur, puis se recouche. Au matin il faudra enfoncer la porte. Dans le lit Mme Zola râlait. Émile Zola était étendu, mort asphyxié, encore chaud *.

Alfred Dreyfus vint se recueillir devant le cadavre de celui auquel il devait tant. Mme Zola, le préfet de police, le pressèrent de ne pas assister aux obsèques

* Rochefort, Drumont écriront qu'il s'était suicidé. Certains amis de Dreyfus affirmeront qu'il avait été assassiné. Une instruction sera ouverte qui ne fera aucune lumière.

pour éviter des manifestations. Il hésita, mais Anatole France fit savoir qu'il ne parlerait pas sur la tombe de Zola si Dreyfus était absent. La dernière nuit, celle du 4 au 5 octobre, Alfred Dreyfus veilla, avec Mme Zola, Octave Mirbeau et Alfred Bruneau, auprès du corps du romancier. Le 5 octobre eut lieu l'enterrement. Signe des temps nouveaux : le gouvernement était représenté par le ministre de l'Instruction publique, qui rendit hommage non seulement au grand écrivain, mais au courageux citoyen. Et, au nom des amis de Zola, Anatole France prononça devant la tombe le discours d'adieu resté célèbre :

> Devant rappeler la lutte entreprise par Zola pour la justice et la vérité, m'est-il possible de garder le silence sur ces hommes acharnés à la ruine d'un innocent et qui, se sentant perdus s'il était sauvé, l'accablaient avec l'audace désespérée de la peur? Comment les écarter de votre vue, alors que je dois vous montrer Zola se dressant, faible et désarmé devant eux? Puis-je taire leurs mensonges? Ce serait taire sa droiture héroïque. Puis-je taire leurs crimes? Ce serait taire sa vertu. Puis-je taire les outrages et les calomnies dont ils l'ont poursuivi? Ce serait taire sa récompense et ses honneurs. Puis-je taire leur honte? Ce serait taire sa gloire. Non, je parlerai. Envions-le : il a honoré sa patrie et le monde par une œuvre immense et un grand acte. Envions-le, sa destinée et son cœur lui firent le sort le plus grand. Il fut un moment de la conscience humaine.

Alfred Dreyfus était là. Il n'y eut pas un mot, pas un signe d'hostilité.

XIII. – SUR DES TAMBOURS CREVÉS

Mathieu Dreyfus partageait son temps entre Paris et Mulhouse où il avait repris la direction des affaires familiales. Alfred Dreyfus vivait tantôt à Paris, tantôt en Suisse. Tous deux ne cessaient de rechercher le « fait nouveau » qui permettrait d'entamer une nouvelle procédure de révision, à l'encontre de l'arrêt du Conseil de guerre de Rennes. Picquart soupçonnait Dreyfus de gagner du temps, « de se retrancher derrière ce prétexte spécieux qu'il était difficile de trouver un fait nouveau » [1], Labori continuait d'affirmer que les deux frères étaient indifférents à la révision. En fait le désastreux verdict de Rennes conseillait la prudence. Mornard et Demange, qui connaissaient le formalisme scrupuleux de la Cour de cassation, conseillaient de ne pas déposer de requête, si l'on devait courir le moindre risque d'échec. Il fallait trouver, pour ouvrir la voie, des faits nouveaux certainement inconnus des juges de Rennes. Or à Rennes tout avait été débattu.

Mathieu Dreyfus était convaincu que l'on avait renouvelé, à Rennes, la manœuvre dont le général Mercier s'était rendu coupable à Paris en 1894. Il croyait que des pièces secrètes avaient été montrées aux juges, dans le délibéré. Quelles pièces secrètes? Celles, sans doute, que le général Mercier avait prétendu détenir, et qu'il n'avait pas osé produire à l'audience. Selon la rumeur publique, faite de confidences colportées dans les salons et les salles de rédaction, ces pièces étaient des lettres de l'empereur d'Allemagne, faisant allusion à « son agent » Dreyfus, et surtout le « bordereau impérial », bordereau sur papier épais, annoté par Guillaume II, dont le bordereau sur papier pelure n'avait été que le décalque. Ce « bordereau annoté » avait, disait-on, été restitué lors du premier procès par Casimir-Perier, alors président de la République, à l'ambassadeur d'Allemagne pour éviter la guerre. Des photos en auraient été conservées. Plusieurs personnes disaient les avoir vues.

Il ne suffisait pas à Mathieu Dreyfus d'établir que circulaient les photographies d'un faux supplémentaire, le bordereau annoté *. Il lui fallait aussi prouver qu'elles avaient été présentées aux juges, dans leur délibéré. Que faire sinon interroger les juges [2]?

* Pour Mathieu Dreyfus, le bordereau annoté était un faux, fabriqué sur l'ordre de l'État-Major, par Henry ou par un autre, à l'époque où l'on accumulait les fausses pièces destinées à accabler Dreyfus.

Le commandant de Bréon, le colonel Jouaust qui avaient voté l'acquittement, étaient enfermés dans le silence. Mathieu eut l'idée de faire aborder le commandant Merle dont les confidences pouvaient être intéressantes, car il semblait qu'à Rennes il eût changé d'avis au dernier moment, sans doute pendant le délibéré. Un ami de Mathieu, le docteur Dumas, se proposa pour approcher le commandant par des amis communs. Les rencontres eurent lieu à Avignon et à Montpellier en octobre 1902. Que se dirent les deux hommes? Le docteur Dumas crut apporter une ample moisson qu'il exposa, dans une lettre à Mornard datée du 12 novembre 1902. Il disait avoir pressé l'ancien juge de questions. « Ce serait donc vrai, cette abominable histoire d'un bordereau portant une annotation signée de l'empereur d'Allemagne, d'un bordereau sur papier épais, où Dreyfus serait nommé dans l'annotation? » Le commandant Merle aurait paru « stupéfait », « épouvanté ». « Il ne faut pas parler d'une affaire pareille, elle pourrait remonter sur l'eau... ne parlez pas de cela, je ne veux pas en parler. » Mais le commandant Merle démentira plus tard tous les termes de cette conversation. Il dira avoir vite eu le sentiment que le docteur Dumas rôdait autour de lui pour lui faire parler de l'Affaire. « Je ne lui ai pas fait la moindre confidence. » « Je ne lui ai pas dit un seul mot au sujet du procès de Rennes »[3]. Cette tentative se soldait par un échec. Mais elle avait réussi à ancrer Mathieu et Alfred dans la conviction que le bordereau annoté avait été la preuve secrète de Mercier, et de ses amis, tout au long du procès de Rennes, et qu'elle avait été produite dans le délibéré *.

Mathieu et Alfred Dreyfus, Mornard, Demange se concertent avec leurs amis, avec Trarieux, avec Clemenceau, avec Leblois, sur la meilleure manière de reprendre l'Affaire. Mais c'est Jaurès, élu, en mai, député de Carmaux, qui va emporter la décision. Jaurès estime qu'il faut faire sentir au gouvernement Combes – dont il est désormais au Parlement

* Déjà dans ses *Preuves* publiées à la fin de septembre 1898, Jaurès avait répondu aux accusations répandues à l'époque, notamment par Rochefort, dans *l'Intransigeant*, fondées sur la preuve de relations ayant existé entre Dreyfus et Guillaume II[4].

un soutien essentiel * – que le parti républicain appuie la révision, non pour soulever les passions, mais pour établir la vérité, pour mettre fin à l'Affaire. Jaurès veut porter l'Affaire devant les Chambres. Comment? Il prendra prétexte, suggère-t-il, de la discussion sur « l'invalidation » du député Syveton, adversaire acharné de Dreyfus dont l'élection était contestée par la gauche. Il obtiendra du gouvernement une enquête – notamment sur le bordereau annoté – qui ouvrira la voie à la révision. On en parle à Clemenceau qui désapprouve d'abord le procédé, puis se laisse convaincre. Jaurès rend visite à Waldeck-Rousseau qui lui prodigue quelques conseils de droit, et aussi de prudence [5]. Il prévient ensuite le président du Conseil, qui aurait préféré ne pas ajouter aux difficultés de la lutte contre les congrégations. Mais Combes, convaincu de l'innocence de Dreyfus, et batailleur de tempérament, finit par donner son accord. Brisson, également averti, promet son soutien. Ainsi Jean Jaurès prépare sa rentrée. Reinach décrit ainsi ses raisons : « Artiste il voit le beau discours qui retentira dans le monde et dans l'histoire, et le beau geste. Politique, il calcule les conséquences de l'acte : le nationalisme définitivement vaincu, déshonoré, et quel coup au cœur des partis de l'Église » [6]. Et « de sa grosse écriture d'écolier », Jaurès commence de jeter, sur d'innombrables feuilles, l'immense discours qui doit ouvrir une seconde fois la voie à la révision. « Le 6 février, écrit Alfred Dreyfus, Jaurès me développa le plan de son discours à la tribune de la Chambre. Il était parfait » [7].

Intervenant dans la discussion sur l'élection de Syveton, Jaurès occupa la tribune pendant toute la séance du 6 avril 1903, et plus de deux heures le 7 avril. Après avoir dit quelques mots de Syveton, il commence une implacable démonstration de l'innocence de Dreyfus et des crimes commis pour l'envoyer puis le maintenir au bagne. Des heures durant, il poursuit son chemin, tenant tête aux interruptions, indifférent aux injures, comme entraîné par une force irrésistible. Il entrecoupe son

* Il semble que Jaurès ait alors exercé une forte influence sur Combes, dont il soutenait fermement la politique anticléricale.

discours d'échappées lyriques d'appels à la justice et à la vérité, et aussi d'accusations portées contre l'Église, rassemblant ainsi la majorité républicaine... « L'immense majorité du clergé régulier et séculier considérait que l'acquittement du Juif condamné par l'autorité serait une défaite pour l'Église elle-même, et pour le principe d'autorité. » Parlant des aveux d'Henry, Jaurès donne lecture de la lettre de Pellieux, demandant à Cavaignac sa mise en retraite : « Dupe de gens sans honneur, ayant perdu confiance dans ceux de mes chefs qui m'ont fait travailler sur des faux... » * A ce moment, Brisson interrompt Jaurès. Ont-ils ensemble préparé l'incident **? « Cette lettre du général de Pellieux est datée, dites-vous, du 31 août 1898? » « Oui » répond Jaurès. « Président du Conseil d'alors, s'écrie Brisson, je déclare que le gouvernement n'en a pas eu connaissance. » La gauche éclate en applaudissements. Cavaignac, plus blême encore que d'ordinaire, réclame la parole. Au milieu de la tempête des gauches, il parle sur le même ton d'autorité que s'il était ministre. Il revendique l'entière responsabilité de tout ce qui s'est passé sous son administration. « J'apporte aux hommes qu'on a mis en cause, Gonse, Boisdeffre, les chefs qui ont fait travailler Pellieux sur des faux... le témoignage de mon entière confiance. » Maintenant Brisson et Cavaignac règlent de vieux comptes. « Bénissez l'amnistie, M. Cavaignac. Car si elle n'avait pas été votée, vous mériteriez d'être mis en accusation. » Et dramatique, Brisson évoque le tombeau de Godefroy Cavaignac au cimetière Montmartre. « Je me demande si ce bronze ne va pas se dresser devant vous et vous crier : Vous n'êtes plus dans la République, vous n'êtes plus dans notre lignée. » Cavaignac tente de répondre. Il est interrompu, insulté par la gauche. « Vous avez envoyé un rasoir à

* Le texte cité par Jaurès n'est pas tout à fait exact. Voir *supra* p. 424.

** C'est en tout cas ce que raconte Alfred Dreyfus [8]. « Brisson devait créer un incident à la Chambre au moment de l'intervention de Jaurès, pour demander à Cavaignac comment il se faisait que lui, Brisson, chef du gouvernement à cette époque, n'avait pas été mis au courant par son ministre de la Guerre alors qu'on était en pleine crise. »

Henry », lui crie Briand. « Si nous étions à la Convention, hurle le député Breton, vous seriez guillotiné. » Le lendemain, Cavaignac remonte à la tribune, et prend l'offensive. Il attaque l'entreprise révisionniste, la résurrection du syndicat, et derrière eux, toute la politique du bloc. Sa passion, sa haine sont si sincères qu'il atteint à une furieuse éloquence *. « Notre conscience vaut la vôtre... vous n'êtes pas des juges. Vous n'êtes pas ici les serviteurs de la vérité : vous êtes les esclaves de vos passions... Votre entreprise est une cause de désorganisation et de reniement national... » Les socialistes le huent. Il les toise. « Vous figurez-vous que nous prendrons en face de vous l'attitude d'accusés? Êtes-vous tous des lâches comme M. Jaurès? » « M. Cavaignac, crie Jaurès, ne relève que de mes dédains. » Le débat dégénère en une vaste empoignade. En vérité les gauches allaient plus loin qu'il n'était utile. Car dès la fin du grand discours de Jaurès, le général André était intervenu au nom du gouvernement, pour accéder à la requête de Jaurès. « Le gouvernement, désireux de faciliter la recherche de la vérité dans cette affaire, accepte entièrement d'être chargé de procéder administrativement à une enquête. » Le but poursuivi avait été atteint sans peine : et sans doute Jaurès et Combes en étaient-ils convenus avant le débat. Mais la gauche, emportée par le succès et la passion, multiplia les erreurs. Elle invalida Syveton quoiqu'il eût été élu à une très forte majorité. Jaurès – qui avait obtenu satisfaction – voulut pousser son avantage. Il déposa un projet d'ordre du jour portant que la Chambre prenait acte des déclarations du gouvernement, ordre du jour que Combes accepta. Mais Ribot monta à la tribune, fit un discours hypocrite, admonesta Cavaignac et Jaurès, et aussi Combes, auquel il reprocha de s'être laissé entraîner à la remorque de Jaurès. Les radicaux semblaient se retourner. Combes, prudent, se désolidarisa de l'ordre du jour de Jaurès qui fut repoussé par l'Assemblée. Elle adopta un autre ordre du jour, déclarant « la Chambre confiante

* « Il avait la mort en lui », écrit Joseph Reinach. Cavaignac était atteint d'un cancer du foie, et il savait qu'il était condamné [9].

dans le gouvernement, et résolue à ne pas laisser sortir l'Affaire Dreyfus du domaine judiciaire ».

Le vote de la Chambre signifiait-il que l'enquête promise quelques instants plus tôt par le général André était refusée? Dans les jours qui suivirent, Buisson, Reinach, Mornard, Clemenceau, Jaurès, multiplièrent les entretiens. Comment comprendre et respecter le vote de l'assemblée? Fallait-il qu'Alfred Dreyfus demandât aussitôt au gouvernement d'ouvrir l'enquête offerte par le général André à la tribune de la Chambre? Le président du Conseil voit Pressensé, qui voit Dreyfus. Que celui-ci, conseille Combes, prenne patience, et attende quelques jours; ou qu'il saisisse le garde des Sceaux d'une demande en révision... Mornard, toujours prudent, conseille de n'en rien faire, tandis que les ministres continuent de discuter l'exacte portée de l'ordre du jour voté par la Chambre. Mais Alfred Dreyfus, lassé de toujours attendre, décide de passer à l'action, au risque de déplaire au gouvernement et à Jaurès qui lui fera reproche de son initiative. Il adresse au ministre de la Guerre une requête sollicitant une enquête sur tous les faits nouveaux dont il a connaissance. Le président du Conseil est fort embarrassé. Il choisit un parti subtil : sur la demande d'Alfred Dreyfus, le général André procédera non pas à l'enquête administrative qu'avait proposée Jean Jaurès à la tribune, mais à une enquête « personnelle » destinée à servir la vérité *. Le ministre de la Guerre commencera son enquête après la clôture de la session parlementaire. Ainsi échappera-t-on aux interpellations. Il sera assisté de M. Cretin, directeur du contentieux au ministère de la Guerre, et du capitaine Targe, son officier d'ordonnance. L'Affaire était relancée!

Le général André était sans préjugé. Il n'était pas convaincu de l'innocence de Dreyfus. Il était résolu à effectuer, avec le capitaine Targe, une enquête complète, sérieuse, sincère. Mais il ne pouvait exclure l'idée qu'il trouverait dans le dossier « la preuve irrécusable de la culpabilité de Dreyfus »

* Alfred Dreyfus avait rencontré – en mai – Clemenceau qui était intervenu auprès du président du Conseil. Clemenceau s'était déclaré prêt à faire toutes les démarches utiles, et avait assuré Dreyfus de son concours [10].

comme il pouvait trouver celle de son innocence. Quelle que soit la vérité, « nous étions décidés, dira le capitaine Targe, à la faire connaître à tous »[11].

Il fallait d'abord rassembler les dossiers, dispersés après le procès de Rennes. Le capitaine Targe entreprit de véritables fouilles et parvint à réunir non seulement tous les documents soumis au tribunal militaire, mais en outre des pièces importantes, qu'Henry d'abord, puis Gonse et Cuignet avaient dissimulées parce qu'elles leur semblaient favorables à Dreyfus, notamment trois notes de Schwarzkoppen établissant que le trafic de plans directeurs avait commencé en 1892, bien avant que Dreyfus ne vînt au ministère, et s'était poursuivi après sa condamnation. Aidé de Targe, le général André étudia personnellement, document après document, tout le dossier. Il fit appeler l'archiviste Gribelin – toujours présent au ministère – pour s'aider en le questionnant. Gribelin, qui avait conservé à la mémoire d'Henry un « véritable culte » et restait convaincu du crime de Dreyfus, n'en décida pas moins de ne rien dissimuler de ce qu'il savait. « Il était devenu véridique avec l'âge, commente Reinach, comme on devient obèse ou chauve »[12]. Comme il savait beaucoup de choses, il fut ainsi, après avoir été l'un des artisans du crime, l'un des artisans de la révision.

André et Targe ne tardèrent pas à découvrir que deux pièces importantes du dossier secret avaient été falsifiées par le colonel Henry *. L'une était la lettre de Panizzardi à Schwarzkoppen : « Je vous annonce que j'aurai l'organisation des chemins de fer... » **. Elle était datée du 28 mars 1895 : Dreyfus était alors à l'île du Diable. Henry avait arraché la partie supérieure de la lettre, qui portait la date, et de sa propre main il avait inscrit la date d'avril 1894, qui pouvait compromettre Dreyfus. On retrouva la

* Étudiant le célèbre « faux Henry », découvert par Cuignet à la lueur de sa lampe, André constata l'anomalie des différences de quadrillés, en plein jour, par simple transparence. Il en conclut, trop hâtivement, que le récit de Cuignet, sur les conditions de sa découverte, était inexact. Et longtemps André crut que quelqu'un avait falsifié le « faux Henry » à l'effet de rendre le faux plus manifeste[13].

** *Supra* p. 248.

copie que Gribelin en avait faite à l'époque et qui portait la vraie date : 28 mars 1895. Gribelin reconnut sans peine que la mention « avril 1894 » était bien de l'écriture d'Henry. Le second faux était l'un de ceux que Cavaignac avait autrefois lus à la tribune de la Chambre : c'était la lettre où Panizzardi écrivait à un collaborateur de Schwarzkoppen que « P... lui avait porté beaucoup de choses très intéressantes ». Henry avait gratté le P puis l'avait remplacé par un D. La fraude était manifeste. Elle fut démontrée de manière décisive par la découverte de la copie – établie selon l'usage du Service de Renseignement – que Gribelin retrouva et remit à Targe. La copie portait la lettre « P ». Enfin Gribelin révéla qu'il avait, sur l'ordre d'Henry, falsifié toute la comptabilité du service relative à Val-Carlos *. En veine de confidence, Gribelin rapporta comment Henry avait majoré, sur le même registre, certaines dépenses de Picquart pour faire croire que celui-ci gaspillait les fonds secrets, et expliqua quelques fraudes mineures dont il avait été, sur l'ordre de son chef vénéré, le scrupuleux complice. Les faits nouveaux ne manquaient pas.

L'enquête dura à peu près six mois. Le général André en fit rapport au président du Conseil le 19 octobre 1903, exposant, sans commentaire, ses principales constatations, et la gravité des faits découverts. Il semble que Jaurès ait alors eu connaissance officieuse des résultats de l'enquête, et qu'il en ait avisé Dreyfus. Dreyfus convoqua chez Mornard une réunion d'amis, à laquelle assistèrent Pressensé, Buisson, Reinach, Leblois, Demange, pour décider de la suite. Il fallait obtenir que le dossier de l'enquête fût transmis au garde des Sceaux. A chaque Conseil des ministres, le général André demanda, sans succès, cette transmission. Il ne l'obtint finalement qu'en novembre. Le 22 novembre, Jaurès vit Dreyfus et lui apprit l'heureuse nouvelle : le dossier de l'enquête venait d'être transmis au ministre de la Justice. Le ministre de la Justice, M. Vallé, était en droit de saisir spontanément la commission de révision. Mais le gouvernement préféra faire demander à Alfred Dreyfus qu'il

* *Supra* p. 118.

déposât lui-même une requête. Ainsi le gouvernement et le condamné de Rennes se concertaient-ils pour marcher vers la révision d'un pas assuré. La révision était devenue une volonté politique.

Le 25 novembre 1903, Alfred Dreyfus et son avocat, Me Mornard, rédigent ensemble le texte d'une requête en révision de l'arrêt du Conseil de guerre de Rennes. Ils fondent la requête sur « la révélation » faite à la Chambre par le député Jaurès de ce qu'un « faux audacieux avait pesé sur la conscience de certains juges », sur les résultats de l'enquête à laquelle avait procédé le ministre de la Guerre dont Dreyfus « croyait savoir » – car il était censé ne pas la connaître – qu'elle justifiait la révision, et sur plusieurs faux témoignages, dont le témoignage Cernuski entendu à Rennes en dernière heure. Enfin ils s'appuient sur une lettre du prince de Munster à Joseph Reinach attestant que le colonel von Schwarzkoppen avait avoué à son ancien ambassadeur que l'espion qui le renseignait était Esterhazy [14].

Alfred Dreyfus concluait sa requête en ces termes :

> Ma condamnation, si péniblement arrachée à des juges dont les doutes s'exprimaient sous forme de circonstances atténuantes, est donc le produit du faux et du mensonge.
> Je demande la révision de mon procès, parce qu'il me faut tout mon honneur, pour mes enfants et pour moi, parce que je n'ai jamais manqué à aucun de mes devoirs de soldat et de Français.

Alors qu'il était sur le point de déposer sa requête, Me Mornard fut appelé chez le garde des Sceaux. On hésitait soudain sur la marche à suivre. Le gouvernement redoutait une interpellation. Comment expliquerait-on l'enquête « personnelle » du général André? Le président de la République était, paraît-il, préoccupé. On tergiversa encore toute une journée. Ce n'est que le 26 au soir que la demande en révision fut enregistrée au ministère de la Justice [15].

Dès le 27 novembre, le Conseil des ministres décidait que le garde des Sceaux transmettrait la requête à la commission de révision, retenant comme faits nouveaux, au sens de la loi, les deux faux dont l'enquête du général André avait apporté la preuve. Le 24 décembre la commission de révision disait à l'unanimité qu'il y avait lieu à révision *. Le jour de Noël le garde des Sceaux déférait le jugement de Rennes à la Cour de cassation. Il y avait neuf ans que Dreyfus avait été condamné.

La révision était en marche. A peine Rochefort et Drumont protestèrent-ils, sans conviction, sans élan. François Coppée se lamenta. « Cette mer orageuse », observe Reinach, qu'avait été la première révision, « s'était apaisée en un lac tranquille » [16]. Les nationalistes avaient conscience de leur défaite. Ils y étaient comme résignés. Un seul espoir restait aux amis de Mercier, mais ils semblaient de moins en moins nombreux : que la Cour de cassation renvoyât Dreyfus devant un troisième Conseil de guerre, et qu'il fût une troisième fois condamné! Cet espoir même était bien fragile. Le ministre de la Guerre était désormais le plus ferme artisan de la révision, et le gouvernement négociait avec Alfred Dreyfus les progrès successifs de la procédure. Drumont, Maurras pouvaient encore s'indigner, invoquer l'honneur de l'Armée, dénoncer le syndicat de la trahison. On ne les écoutait plus. « Ils tapaient sur des tambours crevés » [17].

Le 2 septembre, Bernard Lazare était mort. Il avait trente-huit ans. Il avait enduré, durant de longs mois, la plus cruelle agonie. Sa mort passa inaperçue. Il n'y avait presque personne pour suivre son cercueil **. Dreyfus n'était pas là. Jusqu'au bout, Bernard Lazare était demeuré solitaire, presque suspect. « Ses yeux étaient trop clairs », écrira son ami Péguy ***. Bernard Lazare avait toujours été

* Cette fois-ci les trois fonctionnaires votaient dans le même sens que les trois magistrats. Voir *supra* p. 431.

** *Supra* p. 180.

*** « Opérant, travaillant la même manière, évoluant dans la même matière il y a eu au moins deux affaires Dreyfus, élaborant la matière de la même histoire. Celle de Bernard Lazare, la nôtre, était innocente et n'a pas besoin d'être défendue. Et en un autre sens encore, il y avait très notamment deux affaires Dreyfus, celle qui était sortie de Bernard Lazare, et celle qui était sortie du colonel Picquart. Celle qui était sortie du colonel Picquart était très bien. Celle qui était sortie de Bernard Lazare était infinie » [18].

« ailleurs ». « Être ailleurs, le grand vice de cette race, la grande vertu secrète ; la grande vocation de ce peuple... » C'était un héros, c'était un saint. Il fallait qu'il partît « Il n'était pas fait pour être du côté des vainqueurs » [19].

XIV. – DU MÊME PAS...

Le président de la Chambre criminelle n'était plus le vieux Loew, qui avait été tant maltraité lors de la première révision. La limite d'âge l'avait atteint. C'est un ancien ami de Gambetta, le conseiller Chambareaud, qui lui avait succédé. Lui aussi avait été couvert d'injures dans les mois qui avait précédé la loi de dessaisissement. Il désigna, pour rapporter l'affaire, le conseiller Boyer. Ce magistrat n'avait pas participé à la première révision, et il passait pour un juriste rigoureux.

Manau n'était plus procureur général. Il avait été remplacé en septembre 1900 par Laferrière, qui était mort le 3 juillet 1901. Baudouin lui avait succédé. Celui-ci avait longtemps été président du tribunal civil de la Seine. Il appartenait à une vieille famille de magistrats. Son père était conseiller à la Cour de cassation, le père de sa femme, conseiller à la cour d'appel de Rennes. Baudouin avait fait une brillante carrière dans le ressort de la cour d'appel de Lyon [1], puis avait été président du tribunal civil de la Seine. A Paris il s'était révélé un magistrat scrupuleux, passionné de justice, dont la verve intarissable passait parfois la mesure. Le procureur général Baudouin ne croyait pas encore à l'innocence de Dreyfus quand il reçut mission de requérir. Il était prêt, dira-t-il plus tard, à subir les instructions du gouvernement manifestement favorable à la révision – comme son devoir l'y obligeait – mais à s'en séparer à l'audience dans ses réquisitions orales – comme il en avait le droit – si le dossier le persuadait de la culpabilité de Dreyfus. Il travailla avec acharnement, prit connaissance de l'immense dossier, acquit peu à peu la conviction de l'innocence. Ainsi sa conscience vint-elle s'accorder heureusement à la volonté du gouvernement.

Dès janvier 1904, les conseillers de la Chambre criminelle reçurent le réquisitoire écrit du procureur général Baudouin dont la conclusion ne laissait place à aucune équivoque.

> En résumé Alfred Dreyfus a été condamné le 9 septembre 1899 par le Conseil de guerre de Rennes, à raison d'un ensemble de charges dont aucune ne semble résister à l'examen (ce qui ne suffirait pas à autoriser la révision), mais aussi, sur la production de pièces qui, postérieurement à la condamnation, ont été reconnues fausses et dont la falsification a eu pour but tant de créer contre l'accusé des charges directes qui ont été invoquées contre lui, que d'infirmer l'autorité des témoins à décharge dont il pouvait invoquer les dépositions.
>
> Et nous sommes convaincus que la Cour de cassation fera droit à nos réquisitions tendant, sur l'ordre de M. le garde des Sceaux, à la révision du jugement et que son arrêt saura préparer le triomphe de la vérité et de la justice qui, pour être parfois voilées ou méconnues par suite de l'infirmité de l'esprit humain, ne meurent du moins jamais.

Dreyfus rédigea lui-même un long mémoire sur son affaire. La révision occupait maintenant le meilleur de son temps. Mornard corrigea le texte, et celui-ci fut déposé le 1er février.

L'audience publique avait été fixée au 3 mars. Dans les jours qui précédèrent, Labori fit savoir à Mornard qu'il était prêt à « rentrer » dans l'Affaire et que, s'il n'y rentrait pas, il serait contraint de s'expliquer publiquement sur le rôle de Waldeck-Rousseau et de Joseph Reinach. Mais Labori avait publié, dans *la Grande Revue*, puis dans *le Journal*, plusieurs articles franchement malveillants à l'égard d'Alfred Dreyfus qu'il accusait d'avoir négocié la grâce avec Waldeck-Rousseau, et de ne pas sincèrement poursuivre la révision. C'était plus que n'en pouvait supporter Dreyfus. Celui-ci se refusa définitivement à confier ses intérêts à Me Labori. Ils n'avaient plus en commun que le passé [2].

L'audience de la Chambre criminelle du 3 mars 1904 commença par le rapport du conseiller Boyer, précis, sec, attentif au moindre fait, d'autant plus convaincant qu'il semblait exclure tout préjugé. Le conseiller Boyer écartait la thèse, à laquelle s'étaient attachés Mathieu et Alfred, d'une communication faite, pendant le délibéré des juges de Rennes, du bordereau annoté, ou de toute autre pièce. Rien ne l'établissait. En revanche le rapporteur retenait, comme faits nouveaux, les lettres falsifiées de Panizzardi dont « il n'est pas téméraire de penser qu'elles ont pu avoir sur l'opinion des juges une influence suffisante pour entraîner la condamnation ». Il concluait à la nécessité d'un supplément d'information. Le procureur général Baudouin requit, durant deux audiences, pour aboutir à la même conclusion. Mais il alla plus loin encore, affirmant à plusieurs reprises l'innocence de Dreyfus, ne dissimulant pas sa méfiance à l'égard des juridictions militaires, et semblant déjà incliner vers une révision sans renvoi [3].

Enfin Me Mornard plaide. A ses côtés se sont assis Demange, et Labori finalement venu manifester sa solidarité. Picquart est présent. Mornard essaie de faire comprendre la personnalité de Dreyfus aux magistrats de la Cour suprême, « cet esprit prétendu hautain et cassant... est en réalité un timide luttant contre sa timidité; je sais ce qu'est ce cœur qu'on a prétendu insensible et qui souffre cruellement, en se faisant un devoir de ne pas montrer sa souffrance; et de ce fait mes confrères Demange et Labori pourraient vous apporter un témoignage véritablement poignant. Ils pourraient vous dire... ». Entendant prononcer son nom, Labori se lève, se couvre de sa toque, et quitte la salle d'audience. « Très bien, très bien », lui dit Picquart quand Labori passe près de lui, assez haut pour être entendu de tous. Et déjà Labori, arpentant les galeries du palais, explique qu'il faut distinguer entre « l'homme et la cause », que Mornard ne devait pas faire appel à son témoignage pour décrire la sensibilité d'Alfred Dreyfus, qu'il ne voulait ni confirmer ces déclarations par son silence, ni les infirmer par une protestation : « Je suis sorti et voilà tout » *.

Quelques heures après cet incident, la Cour de cassation rendit son arrêt. Elle déclarait la demande en révision recevable en la forme et ordonnait qu'il serait procédé à une instruction supplémentaire. La nouvelle fut rapportée par l'ensemble de la presse, sans susciter de passion ni même d'émotion. L'innocent Dreyfus, commentera Léon Blum, voulait devenir « un innocent légal, un innocent parfait » [9]. Mais cette procédure semblait indifférente à l'opinion.

L'enquête de la Chambre criminelle commença dès le 7 mars 1904. La Cour réclama tous les dossiers de l'Affaire. Comme le général André avait cru bien faire d'écarter du dossier secret les correspondances galantes échangées entre Schwarzkoppen et Mme de Weede, la Chambre criminelle exigea d'en avoir communication. Elle voulait tout voir et tout savoir. Mais s'autorisant du précédent des Chambres Réunies, elle admit par arrêt du 7 mars le procureur général et Me Mornard à assister aux audiences plénières. Elle entendait que son instruction eût un caractère contradictoire.

L'enquête devait se poursuivre, sans autre interruption que le temps des vacances judiciaires, jusqu'au 19 novembre 1904, jour où la Chambre criminelle rendit son arrêt de clôture. Tous les acteurs de l'Affaire, tous ceux qui en savaient quelque chose furent entendus, interrogés avec un soin minutieux. La Cour entendit notamment les anciens ministres de la Guerre, les chefs de l'ancien État-Major, les principaux officiers. Il semblait maintenant que même les accusateurs les plus acharnés de Dreyfus eussent perdu de leur conviction, en tout cas de leur

* Telle est du moins la description de Joseph Reinach [4]. Labori ne parle pas, dans ses notes manuscrites, de cet incident. Mais, comme Picquart, il accuse Reinach d'avoir systématiquement déformé la vérité. « Le livre de M. Reinach n'est qu'une œuvre intéressée, et de mauvaise foi », écrit-il, à propos du quatrième volume, le 15 mars 1904 [5]. « L'ouvrage est essentiellement inspiré par l'esprit sémite », assure Labori [6]. De même le colonel Picquart écrit : « Nulle œuvre n'est de nature à égarer les historiens futurs, autant que l'œuvre de M. Joseph Reinach prétentieusement appelée par lui *Histoire de l'Affaire Dreyfus* » [7]. Picquart et Labori ont établi ensemble un inventaire des « erreurs » commises par Reinach [8].

flamme. Le général Mercier n'a plus sa véhémence d'autrefois. Il est sur la défensive. Il ne s'aventure plus à dire quelles sont les preuves ou les présomptions qui subsistent, si ce n'est « l'irréfutable » démonstration de Bertillon à laquelle il s'accroche. Le général Billot assure n'avoir attaché d'importance à rien, ni au « faux Henry », ni au « document libérateur », et ses souvenirs se perdent le plus souvent. Le général Roget a nuancé ses jugements. Il rend maintenant hommage à la probité de Picquart; à Rennes, il était venu l'accuser d'avoir gaspillé les fonds secrets. Lauth, qui avait toujours été suintant de haine, ménage Picquart et prend ses distances avec la mémoire d'Henry. Le général de Boisdeffre n'est plus qu'une ombre. Le général Gonse apparaît, selon Alfred Dreyfus, « piteux, pauvre hère, écrasé sous le poids des infamies qu'il avait commises » [10]. Il nie, ou s'enferme dans l'amnésie. Seuls du Paty « venimeux et perfide » [11] et Cuignet, devenu fanatique, ont encore ardeur et imagination. Mais le premier est manifestement un agité et le second est d'évidence emporté par la haine. La déposition de Picquart fut, comme à l'ordinaire, un chef-d'œuvre de précision. Mais il crut devoir y ajouter le récit des dissensions de Rennes, expliquer comment Mathieu Dreyfus et Demange lui avaient transmis « la consigne du silence », lui avaient demandé de ne pas attaquer les généraux, de ne pas prononcer les mots de faux témoignage et de fraude, comment ils lui avaient conseillé de « paraître croire à la bonne foi des adversaires ». Il fit l'éloge de Labori « enchaîné par la volonté de son client ». Il expliqua par ailleurs les raisons qu'il avait de tenir Esterhazy pour l'associé de Weil dans ses entreprises de trahison : le lien entre ces deux hommes, ces « deux fameuses crapules » comme les avait autrefois appelés Boisdeffre, lui paraissait trop ancien et trop étroit pour qu'ils n'aient pas collaboré dans l'espionnage. Maurice Weil fut entendu, interrogé, fortement malmené par le procureur général Baudouin. Il se fâcha, refusa de se laisser traiter en accusé, et l'on n'en tira rien.

Vers la fin de l'enquête, alors que la Cour avait entendu tous les témoins, grands et petits – et notamment Brücker et Mme Bastian –, Alfred Dreyfus demanda à venir. La Cour y consentit, curieuse de le voir et de l'entendre. Il se présenta le 22 juin 1904. Il fut, comme il était en toute circonstance, apparemment froid, attentif à dissimuler toute émotion. Il dit s'étonner d'avoir lu dans une des lettres du général Chamoin au général de Galliffet, écrite pendant le procès de Rennes : « Dreyfus n'a pas su émouvoir; le cœur n'a pas parlé. » Il commenta : « Je suis stupéfait. Je crois en la raison, je croyais que la raison en des affaires semblables, où les entraînements du cœur ne sauraient apporter aucune explication, aucune atténuation, devait être le seul guide du juge »[12]. Et il se retira, laissant les conseillers de la Chambre criminelle aussi étonnés que l'avait été à Rennes le général Chamoin. Pas un mouvement de colère. Pas un signe d'indignation. Alfred Dreyfus semblait presque étranger à son affaire.

Il restait, avant de clore l'enquête, à recevoir deux rapports qu'avait sollicités la Chambre criminelle. L'un, demandé à l'État-Major général, concernait les questions techniques soulevées à l'occasion de l'Affaire. Le rapport, établi par plusieurs officiers supérieurs dont le commandant de l'École supérieure de guerre, réfutait point par point les accusations successives portées contre Dreyfus à partir du bordereau. La fameuse phrase « la manière dont s'est conduite la pièce de 120 » aurait été une expression « tout à fait anormale » sous la plume d'un artilleur. Les trois notes du bordereau se rapportant à l'artillerie avaient trait aux trois « nouveautés » qui furent essayées en 1894 aux écoles de Châlons, où se trouvait précisément Esterhazy. Le *Manuel d'artillerie* n'était nullement confidentiel. Les difficultés invoquées par l'auteur du bordereau pour se procurer ce manuel indiquaient seulement qu'il avait voulu se faire valoir. Ainsi l'État-Major général énumérait-il, avec un soin minutieux, tous les arguments qui disculpaient Dreyfus. Il lui avait fallu dix ans pour les découvrir.

Quant au second rapport, il avait été commandé à trois savants, Appel, doyen de la faculté des sciences, Darboux, secrétaire perpétuel de l'Académie des sciences, Henri Poincaré, professeur à la Sorbonne, afin que fût examiné une fois encore « le système Bertillon ». Les conclusions de leur rapport furent formelles : « L'absurdité du système est évidente. » La reconstitution du bordereau opérée par Bertillon est fausse. Elle est le résultat d'un tripotage éhonté. Le bordereau n'est certainement pas un document forgé. Il est écrit d'une écriture courante. Ainsi, « de l'amas d'hypothèses et de faux accumulés contre Dreyfus, il ne restait plus rien » [13]. Désormais, le pouvoir politique, le pouvoir judiciaire, l'État-Major et les experts, tout le monde semble marcher du même pas, dans un zèle unanime. Comme s'il s'agissait de proclamer qu'il faisait jour le jour!

L'instruction close, la Chambre criminelle transmit le dossier aux Chambres Réunies *, ainsi que l'avait ordonné la loi de dessaisissement. Ballot-Beaupré, devenu premier président en 1900, désigna successivement trois rapporteurs qui ne purent poursuivre, ou accepter cet énorme travail. Ce n'est que le 14 mai 1905 que le conseiller Moras fut désigné. Le procureur général Baudouin avait à peu près rédigé son réquisitoire, et Mornard son dernier mémoire **. Mais l'accord fut unanime pour ralentir le mouvement. Mieux valait – avant de jouer le dernier acte – laisser passer les élections générales...

XV. – LE PREMIER FLIC DE FRANCE

Pendant trois ans, le grand débat qui devait conduire à la séparation de l'Église et de l'État avait rempli la vie politique française. Émile Combes avait parcouru son chemin avec une obstination que

* Par arrêt du 19 novembre 1904.

** Le mémoire déposé par Me Henri Mornard pour M. Alfred Dreyfus, « ex-capitaine d'artillerie demeurant à Paris, 101 boulevard Malesherbes », est le document le plus complet, le plus précis, et le plus clair établi pour la défense de Dreyfus. Il compte plus de sept cents pages imprimées dans l'édition de la Ligue française des droits de l'homme (Paris, 1907).

les difficultés n'avaient fait que renforcer. Les décrets du 27 juin 1902 avaient ordonné la fermeture de cent vingt établissements d'enseignement religieux. La loi du 7 juillet 1904 avait supprimé tout enseignement congréganiste. Allait-on vers le monopole de l'enseignement, véritable achèvement du combat laïque? Comme le pape Pie X avait violemment réagi à l'action du gouvernement Combes, la France avait, en juillet 1904, rompu les relations diplomatiques avec le Vatican. Le socialiste Briand se préparait, durant l'hiver 1904-1905, à asseoir sa carrière en rapportant devant la Chambre la loi de séparation, qui ne devait être votée qu'en juillet 1905, après la chute du gouvernement Combes.

C'est le ministre de la Guerre qui provoqua cette chute. Déjà le général André avait multiplié les mesures, très contestées par les nationalistes, pour démocratiser la vie de l'Armée *, et « réparer » la carrière des républicains qui avaient souffert dans leur avancement [1]. Une loi de mars 1905 avait ramené le service militaire de trois ans à deux ans, et supprimé les dispenses dont jouissaient les étudiants et les ecclésiastiques. Toujours emporté par son zèle républicain, le général André imagina, pour mieux contrôler l'avancement des officiers, de recourir à un fichier que tenait son officier d'ordonnance, le capitaine Mollin. Celui-ci, franc-maçon, s'était abouché avec le secrétaire général du Grand Orient, qui avait accepté d'envoyer une circulaire à toutes les loges, leur demandant de le renseigner « au point de vue philosophique et politique » sur les officiers qui se trouvaient dans leurs villes. Bientôt les fiches affluèrent – vingt-cinq mille en quatre ans – sérieuses ou non, sincères ou haineuses, et elles grossirent les deux fichiers « Carthage » et « Corinthe » qui permettaient au ministre de la Guerre d'avancer ou de retarder la carrière des officiers. Plusieurs centaines de fiches, en double au Grand Orient, furent vendues par un dévoyé à deux députés nationalistes, Guyot de Villeneuve et Syveton **. Cette forme nouvelle de « mise au pas » de l'Armée fit aussitôt scandale.

* Suppression de l'obligation du mess, de l'obligation de la dot, tolérance du concubinage, etc.

** Aussitôt réélu après son invalidation.

La presse de droite publia plusieurs listes de « fiches », et ce fut bientôt une polémique passionnée. On dénonçait « la délation maçonnique », le mal fait à l'Armée, le fanatisme de la République. La liberté, la tolérance semblaient avoir changé de camp. Clemenceau, qui souhaitait la chute de Combes, vit le profit qu'il pouvait en tirer : que le général André recommençât, avec ou sans la franc-maçonnerie, « les dossiers secrets de l'Affaire Dreyfus », il n'y avait là que du « jésuitisme retourné ». En revanche, Jaurès prit le parti de défendre le général André et d'accuser les indignés de « pharisaïsme ». La Ligue des droits de l'homme, proche du Grand Orient, prise entre ses sympathies et ses principes, hésita à se prononcer contre le système des fiches. Reinach démissionna de la Ligue, arguant qu'elle abdiquait ainsi « sa fonction moralisatrice » [2].

Le général André se tint en selle quelque temps, protestant, niant quelques détails, arguant du droit du ministre de la Guerre à se renseigner par tous les moyens *. Des débats passionnés à la Chambre le 28 octobre et le 4 novembre laissèrent au gouvernement une majorité de... deux voix. Le général André insulté, épuisé, difficile vainqueur, avait regagné sa place au banc des ministres quand le député Syveton se jeta sur lui et le souffleta violemment. « Je l'ai souffleté non par-derrière, mais par sa face, dira Syveton à l'instruction, pour l'outrager, pour venger l'Armée livrée et la patrie trahie. » Déroulède félicitera Syveton d'avoir « souffleté tout un régime »,

* « Je trouve qu'André – c'est aussi l'avis de Monod qui n'est pas jacobin comme moi – qu'André aurait dû revendiquer hautement le droit de se renseigner et montrer qu'il a toujours contrôlé et rectifié les renseignements reçus. Mais vraiment les jésuites sont moins bêtes que les francs-maçons » (lettre inédite, en date du 14 novembre 1904, de la marquise Arconati-Visconti, fille d'A. Peyrat, ancien président du Sénat, à Alfred Dreyfus). La correspondance de la marquise Arconati-Visconti est très révélatrice de la mentalité « républicaine » sous le gouvernement Combes, et de la force de la passion anticléricale (voir les extraits de lettres publiés par Gérard Baal dans l'article précité « Un salon dreyfusard : la marquise Arconati-Visconti et ses amis »). Le docteur Jean-Louis Lévy a bien voulu nous communiquer les lettres, recopiées de la main d'Alfred Dreyfus, et annotées par lui, que lui adressa la marquise, du procès de Rennes jusqu'à la guerre. Elles éclairent aussi les raisons, sociales et politiques, de la dispersion des anciens dreyfusards.

Barrès d'avoir « accompli un de ces actes qui, bien plus qu'aucun discours, agissent sur l'âme des partis ». La veille de sa comparution aux assises, le député Syveton sera trouvé mort dans son cabinet de travail, le robinet du gaz ouvert. « Nouveau crime maçonnique », proclameront Jules Lemaître et François Coppée. Mais le gouvernement Combes était mort aussi. Le 15 novembre 1904, le général André donnait sa démission à Combes, qui le suppliait vainement de rester à son poste. Combes, écœuré, entouré d'ennemis, imagine maintenant de sinistres cabales montées par les anciens ministres de Waldeck et par Clemenceau. Il vivote de majorités sans cesse amenuisées. Le bloc s'effrite peu à peu. Tout y concourt : le projet d'impôt sur le revenu, qui inquiète les possédants, parce qu'il porte en germe la proportionnalité et l'inquisition, le développement du syndicalisme ouvrier, la montée des revendications et des grèves, les difficultés que connaît la Russie, l'alliée privilégiée, l'antimilitarisme de l'extrême gauche. Les radicaux sont de plus en plus nombreux qui s'écartent des socialistes et se rapprochent d'un centre plus raisonnable. Signe des temps : Paul Doumer, radical soutenu par la droite, est élu président de la Chambre contre Brisson candidat du bloc. En janvier 1905, le petit père Combes donne sa démission, évitant sans doute d'être renversé.

Ainsi le bloc se désagrège. Mais il n'y a pas encore d'autre majorité [3]. Le président Loubet appelle Rouvier à remplacer Combes. Vieux politicien, habile, autrefois compromis dans les affaires de Panama, Rouvier promet de mettre fin aux pratiques du précédent ministère. « Je fais un gouvernement de plein air », annonce-t-il. En fait, il forme un ministère opportuniste, très lié aux milieux d'affaires. Le Parlement achève la discussion de la loi de séparation. Elle est votée le 3 juillet 1905 par le bloc des gauches qui retrouve à cette occasion son unité. Mais que reste-t-il à faire en commun, pour les radicaux et les socialistes, maintenant que le combat laïc est gagné, et épuisé?

Les difficultés viennent, d'ailleurs, des affaires marocaines. L'empereur Guillaume II se rend à Tanger, le 31 mars 1905, pour marquer clairement sa volonté d'interrompre la politique française tendant à incorporer le Maroc à l'empire français. Faut-il tenir tête à l'Allemagne, comme le veut Delcassé, ministre des Affaires étrangères, ou négocier comme le souhaite le président Rouvier? Rouvier contraint Delcassé à la démission, et négocie avec l'Allemagne l'acte d'Algésiras, « papier saugrenu », dira plus tard Joseph Caillaux *, ambigu à souhait, faux accord qui reconnaissait à la fois l'intégrité territoriale du Maroc et « les droits historiques acquis » par la France et l'Espagne « nations civilisatrices ». L'acte d'Algésiras préparait de nouveaux conflits. Mais voici que la rivalité franco-allemande est à nouveau à l'ordre du jour, portant la menace d'une guerre que les uns rêvent déjà d'assumer, et les autres d'éviter **.

Mais c'est la question sociale qui commence à dominer la vie politique, maintenant qu'il ne suffit plus de manger du curé. Or les radicaux n'ont guère de politique sociale : quelques vagues idées – sur la liberté, sur le progrès – et une grande prudence leur en tiennent lieu. Ce qu'a tenté le socialiste Millerand sous le gouvernement Waldeck-Rousseau *** n'a reçu des radicaux qu'une adhésion résignée. Combes a remplacé Millerand par un petit champion de l'anticléricalisme, Trouillot, qui n'a rien fait. A lui comme au chef du gouvernement, la chasse aux moines a tenu lieu de programme social. Conservateur de tempérament, soucieux de ne pas

* Qui héritera des difficultés marocaines [4].

** L'attitude des socialistes à l'égard de l'Armée, leur choix en temps de guerre seront désormais au cœur du débat politique. Les anciens dreyfusards se partageront. A partir de juillet 1905 on voit, dans la correspondance de la marquise Arconati-Visconti, monter la colère contre les socialistes, et en particulier contre Jaurès : « Je bondis de colère et de mépris contre le bel optimisme qui feint de croire à l'embrassade universelle. Ah! Il s'agit bien de déclarer la guerre à la guerre. Il s'agit de demeurer libre et vivant dans un monde qui ne connaît que la force. Jaurès devient inconscient, c'est sa seule excuse... il avortera misérablement entre Hervé qui le trahit et Guesde qui le dédaigne, triste, bien triste... quant à moi, je me refuse à me passionner désormais pour autre chose que la défense du pays, sa dignité et sa force en face de l'étranger... » (lettre inédite à Alfred Dreyfus, 25 septembre 1905).

*** Les facilités offertes au syndicalisme, la réglementation d'un arbitrage étatique des conflits sociaux, l'amélioration des conditions du travail.

déplaire aux grandes sociétés, Rouvier répugnait aux réformes sociales. Mais qui en voulait vraiment, en cette année 1905, si ce n'étaient les socialistes? Et les grèves se multiplient, s'aggravent, tandis que s'amenuise, de vote en vote, la majorité du gouvernement Rouvier.

La gauche est encore assez rassemblée pour porter à la présidence de la République, le 17 janvier 1906, Armand Fallières, candidat des gauches, qui bat Paul Doumer devenu l'espoir des conservateurs. Dans son discours d'investiture, M. Fallières marque sa sympathie pour les déshérités de la fortune, salue l'Armée « gardienne dévouée de nos institutions et de nos lois », en appelle à tous les républicains. La gauche est satisfaite. Et l'on commence, pour appliquer la loi de séparation, l'inventaire complet des biens des églises : statues, lustres, ciboires, calices, chasubles. Il faut ouvrir les tabernacles, compter et peser les objets. Les troubles commencent. Des catholiques s'interposent dans plusieurs églises. La police intervient. Des fidèles sont blessés. Un catholique est tué près d'Hazebrouck. Le Parlement se réfugie dans le confort des beaux discours. Aristide Briand se lamente sur ces malheureux catholiques que le mensonge a fanatisés. L'abbé Lemire s'élève au nom des catholiques contre les inventaires. Rouvier s'entête : on finira les inventaires quoi qu'il arrive. Mais il ne cesse de perdre des voix, mécontentant à la fois les radicaux et les socialistes. Le 7 mars 1906 il est renversé.

C'est l'ancien garde des Sceaux Sarrien, aussi courtois qu'incolore, que désigne Fallières pour succéder à Rouvier. Combes le décrit ainsi : « C'était l'indécision élevée à sa plus haute puissance. Toute action répugnait à cette nature flasque qui redoutait à un égal degré de contenter et de mécontenter. Le caractère de Sarrien était de ne pas en avoir »[5]. Mais la plupart des grands ambitieux de la République sont rassemblés dans son gouvernement : Barthou, Briand, Poincaré. Surtout Georges Clemenceau, sénateur du Var depuis 1902, est ministre de l'Intérieur. Pour la première fois, à soixante-cinq ans, le vieux tombeur de ministères devient ministre, et il est clair que ce n'est qu'une étape. Le courageux combat que Clemenceau avait conduit pour Dreyfus trouvait ainsi sa récompense.

A peine investi, le gouvernement Sarrien se heurte à de graves difficultés sociales. Pendant que se constitue le ministère, un coup de grisou, dans les mines de charbon de Courrières, fait plus de mille morts. La grève se propage chez les mineurs. Clemenceau ne tarde pas à montrer son tempérament. Il se rend à Lens, harangue les grévistes, puis, renonçant à les persuader, fait donner gendarmes, hussards et dragons. Du coup la grève se durcit, s'étend. Dans le Pas-de-Calais et le Nord, surviennent de véritables émeutes, que l'Armée doit réprimer. A Paris les agents des postes se mettent en grève : Clemenceau fait révoquer les grévistes, car le gouvernement n'entend pas tolérer la grève des fonctionnaires. A la veille du 1er mai 1906, craignant des troubles, Clemenceau reçoit les dirigeants de la CGT et les prévient qu'il sera impitoyable. « Vous êtes derrière une barricade. Moi devant. Votre moyen d'action, c'est le désordre. Mon devoir, c'est de faire de l'ordre. » Par précaution il fait arrêter le secrétaire général de la CGT. Le 1er mai se passe sans trouble, mais de nombreuses grèves prolongent l'arrêt symbolique du travail. Et tandis que l'ancien champion de la cause de Dreyfus construit son image de « premier flic de France », la crainte bourgeoise commence à monter. A beaucoup de radicaux, le syndicalisme apparaît désormais comme une menace contre la République, le socialisme comme un projet destructeur de l'ordre social. En revanche Clemenceau se montre plus souple dans le combat laïc. Le 16 mars – on est à un mois et demi des élections – il invite les préfets à suspendre les inventaires. « Le fait de savoir si on comptera ou on ne comptera pas des chandeliers dans une église ne vaut pas une vie humaine », assure-t-il. Une partie de la gauche admet mal cette défaillance dans le combat sacré.

Ainsi radicaux et socialistes se séparent peu à peu. L'Affaire Dreyfus, la défense de la République, puis le combat laïc les avaient un temps réunis. Le clivage des classes sociales rompait maintenant cette fragile union contre l'ennemi commun qu'avaient été les forces de réaction appuyées sur l'Armée, l'Église et les congrégations. Maintenant l'Armée était rendue à la défense de la République, les congrégations et l'Église placées en liberté surveillée. La vraie menace, c'était pour la plupart la montée de la classe ouvrière, les revendications collectives, le désordre dans la rue *. Que ce soit Clemenceau qui prît en charge – avec quelle ardeur – la répression contre la classe ouvrière signifiait symboliquement que l'Affaire Dreyfus avait fini de produire ses effets **.

La menace de la guerre, la préparation et l'attente de la revanche achèveront de creuser le fossé. Après « l'alerte patriotique » de 1905, la plupart des dreyfusards modérés iront rejoindre un patriotisme crispé, intolérant, qui leur permettra souvent de se débarrasser à bon compte des aspirations au changement social, de la croyance au progrès universel qu'ils avaient parfois entretenues, au temps de l'Affaire. « Je me fiche, déclare fièrement la très républicaine et dreyfusarde marquise Arconati-Visconti, des libertés du prolétariat. Je donnerais tout pour les canons perfectionnés. » Elle écrit à Jaurès : « Ordre dans la rue, forte défense nationale. Je pense, cher ami, que vous trouvez comme moi que ce sont les deux nécessités vitales, les deux plats de résistance de la nourriture d'un peuple » [8]. Ce discours vigoureux*** en rappelle d'autres qui avaient servi à maintenir Dreyfus au bagne. Mais Clemenceau proclame les « nécessités vitales » et deviendra le champion implacable de la cause nationale.

En avril 1905 se tient à Paris le congrès d'unification des socialistes, maintenant rassemblés dans la SFIO. La rupture du bloc de défense républicaine y est consommée. Les motions adoptées n'interdisent pas de voter avec des radicaux, ou pour des radi-

* Voir cependant les réactions modérées d'Alfred Dreyfus à l'égard des socialistes dans sa correspondance avec la marquise Arconati-Visconti [6]. Si même il se sent loin d'eux, il ne peut oublier le rôle qu'ils ont joué, l'ardente fidélité de Jaurès dans le combat pour la révision.

** « C'est effrayant, s'écriera l'ancien dreyfusard Roujon. La révolution sociale est commencée. Nous avons semé le vent, nous récoltons la tempête » [7].

*** « Pauvre Jaurès, écrit Combes, qu'on voudrait croire inconscient pour le trouver moins coupable... A coup sûr un dérangement s'est effectué dans cette grande intelligence... » [9].

caux. Mais elles éliminent toute participation d'un socialiste à un gouvernement bourgeois, et même les alliances structurelles et stables. Ainsi les socialistes s'unissaient et se durcissaient, tandis que les radicaux considéraient avec inquiétude les menaces de la classe ouvrière. Regardant « les racines de la coalition post-dreyfusarde », Léon Blum pouvait observer que « les formations de l'Affaire étaient décomposées ». Sa puissance d'exaltation et de renouvellement était épuisée [10].

XVI. – L'INNOCENCE PROCLAMÉE

A la fin de l'année 1905, on attendait toujours à la Cour de cassation le rapport du conseiller Moras. Alfred Dreyfus avait peine à admettre une telle lenteur de la procédure de révision : sa demande avait plus de deux ans! Mais les gouvernements successifs s'accordaient à vouloir reculer l'étape finale au lendemain des élections législatives de 1906. Le conseiller Moras dépose son rapport dans les premiers jours de l'année 1906. L'Affaire peut-elle enfin venir devant les Chambres Réunies? Il faut encore gagner un peu de temps. Pour donner prétexte à l'attente, on invoque l'encombrement de la Cour de cassation, « les exigences impérieuses du service de la Cour ». Dreyfus souffre de ce long retard : « J'attendais la fin de mon supplice » [1]. En revanche Picquart s'indigne et fulmine contre les anciens soldats de la révision qui, écrit-il, « ne tiennent plus beaucoup à se battre parce qu'ils se sont mis à ramasser le butin ». La Justice lui semble fâcheusement attentive à la stratégie du gouvernement *.

* « Aux yeux des dreyfusards, écrit Georges Sorel dans *la Révolution dreyfusienne* [2], la servilité, la sottise et la mauvaise foi sont les qualités maîtresses des magistrats que nous a donnés la République. » Le livre est un violent réquisitoire contre la Cour de cassation accusée d'avoir été, dans la marche vers la révision, aux ordres du gouvernement.

Les élections générales ont lieu en mai. Il n'y a que 20 % d'abstentions. La discipline républicaine – qui survit à la désagrégation parlementaire du bloc – profite encore à la gauche. Celle-ci renforce sa majorité, obtenant 420 sièges. La droite écrasée perd une soixantaine de sièges. La vieille droite, appuyée sur les châteaux et l'Église se meurt, ne survivant guère que dans ses fiefs de l'Ouest[3]. A gauche, la SFIO, en dépit de l'hémorragie qu'entraîne l'apparition de « socialistes indépendants », gagne 59 sièges. Surtout les radicaux et radicaux-socialistes, et le groupe voisin de l'alliance démocratique, emportent plus de 250 sièges. Ils ont manifestement bénéficié d'un fort appoint de voix de droite, ce qui ne restera pas sans conséquence sur leur comportement politique. Ainsi les radicaux peuvent gouverner sans les socialistes, qui ne veulent plus gouverner avec eux. Jaurès jette ce défi à ses alliés d'hier : « On va voir maintenant ce dont vous êtes capables. » Clemenceau apparaît comme l'homme fort, qui a maintenu l'ordre social et gagné les élections. Encore quelques mois et M. Sarrien tombera malade pour laisser la présidence du Conseil à Georges Clemenceau.

Quant à l'Affaire Dreyfus, elle n'a joué à peu près aucun rôle dans la campagne. Mais les révisionnistes les plus notoires, Jaurès, Pressensé, Labori, Viviani, Reinach lui-même, ont été élus ou réélus, emportés par la poussée des forces de gauche. Maintenant la procédure de révision peut sans inconvénient reprendre sa marche devant la Cour de cassation. L'audience des Chambres Réunies est fixée au vendredi 15 juin. Écrasée par les élections, la droite semble prostrée. Déroulède, Rochefort, Drumont n'injurient presque plus, comme s'ils étaient désormais sans force, ou sans espoir. L'irréductible Cavaignac est mort en septembre 1905. Le général Mercier n'est plus qu'un fantôme au Sénat. L'heure de la justice peut sonner. Elle ne dérangera personne.

Le 15 et le 16 juin, les conseillers des trois Chambres Réunies procèdent à huis clos à l'examen du dossier secret. Le 18 juin, les chambres se réunissent en audience publique. Et ces débats qui, sept ans auparavant, avaient été envahis par une foule passionnée ne sont suivis que par la famille de Dreyfus, et un petit nombre d'anciens militants et d'avocats. La mort aussi a creusé les rangs : Trarieux, Duclaux, Molinier sont morts en 1904, sans avoir connu ce jour de victoire, pour lequel ils avaient donné une part de leurs forces. Aux abords du Palais il n'y a personne. « Nulle précaution de police, observe Reinach, le calme des jours ordinaires [4] ». Ces journées qui achèvent un combat de douze années n'ont pu dissiper les ressentiments. Le vieux Demange est venu s'asseoir aux côtés de Mornard, mais Labori n'est pas venu. Au jour de la dernière audience, Mathieu Dreyfus ira vers Picquart pour lui serrer la main. D'un geste Picquart repoussera cette main tendue, et il se détournera. A Mme Zola, témoin bouleversé de l'insulte, Mathieu Dreyfus dira seulement : « Il a tous les droits, j'ai tous les devoirs [5] ».

Les trois présidents de chambre entourent le premier président Ballot-Beaupré : Tanon qui préside la chambre des requêtes, Sarrut qui autrefois donna quelques conseils à Scheurer-Kestner et qui maintenant préside la Chambre civile, enfin Bard, le courageux rapporteur de 1898 devenu président de la Chambre criminelle. Ce sont les dreyfusards qui portent maintenant les plus lourdes hermines. Du 18 au 22 juin, le conseiller Moras lit son rapport. Il parle, assis, d'une voix toujours égale. Son rapport, comme celui de Ballot-Beaupré en 1898, est un remarquable exemple de précision, de probité d'esprit. Moras relève trois faits nouveaux qui suffisent à ouvrir la voie à la révision. Puis il reprend toute l'Affaire, avec une implacable minutie, discutant chaque document, chaque témoignage, et il conclut à la révision. Mais il ne se prononce pas sur le point de savoir s'il faut ou non renvoyer la cause devant un nouveau Conseil de guerre.

Après lui, le procureur général Baudouin requiert pendant huit audiences. Parlant d'une voix forte, souvent emportée, improvisant ou lisant, il excommunie au passage tous ceux qui, à un moment quelconque, ont entravé l'œuvre de vérité *. L'inter-

* « La séance de la Cour a été très belle, écrit au jour de la première audience Mme Mathieu Dreyfus à sa mère Mme Emile Schwob [6]. Baudouin a flétri avec beaucoup d'énergie du Paty de

minable philippique du procureur général semble réveiller, jour après jour, l'opinion publique assoupie. Cuignet écrit au garde des Sceaux pour protester. Du Paty, quoique « fort honoré des injures du procureur général », publie dans *la Libre Parole* une lettre au premier président, et porte plainte auprès du garde des Sceaux. Gribelin, devenu journaliste, écrit à Ballot-Beaupré pour protester contre les diffamations dont il s'estime la victime. Zurlinden, Gonse rendent publiques leurs protestations. Gonse accuse Picquart d'avoir menti *, et Picquart répond que la parole de Gonse n'a aucune valeur. Le 9 juillet ils se battent en duel au pistolet. Gonse manque Picquart, et Picquart ne tire pas. Esterhazy fulmine, dans une longue lettre à Drumont publiée par *la Libre Parole* du 29 juin 1906. Non, il n'a jamais été un traître. Oui, il a écrit le bordereau. « Je l'ai écrit, tout le monde le sait, et mieux encore que les autres ceux qui le nient avec imprudence, qu'ils soient de Normale, de Polytechnique, ou de Charenton. Mais j'ai obéi à Sandherr. » *La Libre Parole* du 6 juillet somme le général Mercier, qui se tait, de réagir, de dire tout ce qu'il sait : « Mon Général, le temps presse, la Cour de cassation va rendre son arrêt et vous n'avez rien dit... Je viens vous conjurer de parler... ». Contraint de s'exécuter, le général Mercier adresse au président Ballot-Beaupré une lettre embarrassée, plate, où il ne dit rien, sinon qu'il situe désormais au 12 décembre 1894 et non plus au 6 janvier 1895 la nuit « où fut en suspens pendant quelques heures la question de paix ou de guerre ». Une dernière fois il affirme la culpabilité de l'officier traître à sa patrie. « Vous n'avez pas parlé, répliquera Drumont dans *la Libre Parole* du 16 juillet. Vous avez fait semblant de parler. » Ainsi le procureur général Baudouin a-t-il réussi, par la véhémence de ses réquisitions à soulever une dernière, et courte tempête. Et il achève sa philippique en demandant aux Chambres Réunies d'annuler la décision du Conseil de guerre de Rennes sans

Clam et Mercier... c'est un passionné, en parlant du crime de Mercier, il frappait sur son pupitre, en disant que sa place était au bagne. Cela faisait du bien à entendre... »

* En rapportant le fameux propos de Gonse : « Si vous ne dites rien, personne ne le saura. »

renvoyer Dreyfus devant un troisième Conseil de guerre *. « Baudouin, commente Reinach, avec son argumentation passionnée, son manque d'indulgence, sa haine récente, toute fraîche, est la voix de ces retardataires qui se pressent, de cette immense arrière-garde qui rejoint la petite armée victorieuse » [8].

Puis plaide Mornard. C'est la quatrième fois qu'il intervient pour Dreyfus devant la Cour de cassation. Trois jours durant, les 5, 6 et 7 juillet, calmement, avec cette gravité naturelle qui ne l'abandonnait jamais, il refait, une dernière fois, son implacable démonstration. Seulement est-il tenté d'y ajouter. Il imagine qu'Esterhazy a peut-être été un agent du contre-espionnage, comme le procureur général Baudouin avait imaginé que l'auteur du bordereau avait été le complice d'une vaste machination antisémite. C'était l'un des dangers de l'étude de l'Affaire, commente Reinach, que de susciter les plus folles hypothèses. « Comme elle avait été extraordinaire on la voudrait plus extraordinaire encore... » [9].

Mais l'effort essentiel de Mornard – celui qu'il n'avait pas fait en 1898 à la demande de Mathieu et de Lucie – est de démontrer que la Cour de cassation devra ordonner la révision sans renvoyer Dreyfus devant un nouveau Conseil de guerre. C'est que chacun pressent le risque d'un nouveau procès. Dreyfus sera-t-il une troisième fois condamné? Mornard développe deux arguments, auxquels déjà Baudouin s'était rallié dans ses réquisitions. Le premier – très douteux – est qu'Henry mort, Esterhazy acquitté, le renvoi devenait juridiquement impossible car la loi énonçait qu'il n'y a pas lieu à renvoi quand « il ne pourra être procédé de nouveau à des débats oraux contre toutes les parties » **. Le second

* « Il fait à la Cour de cassation épouvantablement chaud, écrit Mme Mathieu Dreyfus à sa mère [7], et il y a un monde fou depuis que le procureur a commencé son réquisitoire... Me Baudouin démontre très clairement qu'il y a lieu de casser sans renvoi, car il n'y a aucune charge à juger contre Alfred puisqu'il est innocent et qu'Esterhazy le coupable a été acquitté... »

** Mais Henry, Esterhazy, pouvaient-ils être qualifiés de « parties » dans les poursuites dirigées contre Dreyfus? Plusieurs études juridiques avaient été réunies, pour éclairer la Cour de cassation sur le difficile problème de la révision sans renvoi [10].

argument, moins fragile, se réclamait du texte qui prévoyait que la Cour de cassation devait statuer sans renvoi « quand l'annulation de l'arrêt ne laisse rien subsister à la charge du condamné qui puisse être qualifié crime ou délit ». Mornard se met en peine de démontrer que telle est bien la situation. Éliminé le bordereau, dissipée la légende des aveux, dénoncés les faux, il ne reste rien qui puisse, contre Dreyfus, être qualifié crime ou délit. Après quoi Mornard fait savoir que Dreyfus ne réclame que son honneur, qu'il ne veut aucune indemnité. Simplement il demande la publication de l'arrêt au *Journal officiel* et dans divers journaux.

Mornard avait plaidé trois jours *. Il termina en saluant les officiers qui avaient brisé leur carrière pour dire la vérité : Picquart, cette grande conscience d'élite, Freystaetter, le juge de 1894, qui avait osé dire la vérité sur le délibéré et qui, accablé de vexations, avait dû quitter l'Armée. Et il rendit hommage à ceux, tous ceux qui avaient été les bons serviteurs de la justice, Scheurer, Trarieux, Zola, Bernard Lazare, Duclaux, Grimaux, Giry, Molinier, et qui n'avaient pu aller jusqu'au bout du chemin.

Le délibéré des Chambres Réunies fut court, calme **. « Plus de passions, plus de colères, plus de vents soufflant du dehors », écrit Reinach. « Plus un doute, dans aucune conscience, sur l'innocence absolue de Dreyfus. Plus d'Affaire Dreyfus [13] ». Le seul débat est sur un éventuel renvoi. S'en tenant à l'interprétation stricte de la loi, le conseiller Moras

* « Me Mornard, écrit Mme Mathieu Dreyfus [11], a plaidé hier d'une façon admirable... sa voix s'était raffermie, on l'entendait très bien quoique parfois il fût très ému. Les conseillers l'écoutaient avec une grande attention et une sympathie apparente, et on nous a dit de divers côtés que sa plaidoirie produit un grand effet sur eux... »

** « La péroraison de Me Mornard, écrit Mme Mathieu Dreyfus à sa mère, a été superbe... Tout le monde en était ému. Le procureur général, M. Baudouin, a fait prier Mathieu de passer hier dans son cabinet après la fin de l'audience. Il désirait faire sa connaissance. Il a été très cordial et lui a dit que son impression était que l'on obtiendrait la cassation sans renvoi. »

« Nous ne savons pas combien de temps peut durer la délibération. Sera-ce un, deux, ou trois jours? Nous n'irons plus au Palais de Justice, nous attendrons, avec quelle impatience, chez Alfred qu'on vienne en automobile nous annoncer l'arrêt... que c'est long, Mère chérie [12] ».

estime que la Cour de cassation ne peut que renvoyer l'affaire à un nouveau Conseil de guerre. Les trois présidents de chambre sont d'un avis contraire : la cassation sans renvoi leur paraît s'imposer. Le premier président Ballot-Beaupré se range à leur opinion quoiqu'il eût, comme rapporteur en 1898, professé l'opinion contraire. L'unanimité est faite sur l'innocence de Dreyfus. La majorité se prononce pour la cassation sans renvoi. Et Ballot-Beaupré rédige sur les projets de Moras l'arrêt qui sera lu à l'audience du 12 juillet 1906 *.

Ce jour, le premier président Ballot-Beaupré, lourd, massif, couvert d'hermine, entouré des présidents et conseillers des trois chambres, donne lente lecture, devant une salle debout, de l'arrêt qui annule le jugement du Conseil de guerre de Rennes et réhabilite Alfred Dreyfus. Parvenu au terme de sa lecture – qui avait duré plus d'une heure – Ballot-Beaupré s'arrête un instant, comme pour détacher les mots qui mettaient fin à l'Affaire. Et solennellement, maîtrisant mal son émotion, il reprend :

> Attendu en dernière analyse que de l'accusation portée contre Dreyfus rien ne reste debout,
> Et que l'annulation du jugement du Conseil de guerre ne laisse rien subsister qui puisse, à sa charge, être qualifié crime ou délit;
> Attendu dès lors que, par application du paragraphe final de l'article 445 du Code d'Instruction criminelle, aucun renvoi ne doit être prononcé;
> Par ces motifs,
> Annule le jugement du Conseil de guerre de Rennes qui, le 9 septembre 1899, a condamné Dreyfus à dix ans de détention et à la dégradation militaire par application des articles 76 et 463 du Code pénal et l'article 1er de la loi du 8 juin 1850;

* Arrêt honteux, assureront les nationalistes, et qui défiait le droit. La Cour de cassation ne pouvait casser l'arrêt de Rennes sans renvoyer l'Affaire devant un autre Conseil de guerre. Mais les juges et le gouvernement avaient voulu « terminer » l'Affaire. Voir l'analyse critique de l'arrêt, attendu par attendu, dans le *Précis de l'Affaire Dreyfus* de Dutrait-Crozon [14].

La Cour de cassation, écrit Georges Sorel, « fit une application extravagante de l'article 445 ». « ... elle était en veine de générosité dreyfusarde... et elle ne regarda pas à une mesure d'exception de plus pour faire plaisir aux gens puissants » [15].

Dit que c'est par erreur et à tort que cette condamnation a été prononcée;
Donne acte à Dreyfus de ce qu'il déclare renoncer à demander l'indemnité pécuniaire que l'article 446 du Code d'instruction criminelle permettait de lui allouer;
Ordonne qu'en conformité de cet article, le présent arrêt sera affiché à Paris et à Rennes et sera inséré au *Journal officiel*, ainsi que dans cinq journaux au choix de Dreyfus;
Autorise Dreyfus à le faire publier aux frais du Trésor et aux taux des insertions légales dans cinquante journaux de Paris et de province, à son choix;
Ordonne que l'arrêt sera transcrit sur les registres du Conseil de guerre de Rennes et que mention en sera faite en marge de la décision annulée.

Cet arrêt, commente Reinach, proclamait « qu'il faisait jour alors que le soleil était déjà très haut sur l'horizon » [16]. Il était devenu inévitable. « Il ne faisait que libérer d'un lourd remords la conscience française. » Les parents, les amis se précipitent chez les Dreyfus. On dresse à la hâte une table de vingt-quatre couverts où prendront place tout à l'heure la famille du capitaine et les amis les plus intimes. Une avalanche joyeuse de fleurs ne cesse d'arriver. Mathieu reçoit les journalistes qui se pressent dans l'appartement. Il les éconduit gentiment. « Excusez mon frère. Aujourd'hui il est tout à ses amis » *. On s'embrasse. On pleure. Cette fois c'est fini. « Je n'avais jamais douté, écrira Dreyfus [17], de ce triomphe de la justice et de la vérité sur l'erreur, le mensonge et le crime. Ce qui m'avait soutenu... c'est cette foi inébranlable que la France proclamerait un jour à la face du monde mon innocence... » **.

Il n'avait jamais douté... Mais il avait vécu plus de quatre ans au bagne. C'était un miracle qu'il ne fût pas mort. Et il avait fallu douze ans pour que la France reconnût que l'innocent était innocent.

* *Le Matin*, 13 juillet 1906.

** Dreyfus écrivit aussitôt à Picquart qui lui adressa la réponse suivante : « Mon Cher Dreyfus. Je vous remercie de votre petit mot. Je me figure votre joie et celle des vôtres. J'aurais préféré, vous le savez, le Conseil de guerre, mais je ne m'entête pas. Cela vaut peut-être mieux ainsi. »

XVII. – JE VOUS FAIS CHEVALIER DE LA LÉGION D'HONNEUR

Justice rendue, le temps des réparations est venu. Au Sénat, le garde des Sceaux Monis dépose aussitôt, au nom des groupes de gauche, un projet de résolution, rendant hommage au courage civique de Scheurer-Kestner et de Trarieux, morts l'un et l'autre. Il propose « que les bustes de ces deux grands citoyens soient placés dans la galerie qui précède la salle des séances ». La résolution est adoptée le jour même par 181 voix contre 29. Le général Mercier s'abstint.

Le même jour, 13 juillet, la Chambre est saisie de deux projets de loi du gouvernement. L'un concerne Dreyfus, l'autre Picquart. L'arrêt de la Cour de cassation, qui annulait le jugement de Rennes, rétablissait Dreyfus dans son grade de capitaine avec son ancienneté qui était de... dix-sept ans *. Le projet déposé par le ministre de la Guerre Étienne propose de conférer, par une loi spéciale, à Alfred Dreyfus le grade de chef d'escadron « pour prendre rang du jour de la promulgation de la loi » et de lui décerner la croix de la Légion d'honneur. Le second projet réintègre Picquart dans l'Armée, et décide que « le temps qu'il avait passé dans la position de réforme lui serait compté comme temps d'activité ». Il propose en conséquence de lui conférer le grade de général de brigade pour prendre rang du 10 juillet 1903.

Étrangement les deux projets traitaient différemment Picquart et Dreyfus **. Alors que Picquart retrouvait toute son ancienneté, et devenait rétroactivement général depuis 1903, Dreyfus subissait un évident préjudice de carrière, puisque, s'il n'avait été condamné, il eût été chef d'escadron depuis

* Il était capitaine du 12 septembre 1889. Dreyfus, s'il n'avait pas été condamné, aurait été décoré « depuis six ans au moins », affirmera Étienne dans son discours à la Chambre le 13 juillet.

** Certains y virent la main de Clemenceau, ministre de l'Intérieur, grand ami de Picquart.

quatre ou cinq ans, et qu'il ne le devenait, aux termes du projet, qu'à compter de la promulgation de la loi. Le projet gouvernemental lui retirait toute chance d'atteindre les hauts grades de l'Armée qui avaient autrefois été l'ambition de sa vie. Si même Dreyfus, très fatigué, n'avait plus d'autre intention que d'achever ses jours dans la retraite, il pouvait voir, dans ce traitement, comme une nouvelle injustice *. Encore le ministre de la Guerre avait-il eu de la peine à persuader plusieurs de ses collègues de proposer un texte en faveur de l'innocent réhabilité. Clemenceau ne fit rien, au gouvernement, pour empêcher cette iniquité. La décision d'Alfred Dreyfus en fut renforcée. Il ne resterait dans l'Armée qu'un an, puis il prendrait sa retraite.

La Chambre, pressée de partir en vacances ou portée par l'événement, adopta les deux projets dans la journée du 13 juillet. Sur le projet relatif à Dreyfus, personne ne demanda la parole. Il n'y eut que trente-deux opposants, dont Barrès, les aristocrates et les officiers supérieurs que comptait encore l'Assemblée. Sur la réintégration de Picquart **, un vif débat surgit, où Cochin, Barthou et Barrès intervinrent. Mais il n'y eut que vingt-six opposants. Après quoi la Chambre rendit hommage à Brisson pour avoir été « l'artisan le plus clairvoyant et le plus courageux » de la révision. Mais voici que Pressensé intervient, et met la passion dans un débat qui s'efforçait de la contenir ***. Il demande des sanctions disciplinaires à l'égard des officiers

* Il semble que Reinach ait fait part au ministre de la Guerre Étienne de la déception d'Alfred Dreyfus : « Je ne comprends rien à l'amertume qu'éprouve Dreyfus, écrivait Étienne à Joseph Reinach le 19 juillet 1906, c'est avec son assentiment que je l'ai désigné pour la direction de Vincennes » (lettre inédite communiquée par Madame France Beck).

** « L'Armée qui défile aujourd'hui à Longchamp, écrit Judet dans *l'Éclair* du 14 juillet, est avertie du sort qui l'attend, et des représailles futures. Elle compte aujourd'hui un chef d'escadron, et un général de plus. Le cas de Picquart est peut-être encore plus curieux que celui de Dreyfus. L'avancement de deux grades à la fois est au moins original... Je me demande quelle campagne de guerre nationale aurait pu rapporter tant de galons et d'étoiles... »

*** « Il parlait, raconte Reinach, les yeux mi-clos, comme dans un rêve, disant du même ton des choses indifférentes et des choses terribles » [1].

« dont la procédure de révision avait révélé les manœuvres criminelles ou frauduleuses postérieurement à l'amnistie de 1900 ». Quels officiers? Quelles sanctions? C'est pour Pressensé, passé sans transition du mysticisme chrétien au socialisme, l'occasion d'un solennel discours. Un député nationaliste, Pugliesi-Conti, l'interrompt, s'écriant qu'un gouvernement qui laisse insulter de la sorte l'Armée n'est qu'un gouvernement de lâches. Sarraut, sous-secrétaire d'État à l'Intérieur, se précipite sur lui. Des coups sont échangés *. Maurice Barrès intervient, dénonçant les représailles dont la gauche veut user « contre les grandes institutions auxquelles nous sommes attachés, contre l'État-Major, contre les Conseils de guerre, c'est-à-dire contre la discipline, et nos forces militaires ». L'ordre du jour de Pressensé est finalement repoussé, mais la Chambre rend « hommage aux artisans de la révision » et elle « flétrit les auteurs des crimes qui avaient été dénoncés par l'arrêt de la Cour de cassation ». Ils étaient encore nombreux dans cette assemblée ceux qui, huit ans auparavant, avaient flétri « les meneurs de la campagne odieuse entreprise pour troubler la conscience publique ». On eut encore le temps avant de se séparer, dans cet enthousiasme justicier, d'ordonner l'affichage de l'arrêt de la Cour de cassation, et, sur la proposition de Jaurès et d'Allemane, de voter le transfert des cendres de Zola au Panthéon.

Au Sénat, le général Mercier a l'effrayant courage d'intervenir dans le débat sur la réintégration de Dreyfus, d'accuser la Cour de cassation d'avoir suivi une procédure « irrégulière ». Les sénateurs restent d'abord stupéfaits. Puis l'indignation éclate. On l'interrompt. On lui jette à la tête la communication du dossier secret en 1894, les crimes qu'ensuite il a commis ou couverts. Mercier fait front. « Je ne

* Le soir même le député et le ministre se battent à l'épée, dans la propriété de M. Gast, député de Seine-et-Oise, parent de Picquart. Le ministre de l'Intérieur est le témoin de son sous-secrétaire d'État. Albert Sarraut est blessé, et pris d'une syncope. C'est le dernier des duels de l'Affaire. Voir la liste par ordre chronologique des trente et un principaux duels dont elle fut l'occasion [2]. Sur le rite des duels, notamment dans l'Armée, voir William Serman [3].

présente pas ma défense, je donne l'explication de mon vote. » Il essaie de parler dans les hurlements, d'achever son discours : « ... Dans ces conditions, ma conviction acquise par les débats de 1899 n'est nullement ébranlée, et ma conscience ne me permet pas... » le mot de « conscience » provoque des huées. Le vieux Delpech, dreyfusard des premières heures, rappelle à Mercier les paroles terribles de Waldeck-Rousseau dans le débat sur l'amnistie, et tourné vers Mercier il menace : « Si pourtant nous voulions pousser plus loin notre besoin de justice, il est un homme qui devrait remplacer au bagne l'honorable victime dont l'innocence, après de si terribles souffrances, a été proclamée hier : cet homme c'est vous, monsieur. » A son tour Barthou intervient, reproche à Mercier sa forfaiture : mais qu'avait dit Barthou pendant de longues années? Mercier essaie vainement de répondre. Il ne peut plus parler. Encore il défie du regard les sénateurs qui l'invectivent. A une écrasante majorité [4], le Sénat vote la réintégration de Dreyfus et de Picquart.

Le 20 juillet le *Journal officiel* publiait la nomination de Dreyfus comme chevalier de la Légion d'honneur. Reinach et le général André avaient demandé que Dreyfus reçût la Légion d'honneur en présence des troupes, dans la grande cour de l'École militaire où s'était accomplie, douze ans plus tôt, l'atroce parade. Dreyfus redouta de ne pouvoir supporter cette cérémonie du souvenir. Et le ministre de la Guerre décida que la Légion d'honneur lui serait remise dans la petite cour, en présence d'un nombre restreint d'invités. Aux côtés de Dreyfus, le capitaine Targe, qui avait tant fait pour la révision, recevrait la rosette d'officier.

La parade militaire eut lieu le 21 juillet. Le jour était gris et terne. On avait voulu que la cérémonie fût discrète, sinon secrète : la famille Dreyfus, Picquart, Baudouin, Anatole France, des journalistes, des photographes étaient là. Mais ni Mornard, ni Demange, ni Reinach, ni Jaurès, ni le général André n'avaient été prévenus.

Vers 13 h 30, le commandant Dreyfus arrive. Il est en grand uniforme : dolman noir aux tresses à quatre galons et képi à grenade d'or des officiers hors cadre. Les officiers l'accueillent, s'entretiennent avec lui [5].

Maintenant les troupes commandées pour rendre les honneurs – deux batteries à cheval et deux escadrons des premiers cuirassiers – se forment parallèlement aux trois côtés de la cour. A 13 h 55 retentit la sonnerie des trompettes. Le capitaine de la première batterie va chercher Dreyfus. Celui-ci franchit la ligne des cuirassiers. Il reprend ce pas raide, automatique, qu'il avait le jour de la dégradation. Parvenu à l'extrémité de la batterie, près des trompettes, le commandant Dreyfus prend la position militaire, désormais immobile, la tête haute, la taille redressée par un effort continuel. Les affreux souvenirs remontent en lui. Il ne voit pas les régiments qui sont là pour lui rendre honneur, mais ceux qui assistent à la parade d'exécution. Le général Gillain, commandant la première division de cavalerie, arrive, en uniforme de parade. A grands pas il passe sur le front des troupes. Dreyfus et Targe avancent, prennent position devant le général. Un silence dure, s'éternise, « ma pensée s'enfuit éperdue, réveillant les souvenirs endormis d'il y a douze ans, les hurlements de la foule, l'atroce cérémonie, mes galons arrachés injustement, mon sabre brisé, et gisant à mes pieds en tronçons épars... mon cœur battit à se rompre... la sueur couvrit mon front...» [6].

Au milieu du silence la voix du général appelle d'abord le commandant Targe. Dans le fond de la cour retentissent quelques cris « vive la République, vive l'Armée ». Puis le général s'avance vers Dreyfus : « Au nom du président de la République, et en vertu des pouvoirs qui me sont conférés, commandant Dreyfus, je vous fais chevalier de la Légion d'honneur. » L'épée retombe trois fois sur l'épaule de Dreyfus. Le général Gillain épingle la croix sur le dolman noir, et il embrasse Dreyfus. « Commandant Dreyfus, je suis heureux d'être chargé de vous décorer. » Les regards se tournent vers les fenêtres. A l'une est Lucie Dreyfus. A l'autre le général Picquart. Quelqu'un crie « vive Picquart »; « non, non, vive Dreyfus », proteste Picquart. Maintenant les troupes se sont massées au fond de la cour. Et lentement elles commencent à défiler au son des fanfares, elles défilent devant le général Gillain, devant le commandant Targe, devant le commandant Dreyfus. Elles saluent du sabre au passage. elles saluent le traître Dreyfus, l'innocent martyrisé, le déporté de l'île du Diable, le chef d'escadron de l'Armée française.

Quand le dernier peloton a disparu sous la voûte, les assistants se pressent autour du commandant Dreyfus. On lui serre les mains. On l'embrasse. On crie « vive Dreyfus ». Il proteste : « Non, messieurs, je vous en prie. » Il crie « vive la République! Vive la vérité ». Lucie, ses enfants Pierre et Jeanne, Mathieu sont là. « Étreintes délicieuses de tous ceux que j'aimais, pour qui j'avais eu le courage de vivre » [7]. Dreyfus a encore la force d'aller vers le général Picquart, de lui dire sa gratitude. Picquart lui serre chaleureusement la main. Mais Dreyfus, brisé par tant d'émotions, est pris d'un malaise. Il faut le raccompagner chez lui.

Ainsi la République avait-elle réparé d'une Légion d'honneur des années de bagne, la pire accumulation de souffrances. Quelques mois encore et Clemenceau sera président du Conseil, Picquart, ministre de la Guerre. Les cendres de Zola seront transférées au Panthéon. C'est la grande revanche des dreyfusards! Lui, Alfred Dreyfus, est chef d'escadron, et chevalier de la Légion d'honneur. Le 25 juillet, il est présenté au président de la République par Joseph Reinach. Il dit au chef de l'État son intention de prendre sa retraite l'année suivante. Le 14 juillet 1907, le commandant Dreyfus sollicitera du général Picquart, ministre de la Guerre, que soient liquidés ses droits à la retraite. Dreyfus estimait qu'il n'avait rien à demander, rien à recevoir. Il lui suffisait que la France lui eût rendu son honneur.

XVIII. – JE N'ÉTAIS QU'UN OFFICIER D'ARTILLERIE

Dreyfus avait été nommé, en juillet 1906, à la direction d'artillerie de Vincennes. Sa retraite fut liquidée, par décret du 25 octobre 1907, à la somme de 2 350 francs, pour trente ans, dix mois et vingt-quatre jours de service. N'ayant pas deux ans de grade de chef d'escadron il était retraité comme capitaine. Son séjour à l'île du Diable ne fut pas pris en compte, alors que, légalement, ce temps de bagne eût pu être considéré comme effectué « en service commandé ». Dreyfus ne protesta pas. Par décret du 12 octobre 1907, il fut nommé au grade de chef d'escadron de réserve, affecté au gouvernement militaire de Paris.

A la retraite, il put, comme il l'avait tant espéré à l'île du Diable, s'enfermer dans la vie familiale, se consacrer à Lucie, à ses enfants, à tous les siens, tenter, comme il l'avait écrit, « dans la tranquillité d'oublier toutes les tristesses du passé et de renaître à la vie » [1]. Renaître à la vie, le peut-il vraiment? Sa santé est irrémédiablement ruinée. Il a des fièvres brutales, de longues journées d'infinie fatigue. La nuit, il est agité de cauchemars, et Lucie l'entend pousser des cris. Il commence à collectionner patiemment les timbres – car il recevra des centaines de lettres chaque année, jusqu'à sa mort. Il aide Lucie dans ses travaux de tapisserie. Il lit, classe, annote avec un soin minutieux, les articles de journaux qui, dans le monde, évoquent encore « l'Affaire ».

Quoiqu'il fasse en sorte de vivre dans le silence, il tient à marquer, en toute occasion, sa fidélité à ceux qui l'ont aidé à retrouver sa liberté et son honneur *.

* Certains, cependant, lui feront grief de son « ingratitude ». On lui reprochera de ne pas s'être rendu à l'enterrement de Bernard Lazare quoiqu'il fût alors épuisé, et soigné en Suisse. L'éditeur Stock, qui avait pris de grands risques, tout au long de l'Affaire, ne lui pardonnera pas d'avoir offert l'édition de *Cinq Années de ma vie* à une autre maison [2].

Le 4 juin 1908, il se rend à la cérémonie officielle qui célèbre au Panthéon le transfert des cendres de Zola. C'est Aristide Briand, l'ancien socialiste, qui est maintenant président du Conseil. Georges Clemenceau, Jean Jaurès, le général Picquart sont présents. Les dreyfusards sont un instant rassemblés dans le souvenir de Zola et du texte fameux qui leur avait, au moment désespéré, rendu force et confiance *. A l'issue de la cérémonie, un journaliste, M. Gregori, tire deux coups de feu sur Dreyfus qui est légèrement blessé au bras. *L'Action française*, qui désormais maintient la flamme des antidreyfusards vaincus, magnifie ce « geste très français ». Devant la cour d'assises de la Seine où il comparaît en septembre 1908, M. Gregori proclame qu'il a voulu protester « contre le dreyfusisme », accomplir un geste symbolique dénonçant un gouvernement qui osait « rendre les honneurs militaires à la trahison de Dreyfus, et à l'antimilitarisme de Zola » **. Gregori est acquitté ***! *L'Action française* y trouve la matière d'une nouvelle et violente campagne contre les Juifs et les traîtres installés au pouvoir. Le commandant Cuignet – l'homme qui avait découvert le « faux Henry » – est devenu le plus ardent porte-parole des antidreyfusards. Dans une lettre publiée par *l'Action française* le 16 septembre 1908, il couvre d'insultes le premier président Ballot-Beaupré. « Si dans la Cour de cassation de la République vous êtes le premier en dignité, vous êtes aussi le premier en forfaiture et en infamie. » Les nationalistes font afficher son texte, à Paris, dans de nombreuses villes, pour répliquer à l'affichage de l'arrêt scélérat qui avait innocenté Dreyfus. Le 4 octobre 1908, lors de l'inauguration, à Nîmes, d'un monument au souvenir de Bernard Lazare, *l'Action*

* Le lieutenant-colonel du Paty de Clam crut devoir, quelques jours avant la cérémonie, adresser à *l'Aurore* une réfutation des attaques que, dans *J'accuse*, Zola avait portées contre lui. « La cérémonie projetée, concluait-il, est l'apothéose de la calomnie. »

** Du Paty de Clam et Lebrun-Renault, antidreyfusards infatigables, déposèrent en cour d'assises, en faveur de Gregori [3].

*** « C'est la révision de la révision », proclamera Gregori devant la cour d'assises. Il dédiera à son « grand camarade Édouard Drumont » le compte rendu du « procès du Panthéon ».

française organise une grande manifestation. Léon Daudet et le commandant Cuignet y prennent la parole. Devant quatre mille personnes, on vitupère le traître Dreyfus, les magistrats vendus aux Juifs, l'infâme Ballot-Beaupré. En revanche on ménage Clemenceau. C'est qu'il a gouverné en 1906, en 1907, avec la vigueur d'un chef. Il a maté la classe ouvrière. Partout il exalte la patrie. Peut-être n'est-il pas si éloigné que l'Affaire Dreyfus ne l'avait laissé croire...

Alfred Dreyfus se tient à l'écart, autant qu'il le peut, de ces derniers remous. Quand vient la guerre, il est mobilisé comme chef d'escadron d'artillerie de réserve, d'abord affecté à l'État-Major de l'artillerie du camp retranché de Paris, puis, en 1917, au parc d'artillerie de la 168e division. Il suit cette division dans ses divers déplacements, et participe aux combats du Chemin des Dames et de Verdun. Le commandant Dreyfus est, essaie d'être, un officier français comme les autres. Mais ceux qui servent avec lui se souviennent. Quoi qu'il fasse pour être oublié, il ne peut plus être, dans l'Armée, que le héros de l'Affaire. Il est entouré de haine, de curiosité, ou de déférente sympathie. En septembre 1918 il est promu lieutenant-colonel dans la réserve. En juillet 1919 il est fait officier de la Légion d'honneur.

Il est maintenant un colonel de réserve, dont les épreuves ont ruiné la santé, prématurément vieilli, et qui achève sa vie dans une retraite tranquille. Les souffrances ont transformé cet officier actif, travailleur, ambitieux, en un vieil homme inoccupé et replié. De sa petite écriture régulière, étroite, sans trace d'imagination ni de fantaisie [4] – qui ressemblait trop à celle du bordereau – il annote sans cesse les journaux, les livres qui parlent de son affaire, de son martyre. Dans son appartement de la rue des Renaudes, il passe de longues heures à son bureau. Fumant silencieusement sa pipe, il est penché sur un livre, sur ses timbres qu'il manipule et classe avec précaution. Il reçoit ses enfants, Pierre et Jeanne, et ses petits-enfants qu'il entoure de tous ses soins. Tous savent qu'invités par lui ils doivent être à l'heure. Leur grand-père ne supporte pas le moindre retard. Il fait de longues promenades, pour servir sa fragile santé.

Je le revois, écrit son petit-fils le docteur Jean-Louis Lévy, boulevard de Courcelles, fragile, voûté, nerveux, marchant d'un pas pressé, sa grosse montre toujours à portée de la main... [5].

Ni à table, ni pendant les vacances où la famille se retrouvait au bord de la mer, on ne parlait de l'Affaire, ni du temps passé à l'île du Diable. Mais la silhouette courbée du vieux colonel retraité, ses brusques accès de fièvre, son regard qui soudain se perdait, sa vie séparée du monde, tout en parlait pour lui. Et la nuit Lucie l'aidait à chasser ses cauchemars, la double boucle, les araignées géantes, son sabre brisé, jeté aux pieds, les cris de haine. La mort vint en juillet 1935. Alfred Dreyfus, souffrant depuis plusieurs mois, se rendit en Suisse pour se faire opérer, revint, s'alita pour ne plus se lever. Jusqu'au dernier moment il fut soigné par son gendre, le docteur Pierre-Paul Lévy, et par le professeur Marion. Le 11 juillet son fils Pierre vint le voir, comme tous les jours. Alfred Dreyfus garda longuement la main de son fils dans la sienne, sans dire un mot, comme s'il voulait, de ce geste muet, lui transmettre sa force et sa pensée. Le lendemain, vers cinq heures de l'après-midi, entouré des siens, il s'éteignit doucement. Pierre posa sa tête sur ce cœur silencieux, qui avait tant aimé, tant souffert. Lucie embrassa longuement son compagnon qui la quittait. Ensemble et séparés, ils avaient tout partagé. Elle avait été, jusqu'à la mort, la lumière vers laquelle il s'était tourné dans le jour, et dans la nuit [6].

Je le revois sur son lit de mort, écrit le docteur Jean-Louis Lévy, avec un regard tendre et désarmé que je n'oublierai jamais. Un regard bleu de myope, d'une tendresse déchirante : un regard retourné [7].

Cette vie si cruelle s'achevait ainsi comme elle avait commencé, dans l'intimité paisible de l'ordre bourgeois. Alfred Dreyfus l'avait lui-même résumée de ces mots modestes :

Je n'étais qu'un officier d'artillerie, qu'une tragique erreur a empêché de suivre son chemin [8].

Qui avait-il été, cet officier dont la tragédie avait secoué l'histoire de la France?

Ceux qui ont détesté en lui le Juif, le traître, ont voulu, pour le confort de leur haine, qu'il fût médiocre, déplaisant, sans intelligence, sans âme. Lors de la dégradation, il est apparu sec, raide, agité de mouvements convulsifs, véritable pantin. Même à Maurice Paléologue, mesuré d'expression et d'éducation, Dreyfus en guenilles a semblé alors « aussi grotesque d'aspect que pitoyable. Le traître peut crier " je suis innocent ", sa voix reste sèche, atone, mécanique. Aucune émotion n'y vibre »[9]. « Il n'est pas capable d'un geste de révolte, d'un cri d'horreur. Toutes ses protestations sonnent faux. » Quand Dreyfus réapparaît à Rennes, il n'a pas changé. Bien sûr il est « usé, décharné, pauvre loque humaine »[10]. Mais toujours sa voix est rauque, monocorde. Elle sonne aussi faux qu'autrefois. Quand il retombe sur sa chaise c'est toujours « comme un automate ». Il est incapable de toute chaleur. « Rien de son âme ne peut sortir de sa gorge étranglée. » On dirait qu'il n'éprouve rien.

Ce portrait dessine des traits que l'on retrouve accentués, caricaturés, dans un grand nombre des études consacrées à l'Affaire Dreyfus. La tradition antidreyfusarde, qui n'a cessé de se prolonger dans de nombreux écrits[11], a besoin d'entretenir l'image d'un Dreyfus antipathique, cauteleux, sans sincérité ni humanité. A beaucoup d'égards, cette image recouvre la typologie du Juif éternel. Dominique Jamet rapporte le portrait fait par Georges Roux qui, ayant rencontré Dreyfus vieux, assurait qu'il avait un faciès de vil et de fourbe, qu'il était réellement repoussant, presque répugnant[12]. Henri Giscard d'Estaing décrit « la cohabitation, dans un même individu, d'un esprit distingué et d'une âme étriquée et glaciale... De tout son être, de son maintien, de ses gestes, de sa voix, se dégageait une invincible antipathie que n'ont pas éprouvée seulement ses juges et ses adversaires, mais aussi ses plus chauds partisans »[13]. Armand Lanoux le voit « si plat, si banal, si bien tiré à des centaines de milliers d'exemplaires, si physiquement dépourvu de personnalité que l'on comprend qu'il n'existe pas individuellement »[14]. Mais il n'y a pas que les antidreyfusards, ceux aussi qui, ne pouvant plus lui reprocher sa trahison, lui font inconsciemment grief de son innocence, pour dessiner cette caricature. De nombreux dreyfusards y ont prêté la main, d'une autre manière. Ils n'ont pas jugé Dreyfus à la hauteur de sa cause : « De la magistrature de héros, de la magistrature de martyr, écrivait déjà Péguy, il s'est lamentablement tiré » [15]. Il fallait donc qu'il fût lamentable. Une forte tradition dreyfusarde se débarrasse ainsi de Dreyfus, déclaré inapte à servir sa cause. On le voit plutôt sot, inculte, naïvement obsédé par le culte de l'honneur et l'amour de la patrie, incapable d'imagination, presque simple d'esprit. Il avait l'air « d'un marchand de crayons », aurait dit Clemenceau [16]. Une culotte de peau, une vieille baderne, aussi sectaire et borné que ses accusateurs? Un médiocre militaire que le hasard ou les forces réactionnaires auraient hissé jusqu'à un destin qu'il était trop petit pour assumer? Beaucoup de ceux qui estiment que l'Affaire fut un héroïque combat des valeurs de vérité et de liberté écartent ainsi Dreyfus qu'ils ridiculisent ou « anéantissent » [17]. Au bout du compte Alfred Dreyfus n'aurait été qu'une circonstance, au mieux un symbole. Un immense conflit d'idées et de sentiments serait né d'un homme qui ne méritait pas attention.

Que l'Affaire ait dépassé sa personne, nul plus que Dreyfus n'en fut persuadé [18]. Au lendemain de l'arrêt de la Cour de cassation qui lui rendait son honneur, il a choisi de s'enfermer dans la retraite et le silence. Il n'a voulu ni assumer le rôle d'un héros qu'il ne prétendait pas être, ni même être tenu pour un symbole. « Le Dreyfus symbole de la justice ce n'est pas moi, a-t-il dit à Victor Basch, ce Dreyfus-là c'est vous qui l'avez créé » [19]. Il n'a pas voulu non plus que son martyre fît de lui un personnage public, ni nourrir une quelconque notoriété. Pour lui l'Affaire Dreyfus était close. Pour d'autres, elle continuait, elle n'était qu'un moment du combat pour la justice, ou une étape dans la transformation d'une société. Beaucoup de dreyfusards qui n'avaient pas connu ou aimé Dreyfus, mais la cause qu'il incarnait, les combats dont il était l'enjeu, n'ont pas admis qu'il se refusât ainsi à tenir le rôle pour lequel il avait été désigné :

> Celui qui est désigné doit marcher, proclamait Péguy, celui qui est appelé doit répondre. C'est la

loi, c'est la règle. C'est le niveau des vies héroïques, c'est le niveau des vies de sainteté [20].

Or Dreyfus a manqué à cette loi.

> Qu'est-ce qu'il est allé faire dans une réputation, dans une célébrité, dans une gloire mondiale? Victime malgré lui il a trahi sa gloire... voilà un homme qui était capitaine. Il pensait monter colonel ou peut-être général. Il est monté Dreyfus.
>
> Investi héros malgré lui, investi victime malgré lui, investi martyr malgré lui, il fut indigne de cette triple investiture. Historiquement, réellement indigne. Insuffisant, au-dessous, incapable, indigne de ce triple sacre, de cette triple investiture [21].

Mais qui conféra à Dreyfus ces « magistratures capitales », cette « triple investiture »? Qui l'avait « désigné » pour marcher, sinon ses bourreaux? C'est vrai qu'il a pu décevoir les mystiques, et aussi les politiques, tous ceux qui servaient des convictions ou des projets dont il n'était qu'un passage. Il a déçu Clemenceau et Labori. Il a déçu Bernard Lazare et Charles Péguy. Mais Dreyfus n'avait jamais rien demandé, rien attendu d'autre que sa liberté, son honneur, son innocence proclamée. Il ne s'est jamais vu, ni dit « investi héros », « investi martyr ». « Nous serions morts pour Dreyfus, s'écrie fièrement Péguy, et Dreyfus n'est pas mort pour Dreyfus » . Précisément son combat fut de ne pas mourir. Le 12 juillet 1906, son combat fini, Dreyfus disparaît de la scène. Et le combat est fini de tous ceux qui ne se sont battus que pour l'innocent martyrisé, le combat de Mathieu, le combat de Demange, le combat de la très petite équipe que ni la politique ni la mystique n'inspiraient, qui n'avaient jamais lutté que pour la réparation d'une injustice.

Mais qu'Alfred Dreyfus ait ainsi limité sa fonction, qu'il ait déçu ceux qui lui en demandaient davantage, n'autorise pas à le défigurer. Il n'était pas du tout ce pantin désarticulé, ce soldat borné, ce personnage tantôt grotesque, tantôt odieux, que dreyfusards et antidreyfusards ont souvent décrit, se rejoignant au moins pour observer la discordance entre l'immensité de l'Affaire et la médiocrité du héros.

Nul doute qu'Alfred Dreyfus fut l'enfant d'une

bourgeoisie provinciale, sérieuse, étroite et peut-être étriquée. Il fut aisément nourri des bons sentiments que la famille entretenait : le goût de l'intimité, le respect du travail, le sentiment de l'honneur, l'amour de la patrie, l'attachement à la vérité et à la justice. Il a reçu en héritage les principes d'ordre et d'exactitude, la fidélité aux rites et aux usages. Il déteste l'imprévu. Il se méfie de tout ce qui dérange les habitudes, les horaires, la morale établie, les hiérarchies consacrées. La bourgeoisie récente, à laquelle il appartient, est aisée, contente de l'être, et économe. A mille détails on aperçoit, chez Alfred Dreyfus, une relation avec l'argent conforme à celle de son milieu social. Il est satisfait d'en avoir, très attentif à ne pas le gaspiller.

Il est probable que son éducation, le fait aussi qu'il fût le dernier d'une famille nombreuse, à la fois gâté et isolé, développèrent chez lui une pudeur presque maladive, une vraie difficulté à nouer des relations sociales, une distance et même une solitude qui semblent avoir été à la fois sa souffrance et sa fierté. Il parlait peu, s'exprimait difficilement, redoutait ceux qu'il ne connaissait pas. Timide, il semblait prétentieux. Réservé, il paraissait hautain. On lui connut dans la vie peu d'amis. Il tenait les autres à l'écart, par crainte, par pudeur, ou parce qu'il n'en avait guère besoin. Qu'il fût silencieux, discret, secret même, n'empêchait qu'il fût passionné, et très émotif. Beaucoup de ses lettres traduisent des sentiments extrêmes, souvent violents, et des émotions d'une brutale intensité. Mais il s'applique à les contenir, en tout cas à les dissimuler. Il ne veut jamais rien révéler de lui de peur d'être indiscret ou ridicule. De cette maîtrise de soi, que la formation militaire a certainement exaspérée, il tire une vraie fierté. L'orgueil est peut-être ce qu'Alfred Dreyfus cache le plus mal. Il a l'orgueil de sa famille, l'orgueil de sa situation sociale, l'orgueil de son métier, l'orgueil de sa solitude, l'orgueil aussi de son caractère. Au fond des pires épreuves, quand il est attaché les fers aux pieds, il lui reste la fierté de dominer la souffrance, de se prouver à soi-même qu'il est plus fort que son agonie.

Ce n'est pas le moindre paradoxe de ce drame, écrit François Mauriac [22], que la victime de l'État-

Major ait été « le plus militaire de tous ces militaires ». Dreyfus a dit que la vocation militaire était née en lui de l'occupation de l'Alsace par les Allemands. Mais il avait, avec l'Armée, avant même de la rencontrer, bien des sympathies. Le sentiment de l'honneur, héritage familial, paraît avoir été chez lui poussé jusqu'au paroxysme : honneur du nom, honneur de la famille, honneur de soi, honneur des enfants. Le mot d'honneur est sans doute celui qui revient le plus souvent sous sa plume. Il tient à son honneur plus qu'à sa liberté, plus peut-être qu'à sa vie. Ce semble être sa respiration. Le sentiment hiérarchique lui est, par ailleurs, naturel. Il aime et respecte ses chefs, comme il marque spontanément ses distances avec ceux qui lui sont inférieurs. Il n'a jamais remis en question aucune des hiérarchies qui l'entourent. Elles lui semblent immuables. Il est, d'instinct, conservateur de l'ordre social. Officier, il est heureux de l'être, et il est confiant dans l'Armée : parce que celle-ci lui assigne sa place, parce que son grade traduit ses mérites, parce que l'organisation et la discipline sont les fondements de l'institution militaire. Jusqu'à son retour de l'île du Diable, il restera obstinément convaincu que son chef, le général de Boisdeffre, travaillait à la révision de son procès. Ceux qui y ont vu un signe de sa naïveté oublient ce qu'était le sentiment hiérarchique dans l'Armée à la fin du XIXe siècle. La hiérarchie militaire n'était pas seulement perçue par les officiers comme une hiérarchie des fonctions qui contraint à l'obéissance, mais comme une véritable hiérarchie des mérites, qui impose le respect du chef et incite à l'admiration. Cette hiérarchie, Alfred Dreyfus n'avait d'autre ambition que de la gravir, en se montrant toujours le meilleur. S'il fut très long à admettre que l'État-Major avait voulu sa condamnation, qu'il avait commis des crimes pour le maintenir au bagne, c'est qu'il croyait avoir mérité sinon la sympathie, du moins l'estime de ses chefs. La haute idée qu'il se faisait de l'Armée s'effondrera, dans la prison de Rennes, quand il prendra connaissance du dossier, et découvrira le rôle de l'État-Major. Ce fut une rupture décisive et sans doute douloureuse, dont il a très peu parlé. Au lendemain de la proclamation de son innocence, il demandera sa mise à la retraite moins pour vivre tranquille que parce qu'il ne peut plus vraiment aimer cette Armée qui l'a tant haï.

Pierre Vidal-Naquet a justement observé le silence de Dreyfus sur son appartenance à la tradition juive [23]. Ni dans ses écrits, ni dans ses lettres, Dreyfus ne fait la moindre allusion à la campagne de *la Libre Parole* en 1892 contre la présence des officiers juifs dans l'Armée, ni même à l'antisémitisme qu'il a cependant rencontré *. Pas une fois, de l'île du Diable, écrivant à Lucie, il ne dit, ni ne laisse entendre que sa condamnation, son martyre peuvent avoir été influencés par le fait qu'il fût juif **. On ne peut pour autant dire qu'il ait voulu renier la tradition juive. Il a épousé une femme juive, selon le rite juif : le 21 avril 1890 le grand rabbin Zadoc Kahn a déclaré Lucie et Alfred unis par les liens du mariage conformément à la loi de Moïse et d'Israël. A la prison de la Santé, le 23 décembre 1894, il a écrit au grand rabbin pour lui demander de venir le voir : « Je serais très heureux si vous aviez la bonté de venir me voir et me réconforter de votre parole chaude et éloquente » ***. Au procès de Paris, il a demandé au rabbin Dreyfuss de déposer en sa faveur. Il assume sa tradition, comme il est fier de son nom dont il défend l'honneur. Mais il est l'héritier d'une bourgeoisie qui se veut, qui se croit parfaitement assimilée. Le fait qu'il soit de confession « israélite » concerne sa vie privée. C'est un problème de religion et de tradition familiale, dont il n'est pas coutume de parler. Nous risquons de mal comprendre ce silence, si nous l'observons avec notre regard d'aujourd'hui. La bourgeoise juive assimilée n'ignorait pas qu'elle fût juive. Elle n'était pas honteuse. Mais elle ne croyait pas que cette singularité dût être affirmée. La confession, la tradition juive appartenaient à la part la plus intime de chacun, celle dont la discrétion et la pudeur bourgeoises commandaient de ne pas parler. Nous sommes aujourd'hui les enfants de temps bavards. Nous avons peine à admettre cette impitoyable censure, à

* Voir *supra* p. 33.

** Il est vrai que la pudeur tient, chez lui, une place essentielle. Et le déporté de l'île du Diable sait que ses lettres sont lues et relues par l'Administration pénitentiaire.

*** L'autorisation lui fut refusée [24].

comprendre que ce qui est essentiel peut être tu.

Mais il est vrai aussi que Dreyfus ne se sent nulle solidarité avec les Juifs de France ou du monde. Les combats pour la reconnaissance d'une originalité juive, celui que mènera Bernard Lazare en faveur d'une nation juive, ne l'intéressent pas. Pour lui, ils n'ont guère de sens. Alors même qu'il a entendu, le jour de la dégradation, les cris de « mort aux Juifs », qu'il a lu tous les journaux où est dénoncé le Juif traître, il ne croit pas vraiment que l'on ait voulu condamner en lui un Juif, le Juif. Sans doute devra-t-il plus tard voir l'évidence : que l'antisémitisme a joué un rôle décisif dans son affaire. Il n'en parlera pas davantage. Toute souffrance du Juif assimilé, observe Marrus, ne faisait alors que renforcer sa volonté d'assimilation.

On a dit et répété que Dreyfus, s'il n'avait pas été Dreyfus, eût été antidreyfusard. Rien ne permet de le penser. Sans doute était-il porté à faire confiance à ses chefs, à ne pas douter de l'État-Major. L'honneur de l'Armée lui était cher. Il était prêt à le défendre en toute occasion. Il aimait sa patrie au point que l'idée même de la trahison lui faisait horreur *. Aux pires moments vécus à l'île du Diable, il écrit encore que l'ignoble traitement qui lui est réservé serait trop doux s'il avait été un traître. Mais il eût été sans doute incapable d'admettre que l'honneur de l'Armée exigeât la condamnation d'un innocent, ou qu'il fallût sacrifier quiconque à la raison d'État. L'idée barrésienne que l'intérêt de la France était la seule loi, pliant toutes les autres, ne pouvait être comprise de lui. C'est que la France, pour lui, se confondait avec une loi morale très exigeante. Qu'il fût juif jouait sans doute un rôle dans cette haute idée de la patrie. Comme beaucoup de républicains, il croyait au progrès indéfini de l'espèce humaine, au rayonnement irrésistible, dans l'espace et le temps, des vertus cardinales que portait la République. Que l'intérêt de la France ou l'honneur de l'Armée eût commandé des forfaits lui eût paru absurde. Il était plus proche en cela de

* Jean-Louis Lévy qualifie son patriotisme intransigeant de « maternel ». « Il aime et ne juge pas sa patrie... D'où, entre la France et Dreyfus, cette déchirante querelle d'amants : Dreyfus aime la France qui le rejette et le maudit » [25].

Picquart – Alsacien comme lui, comme lui implacablement vertueux – que des officiers, tel Boisdeffre, ou Pellieux, pour qui « l'Arche sainte » avait mission de défendre la vieille France contre un monde en mouvement.

Peut-être Alfred Dreyfus, à force de rigidité et de distance, pouvait-il susciter l'antipathie. De sa classe sociale, il a hérité une vue étroite du monde. Il ne remet jamais en cause ni l'ordre où il est inséré, ni les vertus qui lui furent enseignées, ni la morale de son milieu. Il ne conteste rien dans la société où il vit, où il souffre. Il plaisante peu et mal. Il n'a pas d'humour. Il est méthodique au point d'être méticuleux, rigoureux et exact au point d'être maniaque. Il aime les uniformes, les décorations, les hiérarchies, l'ordre militaire, sans jamais en sourire. Au milieu des pires souffrances, il semble occupé de sa tenue, attentif à garder son allure. Il sublime son devoir sans s'interroger sur son contenu. Sa vie privée, aussi, révèle ses limites. Il chérit sa femme et ses enfants, ses proches, mais on ne lui voit au-delà nulle sympathie spontanée pour ceux qui sont différents, étranges, étrangers. Jamais les souffrances du bagne ne lui ont tiré une réflexion sur le bagne, sur les bagnards, sur la société qui organise une répression sauvage. Son honneur, sa patrie, sa famille restent ses horizons. Sa conception même des femmes révèle comme il est prisonnier de son état bourgeois et militaire. Jusqu'à son mariage il paraît avoir accepté de se distraire en compagnie de femmes légères. Puis, marié, il exalte la famille. Il est bon fils, bon mari, bon père, bon Français. Ce qu'il ne connaît pas ne l'intéresse guère. Sa culture est traditionnelle, sans audace ni fantaisie. Ce qu'il dit ou écrit à propos des auteurs qu'il lit, révèle qu'il n'en garde que ce qui lui convient. Son modèle est Napoléon. On ne lui voit, tout au long de sa correspondance, ni imagination, ni espace dans la pensée. Sa réflexion reste repliée et répétitive. Sa pensée tourne en rond, comme il tourne dans sa case. Julien Benda, qui fit la connaissance de Dreyfus après sa sortie de prison, fut stupéfait de sa volonté de tout « objectiviser ». Toujours Dreyfus s'efforce d'être exact et précis. Toujours il veut décrire les événements et les gens comme s'il leur était extérieur [26]. « Cette génération de rhéteurs, constate

Mauriac, eut pour héros l'homme le plus étranger à toute rhétorique » [27]. Il ne veut rien montrer de ce qu'il éprouve, de ce qu'il est. Il censure ses sentiments, ses émotions, ses idées mêmes, pour ne retenir que les faits, les exposer comme s'ils ne le concernaient pas. Il y a beaucoup de pudeur dans cette volonté têtue, un amour immodéré de la méthode, peut-être la déformation d'un esprit scientifique, mais aussi un parti pris qui l'enferme et le réduit.

Et le paradoxe est que ce parti pris, qui mêle la morale à l'esthétique, lui coûte et le fait souffrir. Il doit rester impassible, presque détaché, quand brûlent en lui des sentiments d'une rare violence. Son amour de la patrie n'est pas une idée vague, une obligation assumée. C'est une véritable passion, qui lui donne souffle et énergie. Son attachement à l'honneur n'est pas la fidélité à une tradition. Dreyfus souffre dans son honneur comme il souffre dans sa chair. Il croit au triomphe irrésistible de la vérité, à la proclamation finale de son innocence, avec une force que ni les souffrances ni les échecs n'ont pu entamer. Cette foi quasi religieuse dans les vertus de sa patrie, dans la victoire du juste et du vrai, peut aujourd'hui sembler singulière, signe d'une obstination naïve. Mais si Dreyfus n'avait pas été habité de si puissantes certitudes, il n'eût sans doute pas résisté au traitement qui lui fut imposé. Plus lucide, plus sceptique, il n'eût pas « tenu ». Il eût aperçu que sa situation, au bagne, était désespérée. Sans le secours du hasard, sans la découverte du petit bleu par Picquart, sans la lampe de Cuignet, Dreyfus serait probablement mort en déportation. Nous ne voyons plus aujourd'hui qu'à l'île du Diable il devait raisonnablement succomber à l'épuisement ou à la maladie. Telle était sa confiance en la France, son entêtement à croire aux forces du bien, qu'il a gardé espoir quand la plupart auraient renoncé. Il a fallu, pour que Dreyfus survive, l'alliance d'un fantastique courage d'homme et de convictions invincibles. Ce qui peut définir un héros. Qu'eût été le destin du capitaine Dreyfus, si le hasard d'une ressemblance d'écritures ne l'avait pas, un jour de 1894, fait convoquer au ministère de la Guerre, puis mené de l'emprisonnement à la condamnation, à la déportation? L'injustice qui le frappa, le martyre qu'il subit, lui assignèrent pour seul destin de lutter contre les fièvres et les araignées, contre le désespoir, dans une case, et sous l'œil du gardien. Il fut réduit à cet héroïsme sans éclat qui n'est que de survivre. Après quoi, quand il fut rendu à l'honneur et à la liberté, ce n'était plus qu'un homme brisé. Ainsi, parce que sa vie lui fut volée, n'eut-il d'autre choix que d'user ses grandes vertus à ne pas mourir.

XIX. – LE DERNIER SURVIVANT

Quand Dreyfus s'éteint, le 12 juillet 1935, il est, par un défi du destin, le dernier survivant des principaux acteurs de l'affaire dont il avait été le héros.

Le général Picquart, après avoir été ministre de la Guerre jusqu'au 20 juillet 1907, avait été nommé au commandement du 2e corps d'armée par le ministère Briand. Il était mort le 19 janvier 1914, des suites d'un accident de cheval *, et avait reçu des

* P.-V. Stock rapporte l'article nécrologique que lui consacra Jaurès : « La mort du général Picquart éveille en moi une poignante mélancolie. C'est l'évocation brusque d'un passé déjà lointain de luttes ardentes et douloureuses, de générosité, de souffrance et d'espoir. Comme la destinée de cet homme a été incomplète! Quand M. Clemenceau l'appela au ministère de la Guerre, je dis à nos amis combien je déplorais cette nomination. Qui pouvait répondre en effet que la noblesse morale et la pénétration d'esprit dont le lieutenant-colonel Picquart devait faire preuve au cours du drame de l'Affaire Dreyfus lui conféraient les qualités nécessaires pour administrer et réformer l'Armée? Je craignis qu'il perdît dans une tâche à laquelle il n'était pas préparé une partie des sympathies et des titres que son héroïsme lui avait créés. Les événements me donnèrent raison, et ce ministère fut pour beaucoup une déception cruelle.

« Mais qu'importent après tout ces erreurs du destin et ces fausses directions de la vie! Il suffit de quelques heures lumineuses et ferventes pour donner un sens à toute une existence, pour en prolonger dans l'histoire le reflet et l'exemple. Les bons citoyens ne se souviendront à cette heure que du mot tranquille par lequel, jouant sa vie, il se fit l'ouvrier de la justice : " Je n'emporterai pas ce secret dans la tombe. " Et pour moi j'évoque le souvenir de nos conversations prolongées dans la salle des témoins du Palais de Justice au procès Zola, de nos entretiens

obsèques nationales. Il n'avait pas revu Dreyfus.

Quelques mois plus tard, au soir du 31 juillet 1914, alors que le gouvernement allemand venait de décréter « l'état de danger de guerre », Dreyfus avait appris l'assassinat de Jean Jaurès, abattu par Villain, de deux coups de revolver. Il en avait éprouvé un grand chagrin. Non seulement Jaurès avait été la force qui avait peu à peu entraîné les socialistes au soutien de sa cause, mais il avait été l'artisan, vigoureux et habile, de la révision de 1906. Mieux que Clemenceau – qui n'avait jamais admis que Dreyfus eût accepté sa grâce – Jaurès avait compris que l'innocent refusât de mourir au bagne. Ce n'était pas seulement l'effet de sa sympathie intelligente et généreuse. C'est aussi que Jaurès plaçait la personne humaine au-dessus de toute valeur

> ... pour les socialistes, la valeur de toute institution est relative à l'individu humain. C'est l'individu humain, affirmant sa volonté de se libérer, de vivre, de grandir, qui donne désormais vie aux institutions et aux idées. C'est l'individu humain qui est la mesure de toute chose, de la patrie, de la famille, de la propriété, de l'humanité, de Dieu. Voilà la logique de l'idée révolutionnaire. Voilà le socialisme *.

Jaurès avait réussi à s'attacher à la fois à Dreyfus et à la cause de Dreyfus. Peu à peu, le chef socialiste, dont la vaste culture et les larges perspectives de pensées nourrissaient le projet de changer le monde, et ce vieil officier en retraite, replié aux dimensions de sa famille, s'étaient rapprochés. Au-delà de leurs différences, des distances que put creuser à partir de 1906 le soutien apporté par Jaurès au socialisme pacifiste et antimilitariste, l'estime et la sympathie ne cessèrent de les réunir. L'assassinat de Jaurès, l'entrée des socialistes dans l'union sacrée, l'exaltation de l'Armée souffrante puis de l'Armée victorieuse, la revanche du sentiment nationaliste désormais confondu avec la ferveur patriotique, la soumission du droit et de la justice à l'intérêt supérieur de la nation en guerre, cela semblait être

familiers sur les routes de Bretagne, après les audiences du procès de Rennes, dans le crépuscule où il me semblait parfois sentir, une fois de plus, l'agonie de la justice » [1].

* « Socialisme et liberté », publié dans la *Revue de Paris* du 1er décembre 1898 [2].

la fin du rêve de Jaurès... Ce rêve, Dreyfus ne l'avait jamais partagé.

Demange, le vieux conservateur qui, dans ce grand tumulte, n'avait défendu qu'Alfred Dreyfus, l'avocat tout dévoué et parfois maladroit, resta jusqu'au soir de sa vie un ami proche de la famille. De l'Affaire, il n'avait tiré d'autre profit que la satisfaction du devoir accompli, et le respect de ses confrères qui l'avaient tant maltraité du temps que, courageux et solitaire, il faisait pour Dreyfus son métier d'avocat *. En 1919 Joseph Caillaux, poursuivi pour intelligences avec l'ennemi devant le Sénat constitué en Haute Cour, demanda à Edgar Demange de le défendre. Une dernière fois on vit le vieil avocat de Dreyfus, maintenant courbé par l'âge, l'œil toujours ardent sous la crinière blanche, élever vainement l'éternelle protestation du droit et de la justice, contre l'arbitraire dissimulé dans les replis de la raison d'État. Jusqu'au dernier jour, Demange vint au Palais, partageant sa vie entre son appartement du quai de la Tournelle et sa maisonnette de Montfort-l'Amaury. Très vieux, très pauvre, il mourut à sa table de travail, le 10 février 1925.

Élu député de l'arrondissement de Fontainebleau en 1906, Labori intervint à la Chambre dans les grands débats qui concernaient la justice : en 1908 dans le débat sur l'abolition de la peine de mort pour demander qu'elle soit maintenue, en 1907 et 1908, à la requête de Clemenceau, pour s'opposer à la suppression des Conseils de guerre, et proposer qu'ils fussent seulement corrigés par l'adjonction de magistrats professionnels aux magistrats militaires. Il fut vite dégoûté du travail parlementaire : « L'initiative parlementaire est à peu près nulle... le travail parlementaire se fait sans règle, sans ordre, souvent sans sincérité. Les votes escamotés sont acquis. Le contrôle parlementaire est impossible. Les députés sont subordonnés aux ministres... » [3]. En 1910, il décida de ne pas être candidat. Le 30 juin 1910 ses confrères le désignèrent pour devenir leur futur bâtonnier, et il eut le plaisir de battre dans cette compétition Me Raymond Poincaré dont ce fut, dans

* Il eut ensuite le privilège d'être constamment réélu au Conseil de l'ordre des avocats, faveur réservée aux anciens bâtonniers.

la vie, le seul échec. « Vous fûtes la défense », proclama, en lui donnant l'accolade au nom de tous les avocats assemblés, le bâtonnier Busson-Billaut, vieil antidreyfusard. En mars 1914 le bâtonnier Labori échangea avec Mathieu Dreyfus des lettres réconciliatrices. Mais la brouille s'installa à nouveau quand Labori lut un manuscrit rédigé par Mathieu * où celui-ci le jugeait en termes sévères. Labori continua de plaider de « grandes affaires ». A la veille de la Grande Guerre, il plaida magnifiquement pour la femme de Joseph Caillaux, qui avait abattu de six coups de revolver Calmette, directeur du *Figaro* **. Elle fut acquittée. Une nouvelle fois Labori, auréolé de la gloire que lui avait donnée le procès Zola, prouva qu'il était sans doute le plus grand avocat d'assises de son temps. Il mourut le 14 mars 1917 des suites d'une longue et douloureuse maladie. Lui non plus n'avait jamais revu Dreyfus.

Clemenceau ne se rapprocha pas davantage de l'innocent pour lequel il s'était si vaillamment battu. Leurs vies avaient divergé. Si Dreyfus devait beaucoup à Clemenceau, Clemenceau devait beaucoup à Dreyfus. Éclaboussé par Panama, non réélu en 1893, entouré de haines, Clemenceau semblait exclu de la vie politique quand éclata l'Affaire [4]. Ce fut pour lui le départ d'une ascension nouvelle qui devait le porter à la tête du gouvernement en 1906. Clemenceau, resté très proche de Picquart et de Labori, n'admit ni la manière dont avait été conduit le procès de Rennes – pour plaire à Waldeck-Rousseau, pensait-il –, ni la grâce acceptée, sinon troquée, ni les liens qui s'étaient tissés, au travers de Joseph Reinach, entre le gouvernement de Waldeck-Rousseau et la famille Dreyfus. Si dévoué et courageux qu'il eût été au service d'un innocent, Clemenceau restait d'abord un homme politique. L'Affaire fut d'abord pour lui un combat politique, et Dreyfus un symbole pour aider à secouer la vie publique et renverser des gouvernements.

* Il s'agit du texte publié en 1978 sous le titre « L'Affaire telle que je l'ai vécue ».

** Pour mettre fin à une campagne de presse conduite par *le Figaro* contre son mari alors ministre des Finances, pour empêcher la publication de correspondances privées, pour « faire justice ».

Quand le Tigre vint au pouvoir en novembre 1917, appelé par Poincaré, il prononça, dans sa déclaration d'investiture, les mots restés fameux qui exaltaient l'Armée et la patrie confondues, et promettait de châtier les traîtres :

> Nous prenons devant vous, devant le pays qui demande justice, l'engagement que justice sera faite selon la rigueur des lois. Ni considérations de personnes, ni entraînements de passions politiques ne nous détourneront du devoir, ni ne nous le feront dépasser. Trop d'attentats se sont déjà soldés, sur notre front de bataille, par un surplus de sang français. Faiblesse serait complicité. Nous serons sans faiblesse, comme sans violence. Tous les inculpés en Conseil de guerre. Le soldat au prétoire, solidaire du soldat au combat. Plus de campagnes pacifistes, plus de menées allemandes. Ni trahison, ni demi-trahison. La guerre. Rien que la guerre. Nos armées ne seront pas prises entre deux feux. La justice passe. Le pays connaîtra qu'il est défendu...

Ainsi Clemenceau soulève-t-il l'enthousiasme des nationalistes. Et le nouveau président du Conseil engage des poursuites contre tous ceux qu'il soupçonne, ou qu'il déteste. Malvy, l'ancien ministre de l'Intérieur, Caillaux, l'ancien président du Conseil, sont arrêtés, détenus. Pourquoi? Le président du Conseil s'en expliqua au Parlement. Peu importe la fragilité des accusations. Clemenceau invoque « l'angoisse des poilus qui pressentent que pendant qu'ils se battent il y a des gens qui trahissent ». « Il faut, affirme-t-il, que les gens qui vont se faire tuer aient confiance dans le gouvernement de l'arrière. » Il faut « défendre l'Armée ». « Il faut rendre service à la cause publique »[5]. L'innocence, la culpabilité, ce sont, pour Clemenceau qui fait la guerre, des angoisses de juristes. La patrie, l'opinion publique, le moral de l'Armée, requièrent des condamnations exemplaires. Les mots que prononce maintenant l'intraitable défenseur de Dreyfus, ce sont ceux qu'il a haïs, dénoncés. Il dit, en d'autres circonstances, ce que disait Mercier, ce que disait Boisdeffre, ce que disait Barrès : au-dessus des hommes et des lois, il y a la France, il y a l'Armée. Et dans les fossés de Vincennes, on fusille au nom de la raison d'État, et pour l'exemple. Mais les temps ont changé. Il n'y a plus personne, dans l'enthousiasme de l'Union sacrée, pour rappeler les principes auxquels, vingt ans plus tôt, s'accrochait Clemenceau. La France et Clemenceau font la guerre. L'Affaire Dreyfus, c'est un souvenir des temps tranquilles... Clemenceau meurt en 1929, sans avoir retrouvé Alfred Dreyfus *. Mais il était resté l'ami de Mathieu.

Mathieu Dreyfus avait rempli sa mission. Il avait tout offert, six années de sa vie, son intelligence, son habileté, sa fortune, sans jamais fléchir, sans jamais se plaindre. Il n'attendait rien d'autre que la proclamation de l'innocence de son frère. C'était fait, et l'Affaire était pour lui terminée. Son devoir accompli, il retourna diriger ses entreprises, à Mulhouse. Comme Alfred, il s'enferma dans le silence. La guerre de 1914 l'éprouva cruellement : son fils Émile, grièvement blessé sur le front, mourut en octobre 1915. Son gendre, Adolphe Reinach, fut porté disparu en août 1914 **. Mathieu Dreyfus vint, après la guerre, s'installer à Paris. Il se consacra à l'éducation des trois enfants de sa fille Marguerite et d'Adolphe Reinach. Il fut alors le plus attentif des grands-pères, s'appliquant à développer chez ses petits-enfants la fermeté du caractère et un patriotisme intransigeant : qualités traditionnelles des Dreyfus. Il s'éteignit en octobre 1930, laissant un testament de trois pages, écrit de sa belle écriture, penchée, précise, ardente, sans nulle trace d'hésitation, qui s'achevait sur ces mots : « Je demande pardon à ceux que j'ai offensés... », et l'exemple lumineux d'une vie qui n'avait eu d'autres guides que le devoir, la tendresse et le courage. Son petit-fils Jean-Pierre, engagé dans les Forces françaises libres, fut parachuté en France en 1942, et tué dans l'accomplissement de sa mission héroïque.

Lucie Dreyfus vécut à Toulouse puis à Valence les années de la guerre et de l'occupation. Celle qui avait été un rayonnant modèle de courage et de fidélité survécut dix ans à l'homme auquel elle avait

* Ils s'étaient revus, ce qu'atteste la correspondance inédite d'Alfred Dreyfus, dans l'appartement de Clemenceau, rue Franklin, avant la révision définitive. En revanche leur relation paraît ensuite s'être effacée.

** Sur l'alliance des deux familles Dreyfus et Reinach, voir *supra* p. 298.

tout donné. Elle ne cessa, jusqu'à la mort, de donner à tous l'exemple de l'énergie et du dévouement, consacrant ses dernières forces à sa famille et aux œuvres juives. De tant de souffrances elle avait gardé une immense tristesse, que rien ne pouvait distraire. Lucie rejoignit son compagnon dans la tombe familiale au cimetière Montparnasse en décembre 1945.

Pierre Dreyfus fut un combattant héroïque de la Grande Guerre. Il mourut accidentellement en 1946. Il avait publié en 1936 les souvenirs de son père [6], pour rendre un filial hommage « à l'homme qui sera, pour les générations futures, un des plus purs héros de l'histoire de notre chère France ». Jeanne Dreyfus s'éteignit en 1981. Courbée par l'âge, à l'extrême soir de sa vie elle était toujours le portrait de son père : la même allure fière, le même regard « tendre et désarmé ». Tout, en elle, évoquait la présence de ce père, parti pour un trop long voyage, quand elle n'avait pas deux ans...

Ceux qui avaient envoyé Dreyfus au bagne, et dont l'amnistie avait assuré l'impunité, étaient pour la plupart disparus quand Dreyfus s'éteignit. Le général de Boisdeffre, qui s'était enfermé dans une solitude désespérée, était mort le 24 août 1919. Le colonel du Paty de Clam, plusieurs fois blessé pendant la guerre de 1914, glorieux combattant, cité à l'ordre de l'Armée comme « ayant donné les plus beaux exemples de courage et d'autorité », devait mourir des suites de ses blessures le 3 décembre 1916 à l'âge de soixante-trois ans. Le général Mercier demeura sénateur jusqu'en 1920. Il mourut dans sa quatre-vingt-huitième année, le 3 mars 1921.

En août 1923, le *Daily Express* annonçait qu'était décédé le 21 mai de la même année à Harpenden, dans le comté de Hertford, le comte Jean de Voilemont. « Il était voyageur de commerce, racontait le journal, s'était enrichi, ce qui lui avait permis de se faire construire une maison » *. De rares voisins accompagnèrent jusqu'à sa tombe la dépouille de ce vieil aristocrate, dont la solitude cachait, disait-on, un effrayant passé.

* Les antidreyfusards soutiendront que les Juifs auraient ainsi « récompensé » Esterhazy, leur employé [7].

ÉPILOGUE

AU MIROIR DE L'AFFAIRE

I. – DE LÉGENDE EN LÉGENDE

L'Affaire a-t-elle livré tous ses secrets? La plupart de ceux qui ont récemment écrit sur l'Affaire Dreyfus ont mis en évidence la part de mystère qu'elle continue d'enfermer. Ils ont tenté de la déchiffrer. Comme si l'intérêt de l'Affaire tenait encore à ses énigmes *.

Déjà Joseph Reinach avait aperçu la tentation qui vient vite à ceux qui abordent « la captivante, la passionnante étude de l'Affaire », de laisser courir leur imagination.

> Parce qu'elle était extraordinaire, on la voulait plus extraordinaire encore; il n'y avait que les explications compliquées qui séduisissent; on ajoutait au drame; les choses claires, simples, brutales, on les faisait mystérieuses et confuses... pour résister à la tentation, il fallait, comme Ulysse au mât, s'attacher aux faits [2].

De la découverte du bordereau au suicide d'Henry, l'Affaire a été le champ de tant de crimes, de combinaisons, d'épisodes romanesques ou absurdes, que la tentation est forte d'y ajouter. Les ruses de l'espionnage, les intrigues policières n'ont cessé d'emmêler leurs fils, tout au long de six années. Elles sollicitent forcément l'imagination. Durant

* Marcel Thomas est l'un des seuls auteurs à conclure, au terme d'un travail conduit avec une rigueur exemplaire : « ... il serait vain, à notre avis, d'espérer résoudre d'une manière entièrement nouvelle un " mystère " qui en fait n'en est plus un depuis longtemps [1] ».

l'Affaire, les légendes ont surgi, les unes après les autres, inventées de toutes pièces, ou construites sur des indices dénaturés : la légende des aveux de Dreyfus au lendemain de la dégradation, la légende de la « nuit historique » au cours de la première révision, la légende du bordereau annoté par Guillaume II au temps du procès de Rennes, la légende de la dame voilée, du syndicat de la trahison, de l'assassin masqué d'Henry ou de Lemercier-Picard. L'Affaire est parsemée de rendez-vous mystérieux, de complots occultes, de personnages secrets. C'est qu'elle se déroule, pour l'essentiel, autour du Service de Renseignement : la mise en scène, le masque, la supercherie, y sont des « voies ordinaires ». Le drame commence parce qu'une femme de ménage ramasse des papiers froissés dans la corbeille d'un diplomate allemand, et s'achève quand un officier est découvert la gorge tranchée, tenant dans sa main un rasoir fermé. Esterhazy, le traître, est un aventurier, un maître chanteur, un séducteur, un fou superbe et misérable. Le principal criminel, Henry, est tout à la fois : agent secret, soldat glorieux, policier cynique, médiocre faussaire. Dès lors comment ne pas être tenté d'ajouter à un si fabuleux roman?

Par ailleurs, les thèses qui s'échafaudent trouvent, dans l'accumulation même des témoignages et des déclarations, tous les aliments. Esterhazy, dans les innombrables interviews qu'il a accordées, n'a cessé d'osciller entre les délires du mythomane et les inventions d'un menteur habile. Il a fini par s'accrocher à la version qui « moralisait » son rôle mais concédait à l'évidence qu'il était l'auteur du bordereau : il l'avait écrit sur l'ordre de Sandherr, ce qu'évidemment Sandherr mort ne pouvait plus démentir. Schwarzkoppen aussi, dont les *Carnets* ont le ton posé de la vérité, a pris avec celle-ci d'importantes licences. Il a réduit systématiquement l'importance de la « voie ordinaire », parce que sa négligence devait lui valoir de légitimes remontrances. Il a nié avoir reçu le bordereau, l'avoir jeté à la corbeille : mais comment un diplomate doublé d'un agent secret reconnaîtrait-il avoir agi avec tant de légèreté? Et bien sûr Henry, Mercier, Gonse, Lauth, du Paty n'ont cessé de mentir pour accuser puis pour se disculper. Dans les innombrables dépositions des six procédures successives, ils ont soutenu des thèses, souvent variables, parfois contradictoires. On peut y trouver matière à plusieurs romans.

Déjà le procureur général Baudouin – dans ses réquisitions de 1906 – laissait divaguer son ardeur inventive. Il voyait Sandherr, enragé d'antisémitisme, faisant écrire le bordereau à Esterhazy, afin d'obtenir, grâce à la similitude d'écritures, une preuve matérielle contre le Juif Dreyfus. Et le très sage Me Mornard, plaidant en 1906 devant la Cour de cassation, consentait qu'Esterhazy avait pu jouer le rôle d'agent double, avec l'assentiment d'Henry, sinon de Sandherr. Joseph Reinach lui-même, qui dénonçait si bien la tentation de fabriquer de l'extraordinaire, a consacré de nombreuses pages à démontrer, à partir d'indices en vérité très fragiles, la complicité d'Henry et d'Esterhazy : dès l'arrivée du bordereau, Henry aurait reconnu l'écriture de son ancien camarade, et il aurait, ensuite, commis tous ses forfaits pour le protéger *. Marcel Thomas, reprenant et complétant l'argumentation présentée dès l'époque par le colonel Picquart, a montré la fragilité de la thèse qui fait d'Henry le complice actif d'Esterhazy dès 1894. Elle oblige à supposer qu'Henry aurait continué à fréquenter Esterhazy après que ce dernier eut quitté la Section de Statistique, en 1880, et aussi qu'il aurait « reconnu » l'écriture d'Esterhazy à l'arrivée du bordereau. Elle oblige à imaginer qu'Henry aurait été dans l'impossibilité de détruire le bordereau – ce qui eût été pour lui la solution la plus simple –, donc à présumer que d'autres officiers auraient vu, avant lui, le docu-

* Labori a dressé un bilan des erreurs et des « inventions » de Joseph Reinach, dans une note du 15 mars 1904, au lendemain de la publication du quatrième tome de l'*Histoire de l'Affaire Dreyfus* [3]. Plusieurs des observations de Labori ont été approuvées par Picquart, qui écrit notamment, à propos de l'arrivée du bordereau : « Le récit de l'arrivée du bordereau fait par M. Reinach est entièrement inexact » [4]. Picquart a publié dans *la Gazette de Lausanne*, à partir du 2 mai 1903, plusieurs articles qui contredisent sur des points essentiels les thèses de Reinach [5]. Picquart y expose, avec une précision convaincante, les raisons pour lesquelles il est, selon lui, tout à fait invraisemblable qu'Henry ait été dès l'origine le complice ou l'inspirateur d'Esterhazy.

ment. Elle oblige à admettre qu'Henry se serait tu sur cette complicité quand il a « craqué » devant Cavaignac, et surtout à croire qu'Esterhazy, qui a tant fourni d'explications contradictoires, aurait dissimulé, contre son intérêt, la seule qui fût véritable! Au reste, qu'Henry fût devenu le complice d'Esterhazy en 1894, dès l'arrivée du bordereau, ou qu'il le fût devenu plus tard, en 1896, après que Picquart lui eut montré le petit bleu, cela est-il essentiel à la compréhension de l'Affaire? Mais postulant qu'Henry et Esterhazy furent des complices dès 1894, la thèse de Joseph Reinach, qui a été reprise par Mathieu et Alfred Dreyfus, et après eux par de nombreux auteurs *, accroît le rôle d'Henry. Elle aggrave ses crimes. Henry devient, comme l'a cru Léon Blum, « le patron » d'Esterhazy, l'homme de l'État-Major qui fut à la fois « l'inspirateur et l'animateur » qui tint dans ses mains, dès le premier instant, « toutes les ficelles et les commutateurs » [6]. Quand, au procès de 1894, Henry montre Dreyfus du doigt : « Le traître, le voici », il apparaît plus monstrueux encore s'il couvre le véritable traître, s'il sert un projet qui substitue un coupable à un autre. Est-il vraiment besoin d'ajouter sans certitude au poids des forfaits qui accablent sa mémoire et démontrent le comportement criminel de l'État-Major? Et la thèse de Reinach n'aurait-elle pas au contraire pour injuste effet de réduire la culpabilité du général Mercier, en exagérant celle du commandant Henry?

Publiant en 1955 le *Journal de l'Affaire Dreyfus* ** qu'il avait tenu durant cinq années, du 16 octobre 1894 à la fin du procès de Rennes, Maurice Paléolo-

* « Nous avouons que, sans faire absolument nôtre une telle hypothèse, c'est celle qui nous séduirait le plus », écrit Léon Lipschulz en préface à sa *Bibliographie thématique et analytique de l'Affaire Dreyfus*, Fasquelle, 1970.

** Maurice Paléologue a été chargé de suivre l'Affaire, dès son origine, pour le compte du ministère des Affaires étrangères. Gabriel Hanotaux, puis Delcassé lui ont renouvelé cette mission [7]. C'est Paléologue qui présenta en 1899 le « dossier diplomatique » aux magistrats de la Cour de cassation et aux juges du Conseil de guerre de Rennes. Le texte du *Journal*, remis en 1942 par Maurice Paléologue à la Librairie Plon, avec mission de le publier dans un délai de quatre ans après la mort de l'auteur, a manifestement été corrigé et remanié par Paléologue [8].

gue proposait une version nouvelle de l'Affaire qui s'appuyait sur la connaissance personnelle qu'il en avait eue. Il n'y aurait eu non pas un coupable, Esterhazy, mais trois coupables, Esterhazy, Maurice Weil, et le troisième, « un officier de très haut grade » *.

L'accusation portée contre Maurice Weil n'était pas nouvelle. Tout au long du procès, les liens unissant Esterhazy et Maurice Weil avaient été rappelés, et durant la seconde procédure en révision, Picquart avait vivement mis en cause cette amitié qui pouvait couvrir une complicité. Maurice Weil, officier très intelligent, très brillant, avait eu une carrière mouvementée. Il avait fait un passage au Service de Renseignement sous les ordres du colonel Samuel. Il y avait alors connu Henry jeune lieutenant. Puis il avait réussi à se faire attacher au cabinet du ministre de la Guerre, le général Berthault. Il en avait profité pour se lier avec plusieurs officiers supérieurs, dont le général Saussier. Il partageait le meilleur de son temps entre les études historiques, les spéculations de Bourse, les terrains de courses et les jolies femmes. Une élégante Viennoise, juive comme lui, était devenue son épouse. On le voyait dans de nombreux salons, chez les Rothschild, chez les Ephrussi, chez les Cahen d'Anvers. En 1881, on avait découvert qu'il trichait aux courses. Il avait dû démissionner de l'Armée et se terrer quelque temps. Il réussit en 1890 à se faire réintégrer dans l'Armée grâce à l'appui du général Saussier, homosexuel notoire, qui était devenu ou feignait d'être l'amant de la jolie Mme Weil. Le mari complaisant refit, du coup, belle carrière, à l'État-Major du gouverneur militaire de Paris. Deux ou trois fois par semaine il dînait chez Saussier. Tout Paris le savait. Dès 1892 Morès avait commencé une violente campagne dans *la Libre Parole* contre cet officier juif voleur, « qui avait ses grandes et petites entrées à la Défense nationale ». Weil fut alors contraint de quitter l'État-Major. Mais le général Saussier, assure Maurice Paléologue [10], « resta l'in-

* L'accusation est évoquée à diverses reprises dans le livre de Maurice Paléologue. Elle est formellement exprimée p. 150 [9].

time du couple juif ». Or il se trouvait que Weil était aussi l'ami d'Esterhazy, auquel il avait trouvé quelques fonds, et qu'il recommanda avec insistance, quand Esterhazy voulut entrer au cabinet d'un ministre. Le généralissime des armées françaises était l'intime de Maurice Weil, qui était l'intime d'Esterhazy. Cela suffit-il à ouvrir une piste? Que Weil fût intrigant, tricheur, sans scrupule, complaisant, par surcroît toujours en quête d'argent, cela créait peut-être un climat propice à l'espionnage. Mais il n'existe aucun indice sérieux d'une quelconque trahison *. Pourtant la tentation est forte de boucler la boucle : Esterhazy et Weil auraient travaillé ensemble, sous la protection, sinon avec la complicité du général Saussier. Dans l'hypothèse la plus indulgente, les deux complices auraient endormi la méfiance du généralissime, et profité des renseignements secrets qu'il détenait. La thèse a été plusieurs fois reprise, depuis Paléologue, dans des versions diverses. Elle présente, pour quelques-uns, l'avantage de remplacer un Juif par un Juif. Dreyfus était innocent, mais Weil était coupable. C'était par surcroît un vrai Juif celui-là, comme le remarque Maurice Paléologue, un Juif qui avait épousé une Autrichienne « juive et voluptueuse », qui fréquentait la haute finance juive, que l'on rencontrait chez les Rothschild! Ainsi le général Mercier ne se serait-il, au bout du compte, que trompé de Juif.

Mais qui serait le troisième homme? Maurice Paléologue le désigne sans le nommer [12], comme un « officier d'un très haut grade qui, après avoir occupé des fonctions importantes au ministère de la Guerre, exerce aujourd'hui un commandement de troupes » **. Ce ne peut être le général Saussier. Chacun s'accorde à reconnaître que Maurice Paléologue a ainsi dénoncé le général Rau, qui avait été, en 1893, le chef de cabinet du général Mercier, ministre de la Guerre, et qui avait été nommé, en 1895, au commandement de la 23e brigade d'infan-

* Sur la légende du « troisième homme » et les accusations portées, notamment par Maurice Paléologue contre Maurice Weil, cf. la démonstration de Marcel Thomas en appendice II à son livre [11], *l'Affaire sans Dreyfus*.

** Maurice Paléologue écrit ces lignes, si son *Journal* exprime une chronologie exacte, le mardi 3 janvier 1899.

terie. Le général Rau aurait donc, de 1886 à 1896, agi tantôt de concert avec les deux autres espions, tantôt isolément, en étant organisateur d'une vaste trahison au profit des États-Majors allemand, autrichien, italien. Le commandant Lauth, raconte Paléologue, « pour des motifs d'ordre privé avait intérêt à couvrir le troisième traître » * : effectivement le général Rau avait épousé Mlle Marie-Mathilde Lauth.

Sur quoi serait fondée l'accusation que porte Maurice Paléologue, si même il publie son *Journal* longtemps après la mort du général Rau, survenue en 1924? Henri Guillemin, dénonçant cette thèse aventureuse [13], remarque justement qu'elle a pu prendre un fragile appui sur le texte du petit bleu, où Schwarzkoppen réclamait à Esterhazy des explications écrites pour pouvoir juger, disait-il, « si je puis continuer mes relations avec la maison R ou non » : R désignerait Rau comme D semblait désigner Dreyfus. Cette thèse aurait été aussi nourrie de vagues soupçons qui auraient un temps circulé au ministère des Affaires étrangères, sans apparemment laisser de trace, puisque le général Rau poursuivit une brillante carrière pour l'achever général de corps d'armée, grand officier de la Légion d'honneur. Marcel Thomas [14] a découvert le minuscule indice sur lequel Maurice Paléologue a sans doute construit son accusation. Il s'agit d'une note du commissaire Tombs, très antérieure à l'Affaire Dreyfus, rapportant qu'un aventurier allemand, accusé d'espionnage, s'était défendu en prétendant avoir été en relation avec le commandant Rau **. Ainsi Maurice Paléologue n'a-t-il pas même besoin, pour accuser le général Rau de trahison, d'une ressemblance d'écritures. En cinq lignes, l'éminent diplomate a ficelé – contre un mort il est vrai – une effrayante accusation, sans en proposer la moindre justification.

* Ce serait la raison pour laquelle, dès l'arrivée du bordereau, Lauth se serait montré si actif.

** L'accusation ne méritait pas le moindre crédit. Elle ne fut pas prise au sérieux. Du moins est-il possible que ceci ait suffi à alimenter quelques racontars au Quai d'Orsay. Peut-on au reste imaginer qu'Esterhazy, s'il avait été le complice du général Rau, ait tu son nom, lui qui chercha, jusqu'à la fin, à se faire passer pour un agent de l'État-Major?

Dans son ouvrage très documenté publié en 1962, Henri Guillemin [15] s'est attaché à démontrer que le troisième homme était... le général Saussier lui-même. Henri Guillemin rappelle les liens étroits qui unissaient Esterhazy et Weil, et les soupçons qui, dès le procès de Rennes, furent portés, notamment par Picquart, sur Maurice Weil. Henri Guillemin précise ensuite, et avec raison, que Weil fut manifestement protégé par l'amant de sa femme, auquel il dut sa seconde carrière dans l'Armée. Il remarque aussi qu'à deux reprises au moins la protection de Saussier s'est étendue de Weil à Esterhazy. Et Henri Guillemin rassemble en ces termes les faits essentiels qui peuvent, selon lui, accuser le général Saussier [16].

> Esterhazy, officier de troupe, était incapable de se procurer seul les renseignements, de haute valeur, qu'il a fournis pendant des mois à l'Allemagne. Il n'était point à la source de ces informations. Par conséquent il avait trouvé le moyen de s'aboucher tout de même à cette source. Quelqu'un lui communiquait ce qu'il vendait aux Allemands. Quelqu'un qu'il faut inévitablement chercher parmi le très petit groupe des seigneurs.
>
> Saussier, généralissime, la plus haute personnalité militaire de France, le tout-puissant Saussier, comme écrit Picquart, connaît Esterhazy. Il connaît surtout Weil, personnage taré, soupçonné d'espionnage par Sandherr, et que Saussier pourtant s'est attaché, un moment, comme officier d'ordonnance. Saussier dîne chez Weil et couche avec sa femme, qui est autrichienne.
>
> Saussier a tenté d'empêcher, en 1894, toute poursuite, toute enquête même, lorsque le bordereau a surgi.
>
> Saussier a couvert Esterhazy, en 1897, jusqu'au point de le laisser en liberté, alors qu'il était sous le coup d'une accusation de trahison.
>
> Du jour où Saussier, soixante-dix ans, quitte ses fonctions, le désarroi gagne l'État-Major et Esterhazy, mis « en réforme » par Cavaignac, commence ses révélations, non point mensongères, mais véridiques, sur l'appui qu'il a reçu, en haut lieu, pour duper les juges devant lesquels il avait comparu, en janvier 1898, et sur le bordereau qui est bien de sa main.

La culpabilité de Saussier éclairerait la phrase mystérieuse d'Henry à sa femme : « Tu sais dans l'intérêt de qui j'ai agi... » Henri Guillemin veut bien admettre que sa thèse « n'est qu'une hypothèse », « une tentative d'élucidation présentée sous toutes réserves » [17]. Il n'indique pas précisément si, selon lui, le général Saussier était un traître actif, ou un traître malgré lui, auquel Weil et Esterhazy auraient arraché par surprise les renseignements qu'ils vendaient aux Allemands. Reprenant la déposition du colonel Picquart, faite devant la Cour de cassation le 7 mai 1904 *, Henri Guillemin imagine qu'Esterhazy se serait procuré par chantage auprès du généralissime Saussier, grâce à l'entremise de Weil, les documents qu'il allait vendre rue de Lille [19] ou encore que Mme Weil, sorte de « femme voilée », aurait fourni à Esterhazy les renseignements qu'elle surprenait ou dérobait à son amant.

Mais Henri Guillemin échafaude d'autres hypothèses. C'est peut-être, comme l'a dit Esterhazy, le colonel Sandherr qui a dicté à Esterhazy – dont il avait découvert les activités – le mystérieux bordereau dont le texte est inintelligible, et qui n'est jamais parvenu à Schwarzkoppen. Pourquoi? Parce que le colonel Sandherr espérait qu'une photo de ce document serait transmise au général Saussier, que celui-ci reconnaîtrait l'écriture de son protégé, ce qui lui donnerait à réfléchir et l'inciterait à se montrer plus circonspect. Ainsi Sandherr aurait-il manipulé l'espion pour tenter de faire cesser l'espionnage. La manœuvre aurait raté... à cause de d'Abboville. On aurait inventé un autre coupable, un coupable juif. L'antisémitisme de Sandherr aurait été satisfait, tandis qu'échouait son plan diabolique.

Ainsi l'invention et le talent se séparent-ils des faits, et les chemins les plus compliqués semblent les plus naturels. « Rêverie tout cela, conclut Henri Guillemin, hypothèse en l'air dont j'aperçois bien les fragilités. Je n'y tiens en aucune façon » [20]. Mais, au passage, le Juif Weil a été condamné pour

* « Une question, a déclaré Picquart, qui m'a toujours beaucoup préoccupé, est celle de savoir si, à un moment donné, Weil et Esterhazy n'avaient pas cherché à faire du chantage sur quelque personne haut placée... » [18].

espionnage, Mme Weil et le général Saussier condamnés pour complicité. Et sans doute les procès des morts sont-ils moins cruels que ceux des vivants. L'Affaire Dreyfus n'a pas fini de porter son poids d'accusations hâtives, de jugements vite ficelés. Elle est toujours prodigue en condamnations et en dégradations *. Nul doute, la légende du troisième homme resurgira tôt ou tard, désignant un nouveau coupable.

D'autres auteurs poursuivent la démarche inverse. Ils n'accusent pas, ils innocentent l'État-Major, l'Armée, et parfois Esterhazy lui-même. Ainsi Michel de Lombarès [22] observant les bizarreries du bordereau, réfléchissant sur les conditions de son arrivée à la Section de Statistique, rassemblant les quelques détails non élucidés, assure que le bordereau serait un document fabriqué par le contre-espionnage allemand, à partir des notes qu'Esterhazy avait remises à Schwarzkoppen, par imitation de son écriture, et sur un papier qu'il utilisait d'ordinaire. Le contre-espionnage allemand aurait voulu s'assurer que cet Esterhazy qui offrait ses services à l'attaché militaire allemand n'était pas un agent double : si le Service de Renseignement français « réagissait » en recevant le bordereau, on avait la preuve qu'Esterhazy était un véritable espion auquel l'Allemagne pouvait faire confiance. Or Esterhazy était bien un agent français. Mais il appartenait, selon Michel de Lombarès, non au Service de Renseignement qui ignorait son activité, mais à une petite équipe d'agents qu'avait constituée le général Saussier, s'aidant notamment des services de Weil. Weil aurait recruté Esterhazy et celui-ci se serait rendu « en mission » à l'ambassade d'Allemagne pour vendre quelques documents, appâter l'attaché militaire, dans l'espoir de savoir – car c'était là l'essentielle préoccupation du général Saussier – ce que les Allemands savaient du canon 75, et l'intérêt réel qu'ils lui portaient. Par la suite Esterhazy aurait

* « Il n'y a plus grand-chose à tirer aujourd'hui de ces vagues assertions de deuxième ou troisième main, embellies ou déformées à plaisir, à une époque où les procédés d'intoxication de la Section de Statistique commençaient seulement à être entrevus dans une pénombre qui favorisait toutes les équivoques », écrit Marcel Thomas [21].

continué son commerce avec les Allemands pour son propre compte...

Cette version compliquée s'appuie sur quelques particularités du bordereau. Le papier serait de fabrication allemande, aurait assuré l'expert Varinard lors du procès Esterhazy. On y trouverait des tournures germaniques, les caractères d'une syntaxe allemande. Les contradictions qu'il comporte ne pourraient s'expliquer s'il était l'œuvre d'Esterhazy. « Dans tous les détails de la lettre, assure Michel de Lombarès, on peut trouver la main du Service de Renseignement allemand » *. Ainsi Michel de Lombarès construit une thèse exactement contraire à celle d'Henri Guillemin, puisqu'elle innocente Weil et Esterhazy, qui n'auraient été, du moins à l'époque du bordereau, que les agents du généralissime Saussier au service de la France. Et Esterhazy serait mort sans révéler la mission patriotique qu'il avait alors remplie. Ce serait au bout du compte les Allemands, réels auteurs du bordereau, qui porteraient la responsabilité de toute cette affaire. En France, il n'y aurait eu que des innocents.

L'ouvrage publié par Henri Giscard d'Estaing [24] innocente également Esterhazy. Il en fait un agent double. Henri Giscard d'Estaing entreprend de justifier aussi le général Mercier et tout l'État-Major. Le point de départ est très proche de celui de Michel de Lombarès : tandis que les services techniques de l'artillerie française mettaient au point le canon de 75, le général Mercier cherchait à détourner l'attention des Allemands, en les intoxiquant d'informations, vraies ou fausses, destinées à canaliser leurs recherches, et à défendre le « secret vital » de l'armement français. Esterhazy aurait ainsi été employé, dans un rôle d'agent double, pour abuser les Allemands en leur livrant des renseignements faux ou inutilisables. Hélas! Le service français de contre-espionnage était trop bien fait, et l'attaché militaire allemand à Paris trop léger. Le bordereau découvert, Dreyfus soupçonné, le général Mercier ne pouvait révéler l'existence de son réseau secret. Il n'avait d'autre choix, dans l'intérêt national, que de laisser accuser un innocent. Ainsi Henri

* Voir l'analyse minutieuse de Michel de Lombarès [23].

Giscard d'Estaing réussit à absoudre tout le monde : le capitaine Dreyfus, car il n'est guère possible de faire autrement, Esterhazy, dont l'action fut conduite au service de la France, le général Mercier qui dut subir, dans le silence que lui imposait l'intérêt national, « l'effroyable fatalité » qui avait déjoué son calcul, enfin l'Armée tout entière qui retrouve sa dignité, et sort lavée par l'auteur « des accusations portées contre elle par ceux qui l'ont jugée au nom de la philosophie parce qu'ils ignoraient les véritables fondements de l'Affaire ».

Comme le remarque justement Jean-Pierre Peter, réfléchissant sur les dimensions de l'Affaire Dreyfus [25], Henri Giscard d'Estaing prend à cœur l'entreprise de Mercier « comme si elle était la sienne ». En revanche il condamne pêle-mêle la presse antisémite, dont l'acharnement devait provoquer en retour l'enquête des révisionnistes, la vénalité d'Esterhazy qui poursuivit un trafic pour son propre compte, la légèreté de Schwarzkoppen, cause première de l'Affaire, la mystique sommaire des antidreyfusards, mais aussi les mensonges et les variations de Dreyfus, la mauvaise foi ou l'intellectualisme de ses défenseurs, les sombres manœuvres du syndicat juif. Au terme de l'étude d'Henri Giscard d'Estaing, il n'y a plus d'Affaire Dreyfus, rien qu'une fatalité malheureuse, un malentendu, « un impossible dialogue entre deux partis qui ne parlaient pas de la même chose ». Et Dreyfus? Il eut, du moins selon Henri Giscard d'Estaing, la chance d'être juif, et de bénéficier de la solidarité de la finance juive *. Un chrétien pauvre fût demeuré au bagne. Était-il d'ailleurs innocent? M. Giscard d'Estaing convient que Dreyfus n'était pas un agent allemand, mais émet l'hypothèse qu'il fit du renseignement pour la France, et aussi pour la Russie; qu'il était devenu comme Esterhazy un agent double que l'on aurait « liquidé » sans regret...

Les hypothèses d'Henri Giscard d'Estaing éclairent, à leur manière, la permanence des conflits

* « On prit parti pour Dreyfus, explique Henri Giscard d'Estaing, comme on l'a fait depuis pour Sacco et Vanzetti par exemple. Certains, et non les moindres, furent dreyfusards par intellectualisme comme s'il s'était agi de trancher un débat sur l'art cubiste ou l'existentialisme [26] ».

d'idées, de convictions qu'a exprimés en son temps l'Affaire Dreyfus. Car l'auteur poursuit une idée, sinon une mission : démontrer que l'État-Major – le général Mercier en tête – a servi dans ce drame la plus noble des entreprises, qu'il fut seulement occupé de l'intérêt bien compris de la patrie. Et si l'Affaire a dégénéré, c'est parce que Dreyfus était juif, c'est qu'« une grande partie du bon peuple de France, légitimement exaspérée par l'hypocrite intrusion des ennemis de la France faite sous couleur d'un fallacieux humanitarisme, fut conduite à de regrettables excès »; c'est que les Juifs, leur finance, les intellectuels venus à leur service exploitèrent l'Affaire et empêchèrent qu'elle ne restât, ce qu'elle eût été, entre Français, entre chrétiens, « une affaire de famille ».

Ainsi s'affirme, sans qu'il soit besoin d'examiner les ouvrages des militants de l'antidreyfusisme *, la continuité d'une tradition, qui révèle, selon Jean-Pierre Peter « l'existence d'un cycle long qui n'a pas fini d'agir ». On réhabilite Esterhazy, élevé à la dignité patriotique d'un agent double. On innocente le général Mercier, qui ne fit jamais que servir son devoir et sa patrie. Henry lui-même ne fut qu'un auxiliaire trop zélé, au service des fins les plus nobles. Et l'Affaire Dreyfus n'est plus, dans une France ardente et vertueuse, qu'un accident sans importance, dû à la maladresse d'un diplomate allemand, au hasard d'une ressemblance d'écritures, et, hélas, aux travers et aux excès des Juifs.

* On citera pour mémoire le pamphlet d'André Figueras, *Ce canaille de D...reyfus*, qui reprend pêle-mêle toutes les accusations portées par l'État-Major contre Dreyfus, mais qui a l'intérêt d'exprimer la persistance [27] d'une tradition antidreyfusarde indifférente à l'histoire. Le livre d'Henriette Dardenne [28] rédigé par la fille de Cavaignac, à l'aide des notes et archives de son père, est un émouvant hommage de piété filiale, hélas aveuglé par la haine antidreyfusarde.

II. – CETTE LONGUE VAGUE...

Quel rôle l'Affaire a-t-elle joué dans l'histoire de la société française à la charnière des deux siècles? Qu'a-t-elle changé ou consolidé? A-t-elle seulement laissé sa trace? On observe de grandes contradictions parmi ceux qui ont tenté de dresser un bilan de l'Affaire : le bilan change quand change le regard. Les uns voient dans l'Affaire Dreyfus une crise aux effets durables qui commanda, ou précipita une vaste mutation de la société. D'autres estiment que cette longue vague n'a parcouru que la surface. « Finie l'Affaire, sitôt la température retombée, la société, le corps politique, les groupes, les individus se retrouvaient pareils à eux-mêmes, tels que s'il ne s'était rien passé. » Ainsi Léon Blum conclut-il ses *Souvenirs sur l'Affaire* *. Les classes sociales n'avaient pas été brouillées, les rapports sociaux n'avaient pas été altérés, « rien n'avait mordu sur la condition humaine ». Crise événementielle, l'Affaire aurait finalement « laissé moins de trace... qu'une simple crise de surproduction industrielle ».

L'une des difficultés qu'il peut y avoir à dresser un bilan de ce que l'on appelle l'Affaire est qu'il y eut plusieurs affaires Dreyfus. Il y eut une affaire judiciaire qui dura douze ans, de l'arrestation du capitaine Dreyfus jusqu'à sa réhabilitation. Encore celle-ci pourrait-elle se décomposer en plusieurs affaires, entrecoupées de longues parenthèses. La première affaire s'achève en janvier 1894 quand le capitaine Dreyfus, condamné pour trahison, disparaît, enfermé à l'île du Diable. La seconde naît en 1896 des efforts de Mathieu, de Scheurer-Kestner, de l'action de Picquart. Elle se prolonge jusqu'au suicide d'Henry en août 1898. « Après quoi, écrit Léon Blum, l'Affaire, la véritable Affaire, était terminée... » [2]. Est-ce donc une autre Affaire celle qui commence avec la première procédure de révision,

* Dans la logique d'une analyse marxiste de l'histoire des sociétés [1].

se prolonge à travers le procès de Rennes jusqu'à la grâce de Dreyfus en septembre 1899, jusqu'à ce que « l'incident » soit enfin clos? En est-ce une autre encore qui conduit, de 1900 à 1906, jusqu'à l'arrêt de la Cour de cassation qui fait de Dreyfus un « innocent juridique »?

Et sans doute l'Affaire politique fut-elle de bien moindre durée. Elle va de la dénonciation d'Esterhazy par Mathieu Dreyfus jusqu'à la grâce présidentielle, de novembre 1897 à septembre 1899 *. Mais on ne peut dire que dans les années qui précédèrent et suivirent cette explosion violente de deux années, l'Affaire ait été indifférente à la vie politique de la France. Et n'y eut-il pas encore d'autres Affaires, des polémiques de presse, des affrontements intellectuels, des engagements idéologiques, mystiques, moraux, qui ne s'intégraient pas forcément dans les procédures, ou dans le combat politique? Tous ceux qui s'engagèrent dans l'Affaire Dreyfus, dans un camp ou dans l'autre, ne le firent pas au même moment, ni pour les mêmes raisons. Ils ne vécurent pas la même Affaire, au point souvent de ne pouvoir se comprendre, ni se supporter. Comment apporter au même fleuve des eaux qui ne courent pas sur les mêmes pentes?

La durée même de l'Affaire, des Affaires, est source de difficultés. Deux ans? Six ans? Douze ans? Si l'on réfléchit sur la plus vaste période, celle qui va de la découverte du bordereau à la proclamation judiciaire de l'innocence de Dreyfus, comment isoler l'Affaire pour en vérifier les effets? En douze années, les forces en présence, leurs mouvements et leurs relations ont beaucoup changé. Ces douze années ont vu l'effondrement des espérances monarchistes, le déclin de l'influence religieuse, la mise au pas de l'Armée, l'affermissement de la République, la montée des revendications et des mouvements ouvriers, l'union puis la désagrégation des gauches. Comment apercevoir dans un temps si long, si secoué, le rôle de l'Affaire, dire quand elle a suscité les évolutions, quand elle les a encouragées,

* En ce sens Janine Ponty, « La presse quotidienne et l'Affaire Dreyfus en 1898-1899 », dans *Revue d'histoire moderne et contemporaine,* avril-juin 1974.

quand elle y fut indifférente? A l'inverse, douze ans c'est un temps court, comme le remarque justement Jean-Pierre Peter [3], pour observer les mouvements d'une société : « Seule l'épaisseur du temps donne leur consistance aux sociétés, les construit à nos yeux, dans une cohérence et un devenir. » L'Affaire Dreyfus fut peut-être, dans l'histoire française, un « furoncle », symptôme d'un trouble général. Mais peut-on prétendre, en examinant cette exception, « reconstituer l'organisme social tout entier »? Et dans cette grande fièvre qui secoua une société, comment voir si ce furoncle fut effet ou cause? En quoi il fut l'un et l'autre? L'Affaire, s'il faut tenter de l'isoler, de l'extraire pour mieux l'apprécier, risque forcément de rester insaisissable. Et la tentation est forte de céder à l'imaginaire. Notre attachement aux idées, ou aux lois morales qui se déployèrent dans l'Affaire, le grand débat intellectuel qu'elle a initié, peuvent nous inciter à grossir son importance historique. Pour la magnifier. A l'inverse nous risquons d'en amoindrir les effets, sous prétexte de réagir contre ce grossissement, de la regarder comme une « ride » à la surface des eaux afin de n'être pas éblouis par un affrontement bourgeois, parisien, intellectuel, superficiel.

Ce sur quoi tous les observateurs semblent s'accorder, c'est pour observer le rôle de la presse dans l'Affaire [4]. Pour la première fois la presse a exercé une forte influence sur la vie politique du pays, dramatisant ou créant l'événement, soutenant ou dénonçant les autorités, exerçant pressions et chantages. « L'Affaire Dreyfus est avant tout une affaire d'opinion, écrit Pierre Miquel, à tous les stades de son déroulement on retrouve peu ou prou la presse... Elle se substitue à la justice, à la police, au Parlement lui-même. Elle exerce tous les chantages, s'en prend à toutes les réputations, à l'occasion rassemble les énergies, ou au besoin les disperse, les amuse, pour les reprendre ensuite indéfiniment. C'est elle qui fait du cas Dreyfus l'affaire, puis le mythe Dreyfus » [5]. Et Patrice Boussel a utilement dressé l'inventaire des principales interventions de la presse qui firent et défirent l'Affaire [6] : la campagne menée par *la Libre Parole* en 1892 contre les Juifs dans l'Armée; en octobre et novembre 1894 les articles parus dans *la Libre Parole*, puis dans *le Soir*, annonçant l'arrestation du capitaine Dreyfus; la campagne conduite contre le traître à la veille du procès; l'article de *l'Éclair* du 15 septembre 1896 révélant la production, durant le délibéré des juges militaires, d'une pièce secrète « dans laquelle Dreyfus était nommé »; la publication du texte du bordereau par *le Matin* le 10 novembre 1896; les articles « Vidi » et « Dixi »; la publication par *le Figaro* du 17 novembre 1897 de la lettre de Mathieu Dreyfus dénonçant Esterhazy; les grands articles de Zola dans *le Figaro* et le fameux *J'accuse* qu'il publia dans *l'Aurore* le 13 janvier 1898; la publication par *la Libre Parole* à partir de décembre 1898 de la souscription en faveur de la veuve du colonel Henry; la publication organisée par Mathieu Dreyfus dans *le Figaro* de l'enquête de la Chambre criminelle... On n'en finirait pas d'énumérer les grands « papiers » qui intervinrent dans le déroulement de l'Affaire, pour aider à envoyer Dreyfus au bagne ou à l'en tirer, et la multitude des articles dans lesquels Rochefort, Drumont, Barrès, Clemenceau, Jaurès, Lemaître, Brunetière, Lucien Herr, Zola firent appel à l'opinion, car les journalistes de l'Affaire furent le plus souvent des écrivains, ou des hommes politiques engagés qui trouvaient, dans les journaux, le meilleur véhicule de leur audience. « L'Affaire Dreyfus, affirme Pierre Miquel, c'est historiquement l'apparition, dans le cadre libéral du régime parlementaire restauré, de la presse comme puissance d'opinion, liée, mais devenue égale à celle de l'argent... c'est la presse, toute la presse de gauche ou de droite, qui a remporté la victoire dans l'Affaire. Elle a, d'une façon éclatante, manifesté sa puissance » [7].

Que la presse ait joué un rôle déterminant d'abord pour envoyer Dreyfus au bagne, en exploitant l'antisémitisme et la haine des traîtres héritée de la guerre de 1870, puis un rôle décisif pour la révision du procès, aidant à révéler les conditions honteuses de la condamnation puis les crimes commis contre le déporté de l'île du Diable, ce n'est pas douteux. Pierre Miquel a raison d'écrire, observant la puissance nouvelle de la presse : « Jaurès journaliste est plus fort que Jaurès député, Clemenceau battu aux élections plus redoutable à *l'Aurore* qu'au Parlement. Drumont devenu député n'avait à la Chambre aucune audience. » C'est vrai qu'en ces années-là le grand forum se déplace du Parlement vers la presse. La crainte qu'inspirent les journaux aux gouvernements républicains, on l'observe déjà. Que le général Mercier ait voulu plaire à *la Libre Parole* explique en partie le procès de Dreyfus et la communication des pièces secrètes. On voit Charles Dupuy et Méline trembler devant les journaux de droite. Et c'est la presse de gauche qui pousse Brisson, révisionniste timoré, l'obligeant à s'engager. Mais il faut aussi observer les limites du rôle de la presse. Elles tiennent d'abord à sa diffusion. En 1898 et 1899, c'est-à-dire dans les années secouées par l'Affaire, *la Libre Parole* tire à 100 000 exemplaires, *le Figaro*, journal du centre, à 40 000 exemplaires, *l'Aurore*, journal républicain de gauche, à 25 000 exemplaires *. Les gros tirages sont ceux de la presse catholique – à elle seule *la Croix* tire à 170 000 exemplaires – et surtout de la grande presse d'information qui ne fait à l'Affaire qu'une place réduite : *le Petit Journal* prétend tirer à plus d'un million d'exemplaires, *le Petit Parisien* à plus de 700 000, *le Journal* à 450 000 **.

Par ailleurs, la presse, puissance d'opinion, n'est pas maîtresse de l'opinion [9]. Elle amplifie les mouvements. Elle ne les crée pas [10]. Parfois même elle est impuissante. Quand Waldeck-Rousseau gracie Dreyfus et propose l'amnistie, la presse dreyfusarde, une large partie de la presse antidreyfusarde, pour des raisons contraires, condamnent sa politique. « L'adoucissement de peine et la grâce, observe Janine Ponty, ont été obtenus en dépit de l'opinion

* Sauf au lendemain de la publication de *J'accuse* : pendant quelques semaines le Journal tira à près de 150 000 exemplaires.

** Ces chiffres sont donnés par Janine Ponty dans son étude sur « la Presse quotidienne et l'Affaire Dreyfus ». Janine Ponty évalue à environ 4 millions et demi le tirage total en France de la presse quotidienne à la fin du XIXe siècle, dont 2 millions et demi pour les quatre grands journaux dits d'information *(le Petit Journal, le Petit Parisien, le Journal, le Matin)*, un million pour les organes d'opinion édités à Paris (ce sont ceux qui font « campagne » pendant l'Affaire), et moins d'un million pour la presse de province [8].

de la majorité de la presse » *. Mais l'opinion publique est lassée de l'Affaire, ce que Waldeck-Rousseau, indifférent à la presse, a parfaitement compris. Durant la seconde procédure de révision, Drumont, Rochefort, essaient à nouveau de soulever l'opinion contre le traître de l'île du Diable, la Cour de cassation et le syndicat juif. On ne les écoute plus. L'antisémitisme lui-même, à partir de 1902, en dépit des efforts de la presse de droite, semble épuisé, retombé. La presse ne peut guère prévaloir contre les sentiments populaires auxquels elle finit par se soumettre.

Il faudrait ensuite établir quelle a été l'influence, non de la presse d'opinion, essentiellement parisienne – qui est beaucoup intervenue dans l'Affaire et en a plusieurs fois dévié le cours en créant des événements –, mais de la presse de province, qui parlait peu de l'Affaire, assez cependant pour influencer ses lecteurs, et surtout de la presse catholique, notamment des publications de la Bonne Presse qui jouèrent un rôle essentiel dans la diffusion de l'antisémitisme **. Et sans doute le rôle global de cette presse – entretenant, cultivant l'état d'esprit de classes moyennes appauvries ou crispées, soufflant sur la tradition antijudaïque des chrétiens, développant la haine des étrangers, des Juifs, des parlementaires, de tous ceux qui dérangent l'ordre tranquille, l'équilibre traditionnel – est-il en définitive plus important, pour expliquer le déroulement de l'Affaire. Ce fut une action profonde, et plus insidieuse que les brutales explosions de la presse intellectuelle qui remuaient davantage la procédure que l'opinion.

Il faudrait enfin s'interroger sur ce qu'étaient les « publics » auxquels s'adressait la presse, qu'elle voulait tantôt informer, tantôt émouvoir, et encore

* La presse dreyfusarde, avec 11 quotidiens à Paris et 17 dans toute la France, n'atteint alors que 11 % des lecteurs à Paris, 15 % en France [11].

** Il existe une centaine de suppléments de province à *la Croix*. Danielle Delmaire a étudié l'antisémitisme du journal *la Croix du Nord* – qui tirait à 25 000 exemplaires – durant les années 1898 et 1899. « Le caractère antisémite » que le journal répand quotidiennement « imprègne et contribue à fausser les consciences ». En revanche la place faite à l'Affaire reste très limitée [12].

sur ce que ces publics lisaient et gardaient de leur lecture. Ce que l'on appelle l'opinion publique c'est peut-être, observe Jean-Pierre Peter, « dans un monde d'intérêts définis et de luttes ouvertes, la masse de ceux qui croient garder leur liberté en ne s'engageant pas, qui se contentent d'être informés de l'événement, les non-organisés aux positions confuses, aux intérêts mal définis » [13]. « L'opinion » serait ainsi, surtout, le fait des classes moyennes *. Que recevaient-elles de la presse? « Justice et Vérité dressées contre l'intolérance et la raison d'État : le débat n'a concerné qu'un petit nombre de consciences lucides et privilégiées » [15]. Au-delà? Jean-Pierre Peter émet l'hypothèse que les classes moyennes n'eurent, du début à la fin de l'Affaire, d'autre aspiration que l'ordre et la tranquillité. La révision aurait été impossible tant qu'elle fut perçue comme un désordre. Elle serait devenue facile quand la paix sociale parut la commander : « Ce qui a triomphé en vérité, c'est l'ordre, et une certaine forme de la République » [16]. Que l'ordre fut le vrai vainqueur tout au long de l'Affaire, celui de Dupuy, celui de Méline, celui de Waldeck-Rousseau, c'est probable. Mais pourquoi cet ordre voulut-il successivement la culpabilité, puis l'innocence de Dreyfus, sa déportation, puis sa libération? Et la presse n'a-t-elle pas joué un rôle essentiel pour amplifier ces mouvements contraires, accroître aussi la part d'irrationnel qui se mêle forcément aux remous d'une société?

Un autre mérite de l'Affaire, inséparable du rôle de la presse, est d'avoir engagé collectivement les intellectuels dans la vie de la cité. Tout au long du XVIIIe siècle, du XIXe siècle, des hommes de pensée, des artistes, des poètes, s'étaient mêlés à la vie publique. Ce pouvait sembler une originalité de la société française. Mais l'Affaire Dreyfus fit que, pour la première fois, ils intervinrent ensemble, par un engagement massif, concerté. « C'était le témoignage éclatant qu'il devenait impossible de gouver-

* Si « affaire d'opinion » il y eut, écrit Jean-Pierre Peter [14], c'est en ce sens qu'on y joua de l'opinion, et que la presse y fit l'épreuve de sa force. Jean-Pierre Peter donne à l'étude du rôle de la presse ce titre : « l'Opinion spectatrice ».

ner les hommes en faillissant aux lois de l'esprit. La pensée prenait conscience d'être, elle aussi, dans la démocratie, une puissance » [17]. L'engagement organisé des intellectuels, en tant que groupe d'influence, sinon de pression, exprimant un commun magistère, sera désormais une des constantes de la vie politique française *. Ce qui est remarquable dans l'Affaire Dreyfus, ce n'est pas seulement cette nouveauté qu'est le rassemblement des intellectuels – à gauche au lendemain de *J'accuse,* à droite, avec un certain retard, dans la Ligue de la patrie française derrière Jules Lemaître, François Coppée, et Maurice Barrès – c'est aussi que l'engagement dreyfusard fut le fait de nombreux intellectuels, résolument étrangers à toute action sinon même à toute préoccupation politique, en particulier de savants qui semblaient ne prendre nul intérêt à la chose publique. L'engagement de Grimaux, de Duclaux, de Painlevé, de bien d'autres, prit alors une signification particulière. Il exprima non seulement une exigence morale de vérité et de justice, mais la revendication de l'esprit libre contre le fanatisme aveugle, de la méthode scientifique contre l'improvisation passionnelle, du scrupule contre l'arbitraire. Ce fut, à l'état pur, une révolte de l'intelligence, consciente sinon d'être une puissance, du moins une dignité qui oblige. Cette intervention publique d'intellectuels non engagés – au nom de la liberté de l'esprit et de la rigueur de la raison, pour défendre la vérité et la justice – se retrouvera au XXe siècle à de rares reprises. Par exemple contre la torture au moment de la guerre d'Algérie.

L'Affaire a-t-elle modifié l'histoire de la République, le rapport des forces politiques en France? Tous les observateurs [20] s'accordent à reconnaître qu'elle a finalement servi l'ordre républicain, renforcé la démocratie parlementaire, assurant la défaite des forces réactionnaires, ruinant l'espoir

* Au point qu'ils gaspilleront leur autorité à force d'en user. Sur le rôle des intellectuels dans la société française contemporaine, on peut consulter le numéro de la *Revue française de science politique* consacré à cette question (décembre 1959, volume IX, n° 4) et notamment l'article de René Remond « Les intellectuels et la politique » [18]. Cf. également : Régis Debray, *le Pouvoir intellectuel* [19].

d'une restauration de l'ordre ancien *. La confusion, dans une même exécration, des Juifs, des dreyfusards, du Parlement et de la République, les excès de l'antisémitisme, passant du fanatisme des discours à la violence des comportements, les brutalités d'un nationalisme enveloppant dans les plis du drapeau les valeurs de l'Ancien Régime, les tentatives de coup d'État, bouffonnes ou sérieuses, eurent pour contrecoup de rassembler les républicains. Ainsi se disloqua le centre mou sur lequel s'était appuyé Méline. Et le gouvernement de Waldeck-Rousseau marque, au début du XXe siècle, la victoire décisive de la République sur les forces – l'Armée, l'Église – qui entretenaient l'espoir d'un retour à « la France traditionnelle ». Ce chemin aurait-il été parcouru sans l'Affaire Dreyfus? Les réactionnaires eussent-ils trouvé d'autres occasions de menacer la République, provoquant les mêmes défenses? Il est vrai que le nationalisme n'a été que réchauffé, exaspéré par la passion antidreyfusarde. Il s'inscrit dans la continuité du boulangisme. Cette droite agressive, meurtrie par le monde nouveau, elle n'est pas née de l'Affaire. Contestant le rôle que l'on prête d'ordinaire à l'Affaire **, Rudolph Winnacker observe que les reclassements politiques qui se produisirent au long de l'Affaire étaient déjà inscrits dans le résultat des élections de 1893 consacrant la victoire de la République. 78 monarchistes seulement avaient été élus, face à 503 républicains. Les élections de 1898 n'avaient ensuite fait que maintenir la majorité républicaine, et l'Affaire Dreyfus n'y avait joué à peu près aucun rôle. Ainsi l'éclatement du centre, en juin 1898, la chute du gouvernement Méline, la constitution du gouvernement des gauches, ne devraient rien ou presque à l'Affaire. Le gouvernement de Waldeck-Rousseau était inscrit dans l'évolution naturelle des forces en présence. « L'Affaire Dreyfus avait simplement signifié la faiblesse politique des antirépublicains qui, laissés à eux-mêmes, auraient dépéri naturellement » [23].

* Léon Blum lui conteste cette fonction : « La société, le corps politique, les groupes, les individus, se retrouvaient pareils à eux-mêmes, tels que s'il ne s'était rien passé » [21].

** « L'influence de l'Affaire Dreyfus dans le développement politique de la France », par Rudolph A. Winnacker [22].

Mais ne faut-il pas se garder de sous-estimer, aussi bien que d'exagérer, le rôle joué par l'Affaire durant les six années, décisives pour la République, qui achèvent le XIXe siècle? L'Affaire Dreyfus a ouvert à la droite antirépublicaine – électoralement vaincue depuis 1893 – un champ de propagande et d'activité où elle s'est ardemment engagée. Elle a permis au nationalisme de s'ériger en mystique. Elle a beaucoup aidé à lui fournir une doctrine, notamment en la nourrissant de l'antisémitisme. Elle a justifié, presque sacralisé, le combat antirépublicain. Du coup elle a donné raisons et forces à la politique de défense républicaine. Sans l'Affaire, il n'est pas sûr que la République eût été si fermement défendue. Sans les remous de l'Affaire, le complot de Déroulède, l'agitation nationaliste, l'engagement de nombreux officiers dans les forces réactionnaires, les crimes commis par des officiers supérieurs pour envoyer, puis maintenir Dreyfus au bagne, « l'Arche sainte » aurait-elle été réduite au silence, remise au pas, comme elle le fut par Galliffet, puis par André? Si les congrégations enseignantes, si l'Église elle-même, ne s'étaient pas engagées dans l'agitation nationaliste, si le combat, quasi religieux, mené contre le Juif n'avait pas entraîné les forces cléricales, les Républicains eussent-ils rassemblé une majorité sur une politique si brutalement anticléricale? L'Armée et l'Église, les deux grandes forces antidreyfusardes, furent ainsi les victimes de l'Affaire. Parce qu'elles s'y engagèrent, et confondirent dans leur combat Dreyfus et la République, elles obligèrent la République à leur imposer son ordre.

Madeleine Rebérioux accorde à l'Affaire une autre fonction dans l'histoire de la société française. Elle aurait marqué l'entrée dans la vie publique de couches nouvelles s'exprimant par des moyens nouveaux [24]. Le règne absolu des comités de notables et des intermédiaires élus a pris fin pendant les années de l'Affaire. Non seulement la presse, les intellectuels groupés et organisés, les ligues de droite et de gauche, mais les syndicats, les coopératives, les sociétés professionnelles, les associations universitaires se sentent désormais « parties prenantes » dans la vie publique. « On tient des permanences, on colle des placards, on distribue des feuilles volantes »[25]. Les femmes commencent, ici ou là, à se mêler de la vie publique *. Ainsi la République se modernise. Elle n'est plus seulement le champ clos des rivalités d'élus, mais elle devient aussi l'affaire des citoyens qui s'organisent et s'expriment par des voies diverses. Ce progrès de la démocratie ne doit-il pas plus au développement des moyens d'expression, à l'évolution des mentalités qu'à l'Affaire elle-même? Mais il est vrai que la violence des passions, la force et la rivalité des affrontements provoqués par l'Affaire y ont beaucoup contribué.

On ne saurait pourtant dire que le bilan politique de ces années se résume en un renforcement de la République et un progrès de la démocratie. La réalité est sans doute plus complexe. Et d'abord la presse, découvrant sa puissance, a vite prouvé que celle-ci s'exerçait en tous sens. Sans *l'Aurore* et Zola, Dreyfus serait peut-être resté au bagne. Mais sans Drumont et *la Libre Parole*, y serait-il allé? La presse naissante révèle déjà qu'elle est, qu'elle sera, dans l'histoire de la démocratie, le meilleur et le pire : rempart contre l'arbitraire, arme de la vérité, mais aussi véhicule de la calomnie, pédagogie de l'abêtissement, école du fanatisme, en bref, instrument docile à ceux qui la font et à ceux qui la reçoivent. Et déjà se manifeste la soumission du pouvoir politique au pouvoir de la presse, dont on présume qu'elle exprime ou qu'elle fait « l'opinion ». Le gouvernement Dupuy, le gouvernement Méline, le gouvernement Brisson souffrent déjà de cette faiblesse congénitale des gouvernements républicains qui sera de gouverner l'œil fixé sur les journaux, plus tard sur les sondages, occupés de séduire, terrorisés de déplaire, le plus souvent détournés de l'action par la peur d'être jugés. De même n'est-il pas sûr[26] que le prestige de l'institution parlementaire soit sorti renforcé de ces années mouvementées. Tout au long de l'Affaire, le Parlement s'est avéré incapable d'en traiter sérieusement. Il est

* Le premier groupe de femmes socialistes se constitue pendant l'Affaire. Plusieurs femmes entrent au comité central de la Ligue des droits de l'homme. Marguerite Durand fonde *la Fronde*, journal féministe ardemment dreyfusard. A l'initiative de Viviani, la loi du 30 juin 1898 ouvre aux femmes la profession d'avocat.

resté prisonnier des intérêts électoraux, des préjugés communs, brusquement sensible aux humeurs du moment ou à l'impression fugitive des grands discours. Les affrontements de rhéteurs, les bavardages, les duels ne masquent guère la réalité : que les parlementaires ont les yeux rivés sur leurs circonscriptions, qu'ils travaillent dans un désordre déjà démodé, qu'ils n'ont ni méthode, ni longue perspective, qu'ils sont seulement préoccupés de se tirer au mieux, aux moindres frais, de la difficulté à court terme. Dans la phase cruciale de l'Affaire, le Parlement s'obstine à s'en désintéresser. Le mot de Méline – la chose est jugée – exprime la commune commodité. En revanche quand l'Affaire est à peu près terminée, sans que le Parlement y ait joué aucun rôle, alors les Chambres s'en emparent. Et l'Affaire Dreyfus, quand les dreyfusards ont gagné la partie, devient un thème inépuisable de débats stériles. Jusqu'à la guerre de 1914, l'Affaire tiendra chaud aux Assemblées et les parlementaires se réfugieront souvent dans l'évocation nostalgique du combat dreyfusard, pour éviter de traiter les vrais problèmes que leur posera l'évolution de la société française. Cet incessant décalage entre la vie parlementaire et la vie réelle, au plan des idées, des méthodes, l'Affaire Dreyfus en a été l'un des révélateurs. Et des hommes politiques lucides, dont la volonté est de gouverner, tels Waldeck-Rousseau, Poincaré, Caillaux, Millerand, observent déjà l'impuissance du régime parlementaire, et réfléchissent au moyen d'y porter remède.

Et ce grand affrontement, où l'on n'a pas regardé aux moyens, la manière aussi dont les républicains ont usé de leur victoire, n'ont pas été sans laisser des traces. En plusieurs circonstances la loi a servi d'instrument à la passion politique. Ainsi la loi de dessaisissement a-t-elle été l'une des ultimes manœuvres des antidreyfusards, pour tâcher de maintenir Dreyfus au bagne. Les lois votées en quelques heures, le 13 juillet 1906, pour reconstruire la carrière de Picquart, et partiellement celle de Dreyfus, réparent des injustices, mais rappellent que la majorité qui fait la loi fait sa loi. Telles furent les passions, que le détournement de l'activité législative parut légitime à l'un et l'autre camps. De la même manière, le pouvoir judiciaire dut constamment subir la pression du pouvoir politique. Le dessaisissement de la Chambre criminelle, alors qu'elle était sur le point d'achever son enquête, fut le signe éclatant du mépris où le gouvernement et le Parlement tenaient la justice. Mais les dreyfusards attendirent eux aussi de la justice qu'elle rendît des services, quand, venus au pouvoir, ils purent, à leur tour, lui en demander. Sans doute Georges Sorel est-il très excessif quand il traite de « domestiques judiciaires » les magistrats de la Cour de cassation qui, le 12 juillet 1906, cassèrent, sans renvoi, l'arrêt de Rennes et, « en veine de générosité dreyfusarde », s'ingénièrent à multiplier les « brevets d'honorabilité » décernés à Dreyfus [27]. Mais il est vrai que sous le gouvernement Waldeck-Rousseau, puis sous les gouvernements Combes et Sarrien, le pouvoir politique et l'autorité judiciaire marchent en parfaite harmonie. La Cour de cassation retarde la révision quand le gouvernement le souhaite. Puis elle casse, sans renvoi, comme le gouvernement l'espère. Si la Cour de cassation, en 1899, s'était trouvée partagée, comme l'était le gouvernement lui-même, elle ne le fut plus en 1906, quand le pouvoir fut franchement dreyfusard. Et de ces douze années les républicains de gauche et de droite risquaient d'avoir gardé une conviction commune, qui rejoignait une vieille tradition d'Ancien Régime reprise par la République : l'institution judiciaire devait être empêchée de contrarier le pouvoir politique [28]. Ainsi l'Affaire n'a pas fait que renforcer la démocratie. Elle n'a pas clairement opposé d'un côté le vice autoritaire, et de l'autre la vertu démocratique. Elle a révélé, ici et là, une aptitude commune à manipuler les mécanismes de pouvoir, selon la meilleure commodité, à soumettre les moyens aux fins, à vider la démocratie de sa réalité pour en respecter l'apparence. Ce mal constant de la société française, qui traverse toutes les forces politiques, n'ira que s'aggravant dans les remous du XXe siècle.

L'Affaire a-t-elle du moins transformé durablement la gauche française? L'Affaire Dreyfus, estime Claude Willard, avait posé « plus fortement et avec des données nouvelles » le problème de l'unification du mouvement ouvrier [29]. Elle avait posé aussi aux socialistes cette question : devaient-ils s'allier aux forces démocratiques, prendre en charge la défense de la République? Zeev Sternhell assure que le résultat essentiel de l'Affaire fut d'avoir conduit les socialistes à se mêler, par l'appui parlementaire ou par la participation, au gouvernement, à la conduite des affaires de la République bourgeoise, d'avoir intégré le prolétariat à la collectivité nationale [30]. Rudolph Winnacker pense au contraire que le mouvement était commencé avant que ne se développât l'Affaire et se serait prolongé sans elle. En acceptant bon gré mal gré le programme minimum exposé par Millerand à Saint-Mandé, les socialistes avaient déjà « perdu leurs stigmates révolutionnaires » et s'étaient, sans se l'avouer, installés dans la république parlementaire. Le courant unitaire semblait, à la fin du siècle, irrésistible, et l'alliance avec les partis républicains inévitable.

Cette fonction d'intégration de la classe ouvrière à la Nation qu'aurait jouée l'Affaire, ou qu'elle aurait du moins facilitée, aurait dans le moment servi à vaincre la réaction, à assurer la victoire de la République. A plus long terme, aurait-elle servi à dénaturer le socialisme français? « A la veille de 1914, écrit Sternhell [31], il était clair que le sentiment national émergeait comme la force dominante de l'histoire, que la Nation incarnait les valeurs fondamentales de la société, et des extrémistes de gauche, comme Gustave Hervé, ou Hubert Lagardelle, pouvaient dénoncer l'immense mystification qu'avait été l'Affaire Dreyfus pour la classe ouvrière. » Afin de contrer la vague nationaliste et cléricale, le monde ouvrier avait fait front commun avec la bourgeoisie libérale. Sternhell reprend cette analyse provocante dans son dernier ouvrage [32] : « Chacun en son temps et à sa façon, les divers mouvements socialistes prennent la voix de la social-démocratie, qui est celle du compromis avec l'ordre établi. En France, l'Affaire Dreyfus ne fait que confirmer cette évolution en scellant l'alliance du socialisme et du centre bourgeois pour la défense de l'ordre libéral. En choisissant la collaboration avec la bourgeoisie libérale, le socialisme français, dans son ensemble, jette les bases d'une politique qui ne se démentira plus tout au long du XXe siècle » [33]. Pour Gustave

Hervé, pour Hubert Lagardelle, « l'Affaire se soldait par une débâcle » *. Car le résultat était non le triomphe du socialisme, mais l'ascension du radicalisme, vainqueur dès 1902, la transformation du parti socialiste en un parti parlementaire comme les autres, « l'avènement d'un socialisme qui très rapidement prit le visage de ses renégats, Millerand, Briand, Viviani ». « La rupture haineuse » entre un gouvernement radical, assurant par l'Armée la répression sanglante des grèves, et un monde ouvrier frustré de sa victoire aurait consacré en 1906 et 1907 « la faillite du dreyfusisme » : le sinistre bilan de l'alliance qui, un temps, avait uni le prolétariat socialiste et la bourgeoisie libérale **. En 1914 l'union sacrée, l'entrée de Sembat et de Guesde au gouvernement devaient soumettre définitivement les socialistes à l'idéologie nationale et au réformisme bourgeois. Ainsi l'Affaire Dreyfus aurait paradoxalement préparé la voie à la victoire d'un conservatisme nationaliste, hypocritement vêtu du manteau de l'idéologie dreyfusarde. La défense de la patrie en danger aurait fait le reste.

Écrivant en 1905, Léon Blum ne dressait pas un bilan si pessimiste pour le socialisme français. Mais Blum était solidaire de Jaurès qui plaçait l'idéal humain du socialisme au-dessus des intérêts de la classe ouvrière, assurant qu'ils étaient confondus. Jaurès et Blum étaient convaincus que la victoire

* Le thème sera développé par Hubert Lagardelle dans plusieurs numéros de la revue *le Mouvement socialiste*. Une fois de plus le prolétariat, berné par ses chefs politiques, était devenu le chien de garde de la bourgeoisie, le serviteur zélé de ses propres oppresseurs. Gustave Hervé, Georges Sorel exalteront un socialisme intransigeant, refusant toute collaboration de classe. Et puisque la démocratie et la bourgeoisie sont indissolublement imbriquées, il reste, pour briser la société bourgeoise, à casser la démocratie, ennemi mortel du socialisme. Georges Sorel glissera sans peine vers le nationalisme et l'antisémitisme. Lagardelle, passant par le frontisme de Bergery, deviendra ministre du maréchal Pétain. Ainsi l'extrême gauche française façonnera-t-elle avec l'extrême droite une idéologie antidémocratique, anticapitaliste, antisémite, reniant l'héritage des Lumières et de la Révolution, idéologie où Sternhell croit apercevoir les prémices du fascisme [34].

** Sternhell met en évidence la violence de la répression exercée contre les ouvriers par Clemenceau le dreyfusard et Briand l'ancien socialiste [35].

remportée sur l'injustice individuelle servirait à long terme le combat contre les injustices sociales : « En s'abstenant d'agir, ou même en modérant son action, estimait Jaurès, le socialisme se diminuerait, s'altérerait, et au contraire en faisant sienne la victoire remportée sur l'injustice, en y imprimant sa marque, quelle force d'attrait et de rayonnement, il allait ouvrir devant lui » *. Léon Blum reconnaît que l'événement n'a ratifié qu'en partie ce généreux optimisme. « La campagne (de Jaurès) revêtit le socialisme d'une nouvelle grandeur morale, le para d'une gloire, mais en fin de compte n'entraînera pas l'immense afflux de consentements et de convictions qu'il avait escompté. » Reste, selon Blum, que « grâce à la prescience géniale de Jaurès, le parti avait gagné son unité et accru sa force ». Jaurès avait, sans aucun doute, imprimé sa marque personnelle sur l'Affaire et servi, d'une manière décisive, la cause de la justice et de la vérité [37]. Mais avait-il servi le socialisme? Et « la victoire remportée sur l'injustice » n'avait-elle finalement profité qu'à la république bourgeoise?

Si même elle était inévitable, la prétention du parti socialiste à gouverner la République apparaît en tout cas avec l'Affaire; et c'est Jaurès qui en avait donné les raisons théoriques **. Les socialistes avaient lutté en commun avec les autres courants républicains. Entre eux ils s'étaient unifiés. Les années de l'Affaire, écrit François Mitterrand, marquent les premiers pas de l'union des gauches, de l'union de la gauche. « Le grand courant démocratique français » était né, selon François Mitterrand,

* Jaurès s'exprimait ainsi, en 1900, lors de sa fameuse controverse avec Jules Guesde : « Eh bien! qu'il me permette de lui dire : le jour où contre un homme un crime se commet, le jour où il se commet par la main de la bourgeoisie, mais où le prolétariat, en intervenant, pourrait empêcher ce crime, ce n'est plus la bourgeoisie seule qui en est responsable, c'est le prolétariat lui-même; c'est lui qui, en n'arrêtant pas la main du bourreau prêt à frapper, devient le complice du bourreau; et alors ce n'est plus la tache qui voile, qui flétrit le soleil capitaliste déclinant, c'est la tache qui vient flétrir le soleil socialiste levant. Nous n'avons pas voulu de cette flétrissure de honte sur l'aurore du prolétariat » [36].

** Posant notamment que « le socialisme est une morale » [38], et que l'égoïsme prolétarien n'est que l'égoïsme sacré de l'humanité elle-même.

qui « a donné l'élan des temps nouveaux » [39]. Mais la rupture du congrès de Tours allait à nouveau bouleverser les données du problème...

Ainsi, de quelque côté que l'on regarde, le bilan de l'Affaire apparaît incertain. Le cyclone passé, assure Léon Blum, la France se retrouvait à peu près identique à elle-même. « Étrange spectacle qui prêterait à bien des réflexions amères... qui pourrait presque décourager de l'action. Quoi! des années durant une passion sans exemple avait possédé, bouleversé les vies personnelles et la vie commune. On s'était senti différent! Tout avait semblé différent autour de soi » [40]. Or tout était resté pareil. La République était consolidée, l'Armée et l'Église mises au pas, les socialistes avaient gagné, sinon en force, au moins en influence sur la république bourgeoise. Mais la défaite des réactionnaires n'était « ni plus durable, ni plus substantielle que la victoire du camp adverse ». Leur force réelle n'était pas détruite. Elle n'était qu'altérée. Ce qui était mort, c'était le rêve monarchique, la nostalgie du retour à l'Ancien Régime. Mais le nationalisme ouvrait d'autres voies aux forces traditionnelles. Après Clemenceau, le pouvoir allait passer à ceux qui avaient été les grands « prudents » de l'Affaire, qui ne s'étaient engagés que quand la révision était devenue inéluctable, Briand, Barthou, Poincaré, Caillaux, oscillant du centre gauche au centre droit, toujours appuyés sur les classes moyennes, gouvernant la France comme l'avait gouvernée Méline ou Rouvier. « Dix ou douze ans après le suicide du Mont-Valérien et le procès de Rennes, la vie parlementaire avait recouvré presque exactement son ancienne figure » [41].

La France semblait avoir oublié l'Affaire. La communauté juive en avait-elle au moins gardé le souvenir? Léon Blum a sévèrement parlé des Français juifs. Dans un premier temps, se souvient-il, le sentiment dominant s'exprima par cette formule : « C'est quelque chose dont les Juifs ne doivent pas se mêler... » Il y avait du patriotisme, dans cette réaction, un vrai respect pour l'Armée, mais aussi « une sorte de prudence égoïste et timorée » [42]. Les Juifs ne voulaient pas, défendant un Juif, fournir argument ou aliment à la passion antisémite; « après avoir excommunié le traître, ils répudiaient le zèle gênant de ses avocats ». Et tout spécialement les Juifs riches, les Juifs de grande et moyenne bourgeoisie, les Juifs de la classe, de la caste de Dreyfus se détournaient de lui. Ils avaient peur de la lutte engagée. « Ils s'imaginaient que la passion antisémite serait détournée par la neutralité pusillanime. Ils maudissaient secrètement ceux d'entre eux qui, en s'exposant, les livraient à l'adversité séculaire » *.

Ainsi les Juifs auraient-ils cherché à se détourner de l'Affaire Dreyfus, soit qu'elle ne les concernât pas, soit qu'elle leur parût compromettante. Mais l'analyse de Léon Blum sous-estime sans doute les difficultés qu'il y a, pour toute minorité, à vaincre un réflexe de défense, de repliement, symptôme naturel d'adaptation à un environnement social hostile. Elle néglige d'autre part ce fait essentiel qu'aux moments des pires excès antisémites, le gouvernement français et l'administration ne cessèrent de réprouver l'antisémitisme. Ces excès n'étaient pas ceux de la France, mais d'une minorité excitée, et désavouée par les pouvoirs publics. En tant que citoyens français, les Juifs avaient donc des raisons d'être rassurés [44]. Il reste que l'Affaire n'a pas remis en cause la volonté d'assimilation qui inspirait le comportement général de la communauté juive française **. Au surplus, comme l'observe justement Annie Kriegel, les Juifs de France avaient de très bonnes raisons, spécifiques à la culture politique française dont ils étaient imprégnés, de ne pas ressentir l'Affaire Dreyfus comme leur affaire. Dans la logique du système de perception du fait juif, que la Révolution avait transmis, il n'y avait pas d'entité juive, de collectivité juive, de minorité juive, et bien sûr de syndicat ou de vote juif. Il n'y avait qu'ici ou là des « citoyens français de

* Péguy soutient que les trois quarts de la haute bourgeoisie juive et le tiers de la petite bourgeoisie juive étaient antisémites (*Notre Jeunesse*, Gallimard, 1913, pp. 79 et s.) [43].

** Voir les articles fondamentaux de François Furet [45]. François Furet y étudie, outre l'ouvrage précité de Marrus, l'ouvrage de Patrick Girard *les Juifs de France de 1789 à 1860. De l'émancipation à l'égalité* (Calmann-Lévy, Coll. Diaspora). L'ensemble des ouvrages publiés dans la collection Diaspora sous la direction de Roger Errera est nécessaire à la connaissance des Juifs de France, et à la réflexion sur le rôle de l'Affaire.

confession mosaïque »[46]. Au mieux tolérait-on l'existence de « milieux juifs », « le terme de milieu désignant le degré le plus vague de la socialité ». La dimension juive de l'Affaire n'était pas celle des Français de confession ou de tradition israélite : elle était celle des antisémites.

Mais on ne peut pour autant dire que l'Affaire Dreyfus fut sans aucune influence sur les Juifs de France[47]. Il faut d'abord observer que les Juifs engagés dans l'Affaire furent plus nombreux que Léon Blum n'a paru l'admettre. Bernard Lazare, les frères Reinach, Marcel Proust, Daniel Halévy, Victor Basch, Paul Meyer, Lucien Lévy-Bruhl, Emile Durkheim, Arthur Lévy, les frères Natanson, Léon Blum lui-même, pour ne citer que les plus célèbres *. Sans doute ne s'engagèrent-ils pas comme juifs, par simple solidarité avec Dreyfus. Mais qu'ils fussent juifs a aidé à leur engagement, ce que reconnaît Joseph Reinach ** devenu tôt un militant de l'Affaire, quoique très représentatif du bourgeois assimilé. Blum néglige d'autre part les diverses formes de réactions juives – des provocations en duels, nombreuses entre 1892 et 1896 (Drumont dut subir trois duels contre des Juifs, Raphaël Viau cinq au moins), aux nombreuses manifestations de soutien organisées avec la participation de rabbins et de notables juifs de 1898 à 1900. Même limitées et prudentes, ces réactions ne permettent pas de conclure à une véritable indifférence, moins encore à une lâcheté des Français juifs[48]. Par ailleurs, l'observation conduite sur le comportement des Juifs pendant l'Affaire ne regarde guère que du côté de la bourgeoisie juive, et souvent de la bourgeoisie riche[49]. Or cette bourgeoisie, même vilipendée par la presse de droite, ne cesse d'être mieux assimilée dans la société française. Le pouvoir économique, les réseaux multiples d'influence que créent les

* Commentant en 1899 le rôle des Juifs dans l'Affaire, l'historien Levasseur écrivait : « Je trouve qu'ils ont eu tort de faire bloc pour défendre la cause de l'un des leurs. »

** « Nous sommes attaqués l'un et l'autre comme juifs, Monsieur », avait écrit Bernard Lazare à Joseph Reinach. « Voilà pourquoi nous pouvons oublier nos divergences économiques ou philosophiques, et être d'accord sur la lutte à soutenir contre l'antisémitisme. » Ils les avaient non oubliées, mais momentanément dépassées.

mariages, les relations, assurent à une large part de la bourgeoisie juive un statut d'assimilation privilégié. La droite la plus fermée ouvre ses cercles, ses châteaux, donne ses enfants à cette bourgeoisie d'argent dont la force sociale oblige à s'incliner. Mais les Juifs pauvres, que Péguy aimait tant ? Mais le prolétariat juif, notamment constitué, à partir des années 1890, par l'exode russe? Quelle influence eut sur eux, sinon l'Affaire qui ne les concernait guère, du moins la flambée antisémite de 1898, les saccages, les violences dont l'Affaire fut l'occasion ou le prétexte? Et peut-on dire que l'assimilation fut leur seule perspective?

On ne saurait en tout cas contester que l'idée d'une spécificité juive – faite d'abord du malheur commun – et même l'idée d'une organisation juive, d'une Nation juive, ait beaucoup reçu de l'Affaire [50]. On sait que le spectacle de la dégradation de Dreyfus a joué un rôle important dans l'évolution de la pensée de Théodore Herzl. Il aurait alors aperçu les limites, les illusions, du projet d'assimilation et commencé à réfléchir sur la Nation juive. L'histoire de Bernard Lazare – qui n'était pas du tout un mystique juif quand il écrivit, en 1894, son *Histoire de l'antisémitisme* – est très significative d'une évolution, sinon des bourgeois, au moins des intellectuels. Bernard Lazare est passé, à cause de l'Affaire autant et plus que sous l'influence d'Herzl, d'un projet d'assimilation des Juifs conçu comme un progrès nécessaire de la société révolutionnaire, à la défense des Juifs, unis dans une communauté persécutée. Et avant qu'il ne meure, dans l'indifférence des Juifs de France, il conçut, lui aussi, le projet d'une Nation juive. Le martyre de Dreyfus l'avait persuadé que jamais un Juif ne vivrait tout à fait heureux et tranquille ailleurs que dans un État juif.

Quand meurt Bernard Lazare, suspect, solitaire, infiniment pauvre, Bernard Lazare « dont les Juifs avaient honte », cette graine n'est pas perdue. L'idée de la Nation juive, qui connaît, au début du XXe siècle, un grand retentissement à l'étranger, dans toutes les communautés juives opprimées ou persécutées, a déjà reçu en France une audience qui n'est pas tout à fait négligeable, si même elle est encore limitée aux intellectuels ou aux extrémistes. Et d'une certaine manière, comme l'a observé Annie Kriegel, l'idée nationaliste elle-même, dont les Juifs avaient été les victimes, servira le projet d'une Nation juive. L'idée française de l'État-Nation, souvent défendue contre les Juifs, inspirera, pour une part, le dessein d'émancipation collective du peuple juif *.

Et l'effet durable de l'Affaire Dreyfus est au moins d'avoir discrédité l'antisémitisme, dans les organisations de gauche, partis ou syndicats. Sans doute l'antisémitisme populaire a-t-il survécu à l'Affaire. Il servira entre les deux guerres un antisémitisme d'extrême gauche et d'extrême droite, et sous l'occupation allemande, il fournira, en thèmes et en discours, le gouvernement de Vichy **. La mythologie du Juif exploitant du peuple, ruinant les petites gens, dépouillant les faibles, s'enrichissant de la misère française, détruisant l'ordre social, n'a pas fini de produire ses effets. La détestation du Juif continuera de se nourrir de l'hostilité au capitalisme. Plus tard l'alliance de l'État d'Israël et des États-Unis proposera de nouveaux arguments. Mais à partir de l'Affaire Dreyfus, les partis de gauche, les syndicats ouvriers ne se reconnaîtront plus jamais le droit de tenir un discours antisémite. C'est que l'Affaire avait définitivement lié l'antisémitisme à l'idéologie réactionnaire. Le fascisme, la guerre franco-allemande, la politique antijuive du gouvernement de Vichy, et surtout le génocide achèveront de déshonorer en France les doctrines antisémites, désormais proscrites. L'antisémitisme latent de beaucoup de Français devra dès lors chercher, pour s'exprimer, d'autres voies, plus compliquées ***.

* C'est aussi la thèse soutenue par François Furet : « C'est la Révolution française qui invente les deux réponses à la question juive; l'individuelle et la nationale » [51].

** Par une filiation naturelle, où Sternhell voit la continuité du fascisme français, à travers cinquante ans d'histoire de France [52].

*** C'est ainsi que l'antisionisme prendra parfois la relève de l'antisémitisme discrédité.

III. – LA LIGNE DE PARTAGE

« L'Affaire est au procès comme la mer au navire. Elle le déborde à l'infini » [1]. Ainsi Ernest Lavisse, qui tarda à s'y engager, exprime l'immensité des horizons que l'Affaire Dreyfus ouvre à l'observateur. Et sans doute est-il moins captivant d'élucider les dernières énigmes que peut encore receler le « dossier » Dreyfus, d'apercevoir comment l'Affaire marqua son époque, que de réfléchir sur ce qu'elle signifie, et qui déborde son temps, de regarder la société française, celle du XIXe siècle finissant, celle aussi du XXe, au miroir de l'Affaire. Avec « l'épaisseur du temps » que donne aujourd'hui près d'un siècle de recul, ce « furoncle » dont parlait Jean-Pierre Peter [2] permet-il de reconstituer l'organisme social tout entier? Cette secousse fut-elle, au-delà de la tragique aventure de Dreyfus, révélatrice de conflits durables, essentiels à ce peuple, qui se renouvelleraient, sous d'autres formes, en d'autres occasions?

Cette fonction révélatrice est généralement reconnue à l'Affaire : spécialement par les héritiers spirituels des anciens dreyfusards. Préfaçant *Cinq Années de ma vie* [3], François Mauriac assure que « l'Affaire Dreyfus est un miroir dont la fidélité est terrible et qui nous restitue nos traits éternels : les nobles et les pires ». Ce fait divers aurait contenu en germe l'histoire du XXe siècle : « l'Affaire Dreyfus n'est qu'un épisode, mais le plus significatif, d'une guerre civile qui dure encore ». En conclusion de son ouvrage sur l'Affaire Dreyfus, Pierre Miquel affirme de même qu'il serait impossible de n'en pas tenir compte pour expliquer l'évolution de l'opinion publique contemporaine : « L'Affaire Dreyfus... a créé deux types de pensée, d'attitude, deux réflexions politiques » [4]. Les aurait-elle créés ou révélés? Étendant la fonction de l'Affaire, le docteur Jean-Louis Lévy écrit qu'elle a donné aux valeurs de vérité et de liberté « l'occasion de s'exercer, de s'exprimer, de se dé-réprimer ». Elle a témoigné sur l'Homme. « Prodigieusement complexe dans son déroulement... elle est lumineusement simple sur le plan éthique. Elle partage. Elle dessine en filigrane la ligne de crête, de part et d'autre de laquelle vont se répartir, se distribuer – selon de subtiles lignes de forces –, se compter les citoyens. Posant à chacun la question de conscience, elle oblige chacun à réagir, à se connaître, à se reconnaître » [5]. Deux types de pensée, deux systèmes de valeurs, deux morales... La plupart des réflexions conduites sur l'Affaire Dreyfus s'orientent dans cette perspective : l'éternité de l'Affaire serait de « séparer » les hommes de la liberté et ceux de l'ordre, ceux de la justice et ceux de la chose jugée. « Les deux France », dont parlait Lavisse, n'en finiraient pas de vivre de nouveaux épisodes, violents ou contenus, d'un interminable conflit.

Cette fonction de l'Affaire Dreyfus : « épisode » révélateur d'une éternelle guerre civile, il faut sans doute la considérer avec précaution. Tant la société où surgit l'Affaire était proche encore du XVIIIe siècle. Tant les modes de vie, les mentalités, le monde autour, ont changé en près d'un siècle.

Et d'abord on ne peut tout à fait oublier le rôle que le hasard a joué dans l'Affaire, si même on n'a rien dit quand on a rappelé que le hasard est un des artisans de l'histoire, si même l'essentiel reste d'apercevoir les forces qui exploitèrent le fortuit *. Si Esterhazy n'avait pas eu besoin d'argent? Si Schwarzkoppen avait brûlé le bordereau? Si l'écriture de Dreyfus n'avait pas ressemblé à celle d'Esterhazy? Si Mme Bastian n'avait pas ramassé le petit bleu? S'il était venu en d'autres mains que celles de Picquart? On pourrait poursuivre à l'infini cette quête des malchances et des chances qui servirent à envoyer Dreyfus au bagne, puis qui aidèrent à l'en tirer.

Mais le hasard, qui prend la figure du colonel d'Abbóville entrant le 6 octobre 1894 dans le bureau du colonel Fabre [7], ne pouvait germer que sur un terrain très favorable. Qu'en France, en 1894, un

* Observant après d'autres le rôle du fortuit dans l'Affaire, Edgar Faure écrit qu' « elle pose la question du rôle du hasard dans l'histoire » [6].

officier juif et alsacien fût accusé d'avoir trahi, c'était sans doute l'occasion d'une grande secousse. Depuis 1871, la France vaincue vivait dans l'humiliation et l'animosité à l'égard de l'Allemagne victorieuse. Cette mentalité n'était pas une déformation d'officiers, la souffrance d'une aristocratie traditionnelle élevée dans le culte de la guerre et l'exaltation de l'honneur. C'était un sentiment à peu près unanime qui traversait les classes et les idéologies, et que la République assumait et cultivait avec fierté. On n'entend alors nulle voix, si ce n'est isolée et sans audience, qui mette en cause la ferveur patriotique, et l'obligation morale, quasi religieuse, d'aimer et de servir la patrie. L'espionnite et la xénophobie sont, à cette époque, les effets naturels de cet amour, douloureux et crispé, d'une patrie vaincue. Et l'opinion générale est que la France a perdu la guerre, non parce qu'elle a été la victime d'un rapport de forces, mais parce qu'elle a été trahie. Partout les patriotes suspectent des espions. Républicains et monarchistes rivalisent dans leur zèle à traquer les traîtres. La trahison est bien le crime total, que nul n'excuse, que rien n'expie. Quand Dreyfus est condamné, Jaurès s'indigne à la tribune de l'Assemblée qu'il ne soit pas fusillé. Clemenceau déplore le sort trop doux que la faiblesse du pouvoir lui réserve. Dreyfus – qui participe de la foi commune – ne cessera d'écrire, de l'île du Diable, que son traitement serait bien trop clément s'il était un traître. En cette année 1894 l'espion est bien la bête à abattre.

Or cet espion était, en l'espèce, alsacien et juif. Les Alsaciens, tel Dreyfus, dont la famille avait opté dès 1871 pour la France, souffraient, dans la société de 1894, d'un statut ambigu. On respectait sans doute leur choix patriotique, signe de leur attachement à la patrie. Parfois on entourait d'honneur ce symbole de résistance. Mais il restait que ces Alsaciens étaient nés en terre devenue allemande, même par annexion, qu'ils parlaient souvent allemand, que beaucoup d'entre eux, comme Dreyfus, avaient des parents qui continuaient de vivre en Alsace. Les Alsaciens français n'échappaient pas à un « climat » allemand. Souvent ils demandaient à se rendre en Alsace, donc en Allemagne, pour visiter leurs parents ou leurs biens. Par surcroît les services de renseignement, allemand et français, comptaient de nombreux agents d'origine alsacienne. Allan Mitchell estime que l'origine alsacienne de Dreyfus alimenta dès les premiers jours les soupçons portés contre lui [8]. Plusieurs des témoins entendus lors du procès de 1894 reprochèrent à Dreyfus de parler allemand, d'avoir un accent, d'avoir conservé en Alsace des parents et des intérêts, de passer volontiers la frontière, en bref de ne pas être tout à fait étranger à l'Allemagne. Alsacien, il était un Français d'un type particulier. La xénophobie délirante de la France de 1894 créait, à son encontre, un préjugé défavorable.

Surtout Dreyfus était juif. Qu'il fût juif, observe Marcel Thomas, ne joua sans doute aucun rôle tout au début de l'Affaire *. C'est le hasard, et la bêtise, qui désignèrent comme coupable présumé un stagiaire d'État-Major. Mais dès l'instant où son nom fut prononcé par d'Abboville, son écriture comparée avec celle du bordereau, le fait qu'il fût juif devint une présomption de culpabilité, complémentaire pour les uns, décisive pour les autres. « J'aurais dû y penser », s'écria le colonel Sandherr, alsacien et antisémite. Et il exprimait sans doute le sentiment de la plupart des officiers. Avant même que, par la campagne de presse qui commencera le 1er novembre 1894, l'antisémitisme ne s'empare de l'Affaire, le « nom » de Dreyfus était devenu à l'État-Major déterminant de sa culpabilité, annulant toutes les preuves qui lui étaient favorables, éclairant celles, comme son écriture, qui lui étaient contraires. On sait la vaste campagne qui, depuis 1892, dénonçait la présence des Juifs dans l'Armée, traîtres en puissance. Antisémites affichés, ou inconscients, les officiers de l'État-Major ne pouvaient y avoir été insensibles. Beaucoup d'entre eux lisaient *la Libre Parole* ou *la Croix*. S'ils en désapprouvaient parfois les excès, ils en partageaient souvent les convictions **. Or voici

* Marcel Thomas a étudié, avec une extrême rigueur, le « mécanisme d'une erreur » qui conduisit à l'arrestation de Dreyfus [9].

** William Serman observe qu'avant 1890 l'antisémitisme était peu répandu dans la société militaire, mais qu'en 1894 il avait déjà gangrené une large partie du corps des officiers.

qu'un officier traître est suspect et il est juif. Il est donc coupable. Quand Dreyfus est soupçonné, puis arrêté, son nom, sa confession ne substituent pas toute preuve : et il faudra quand même, par précaution, constituer le dossier secret. Mais ils éclairent le dossier d'une lumière éblouissante. Ils transforment les moindres indices – son écriture, son passage dans divers services, les questions qu'il posait, ses fréquentations, son allure, son caractère – en preuves accusatrices.

Cependant, on ne peut comprendre la contagion qui entraîna contre Dreyfus un nombre, chaque jour croissant, d'officiers, si on ne restitue pas à l'Armée sa place, et ses caractères, dans la France d'alors. Au lendemain de la guerre de 1870, l'Armée a semblé faire corps avec la Nation humiliée et meurtrie [10]. Elle était l'instrument nécessaire de la revanche. C'est elle qui devait restituer à la France son intégrité. Les républicains n'ont pas remis en cause cette alliance de l'Armée et de la patrie. Seulement ont-ils rêvé que le service militaire devienne, comme l'enseignement obligatoire, école de vertu et de patriotisme [11]. Le culte de la patrie n'a cessé de profiter à l'Armée, puisqu'elle était la patrie en armes *. Attaquer l'Armée, c'était attaquer la patrie elle-même. Critiquer les chefs de l'Armée, c'était empêcher la patrie de se défendre, c'était une forme de trahison. En 1890, cet état d'esprit n'a que peu évolué. Sans doute l'Armée a-t-elle progressivement éveillé la méfiance des républicains : car les officiers supérieurs, les officiers de l'État-Major constituent une oligarchie d'aristocrates, souvent élèves des jésuites, qui cachent mal leur sympathie pour la France de l'Ancien Régime, leur méfiance à l'égard des valeurs que la République prétend substituer aux valeurs traditionnelles. Sans doute l'aventure boulangiste a-t-elle mis en évidence le danger d'un

* « La considération dont se flattent les officiers, écrit William Serman, tient d'abord à la nature de leur fonction. Chefs de guerre, ils assument l'héritage des vertus chevaleresques : courage, loyauté, désintéressement, sens du sacrifice. Certes le XIXe siècle en a fait des fonctionnaires, mais des fonctionnaires de la mort. Leur épée et leur vie sont à la disposition de l'État-Nation pour la défense et la gloire de la patrie, pour la revanche après 1870 » [12].

coup d'État militaire. L'antimilitarisme deviendra, à la fin du siècle, l'un des creusets des diverses tendances socialistes : beaucoup s'engagèrent dans l'Affaire, venus de l'extrême gauche, parce que leur hostilité à l'Armée était plus forte que leur méfiance à l'égard de cette cause bourgeoise. Par ailleurs, les expéditions coloniales n'ont cessé d'« élargir le fossé entre la haute Armée et la piétaille »[13]. Mais en 1894 « l'Arche sainte » reste un « ordre », avec ses lois, ses règles et ses juridictions. Et cet « ordre » est fondé sur « l'esprit militaire », fait du culte de la patrie, du sens de l'honneur, du respect des chefs, d'une fidélité rigoureuse à l'ordre hiérarchique. La mentalité qui va réunir la plupart des officiers, d'abord pour envoyer Dreyfus au bagne, puis pour l'y maintenir, est très bien expliquée dans une lettre adressée à Alfred Dreyfus, après la révision, par l'un de ses anciens camarades de l'État-Major :

> Quand en 1894, le sous-chef d'État-Major nous réunit pour nous dire que tu étais coupable et qu'on en avait les preuves certaines, nous en acceptâmes la certitude sans discussion puisqu'elle nous était donnée par un chef. Dès lors, nous oubliâmes toutes tes qualités, les relations d'amitié que nous avions avec toi pour ne plus rechercher dans nos souvenirs que ce qui pouvait corroborer la certitude qu'on venait de nous inculquer. Tout y fut matière *.

Telle est la force du sentiment hiérarchique, dont Alfred Dreyfus participera lui aussi, au point de faire obstinément confiance à son chef le général de Boisdeffre, jusqu'à ce qu'il découvre la triste vérité dans sa prison de Rennes : non parce que Boisdeffre était son ami – il ne l'était pas – mais parce qu'il était son chef. « Nous en acceptâmes la certitude sans discussion »; ainsi le général Gonse, parce qu'il est sous-chef d'État-Major, a-t-il raison, pour les officiers qui l'écoutent, non seulement quand il donne un ordre, mais quand il exprime une conviction. Ainsi, pour des centaines d'officiers, tout au long de l'Affaire, Boisdeffre, Gonse, Mercier, Billot, Pellieux, Roget, auront forcément raison. Ainsi

* Lettre citée par le docteur Jean-Louis Lévy dans sa postface à *Cinq Années de ma vie.*

s'éclaire le processus mental qui pouvait conduire un officier honnête à tenir Dreyfus pour un traître. On devait oublier ses qualités et ses vertus. On devait rechercher tout ce qui, en lui, pouvait alimenter l'évidence de sa trahison. « Tout y fut matière » : la soumission du jugement, commandée ici par « l'esprit militaire », ailleurs par la foi religieuse, ailleurs encore par la fidélité au parti, fait de l'innocent un coupable. Sans doute certains des officiers qui s'acharnèrent sur Dreyfus étaient-ils des fanatiques comme Bertin-Mourot, ou des illuminés comme du Paty. D'autres, comme Mercier ou Henry, devinrent des criminels. Mais beaucoup avaient de grandes vertus morales, et, contrairement au portrait qui en fut souvent dessiné, certains imposaient leur rayonnement par de remarquables qualités de l'esprit. Boisdeffre, Pellieux, Mercier lui-même, dominent les procès où ils déposent, non seulement de leur uniforme, de leur fonction, mais de leur autorité intellectuelle. Tous, ou presque tous, furent écrasés par leurs préjugés, aveuglés par l'esprit hiérarchique, prisonniers de l'ordre auquel ils appartenaient. Même les meilleurs, ceux chez qui le sentiment du devoir, une intransigeante vertu, ou l'exigence chrétienne provoquèrent des révoltes, eurent de longs moments d'aveuglement. Le capitaine Freystaetter, qui brisera sa carrière en venant raconter à Rennes comment lui fut montré le dossier secret, ne s'était pas étonné, lors du procès de 1894, pas plus qu'aucun autre juge, de cette communication qui violait le droit et la justice : mais on lui avait expliqué que l'honneur de l'Armée et l'intérêt de la France y obligeaient. Le commandant Picquart, informé lui aussi de cette communication, ne s'en était pas, à l'époque, indigné davantage. J'ai été « dupe de gens sans honneur » écrira le général de Pellieux au lendemain du suicide d'Henry; mais « dupé » sans doute, il avait instruit dans des conditions honteuses le procès d'Esterhazy. Et pour mieux défendre l'Armée, il était devenu le confident et l'ami d'un espion allemand. Cuignet, qui découvrit le « faux Henry », n'y trouva pas l'occasion de douter; l'officier qui « fit la révision » fut ensuite le plus fanatique des antidreyfusards. Tels sont alors les officiers français. Que Dreyfus fût innocent, la plupart ne le crurent ni en 1894 ni en 1898, ni même en 1900 *. Tout était « matière » à les persuader qu'il était un traître, et toutes les légendes – celle de la nuit historique, celle des aveux, celle du bordereau annoté – « firent matière ».

Au reste, importe-t-il que Dreyfus soit innocent? A Rennes, le commandant Merle, qui pleura en écoutant Demange, le commandant Beauvais qui hésita, dit-on, jusqu'au dernier moment, crurent-ils Dreyfus innocent? Ce n'est pas impossible. Mais cette innocence ne pouvait suffire à changer leur jugement. « Je suis convaincu de l'innocence de Dreyfus, dit un officier français à Émile Duclaux, mais si on me le donne à juger, je le condamnerai de nouveau pour l'honneur de l'Armée. » Pour l'honneur de l'Armée. Parce que la patrie l'exige. Parce que ceux qui sont groupés aux côtés de Dreyfus sont les ennemis de l'Armée, qu'ils affaiblissent la France. Dreyfus fut successivement coupable de trois manières. Il fut d'abord coupable, parce que désigné pour cet emploi. Coupable, il le fut ensuite parce qu'il l'avait été; l'intérêt de la France, l'honneur de l'Armée, commandaient qu'il restât condamné. Puis il fut coupable « d'avoir servi pendant cinq ans à ébranler l'Armée et la Nation totale » [15], d'avoir été le symbole et l'instrument des forces du mal.

Ainsi l'Affaire Dreyfus est-elle bien enracinée en son temps. Le risque est de la dénaturer, à l'en extraire pour y voir un moment d'une guerre éternelle. Ces « deux types de pensée », « ces deux systèmes de valeurs » qui s'affrontent dans l'Affaire, expriment à l'époque deux ordres sociaux, qui s'affrontent encore, dans la dernière décennie du XIXe siècle, et dont l'un achève de supplanter l'autre. « L'ordre mis en question, constate Pierre Miquel, c'est celui du XIXe siècle, c'est le monde des châteaux et des presbytères » [16]. La noblesse historique, la grande bourgeoisie française qui la singe et s'y mêle, exercent encore une influence pesante sur la vie politique, par les conseils généraux, par les

* Voir dans Robert Gauthier *Pourquoi l'Affaire* [14], la lettre à son colonel de l'officier Louis Bruyerre – qui lui valut d'être révoqué – où l'officier exprime son désaccord avec la conception dominante de l'honneur de l'Armée et de l'esprit militaire.

assemblées parlementaires. Elles sont appuyées sur l'Église. Le curé, qui vit du château, en est l'auxiliaire, convaincu ou obligé. Le château et le presbytère s'estiment à raison menacés par les progrès du capitalisme, le développement de l'industrie et de l'urbanisation. Sans doute cette caste parvient-elle, ici ou là, par sa fortune, par des mariages, par les places qu'elle conquiert dans les conseils d'administration, où les titres anciens sont flatteurs, par le réseau des relations et des influences, à pénétrer partiellement le système nouveau. Sans doute le pape Léon XIII, qu'inquiète la fidélité de l'Église de France à l'ordre ancien, incite-t-il prêtres et catholiques à rallier la République, pour la conquérir. Mais à la veille de l'Affaire Dreyfus, la plus large part de l'aristocratie et de la haute bourgeoisie traditionnelle sont repliées, crispées, sur la société de l'Ancien Régime, sur ses hiérarchies et ses valeurs. Et dans le bouleversement économique de la fin de ce siècle, l'Armée est devenue à la fois un débouché et une protection, le refuge d'une caste menacée, la garante des valeurs qu'elle craint de perdre. Par surcroît, la grande dépression des années 1890, le chômage, la reconversion industrielle, les difficultés du crédit, l'intransigeance des banques, ont rendu craintives et malheureuses toutes sortes de « petites gens », commerçants ruinés, ouvriers au chômage, paysans contraints à l'exode, qui accusent, pêle-mêle, les Juifs, les financiers, l'urbanisation, le Parlement, et souvent la République. Tous ont en commun d'être bousculés par la promotion des « couches nouvelles » annoncée par Gambetta, et leur solidarité est surtout faite de leur anxiété [17]. La coalition boulangiste, observe Pierre Miquel [18], avait déjà révélé cette singulière alliance – des aristocrates de province, des militaires de garnison, des boutiquiers, des artisans, des paysans des régions antirépublicaines – contre la France des chemins de fer, des banques et des grandes villes, la France de Rothschild, la France livrée à des forces étrangères. Cette alliance, on peut la suivre à la trace tout au long de l'Affaire, et la souscription pour le « monument Henry » la met en formules. L'Église, qui a peur des progrès d'une société laïque, qui est habituée à vivre à l'ombre des châteaux, l'Église soutient tous les exclus du monde nouveau, ou ceux qui se croient tels. Elle les aide, croyant se protéger elle-même, à défendre les images d'une ancienne société, nostalgiquement conservées : le dogme, l'autorité, la hiérarchie, l'honneur, les institutions anciennes, la chose jugée, et encore le rêve de l'unité du corps national, brisée par la destruction de la monarchie, le refus du « règne de l'argent » qui symbolise le monde nouveau. Le nationalisme – idée nouvelle – donne à ces valeurs le lien quasi mystique qui leur manque, et le souvenir de la défaite les nourrit. Sans les étrangers, sans les Allemands, sans les Juifs, sans le capitalisme cosmopolite, sans le socialisme international, les Français seraient pieux, ordonnés, patriotes, prospères, en un mot heureux!

Or les années de l'Affaire sont celles où la société bascule d'un âge dans un autre. Le capitalisme s'installe, les grandes entreprises se développent, et avec elles une autre bourgeoisie, active, entreprenante, audacieuse, parfois juive, souvent internationale, prend, dans l'économie, dans l'administration, la plupart des leviers de commande. Ces années-là une bourgeoisie nouvelle a supplanté les castes anciennes. On aperçoit – dans l'Armée de 1894 – la distance qui sépare Alfred Dreyfus, fils d'une bourgeoisie récente, riche, fière de l'être, heureuse en son époque, de beaucoup de ses camarades, jeunes hommes venus d'une aristocratie ou d'une bourgeoisie repliées et souffrantes. Vite ce jeune Juif leur paraît insolent.

Par ailleurs la classe ouvrière s'étend, prend conscience de ses forces, s'organise dans les partis et les syndicats, et commence, par l'agitation syndicale, par les grèves qui se durcissent, aussi par sa puissance parlementaire et bientôt par la participation aux gouvernements bourgeois, à peser sur la vie du pays. Les élections de 1894, de 1898, de 1902 révèlent un glissement constant vers la gauche. Dès 1898 radicaux et socialistes ont la majorité au gouvernement. En 1902 la droite est véritablement écrasée : signe que la mutation est à peu près accomplie, et que l'ordre ancien, dont l'Armée et l'Église étaient les deux piliers, ne domine plus la société française.

Ainsi l'Affaire a bien été, à la fin du XIXe siècle, l'affrontement de deux sociétés, de deux systèmes de valeurs. Et la lutte s'achève, à la fin du siècle, par la victoire de ce que Lavisse appelait la société de la Révolution sur la société de l'Ancien Régime. Mais si l'on ancre l'Affaire Dreyfus en son temps, on en voit aussi les limites. Et d'abord ce conflit de valeurs s'est situé pour l'essentiel à l'intérieur de la classe dominante. La classe paysanne paraît avoir été indifférente à une bataille perçue comme bourgeoise, urbaine, sinon même parisienne. Si la pesée de la classe ouvrière, le ralliement de Jaurès puis du parti socialiste ont joué un rôle déterminant dans la révision, il reste que les ouvriers sont restés très éloignés de l'Affaire. L'affrontement déterminant n'a cessé de se situer à l'intérieur de la classe bourgeoise, ou des classes bourgeoises, si l'on veut séparer la grande bourgeoisie de la petite. Par ailleurs, il faut convenir que ce sont moins les voix courageuses de la vérité et de la justice que l'évolution des forces sociales et politiques qui ont bouleversé le cours de l'Affaire Dreyfus et permis la révision. Quand Méline s'écrie : « Il n'y a pas d'Affaire Dreyfus », il veut, en niant l'Affaire, préserver la paix publique, et l'ordre auquel sont attachées les classes moyennes sur lesquelles il prend appui. Le désordre, c'est alors l'entreprise conduite en faveur de la révision *. Quand s'achève le siècle, le rapport des forces n'est plus le même. Le coup d'État manqué de Déroulède, l'engagement fanatique des congrégations, les progrès de la classe ouvrière, la montée de la gauche aux élections législatives, les campagnes de presse ont donné à Brisson l'audace qui lui manquait. Laissant engager le processus de révision, obligeant Cavaignac au départ, il a suivi les forces républicaines plus qu'il ne les a précédées. La révision est devenue un projet conforme à l'ordre républicain. L'intelligence de Waldeck-Rousseau est, au lendemain de Rennes, d'avoir compris que la société française du début du siècle avait largué les amarres de l'Ancien Régime, que l'ordre social et économique nouveau, la tranquillité nationale, exi-

* Jean-Pierre Peter éclaire ce thème de « l'ordre vainqueur » [19].

geaient la libération de Dreyfus et l'amnistie, si même la morale n'y trouvait pas son compte. Après les élections de 1902 la révision est devenue l'un des articles du projet général des républicains. L'arrêt de 1906 n'est pas un événement. Il suit l'opinion dominante. C'est, en 1906, le refus de la révision qui eût été un événement à contre-courant, un désordre [20].

Et le XXe siècle devait apporter la preuve que les frontières n'étaient pas si clairement tracées, entre deux systèmes de valeurs, deux morales contraires, que les valeurs, apparemment vaincues, n'étaient pas le privilège d'une caste écrasée, qu'elles avaient servi à façonner la mentalité d'un peuple. Les dreyfusards n'allaient pas tarder à témoigner que le respect de la raison d'État, l'exaltation des hiérarchies, le culte de l'Armée, appartenaient au fonds commun d'une culture traditionnelle où ils devaient puiser à leur tour *. Dès 1906, Georges Clemenceau, le plus fougueux des dreyfusards, organisait la répression contre la classe ouvrière, et maintenait l'ordre social grâce à l'Armée. Il rappelait que la victoire des dreyfusards n'avait pas été la victoire de la classe ouvrière. Puis on retrouve la grande majorité des dreyfusards préparant la guerre de revanche, exaltant la patrie. C'est la paix qui, dans les premières années du XXe siècle, semble du mauvais côté, parlant lutte des classes, abolition des nations, fraternité universelle. La majorité de gauche vote, en 1913, dans la ferveur patriotique, le retour au service militaire de trois ans. C'est le socialiste Viviani qui est au pouvoir quand éclate la guerre de 1914. L'union sacrée, qu'impose la guerre, exalte à nouveau les valeurs que les nationalistes avaient adorées; et cette fois dreyfusards et antidreyfusards se confondent dans le même culte. Dans la ferveur unanime, Maurice Barrès assiste à l'enterrement de Jaurès. Jules Guesde et Marcel Sembat entrent au gouvernement. Le socialiste Millerand, devenu

* Voir à ce sujet l'article précité de Gérard Baal, qui éclaire le cheminement d'une large partie des dreyfusards à partir de 1906, dans la crainte du péril social et la préparation d'une guerre de revanche [21]. « Voyez-vous, confesse le dreyfusard Roujon portant témoignage pour beaucoup d'autres, à la suite de l'Affaire Dreyfus, nous sommes allés trop loin... »

ministre de la Guerre, rédige les « notes confidentielles » qui autoriseront à exécuter dans les vingt-quatre heures les condamnations à mort prononcées par les Conseils de guerre. Drumont, Maurras sont émerveillés. La Patrie, l'Armée, l'Honneur, l'ordre, la hiérarchie, ce sont maintenant des valeurs unanimes. La France tout entière fait la guerre. Encore quelques mois, et l'on fusillera des soldats innocents, des espions présumés, simplement parce que le moral de l'Armée l'exige et « pour faire exemple ». L'Affaire Dreyfus avait-elle si tôt fini de produire ses effets?

Et pourtant ce serait réduire l'Affaire que de l'enfermer étroitement en son temps, sous prétexte de ne pas la caricaturer, de nier ce qu'elle a contenu de durable, d' « éternel », selon Mauriac, ce qui nous aide encore à nous connaître, et à nous reconnaître, près d'un siècle après la condamnation de Dreyfus. C'est vrai que l'Affaire ne se comprend qu'expliquée par son temps, dans les forces économiques, sociales, culturelles, de la fin du XIXe siècle. C'est vrai aussi que l'opposition dramatique de deux morales, de deux mentalités, n'appartient pas qu'au passé. Pour quoi se battaient les antidreyfusards? Pour la Patrie, l'Armée, l'Honneur. Et souvent pour Dieu lui-même. Ce qui est en jeu, disait Barrès, c'est la maison de nos pères, c'est notre terre, ce sont nos morts [22]. C'est, affirmait Cavaignac, « la grandeur de la Nation » [23], « l'héritage des défenseurs de la Patrie ». C'est aussi, proclamait Déroulède, « l'esprit d'abnégation, l'esprit de discipline, l'esprit de solidarité » [24]. Et derrière l'exaltation de la patrie, de l'héritage ancestral, des vertus traditionnelles, se profilaient les sentiments populaires qu'ont exprimés, en des formules très diverses, les souscriptions au « monument Henry » : l'amour de l'ordre, le respect du travail, l'attachement au pays, le rejet de l'étranger, la revendication de sécurité, l'angoisse devant les changements du monde *.

Qu'opposaient les dreyfusards? Ils n'ont jamais remis en cause l'attachement à la patrie. Les discours hostiles à l'Armée, son organisation, son

* « Pour l'ordre, contre la Justice et la Vérité », avait écrit Léautaud, souscrivant au monument Henry.

armement, sont rares, si même l'hostilité à l'Armée a beaucoup aidé, à partir de 1898, au recrutement des dreyfusards dans les rangs socialistes [25]. Mais les dreyfusards prétendaient que ni l'ordre, ni le respect des autorités, ni la force des institutions, ni même l'intérêt de la patrie, ne devaient faire obstacle aux principes supérieurs de justice et de liberté. Il y aurait des valeurs morales supérieures à tous les intérêts, et même à toutes les lois. Ce qu'exprimait ainsi Péguy : « La passion de la Vérité, la passion de la Justice, l'impatience du faux, l'intolérance du mensonge, occupaient toutes nos heures, obtenaient toutes nos forces » [26]. D'un côté, écrit Dansette, résumant cet affrontement, on trouve le principe que tout doit être jugé par rapport à la France. De l'autre que les droits de l'homme sont placés au-dessus de toute institution et de toute conviction [27].

En vérité, dans l'Affaire elle-même, les clivages ne furent sans doute ni si simples ni si tranchés. C'est que les hommes ne dépendent pas que de leur culture et de leur morale, de leurs convictions et de leurs préjugés. Tout au long de leur vie, ils sont façonnés, parfois transformés par leur classe, leur caste, leur métier, leurs relations, le tissu social où ils vivent et vieillissent. On peut difficilement, du côté des dreyfusards, attribuer les mêmes attitudes à Scheurer-Kestner et à Clemenceau, à Bernard Lazare et à Joseph Reinach, fonder leur engagement dans l'Affaire sur les mêmes raisons. Quelle parenté y eut-il entre l'implacable devoir de Picquart et le doute supérieur de l'esprit qui conduisit au dreyfusisme des hommes tels que Grimaux? Et comment soumettre aux mêmes dogmes, du côté des antidreyfusards, le général Mercier et Godefroy Cavaignac, Henry le faussaire et Cuignet qui le confondit? Comment oublier tous ceux qui furent simplement trompés, égarés par les crimes de l'État-Major, aveuglés, non aveugles? Comment ne pas observer non plus, notamment chez les politiques, tous ceux qui ne s'engagèrent que lentement, non sans hésitation ni recul, ceux qui, comme Brisson, oscillèrent longtemps entre le respect de l'ordre et l'attirance de la vérité, ceux aussi qui, comme Barthou ou Poincaré, n'entrèrent dans l'Affaire que lorsqu'ils furent assurés que leur conscience et leur carrière pourraient suivre le même chemin?

S'il est vrai qu'il faut donc se garder d'expliquer sommairement l'Affaire Dreyfus par l'affrontement systématique de deux morales, le clair partage des hommes de la Vérité et des hommes du Dogme, il est vrai aussi qu'elle a traduit, à son époque, à sa manière, des séparations durables, le conflit, au cœur d'une civilisation, de deux mentalités : d'un côté ceux qui, selon le mot de Jaurès, font de « l'individu humain la mesure de toute chose, de la patrie, de la famille, de la propriété, de l'humanité, de Dieu » [28] et de l'autre ceux qui posent et servent des valeurs supérieures à l'individu, Dieu, la Patrie, l'Armée, l'État, le parti; ceux qui se battent pour la Justice, idéal indéfinissable de liberté, de vérité et de générosité, et ceux qui se battent pour les préjugés au sens étymologique, ordre établi, organisations consacrées, choses jugées; ceux qui regardent vers l'antique cimetière et ceux qui rêvent de franchir les murs; ceux que retient la mémoire et ceux qu'emporte la sympathie.

Et sans doute peut-on, au miroir de l'Affaire Dreyfus, apercevoir, même déformés, les traits permanents d'un peuple dont les modes de vie changent plus vite que les mentalités et les caractères. Cette inaptitude congénitale à la démocratie que Barrès théorisait, dont Déroulède tentait de profiter, on n'a pas cessé d'en observer les signes. Cette attente du chef pur et dur, qui nettoierait les écuries parlementaires, et remettrait l'ordre dans la maison, les Français, à tous les moments agités de leur histoire, en ont éprouvé la tentation. Le général Boulanger n'a pas cessé de séduire... pas plus que ce pays n'a cessé d'être fasciné par l'ordre monarchique, les gestes et les fastes des rois, le confort de s'en remettre au souverain *.

De même les Français ont-ils continué d'entrete-

* Fondant la monarchie présidentielle sur le suffrage universel, le général de Gaulle réalisait peut-être une harmonieuse combinaison de deux traditions apparemment contraires. Il est remarquable qu'aujourd'hui, et pour la première fois peut-être dans l'histoire de la République, l'accord semble à peu près unanime sur les institutions.

nir, avec les libertés privées et publiques, une relation mouvementée. Les deux guerres, l'occupation étrangère, l'épuration, la guerre d'Algérie, la révolte de l'Armée, puis la répression de sa subversion, ce sont autant de secousses où ce vieux pays, assoiffé d'ordre, a trouvé l'occasion de réduire, ou de grignoter des libertés volontiers vécues comme un luxe des temps heureux, un privilège des rares moments tranquilles d'une histoire trop agitée *. Les juridictions d'exception, les lois extraordinaires, les accusations légères, les arrestations sommaires, les procès vite ficelés, les tortures n'ont jamais tout à fait quitté la France. Au temps de l'Affaire Dreyfus c'était l'intérêt national et l'honneur de l'Armée qui commandaient que le capitaine juif fût déporté. Plus tard ce fut la raison d'État, la défense de la patrie, les circonstances exceptionnelles, le besoin de faire des exemples, les lois de la guerre, qui obligèrent à l'injustice, et parfois au crime... Tout au long du XXe siècle, il a semblé que les antidreyfusards retrouvaient audience et autorité dès que la patrie se déclarait en danger, comme s'ils exprimaient, mieux que les défenseurs intransigeants de la liberté, le tempérament national. La guerre d'Algérie, conduite par des gouvernements de droite ou de gauche, a évoqué à beaucoup d'égards les aberrations de l'Affaire Dreyfus. On a vu l'honneur de l'Armée absoudre des exécutions sommaires, l'intérêt national excuser la torture. On a vu accuser de trahison ceux qui osaient mettre en doute les exigences de la patrie. On a vu aussi les intellectuels, ces « demi-soldes de la pensée », s'engager collectivement, prétendre exercer à nouveau, par la presse, par le livre, leur magistère moral, peser sur le Parlement, sur le gouvernement, revendiquant, en démocratie, la « puissance de la pensée ». On a entendu des chefs de gouvernement, en mal de tranquillité, invoquer l'intérêt national et la chose jugée. On a observé des majorités parlementaires qui n'avaient d'autre principe que l'impérissable conseil de Lebret : « Regardez vers vos circonscrip-

* Sur le grignotage des libertés, dans les périodes dites « d'exception » de l'histoire française, on consultera notamment Roger Errera, *les Libertés à l'abandon* [29], et la préface précitée de Pierre Vidal-Naquet dans *Cinq Années de ma vie* [30].

tions. » Et le Parlement, dont déjà Labori observait l'impuissance à travailler sérieusement, a continué de se satisfaire de vains discours, dissimulant ses abandons. Seulement se sont éteintes les grandes voix. Et le duel s'est démodé.

On pourrait ainsi observer, à traits grossièrement simplifiés, la continuité d'une société où l'Affaire Dreyfus ne serait jamais achevée, se renouvelant chaque fois que l'État écrase l'individu, que la raison d'État enferme celui qui déplaît, Juif, Chrétien, Arabe, que le juge condamne sans preuve un coupable présumé. Mais l'Affaire Dreyfus ainsi considérée n'a ni lieu ni temps. Le combat de l'individu contre la société, de la vérité contre le mensonge érigé en dogme, il n'est pas propre à la France ni à la fin du XIXe siècle. Alfred Dreyfus porte témoignage pour des millions d'innocents persécutés, comme ils portent témoignage pour lui. Que la révision de son procès eût été possible pourrait même, dans le monde d'aujourd'hui où les trois quarts de l'humanité sont asservis, être regardé comme un anachronisme, le luxe d'une société libérale. Il fallait une presse libre. Il fallait une justice civile qui ne fût pas domestiquée. Il fallait la pression de la classe ouvrière, le droit de grève, la liberté syndicale, la représentation parlementaire. Il fallait des élections démocratiques qui pussent assurer une majorité dreyfusarde. Il fallait aussi des énergies indomptables comme celle de Mathieu Dreyfus, des vertus sans défaillance, comme celle du colonel Picquart.

Il est donc vrai que l'Affaire ne cesse pas de nous parler. Le sentiment national, le culte des hiérarchies, la peur des étrangers, la soif de sécurité, ce sont des permanences de la mentalité française que le XXe siècle n'a pas érodées. Il n'est pas exagéré de dire que le sentiment national a même gagné sinon en force, du moins en légitimité : deux guerres, la Résistance, la trahison d'une partie de la droite qui sacrifia son idéologie à ses intérêts de classe, ont fait que la gauche, la gauche socialiste et même la gauche communiste, a pris la relève. La ferveur patriotique, l'exaltation de la défense nationale sont devenues ainsi le fonds commun, réalisant, dans la paix comme dans la guerre, l'union sacrée, constituant l'indivis héritage. Le vieux discours barrésien sur la terre et les morts, sur l'antique cimetière, sur le culte de la France, berce l'unanimité nationale, peut-être parce qu'il satisfait la mentalité ancestrale d'un peuple de paysans et de guerriers : Boulanger, Déroulède, Cavaignac, Barrès n'ont pas fini de nous tenir leur fier langage. La défense de la Nation, la grandeur de la France, le salut au drapeau, le respect de la raison d'État, les exigences de l'ordre, de la sécurité, et même l'envol de *la Marseillaise,* le pas fascinant de l'Armée au 14 juillet : vieille idéologie rassemblant Jeanne d'Arc et Gambetta, caricaturée par Cavaignac, sublimée par Barrès, mise en œuvre par Clemenceau, renouvelée par de Gaulle, aujourd'hui célébrée par tous les partis et tous les hommes d'État.

Mais la ligne de partage dont parle Jean-Louis Lévy [31], qui oblige chacun à se connaître, à se reconnaître, elle ne sépare pas comme une frontière, qui serait commode, les hommes de la vérité et de la liberté d'un côté, les hommes de la raison d'État et de l'intérêt national de l'autre. Les choses furent peut-être telles, un temps court, dans l'Affaire Dreyfus « lumineusement simple sur le plan éthique » : parce que s'était organisée, pour maintenir un innocent au bagne, une conspiration de criminels portés par la haine des Juifs et l'orgueil de la caste *. Mais la ligne qui sépare le dreyfusard de l'antidreyfusard passe le plus souvent en chacun. La part qui sacrifie l'innocence au préjugé, qui condamne sans preuve, qui hait la différence, qui fabrique l'accusation, qui habille l'intérêt personnel d'intérêts supérieurs, qui n'aime de la liberté que la sienne, elle est en chacun de nous ou presque. Il y avait de l'antidreyfusard chez Picquart, mais sa vertu était plus forte que ses préjugés. Cavaignac qu'habi-

* Encore est-ce notre regard d'aujourd'hui qui peut regarder l'Affaire dans sa « simplicité éthique », dénoncer les criminels, Mercier l'organisateur, Henry le faussaire, Gonse, Lauth, Gribelin les exécuteurs de basses œuvres, à l'inverse exalter ceux qui luttèrent pour l'innocent martyrisé, Picquart le « héros », Bernard Lazare le « saint », le très vertueux Scheurer, et tous ceux qui, par exigence morale ou par rigueur intellectuelle, luttèrent avec eux. Au moment où ils sont vécus, les épisodes de « l'éternelle guerre civile » ne sont, pour la plupart, ni si clairs ni si simples.

tait la haine de Dreyfus eut la brutale passion de la vérité. Il obligea Henry à l'aveu qui fit la révision. Labori fut au procès Zola le merveilleux avocat de la cause de Dreyfus, et il se prit contre Demange, contre Mathieu Dreyfus, d'une haine féconde en accusations sommaires. Péguy, qui revendiquait la pureté du dreyfusard héroïque, fit à Jaurès le plus injuste procès : et il excommunia Dreyfus lui-même accusé d'avoir été le complice de Jaurès. Clemenceau, qui ne supportait pas la condamnation d'un innocent, y devint indifférent quand il fut homme d'État. Aujourd'hui encore, d'éminents écrivains, pour mieux défendre Dreyfus, envoient au bagne Maurice Weil, le général Rau, le général Saussier, heureusement morts avant d'être jugés. Telle est peut-être l'ambiguïté de ce peuple, de culture latine, de tradition catholique, frileusement attaché à ses coutumes, à son héritage, fanatique, intolérant, résolument hostile à tout ce qui est différent, toujours avide de punir, de réprimer; et aussi secoué de grandes émotions, vite porté par l'élan de la liberté, capable un jour de fusiller l'innocent, un autre de se faire fusiller pour l'innocent. Peuple qui put, à l'étonnement du monde entier, maintenir Dreyfus au bagne, quand son innocence était certaine, puis la proclamer, sans honte, comme si ce revirement était naturel. Ce sont les Français qui le 5 janvier 1895, dans la cour de l'École militaire, arrachent ses galons au capitaine Dreyfus. Ce sont les Français qui le 21 juillet 1906 lui remettent, au même lieu, la croix de la Légion d'honneur. Ce ne sont pas deux France qui se succèdent. Ce ne sont que deux mouvements d'un même peuple.

Mais peut-être le capitaine Dreyfus fut-il en son temps l'un des rares en qui on n'aperçoit pas cette « ligne de partage ». On ne voit pas trace en lui de cette contradiction qui peut, selon les circonstances, nourrir chez chacun le meilleur et le pire. Il est, par une sorte de disposition naturelle, l'homme des deux traditions françaises, dans toutes leurs lumières. Et c'est sans doute ce qui fait son étrangeté, presque son absence, dans sa propre Affaire. Ce qui fait aussi qu'il n'est nulle part reconnu, ni vraiment aimé. Il voue un culte à sa patrie. Il chérit l'Armée comme sa famille. Il est heureux dans la hiérarchie, dans toutes les hiérarchies où il est placé. De même, et sans rupture, il a fait de la liberté, de la vérité, vertus républicaines, vertus françaises, son honneur, son idéal. La patrie et les droits de l'homme se confondent pour lui, en lui. On n'aperçoit aucun conflit chez le capitaine Dreyfus entre ces passions qui autour de lui s'affrontent. Elles semblent devenues parfaitement harmoniques *. Qu'est-ce que la France pour lui, sinon le plus haut lieu de la liberté et de la vérité? Qu'est-ce que l'Armée, sinon le sanctuaire de l'honneur, du dévouement, de la générosité? Qu'est-ce que la famille, sinon l'enveloppe des affections essentielles, le refuge de la plus douce intimité? Mon Affaire, écrit-il, refermant le livre de ses *Souvenirs*, est « l'une des œuvres de relèvement les plus extraordinaires dont le monde ait été témoin, une de ces œuvres qui retentissent jusque dans l'avenir le plus lointain, parce qu'elle aura marqué un tournant dans l'histoire de l'humanité, une étape grandiose vers une ère de progrès immense pour les idées de liberté, de justice et de solidarité sociale » [32]. Nulle haine, nul signe de la moindre amertume chez Alfred Dreyfus. Il semble n'en vouloir à quiconque. Son martyre fut encore pour lui l'expression tragique d'un devoir. Les épreuves physiques et morales qu'il a endurées, l'humiliation de la parade, les cris de haine, les crachats, les années de bagne, la double palissade, les fers aux pieds, son destin détruit, sa santé ruinée, tout cela il le voit comme « une étape grandiose vers une ère de progrès ». Il ne met pas en doute que la liberté universelle soit au bout du chemin.

Simplement ce Français, qui a tant souffert de la France, regarde maintenant au-delà des frontières. Il voudrait que son « Affaire » ait servi l'humanité.

* Alfred Dreyfus avait quand même marqué la limite de cet accord, écrivant : « Ma vie appartient à mon pays; mon honneur ne lui appartient pas. » L'affrontement des valeurs qui lui étaient également chères, leur séparation en forces hostiles furent très douloureusement vécus par Dreyfus. « C'est parce qu'il était l'homme des deux traditions, nous écrit le docteur Jean-Louis Lévy, que Dreyfus dut mettre en jeu de fantastiques forces de défense hors desquelles il eût été désintégré. Et qu'il en fut à jamais brisé. »

NOTES

Prologue

LA PARADE DE JUDAS

1. Lettre à Lucie Dreyfus. Jeudi midi, dans *Lettres d'un innocent,* P.-V. Stock, 1898, p. 48.
2. Lettre à Lucie Dreyfus. Jeudi, 11 heures du soir, *Lettres d'un innocent, op. cit.*, p. 50. Alfred Dreyfus a écrit quatre lettres à sa femme ce jeudi 3 janvier 1895.
3. Lettre à Me Demange, 3 janvier 1895 jeudi midi. *Lettres d'un innocent, op. cit.*, p. 276.
4. De cette conversation naîtra la légende des « aveux » de Dreyfus, voir pp. 137 et s.
5. Alfred Dreyfus, *Cinq Années de ma vie,* réédité chez Maspero en 1982, p. 80, introduction de Pierre Vidal-Naquet.
6. Récit par Maurice Paléologue, *Journal de l'Affaire Dreyfus,* Plon, 1955, p. 37.
7. Maurice Barrès, « La parade de Judas », dans *Scènes et Doctrines du nationalisme, op. cit.*, pp. 134 et s.
8. « La parade de Judas », *loc. cit.*, p. 134.
9. Léon Daudet, « Le châtiment », article publié dans *le Figaro* du 6 janvier 1895.
10. Ce sont les mots rapportés par Alfred Dreyfus dans ses *Souvenirs.* Cf. *Cinq Années de ma vie, op. cit.*, p. 81. Maurice Paléologue, *Journal de l'Affaire Dreyfus, op. cit.* p. 39; Bruno Weil, *l'Affaire Dreyfus,* Gallimard, 1930, p. 64; Jean France, *Autour de l'Affaire Dreyfus,* éditions Rieder, 1936, p. 42, donnent des versions semblables, ou ne changent que quelques mots.
11. « La parade de Judas », *loc. cit.*, p. 135.
12. Joseph Reinach, *Histoire de l'Affaire Dreyfus,* Fasquelle, 1929, p. 501.
13. Maurice Paléologue, *Journal de l'Affaire Dreyfus, op. cit.*, p. 39.
14. « D'une voix sèche, métallique, où nulle émotion ne vibre », écrit le témoin Maurice Paléologue, *Journal de l'Affaire Dreyfus, op. cit.*, p. 39.
15. Il semble qu'il y eut des « enceintes réservées » pour les femmes d'officiers et des personnalités. On y crachait sur Dreyfus. Raphaël Viau, *Vingt Ans d'antisémitisme.* Jean France, *Autour de l'Affaire Dreyfus,* Paris, Rieder, 1936, p. 42.
16. *Le Figaro,* 6 janvier 1895.

17. « La parade de Judas », *loc. cit.*, p. 135.
18. Maurice Paléologue, *Journal de l'Affaire Dreyfus, op. cit.*, p. 38.
19. Alfred Dreyfus, *Cinq Années de ma vie, op. cit.*, p. 81.
20. « La parade de Judas », *loc. cit.*, p. 137.
21. *Le Figaro*, 6 janvier 1895.
22. *Journal de l'Affaire Dreyfus, op. cit.*, p. 40.
23. « La parade de Judas », *loc. cit.*, p. 136.
24. *Ibid.*, p. 135.
25. Lettre du 5 janvier 1895 à Lucie Dreyfus, *Cinq Années de ma vie, op. cit.*, p. 82.
26. Lettre du 5 janvier 1895, samedi 7 heures du soir, *Cinq Années de ma vie, op. cit.*, pp. 82-83.
27. Samedi soir 5 janvier 1895, *Cinq Années de ma vie, op. cit.*, p. 83.
28. Lettre à son avocat Me Demange, *Lettres d'un innocent, op. cit.*, p. 278.
29. Lettre du 7 janvier 1895 à Lucie Dreyfus, *Lettres d'un innocent, op. cit.*, p. 60.

Première partie

LE TRAÎTRE DREYFUS

I. – UN SERMENT D'ENFANT

1. Michaël R. Marrus, *les Juifs de France à l'époque de l'Affaire Dreyfus*, Calmann-Lévy, 1972, coll. Diaspora, p. 247. Préface de Pierre Vidal-Naquet.
2. Voir Alfred Dreyfus, *Souvenirs et Correspondances*, publiés par son fils, Grasset, 1936, pp. 40 et s.
3. Voir Henri Villemar, *Dreyfus intime*, Stock, 1898.
4. Alfred Dreyfus, *Cinq Années de ma vie*, Maspero, 1982, p. 57.
5. Alfred Dreyfus, *Souvenirs et Correspondances, op. cit.*, p. 42.
6. Alfred Dreyfus, *Cinq Années de ma vie, op. cit.*, p. 57.
7. Alfred Dreyfus, *Souvenirs et Correspondances, op. cit.*, p. 42.
8. Henri Villemar, *Dreyfus intime, op. cit.*, pp. 10 et s.
9. Alfred Dreyfus, *Souvenirs et Correspondances, op. cit.*, p. 42.
10. Sur l'attachement d'Alfred Dreyfus à la République et aux valeurs laïques, voir Pierre Vidal-Naquet, introduction à *Cinq Années de ma vie*, Maspero, 1982, pp. 13 et s.
11. Cf. Archives nationales, BB 19101.

II. – L'ARMÉE DE LA REVANCHE

1. De Gaulle, *la France et son armée*, « Vers la revanche », Plon, 1938, pp. 197 et s.
2. *Ibid.*
3. J. Monteilhet, *les Institutions militaires de la France, 1814-1932*, Félix Alcan, 1932, p. 220.

4. William Serman, *les Officiers français dans la Nation, 1848-1914*, Aubier-Montaigne, 1982.

5. Raoul Girardet, *la Société militaire française de 1815 à 1939*, Paris, Plon, 1953, pp. 132 et s.

6. De Gaulle, *la France et son armée, op. cit.*, p. 205.

7. De Gaulle, *la France et son armée, op.* et *loc. cit.*

8. Raoul Girardet, *la Société militaire française de 1815 à 1939, op. cit.*, p. 183.

9. De Gaulle, *la France et son armée, op. cit.*

10. « Rustiques, puissantes, portant loin, consacrant le système de culasse mobile », Raoul Girardet, *la Société militaire française de 1815 à 1939, op. cit.*, p. 185.

11. Michel de Lombarès, *l'Affaire Dreyfus, la clef du mystère*, Robert Laffont, 1972, p. 23.

12. Michel de Lombarès, *l'Affaire Dreyfus, la clef du mystère*, Paris, R. Laffont, 1972, p. 23.

13. Raoul Girardet, *la Société militaire française de 1815 à 1939, op. cit.*, p. 185.

14. Selon Raoul Girardet, *la Société militaire française de 1815 à 1939, op. cit.*, p. 185. Il est vrai que l'Armée de la revanche paraît avoir bénéficié d'un surcroît de considération : elle incarnait l'héritage des anciennes vertus, portait l'orgueil national, et par surcroît offrait un refuge à ceux qui ne se sentaient pas à leur aise dans le monde nouveau. Mais Raoul Girardet exagère sans doute le prestige social de l'officier. Il reste en 1890 que les officiers, dont les soldes sont très maigres, perdent de leur considération dans une société où les hiérarchies de l'argent gagnent en importance, que l'antimilitarisme politique et intellectuel n'a pu rester sans influence, enfin que la rigueur des disciplines militaires « imposant aux officiers un modèle de conduite si astreignant qu'en chacun d'eux l'homme s'efface sous le soldat » a découragé de nombreuses vocations. William Serman présente un tableau beaucoup plus nuancé du prestige de l'officier à la fin du XIXe siècle (William Serman, *les Officiers français dans la Nation, 1848-1914, op. cit.*, stabilité et prestige de l'état d'officier, pp. 14 et s.).

En revanche il est probable que le métier des armes offrait un débouché raisonnable à la jeunesse instruite dont le nombre allait croissant. Le nombre des candidats à l'École de Saint-Cyr s'élève de 1 144 en 1884 à 2 079 en 1894 : constatation d'un vaste débouché offrant des garanties d'avenir, autant et plus que d'une séduction prestigieuse de l'Armée.

15. François Bedarida, « L'Armée et la République », *Revue historique*, septembre 1964.

16. *Ibid.*, p. 131.

17. Paul-Marie de La Gorce, *la République et son armée*, Fayard, 1963, p. 34.

18. William Serman, *les Officiers français dans la Nation, 1848-1914, op. cit.*, pp. 8 et s.

19. Paul-Marie de La Gorce, *la République et son armée, op. cit.*, p. 36.

20. Raoul Girardet, *la Société militaire française de 1815 à 1939, op. cit.*, p. 200.

21. « L'Armée et la République », art. cité, pp. 119 et s.

22. Sur le milieu social des officiers, étudié au travers de leur mariage et de leur mode de vie, voir William Serman, *op. cit.*,

pp. 145 et s. La majeure partie des officiers viennent des classes moyennes, et grâce au système des bourses, une proportion non négligeable est issue des classes populaires. A Saint-Cyr, de 1891 à 1900, on compte plus de 50 % de boursiers. C'est donc essentiellement le système d'avancement qui maintient l'Armée sous la tutelle de ses éléments les plus conservateurs, ou les plus cléricaux.

23. Raoul Girardet, *la Société militaire française de 1815 à 1939, op.* et *loc. cit.*

24. François Bedarida, « L'Armée et la République », art. cité, p. 159.

25. *Ibid.*, p. 159.

26. *L'Armée et la démocratie.*

27. Cité par François Bedarida, « L'Armée et la République », *op. cit.*, p. 162.

28. Sur les rites et l'isolement de la vie militaire, voir W. Serman, *op. cit.*, pp. 125 et s.

29. François Bedarida, « L'Armée et la République », art. cité, p. 164.

III. – Intelligent, zélé, consciencieux, très actif

1. Sur la tradition des amours de rencontre des officiers, voir William Serman, *les Officiers français dans la Nation, 1848-1914*, Aubier-Montaigne, 1982, p. 180.

Dans une étude qu'il rédigea à la veille du procès de Rennes (le texte inédit nous en a été communiqué par le petit-fils d'Alfred Dreyfus, le docteur Jean-Louis Lévy) sur le rapport d'Ormescheville qui l'avait accusé, en 1894, d'avoir fréquenté des femmes louches, sinon même des espionnes, Alfred Dreyfus a réfuté ce grief en contestant la plupart des liaisons qui lui étaient reprochées, et en situant celles qu'il reconnaissait antérieurement à 1888.

2. Alfred Dreyfus, *Cinq Années de ma vie*, préface de François Mauriac, Fasquelle, 1962, p. 26.

3. Voir sur l'évolution des soldes à la fin du XIXe siècle, et la pauvreté des officiers sans fortune, William Serman, *les Officiers français dans la Nation, 1848-1914, op. cit.*, pp. 128 et s.

4. Michaël R. Marrus, *les Juifs de France à l'époque de l'Affaire Dreyfus*, Calmann-Lévy, 1972, p. 228. On trouvera dans Marrus une bibliographie très complète sur les campagnes antisémites menées contre les officiers juifs, et sur les duels. William Serman (*op. cit.*, p. 101) observe qu'en quelques années la proportion des officiers juifs dans l'armée s'était accrue, passant en vingt ans de 2 à 10 pour 100.

5. Calmann-Lévy, 1972, p. 230.

6. Sa femme, son frère Mathieu ne trouveront, au moment du procès, aide auprès d'aucun officier supérieur. Sur le « patronage » dans l'Armée française, voir Douglas Johnson, *France and the Dreyfus Affair*, London, Blanford Press, 1966.

7. Jacques Kayser, *l'Affaire Dreyfus*, Gallimard, 1946, p. 29.

8. Archives du ministère de la Guerre. « Dossier secret ». Dossier C, pièce 97. Mathieu Dreyfus tentera vainement d'obtenir que le général de Dionne dépose pour Dreyfus devant le Conseil de guerre. Le général le renverra aux « excellentes notes » mises

à Dreyfus qui, selon lui, suffisaient. Et il remettra au dossier ses notes, ainsi corrigées d'un commentaire malveillant.

9. Voir les portraits réunis par le docteur Jean-Louis Lévy, petit-fils de Dreyfus, dans « Alfred Dreyfus antihéros et témoin capital », postface à *Cinq Années de ma vie*, Maspero, 1982, pp. 239 et s.

10. Alfred Dreyfus, *Cinq Années de ma vie*, introduction de Pierre Vidal-Naquet, *op. cit.*, p. 11.

IV. – Juif

1. Sur ce problème, parmi d'innombrables études, voir notamment Michaël R. Marrus, *les Juifs de France à l'époque de l'Affaire Dreyfus*, Calmann-Lévy, 1972; préface de Pierre Vidal-Naquet. Hellmut Andics, *Histoire de l'antisémitisme*, Albin Michel, 1967. Léon Poliakov, *Histoire de l'antisémitisme : l'Europe suicidaire, 1870-1933*, Calmann-Lévy, 1973. Michel Winock, *Edouard Drumont et Cie, antisémitisme et fascisme en France*, le Seuil, 1982. Samuel Trigano, *la République et les Juifs après Copernic*, les Presses d'Aujourd'hui, 1982; *les Juifs en France*, Revue trimestrielle d'Histoire, nº 3, nov. 1979, Hachette; *De l'antijudaïsme antique à l'antisémitisme contemporain*, Études de l'Université de Lille III, Presses universitaires de Lille, 1979. Patrick Girard, *les Juifs de France de 1789 à 1860, de l'émancipation à l'égalité*, Calmann-Lévy, coll. Diaspora. Voir les études de François Furet sur plusieurs de ces livres, réunies dans « les Juifs et la démocratie française », *l'Atelier de l'Histoire*, Flammarion 1982, pp. 276 et s.

2. Michaël R. Marrus, *les Juifs de France à l'époque de l'Affaire Dreyfus*, *op. cit.*, p. 108; François Furet, *les Juifs et la démocratie française*, *op. cit.*, p. 278.

3. Ernest Cremieu-Foa, *la Campagne antisémitique, les duels. Les responsables*, Paris, 1892.

4. Isidore Cahen, « le Cinquantenaire des archives israélites », dans *la Gerbe*, Paris, 1890, p. 9, cité par Marrus, *op. cit.*, p. 109.

5. Isidore Cahen, « les Décrets et les Israélites », *Archives israélites*, 4 novembre 1880, p. 363, cité par Michaël R. Marrus, *les Juifs de France à l'époque de l'Affaire Dreyfus*, *op. cit.*, p. 112.

6. Annie Kriegel (« Révolution française et judaïsme », *l'Arche*, mars 1975) montre comment la Révolution a pu aussi ouvrir l'avenir à l'idée que l'émancipation d'un peuple opprimé peut prendre une forme collective ou nationale. « La conquête de l'égalité juridique – écrit François Furet (*l'Atelier de l'Histoire*, *op. cit.*) – et de la liberté individuelle par les Juifs français, en les exposant aux valeurs de la société environnante, les a certes laïcisés, mais elle a contribué aussi à leur faire aimer les idées de démocratie, de nation ou de socialisme qui ne sont pas non plus étrangères au réveil national juif de la fin du XIXe siècle.

7. Cité par Michaël R. Marrus, *les Juifs de France à l'époque de l'Affaire Dreyfus*, *op. cit.*, p. 113.

8. Cité par Michaël R. Marrus, *les Juifs de France à l'époque de l'Affaire Dreyfus*, *op. cit.*, p. 113; voir aussi le sermon du grand rabbin Zadoc Kahn du 19 septembre 1876 : « ... la patrie a

d'immenses droits sur nous, et jamais nous ne pouvons nous croire quittes envers elle... il faut savoir lui sacrifier notre repos, nos biens, notre vie même quand l'intérêt l'exige... »

9. Michaël R. Marrus, *les Juifs de France à l'époque de l'Affaire Dreyfus, op. cit.*, p. 144.

10. Pierre Pierrard, *Juifs et Catholiques français*, Fayard, 1970, p. 20.

11. Ainsi en 1840 l'assassinat d'un capucin de Damas, le père Thomas, attribué faussement au Juif David Harari. L'éditeur catholique Gaume publia en 1846 un réquisitoire en 2 volumes contre les Juifs, sur ce sujet, signé Achille Laurent (voir Pierre Pierrard, *Juifs et Catholiques français, op. cit.*, p. 21).

12. Cité par Pierre Pierrard, *Juifs et Catholiques français, op. cit.*, p. 21.

13. Voir notamment le livre de Toussenel, disciple de Fourier, *les Juifs rois de l'époque*, publié en 1845.

14. Sur les conversions forcées, voir Pierre Pierrard, *Juifs et Catholiques français, op. cit.* Il s'agit d'enfants juifs baptisés, sans l'autorisation de leurs parents, pour « arracher une âme à Satan », proclamait Louis Veuillot dans *l'Univers*.

15. Bernard Lazare, *l'Antisémitisme, son histoire et ses causes*, Paris, 1894, p. 227.

16. Voir Michaël Marrus, *les Juifs de France à l'époque de l'Affaire Dreyfus, op. cit.*, p. 181.

17. Jeannine Verdès-Leroux, *Scandales financiers et antisémitisme catholique*, le Centurion, 1969, pp. 121 et s.

18. Pierre Pierrard, *Juifs et Catholiques français, op. cit.*, p. 25.

19. Sur le mépris du Juif pauvre, du Juif crasseux, voir Jeannine Verdès-Leroux, *Scandales financiers et antisémitisme catholique, op. cit.*, p. 135.

20. « C'est donc conjointement que s'expriment à travers toute l'Europe les mêmes craintes et les mêmes passions, que des hommes venus d'horizons très divers, de disciplines très éloignées, contribuent à formuler une même idéologie. On ne peut manquer de relever la similitude certaine qui existe entre le nationalisme d'un Barrès, d'un Déroulède ou d'un Rochefort d'une part, et, d'autre part, celui d'un d'Annunzio, d'un Carducci, d'un Corradini, d'un Karl Lueger et ses chrétiens-sociaux, de Georg von Schönerer et du parti national allemand en Autriche, des partis pangermanistes et antisémites en Allemagne ou des divers mouvements panslaves ». Zeev Sternhell, *Maurice Barrès et le nationalisme français*, Presses de la Fondation nationale des sciences politiques, 1970, pp. 18 et 19.

21. C'est le propre des historiens « de droite », écrit Michel Winock (*Esprit*, mai 1971), de tout expliquer par le complot. La Révolution française, pour Edouard Drumont, est largement un complot juif, « le seul auquel la Révolution ait profité est le Juif. Tout vient du Juif. Tout revient au Juif ».

Voir aussi du même auteur : *Édouard Drumont et Cie, antisémitisme et fascisme en France*, le Seuil, 1982. Mais l'idée que tout malheur, toute angoisse, doit chercher un responsable n'est pas que de droite. Les souffrances de tous ceux qu'écrase, à la fin du XIXe siècle, la société industrielle, trouveront dans l'antisémitisme une explication et un soulagement commodes, à gauche comme à droite.

22. Maurice Barrès, *Scènes et Doctrines du nationalisme,* Félix Guven, 1902, p. 152.

23. *L'Action française,* 28 mars 1911.

24. Voir les ouvrages cités ci-dessus, note 1.

25. Jeannine Verdès-Leroux, *Scandales financiers et antisémitisme catholique, op. cit.,* p. 117. Trois hebdomadaires antijuifs, *l'Antijuif,* lancé en 1881, *le Syndic révolutionnaire,* en 1882, *l'Antisémitique,* en 1883, disparaissent presque aussitôt.

26. Pierre Pierrard, *Juifs et catholiques français, op. cit.,* p. 29.

27. Il suscitera cependant l'admiration persistante de Georges Bernanos exprimée notamment dans *la Grande Peur des bien-pensants :* « Aucune analyse ne saurait donner l'idée de ce livre magique. » Jules Lemaître y verra « une œuvre de génie » et Alphonse Daudet écrira : « Son pilori vaut celui de Dante. »

28. Michel Winock, « Edouard Drumont et l'antisémitisme en France avant l'Affaire Dreyfus », *Esprit,* mai 1971, p. 1097.

29. Michel Winock, *Esprit,* mai 1971, *op. cit.,* p. 1099.

30. Cité par Jurt, « l'Affaire Dreyfus : le rôle de l'opinion », *Bulletin de l'Amitié judéo-chrétienne,* nº 4, 1981, pp. 75 et s. Sur la montée de l'antisémitisme à l'intérieur de l'Armée, à partir de 1890, voir William Serman, *les Officiers français dans la Nation,* Aubier, 1982, pp. 100 et s.

31. A la fin de l'année 1896, le tirage de *la Libre Parole* atteint 500 000 exemplaires, celui de *la Croix* 170 000 exemplaires. Voir aussi Stephen Wilson, *l'Attitude juive face à l'antisémitisme durant l'Affaire Dreyfus, op. cit.*

32. C'est le classement qu'opère notamment Jeannine Verdès-Leroux dans son ouvrage, *Scandales financiers et antisémitisme catholique.* Ce classement est usuel.

33. L'ouvrage fondamental – quoique antérieur – est le livre célèbre de Gougenot des Mousseaux, *le Juif, le judaïsme et la judaïsation des peuples chrétiens,* paru en 1869. Édouard Drumont soutiendra que Gougenot a été assassiné par les Juifs.

34. Les premiers ouvrages paraissent avoir été le livre de Toussenel, disciple de Fourier, *les Juifs rois de l'époque,* publié en 1845, dont Drumont parle comme d'un « chef-d'œuvre impérissable », et un article de Pierre Leroux portant le même titre, publié en 1846. Ces écrits paraissent n'avoir eu aucune audience lors de leur publication. Est juif pour Toussenel « tout trafiquant d'espèces, tout parasite improductif, vivant de la substance et du travail d'autrui ». Pierre Leroux dénonce « l'esprit juif », c'est-à-dire l'esprit de gain, de lucre, « l'esprit banquier ».

35. Les quatre volumes de l'*Essai sur l'inégalité des races humaines* d'Arthur de Gobineau publiés de 1853 à 1855 n'ont guère eu de lecteurs. Arthur de Gobineau s'en est plaint à Tocqueville. Les cours de Vacher de Lapouge, théoricien du racisme, « les Sélections sociales », professé en 1888, et « l'Aryen, son rôle social », professé en 1889, n'ont guère eu à l'époque plus de retentissement. Mais ils ont exercé de lointaines influences. Les écrits d'Ernest Renan (notamment les écrits récemment regroupés sous le titre *Judaïsme et Christianisme,* Copernic, 1977) ont souvent, au prix d'une lecture rapide, nourri le racisme antisémitique.

36. Jeannine Verdès-Leroux, *Scandales financiers et antisémitisme catholique, op. cit.,* p. 114.

37. Voir notamment *l'Antisémitisme de* la Croix du Nord *pendant l'Affaire Dreyfus, 1898-1899*, par Danièle Delmaire dans *De l'antijudaïsme antique à l'antisémitisme contemporain* (Presses universitaires de Lille, 1979).
38. Edouard Drumont, *la France juive, op. cit.*, p. 35.
39. Jeannine Verdès-Leroux, *Scandales financiers et antisémitisme catholique, op. cit.*, p. 126.
40. *Ibid.*, pp. 127 et s.
41. Thème repris par Guy de Maupassant.
42. Maurice Barrès, *Scènes et Doctrines du nationalisme, op. cit.*, pp. 140 et s.
43. Jeannine Verdès-Leroux, *Scandales financiers et antisémitisme catholique, op. cit.*, pp. 140 et s.
44. *Ibid.*, pp. 140 et s. Les mesures économiques proposées pour frapper ou dépouiller les Juifs sont évidemment très variées.
45. *La Juiverie*, Gautier, 1887, p. 107.
46. *Le Mystère du sang chez les Juifs de tous les temps*, Savine, 1889.
47. Georges Meynie, *Les Juifs en Algérie*, p. 322.

V. – La république des opportunistes

1. Jacques Chastenet, *Histoire de la IIIe République*, t. II, Paris, 1954, Hachette, « la République des républicains », pp. 207 et s.
2. *Ibid.*, p. 246.
3. Sur la montée progressive des classes moyennes, voir notamment J. L'homme, *la Grande Bourgeoisie au pouvoir, 1830-1880*, Paris, PUF, 1960. J. Lhomme étudie notamment la « doctrine » des classes moyennes – un égalitarisme qui regarde vers le haut, non vers le bas, et l'anticléricalisme – et leur comportement face au pouvoir, mélange du souci des intérêts et du goût des idées, d'affairisme et d'idéalisme (pp. 288 et s.).
4. On compte vingt cabinets de février 1879 à avril 1893. Nul n'ose, en raison du fâcheux précédent du 16 mai 1877, mettre en marche la procédure de dissolution.
Sans doute a-t-il toujours manqué, à la Chambre et au Sénat, une majorité de gouvernement cohérente et organisée. Si des hommes tels que Ferry et Freycinet ont pu, à la tête du gouvernement, se maintenir au pouvoir le temps d'une grande besogne, l'ordinaire, dans cette période, est celui d'un Parlement sans continuité ni discipline, ne cessant de renverser des gouvernements de compromis. La corruption de quelques parlementaires – dénoncée lors de l'affaire Wilson, lors du scandale de Panamá – démesurément grossie et exploitée, l'impuissance du Parlement à se trouver une majorité stable, les injures, les vacarmes remplissant certaines séances, le rite des duels, ont sans doute réussi à discréditer, auprès de l'opinion publique, un Parlement qui n'en avait pas moins travaillé, dans ces années difficiles, avec plus de sérieux et d'application que sa réputation ne lui en prête.
5. Jacques Chastenet, *Histoire de la IIIe République, op. cit.*, p. 332.
6. M. Lévy Leboyer, « la Croissance économique en France au

XIXe siècle », dans *Annales ESC*, juillet-août 1968. Comp. Jean Bouvier : « le Mouvement d'une civilisation moderne », dans *Histoire de la France* de Georges Duby (Paris, Larousse, 1970), et les conclusions de la grande enquête de T. J. Markovitch sur « l'industrie française de 1789 à 1964 ». Jean Bouvier observe que, dans la France de la seconde moitié du XIXe siècle, coexistent toutes les formes historiques de la production industrielle : « Le monde industriel demeure un musée où se côtoient l'ancien et le neuf. »

7. 66 % dans la décennie 1855-1864; 65 % dans la décennie 1863-1874; 64 % dans la décennie 1875-1884; 61 % dans la décennie 1885-1894 (Jean Bouvier, *loc. cit.*, p. 420).

8. 46,8 % de 1855 à 1864; 46,9 % de 1865 à 1874; 43,8 % de 1875 à 1884; 41,1 % de 1885 à 1894; 39,2 % de 1895 à 1904 (Jean Bouvier, *loc. cit.*, p. 420).

9. Sur les défauts d'un système d'enseignement qui reproduit les stratifications sociales et tend à entretenir les privilèges plutôt qu'à les combattre, voir Antoine Prost, *Histoire de l'enseignement en France, 1800-1967*, A. Colin, 1968.

10. Jacques Chastenet, *Histoire de la IIIe République, op. cit.*, p. 303.

11. *Ibid.*, p. 304.

12. Pierre Sorlin, *Waldeck-Rousseau*, Paris, A. Colin, 1966, p. 356.

13. Sauf dans les services publics et quelques grandes entreprises.

14. Discours prononcé à la Chambre, le 21 novembre 1897.

15. Jacques Chastenet, *Histoire de la IIIe République, op. cit.*, pp. 305 et s.

16. Les Français n'ont pas cessé d'être des épargnants. L'épargne annuelle, de 2 milliards entre 1875 et 1893, serait montée à 3 milliards et demi pour la période de 1893 à 1911 (Guy Palmade, *le Capitalisme français*, A. Colin, Paris, 1961). La longue stabilité monétaire maintient la valeur des revenus du capital accumulé. Une lente tendance à la baisse des prix – due notamment aux progrès techniques et au développement de la production – joue dans le même sens. Les fonds d'État – placement sécurisant – ne cessent d'attirer la foule des petits épargnants.

17. Jean Bouvier, dans *Histoire de la France* de Georges Duby, *op. cit.*, p. 417.

18. Jacques Chastenet, *Histoire de la IIIe République, op. cit.*, p. 341.

19. De 1878 à 1893, la proportion de la population vivant de l'industrie est passée de 28 % à 32 %.

20. Sur la lente évolution des structures sociales en France et la hiérarchie des conditions, voir A. Daumard, « l'Évolution des structures sociales en France à l'époque de l'industrialisation (1815-1914) », dans *Revue historique*, avril 1972. Sur la fusion, au-delà des préjugés, de l'aristocratie et de la bourgeoisie capitaliste, voir *le Capitalisme français au XIXe siècle*, par Guy Palmade, A. Colin, Paris, 1961, et J. Lhomme, *la Grande Bourgeoisie au pouvoir*, PUF, Paris, 1960.

21. *Op. cit.*, pp. 423 et s.

22. Sur le « refus de la civilisation industrielle », voir Jean Bouvier dans *Histoire de la France*, de Georges Duby, *op. cit.*, p. 433. Jean Bouvier rappelle que le retard du mental sur le

social, du social sur l'économique, est l'observation générale. Mais en France, le poids énorme des structures (notamment de la propriété) et le jeu des mentalités ont fortement joué dans ce sens.

23. Pierre Sorlin, *Waldeck-Rousseau, op. cit.*, p. 355.

24. Pierre Miquel, *l'Affaire Dreyfus*, PUF, 1959, coll. Que sais-je, p. 11.

25. Jacques Chastenet, *Histoire de la IIIe République*, t. II, *op. cit.*, p. 241.

VI. – La voie ordinaire

1. Dans *la France juive*, Drumont dénoncera les expéditions coloniales comme des conquêtes voulues, organisées par les Juifs, exclusivement destinées à leur profiter.

2. Jacques Chastenet, *Histoire de la IIIe République*, Hachette, 1954, p. 336.

3. Michaël R. Marrus, *Les Juifs de France à l'époque de l'Affaire Dreyfus*, Calmann-Lévy, 1972, pp. 145 et s. Dès 1899, Jean Jaurès dénonçait les risques que faisait courir à la France l'alliance avec le tsarisme. Voir *la Petite République* du 15 octobre 1893; cité dans *Anthologie* de Jean Jaurès présentée par Louis Lévy, préface de Madeleine Rebérioux, Calmann-Lévy, 1983, pp. 116 et s.

4. Pas même Joseph Caillaux qui accumulera tant de haines pour avoir traité avec l'Allemagne en 1911 et rêvé d'une alliance franco-allemande fondant l'Europe. (Jean-Denis Bredin, *Joseph Caillaux*, Hachette-Littérature, 1980, et Jean-Claude Allain, *Joseph Caillaux, le défi victorieux*, Imprimerie nationale, 1978.)

5. La préfecture emploiera aussi « un étrange assortiment d'espions francs-tireurs » qui vendaient leurs informations.

Dès 1870 la préfecture de Police était capable de relever l'existence d'au moins 165 espions allemands. Il semble que l'excellence des services d'espionnage allemands ait fait longtemps l'admiration des spécialistes français.

6. La date de la création de la Section de Statistique est incertaine : entre 1872 et 1876. Voir Guy Chapman, *The Dreyfus Case*, New York, 1956, p. 48. Allan Mitchell, « Le contre-espionnage français et l'Affaire Dreyfus », *Journal of Modern History*.

7. Marcel Thomas, *l'Affaire sans Dreyfus*, Fayard, 1961, p. 68.

8. De nombreux agents de renseignements étaient alsaciens. Parlant allemand, ils avaient gardé en Alsace d'utiles relations. Ainsi après Sandherr, ce sera le colonel Picquart, Alsacien comme lui, qui dirigera le service de Renseignement.

9. Marcel Thomas, *l'Affaire sans Dreyfus, op. cit.*, p. 69.

10. Durant les années qui précédèrent la guerre le carnet B se grossira de pacifistes et de militants d'extrême gauche. Sur le carnet B, voir J. J. Pecker.

11. Allan Mitchell, « Le contre-espionnage français et l'Affaire Dreyfus », *op. cit.*, p. 499.

12. Marcel Thomas, *l'Affaire sans Dreyfus, op. cit.*, p. 71.

13. Le père de Sandherr, greffier au tribunal de commerce de Mulhouse, protestant converti au catholicisme, faisait profession d'antisémitisme. Le colonel lui-même était ouvertement antisé-

mite. Cf. Armand Charpentier, *les Côtés mystérieux de l'Affaire Dreyfus*, pp. 148 et s., éd. Rieder, 1937.

14. Armand Charpentier, *op. cit.*, p. 151.

15. Marcel Thomas, *l'Affaire sans Dreyfus, op.* et *loc. cit.*

16. On trouvera un portrait très élogieux d'Henry dans l'ouvrage d'Henri Giscard d'Estaing, *D'Esterhazy à Dreyfus,* Plon, 1955, pp. 4 et s.

17. Marcel Thomas, *l'Affaire sans Dreyfus, op. cit.*, p. 76; Bruno Weil, *l'Affaire Dreyfus,* traduit de l'allemand, Gallimard, 1930, p. 24.

18. L'empereur d'Allemagne Guillaume II entrera en fureur, quand il apprendra, en 1899, qu'à l'ambassade on était capable de tant de négligences. Il annotera en ces termes le rapport de son ministre des Affaires étrangères, le prince von Bülow : « Légèreté incompréhensible... un beau désordre régnait à l'ambassade. »

19. Maurice Paléologue, *Journal de l'Affaire Dreyfus,* Plon, 1955, pp. 4 et s.

20. Marcel Thomas, *l'Affaire sans Dreyfus, op. cit.*, p. 79.

VII. – Maximilien et Alexandrine

1. Le prince von Bülow écrira néanmoins dans ses Mémoires : « Jusqu'à la guerre mondiale, l'Allemagne a dépensé beaucoup plus pour son service de renseignements, d'espionnage, que les autres grandes puissances, et s'est comportée bien plus modérément qu'elles dans ce domaine malpropre mais important. » (Cité par Maurice Baumont, *Aux sources de l'Affaire,* Productions de Paris, 1959, p. 16.)

2. Maurice Baumont, *Aux sources de l'Affaire, op. cit.*, pp. 62 et s.; Bruno Weil, *l'Affaire Dreyfus,* pp. 24 et s.; Marcel Thomas, *l'Affaire sans Dreyfus,* Fayard, 1961, pp. 64 et s. Sur la nature des nombreux documents interceptés établissant les « fuites » de plans directeurs, voir Joseph Reinach, *Histoire de l'Affaire Dreyfus,* Fasquelle, 1929, t. I, pp. 30 et s.

3. Bruno Weil, *l'Affaire Dreyfus, op. cit.*, p. 26; Maurice Baumont, *Aux sources de l'Affaire, op. cit.*, p. 17; Marcel Thomas, *l'Affaire sans Dreyfus, op. cit.*, pp. 60 et s.

4. Maurice Baumont, *Aux sources de l'Affaire, op. cit.*, p. 58.

5. Maurice Baumont, *Aux sources de l'Affaire, op. cit.*, p. 59.

6. Bruno Weil, *l'Affaire Dreyfus, op. cit.*, p. 26; Marcel Thomas, *l'Affaire sans Dreyfus, op. cit.*, p. 62.

7. Mais ils échangent volontiers leurs surnoms, ce qui complique souvent l'identification de leurs lettres. Voir Joseph Reinach, *Histoire de l'Affaire Dreyfus, op. cit.*, p. 31; Marcel Thomas, *l'Affaire sans Dreyfus, op. cit.*, pp. 63 et s.

8. Archives du ministère de la Guerre, dossier secret, nos 236 à 317, lettres de février 1894.

9. Archives du ministère de la Guerre, dossier secret, lettre du 5 octobre 1894.

10. Octobre 1895.

11. Février 1896.

12. Archives du ministère de la Guerre, dossier secret, nos 247 à 286.

13. Juillet 1893, pièce 254.

14. Fin 1893, pièce 255.

15. Octobre 1894, pièce 256.
16. Novembre 1894, pièce 260.
17. Reçu le 27 avril 1897, pièce 277.
18. Correspondance intime avec Mme de Weede. Archives du ministère de la Guerre, pièces nos 159 à 239.
19. Marcel Thomas, *l'Affaire sans Dreyfus, op. cit.*, p. 65.
20. *Ibid.*, p. 63.
21. *Ibid.*, p. 66.

VIII. – Un mystérieux visiteur

1. *Carnets de Schwarzkoppen,* Rieder, 1930, p. 10.
2. *L'Affaire sans Dreyfus,* Fayard, 1961, p. 84.
3. Les mensonges successifs d'Esterhazy ont compliqué la tâche des historiens. Marcel Thomas a établi (*op. cit.*, pp. 90 et s.) qu'Esterhazy avait quitté Châlons le 9 août, et qu'il était à Paris le 12 et le 13 août.
4. *Carnets de Schwarzkoppen, op. cit.*, p. 14.
5. Schwarzkoppen, très précautionneux, envoie également un autre observateur au camp de Châlons pour le renseigner sur cette pièce d'artillerie. Mais Marcel Thomas a établi que l'« agent » allemand de Schwarzkoppen, Alex, alias R. B., n'était en réalité qu'un agent double, à la solde du Service de Renseignement français. C'est donc la Section de Statistique qui, par l'intermédiaire de l'agent double, renseignera... faussement Schwarzkoppen. (Marcel Thomas, *l'Affaire sans Dreyfus, op. cit.*, pp. 91-92.)
6. *Carnets de Schwarzkoppen, op. cit.*, p. 15.
7. *Ibid.*, p. 15.

IX. – La dictée

1. Alfred Dreyfus, *Cinq Années de ma vie*, Fasquelle, 1962, p. 27. Il semble que cette année 1894 fut la plus heureuse de la vie d'Alfred Dreyfus. En 1893, il avait perdu son père, et sa femme Lucie avait été gravement malade. Son fils Pierre avait été, la première année, un enfant très fragile et qui avait causé à ses parents les plus vives inquiétudes. En 1894, les nuages semblaient dissipés. (Voir H. Villemar, *Dreyfus intime*, Stock, 1898.)
2. Du Paty le soutiendra, dans son « rapport » au général Mercier, ministre de la Guerre. Puis il ne le dira plus dans sa déposition au procès de Rennes. Le document écrit par Dreyfus ne laisse pas apparaître de tremblement.
3. Alfred Dreyfus, *Cinq Années de ma vie, op. cit.*, p. 29. On donnera par la suite plusieurs versions successives et contradictoires du « trouble prétendu » de Dreyfus. Dans son rapport du 31 octobre 1894, du Paty écrira que Dreyfus lui avait répondu « avec une sorte de rictus nerveux ».
4. Alfred Dreyfus, *Cinq Années de ma vie, op. cit.*, p. 29.
5. *Ibid.*, p. 30.
6. Du Paty, dans son rapport au ministre, ne parle pas de cette « proposition ». Mais elle est établie par les dépositions de Cochefert et les dépositions postérieures de du Paty.
7. Rapport de 1894.

8. Voir Joseph Reinach, *Histoire de l'Affaire Dreyfus*, Fasquelle, 1929, p. 120.

9. Du Paty soutiendra qu'on ne pouvait montrer à Dreyfus l'original du bordereau accusateur, qui était entre les mains du sous-chef d'Etat-Major, et qu'on n'avait pas eu le temps de tirer de copie.

10. Alfred Dreyfus, *Cinq Années de ma vie, op. cit.*, p. 31. Il fut mis au régime des condamnés, mesure illégale plus tard rapportée.

X. – Le bordereau

1. Catholique, Mercier était marié à une Anglaise de religion protestante. (Voir Joseph Reinach, *Histoire de l'Affaire Dreyfus*, Fasquelle, 1929, t. I, pp. 1 et s.)

2. *Ibid.*, pp. 5 et s.

3. Cité par Joseph Reinach, *ibid.*, p. 12, note 1.

4. Henri Guillemin, *l'Énigme Esterhazy*, Gallimard, 1962, pp. 75 et s.

5. Joseph Reinach, *Histoire de l'Affaire Dreyfus, op. cit.*, t. I, p. 38.

6. *Ibid.*, p. 39.

7. *Ibid.*, p. 108.

8. Joseph Reinach, *Histoire de l'Affaire Dreyfus, op. cit.*, t. I, p. 45. La thèse de Reinach est la plus fréquemment reprise. (Voir notamment Jean France, *Autour de l'Affaire Dreyfus*, Rieder, 1936, pp. 122 et s. Armand Charpentier, *les Côtés mystérieux de l'Affaire Dreyfus*, Rieder, 1937, pp. 10 et s. Michel de Lombarès, *l'Affaire Dreyfus : la clef du mystère*, pp. 69 et s.) On rencontre également une version subsidiaire : Mme Bastian aurait volé le bordereau chez le concierge, puis l'aurait remis à Brücker.

9. « La dangereuse missive avait été dérobée par l'agent Brücker dans la loge de la concierge de l'ambassade », écrira Alfred Dreyfus (*Souvenirs et Correspondances*, Grasset, 1936, p. 68.)

10. *Aux sources de l'Affaire, op. cit.*, p. 35.

11. *Carnets de Schwarzkoppen, op. cit.*, p. 24.

12. Archives du ministère de la Guerre. Dossier secret.

13. Marcel Thomas, *l'Affaire sans Dreyfus, op. cit.*, p. 86.

14. *Ibid.*, p. 114.

15. Marcel Thomas a établi (*op. cit.*, p. 118) que c'est entre le 25 et le 29 septembre, probablement dès le 27, que le bordereau fut inséré dans un « bulletin de renseignements » nº 109, destiné au ministre, auquel était joint un rapport de Sandherr qui n'a figuré dans aucun dossier.

16. *Ibid.*, p. 122.

17. Sur la feuille de note du capitaine d'artillerie Dreyfus établie à la suite du stage de six mois qu'il avait fait au 4e bureau, du 1er juillet au 31 décembre 1893. Puis on trouva un second spécimen, plus complet, de l'écriture de Dreyfus dans les archives de la commission du réseau de l'Est, où il avait travaillé.

18. *Histoire de l'Affaire Dreyfus, op. cit.*, t. I, p. 62.

19. Une note « secrète », établie en 1898 par le Service de Renseignement et visée par le général Zurlinden, ministre de la Guerre, raconte les conditions dans lesquelles « sont nés les premiers soupçons de la culpabilité de Dreyfus » (Archives natio-

nales, B B 19 105, d.1, p. 11) qui conclut : « Ce fut le colonel Fabre et non le Service de Renseignement qui conçut les premiers soupçons sur la culpabilité de Dreyfus. Il n'y eut donc aucune idée préconçue de la part de ceux qui, les premiers, eurent l'idée que Dreyfus pouvait être le coupable. »

20. Marcel Thomas, *l'Affaire sans Dreyfus, op. cit.*, p. 130. Sandherr était de Mulhouse, comme Dreyfus.

21. Déclarations du général Mercier au procès de Rennes. Joseph Reinach, *Histoire de l'Affaire Dreyfus, op. cit.*, p. 64.

22. *L'Affaire sans Dreyfus, op. cit.*, p. 132.

23. *L'Énigme Esterhazy, op. cit.*, p. 99.

XI. – Les conjurés

1. Marcel Thomas, *l'Affaire sans Dreyfus,* Fayard, 1961, p. 137.

2. Il existait à la Section de Statistique un dossier sur Maurice Weil. Peu fourni sur les activités d'espionnage vaguement reprochées à Weil, le dossier l'était davantage sur ses malversations – et bien sûr sur ses relations avec son « protecteur », le général Saussier.

3. Déposition de Casimir-Perier à Rennes. Mercier affirmera au contraire avoir montré le bordereau et les éléments de comparaison au président de la République; ce que Casimir-Perier démentira formellement. Leurs souvenirs s'opposeront irréductiblement.

4. Joseph Reinach, *Histoire de l'Affaire Dreyfus,* Fasquelle, 1929. t. I, p. 79.

5. Maurice Paléologue, *Journal de l'Affaire Dreyfus,* Plon, 1955, pp. 1 et s.

6. Promesse qui serait, selon Marcel Thomas, à l'origine de la constitution du dossier secret (*op. cit.*, p. 141.)

7. Il découvrira lui-même l'officier soupçonné, en comparant l'annuaire militaire et les indications relatives à la carrière de Dreyfus portées sur une des pièces de comparaison.

8. Cité par Marcel Thomas, *l'Affaire sans Dreyfus, op. cit.*, pp. 143 et s.

9. Joseph Reinach, *Histoire de l'Affaire Dreyfus,* t. I, *op. cit.*, p. 92.

10. Il avait eu dix heures pour faire son travail dans la journée du 13 octobre. Déjà Bertillon remarque que « l'écriture portait, de-ci, de-là, quelques retouches, ou quelques tremblements, qui d'ordinaire caractérisent le calquage ». Le papier pelure, si léger, presque transparent, sur lequel est écrit le bordereau, aide à cette réflexion : Bertillon soutiendra plus tard l'hypothèse d'un « document forgé ».

11. Marcel Thomas, *l'Affaire sans Dreyfus, op. cit.*, p. 146.

XII. – Les bertillonnades

1. Henri Villemar, *Dreyfus intime,* Stock, 1898, p. 20.

2. Mathieu Dreyfus, *l'Affaire telle que je l'ai vécue,* Grasset, 1978, p. 19.

3. Joseph Reinach, *Histoire de l'Affaire Dreyfus,* Fasquelle,

1929, t. I, p. 153, Alfred Dreyfus, *Cinq Années de ma vie,* Fasquelle, 1962, p. 31.

4. Forzinetti, *Lettres d'un innocent,* Stock, 1898, pp. 259 et s.

5. Procès-verbal du 24 octobre 1894.

6. Alfred Dreyfus, *Cinq Années de ma vie, op. cit.,* p. 32.

7. Saussier reprocha à Forzinetti d'avoir accueilli un prisonnier sans le prévenir : « Si vous n'étiez pas mon ami, je vous infligerais deux mois de prison pour avoir reçu un prisonnier sans mon ordre. »

8. Joseph Reinach, *Histoire de l'Affaire Dreyfus, op. cit.,* t. I, p. 166.

9. Joseph Reinach, *Histoire de l'Affaire Dreyfus, op. cit.,* t. I, pp. 195 et s.

10. Marcel Thomas, *l'Affaire sans Dreyfus, op. cit.,* pp. 150 et s.

11. Mathieu Dreyfus, *l'Affaire telle que je l'ai vécue, op. cit.,* p. 21.

12. Joseph Reinach, *Histoire de l'Affaire Dreyfus, op. cit.,* t. I, p. 173.

13. Voir l'analyse complète du diagramme de Bertillon par J. Reinach, *Histoire de l'Affaire Dreyfus, op. cit.,* t. I, pp. 308 et s.

14. *Ibid.,* p. 311.

15. Maurice Paléologue, *Journal de l'Affaire Dreyfus,* Plon, 1955, p. 28.

16. Joseph Reinach, *Histoire de l'Affaire Dreyfus, op. cit.,* t. I, p. 178.

17. *Ibid.,* pp. 128 et s.

18. Notes de Forzinetti du 27 octobre.

19. Sur le rôle de la presse pour « encourager » Mercier, voir Bruno Weil, *l'Affaire Dreyfus,* Gallimard, 1930, pp. 40 et s.

20. *L'Affaire sans Dreyfus, op. cit.,* p. 155.

21. Joseph Reinach, *op. cit.,* t. I, p. 210.

22. Mathieu Dreyfus, *l'Affaire telle que je l'ai vécue, op. cit.,* p. 24. Un procès-verbal de cette conversation fut rédigé par du Paty. Voir Joseph Reinach, *Histoire de l'Affaire Dreyfus, op. cit.,* t. I, p. 212, note 1.

23. Joseph Reinach, *Histoire de l'Affaire Dreyfus, op. cit.,* t. I, p. 324. Pierre Sorlin, *Waldeck-Rousseau,* A. Colin, 1966, p. 392, note 8.

24. *Journal de l'Affaire Dreyfus, op. cit.,* p. 35.

25. Joseph Reinach, *Histoire de l'Affaire Dreyfus, op. cit.,* t. I, p. 324.

XIII. – Ce Juif que l'Allemagne protège

1. *La Libre Parole,* 14 novembre 1894.

2. *Ibid.*

3. *La Croix,* 7 novembre 1894, cité par Pierre Sorlin, *la Croix et les Juifs,* A. Colin, 1966, p. 111.

4. *La Croix,* 14 novembre 1894.

5. *La Croix,* novembre et décembre 1894, cité par Pierre Sorlin, *la Croix et les Juifs, op. cit.,* pp. 112 et s.

6. Joseph Reinach cite de nombreux extraits de la presse « nationale » de novembre et décembre 1894. Plusieurs articles,

notamment ceux de Drumont, de Rochefort, de Judet, sont repris dans la presse de province.

7. *Petit Journal,* 3 novembre 1894.

8. *La Libre Parole,* 3 novembre 1894.

9. *Soleil du Midi,* 12 novembre 1894, sous la signature d'Oscar Havard. L'article a pour titre « Atavisme ».

10. Mathieu Dreyfus, *l'Affaire telle que je l'ai vécue,* Grasset, 1978, p. 26.

11. Joseph Reinach, *Histoire de l'Affaire Dreyfus, op. cit.,* t. I, pp. 228-229.

12. *La Libre Parole,* 5 novembre 1894, article de Drumont.

13. *La Libre Parole,* 6 novembre 1894, article de Drumont.

14. *La Libre Parole,* 7 novembre 1894.

15. *L'Intransigeant,* 5 novembre 1894.

16. Marcel Thomas, *l'Affaire sans Dreyfus,* Fayard, 1961, p. 170.

17. *La Libre Parole,* 22 novembre 1894.

18. Joseph Reinach, *Histoire de l'Affaire Dreyfus, op. cit.,* t. I, pp. 242 et s.

19. Mathieu Dreyfus, *l'Affaire telle que je l'ai vécue, op. cit.,* p. 25.

20. Maurice Baumont, *Aux sources de l'Affaire,* Productions de Paris, 1959, pp. 95 et s.

21. *Ibid.,* pp. 96 et s.

22. *Ibid.,* p. 98.

23. Télégramme du 28 novembre 1894.

24. Maurice Paléologue, *Journal de l'Affaire Dreyfus, op. cit.,* pp. 22 et s.

25. Maurice Baumont, *Aux sources de l'Affaire, op. cit.,* p. 99.

26. *Le Temps* du 30 novembre. Maurice Paléologue, *Journal de l'Affaire Dreyfus, op. cit.,* p. 22; Maurice Baumont, *Aux sources de l'Affaire, op. cit.,* pp. 100 et s.

27. Voir Maurice Paléologue, *Journal de l'Affaire Dreyfus, op. cit.,* p. 26, note 1; Maurice Baumont, *Aux sources de l'Affaire, op. cit.,* p. 102.

XIV. – J'arrive au terme de mes souffrances

1. Voir Joseph Reinach, *Histoire de l'Affaire Dreyfus,* Fasquelle, 1929. t. I, p. 288.

2. Voir Archives nationales BB 19 101, pp. 28 et s.

3. Prison du Cherche-Midi, lettre du 5 décembre 1894 à Lucie Dreyfus, *Lettres d'un innocent,* Stock, 1898, p. 21.

4. Prison du Cherche-Midi, lettre à Lucie Dreyfus du 7 décembre 1894, *ibid.,* p. 22.

5. Prison du Cherche-Midi, lettre à Lucie Dreyfus du 8 décembre 1894, *ibid.,* p. 25.

6. Appendice aux *Lettres d'un innocent, op. cit.,* pp. 264 et s.

7. Mathieu Dreyfus, *l'Affaire telle que je l'ai vécue,* Grasset, 1978, p. 35.

8. *Journal de l'Affaire Dreyfus,* Plon, 1955, p. 9.

9. Marcel Thomas, *l'Affaire sans Dreyfus, op. cit.,* pp. 162 et s.

10. *Ibid.,* p. 163.

11. *Ibid.*, p. 166. Sur la constitution du dossier secret, voir Joseph Reinach, *Histoire de l'Affaire Dreyfus*, t. I, *op. cit.*, pp. 330 et s.

12. Marcel Thomas, *l'Affaire sans Dreyfus, op. cit.*, p. 168.

13. *Ibid.*, Joseph Reinach le tient pour certain.

14. Joseph Reinach, *Histoire de l'Affaire Dreyfus, op. cit.*, t. I, p. 134.

15. *Ibid.*, p. 137.

16. *Ibid.*, p. 137.

17. Mathieu Dreyfus, *l'Affaire telle que je l'ai vécue, op. cit.*, p. 36.

18. *Ibid.*, p. 38.

19. *Ibid.*, p. 35.

20. Vendredi 15 décembre 1894, lettre à Lucie Dreyfus, *Lettres d'un innocent, op. cit.*, p. 29.

21. Mardi 19 décembre 1894, lettre à Lucie Dreyfus, *ibid.*, p. 33.

XV. – Le traître, le voici

1. Joseph Reinach, *Histoire de l'Affaire Dreyfus*, Fasquelle, 1929, t. I, p. 387.

2. *Ibid.*, p. 387.

3. Les conclusions sont signées de Dreyfus. On y lit notamment : « Attendu d'une part que l'unique pièce sur laquelle repose exclusivement l'accusation est une lettre missive non signée, attribuée au capitaine Dreyfus, mais énergiquement déniée par lui, et sur l'authenticité de laquelle il n'y a pas unité de vue parmi les experts. » (Archives nationales BB 19 101, d4, p. 4.)

4. Joseph Reinach, *Histoire de l'Affaire Dreyfus, op. cit.*, t. I, p. 400.

5. *Ibid.*, t. I, p. 401.

6. Picquart dira cependant, devant la Cour de cassation : « Il protesta avec la dernière énergie contre l'accusation dont il était l'objet, mais d'une manière un peu théâtrale, qui ne produisit pas une bonne impression devant le conseil. »

7. Joseph Reinach, *Histoire de l'Affaire Dreyfus, op. cit.*, t. I, p. 403.

8. Archives nationales, BB 19 101, d 4, p. 4.

9. Voir Armand Charpentier, *les Côtés mystérieux de l'Affaire Dreyfus*, Rieder, 1930, p. 69.

10. Joseph Reinach, *Histoire de l'Affaire Dreyfus, op. cit.*, t. I, p. 417; Armand Charpentier, *op. cit.*, p. 70.

11. Joseph Reinach, *Histoire de l'Affaire Dreyfus, op. cit.*, t. I, p. 418.

12. Armand Charpentier, *op. cit.*, p. 70.

13. Joseph Reinach, *Histoire de l'Affaire Dreyfus, op. cit.*, t. I, p. 420.

14. *Cinq Années de ma vie*, Fasquelle, 1901, p. 39.

15. Joseph Reinach, *Histoire de l'Affaire Dreyfus, op. cit.*, t. I, p. 498.

16. Maurice Paléologue, *Journal de l'Affaire Dreyfus*, Plon, 1955, p. 36.

17. *Op. cit.*, p. 435.

18. *Cinq Années de ma vie, op. cit.*, p. 40.

19. « Je n'ai été qu'un porte-plume, dira plus tard du Paty. Le commentaire a été établi par moi... sous la dictée du colonel Sandherr. » Le « commentaire » de du Paty se présente sous la forme d'une note de quatre pages, en grand format, analysant les pièces du dossier secret, et les imputant à Dreyfus. Le général Mercier ne contestera pas avoir ordonné la rédaction de ce document pour accompagner le dossier secret. Voir Marcel Thomas, *l'Affaire sans Dreyfus, op. cit.*, p. 173, et Joseph Reinach, *Histoire de l'Affaire Dreyfus, op. cit.*, t. I, p. 276.

20. Joseph Reinach, *Histoire de l'Affaire Dreyfus, op. cit.*, t. I, pp. 442 et s.

21. *Ibid.*, p. 450.

XVI. – Une affaire terminée

1. Maurice Paléologue, *Journal de l'Affaire Dreyfus*, Plon, 1955, 23 décembre 1894, p. 30.

2. *Ibid.*, p. 32.

3. Joseph Reinach, *Histoire de l'Affaire Dreyfus*, Fasquelle, 1929, t. I, p. 476.

4. 9 novembre 1894.

5. *Notre Jeunesse*, Gallimard, 1933, pp. 101-102. Cf. Michaël R. Marrus, *les Juifs de France à l'époque de l'Affaire Dreyfus*, Calmann-Lévy, 1972, p. 236.

6. *Cinq Années de ma vie*, Fasquelle, 1962, pp. 41 et s.

7. 24 décembre 1894, lettre à Lucie Dreyfus, *Lettres d'un innocent, op. cit.*, p. 35.

8. 26 décembre, 10 heures du soir, lettre à Lucie Dreyfus, *ibid.*, p. 40.

9. 27 décembre, 6 heures du soir, lettre à Lucie Dreyfus, *ibid.*, p. 41.

10. Archives nationales, BB19 75, d1, p. 50.

11. Joseph Reinach, *Histoire de l'Affaire Dreyfus, op. cit.*, t. I, pp. 481 et s.

12. Cette mission a fait, selon du Paty, l'objet d'un compte rendu détaillé adressé à la Section de Statistique, qui n'a pas été retrouvé. (Joseph Reinach, *Histoire de l'Affaire Dreyfus, op. cit.*, t. I, p. 485.)

13. Alfred Dreyfus, *Cinq Années de ma vie, op. cit.*, p. 48.

14. *Ibid.*, p. 50.

15. Archives nationales, BB19 75, d1, p. 67.

16. Alfred Dreyfus, *Cinq Années de ma vie, op. cit.*, p. 63.

17. Maurice Barrès, *Scènes et Doctrines du nationalisme*, Félix Guven, 1902, p. 146.

18. *Cinq Années de ma vie, op. cit.*, t. I, pp. 67 et s. Joseph Reinach, *Histoire de l'Affaire Dreyfus, op. cit.*, t. I, pp. 562 et s.

19. Joseph Reinach, *Histoire de l'Affaire Dreyfus, op. cit.*, t. I, p. 569.

20. 21 janvier 1895, île de Ré, lettre à Lucie Dreyfus, *Lettres d'un innocent, op. cit.*, p. 82.

21. Alfred Dreyfus, *Cinq Années de ma vie, op. cit.*, p. 85.

Deuxième partie

VIVE ESTERHAZY

I. – La légende des aveux

1. *Le Figaro*, 6 janvier 1895.
2. Joseph Reinach, *Histoire de l'Affaire Dreyfus*, Fasquelle, 1929, t. I, pp. 494 et s., 513 et s.
3. Télégramme du colonel Guérin au gouverneur militaire de Paris, Archives nationales BB19 75, d6, p. 3.
4. *Le Figaro*, 6 janvier 1895.
5. Joseph Reinach, *Histoire de l'Affaire Dreyfus, op. cit.*, t. I, p. 530.
6. Joseph Reinach, *Histoire de l'Affaire Dreyfus, op. cit.*, t. I, p. 536.
7. *La Libre Parole* avait accusé l'ambassade d'Allemagne d'avoir demandé le huis clos.
8. Joseph Reinach, *Histoire de l'Affaire Dreyfus, op. cit.*, t. I, p. 536.
9. Maurice Paléologue, *Journal de l'Affaire Dreyfus*, Plon, 1955, p. 47; Maurice Baumont, *Aux sources de l'Affaire, op. cit.*, pp. 114 et s.
10. *Ibid.*, p. 119.
11. Joseph Reinach, *Histoire de l'Affaire Dreyfus, op. cit.*, t. I, p. 544.
12. Joseph Reinach, *Histoire de l'Affaire Dreyfus, op. cit.*, t. I, p. 544.
13. *Le Petit Journal* du 13 janvier. Article de Judet intitulé « les Privilèges de l'avocat. Pour la France ou pour Dreyfus ».
14. *Le Soleil* du 9 janvier 1895.
15. Article de Judet, *le Petit Journal* du 13 janvier 1895; Joseph Reinach, *Histoire de l'Affaire Dreyfus, op. cit.*, t. I, pp. 552-553.

II. – La retraite de Mercier

1. Maurice Paléologue, *Journal de l'Affaire Dreyfus*, Plon, 1955, p. 50.
2. Joseph Reinach, *Histoire de l'Affaire Dreyfus*, Fasquelle, 1929, t. I, p. 553. Reinach, ami de Casimir-Perier, lui témoigne, dans son *Histoire de l'Affaire Dreyfus*, une admirative fidélité.
3. *Ibid.*, p. 553.
4. *Ibid.*, pp. 556 et s.
5. Maurice Paléologue, *Journal de l'Affaire Dreyfus, op. cit.*, p. 51.
6. Marcel Thomas, *l'Affaire sans Dreyfus*, Fayard, 1961, p. 182.
7. Marcel Thomas tire argument d'une déclaration de Boisdeffre à du Paty, en mars 1898 : « Le général Mercier seul peut vous délier de votre serment. » Mais Marcel Thomas fait une confiance sans doute excessive aux déclarations de du Paty, faites à un moment où il cherche à se disculper. Il n'était pas en vérité

besoin que les « conjurés » prêtassent serment devant leur ministre. Leur complicité imposait leur solidarité, sans le recours, en vérité peu plausible, à un serment prêté. Cf. Marcel Thomas, *l'Affaire sans Dreyfus, op. cit.*, p. 183.

III. – Ne faites pas cela, ce n'est pas bien

1. *L'Affaire telle que je l'ai vécue,* Grasset, 1978, p. 47.
2. Le sentiment que l'affaire est jugée, définitivement « classée », est général en 1895, notamment chez les Juifs. Voir Léon Blum, *Souvenirs sur l'Affaire,* Albin Michel, 1965, pp. 517 et s.
3. Mathieu Dreyfus, *l'Affaire telle que je l'ai vécue, op. cit.*, p. 53.
4. Voir le récit des « pièges » tendus à Mathieu Dreyfus dans *l'Affaire telle que je l'ai vécue, op. cit.*, p. 55.
5. *Ibid.*, p. 57.
6. *Ibid.*, p. 58
7. *Ibid.*, p. 61.
8. *Ibid.*, p. 75.
9. Sur Léonie, voir Joseph Reinach, *Histoire de l'Affaire Dreyfus,* Fasquelle, 1929, t. II, pp. 172 et s.
10. Mathieu Dreyfus, *l'Affaire telle que je l'ai vécue, op. cit.*, p. 49.
11. *Ibid.*, p. 51.
12. *Ibid.*, p. 67.
13. Récit fait à l'auteur par Mme France Beck, petite-fille de Mathieu Dreyfus, le 2 juin 1983.
14. Pour émouvoir le président de la République, Mathieu lui avait confié la lettre où Alfred Dreyfus racontait à sa femme les scènes affreuses de La Rochelle.
15. Cité comme témoin au procès Zola, le docteur Gibert, très malade, préparera par écrit le récit de sa conversation avec Félix Faure. Mais ce dernier aurait-il pu alors faire autre chose que le démentir? Pour éviter au vieux médecin cette épreuve, Mathieu renoncera à ce témoignage, et brûlera la déclaration du docteur Gibert. Celui-ci mourra le 18 mars 1899, un mois après Félix Faure, après avoir lutté jusqu'au bout de ses forces pour aider à la révision du procès Dreyfus. Il semble qu'effectivement Félix Faure se préparait à démentir les propos tenus à son ami par le docteur Gibert.
16. Mathieu Dreyfus, *l'Affaire telle que je l'ai vécue, op. cit.*, p. 52.
17. Journal dirigé par Arthur Meyer, Juif farouchement antisémite.
18. Joseph Reinach, *Histoire de l'Affaire Dreyfus, op. cit.*, t. II, p. 176.
19. Joseph Reinach, *Histoire de l'Affaire Dreyfus, op. cit.*, t. II, p. 176. Il n'était en réalité pas besoin des indiscrétions des juges, rapportées par Joseph Reinach. Du Paty et Picquart connaissaient l'existence du dossier secret, Fabre et d'Abboville la connaissaient sans doute. Toute la Section de Statistique – il est vrai discrète de vocation – la connaissait aussi.
20. Joseph Reinach, *Histoire de l'Affaire Dreyfus, op. cit.*, t. II, p. 178.
21. Mathieu Dreyfus, *l'Affaire telle que je l'ai vécue, op. cit.*, p. 75.

IV. – Un fabuleux joueur

1. Maurice Baumont, *Aux sources de l'Affaire Dreyfus*, Productions de Paris, 1959, p. 104.
2. Marcel Thomas, *l'Affaire sans Dreyfus*, Fayard, 1961, p. 97.
3. *Carnets de Schwarzkoppen*, Rieder, 1930, p. 20.
4. *Ibid.*, p. 26.
5. *Ibid.*, p. 127.
6. Marcel Thomas, *l'Affaire sans Dreyfus, op. cit.*, p. 205.
7. *Ibid.*, p. 210.
8. *Ibid.*, p. 210.
9. Cité par Marcel Thomas, *ibid.*, p. 214.
10. *Ibid.*, p. 189.
11. *Ibid.*, pp. 194 et s.
12. *Ibid.*, p. 194.
13. *Ibid.*, p. 197.
14. *Ibid.*, p. 41.
15. *Ibid.*, pp. 54 et s.
16. *Ibid.*, p. 199.

V. – Le déporté Dreyfus

1. Alfred Dreyfus, *Cinq Années de ma vie*, Fasquelle, 1901, pp. 86 et s.
2. Il nous a été remis par Mme Beck, petite-fille de Mathieu Dreyfus et de Joseph Reinach.
3. Joseph Reinach, *Histoire de l'Affaire Dreyfus*, Fasquelle, 1929, t. II, p. 123.
4. *Ibid.*, p. 124.
5. *Ibid.*, p. 126. Propos tenus au directeur de l'Administration pénitentiaire par le commandant supérieur des îles Bouchet.
6. Alfred Dreyfus, *Cinq Années de ma vie, op. cit.*, pp. 87-88.
7. En mai 1895, le gardien-chef Lebars sera envoyé à Paris pour remplacer le surveillant-chef Pouly qui avait suivi Dreyfus depuis l'île Royale. Celui-ci était assisté des agents Papaud, Leblanc, Arboiseau, et Battesti-Leblanc. Lebars fut envoyé de Paris pour durcir la surveillance. Le ministre Chautemps le reçut avant son départ : « S'il cherche à fuir, lui dit le ministre, brûlez-lui la cervelle. » Fidèle à sa mission, Lebars sera un geôlier implacable.
8. *Ibid.*, pp. 93 et s.
9. Joseph Reinach, *op. cit.*, t. II, p. 134.
10. Lettre du 8 mai 1895, *Cinq Années de ma vie, op. cit.*
11. Lettre du 21 juin 1895.
12. Lettre du 2 août 1895.
13. Lettre du 4 octobre 1895.
14. Journal, 9 mai 1895, *Cinq Années de ma vie, op. cit.*, p. 113.
15. Journal, samedi 29 juin 1895, *ibid.*, p. 121.
16. Journal, 14 juillet 1895, *ibid.*, p. 124.
17. Lettre à Lucie, 4 janvier 1897.
18. Lettre à Lucie, 24 avril 1897, *Souvenirs et Correspondances*, Grasset, 1936, p. 153.
19. Lettre du 26 octobre 1895.
20. Lettre à Lucie, 20 mars 1895.

21. Journal, 27 septembre 1895, *Cinq Années de ma vie, op. cit.*, p. 132.
22. Journal, 29 septembre 1895, *ibid.*, p. 133.
23. Journal, 26 octobre 1895, *ibid.*, p. 136.
24. Joseph Reinach, *op. cit.*, t. II, p. 139.
25. Journal, 25 avril 1895, *Cinq Années de ma vie, op. cit.*, p. 105.
26. Journal, 30 décembre 1895, *ibid.*, p. 146.
27. Joseph Reinach, *Histoire de l'Affaire Dreyfus, op. cit.*, t. II, p. 180.
28. Lettre à Lucie, 5 octobre 1895, *Lettres d'un innocent*, Stock, 1898, p. 151.
29. *Cinq Années de ma vie, op. cit.*, pp. 160-161.
30. *Dreyfus à l'île du Diable, op. cit.*, p. 28.
31. Journal, 19 avril 1895, *Cinq Années de ma vie, op. cit.*, p. 99.
32. *Dreyfus à l'île du Diable, op. cit.*, p. 29.
33. Journal, 21 avril 1895, *Cinq Années de ma vie, op. cit.*, p. 102.
34. Journal, 26 avril 1895, *ibid.*, p. 106.
35. Journal, 28-29 avril 1895, *ibid.*, p. 107
36. *Dreyfus à l'île du Diable, op. cit.*, p. 46.
37. Journal, 11-12-13 mai 1895.
38. *Dreyfus à l'île du Diable, op. cit.*, p. 46.
39. *Ibid.*, p. 53.
40. Journal, 7 décembre 1895, *Cinq Années de ma vie, op. cit.*, p. 140.
41. Journal, 30 décembre 1895. Le 30 décembre il a reçu « diverses marchandises du commerce de Cayenne, des denrées de la maison Potin, vingt-neuf lettres, des romans et des revues ».
42. Journal, 27 janvier 1896. Le 4 mars, Jules Bravard remplace Bouchet comme commandant supérieur des îles. Cela fait alors un an que Dreyfus est à l'île du Diable... Il semble que quelques changements favorables aient été alors apportés au traitement de Dreyfus.
43. Journal, dimanche 6 septembre 1896.
44. *Dreyfus à l'île du Diable, op. cit.*, p. 73.
45. Journal, 8 septembre 1896, *Cinq Années de ma vie, op. cit.*, p. 157.
46. En revanche, il fait améliorer le régime alimentaire de Dreyfus. Mais Bravard sera remplacé en novembre, sur ordre du ministre Lebon, par Deniel, choisi en France, pour sa brutalité. A la même époque, Lebars s'en va, remplacé par le surveillant principal Kerbrat.
47. *Cinq Années de ma vie, op. cit.*, p. 160.
48. *Ibid.*, p. 163.

VI. – Le premier Juif qui se leva pour un Juif

1. Joseph Reinach, Fasquelle, 1929, t. II, p. 188.
En juillet 1895, Mathieu Dreyfus a loué une maison à Saint-Cloud, sous le nom de sa sœur, Valabrègue. Sa femme et lui se font appeler « M. et Mme Mathieu » « pour éviter la curiosité des gens ».

2. *Souvenirs sur l'Affaire,* Fasquelle, 1929, Gallimard, 1981. Sur Bernard Lazare, voir Nelly Wilson, *Antisemitism and the Problem of Jeewish Identity in Late 19th Century,* Cambridge University Press, 1978.

3. *La Libre Parole,* 10 janvier 1895.

4. *L'antisémitisme, son histoire et ses causes,* Éditions de la Différence, 1982, pp. 182 et s.

5. « Dans ce grand mouvement qui conduit chaque peuple à l'harmonie des éléments qui le composent, les Juifs sont des réfractaires, ils sont toujours la Nation au cou raide contre laquelle le législateur lançait ses anathèmes; ils se rattachent à des formes sociales abolies et dont l'autonomie est depuis longtemps détruite. En une certaine mesure, ils sont une Nation qui survit à sa nationalité, et depuis des siècles ils résistent à la mort.

Pourquoi? Parce que tout a contribué à maintenir leurs caractères de peuple : parce qu'ils ont possédé une religion nationale qui eut sa parfaite raison d'être lorsqu'ils formaient un peuple, cessa d'être satisfaisante après la dispersion, mais les maintint à l'écart; parce qu'ils ont fondé dans toute l'Europe des colonies jalouses de leurs prérogatives, attachées à leurs coutumes, à leurs rites, à leurs mœurs; parce qu'ils ont vécu, durant des années, sous la domination d'un code théologique qui les a immobilisés; parce que les lois des pays multiples où ils ont planté leur tente, les préjugés et les persécutions les empêchèrent de se mêler; parce que, depuis le second exode, depuis leur départ de la terre palestinienne, ils ont élevé, et on a élevé autour d'eux d'infranchissables et rigides barrières. Tels qu'ils sont, on les a créés lentement et ils se sont créés, on a fait leur être intellectuel et moral, on s'est appliqué à les différencier et ils s'y sont appliqués de même. » (Bernard Lazare, *ibid.*, p. 193.)

6. *Ibid.*, pp. 198 et s.

7. Michaël R. Marrus, *les Juifs de France à l'époque de l'Affaire Dreyfus,* Calmann-Lévy, 1972, p. 207.

8. P.-V. Stock, *Mémorandum d'un éditeur, l'Affaire Dreyfus anecdotique,* Stock, Paris, 1938, p. 18.

9. Michaël R. Marrus, *op. cit.*, p. 210.

10. *Ibid.*, pp. 212 et s.

11. *Ibid.*, p. 212. Sur la discrétion volontaire des efforts de Mathieu, qui croit encore que les démarches discrètes auprès des autorités publiques sont le meilleur chemin, voir Léon Blum, *Souvenirs sur l'Affaire, op. cit.*, pp. 528 et s.

12. Michaël R. Marrus, *op. cit.*, p. 212.

13. Hannah Arendt assure – sans apporter d'élément probant – que la famille Dreyfus traita Bernard Lazare, « l'une des plus nobles figures de l'Affaire », comme « un agent à leurs gages ». (*Sur l'antisémitisme,* Calmann-Lévy, coll. Diaspora, 1973, p. 231).

14. Joseph Reinach, *op. cit.*, t. II, p. 196.

15. Cité par Joseph Reinach, *ibid.*, p. 194.

16. Bernard Lazare, « Contre l'antisémitisme », *le Voltaire,* 20 mai 1896.

17. Michaël R. Marrus, *op. cit.*, p. 212.

18. *Ibid.*, p. 214.

19. Cité par Michaël R. Marrus, *ibid.*, p. 214.

20. Léon Blum, *Souvenirs sur l'Affaire, op. cit.*, p. 518.

21. Cité par Michaël R. Marrus, *op. cit.*, p. 219.

22. De même Louis Lucien Klotz, Juif d'origine alsacienne, dénigre Bernard Lazare, et écrit qu'il n'est nullement question d'antisémitisme dans cette affaire Dreyfus : « A Bernard Lazare », *le Voltaire*, 10 novembre 1896.

23. Bernard Lazare, lettre ouverte à M. Trarieux, *l'Aurore*, 7 juin 1899.

24. Charles Péguy, *Notre Jeunesse*, Gallimard, 1933, pp. 103 et s.

25. *Ibid.*, p. 79.

26. *Ibid.*, p. 82.

27. *Ibid.*, p. 94.

28. *Ibid.*, p. 163.

VII. – Le petit bleu

1. Marcel Thomas, *l'Affaire sans Dreyfus*, Fayard, 1961, p. 203.

2. P.-V. Stock, *Mémorandum d'un éditeur*, Stock, 1938, p. 205.

3. Joseph Reinach, *Histoire de l'Affaire Dreyfus*, Fasquelle, 1929, t. II, p. 209.

4. Sur l'antisémitisme de Picquart, voir Henri Guillemin, *l'Enigme Esterhazy*, Gallimard, 1962, pp. 115 et s.

5. Joseph Reinach, *Histoire de l'Affaire Dreyfus*, *op. cit.*, t. II, pp. 216 et s.

6. Chez cet officier, du Paty et Schwarzkoppen se rencontraient.

7. Joseph Reinach, *Histoire de l'Affaire Dreyfus*, *op. cit.*, t. II, p. 229.

8. Leblois, *l'Affaire Dreyfus. L'iniquité. La réparation*, Librairie Aristide Quillet, 1929.

9. Marcel Thomas, *l'Affaire sans Dreyfus*, *op. cit.*, p. 227.

10. Joseph Reinach, *Histoire de l'Affaire Dreyfus*, *op. cit.*, t. II, p. 241.

11. Marcel Thomas, *l'Affaire sans Dreyfus*, *op. cit.*, p. 229.

12. *Histoire de l'Affaire Dreyfus*, t. II, p. 245.

13. Voir Marcel Thomas, *l'Affaire sans Dreyfus*, *op. cit.*, p. 217.

14. *Ibid.*, p. 216.

15. *Carnets de Schwarzkoppen*, Rieder, 1930, p. 139.

16. Maurice Paléologue, *Journal de l'Affaire Dreyfus*, Plon, 1955, p. 67.

17. Marcel Thomas, *l'Affaire sans Dreyfus*, *op. cit.*, pp. 217 et s.

18. *Ibid.*, p. 222.

19. *Ibid.*, p. 224.

20. *Carnets*, *op. cit.*, p. 140.

21. Henri Giscard d'Estaing (*D'Esterhazy à Dreyfus*, Plon, 1950, p. 222), prenant appui sur les *Carnets de Schwarzkoppen*, imagine une autre thèse : le petit bleu aurait été dérobé, intact, dans le bureau de poste par les partisans de Dreyfus. Dans le même temps, ceux-ci organisaient le cambriolage de l'appartement personnel de Schwarzkoppen. S'emparant de sa correspondance privée, ils pouvaient vérifier que le petit bleu avait été écrit par Mme de Weede, sa belle amie. Alors le syndicat juif aurait fait

introduire frauduleusement la carte-lettre, après l'avoir fait déchirer en mille morceaux, « dans la voie ordinaire ». La direction occulte du « syndicat » aurait ainsi réalisé « l'assez beau tour de force de conduire le petit bleu de la poche de Schwarzkoppen dans les mains de Lauth » (*ibid*, p. 113). Le syndicat juif est dénoncé comme « l'auteur et le bénéficiaire de l'opération ». Ce récit, que rien n'étaye, n'est qu'une version renouvelée des thèses imaginées par l'État-Major quand le petit bleu servit à innocenter Dreyfus.

22. « Sans tarder, Henry prévient Esterhazy », écrit Joseph Reinach, et il énumère quelques indices, affirmant : « Les preuves ne manquent pas qu'Esterhazy fut averti par Henry. » Joseph Reinach relève notamment qu'Esterhazy cessa brusquement tout rapport avec Schwarzkoppen. Ce qui n'est pas tout à fait exact. (Voir *infra*, p. 641). Et « le petit bleu » n'y suffisait-il pas? Marcel Thomas, *l'Affaire sans Dreyfus, op. cit.*, p. 234.

VIII. – Je fus épouvanté

1. Marcel Thomas, *l'Affaire sans Dreyfus*, Fayard, 1961, pp. 237 et s.; Joseph Reinach, *Histoire de l'Affaire Dreyfus, op. cit.*, t. II, p. 248.
2. *Ibid.*, p. 250.
3. Archives nationales, BB19 88, d.1, p. 28.
4. Joseph Reinach, *Histoire de l'Affaire Dreyfus, op. cit.*, t. II, p. 251.
5. *Ibid.*, p. 249.
6. Marcel Thomas, *op. cit.*, pp. 240 et s.; Joseph Reinach, *op. cit.*, t. II, pp. 265 et s.
7. Leblois, *l'Affaire Dreyfus. L'iniquité. La réparation*, A. Quillet, 1929, p. 26.
8. Joseph Reinach, *Histoire de l'Affaire Dreyfus, op. cit.*, t. II, p. 286.
9. Marcel Thomas, *l'Affaire sans Dreyfus, op. cit.*, p. 254.
10. *Ibid.*, p. 259.
11. Joseph Reinach, *Histoire de l'Affaire Dreyfus, op. cit.*, t. II, p. 290.

IX. – Un idéaliste?

1. *Histoire de l'Affaire Dreyfus*, Fasquelle, 1929, t. II, pp. 1 et s.
2. *Ibid.*, p. 7.
3. Marcel Thomas, *l'Affaire sans Dreyfus*, Fayard, 1961, p. 26.
4. Joseph Reinach, *op. cit.*, t. II, p. 19.
5. Marcel Thomas, *l'Affaire sans Dreyfus, op. cit.*, p. 32.
6. *Ibid.*, p. 32.
7. *Ibid.*, p. 33; Joseph Reinach, *Histoire de l'Affaire Dreyfus, op. cit.*, p. 36.
8. Marcel Thomas, *op. cit.*, pp. 36 et 37.
9. *Ibid.*, p. 57.
10. Le 7 juillet, rapporte Marcel Thomas, Esterhazy verse 5 000 francs à son compte au Crédit lyonnais. Mais il est alors couvert de dettes – dont l'une de 2 500 francs qu'il reste devoir au Crédit foncier (*op. cit.*, p. 56).

11. Joseph Reinach, *Histoire de l'Affaire Dreyfus, op. cit.*, t. II, pp. 25 et s.
12. *Ibid.*, p. 40.
13. *Ibid.*, p. 24.

X. – La France tranquille

1. *Souvenirs sur l'Affaire*, Gallimard, 1982, p. 519.
2. *Dreyfusards*, souvenirs de Mathieu Dreyfus et autres inédits présentés par Robert Gauthier, Julliard, 1965, p. 69.
3. *La Politique des Partis sous la IIIe République*, le Seuil, 1958, p. 86.
4. Le gouvernement Bourgeois comportait des « figures nouvelles », Paul Doumer aux Finances, Émile Combes à l'Instruction publique. Huit membres du gouvernement étaient francs-maçons. Jean-Marie Mayeur, *les Débuts de la IIIe République*, le Seuil, 1973, pp. 214 et s.
5. Jean-Denis Bredin, *Joseph Caillaux*, Hachette, 1980.
6. « L'Église s'infiltre partout », s'écriera Léon Bourgeois à Château-Thierry en 1897. Brisson décrit toutes les formes de l'« Hydre cléricale » (J.-M. Mayeur, *op. cit.*, p. 298).
7. La population rurale est passée de 67,5 % en 1876 à 61 % en 1896. Elle constitue encore les forces politiques majoritaires. Sur le poids de la force rurale en 1896, voir Jean-Marie Mayeur, *ibid.*, p. 219.
8. Waldeck-Rousseau, qui appuie le gouvernement Méline, juge alors le problème social résolu en France, où la richesse est faite « non pas de l'économie des grands capitalistes, mais du labeur des humbles et des petits ». Sorlin, *Waldeck-Rousseau*, M. Rivière, 1911, p. 375.
9. Le terme désigne les groupes divers qui s'intéressent au développement de la colonisation. L'Union coloniale, qui réunit des hommes d'affaires et des « praticiens de la vie économique aux colonies », est fondée en 1895.
10. Jean-Marie Mayeur, *op. cit.*, p. 228.
11. Jean Chastenet, *Histoire de la IIIe République*, Hachette, 1955, t. III, p. 102.
12. Les capitaux prêtés à la Russie par l'épargne française étaient de 5,7 milliards au 1er janvier 1892. Ils avaient atteint 10,6 milliards au 1er janvier 1895. Cf. R. Girault, « Sur quelques aspects financiers de l'alliance franco-russe », *Revue d'histoire moderne et contemporaine*, janvier 1961, et Jean-Marie Mayeur, *op. cit.*, p. 229.
13. Claude Willard, *les Guesdistes*, Éditions sociales, 1981, pp. 439 et s.

XI. – Séparez les deux affaires

1. Marcel Thomas, *l'Affaire sans Dreyfus*, Fayard, 1961, pp. 260 et s.
2. *Histoire de l'Affaire Dreyfus, op. cit.*, t. II, p. 296.
3. Voir Henri Dutrait-Crozon, *Précis de l'Affaire Dreyfus*, Librairie d'Action française, Paris, 1924, p. 67; Marcel Thomas, *l'Affaire sans Dreyfus, op. cit.*, p. 265.
4. *Ibid.*, p. 267.

5. Joseph Reinach, *Histoire de l'Affaire Dreyfus, op cit.*, t. II, p. 298; Marcel Thomas, *l'Affaire sans Dreyfus, op. cit.*, pp. 271 et s.

6. *Ibid.*, p. 279.

7. Joseph Reinach, *Histoire de l'Affaire Dreyfus, op. cit.*, t. II, p. 230.

8. Hannah Arendt, *Sur l'antisémitisme,* Calmann-Lévy, 1973, p. 230, coll. Diaspora.

9. Mathieu Dreyfus, *l'Affaire telle que je l'ai vécue,* Grasset, 1978, p. 80.

10. André Lebon soutiendra plus tard qu'il avait beaucoup hésité avant d'ordonner la mise aux fers de Dreyfus, sans autre raison que la publication d'une fausse nouvelle. Or son câblogramme est du 4 septembre, à midi et demi. André Lebon, âgé de trente-sept ans, ministre pour la seconde fois, était, semble-t-il, dévoré d'ambition. Professeur à l'École des sciences politiques, il publiait, chaque année, un volume consacré à *l'Année politique* sous le pseudonyme d'André Daniel.

11. Joseph Reinach, *Histoire de l'Affaire Dreyfus, op. cit.*, t. II, p. 331.

12. Marcel Thomas, *l'Affaire sans Dreyfus, op. cit.*, p. 309.

13. Joseph Reinach, *Histoire de l'Affaire Dreyfus, op. cit.*, t. II, p. 356.

14. *Ibid.*, p. 335.

15. Il dira, à la Cour de cassation, avoir eu alors des « hésitations » sur la culpabilité de Dreyfus, avoir passé « plusieurs nuits sans sommeil », *ibid.*, p. 336.

16. Dutrait-Crozon, *Précis de l'Affaire Dreyfus, op. cit.*, p. 72.

17. Joseph Reinach, *Histoire de l'Affaire Dreyfus, op. cit.*, t. II, p. 359; Marcel Thomas, *l'Affaire sans Dreyfus, op. cit.*, p. 313; Dutrait-Crozon, *Précis de l'Affaire Dreyfus, op. cit.*, p. 73.

18. Marcel Thomas, *l'Affaire sans Dreyfus, op. cit.*, p. 315.

19. *Ibid.*, p. 315.

20. Mathieu Dreyfus, *l'Affaire telle que je l'ai vécue, op. cit.*, p. 83.

XII. – Le faux patriotique

1. Joseph Reinach, *Histoire de l'Affaire Dreyfus,* Fasquelle, 1929, t. II, p. 379.

2. Marcel Thomas, *l'Affaire sans Dreyfus,* Fayard, 1961, p. 318.

3. *Ibid.*, p. 316.

4. Joseph Reinach, *Histoire de l'Affaire Dreyfus, op. cit.*, t. II, p. 399.

5. *Ibid.*, p. 399, note 7.

6. *Carnets de Schwarzkoppen*, Rieder, 1930, p. 149.

7. Marcel Thomas, *l'Affaire sans Dreyfus, op. cit.*, p. 329.

8. *Ibid.*, p. 329.

9. Lorsqu'il avouera son faux à Cavaignac, il dira, dans un grand désarroi : « Je voyais que mes chefs étaient très inquiets, je voulais les calmer, je voulais faire renaître la tranquillité dans les esprits... Je me suis dit : “ Ajoutons la phrase qui tranquillisera tout le monde ”. Si nous avions la guerre dans la situation où nous sommes !... Tandis qu'en faisant cela, le calme va renaître... » (*ibid.*, p. 331). C'est Charles Maurras qui qualifiera ce faux,

exécuté pour servir la patrie et confondre un traître, de « faux patriotique ».

10. Dans les inventaires du dossier secret établis à partir de 1897, la lettre sera signalée comme datée par Henry du 14 juin 1894 : date évidemment fausse. Sinon le document, même équivoque, aurait été exploité contre Dreyfus. « Cette date certainement fausse fut sans doute apposée sur la pièce le jour où Henry fabriqua son faux » (*ibid.*, p. 334).

11. Selon Joseph Reinach, Henry confia l'exécution matérielle du faux à l'agent secret Lemercier-Picard, individu mystérieux, ancien boucher à Thionville, plusieurs fois condamné, passé maître dans l'art du faux (*Histoire de l'Affaire Dreyfus, op. cit.*, t. II, pp. 412 et s. et p. 518). Marcel Thomas voit dans cette thèse une « légende » (*op. cit.*, p. 337). La médiocrité du « faux Henry » rend peu probable la collaboration d'un faussaire exercé.

12. Selon Joseph Reinach, *op. cit.*, t. II, p. 412.

13. Marcel Thomas, *op. cit.*, p. 339.

14. *Ibid.*, pp. 340 et s.

15. Seuls *le Temps* et *les Débats* analysèrent le mémoire. Les autres journaux se turent ou se répandirent en injures sur les menées du syndicat des Juifs (Joseph Reinach, *op. cit.*, t. II, p. 498).

16. Le jour même, Gribelin et Henry, très empressés, ont retrouvé à la Section de Statistique une copie du bordereau (Marcel Thomas, *op. cit.*, p. 355).

17. *Ibid.*, p. 359.

18. Dutrait-Crozon, *Précis de l'Affaire Dreyfus*, Librairie d'Action française, 1924, pp. 79 et 80.

19. Mathieu Dreyfus, *l'Affaire telle que je l'ai vécue*, Grasset, 1978. pp. 87 et s.

20. *Carnets de Schwarzkoppen, op. cit.*, p. 162.

21. *Ibid.*, p. 162.

22. Au lendemain de la publication de l'article de *l'Éclair*, Schwarzkoppen avait, le 20 septembre, écrit à ses chefs en ces termes :

« Nous ne pouvons que gagner à ce qu'on reparle de l'Affaire Dreyfus, à condition qu'on en vienne à éclaircir réellement cette mystérieuse affaire conformément à la vérité, ce qui ne pourrait tourner qu'à notre avantage. Je ne suis pas parvenu après bientôt deux ans qui se sont écoulés depuis l'événement à obtenir des éclaircissements quelconques à ce sujet. Tout ce que je puis imaginer, c'est ou bien qu'un document falsifié a figuré au dossier, ou bien que Dreyfus a réellement essayé d'entrer en rapport (avec nous) et qu'un document relatif à cette tentative a été découvert avant de parvenir à son adresse. Quoi qu'il en soit, l'affaire est très mystérieuse et un doute semble de plus en plus se faire jour sur la culpabilité du déporté. »

23. Baumont, *Aux sources de l'Affaire Dreyfus*, Productions de Paris, 1959, p. 150.

24. *Ibid.*, p. 144.

25. *Ibid.*, p. 145.

26. Joseph Reinach, *Histoire de l'Affaire Dreyfus, op. cit.*, t. II, p. 450.

27. *Ibid.*, p. 452.

28. Mathieu Dreyfus, *l'Affaire telle que je l'ai vécue, op. cit.*, p. 84.

XIII. – Speranza

1. Marcel Thomas, *l'Affaire sans Dreyfus*, Fayard, 1961, p. 371.
2. Lettre du général Gonse, citée par Marcel Thomas, *op. cit.*, p. 373.
3. Traduction donnée par Marcel Thomas, *op. cit.*, p. 376.
4. *Ibid.*, p. 378.
5. *Ibid.*, p. 380.

XIV. – Du colonel a l'avocat, de l'avocat au sénateur

1. Joseph Reinach, *Histoire de l'Affaire Dreyfus*, Fasquelle, 1929, t. II, p. 473.
2. Marcel Thomas, *l'Affaire sans Dreyfus*, Fayard, 1961, p. 387.
3. *Ibid.*, p. 387.
4. Joseph Reinach, *op. cit.*, t. II, p. 254.
5. Marcel Thomas, *op. cit.*, p. 391.
6. Joseph Reinach, *op. cit.*, t. II, p. 519.
7. *Ibid.*, p. 523.
8. Marcel Thomas, *op. cit.*, pp. 396-397. Joseph Reinach, *op. cit.*, t. II, p. 526.
9. Joseph Reinach, *op. cit.*, t. II, p. 528.
10. *Ibid.*, p. 529.
11. Marcel Thomas, *op. cit.*, p. 398.
12. Joseph Reinach, *op. cit.*, t. II, p. 530.
13. *Ibid.*, p. 530.

XV. – J'en ai une armoire pleine

1. Cité par Marcel Thomas, *l'Affaire sans Dreyfus*, Fayard, 1961, pp. 415 et 416.
2. *Ibid.*, p. 417.
3. *Ibid.*, p. 417.
4. Henri Guillemin, *l'Enigme Esterhazy*, Gallimard, 1962, pp. 126 et s.
5. Marcel Thomas, *l'Affaire sans Dreyfus*, *op. cit.*, pp. 290 et s.
6. *Histoire de l'Affaire Dreyfus*, *op. cit.*, t. II, p. 568.
7. Marcel Thomas, *op. cit.*, p. 424.
8. *Ibid.*, p. 425.
9. Joseph Reinach, *Histoire de l'Affaire Dreyfus*, *op. cit.*, t. II, pp. 469 et s.
10. *Ibid.*, p. 590.
11. Marcel Thomas, *l'Affaire sans Dreyfus*, *op. cit.*, p. 430.
12. *Ibid.*, p. 430.
13. Joseph Reinach, *Histoire de l'Affaire Dreyfus*, *op. cit.*, t. II, pp. 292 et s. *Carnets de Schwarzkoppen*, Rieder, 1930, pp. 173 et s.
14. Joseph Reinach, *op. cit.*, t. II, p. 594.
15. Marcel Thomas, *op. cit.*, p. 431.
16. *Op. cit.*, p. 173.
17. Voir Joseph Reinach, *op. cit.*, t. II, p. 596.

18. *Carnets de Schwarzkoppen* , *op. cit.*, p. 176.
19. Du Paty ou Henry, selon Marcel Thomas, *op. cit.*, p. 435.
20. Marcel Thomas, *op. cit.*, p. 436.
21. Joseph Reinach, *op. cit.*, t. II, p. 577.
22. Maurice Paléologue, *Journal de l'Affaire Dreyfus*, Plon, 1955, p. 58.
23. *Ibid.*, p. 60.

XVI. – Mon vieil ami, écoute-moi donc

1. Mathieu Dreyfus, *l'Affaire telle que je l'ai vécue*, Grasset, 1978, pp. 88 et s.
2. Léon Blum, *Souvenirs sur l'Affaire*, Gallimard, 1982, préface de Pascal Ory, pp. 83 et s.
3. *Ibid.*, p. 81.
4. *Ibid.*, pp. 83 et s.
5. *Ibid.*, p. 81.
6. Robert J. Smith « L'atmosphère politique à l'École normale supérieure à la fin du XIXe siècle », *Revue d'Histoire moderne et contemporaine*, 1973, pp. 258 et s.
7. Léon Blum, *Souvenirs sur l'Affaire, op. cit.*, p. 80.
8. *Ibid.*, pp. 77 et s.
9. *Ibid.*, p. 77.
10. Pour d'autres, affirme Léon Blum, tel Jean Jaurès, tel Clemenceau, il n'y a rien à attendre de ce gouvernement réactionnaire, « la chance de Dreyfus dépendant des premiers coups frappés ». « Au lieu de trafiquer avec ces deux malins, Méline, Billot, il fallait marcher de l'avant sans crier gare... il fallait tout clamer, tout bousculer. » Ce discours peut être tenu longtemps après l'événement. Mais, en 1897, de quels moyens disposait-on pour « tout clamer, tout bousculer » ?
11. Archives nationales BB 18 88, d.3.
12. Joseph Reinach, *Histoire de l'Affaire Dreyfus*, Fasquelle, 1929, t. II, p. 624.
13. *Ibid.*, t. II, p. 625.
14. Marcel Thomas, *l'Affaire sans Dreyfus*, Fayard, 1961, p. 443.
15. Joseph Reinach, *Histoire de l'Affaire Dreyfus, op. cit.*, t. II, p. 629.
16. *Ibid.*, p. 630.
17. *Ibid.*, p. 631.
18. Marcel Thomas, *l'Affaire sans Dreyfus, op. cit.*, p. 447.
19. *Ibid.*, p. 449.

XVII. – Haro, a moi, mon prince, a ma rescousse!

1. Marcel Thomas, *l'Affaire sans Dreyfus*, Fayard, 1961, p. 451.
2. *Ibid.*, p. 451.
3. Joseph Reinach, *Histoire de l'Affaire Dreyfus*, Fasquelle, 1929, t. II, p. 462.
4. Marcel Thomas, *op. cit.*, p. 455.
5. Archives nationales, BB 19 88, d3, p. 23.
6. Marcel Thomas, *op. cit.*, p. 459.

7. *Ibid.*, p. 465.
8. Mathieu Dreyfus, *l'Affaire telle que je l'ai vécue*, Grasset, 1978, p. 99.
9. Marcel Thomas, *op. cit.*, p. 469.
10. *Ibid.*, p. 469.
11. *Ibid.*, pp. 470 et s.
12. *Ibid.*, p. 471.
13. *Ibid.*, p. 475.
14. Joseph Reinach, *op. cit.*, t. III, pp. 10 et s.

XVIII. – JE TE PARLE COMME DE LA TOMBE

1. Joseph Reinach, *Histoire de l'Affaire Dreyfus*, Fasquelle, 1929, t. II, p. 321.
2. Alfred Dreyfus, *Souvenirs et Correspondances*, Grasset, 1936, p. 143; lettre datée de septembre 1896.
3. En novembre, le surveillant Lebars est remplacé par le surveillant principal Kerbrat, et Bravard, commandant supérieur des îles, est remplacé par Deniel, venu de France pour « prendre en charge » le déporté. Deniel « ne se privait pas de proclamer la confiance dont M. le Ministre l'avait honoré, en le faisant désigner comme commandant supérieur ». Son premier soin fut de bouleverser le tour de garde, en le compliquant de rondes diurnes et nocturnes à travers l'île. (A. B. Marbaud, *Dreyfus à l'île du Diable*, 1960, inédit, p. 89.)
4. Après la révision, le commandant Dreyfus s'efforcera de récupérer au ministère des Colonies les originaux des lettres reçues en copie, et aussi les lettres jamais reçues (*Cinq Années de ma vie*, Fasquelle, 1901, p. 176).
5. *Souvenirs et Correspondances, op. cit.*, p. 146.
6. Alfred Dreyfus, *Cinq Années de ma vie, op. cit.*, p. 191.
7. 4 septembre 1897, *Lettres d'un innocent*, Stock, 1896, p. 235.
8. *Dreyfus à l'île du Diable, op. cit.*, p. 92.
9. Lettre de Lucie du 4 décembre 1897, reçue en février 1898, *Cinq Années de ma vie, op. cit.*, p. 200.
10. *Ibid.*, p. 202.
11. Alfred Dreyfus, *Souvenirs et Correspondances, op. cit.*, p. 163.
12. Alfred Dreyfus, *Souvenirs et Correspondances, op. cit.*, p. 164.
13. 26 janvier 1898. *Ibid.*, p. 165.
14. Lettre du 10 août 1897 à Lucie. *Lettres d'un innocent, op. cit.*, p. 282.

XIX. – NE NOUS LAISSONS PAS MANGER

1. Mathieu Dreyfus, *l'Affaire telle que je l'ai vécue*, Grasset, 1978, p. 101.
2. Archives nationales, BB 19, 123 d, p. 67.
3. Marcel Thomas, *l'Affaire sans Dreyfus*, Fayard, 1961, pp. 481 et s.
4. *Ibid.*, p. 482.
5. *Ibid.*, p. 483.

6. *Histoire de l'Affaire Dreyfus*, Fasquelle, 1929, t. III, p. 90.
7. *Ibid.*, t. III, p. 91.
8. Archives nationales, BB 19, 123 d, p. 91.
9. Mathieu Dreyfus, *l'Affaire telle que je l'ai vécue*, *op. cit.*, p. 102.
10. Marcel Thomas, *op. cit.*, p. 487.
11. Joseph Reinach, *op. cit.*, t. III, p. 105.
12. Archives nationales, BB 29 94, d1, p. 1. Joseph Reinach, *op. cit.*, t. III, pp. 108 et s.
13. *Ibid.*, t. III, p. 107.
14. Joseph Reinach décrit notamment les pièges qui auraient été tendus par Lemercier-Picard, agent souvent utilisé par Henry, et habile faussaire (*ibid.*, t. III, p. 108).
15. *Ibid.*, t. III, p. 114.
16. *L'Écho de Paris*, 1er décembre 1897.
17. *L'Intransigeant*, 30 novembre 1897.
18. *Ibid.*
19. *La Libre Parole*, 1er décembre 1897.
20. Joseph Reinach, *op. cit.*, t. III, p. 119.
21. *Le Jour*, 29 novembre 1897.
22. 15 janvier 1898.
23. Joseph Reinach, *op. cit.*, t. III, p. 121.
24. *Ibid.*, t. III, p. 121.
25. *Ibid.*, t. III, pp. 126 et s.
26. Marcel Thomas, *l'Affaire sans Dreyfus*, *op. cit.*, p. 491.
27. *Ibid.*, p. 492.
28. Joseph Reinach, *op. cit.*, t. III, p. 127.
29. Marcel Thomas, *op. cit.*, p. 494.
30. *Ibid.*, p. 393.
31. Cité par Joseph Reinach, *op. cit.*, t. III, p. 133.
32. *Ibid.*, t. III, p. 133.
33. Maurice Paléologue, *Journal de l'Affaire Dreyfus*, Plon, 1955, p. 23.
34. *Histoire de l'Affaire Dreyfus*, *op. cit.*, t. III, p. 141.
35. *Ibid.*, t. III, p. 143.
36. Cité par Maurice Baumont, *Aux sources de l'Affaire*, Productions de Paris, 1959. p. 162.

XX. – On n'en ferait pas tant pour un pauvre

1. Joseph Reinach, *Histoire de l'Affaire Dreyfus*, Fasquelle, 1929, t. III, p. 170.
2. *Ibid.*, t. III, p. 171.
3. *Ibid.*, t. III, p. 185.
4. Archives nationales, BB 19-124 d1, p. 30.
5. Déposition du 30 décembre 1897.
6. Archives nationales, BB 19 79.
7. Marcel Thomas, *l'Affaire sans Dreyfus*, Fayard, 1961, p. 499.
8. Maurice Baumont, *Aux sources de l'Affaire*, Productions de Paris, 1959, p. 169.
9. Maurice Baumont, *op. cit.*, p. 176.
10. *Carnets de Schwarzkoppen*, Rieder, 1930. pp. 187 et s.
11. *Ibid.*, p. 190.
12. Marcel Thomas, *op. cit.*, p. 500.

13. Léon Blum, *Souvenirs sur l'Affaire*, Gallimard, 1982, pp. 100 et s.
14. *Ibid.*, pp. 108 et s.
15. Cité par Léon Blum, dans l'œuvre de Léon Blum. éd. Albin Michel, 1965, p. 556.
16. *Ibid.*, p. 556.
17. Notamment par Lemercier-Picard, agent de la Section de Statistique, que l'on retrouvera quelques mois plus tard pendu à l'espagnolette d'une fenêtre.
18. *L'Affaire telle que je l'ai vécue*, Grasset, 1978, p. 116.

XXI. – Vive Esterhazy

1. Joseph Reinach, *Histoire de l'Affaire Dreyfus*, Fasquelle, 1929, t. III, p. 195.
2. Sur Fernand Labori, voir l'ouvrage composé par sa femme Marguerite Fernand-Labori, à partir des notes et manuscrits laissés par Labori à sa mort, *Fernand Labori*, Paris, Victor Attinger, 1947.
3. *Grande Revue*, 1901.
4. Maurice Allehaut, « Éloge de Fernand Labori », prononcé à l'ouverture de la Conférence des avocats, le 3 décembre 1927.
5. Mathieu Dreyfus, *l'Affaire telle que je l'ai vécue*, Grasset, 1978, p. 123.
6. *Ibid.*, p. 123.
7. Voir l'article du docteur Jean-Louis Lévy dans *le Monde*, 15 oct. 1981.
8. Mathieu Dreyfus, *l'Affaire telle que je l'ai vécue, op. cit.*, p. 125.
9. *Ibid.*, p. 125.
10. *Ibid.*, p. 127.
11. Joseph Reinach, *op. cit.*, t. III, pp. 205 et s.
12. *Ibid.*, t. III, p. 215.
13. Archives nationales, BB 19 79.
14. Joseph Reinach, *op. cit.*, t. III, p. 213.
15. *Ibid.*, t. III, p. 214.
16. *Ibid.*, t. III, p. 214.

Troisième partie

LES DEUX FRANCE

I. – J'accuse

1. Léon Blum, *Souvenirs sur l'Affaire*, Gallimard, 1982, p. 114.
2. *Ibid.*, p. 115.
3. *Ibid.*, p. 116.
4. *Ibid.*, p. 117.
5. Voir Zola, *l'Affaire Dreyfus, la vérité en marche*, préface de Colette Becker, Garnier-Flammarion, 1969, pp. 34 et s.
6. *Ibid.*, p. 89.

7. Jacques Kayser, *l'Affaire Dreyfus,* Gallimard, 1946, p. 128.
8. *Ibid.*, p. 128.
9. Émile Zola, *l'Affaire Dreyfus, la vérité en marche, op. cit.*, pp. 112 et s.
10. Joseph Reinach, *Histoire de l'Affaire Dreyfus,* Fasquelle, 1929, t. III, p. 226.
11. *Ibid.*, t. III, pp. 226 et s.
12. Marcel Thomas, *l'Affaire sans Dreyfus,* Fayard, 1961, p. 501.
13. Léon Blum, *op. cit.*, p. 118.
14. Joseph Reinach, *op. cit.*, t. III, p. 227.
15. Léon Blum, *op. cit.*, p. 119.
16. Maurice Barrès, *Scènes et Doctrines du nationalisme,* « Les intellectuels ou logiciens de l'absolu », Félix Guven, 1902, pp. 40 et s.
17. Jacques Kayser, *op. cit.*, p. 130.
18. Léon Blum, *op. cit.*, p. 120.
19. Cité par Marcel Thomas, *op. cit.*, p. 502.
20. Joseph Reinach, *op. cit.*, t. III, p. 231.
21. *Ibid.*, t. III, p. 235.
22. *Ibid.*, t. III, p. 236.
23. *Ibid.*, t. III, p. 238.
24. Lucie Dreyfus adressera à Cavaignac dès le 14 janvier une lettre de protestation rendue publique. Cavaignac lui répondra le 15 janvier que le témoignage écrit était entre les mains du ministre de la Guerre. Lucie Dreyfus protestera à nouveau, rappelant à Cavaignac le 16 janvier que Forzinetti et d'autres tenaient de Lebrun-Renault – car c'est à lui que sans doute Cavaignac faisait allusion – que Dreyfus ne lui avait fait aucun aveu.
25. L'ordre du jour de Cavaignac blâmant le gouvernement recueille 183 voix contre 299. L'ordre du jour faisant confiance au gouvernement 312 voix contre 122.
26. Joseph Reinach, *op. cit.*, t. III, p. 296.
27. En décembre 1897. Cité par Marcel Thomas, *op. cit.*, p. 502.
28. Joseph Reinach, *op. cit.*, t. III, p. 309.
29. *Ibid.*, t. III, p. 309.
30. Maurice Paléologue, *Journal de l'Affaire Dreyfus,* Plon, 1955, pp. 90 et s.
31. *Ibid.*
32. Lettre du 25 décembre 1897 (*Lettres d'un innocent,* Stock, 1898, p. 252).
33. Alfred Dreyfus, *Souvenirs et Correspondances,* Grasset, 1936, p. 165.
34. *Ibid.*, p. 164.

II. – La question ne sera pas posée

1. Sur le procès Zola, on peut consulter, outre le compte rendu sténographique publié notamment par la Ligue des droits de l'homme, les extraits de ce compte rendu présentés et commentés par Marcel Thomas (*le Procès Zola,* Idégraf, Genève, 1980).
2. Marguerite Fernand-Labori, *Labori, ses notes manuscrites, sa vie,* éd. Victor Attinger, 1947, p. 354.

3. Jean France, *Autour de l'Affaire,* Rieder, 1936, p. 89.
4. Labori déplore dans ses souvenirs que Mathieu Dreyfus ait eu alors Joseph Reinach pour confident : « Il allait avenue Van-Dyck (chez Reinach) à peu près tous les matins. »
5. Léon Blum, *Souvenirs sur l'Affaire,* Gallimard, 1982, p. 123.
6. La défense devait ensuite renoncer à leur audition.
7. Joseph Reinach, *Histoire de l'Affaire Dreyfus,* Fasquelle, 1929, t. III, p. 340.
8. *Ibid.,* t. III, p. 342.
9. *Ibid.,* t. III, p. 343.
10. *Ibid.,* t. III, pp. 343 et 359.
11. Mathieu Dreyfus, *l'Affaire telle que je l'ai vécue,* Grasset, 1978, p. 140.
12. Léon Blum, *op. cit.,* p. 123.
13. Marguerite Fernand-Labori, *op. cit.,* p. 360.
14. Joseph Reinach, *op. cit.,* t. III, p. 352.
15. Maurice Paléologue, *Journal de l'Affaire Dreyfus,* Plon, 1955, p. 110.
16. *Ibid.,* p. 111.
17. Joseph Reinach, *op. cit.,* t. III, p. 368.
18. Jacques Kayser, *l'Affaire Dreyfus, op. cit.,* p. 152.
19. Maurice Paléologue, *op. cit.,* p. 112.
20. P.-V. Stock, *Mémorandum d'un éditeur,* Stock, 1938, p. 66.
21. Maurice Paléologue, *op. cit.,* p. 112.
22. Cité par Joseph Reinach, *op. cit.,* t. III, p. 378.
23. *Ibid.,* t. III, p. 379.
24. *Ibid.,* t. II, p. 417.
25. Maurice Paléologue, *op. cit.,* p. 112.
26. Mathieu Dreyfus, *op. cit.,* p. 141.
27. Marcel Thomas, *op. cit.,* p. 504.
28. *Ibid.,* p. 504.
29. *Ibid.,* p. 506.
30. Jacques Kayser, *op. cit.,* pp. 155 et s.
31. Maurice Paléologue, *op. cit.,* pp. 114 et s.
32. Joseph Reinach, *op. cit.,* t. III, p. 454.
33. *Ibid.,* t. III, p. 470.
34. *Labori, ses notes manuscrites, sa vie, op. cit.,* p. 36.
35. Joseph Reinach, *op. cit.,* t. III, p. 481.
36. Cité par Jacques Kayser, *op. cit.,* p. 153.
37. Mathieu Dreyfus, *op. cit.,* p. 144.
38. Léon Blum, *op. cit.,* p. 124.
39. *Ibid.,* pp. 125 et s.
40. Maurice Baumont, *Aux sources de l'Affaire,* Productions de Paris, 1959, pp. 194 et s.
41. *Ibid.,* pp. 194 et s.
42. *Ibid.,* p. 198.
43. *Ibid.,* p. 200.
44. Mathieu Dreyfus, *op. cit.,* pp. 144 et s.
45. *Carnets de Schwarzkoppen,* Rieder, 1930, p. 234.

III. – Les logiciens de l'absolu

1. Sur les manifestations étudiantes au moment du procès Zola, cf. Eric Cahn, « Les étudiants de Paris en janvier 1898 »,

Bulletin de la Société d'études jaurésiennes, octobre-décembre 1878.

2. Sur l'engagement des écrivains dans l'Affaire Dreyfus, notamment au lendemain du procès Zola, doivent être consultées les communications faites lors du colloque sur « Les écrivains et l'Affaire Dreyfus » organisé à Orléans les 29 et 31 octobre 1981, à l'initiative du Centre Charles-Péguy.

3. Maurice Barrès, *Scènes et Doctrines du nationalisme,* « Les intellectuels ou logiciens de l'absolu », Félix Guven, 1902, pp. 40 et s.

4. Communication au colloque d'Orléans réuni à l'initiative du Centre Charles-Péguy les 29-31 octobre 1981 sur « Les écrivains et l'Affaire Dreyfus ».

5. Maurice Barrès, *Scènes et Doctrines du nationalisme, op. cit.,* p. 50.

6. Christophe Charle, « Champ littéraire et champ du pouvoir : Les écrivains et l'Affaire Dreyfus », *Annales ESC,* mars-avril 1977.

7. *Ibid.,* pp. 249 et s.

8. *Ibid.,* p. 253.

9. Madeleine Rebérioux marque plus fermement que Christophe Charle la spécificité des « disciplines » dans son article, « Histoire, historiens, dreyfusisme » (*Revue historique,* 1976). Cf. aussi de Madeleine Rebérioux, « Zola, Jaurès et France, trois intellectuels devant l'Affaire » (*Cahiers naturalistes,* 1980, nº 54).

10. *Revue bleue,* 2 juillet 1898.

11. Voir « La lutte des classes en littérature », communication de Christophe Charle au colloque d'Orléans sur « Les écrivains et l'Affaire Dreyfus ».

12. *Dreyfusards!* Julliard, 1965, pp. 137-138.

13. Préface à la réédition des *Preuves* de Jaurès, éditions le Signe, 1981.

14. Abbé Caperan, *L'anticléricalisme et l'Affaire Dreyfus,* Toulouse, 1948.

15. Robert J. Smith, « L'atmosphère politique à l'École normale supérieure à la fin du XIXe siècle », dans *Revue d'histoire moderne et contemporaine,* 1973, pp. 248 à 268.

16. *Notre Jeunesse,* Gallimard, 1913, p. 95.

17. Robert J. Smith, art. cit.

18. A. B. Jackson, *les Origines de la Revue blanche, 1889-1891,* Lettres modernes, Paris, 1960.

19. *André Gide et le premier groupe de la Nouvelle Revue française,* par Auguste Anglès, Gallimard, 1978, pp. 28 et s.

20. Léon Blum, *Souvenirs sur l'Affaire,* Gallimard, 1982, pp. 93 et s.

21. Charles Péguy, *op. cit.,* pp. 64 et s.

22. Léon Blum, *op. cit.,* pp. 147 et s.

23. *L'Affaire Dreyfus et la lutte des classes en littérature,* par Christophe Charle, communication lors du colloque précité sur « Les écrivains et l'Affaire Dreyfus ».

24. Léon Blum, *op. cit.,* p. 97.

25. Christophe Charle, *op. cit.,* pp. 242 et s.

1. Joseph Reinach, *Histoire de l'Affaire Dreyfus,* Fasquelle, 1929, t. III, pp. 274 et s.
2. Pierre Pierrard, *Juifs et Catholiques français,* Fayard, 1970, pp. 102 et s.
3. *Ibid.*, pp. 144 et s.
4. Joseph Reinach, *op. cit.*, t. III, p. 279.
5. Zeev Sternhell, *la Droite révolutionnaire 1885-1914, les origines françaises du fascisme,* le Seuil, 1978, pp. 230 et s.
6. Préface à *Cinq Années de ma vie,* Fasquelle, 1962, p. 13.
7. *Les Fleurs de l'histoire* de Théodore Valentin.
8. Pierre Sorlin, *la Croix et les Juifs,* pp. 118 et s.
9. *Ibid.*, p. 28.
10. *Ibid.*, p. 216.
11. *Ibid.*, p. 216.
12. *Ibid.*, pp. 60-61.
13. *Ibid.*, p. 223.
14. *Ibid.*, p. 229.
15. Voir notamment l'étude de Danièle Delmaire sur « L'antisémitisme du journal *la Croix du Nord* pendant l'Affaire Dreyfus, 1898-1899 », *De l'antijudaïsme antique à l'antisémitisme contemporain,* Presses universitaires de Lille, 1979.
16. Voir Janine Ponty, « La presse quotidienne et l'Affaire Dreyfus en 1898-1899, essai de typologie », *Revue d'histoire moderne et contemporaine,* XXI, 1974, pp. 193 à 220.
17. Pierre Pierrard, *op. cit.*, pp. 166 et s.
18. *Ibid.*, p. 121.
19. *Ibid.*, p. 126.
20. *Ibid.*, p. 129.
21. *Juifs et Catholiques français, op. cit.*
22. Étude sur « Les catholiques dreyfusards », *Revue historique, op. cit.*
23. Pierre Pierrard, *op. cit.*, p. 187.
24. *Ibid.*, p. 191.
25. *Ibid.*, p. 197.
26. Voir l'ouvrage d'Anatole Leroy-Beaulieu, *Israël chez les nations,* réédité chez Calmann-Lévy, en 1983.
27. *Op. cit.*, p. 222.
28. Léon Bloy, *le Salut par les Juifs,* éd. Demay, 1892, p. 393.
29. Voir la communication de Françoise Gerbod, « La représentation de l'Affaire Dreyfus dans *Notre Jeunesse* », colloque précité sur les écrivains et l'Affaire Dreyfus.
30. Charles Péguy, *Notre Jeunesse,* Gallimard, 1933, p. 195.
31. Zeev Sternhell, *op. cit.*, p. 177.
32. *Ibid.*, pp. 186 et s.
33. Cité par Zeev Sternhell, *ibid.*, p. 187.
34. Cité par Zeev Sternhell, *ibid.*, p. 189.
35. *Les Rois de la République,* p. 394.
36. Cité par Zeev Sternhell, *op. cit.*, p. 211.
37. Maurice Barrès, *Scènes et Doctrines du nationalisme,* « Le programme de Nancy », Félix Guven, 1902, pp. 430 et s.
38. Karl Marx, *la Lutte des classes en France,* Pauvert, 1964, p. 76.
39. Zeev Sternhell, *op. cit.*, p. 188.

40. Léon Blum, *Souvenirs sur l'Affaire,* Gallimard, 1982, p. 108.

41. Michaël R. Marrus, *les Juifs de France à l'époque de l'Affaire Dreyfus,* Calmann-Lévy, 1972, p. 239, Claude Willard, *les Guesdistes,* Éditions sociales, 1981.

42. Léon Blum, *Souvenirs sur l'Affaire, op. cit.,* p. 108.

43. Cf. Zeev Sternhell, *op. cit.,* pp. 318 à 338.

44. Sur la doctrine de Barrès, on peut lire l'ouvrage fondamental de Zeev Sternhell, *Maurice Barrès et le nationalisme français,* Cahier de la Fondation nationale des sciences politiques, n° 182.

45. Maurice Barrès, *Scènes et Doctrines du nationalisme, op. cit.,* p. 80.

46. *Ibid.,* p. 152.

47. *Ibid.,* p. 153.

48. *Ibid.,* pp. 40 et s.

49. *Ibid.,* pp. 40 et s.

50. *Ibid.,* p. 33.

51. *Ibid.,* p. 130.

52. *Ibid.,* p. 433.

53. *Ibid.,* pp. 437 et s.

54. *Ibid.,* p. 137.

55. *Ibid.,* pp. 134 et s.

56. Léon Blum, *op. cit.,* pp. 42 et s.

57. Michaël R. Marrus, *op. cit.,* p. 255.

58. Cité par Michaël R. Marrus, *op. cit.,* p. 256.

59. *Ibid.,* p. 261.

60. *Ibid.,* p. 275.

61. *Ibid.,* p. 272.

62. *Ibid.,* p. 327.

63. *Ibid.,* p. 219.

64. *Ibid.,* p. 221.

65. Publié en France par la *Nouvelle Revue internationale,* 31 décembre 1896 et 15 janvier 1897.

66. Helmut Andics, *Histoire de l'antisémitisme,* Albin Michel, 1967, p. 190.

67. Michaël R. Marrus, *op. cit.,* pp. 295 et s.

68. *Ibid.,* p. 327.

V. – Tu ne suivras point la multitude

1. Marcel Thomas, *l'Affaire sans Dreyfus,* Fayard, 1961, p. 509.

2. Joseph Reinach, *Histoire de l'Affaire Dreyfus,* Fasquelle, 1929, t. III, p. 553.

3. *Ibid.,* t. III, p. 551.

4. *L'Écho de Paris, la Libre Parole, l'Intransigeant,* 13, 14, 15 avril 1898.

5. Joseph Reinach, *op. cit.,* t. III, p. 559.

VI. – Une majorité républicaine

1. Pierre Miquel, *l'Affaire Dreyfus,* PUF, 1973, p. 66.

2. *Ibid.,* p. 66.

3. Joseph Reinach, Fasquelle, 1929, *Histoire de l'Affaire Dreyfus*, t. III, p. 571.
4. *Ibid.*, t. III, p. 583.
5. Pierre Sorlin, *Waldeck-Rousseau*, A. Colin, 1966, p. 388.
6. *Histoire de l'Affaire Dreyfus, op. cit.*, t. III, p. 570.
7. François Goguel, *la Politique des partis sous la IIIe République*, le Seuil, 1958, p. 106.
8. Joseph Reinach, *op. cit.*, t. III, p. 629.
9. Pierre Miquel, *op. cit.*, p. 67.
10. *Histoire de l'Affaire Dreyfus, op. cit.*, t. III, p. 632.
11. François Goguel, *op. cit.*, p. 92.
12. Joseph Reinach, *op. cit.*, t. III, p. 632.
13. *Ibid.*, t. III, pp. 634 et s.

VII. – Tout cela finira mal

1. Léon Blum, *Souvenirs sur l'Affaire*, Gallimard, 1982, p. 102.
2. Marcel Thomas, *l'Affaire sans Dreyfus*, Fayard, 1961, p. 513.
3. *Ibid.*, p. 514.
4. Sur le travail accompli par Cavaignac, voir l'ouvrage passionné de sa fille Henriette Dardenne, *Lumières sur l'Affaire Dreyfus*, Nouvelles Éditions latines, 1964, pp. 136 et s.
5. Marcel Thomas, *op. cit.*, p. 515.
6. Joseph Reinach, *op. cit.*, t. IV, p. 25.
7. Henriette Dardenne, *op. cit.*, p. 143.
8. Léon Blum, *Souvenirs sur l'Affaire, op. cit.*, p. 130.
9. *Ibid.*, p. 131.
10. *Ibid.*, p. 132.
11. Joseph Reinach, *op. cit.*, t. IV, pp. 28-29.
12. *L'Affaire telle que je l'ai vécue*, Grasset, 1978, p. 148.
13. Joseph Reinach, *op. cit.*, t. IV, p. 31.
14. *Ibid.*, t. IV, p. 28.

VIII. – Il nous faut le coup de foudre

1. Joseph Reinach, *Histoire de l'Affaire Dreyfus*, Fasquelle, 1929, t. IV, p. 33.
2. Mathieu Dreyfus, *l'Affaire telle que je l'ai vécue*, Grasset, 1978, p. 161.
3. Henri Dutrait-Crozon, *Précis de l'Affaire Dreyfus*, Librairie de l'Action française, 1924, p. 155.
4. *Histoire de l'Affaire Dreyfus, op. cit.*, t. IV, p. 37.
5. Marcel Thomas, *l'Affaire sans Dreyfus, op. cit.*, p. 517.
6. Joseph Reinach, *op. cit.*, t. IV, p. 47.
7. *Ibid.*, t. IV, p. 118.
8. *Ibid.*, t. IV, p. 76.
9. *Ibid.*, t. IV, p. 58.
10. Voir l'article de J. Cornély dans *le Figaro* du 21 juillet : « Quand on a affaire à une personne, à la rigueur à un groupe restreint, on peut se permettre des actes qui ont besoin d'être expliqués, parce qu'on peut espérer convaincre les gens. Quand on a affaire à une foule, on ne peut être compris qu'au moyen d'actes excessivement simples, de gestes, pourrait-on dire... »

11. Joseph Reinach, *op. cit.*, t. IV, p. 61.
12. *Ibid.*, t. IV, p. 118.
13. Cité par Marcel Thomas, *op. cit.*, p. 519.
14. Cité par Jacques Kayser, *l'Affaire Dreyfus*, Gallimard, 1946, p. 180.

IX. – Je suis perdu. Ils me lâchent...

1. Joseph Reinach, *Histoire de l'Affaire Dreyfus*, Fasquelle, 1929, t. IV, p. 160.
2. *Ibid.*, t. IV, p. 161.
3. *Ibid.*, t. IV, p. 181.
4. *Ibid.*, t. IV, p. 184.
5. Henriette Dardenne, *Lumières sur l'Affaire Dreyfus*, Nouvelles Éditions latines, 1964, p. 178.
6. Henriette Dardenne, *Lumières sur l'Affaire Dreyfus, op. cit.*, p. 180.
7. Joseph Reinach, *op. cit.*, t. IV, p. 195.
8. Archives nationales, BB 19 75, d2, p. 16.
9. Joseph Reinach, *op. cit.*, t. IV, p. 211.
10. Rapport du médecin-major de 2e classe Pauzat, sur le décès du lieutenant-colonel Henry au Mont-Valérien (Archives nationales, BB 19 75, d2, p. 9.)

X. – Plus bête que lâche, plus lâche que bête

1. Henriette Dardenne, *Lumières sur l'Affaire Dreyfus*, Nouvelles Éditions latines, 1964, pp. 180 et s.
2. Pierre Miquel, *l'Affaire Dreyfus*, PUF, 1973, p. 75.
3. Léon Blum, *Souvenirs sur l'Affaire*, Gallimard, 1982, p. 66.
4. Marcel Thomas – comme la plupart des historiens de l'Affaire – admet que le général de Boisdeffre a, dès sa fabrication, su que le document produit par Henry était un faux. L'acharnement que mit le chef d'État-Major à empêcher que le document ne fût montré tend effectivement à laisser croire qu'il savait toute la vérité. Mais on ne peut exclure que la chaîne des complicités se soit arrêtée au général Gonse. Boisdeffre, distant, peut-être soupçonneux, aurait simplement laissé faire, sans chercher à trop en savoir. C'est ce que peut suggérer sa lettre de démission.
5. Marcel Thomas, *l'Affaire sans Dreyfus*, Fayard, 1961, pp. 342 et s.
6. Joseph Reinach, *op. cit.*, t. IV, pp. 223 et s.
7. Léon Blum, *Souvenirs sur l'Affaire, op. cit.*, p. 142.
8. Cité par Joseph Reinach, *op. cit.*, t. IV, p. 201.
9. *Ibid.*, t. IV, p. 234, note 5.
10. *Ibid.*, t. IV, pp. 256 et s.
11. Henriette Dardenne, *Lumières sur l'Affaire Dreyfus, op. cit.*, p. 196; Mathieu Dreyfus, *l'Affaire telle que je l'ai vécue, op. cit.*, p. 182.
12. Joseph Reinach, *op. cit.*, t. IV, p. 267.
13. Mathieu Dreyfus, *op. cit.*, p. 183.
14. *Ibid.*, p. 184.

15. René Remond, *les Droites en France*, Aubier-Montaigne, 1982.
16. Joseph Reinach, *op. cit.*, t. IV, p. 306.
17. *Ibid.*, t. IV, p. 303.
18. Mathieu Dreyfus, *l'Affaire telle que je l'ai vécue*, *op. cit.*, p. 188.
19. Joseph Reinach, *op. cit.*, t. IV, p. 312.
20. *Ibid.*, t. IV, p. 315.
21. Joseph Reinach, *op. cit.*, t. IV, p. 331.
22. *Ibid.*, t. IV, p. 324.
23. *Ibid.*, t. IV, p. 347.
24. Par dix voix contre quatre. Reinach donne les noms des magistrats qui votèrent dans l'un et l'autre sens. Il semble que le secret du délibéré ait alors été largement transgressé (*ibid.*, t. IV, p. 348, note 1).
25. *Ibid.*, t. IV, p. 348.

XI. – Pour rôtir les Juifs

1. Léon Blum, *Souvenirs sur l'Affaire*, Gallimard, 1982, pp. 147 et s.
2. Charles Péguy, *Notre Jeunesse*, Gallimard, 1933, pp. 91 et s.
3. *Ibid.*, p. 121.
4. A. Dansette, *Histoire religieuse de la République*, Flammarion, 1965, pp. 200 et s.
5. Voir le livre de l'abbé Caperan, *l'Anticléricalisme et l'Affaire Dreyfus*, Toulouse, Imprimerie régionale, 1948, qui s'élève contre l'accusation portée contre l'Église tout entière. Il montre utilement comment cette accusation a servi la politique anticléricale amorcée sous Waldeck-Rousseau, et qui s'est épanouie sous le ministère Combes.
6. Maurice Barrès, *Scènes et Doctrines du nationalisme*, Félix Guven, 1902, p. 209.
7. René Remond, *les Droites en France*, Aubier-Montaigne, 1982, p. 165.
8. Zeev Sternhell, *la Droite révolutionnaire*, chap. II : « Anatomie d'un mouvement de masse : la Ligue des patriotes », le Seuil, 1978, pp. 77 et s.
9. Pierre Pierrard, *Juifs et Catholiques français*, Fayard, 1970, p. 146.
10. *Ibid.*, p. 149.
11. Zeev Sternhell, *op. cit.*, pp. 131 et s.
12. 39,25 % pour une population de 20 %.
13. 28,6 % pour une population active de 3 %.
14. 0,6 % de la population.
15. 2,6 % de la population active.
16. Stephen Wilson, *op. cit.*, p. 285.
17. *Ibid.*, p. 287.
18. Pierre Pierrard, *op. cit.*, pp. 102 et s.
19. *Ibid.*, p. 107.
20. Cité par Pierre Pierrard, *ibid.*, pp. 107 et s.
21. Léon Blum, *op. cit.*, p. 148.

XII. – NOUS VOICI DONC ARRIVÉS À LA DERNIÈRE ÉTAPE...

1. Alfred Dreyfus, *Souvenirs et Correspondances,* Grasset, 1936, p. 169.
2. *Ibid.*, p. 174.
3. Alfred Dreyfus, *Cinq Années de ma vie,* Grasset, 1962, p. 213.
4. Alfred Dreyfus, *Souvenirs et Correspondances, op. cit.*, p. 175.
5. *Ibid.*, p. 177.
6. Alfred Dreyfus, *Cinq Années de ma vie, op. cit.*, p. 214.

Quatrième partie

LA VÉRITÉ EN MARCHE

I. – CES FILLES DE BRASSERIE

1. Émile Zola, *l'Affaire Dreyfus, la vérité en marche,* préface de Colette Becker, Garnier-Flammarion, 1969.
2. Joseph Reinach, *Histoire de l'Affaire Dreyfus,* Fasquelle, 1929, t. IV, p. 353.
3. Joseph Cornély, *Notes sur l'Affaire Dreyfus,* édit. L. M. May, 1900, p. 90.
4. Joseph Reinach, *op. cit.*, t. IV, p. 362.
5. Voir aussi l'article de J. Cornély dans *le Figaro* du 16 novembre « A l'île du Diable », *op. cit.*, p. 163.
6. Joseph Reinach, *op. cit.*, t. IV, p. 374.
7. *Ibid.*, t. IV, p. 394, note 3.
8. Joseph Cornély, « Un témoignage », *op. cit.*, p. 119.
9. Joseph Reinach, *op. cit.*, t. IV, p. 409.
10. Pierre Sorlin, *Waldeck-Rousseau,* A. Colin, 1966, p. 394.
11. Joseph Reinach, *op. cit.*, t. IV, p. 412.

II. – A L'ELYSÉE, MON GÉNÉRAL

1. Joseph Reinach, *Histoire de l'Affaire Dreyfus,* Fasquelle, 1929, t. IV, p. 520 et s.
2. *Ibid.*, t. IV, p. 482.
3. *Ibid.*, t. IV, p. 511.
4. *Ibid.*, t. IV, p. 550.
5. *Ibid.*, t. IV, p. 566.
6. *Ibid.*, t. IV, p. 518.
7. *Ibid.*, t. IV, p. 573.
8. Maurice Barrès, *Scènes et Doctrines du nationalisme,* Félix Guven, 1902, pp. 249 et s. Cf. l'étude minutieuse de Zeev Sternhell sur le coup d'État manqué dans *la Droite révolutionnaire en France, 1885, 1914,* le Seuil, 1978, pp. 120 et s.
9. René Remond, *les Droites en France,* Aubier-Montaigne, 1982, p. 168, note 10, qui s'appuie sur la « thèse » de Pierre Sorlin.
10. Joseph Reinach, *op. cit.*, t. V, p. 9.

11. Joseph Reinach, *op. cit.*, t. V, p. 20.
12. Pierre Sorlin, *Waldeck-Rousseau*, A. Colin, 1966, p. 398.

III. – Casse et annule

1. Loew, *la Loi de dessaisissement, op. cit.*, p. 167.
2. Joseph Reinach, *Histoire de l'Affaire Dreyfus*, Fasquelle, 1929, t. V, p. 44. Mathieu Dreyfus, *l'Affaire telle que je l'ai vécue, op. cit.*, pp. 202 et s.
3. *Ibid.*, p. 203.
4. Joseph Reinach, *op. cit.*, t. V, p. 93.
5. Voir la critique détaillée du rapport de Ballot-Beaupré dans Henri Dutrait-Crozon *(Précis de l'Affaire Dreyfus*, Librairie de l'Action française, 1924, pp. 235 et s.).

IV. – Panama Ier

1. Joseph Reinach, *Histoire de l'Affaire Dreyfus*, Fasquelle, 1929, t. V, p. 115.
2. *Ibid.*, t. V, p. 117.
3. *Ibid.*, t. V, p. 126.
4. *Ibid.*, t. V, p. 139.
5. Alfred Dreyfus, *Cinq Années de ma vie*, Fasquelle, 1962, pp. 218 et s.
6. Joseph Reinach, *op. cit.*, t. V, p. 198.

V. – Silence dans les rangs

1. Joseph Reinach, *Histoire de l'Affaire Dreyfus*, Fasquelle, 1929, t. V, p. 156.
2. Pierre Sorlin, *Waldeck-Rousseau*, A. Colin, 1966, p. 401.
3. Claude Willard, *les Guesdistes*, « La crise millerandiste », Éditions sociales, 1981, pp. 422 et s.
4. Joseph Reinach, *Histoire de l'Affaire Dreyfus, op. cit.*, t. V, p. 193.
5. Pierre Sorlin, *Waldeck-Rousseau, op. cit.*, p. 425.
6. *Ibid.*, pp. 410 et s.
7. *Ibid.*, p. 412.
8. Voir cependant les souvenirs de P.-V. Stock qui rendit visite à Waldeck-Rousseau, au cours du procès, pour demander l'arrestation du général Chamoin. Waldeck-Rousseau lui parut très optimiste : « Je suis bien renseigné... Dreyfus sera acquitté ». (P.-V. Stock, *l'Affaire Dreyfus anecdotique*, Stock, 1938, p. 111.)
9. Introduction à *Cinq Années de ma vie*, Maspero, 1982, pp. 20 et s.

VI. – A Rennes, à Rennes, messieurs de l'Armée

1. Joseph Reinach, *Histoire de l'Affaire Dreyfus*, Fasquelle, 1929, t. V, p. 213.
2. Marguerite Fernand-Labori, *Labori, ses notes manuscrites, sa vie*, éd. Victor Attinger, 1947, p. 360.

3. *Ibid.*, p. 76.
4. *Ibid.*, pp. 99 et s.
5. *Ibid.*, pp. 99 et s.
6. Joseph Reinach, *op. cit.*, t. V, p. 220.
7. *Le Journal,* 4 et 7 juillet 1899. L'ensemble des articles donnés par Maurice Barrès durant le procès est réuni sous le titre : « À Rennes » dans *Scènes et Doctrines du nationalisme,* Félix Guven, 1902, pp. 129 et s.
8. *Ibid.*, pp. 132-133.
9. *Ibid.*, p. 134.
10. P.-V. Stock, *Mémorandum d'un éditeur,* Stock, 1938, p. 100.
11. Cité par P.-V. Stock. Séverine dénommera la maison de Pierrefonds où elle mourut à soixante-quatorze ans, le 22 avril 1929, « les Trois Marches » (*op. cit.*, pp. 101 et s.).
12. P.-V. Stock, *op. cit.*, pp. 115 et s.
13. Mathieu Dreyfus, *l'Affaire telle que je l'ai vécue,* Grasset, 1978, pp. 297 et s.

VII. – De la chair vivante et broyée

1. Mathieu Dreyfus, *l'Affaire telle que je l'ai vécue,* Grasset, 1978, pp. 206 et s.
2. Joseph Reinach, *Histoire de l'Affaire Dreyfus,* Fasquelle, 1929, t. V, p. 269.
3. Mathieu Dreyfus, *l'Affaire telle que je l'ai vécue, op. cit.*, p. 210.
4. Joseph Reinach, *op. cit.*, t. V, p. 280.
5. *Ibid.*, p. 281.
6. Maurice Barrès, *Scènes et Doctrines du nationalisme,* « A Rennes », Félix Guven, 1902, pp. 138 et s.
7. *Ibid.*, pp. 129 et s.
8. Joseph Reinach, *op. cit.*, t. V, p. 283.
9. *Ibid.*, p. 287.
10. Maurice Barrès, *op. cit.*, p. 139.
11. Joseph Reinach, *op. cit.*, p. 286.
12. Maurice Paléologue, *Journal de l'Affaire Dreyfus,* Plon, 1955, p. 195.
13. Joseph Reinach, *op. cit.*, t. V, p. 293.
14. Cité par Joseph Reinach, *op. cit.*, t. V, p. 294.
15. *L'Écho* du 9 août.
16. Joseph Reinach, *op. cit.*, t. V, p. 295.
17. Maurice Paléologue, *op. cit.*, pp. 196 et s.
18. Maurice Barrès, *op. cit.*, p. 140.
19. *Ibid.*, p. 141.

VIII. – La dernière bataille

1. Joseph Reinach *Histoire de l'Affaire Dreyfus,* Fasquelle, 1929, t. V, pp. 240 et s., pp. 297 et s.
2. P.-V. Stock, *Mémorandum d'un éditeur,* Stock, 1938, pp. 110 et s.
3. Maurice Paléologue, *Journal de l'Affaire Dreyfus,* Plon, 1955, pp. 200 et s.

4. Joseph Reinach, *op. cit.*, t. V, p. 307.
5. Maurice Paléologue, *op. cit.*, p. 201.
6. *La Libre Parole*, 13 et 14 août.
7. Joseph Reinach, *op. cit.*, t. V, p. 317.
8. Maurice Paléologue, *op. cit.*, p. 205.
9. Joseph Reinach, *op. cit.*, t. V, pp. 324 et s.
10. Marguerite Fernand-Labori, *Labori, sa vie, ses écrits*, éd. Victor Attinger, 1947, pp. 117 et s.
11. Maurice Paléologue, *op. cit.*, p. 210.
12. *Ibid.*, p. 211.
13. *Ibid.*, p. 218.
14. *Ibid.*, p. 218.
15. Joseph Reinach, *op. cit.*, t. V, p. 388.
16. Maurice Paléologue, *op. cit.*, p. 218.
17. Maurice Barrès, *op. cit.*, pp. 200 et s.
18. Maurice Barrès, *op. cit.*, p. 209.
19. Joseph Reinach, *op. cit.*, t. V, p. 39.
20. Maurice Barrès, *op. cit.*, p. 165.
21. Maurice Paléologue, *op. cit.*, p. 229.
22. *Ibid.*, p. 233.
23. Joseph Reinach, *op. cit.*, t. V, pp. 416 et s.
24. Joseph Reinach, *op. cit.*, t. V, p. 461.
25. Marguerite Fernand-Labori, *op. cit.*, p. 146.
26. Maurice Baumont, *Aux sources de l'Affaire*, Productions de Paris, 1959, p. 248.
27. *Ibid.*, p. 249.
28. *Ibid.*, p. 256.
29. Maurice Paléologue, *op. cit.*, p. 245.
30. Joseph Reinach, *op. cit.*, t. V, p. 492.
31. Maurice Paléologue, *op. cit.*, p. 248.
32. *Ibid.*, pp. 253 et s.
33. Joseph Reinach, *op. cit.*, t. V, p. 495.
34. *Ibid.*, p. 498.
35. Maurice Paléologue, *op. cit.*, p. 251.
36. *Ibid.*, p. 256.

IX. – Oui, l'accusé est coupable

1. Maurice Paléologue, *Journal de l'Affaire Dreyfus*, Plon, 1955, p. 256.
2. Joseph Reinach, *Histoire de l'Affaire Dreyfus*, Fasquelle, 1929, t. V, pp. 510 et s.
3. Marguerite Fernand-Labori, *Labori, ses notes manuscrites, sa vie*, éd. Victor Attinger, 1947, p. 156, p. 163.
4. Marguerite Fernand-Labori, *op. cit.*, p. 163. Joseph Reinach, *op. cit.*, t. V, p. 521.
5. Maurice Paléologue, *op. cit.*, p. 257.
6. Sur les incidents qui ont entouré la publication de la plaidoirie écrite de Labori dans le compte rendu du procès de Rennes en 1900, édité par Stock, et l'intervention de la Ligue des droits de l'homme pour exiger de Stock la publication des notes de Labori, voir Stock, *Mémorandum d'un éditeur*, Stock, 1938, pp. 90 et s.
7. Marguerite Fernand-Labori, *op. cit.*, p. 175.
8. Joseph Reinach, *op. cit.*, t. V, p. 531.

9. Marguerite Fernand-Labori, *op. cit.*, p. 176.
10. Joseph Reinach, *op. cit.*, t. V, p. 534.
11. Marguerite Fernand-Labori, *op. cit.*, p. 178.
12. Maurice Barrès, *Scènes et Doctrines du nationalisme,* Félix Guven, 1902, p. 211.
13. *Ibid.*, p. 219.

X. – L'INCIDENT EST CLOS

1. Mathieu Dreyfus, *l'Affaire telle que je l'ai vécue,* Grasset, 1978, p. 237.
2. Joseph Reinach, *Histoire de l'Affaire Dreyfus,* Fasquelle, 1929, t. V. Appendice 4.
3. *Ibid.*, pp. 543 et s.
4. *Ibid.*, p. 544.
5. *Ibid.*, pp. 544 et s.
6. Mathieu Dreyfus, *op. cit.*, p. 236.
7. Joseph Reinach, *op. cit.*, t. V, p. 546.
8. *Ibid.*, p. 544.
9. Pierre Vidal-Naquet, introduction à *Cinq Années de ma vie,* Maspero, 1982, pp. 20 et s.
10. Mathieu Dreyfus, *op. cit.*, p. 241.
11. *Ibid.*, p. 243.
12. *Ibid.*, p. 248.
13. Cf. sur ce problème les développements très complets de Pierre Vidal-Naquet (*loc. cit.*, pp. 29 et s.), Pierre Vidal-Naquet critique vivement le plan qu'il prête à Waldeck-Rousseau (la grâce instrument de l'amnistie). «... Ce fut une affreuse adresse que d'avoir manipulé Dreyfus prisonnier pour en faire l'instrument de la fin de l'Affaire... ».
14. Marguerite Fernand-Labori, *Labori, ses notes manuscrites, sa vie,* éd. Victor Attinger, 1947, p. 242.
15. *Ibid.*, p. 243.
16. *Ibid.*, p. 375.
17. Joseph Reinach, *op. cit.*, t. VI, p. 10.
18. Charles Péguy, *Notre Jeunesse,* Gallimard, 1933, p. 191.
19. *Ibid.*, pp. 110 et s.
20. Gérard Baal, *Revue d'histoire moderne et contemporaine,* juillet-septembre 1981, pp. 433 et s.
21. *Ibid.*, pp. 435 et s.

XI. – L'OUBLI

1. Joseph Reinach, *Histoire de l'Affaire Dreyfus,* Fasquelle, 1929, t. VI, p. 22. Cf. dans le même sens l'opinion de Pierre Vidal-Naquet, introduction à *Cinq Années de ma vie*, Maspero, 1982, pp. 39 et s.
2. Pierre Sorlin, *Waldeck-Rousseau,* A. Colin, 1966, pp. 419 et s.
3. *Ibid.*, p. 420.
4. Joseph Reinach, *op. cit.*, t. VI, p. 50.
5. *Ibid.*, p. 52.
6. *Ibid.*, p. 55.
7. *Ibid.*, p. 82.
8. *Ibid.*, p. 83.

9. *Ibid.*, p. 86.
10. *Ibid.*, p. 118.
11. *Ibid.*, p. 126.
12. André, *Cinq Ans de ministère*, p. 220.
13. Cité par Joseph Reinach, *op. cit.*, t. VI., p. 132.
14. Jean Jaurès, *Anthologie* présentée par Louis Lévy, préface de Madeleine Rebérioux, Calmann-Lévy, 1983, pp. 132 et s.
15. Claude Willard, *les Guesdistes*, Éditions sociales, 1981, p. 437.
16. Joseph Reinach, *op. cit.*, t. VI, p. 137.
17. *Ibid.*, p. 138.
18. Mathieu Dreyfus, *l'Affaire telle que je l'ai vécue*, Grasset, 1978, p. 263.
19. Marguerite Fernand-Labori, *Labori, ses notes manuscrites, sa vie*, éd. Victor Attinger, 1947, p. 246.
20. Mathieu Dreyfus, *op. cit.*, p. 272.
21. *Ibid.*, p. 273.
22. *Ibid.*, p. 276.
23. Marguerite Fernand-Labori, *op. cit.*, pp. 261 et s.
24. Mathieu Dreyfus, *op. cit.*, p. 277.
25. *Ibid.*, p. 278.
26. Marguerite Fernand-Labori, *op. cit.*, pp. 276 et s.
27. *Ibid.*, pp. 277 et s.
28. Joseph Reinach, *op. cit.*, t. VI, p. 145.
29. Pierre Sorlin, *op. cit.*, p. 420.
30. Joseph Reinach, *op. cit.*, t. VI, p. 152.
31. *Ibid.*, p. 156.
32. *Ibid.*, p. 157.
33. *Ibid.*, p. 154.
34. *Ibid.*, p. 175.

XII. – Un moment de la conscience humaine

1. *Revue franco-allemande*, août 1901.
2. Cette lettre inédite de Louis Leblois à Reinach nous a été communiquée par le docteur Jean-Louis Lévy.
3. Joseph Reinach, *Histoire de l'Affaire Dreyfus*, Fasquelle, 1929, t. VI, p. 180.
4. Pierre Sorlin, *Waldeck-Rousseau*, A. Colin, 1966, p. 443.
5. Madeleine Rebérioux, *la République radicale, 1898-1914*, le Seuil, 1975, p. 56.
6. Jean-Thomas Nordmann, *la France radicale*, Gallimard-Julliard, 1977, pp. 42 et s. et Madeleine Rebérioux, *op. cit.*, p. 51.
7. Madeleine Rebérioux, *op. cit.*, p. 53.
8. *Ibid.*, p. 54.
9. Pierre Sorlin, *op. cit.*, p. 481.
10. Madeleine Rebérioux, *op. cit.*, p. 58.
11. Joseph Reinach, *op. cit.*, t. VI, p. 197.

XIII. – Sur des tambours crevés

1. Joseph Reinach, *Histoire de l'Affaire Dreyfus*, Fasquelle, 1929, t. VI, p. 200.

2. Mathieu Dreyfus, *l'Affaire telle que je l'ai vécue*, Grasset, 1978, pp. 279 et s.
3. Joseph Reinach, *op. cit.*, t. VI, p. 214.
4. Jaurès, *Preuves*, le Signe, 1981, pp. 275 et s.
5. Alfred Dreyfus, *Souvenirs et Correspondances*, Grasset, 1936, p. 347.
6. Joseph Reinach, *op. cit.*, t. VI, pp. 215 et s.
7. Alfred Dreyfus, *Souvenirs et Correspondances*, *op. cit.*, p. 347.
8. *Ibid.*, p. 353.
9. Joseph Reinach, *op. cit.*, t. VI, p. 242.
10. Alfred Dreyfus, *Souvenirs et Correspondances*, *op. cit.*, p. 363.
11. Joseph Reinach, *op. cit.*, t. VI, p. 250.
12. *Ibid.*, t. VI, p. 255.
13. *Ibid.*, t. VI, p. 265.
14. *Ibid.*, p. 280. Voir Alfred Dreyfus, *Souvenirs et Correspondances*, *op. cit.*, p. 366.
15. *Ibid.*, p. 379.
16. Joseph Reinach, *op. cit.*, t. VI, pp. 279 et s.
17. *Ibid.*
18. Charles Péguy, *Notre Jeunesse*, Gallimard, 1933, p. 94.
19. *Ibid.*, pp. 102 et s.

XIV. – Du même pas...

1. La notice individuelle, établie en 1881 par le chef de la Cour d'appel de Lyon, observait sa science du droit, la fermeté de son jugement, son élocution « facile et brillante ». La notice précisait : « Sa position de fortune est belle. » Le premier président de la Cour de Lyon porte alors sur Baudouin cette appréciation générale : « Son âge et les facultés heureuses dont il est doué permettent dès maintenant d'entrevoir que M. Baudouin arrivera aux plus hautes fonctions de la magistrature : je n'oserais pas dire qu'il n'en a pas conscience, mais je puis affirmer qu'il s'y prépare de la manière la plus digne, la plus consciencieuse et la plus honorable. »
2. Alfred Dreyfus, *Souvenirs et Correspondances*, Grasset, 1936, p. 303.
3. Joseph Reinach, *Histoire de l'Affaire Dreyfus*, Fasquelle, 1929, t. VI, p. 291.
4. *Ibid.*, p. 294.
5. Marguerite Fernand-Labori, *Labori, ses notes manuscrites, sa vie*, éd. Victor Attinger, 1947, p. 343.
6. *Ibid.*, p. 345.
7. *Ibid.*, p. 344.
8. *Ibid.*, pp. 346 et s.
9. Léon Blum, *Souvenirs sur l'Affaire*, Gallimard, 1982, p. 145.
10. Alfred Dreyfus, *Souvenirs et Correspondances*, p. 388.
11. *Ibid.*, p. 388.
12. *Ibid.*, p. 391, Joseph Reinach, *op. cit.* t. VI, p. 371.
13. *Ibid.*, t. VI, p. 375.

XV. – Le premier flic de France

1. « Égarés par une nouvelle mystique dominante, écrit William Serman, près de deux mille officiers francs-maçons quittent les chemins ordinaires de la tolérance et de la stricte laïcité, pour passer de l'anticléricalisme à l'antichristianisme. » William Serman impute à l'outrance de la politique suivie par André, avec l'appui des francs-maçons, la consolidation de l'alliance « du sabre et du goupillon ». Beaucoup d'officiers, qui s'estimaient jusque-là tenus à l'apolitisme, avaient basculé vers un conformisme nationaliste et clérical. (William Serman, *les Officiers français dans la Nation, 1848-1914,* Aubier, 1982, pp. 107-109.)
2. Joseph Reinach, *Histoire de l'Affaire Dreyfus,* Fasquelle, 1929, t. VI, pp. 412 et s.
3. Madeleine Rebérioux, *la République radicale,* le Seuil, 1975, p. 107.
4. Jean-Denis Bredin, *Joseph Caillaux,* Hachette, 1980, pp. 56 et s.
5. *Ibid.*, pp. 58 et s.
6. Gérard Baal, « Un salon dreyfusard : la marquise Arconati-Visconti et ses amis », *Revue d'histoire moderne et contemporaine,* juillet-septembre 1981, pp. 445 et s.
7. Cité par Gérard Baal, *ibid.*, p. 448.
8. Lettre à Jaurès, citée par Gérard Baal (*ibid.*, p. 444).
9. Cité par Gérard Baal, *ibid.*, p. 450.
10. Léon Blum, *Souvenirs sur l'Affaire,* Gallimard, 1982, pp. 150-151.

XVI. – L'innocence proclamée

1. Alfred Dreyfus, *Souvenirs et Correspondances,* Grasset, 1936, p. 420.
2. Georges Sorel, *la Révolution dreyfusienne,* Rivière, Paris, 1911, p. 51.
3. Madeleine Rebérioux, *la République radicale,* le Seuil, 1975, p. 110.
4. Joseph Reinach, *Histoire de l'Affaire Dreyfus,* Fasquelle, 1929, t. VI, p. 437.
5. Mathieu Dreyfus, *l'Affaire telle que je l'ai vécue,* Grasset, 1978, pp. 291 et s.
6. Correspondance inédite qui nous a été communiquée par Madame France Beck.
7. Correspondance inédite précitée.
8. Joseph Reinach, *op. cit.*, t. VI, p. 445.
9. *Ibid.*, p. 440.
10. Archives nationales. Étude de Jean Appleton, BB 19 117, d 2, p. 1, et étude non signée BB 19 117, d 2, p. 8.
11. Correspondance inédite précitée.
12. Correspondance inédite précitée. Dimanche matin, 9 heures.
13. Joseph Reinach, *op. cit.*, t. VI, p. 468.
14. Dutrait-Crozon, *Précis de l'Affaire Dreyfus,* Librairie d'Action française, pp. 518 et s.
15. *Ibid.*, p. 53.

16. Joseph Reinach, *op. cit.*, t. VI, p. 431.
17. Alfred Dreyfus, *Souvenirs et Correspondances, op. cit.*, p. 431.

XVII. – Je vous fais chevalier de la Légion d'honneur

1. Joseph Reinach, *Histoire de l'Affaire Dreyfus,* Fasquelle, 1929, t. VI, p. 496.
2. P.-V. Stock, *Mémorandum d'un éditeur,* Stock, 1938, pp. 50 et s.
3. William Serman, *les Officiers français dans la Nation,* Aubier, 1982, pp. 138 et s.
4. La réintégration de Dreyfus est votée par 182 voix contre 30, dont celle de Mercier. Celle de Picquart par 184 voix contre 26.
5. Voir le récit de Joseph Reinach fait d'après les souvenirs de plusieurs invités (*op. cit.*, t. VI, p. 501), et le récit d'Alfred Dreyfus (*Souvenirs et Correspondances,* Grasset, 1936, pp. 434 et s).
6. Alfred Dreyfus, *op. cit.*, p. 435.
7. *Ibid.*, p. 436.

XVIII. – Je n'étais qu'un officier d'artillerie

1. Alfred Dreyfus, *Cinq Années de ma vie,* Fasquelle, 1962, p. 228.
2. P.-V. Stock, *Mémorandum d'un éditeur,* Stock, 1938, p. 244.
3. Cf. Henri Dutrait-Crozon, *Précis de l'Affaire Dreyfus,* Librairie d'Action française, 1924, p. 567.
4. Voir l'analyse de l'écriture de Dreyfus par son petit-fils, le docteur Jean-Louis Lévy, dans sa postface à *Cinq Années de ma vie,* Maspero, 1982, p. 251.
5. *Ibid.*, pp. 251 et s.
6. Alfred Dreyfus, *Souvenirs et Correspondances,* Grasset, 1936, récit de Pierre Dreyfus, p. 446.
7. Jean-Louis Lévy, *op.* et *loc. cit.*
8. Cité par Jean-Louis Lévy qui dresse un portrait, profond et sans doute très fidèle, « d'un homme infiniment moins compliqué que l'Affaire qui porte son nom ».
9. Maurice Paléologue, *Journal de l'Affaire Dreyfus,* Plon, 1955, pp. 37 et s.
10. *Ibid.*, pp. 194 et s.
11. André Figueras a publié en 1981, sous le titre *Ce canaille de D... reyfus*, un livre qui reprend, en les simplifiant, les thèses de l'État-Major. Sans porter le moindre intérêt aux faits, l'ouvrage est un réservoir de haine antidreyfusarde.
12. Texte de Dominique Jamet rapporté par Jean-Louis Lévy, *op. cit.*, p. 246.
13. Henri Giscard d'Estaing, *D'Esterhazy à Dreyfus,* Plon, 1950, p. 57.
14. Cité par Jean-Louis Lévy, *loc. cit.*, p. 247.
15. Charles Péguy, *Notre Jeunesse,* Gallimard, 1933, p. 195.
16. Propos rapporté à Bruno Weil par le secrétaire de Clemenceau. (Bruno Weil, *l'Affaire Dreyfus,* p. 307.)

17. Sur « l'anéantissement » de Dreyfus par de nombreux auteurs, voir Jean-Louis Lévy, *op. cit.*, pp. 245 et s.
18. Jean-Louis Lévy, *op.* et *loc cit.*
19. Cité par Jean-Louis Lévy, *ibid.*
20. Charles Péguy, *op. cit.*, p. 195.
21. *Ibid.*, pp. 196 et s.
22. Préface à *Cinq Années de ma vie*, Fasquelle, 1962, *op. cit.*, pp. 18 et s.
23. Pierre Vidal-Naquet, introduction à *Cinq Années de ma vie*, Maspero, 1982, pp. 11 et s.
24. Correspondance inédite, déposée aux Archives de la Ville de Paris. Elle nous a été communiquée par le docteur Jean-Louis Lévy.
25. Jean-Louis Lévy, *op. cit.*, p. 277.
26. Voir Pierre Vidal-Naquet, *op. cit.*, pp. 7 et s., et Jean-Louis Lévy, *loc. cit.*, pp. 245 et s.
27. François Mauriac, *op. cit.*, p. 19.

XIX. – Le dernier survivant

1. P.-V. Stock, *Mémorandum d'un éditeur*, Stock, 1930, pp. 202 et s.
2. Cf. *Anthologie* de Jean Jaurès présentée par Jean-Louis Lévy, préface de Madeleine Rebérioux, Calmann-Lévy, 1983, p. 240.
3. Marguerite Fernand-Labori, *Labori, ses notes manuscrites, sa vie*, Victor Attinger, 1947, pp. 290 et s.
4. Robert Gauthier, *Dreyfusards!* Gallimard-Julliard, 1965, p. 271.
5. Jean-Denis Bredin, *Joseph Caillaux*, Hachette, 1980, pp. 170 et s.
6. Alfred Dreyfus, *Souvenirs et Correspondances*, Grasset, 1936, préface de Pierre Dreyfus.
7. Henri Dutrait-Crozon, *Précis de l'Affaire Dreyfus*, Librairie d'Action française, 1924, p. 657.

Épilogue

AU MIROIR DE L'AFFAIRE

I. – De légende en légende

1. Marcel Thomas, *l'Affaire sans Dreyfus*, Grasset, 1978, p. 524.
2. Joseph Reinach, *Histoire de l'Affaire Dreyfus*, Fasquelle, 1929, t. VI, pp. 440 et s.
3. Marguerite Fernand-Labori, *Labori, ses notes manuscrites, sa vie*, Victor Attinger, 1947, pp. 342 et s.
4. *Ibid.*, p. 346.
5. *Ibid.*, pp. 373 et s.
6. Léon Blum, *Souvenirs sur l'Affaire*, Gallimard, 1982, p. 66.
7. Maurice Paléologue, *Journal de l'Affaire Dreyfus*, Plon, 1955.

8. Voir avertissement de l'éditeur, en préface au livre de Maurice Paléologue.

9. Maurice Paléologue, *op. cit.*, pp. 69 et s., 140 et 204.

10. *Ibid.*, p. 72.

11. *L'Affaire sans Dreyfus, op. cit.*, pp. 535 et s.

12. Maurice Paléologue, *op. cit.*, p. 156.

13. Henri Guillemin, *l'Énigme Esterhazy*, Gallimard, 1962, pp. 218 et s.

14. Marcel Thomas, *l'Affaire sans Dreyfus, op. cit.*, appendice II, p. 535.

15. Henri Guillemin, *op. cit.*, pp. 218 et s.

16. *Ibid.*, p. 227.

17. *Ibid.*, p. 228.

18. *Ibid.*, p. 228.

19. *Ibid.*, p. 228.

20. *Ibid.*, p. 231.

21. Marcel Thomas, *op. cit.*, p. 540.

22. Michel de Lombarès, *l'Affaire Dreyfus. La clef du mystère*, Robert Laffont, 1972.

23. Michel de Lombarès, *op. cit.*, pp. 241 et s.

24. Henri Giscard d'Estaing, *D'Esterhazy à Dreyfus*, Plon, 1955.

25. Jean-Pierre Peter, « Dimensions de l'Affaire Dreyfus », *Annales ESC*, novembre-décembre 1961, p. 1141.

26. Henri Giscard d'Estaing, *op. cit.*, p. 162.

27. Publications André Figueras, BP 575.

28. Henriette Dardenne, *Lumières sur l'Affaire Dreyfus*, Nouvelles Éditions latines, 1964.

II. – Cette longue vague

1. Léon Blum, *Souvenirs sur l'Affaire*, Gallimard, 1982, p. 151.

2. *Ibid.*, pp. 144-145.

3. Jean-Pierre Peter, « Dimensions de l'Affaire Dreyfus », *Annales ESC*, XVI, n° 6, novembre-décembre 1961, p. 1167.

4. Parmi les nombreux ouvrages consacrés au rôle de la presse dans l'Affaire Dreyfus, on citera notamment les ouvrages de Patrice Boussel, *l'Affaire Dreyfus et la presse* (Armand Colin, 1960) et *Dreyfus ou l'intolérable vérité*, en collaboration avec Jean A. Chérasse (éditions Pygmalion, 1975); de Janine Ponty, « La presse quotidienne et l'Affaire Dreyfus en 1898-1899. Essais de typologie » (art. cité); de Maurice Manevy, *la Presse sous la IIIe République* (Grasset, 1955); le livre fondamental de Pierre Sorlin, *la Croix et les Juifs* (Grasset, 1967); et de nombreuses études, dont « L'Affaire Dreyfus, le rôle de l'opinion », par Joseph Jurt (*Bulletin de l'Amitié judéo-chrétienne*, n° 4, 1981), « L'antisémitisme de *la Croix du Nord* », par Danielle Delmaire (*De l'antijudaïsme antique à l'antisémitisme contemporain*, Presses universitaires de Lille, 1979).

5. Pierre Miquel, *l'Affaire Dreyfus*, PUF, 1973, pp. 16 et s.

6. Patrice Boussel, *Dreyfus ou l'intolérable vérité, op. cit.*, pp. 31 et s.

7. Pierre Miquel, *l'Affaire Dreyfus, op. cit.*, p. 8.

8. Janine Ponty, *art. cité*, pp. 194 et s.

9. Pierre Miquel, *op. cit.*, p. 120.

10. « Les journaux n'ont pu la (l'opinion) modeler, l'armer et la contraindre, que dans la limite de ce qu'elle était déjà préparée à vouloir, à subir. Les passions pour telles idées ou tels hommes, comment croire que la presse en ait dirigé le choix? Elle ne faisait appel au contraire qu'à un substrat d'idéologies en place. Celles-ci : voilà l'objet réel et important des études à faire » (Jean-Pierre Peter, art. cité, p. 1163).

11. Janine Ponty, *art. cité*, p. 220.

12. Danielle Delmaire, *art. cité*, p. 235.

13. Jean-Pierre Peter, *art. cité*, p. 1163.

14. Jean-Pierre Peter, « Dreyfus (Affaire) » dans *Encyclopædia Universalis.*

15. Jean-Pierre Peter, *ibid.*

16. Jean-Pierre Peter, *art. cité*, p. 1163.

17. Pierre Miquel, *op. cit.*, p. 8.

18. René Remond, *Revue française de science politique*, déc. 1959, pp. 860 et s.

19. Régis Debray, *le Pouvoir intellectuel*, Ramsay, 1980.

20. Voir notamment Pierre Miquel, *op. cit.*, pp. 120 et s,. et Madeleine Rebérioux, *la République radicale?*, le Seuil, 1975, pp. 36 et s.

21. Léon Blum, *op. cit.*, p. 15.

22. Rudolph A. Winnacker, in *Papers of the Michigan Academy of Science, Arts and Letters*, XXX, 1936, pp. 465 et s.

23. *Ibid.*

24. Madeleine Rebérioux, *op. cit.*, p. 41.

25. *Ibid.*

26. Madeleine Rebérioux, *op. cit.*, p. 40.

27. Georges Sorel, *la Révolution dreyfusienne*, M. Rivière, 1911, p. 51.

28. Sur les rapports des juges et du pouvoir politique au XIXe siècle, on peut lire les excellents ouvrages de Jean-Pierre Royer, *la Société judiciaire depuis le XVIIIe siècle* (PUF, 1979) et de Jean-Pierre Royer, R. Martissage et P. Lecoq, *Juges et Notables au XIXe siècle* (PUF, 1982). Les différents moyens utilisés par la IIIe République naissante pour soumettre la magistrature sont minutieusement décrits (*ibid.*, pp. 365 et s.).

29. Claude Willard, *les Guesdistes*, Éditions sociales, 1981, pp. 439 et s.

30. Zeev Sternhell, *la Droite révolutionnaire, 1885-1914*, le Seuil, 1978, pp. 401 et s.

31. *Ibid.*, p. 402.

32. Zeev Sternhell, *Ni droite ni gauche, l'idéologie fasciste en France*, le Seuil, 1983.

33. Sur les raisons du choix de Jaurès, promoteur de cette politique, voir ses textes célèbres sur « les deux méthodes ». (*Anthologie* de Jean Jaurès, Calmann-Lévy, 1983, pp. 131 et s., 284 et s.). Cf. aussi Zeev Sternhell, *op. cit.*, pp. 30 et s.

34. Zeev Sternhell, *ibid.*, pp. 29 et s., et 66 et s.

35. Zeev Sternhell, *la Droite révolutionnaire, op. cit.*, pp. 321 et s.

36. Œuvres de Jean Jaurès, *Études socialistes*, t. II, pp. 196 à 199 (dans *Anthologie* de Jean Jaurès, préface de Madeleine Rebérioux, éd. le Signe, 1981).

37. *Les Preuves* de Jaurès, publiées par lui à la fin de septembre 1898, constituent un monument de l'intelligence au service de la vérité

38. *Anthologie* de Jaurès, *op. cit.*, pp. 261 et s.

39. Cherasse et Boussel, *Dreyfus ou l'intolérable vérité, op. cit.*, p. 26.

40. Léon Blum, *Souvenirs sur l'Affaire, op. cit.*, p. 151.

41. *Ibid.*, p. 150.

42. *Ibid.*, p. 43.

43. Klotz réagit à la publication de la brochure de Lazare en regrettant que « notre ami et ancien collaborateur se soit ainsi compromis », et s'indigne : « Comment pouvez-vous laisser croire qu'en France si Dreyfus n'avait pas été juif il n'aurait pas été condamné? »

44. Stephen Wilson, « L'attitude juive face à l'antisémitisme durant l'Affaire Dreyfus », in *European Studies Review*, VI, nº 2, 1976, pp. 223 et s.

45. « Les Juifs et la démocratie française », dans *l'Atelier de l'Histoire*, Flammarion, 1982, pp. 273 et s.

46. Annie Kriegel, *les Juifs et le Monde moderne*, le Seuil, 1977, pp. 173 et s.

47. Stephen Wilson, *op. cit.*

48. *Ibid.*

49. Ce que dénoncera Péguy dans *Notre Jeunesse* : « L'argent est tout, domine tout, dans le monde moderne, à un tel point, si entièrement, si totalement, que la séparation sociale horizontale des riches et des pauvres est devenue infiniment plus grave, plus coupante, plus absolue, si je puis dire, que la séparation verticale de race des Juifs et des chrétiens... » (*op. cit.*, p. 189).

50. Voir les articles précédemment cités de François Furet, et notamment « Israël, le sionisme et la diaspora », pp. 303 et s.

51. François Furet, *loc. cit.*, p. 278. Voir également Annie Kriegel, *op. cit.*, pp. 178 et s.

52. Zeev Sternhell, *l'Idéologie fasciste en France, op. cit.*, pp. 26 et s.

III. – La ligne de partage

1. Ernest Lavisse, « La réconciliation nationale », *Revue de Paris*, octobre 1899, pp. 648 et s.; cf. Pierre Nora, « Ernest Lavisse, son rôle dans la formation du sentiment national », *Revue historique*, juillet-septembre 1962, pp. 73 et s.

2. Jean-Pierre Peter, « Dimensions de l'Affaire Dreyfus », *Annales ESC*, XVI, nº 6, novembre-décembre 1961, p. 1167.

3. *Cinq Années de ma vie*, Fasquelle, 1962, *op. cit.*, p. 20.

4. Pierre Miquel, *l'Affaire Dreyfus*, PUF, 1973, p. 126.

5. Postface à *Cinq Années de ma vie*, Maspero, 1982, p. 257.

6. Cherasse et Boussel, *Dreyfus ou l'intolérable vérité*, Pygmalion, 1975, p. 22.

7. Marcel Thomas, *l'Affaire sans Dreyfus*, Fayard, 1961, p. 124.

8. Allan Mitchell, *Journal of Modern History*, University of Chicago, vol. 52, nº 3, septembre 1980.

9. Marcel Thomas, *op. cit.*, pp. 104 et s.

10. *Les Officiers français dans la Nation,* Aubier, 1982, pp. 101 et s. *Dreyfusards!,* Robert Gauthier, Julliard-Gallimard, 1965, pp. 257 et s.

11. Voir les réflexions de Robert Gauthier, « Pourquoi l'Affaire », *op. cit.*

12. William Serman, *op. cit.*, p. 14.

13. Robert Gauthier, *op. cit.*, pp. 257 et s.

14. *Ibid.*, p. 262.

15. Maurice Barrès, *Scènes et Doctrines du nationalisme,* Félix Guven, 1902, p. 209.

16. Introduction à *Une énigme? L'Affaire Dreyfus,* Dossier Clio, PUF, 1972.

17. Voir Jean-Pierre Peter, « Dreyfus (Affaire) », dans *Encyclopædia Universalis.*

18. Pierre Miquel, *op. cit.*, p. 7, article précité dans *Encyclopædia Universalis.*

19. Jean-Pierre Peter éclaire ce thème de « l'ordre vainqueur ».

20. Voir en ce sens Jean-Pierre Peter, « Dimensions de l'Affaire Dreyfus », art. précité.

21. « Un salon dreyfusard », *Revue d'histoire moderne et contemporaine,* juillet-septembre 1981, pp. 144 et s.

22. *Scènes et Doctrines du nationalisme, op. cit.*, pp. 15 et s.

23. Discours à la Ligue des patriotes, 16 juillet 1899.

24. Conférence prononcée à Nancy le 1er décembre 1901. Sur l'idéologie antidreyfusarde (Raoul Girardet, *le Nationalisme français 1871-1914,* A. Colin, 1966).

25. Voir l'article précité de Gérard Baal. Certains discours antimilitaristes de Jaurès après l'Affaire, l'appui qu'il parut apporter à Gustave Hervé, éloignèrent de lui la grande majorité des anciens dreyfusards. Pour cette même raison – « l'aplatissement de Jaurès » devant l'antimilitarisme d'Hervé –, Péguy l'excommunia dans des pages impitoyables : « Il a laissé dire, et laissé faire, qu'il fallait renier, trahir, et détruire la France, créant ainsi cette illusion politique que le mouvement dreyfusiste était un mouvement antifrançais » (*Notre Jeunesse,* Gallimard, 1911, pp. 147 et s.). Sur la représentation de l'Affaire Dreyfus dans *Notre Jeunesse,* voir la communication de Françoise Gerbod au colloque d'Orléans sur « Les écrivains et l'Affaire Dreyfus », octobre 1981.

26. Cité par François Goguel, *la Politique des partis sous la IIIe République,* le Seuil, 1958, p. 103.

27. Adrien Dansette, *le Boulangisme, 1886-1890,* Perrin, 1946, pp. 269 et s.

28. Jean Jaurès, *Études socialistes,* t. II, pp. 94-95.

29. Roger Errera, *les Libertés à l'abandon,* le Seuil, 1975.

30. Maspero, 1982, pp. 16 et s.

31. Jean-Louis Lévy, postface à *Cinq Années de ma vie,* Maspero, 1982, p. 257.

32. Alfred Dreyfus, *Souvenirs et Correspondances,* Grasset, 1936, pp. 436 et s.

INDEX

C

E

F

G

H

I

J

K

L

M

S

BIBLIOGRAPHIE

La bibliographie de l'Affaire Dreyfus est considérable, aussi bien en France qu'à l'étranger. Et il ne saurait être question, ici, d'en dresser une liste exhaustive.

En langue française, elle a fait, à deux reprises, l'objet d'une tentative de recensement. Une première fois, à l'extrême fin de l'Affaire, par

Paul Desachy : *Bibliographie de l'Affaire Dreyfus* (Paris, Cornély, 1905).

Plus récemment, Léon Lipschutz a publié une *Bibliographie thématique et analytique de l'Affaire Dreyfus* (Paris, éditions Fasquelle, 1970).

Parmi tant d'écrits – livres et articles – consacrés à l'Affaire Dreyfus, deux ouvrages fondamentaux doivent être placés en tête de cette bibliographie, car ils utilisent, l'un et l'autre, une documentation considérable :

Reinach (Joseph), *Histoire de l'Affaire Dreyfus,* 7 volumes (Paris, La Revue blanche, 1901-1911; Fasquelle, 1929).

Thomas (Marcel), *L'Affaire sans Dreyfus* (Paris, Fayard, 1961).

ARCHIVES

Les documents ayant servi à l'instruction du procès de 1894, « le dossier secret » constitué alors, puis « enrichi » au fil des ans jusqu'au procès de Rennes, se trouvent aux Archives du Service historique du ministère des Armées, au fort de Vincennes.

Les Archives nationales conservent, pour leur part, de très nombreux documents ayant trait à l'Affaire. Notamment, sous la cote BB 19 73 à 191, sont regroupés tous les dossiers utilisés par la Cour de cassation lors des deux procédures de révision.

La Bibliothèque nationale abrite les « papiers » de plusieurs personnalités ayant joué un rôle important dans l'Affaire, notamment : Joseph Reinach, Mathieu Dreyfus, Émile Zola, Auguste Scheurer-Kestner. Les papiers personnels d'Esterhazy y figurent également, légués par Paul Desachy.

Enfin, la Bibliothèque historique de la Ville de Paris possède une riche collection de coupures de presse se rapportant aux événements de l'Affaire Dreyfus.

PROCÉDURES

1) *La révision du procès Dreyfus*

Enquête de la Cour de cassation

– Instruction de la Chambre criminelle 31 oct. 1898-9 fév. 1899

– Instruction des Chambres Réunies 17-29 avril 1899

– Pièces annexes

2 vol. (Paris, Stock, 1899).

La révision du procès Dreyfus
Débats de la Cour de cassation
1 vol. (Paris, Stock, 1899).
2) *Le procès Dreyfus devant le Conseil de guerre de Rennes*
Compte rendu sténographique in extenso
3 vol. (Paris, Stock, 1900).
3) *La révision du procès de Rennes*
- Enquête de la Chambre criminelle 5 mars-19 nov. 1904
3 vol. (Paris, Ligue des droits de l'homme, 1908-1909).
- Débats de la Cour de cassation 3-4-5 mars 1904
(Paris, Société nouvelle de librairie et d'édition, 1904).
- Mémoire de Me Henry Mornard 1905
(Paris, Ligue des droits de l'homme, 1907).
- Réquisitoire écrit de M. le procureur général Baudouin 1905
(Paris, Ligue des droits de l'homme, 1907).
4) *Débats de la Cour de cassation*
Chambres Réunies 15 juin-12 juillet 1906
2 vol. (Paris, Ligue des droits de l'homme, 1906).
5) *Le procès Zola*
Compte rendu sténographique « in extenso » et documents annexes
2 vol. (Paris, Librairie du Siècle, 1898).

OUVRAGES D'ALFRED DREYFUS

- *Lettres d'un innocent* (Paris, P.-V. Stock, 1898).
- *Cinq Années de ma vie* (Paris, Fasquelle, 1901, réédité en 1962 avec préface de François Mauriac).
Ibid. (Paris, F. Maspero, 1982, avec une préface de Pierre Vidal-Naquet et une postface du docteur Jean-Louis Lévy, petit-fils de Dreyfus).
- *Souvenirs et correspondances* publiés par Pierre Dreyfus (Paris, Grasset, 1936).

L'AFFAIRE VUE PAR SES ACTEURS

Blum (Léon), *Souvenirs sur l'Affaire* (Paris, Gallimard, 1935) (rééd. Gallimard, 1982, préface de Pascal Ory). L'œuvre de Léon Blum (éditions Albin Michel, 1965, t. I).
Brisson (Henri), *Souvenirs de l'Affaire Dreyfus* (Paris, Cornély, 1908).
Clemenceau (Georges), *L'Iniquité* (Paris, Stock, 1899).
- *Vers la réparation* (Paris, Stock, 1899).
- *Contre la justice* (Paris, Stock, 1900).
- *Des juges* (Paris, Stock, 1901).
- *Justice militaire* (Paris, Stock, 1901).
- *Injustice militaire* (Paris, Stock, 1902).
- *La Honte* (Paris, Stock, 1903).
Cornély (Joseph), *Notes sur l'Affaire Dreyfus* (Paris, Société française d'éditions d'art, 1900).
Esterhazy (Fernand Walsin), *Les dessous de l'Affaire Dreyfus* (Paris, Fayard frères, 1898).
Dreyfus (Mathieu), *L'Affaire telle que je l'ai vécue* (Paris, Grasset, 1978).
Guyot (Yves), *La Révision du procès Dreyfus* (Paris, Stock, 1898).
Jaurès (Jean), *Les Preuves. L'Affaire Dreyfus* (rééd. préface de Madeleine Rebérioux, le Signe, 1981).
Labori (Marguerite-Fernand), *Labori. Ses notes. Sa vie* (Paris, Attinger, 1947).
Lazare (Bernard), *Une erreur judiciaire* (Paris, P.-V. Stock, 1897).
Leblois (Louis), *L'Affaire Dreyfus. L'iniquité. La réparation* (Paris, A. Quillet, 1929).
Péguy (Charles), *Notre Jeunesse* (Paris, Gallimard, 1913).
Scheurer-Kestner (Auguste) et Leblois (Louis), *Ligue des droits de l'homme et du citoyen* (1898).
Schwarzkoppen (comte Maximilien von), *Les Carnets de Schwarzkoppen. La vérité sur Dreyfus* (traduit de l'allemand, Paris, Rieder, 1930).

Stock (P.-V), *Mémorandum d'un éditeur : l'Affaire Dreyfus anecdotique* (Paris, Stock, 1938).
Vaughan (Ernest), *Souvenirs sans regrets* (Paris, 1902).
Zola (Émile), *L'Affaire Dreyfus. La vérité en marche* (rééd. préface de Colette Becker, Paris, Garnier-Flammarion, 1969).

OUVRAGES GÉNÉRAUX SUR L'AFFAIRE

Baumont (Maurice), *Aux sources de l'Affaire Dreyfus* (Paris, Productions de Paris, 1959).
– *Au cœur de l'Affaire Dreyfus* (réédition du précédent, Paris, Librairie Del Duca, 1976).
Chapman (Guy), *The Dreyfus Case* (London, Rupert Hart-Davis, 1955).
– *The Dreyfus Case : a Reassesment* (Wesport, Connt., Greenwood Press, 1979).
Charensol (Georges), *L'Affaire Dreyfus et la IIIe République* (Paris, 1930).
Charpentier (Armand), *Historique de l'Affaire Dreyfus* (Paris, Fasquelle, 1933).
– *Les côtés mystérieux de l'Affaire Dreyfus* (Paris, Rieder, 1930).
Cherasse (Jean-A.), *Dreyfus ou l'intolérable vérité* (Paris, Pygmalion, 1975).
Dardenne-Cavaignac (Henriette), *Lumières sur l'Affaire Dreyfus* (Paris, Nouvelles Éditions latines, 1964).
Derfler (Leslie), *The Dreyfus Affair* (recueil d'articles) (Boston, 1963).
Dutrait-Crozon (Henri), *Précis de l'Affaire Dreyfus* (Paris, Librairie d'Action française, 1924).
Erhardt (André), *A travers l'Affaire Dreyfus :* « Henry et Val-Carlos » (Paris, Klincksieck, 1977).
Erhardt (André), *A travers l'Affaire Dreyfus* (suite) : « le silence de Val-Carlos » (Strasbourg, librairie Becker, 1979).
Figueras (André), *Ce canaille de D...reyfus* (Paris, publications A. Figueras, 1982).
Foucault (André), *Un nouvel aspect de l'Affaire Dreyfus* (Paris, les Œuvres libres, 1938).
France (Jean), *Autour de l'Affaire Dreyfus. Souvenirs de la Sûreté générale* (Paris, Rieder, 1936).
Garros (Louis), *Alfred Dreyfus : l'Affaire* (Paris, Mame, 1970).
Gauthier (Robert), *Dreyfusards!* (Paris, Gallimard-Julliard, 1965).
Georges Roux, *L'Affaire Dreyfus* (Paris, Librairie Perrin, 1972).
Giscard d'Estaing (Henri), *D'Esterhazy à Dreyfus* (Paris, Plon, 1950).
Guillemin (Henri), *L'Énigme Esterhazy* (Paris, Gallimard, 1962).
Halasz (Nicolas), *Captain Dreyfus : History of a Mass Hysteria* (New York, Simon and Schuster, 1955).
Hoffmann (Robert L.), *More than a Trial : the Struggle over Captain Dreyfus* (New York, The Free Press, 1980).
Johnson (Douglas), *France and the Dreyfus Affair* (London, Blandford Press, 1966).
Kayser (Jacques), *L'Affaire Dreyfus* (Paris, Gallimard, 1946).
Kedward (Roderick H.), *The Dreyfus Affair* (New York, Harpen and Row, 1965).
Lewis (David L.), *Prisoners of honor; the Dreyfus Affair* (New York, Morrow, 1973).
Lombarès (Michel de), *L'Affaire Dreyfus. La clef du mystère* (Paris, Robert Laffont, 1972).
Maur (Joe), *Le Juif sur l'île du Diable ou Critique de la raison impure* (Berne, Steiger éd., 1898).
Mazel (Henri), *Histoire et psychologie de l'Affaire Dreyfus* (Paris, Boivin, 1934).
Miquel (Pierre), *L'Affaire Dreyfus* (Paris, PUF, coll. Que sais-je, 1973).
Id. *Une énigme? L'Affaire Dreyfus* (Paris, Dossier Clio, PUF, 1972).
Paléologue (Maurice), *Journal de l'Affaire Dreyfus 1894-1899 – L'Affaire Dreyfus et le Quai d'Orsay* (Paris, Plon, 1955).

Paraf (Pierre), *La France de l'Affaire Dreyfus* (Paris, éd. Droit et Liberté, 1978).
Peter (Jean-Pierre), « Dimensions de l'Affaire Dreyfus », *Annales ESC*, XVI, nº 6, novembre-décembre 1961.
– « L'Affaire Dreyfus » (*Encyclopædia Universalis*).
Reinach (Théodore), *Histoire sommaire de l'Affaire Dreyfus* (Paris, 1924).
Salmon (André), *L'Affaire Dreyfus* (Paris, éd. Émile-Paul frères, 1934).
Schecter (Betty), *The Dreyfus Affair. A national Scandal* (Boston, Houghton Miffin Co., 1965).
Snyder (Louis L.), *The Dreyfus Case : a Documentary History* (New Jersey, 1973).
Sorel (Georges), *La Révolution dreyfusienne* (Paris, M. Rivière, 1911).
Villemar (H.), *Dreyfus intime* (Paris, Stock, 1898).
Weil (Bruno), *L'Affaire Dreyfus* (Paris, Gallimard, 1930, trad. de l'allemand).
Zevaès (Alexandre), *L'Affaire Dreyfus* (Paris, Sphinx, 1931).

L'AFFAIRE EN POLITIQUE

Ageron (Charles Robert), *France coloniale ou Parti colonial* (Paris, PUF, 1978).
Bredin (Jean-Denis), *Joseph Caillaux* (Paris, Hachette Littérature, 1980).
Chastenet (Jacques), *Histoire de la IIIe République*, tome III (Paris, Hachette, 1955).
Dansette (Adrien), *Le Boulangisme 1886-1890* (Paris, Perrin, 1946).
Daudet (Léon), *Panorama de la IIIe République* (Paris, Gallimard, 1936).
Faure (Sébastien), *Les Anarchistes et l'Affaire Dreyfus* (Paris, le Libertaire, 1898).
Goguel (François), *La Politique des partis sous la IIIe République* (Paris, le Seuil, 1958).
Lagardelle (Hubert), « Le Socialisme et l'Affaire Dreyfus », *Mouvement socialiste*, 15 février-15 mars 1899.
Levillain (Philippe), *Boulanger, fossoyeur de la monarchie* (Paris, Flammarion, 1982).
Mayeur (Jean-Marie), *Les Débuts de la IIIe République, 1871-1898* (Paris, le Seuil, 1973).
Nordmann (Jean-Thomas), *La France radicale* (Paris, Gallimard-Julliard, 1977).
Pisani-Ferry (Fresnette), *Le Général Boulanger* (Paris, Flammarion, 1969).
Rebérioux (Madeleine), *La République radicale?* (Paris, le Seuil, 1975).
Rioux (Jean-Pierre), *Nationalisme et Conservatisme : la Ligue de la patrie française 1899-1914* (Paris, Beauchesne, 1977).
Sorlin (Pierre), *Waldeck-Rousseau* (Paris, A. Colin, 1966).
Sternhell (Zeev), *La Droite révolutionnaire en France, 1885-1914* (Paris, le Seuil, 1978).
– *Ni droite, ni gauche, l'idéologie fasciste en France* (Paris, le Seuil, 1983).
– *Maurice Barrès et le Nationalisme français* (A. Colin et Fondation nationale des sciences politiques, 1972).
Weber (Eugen), *L'Action française* (Paris, Stock, 1972).
Willard (Claude), Botticielli (Émile), *Le Parti ouvrier français, l'Affaire Dreyfus et l'entente sociale : les guesdistes* (Paris, Éditions sociales, 1981).

INTELLECTUELS ET IDÉOLOGIES

Baal (Gérard), « Un salon dreyfusard; des lendemains de l'Affaire à la Grande Guerre : la marquise Arconati-Visconti et ses amis », *Revue d'histoire moderne et contemporaine*, juillet-septembre 1981.

Barrès (Maurice), *Scènes et Doctrines du nationalisme* (Paris, Félix Guven, 1902).
– *Mes cahiers* (Paris, Plon, 1939).
Blum (Antoinette), « Romain Rolland face à l'Affaire Dreyfus », *Relations internationales*, nº 14, été 1978.
Cahm (Éric), « Les étudiants de Paris en janvier 1898 », *Bulletin de la Société d'études jaurésiennes*, octobre-décembre 1978.
Caperan (abbé Louis), *L'Anticléricalisme et l'Affaire Dreyfus* (Toulouse, Imprimerie régionale, 1944).
Capitan-Peter (Colette), *Charles Maurras et l'idéologie d'Action française* (Paris, le Seuil, 1972).
Charle (Christophe), « Champ littéraire et champ du pouvoir; les écrivains et l'Affaire Dreyfus », *Annales ESC*, nº 2 mars-avril 1977.
Dansette (Adrien), *Histoire religieuse de la République* (Paris, Flammarion, 1965).
Debray (Régis), *Le pouvoir intellectuel en France* (Paris, Ramsay, 1980).
Girardet (Raoul), *Le Nationalisme français* (Paris, A. Colin, 1966).
Jackson (A.B.), *La Revue blanche*, 1889-1903 (Paris, Minard, 1960).
Lacouture (Jean), *Léon Blum* (Paris, le Seuil, 1977).
Larkin (Maurice), *Church and State after the Dreyfus Affair* (London, Mc Millan, 1974).
Launay (Michel), « Jaurès, la Sorbonne et l'Affaire Dreyfus », *Bulletin de la Société d'études jaurésiennes*, VII, nº 26, 1967.
Leroy (Gérald), *Péguy* (Paris, Presses de la Fondation nationale des sciences politiques, 1981).
Lévy (Louis), *Jaurès : Anthologie* (rééd. préface de Madeleine Rebérioux, Paris, Calmann-Lévy, 1982).
Maurras (Charles), *Au signe de Flore* (Paris, Grasset, 1933).
Mayeur (Jean-Marie), « Les catholiques dreyfusards », *Revue historique*, nº 530, avril-juin 1979.
Mitterrand (Henri), *Zola journaliste* (Paris, A. Colin, 1962).
Nora (Pierre), « Ernest Lavisse : son rôle dans la formation du sentiment national », *Revue Historique*, CCXXVIII, nº 128, juillet-septembre 1962.
Rabaut (Jean), *Jean Jaurès* (préface de M. Rocard, Paris, Librairie Perrin, 1981).
Rebérioux (Madeleine), « Histoire, historiens, dreyfusisme », *Revue historique*, nº 518, avril-juin 1976.
– « Zola, Jaurès et France : trois intellectuels devant l'Affaire », *Cahiers naturalistes*, nº 54, 1980.
Revue française de sciences politiques, « Les intellectuels dans la société française contemporaine », numéro spécial de la *RFSP*, vol. IX, nº 14, décembre 1959.
Smith (Robert J.), « L'atmosphère politique à l'École normale supérieure à la fin du XIXe siècle », *Revue d'histoire moderne et contemporaine*, XX, 1973.
Sorel (Georges), *Réflexions sur la violence* (rééd. Genève, Slatkine, 1981).
Sternhell (Zeev), *Maurice Barrès et le nationalisme français* (Paris, Presses de la Fondation nationale des sciences politiques, 1972).
Wilson (Nelly), *Bernard Lazare, Antisemitism and the Problem of Jewish Identity in Late 19th Century* (Cambridge, N.Y., Cambridge University Press, 1978).

L'ARMÉE AU TEMPS DE L'AFFAIRE

Arbieux (capitaine d'), *L'Officier contemporain. La démocratisation de l'Armée* (Paris, Grasset, 1911).
Becker (Jean-Jacques), *Le carnet B. Les pouvoirs publics et l'antimilitarisme avant la guerre de 1914* (Paris, Klincksieck, 1973).
Bedarida (François), « L'Armée et la République », *Revue historique*, juillet-septembre 1964.

Chalmin (Pierre), *L'Officier français de 1815 à 1870* (Paris, M. Rivière, 1957).
Déroulède (Paul), *De l'éducation militaire* (Paris, s.d.).
Gaulle (Charles de), *La France et son armée* (Paris, Plon, 1971).
Girardet (Raoul), *La Société militaire dans la France contemporaine 1815-1939* (Paris, Plon, 1953).
Gohier (Urbain), *L'Armée contre la Nation* (Paris, Revue blanche, 1898).
Jung (Général), *La République et l'Armée* (Paris, 1892).
La Gorce (Paul-Marie de), *La France et son armée* (Paris, Fayard, 1963).
Lasalle (colonel G.), *Manuel de l'organisation militaire* (Paris, 1892).
Mitchell (Allan), « The Xenophobie Style : french counter espionage and the emergence of the Dreyfus affair », *Journal of Modern History*, University of Chicago, vol. 52, nº 3, 1980. *Revue d'Histoire moderne et contemporaine* XXIX, juill-sept. 1982.
Ralston (David B.), *The Army of the Republic – The Place of military in the political evolution of France, 1871-1914* (Cambridge, Cambridge University Press, 1967).
Serman (William), *Les Officiers français dans la Nation* (Paris, Aubier, 1982).

LITTÉRATURE AUTOUR DE L'AFFAIRE

Anglès (Auguste), *André Gide et le premier groupe de la NRF* (Paris, Gallimard, 1978).
Barrès (Maurice), *Le Roman de l'énergie nationale. Les déracinés* (Paris, Fasquelle, 1898).
Benda (Julien), *La Jeunesse d'un clerc* (Paris, Gallimard, 1937).
Bloy (Léon), *Le Salut par les Juifs* (Paris, Demay, 1892).
Charles (Christophe), « La lutte des classes en littérature : *l'Étape* de Paul Bourget et *la Vérité* d'Émile Zola », Actes du colloque d'Orléans sur les écrivains et l'Affaire Dreyfus, oct. 1981, à paraître.
Delhorbe (Cécile), *Les Écrivains français et l'Affaire Dreyfus* (Paris, Attinger, 1932).
France (Anatole), *Histoire contemporaine –. L'anneau d'améthyste. Monsieur Bergeret à Paris* (Paris, Calmann-Lévy, 1966).
– *L'Île des pingouins* (Paris, Calmann-Lévy, 1947).
Gerbod (Françoise), « La représentation de l'Affaire Dreyfus dans *Notre Jeunesse* », Actes du colloque d'Orléans, oct. 1981 à paraître.
Lunel (Armand), *Nicolo-Peccavi ou l'Affaire Dreyfus à Carpentras* (Paris, Gallimard, 1926).
Martin du Gard (Roger), *Jean Barois* (Paris, Gallimard, 1913).
Mauriac (François), « L'Affaire Dreyfus vue par un enfant », préface à *Cinq Années de ma vie* de Dreyfus (Paris, Fasquelle, 1962).
Morand (Paul), *1900* (Paris, Flammarion, 1958).
Péguy (Charles), *Notre Jeunesse* (Paris, Gallimard NRF, 1913, 1933).
Proust (Marcel), *Jean Santeuil* (Paris, Gallimard NRF, 1952).
Renan (Ernest), *La Réforme intellectuelle et morale* (Paris, M. Lévy, 1871).

LE RÔLE DE LA PRESSE

Bellanger (Claude), *Histoire générale de la presse française*, tome 3 (Paris, PUF, 1972).
Boussel (Patrice), *L'Affaire Dreyfus et la presse* (Paris, A Colin, 1960).
Cazenave (Élizabeth), « L'Affaire Dreyfus et l'opinion bordelaise », *les Annales du Midi*, janvier-mars 1972.
Delmaire (Danièle), « L'antisémitisme du journal *la Croix du Nord* pendant l'Affaire Dreyfus (1898-1899) », in *De l'antijudaïsme antique à l'antisémitisme contemporain* (Lille, Presses Universitaires de Lille, 1979).
Jurt (Joseph), « L'Affaire Dreyfus : le rôle de l'opinion », *Bulletin de l'Amitié judéo-chrétienne*, nº 4, 1981.
Manevy (Maurice), *La Presse de la IIIe République* (Paris, Grasset, 1967).

Ponty (Janine), « La presse quotidienne et l'Affaire Dreyfus 1898-1899 », *Revue d'Histoire moderne et contemporaine*, XXI, avril-juin 1974.
– « *Le Petit Journal* et l'Affaire Dreyfus », *Revue d'histoire moderne et contemporaine*, XXIV, 1977.
Sorlin (Pierre), *La Croix et les Juifs* (Paris, Grasset, 1967).

L'ANTISÉMITISME

Andics (Helmut), *Histoire de l'antisémitisme* (Paris, Albin Michel, 1967).
Arendt (Hannah), *Sur l'antisémitisme* (Paris, Calmann-Lévy, 1973).
Aubery (Pierre), *Les Milieux juifs de la France contemporaine à travers leurs écrivains* (Paris, 1967).
Beau de Lomenie (E.), *Drumont et le capitalisme national* (Paris, J.J. Pauvert, 1967).
Byrnes (Robert F.), *Antisemitism in Modern France*, part I : « Prologue to Dreyfus » (New Brunswick, New Jersey, 1950).
Crémieu-Foa (Ernest), *La Campagne antisémitique. Les duels. Les responsables* (Paris, Alcan-Lévy, 1892).
Desportes (abbé Henri), *Le Mystère du sang chez les Juifs de tous les temps* (Paris, Savive, 1889).
Duroselle (Jean-Baptiste), « L'antisémitisme en France de 1886 à 1914 » *Cahiers Paul Claudel*, VII, la Figure d'Israël, NRF, 1968.
Drumont (Édouard), *La France juive. Essai d'histoire contemporaine* (Paris, Flammarion, 1886).
Eisenberg (Josy), *Une histoire du peuple juif* (Paris, Fayard, 1974).
Finkielkraut (Alain), *L'Avenir d'une négation* (Paris, le Seuil, 1982).
Furet (François), « Les Juifs et la démocratie française », in *l'Atelier de l'Histoire* (Paris, Flammarion, 1982).
Girard (Patrick), *Les Juifs de France de 1789 à 1860, de l'émancipation à l'égalité* (Paris, Calmann-Lévy, 1976).
Gougenot des Mousseaux, *Le Juif, le Judaïsme et la Judaïsation des peuples chrétiens* (Paris, 1869).
Kriegel (Annie), *Les Juifs et le Monde moderne* (Paris, le Seuil, 1977).
Lazare (Bernard), *L'Antisémitisme. Son histoire et ses causes* (rééd. Paris, éditions de la Différence, 1982).
Leroy-Beaulieu (Anatole), *L'Antisémitisme* (Paris, Calmann-Lévy, 1897).
Marrus (Michaël R.), *Les Juifs en France à l'époque de l'Affaire Dreyfus* (Paris, Calmann-Lévy, 1972).
Marx (Karl), *La Question juive* (1844).
Pascal (R.P. de), *La Juiverie* (Paris, Gantier, 1887).
Petit (Jacques), *Bernanos, Bloy, Claudel, Péguy : quatre écrivains catholiques face à Israël* (Paris, Calmann-Lévy, 1972).
Pierrard (Pierre), *Juifs et Catholiques français (1886-1945)* (Paris, Fayard, 1970).
Poliakov (Léon), *Histoire de l'antisémitisme* (Paris, Calmann-Lévy, 1973).
Rabi (Wladimir), *Anatomie du judaïsme français* (Paris, Éditions de Minuit, 1962).
Renan (Ernest), *Judaïsme et christianisme* (rééd., Paris, Copernic, 1977).
Sartre (Jean-Paul), *Réflexions sur la question juive* (Paris, P. Morihieu, 1946).
Sorlin (Pierre), *La Croix et les Juifs* (Paris, Grasset, 1967).
Toussenel (Alphonse), *Les Juifs, rois de l'époque* (Paris, 1845).
Trigano (Samuel), *La République et les Juifs* (Paris, les Presses d'aujourd'hui, 1982).
Verdès-Leroux (Jeannine), *Scandales financiers et antisémitisme catholique* (Paris, le Centurion, 1969).
Wilson (Stephen), *Ideology and Experience : antisemitism in France at the time of the Dreyfus Affair* (The Littman Library of Jewish Civilization, 1982).
– « Le Monument Henry : l'antisémitisme à la fin du XIXe siècle », *Annales ESC*, no 2, mars-avril 1977.

– « The Antisemitic Riots of 1898 in France », *Historical Journal*, XVI, 1973, n° 4.
– « Antisemitism and Jewish Response in France during the Dreyfus Affair », *European Studies Review*, 6, 1976.
Winock (Michel), *Édouard Drumont et Cie. Antisémitisme et fascisme en France* (Paris, le Seuil, 1982).

LE CADRE ÉCONOMIQUE ET SOCIAL

Bouvier (Jean), *Les Deux Scandales de Panama* (Paris, Julliard, coll. Archives, 1964).
– *Les Rothschild* (Paris, A. Fayard, 1967).
– « Le mouvement d'une civilisation nouvelle », in G. Duby, *Histoire de la France* (Paris, Larousse, 1970).
Bouvier (Jean), *Le Mouvement du profit en France au XIXe siècle* (Paris, Mouton éd., 1965).
Cameron (Rondo), *La France et le développement économique de l'Europe au XIXe siècle* (Paris, le Seuil, 1971).
Daumard (Adeline), « L'évolution des structures sociales en France à l'époque de l'industrialisation », *Revue historique*, avril-juin 1972.
Lévy-Leboyer (Maurice), « Histoire économique et sociale de la France depuis 1948 » (cours de l'IEP de Paris, Paris, 1952).
– « La croissance économique en France au XIXe siècle », *Annales ESC*, juillet-août 1968.
Lhomme (Jacques), *La Grande Bourgeoisie au pouvoir (1830-1880)* (Paris, PUF, 1960).
Palmade (Guy), *Le Capitalisme français au XIXe siècle* (Paris, A. Colin, 1961).
Pernoud (Régine), *Histoire de la bourgeoisie française*, tome II : « Les temps modernes » (Paris, le Seuil, 1981).
Prost (Antoine), *Histoire de l'enseignement en France 1800-1967* (Paris, A. Colin, 1968).
Rioux (Jean-Pierre), *La Révolution industrielle, 1790-1880* (Paris, le Seuil, 1971).
Sorlin (Pierre), *La Société française, 1840-1914* tome I, (Paris, Arthaud, 1969).
Weber (Eugen), *Peasants into Frenchmen* (Stanford, Stanford Univ. Press, 1976).

Je remercie Monsieur Marcel Thomas, Monsieur Zeev Sternhell, Madame Mavis Gallant, Monsieur Erik Arnoult, qui ont bien voulu m'aider de leurs conseils, et m'éclairer de leur compétence quand j'ai entrepris ce travail.

Je remercie mon ami Jean-Pierre Ramsay, qui m'a encouragé dans mon projet.

Je remercie Monsieur le Premier Avocat Général Lindon d'avoir bien voulu ouvrir la voie à mes premières rencontres.

Je remercie Monsieur Jean Favier, Directeur Général des Archives de France, et Madame Jean Favier, qui m'ont facilité les recherches et m'ont permis tant de consulter que de faire reproduire en partie les dossiers utilisés par la Cour de cassation et les très nombreux documents détenus par les Archives nationales.

Je remercie Monsieur le Général Delmas, chef du Service Historique de l'Armée, qui a bien voulu mettre à ma disposition le « dossier secret » et les dossiers administratifs des officiers concernés.

Je remercie Monsieur Charles Hernu, Ministre de la Défense, Monsieur Olivier Renard Payen, conseiller technique à son Cabinet, qui ont bien voulu, avec le Général Delmas, m'autoriser à prendre ou utiliser les photos de documents essentiels.

Je remercie Monsieur le Bâtonnier Bondoux – dont la connaissance d'Edgar Demange m'a beaucoup servi –, Monsieur Michel Brichard, Bibliothécaire de l'Ordre des Avocats, qui ont bien voulu me confier la précieuse documentation dont dispose l'Ordre des Avocats au Barreau de Paris.

Je remercie Monsieur Olivier, Conseiller à la Cour de cassation, de m'avoir ouvert la bibliothèque de la Cour de cassation, Mesdames et Messieurs les Bibliothécaires de la Cour d'avoir facilité mes recherches.

Je remercie Monsieur Drai, Président du Tribunal de Grande Instance de Paris, Monsieur Canivet, Secrétaire Général de ce Tribunal, d'avoir bien voulu mettre à ma disposition les archives du Tribunal, et notamment les ouvrages et documents légués par André Blumel.

Je remercie le Docteur Jean-Louis Lévy, fils de Jeanne Dreyfus, Monsieur Charles Dreyfus, fils de Pierre Dreyfus, Madame Francine Beck, petite-fille de Mathieu Dreyfus, de m'avoir aidé, de leurs souvenirs, de leur documentation, de leur regard sur mes travaux. Madame Jeanne Lévy, fille d'Alfred Dreyfus, avait déjà beaucoup fait pour m'éclairer quand la mort est venue l'arracher à ceux qui l'aimaient. Le Docteur Jean-Louis Lévy a bien voulu prolonger, pour moi, ce précieux concours, avec une patience et une intelligence auxquelles je dois beaucoup. Qu'il soit très spécialement remercié.

Je remercie Monsieur Renaud Fessaguet qui m'a aidé dans mes recherches, du premier au dernier jour. Sans son secours, je n'aurais pu parcourir ce long chemin.

Je remercie tous ceux qui m'ont aidé, et spécialement Madame Briquet, Madame Seck, qui ont tant donné de leur temps et de leur intelligent dévouement.

Je remercie Madeleine Rebérioux, dont l'exceptionnelle compétence, les conseils attentifs, la lucidité amicale ont beaucoup fait. Elle a bien voulu relire de larges parties de cet ouvrage, m'apportant, jusqu'à la fin de mon travail, un inestimable soutien.

Je remercie mon ami Bernard de Fallois qui m'a beaucoup encouragé, et conseillé. Ses jugements m'ont permis de porter remède à quelques-uns des défauts de cet ouvrage.

Je ne puis ne pas évoquer le souvenir de Pierre Mendès France. Au temps où j'hésitais sur ce projet, il m'a encouragé et aussi mis en garde contre ses difficultés. Puis il m'a soutenu de son amitié vigilante. Chacune des conversations que nous eûmes sur l'Affaire m'a ouvert des perspectives. Ce livre, comme tout ce que j'ai tenté de faire, doit beaucoup à sa lumière.

Je sais ce que ce travail de quelques années doit à la tendresse. Ce qu'il doit aussi à l'amitié. Se taire, ce n'est pas l'oublier.

Goult, 26 juin 1983.

TABLE

Prologue

Première partie

LE TRAÎTRE DREYFUS

Deuxième partie

VIVE ESTERHAZY

Troisième partie

LES DEUX FRANCE

Quatrième partie

LA VÉRITÉ EN MARCHE

Épilogue

AU MIROIR DE L'AFFAIRE

IMPRIMÉ EN FRANCE PAR BRODARD ET TAUPIN
58, rue Jean Bleuzen - Vanves.
Usine de La Flèche, le 4-03-1985.
1872-5 - N° d'Éditeur 2078, mars 1985.

PRESSES POCKET - 8, rue Garancière - 75006 Paris
Tél. 634.12.80